梁書

唐 姚思廉 撰

第一册

卷一至卷一六（紀傳）

中華書局

圖書在版編目(CIP)數據

梁書/(唐)姚思廉撰. —北京:中華書局,1973.5(2024.9重印)
ISBN 978-7-101-00311-6

Ⅰ.梁… Ⅱ.姚… Ⅲ.中國-古代史-梁國(503~557)-紀傳體 Ⅳ.K239.130.42

中國版本圖書館 CIP 數據核字(2002)第 087497 號

責任印製:管 斌

梁 書
(全三册)
〔唐〕姚思廉 撰
*
中 華 書 局 出 版 發 行
(北京市豐臺區太平橋西里 38 號 100073)
http://www.zhbc.com.cn
E-mail:zhbc@zhbc.com.cn
北京新華印刷有限公司印刷
*
850×1168 毫米 1/32 · 28¼印張 · 530 千字
1973 年 5 月第 1 版 2024 年 9 月第 19 次印刷
印數:121701-122700 册 定價:99.00 元

ISBN 978-7-101-00311-6

《梁書》《陳書》出版説明

梁書五十六卷，陳書三十六卷，分别記載了梁陳兩個封建割據政權的歷史，是六世紀五十年代到七世紀三十年代期間，姚察、姚思廉父子相繼編撰的。

梁陳是繼東晉宋齊，先後在江南建立的兩個封建割據王朝。梁自蕭衍（梁武帝）建國到蕭方智（梁敬帝）時滅亡，首尾五十六年（公元五〇二到五五七）。陳自陳霸先（陳武帝）建國到陳叔寶（陳後主）時被隋所滅，歷時三十三年（五五七到五八九）。

梁代前期，是同割據北方的北魏對立的。北魏分裂成東魏、西魏後，梁和東、西魏成爲鼎足三分的形勢。陳建立後，北齊和北周已經代替了東、西魏，仍然是三分的局面。六世紀七、八十年代，北周和隋相繼統一了北方，六世紀末隋滅陳，結束了南北的分裂。

梁代的歷史，曾由沈約、周興嗣、裴子野和杜之偉、顧野王、許亨等在梁陳兩代先後受命編撰，許亨寫成梁史五十八卷。梁代謝吴又有梁書四十九卷，陳代何之元和隋代劉璠各成梁典三十卷。陳代的歷史，傅縡、顧野王都曾受命編撰，陳書顧野王傳説他有「國史紀傳二百卷，未就而卒」。陸瓊還著有陳書四十二卷。以上這些著作，姚氏父子修史時可能參考過，但都没有流傳下來。

姚察在陳初曾參與梁史的編撰。入隋後，又在公元五八九年（隋開皇九年）受命編撰梁陳兩朝史，没有成書就死了。姚思廉在隋唐兩次受命繼續完成這兩朝史，到六三六年（唐貞觀十年）才寫成了梁書和陳書。

姚察字伯審，吴興武康（在今浙江德清縣西）人。在陳代任秘書監、領大著作、吏部尚書，在隋代做秘書丞。死於公元六〇六年（隋大業二年）。姚思廉字簡之，在唐任著作郎、弘文館學士，後來做到散騎常侍。死於六三七年（唐貞觀十一年）。

姚思廉編撰梁陳史的時候，魏徵是梁陳齊周隋五史的監修官。所以梁書陳書本紀部分和陳書皇后傳後面都有魏徵的史論。他在一些具體論述上，看法有和姚氏父子相出入的地方。

梁陳兩代的早期歷史著作都已失傳，因此梁書和陳書就成爲現存的比較原始的記載。除政治和軍事問題以外，這兩部書在哲學史、文學史、宗教史、民族關係、對外關係方面，也都保存了一些資料。梁書諸夷傳比較系統地敍述了海南一些國家的歷史，記載了它們的傳說、風俗、物產，以及我國人民和海南各地人民經濟文化交流的情況。

一般說來，梁書的記載要比陳書豐富些，梁書的文筆也比陳書要好些。梁書記公元公元五〇五年合肥之戰，五〇六年邵陽之戰（韋叡傳）、鍾離之守（昌義之傳），都是比較生動的。

我們現在對這兩部書加以標點校勘。梁書，用商務印書館據宋大字本影印的百衲本及明南監本、北監本、汲古閣本，清武英殿本、金陵書局本互校，擇善而從，還參考了南史、册府元龜、資治通鑑和資治通鑑考異的有關部分。在汲取前人校勘成果方面，我們利用了張元濟、張森楷兩種校勘記的稿本及錢大昕廿二史考異等書。陳書以百衲本爲底本，取校的本子和參考書與梁書基本上相同。陳書某些卷（如卷一、卷三、卷九等）的末尾附有一兩行小字，這是宋人曾鞏等所作校語，是百衲本原有的。兩部書的總目，都是我們重編的。

梁書由盧振華同志點校，趙守儼同志做了編輯整理。陳書由張維華同志點校。缺點錯誤，希望讀者批評指正。

中華書局編輯部

梁書目錄

卷二十二　列傳第十六

卷二十三　列傳第十七

卷四十八　列傳第四十二

儒林

卷四十九　列傳第四十三

文學上

卷五十 列傳第四十四

文學下

卷五十一 列傳第四十五

處士

卷五十二　列傳第四十六

止足

卷五十三　列傳第四十七

良吏

卷五十四　列傳第四十八

諸夷

海南諸國

梁書卷一

本紀第一

武帝上

高祖武皇帝諱衍，字叔達，小字練兒，南蘭陵中都里人，漢相國何之後也。何生酇定侯延，延生侍中彪，彪生公府掾章，章生皓，皓生仰，仰生太子太傅望之，〔一〕望之生光祿大夫育，育生御史中丞紹，紹生光祿勳閎，閎生濟陰太守闡，闡生吳郡太守冰，〔二〕冰生中山相苞，苞生博士周，周生蛇丘長矯，矯生州從事逵，逵生孝廉休，休生廣陵郡丞豹，豹生太中大夫裔，裔生淮陰令整，整生濟陰太守鎋，鎋生州治中副子，副子生南臺治書道賜。道賜生皇考諱順之，齊高帝族弟也。參預佐命，封臨湘縣侯。歷官侍中，衞尉，太子詹事，領軍將軍，丹陽尹，贈鎮北將軍。

高祖以宋孝武大明八年甲辰歲生于秣陵縣同夏里三橋宅。生而有奇異，兩胯駢骨，頂上隆起，有文在右手曰「武」。帝及長，博學多通，好籌略，有文武才幹，時流名輩咸推許焉。所居室常若雲氣，人或過者，體輒肅然。

起家巴陵王南中郎法曹行參軍，遷衞將軍王儉東閤祭酒。儉一見深相器異，謂廬江何憲曰：「此蕭郎三十內當作侍中，出此則貴不可言。」竟陵王子良開西邸，招文學，高祖與沈約、謝朓、王融、蕭琛、范雲、任昉、陸倕等並遊焉，號曰八友。融俊爽，識鑒過人，尤敬異高祖。每謂所親曰：「宰制天下，必在此人。」累遷隨王鎭西諮議參軍，尋以皇考艱去職。隆昌初，明帝輔政，起高祖爲寧朔將軍，鎭壽春。服闋，除太子庶子、給事黃門侍郎，入直殿省。預蕭諶等定策勳，封建陽縣男，邑三百戶。

建武二年，魏遣將劉昶、王肅帥衆寇司州，以高祖爲冠軍將軍、軍主，隸江州刺史王廣爲援。〔三〕距義陽百餘里，衆以魏軍盛，趑趄莫敢前。高祖請爲先啓，廣卽分麾下精兵配高祖。爾夜便進，去魏軍數里，逕上賢首山。魏軍不測多少，未敢逼。黎明，城內見援至，因出軍攻魏柵，高祖帥所領自外進戰。魏軍表裏受敵，乃棄重圍退走。軍罷，以高祖爲右軍晉安王司馬、淮陵太守。還爲太子中庶子，領羽林監。頃之，出鎭石頭。

四年，魏帝自率大衆寇雍州，明帝令高祖赴援。十月，至襄陽，詔又遣左民尚書崔慧景總督諸軍，高祖及雍州刺史曹虎等並受節度。〔四〕明年三月，慧景與高祖進行鄧城，魏主帥十萬餘騎奄至。慧景失色，欲引退，高祖固止之，不從，乃狼狽自拔。魏騎乘之，於是大敗。高祖獨帥衆距戰，殺數十百人，魏騎稍却，因得結陣斷後，至夕得下船。慧景軍死傷略盡，惟高祖全師而歸。俄以高祖行雍州府事。

七月，仍授持節、都督雍梁南北秦四州郢州之竟陵司州之隨郡諸軍事、輔國將軍、雍州刺史。其月，明帝崩，東昏即位，揚州刺史始安王遙光、尚書令徐孝嗣、尚書右僕射江祏、右將軍蕭坦之、侍中江祀、衞尉劉暄更直內省，分日帖敕。高祖聞之，謂從舅張弘策曰：「政出多門，亂其階矣。詩云：『一國三公，吾誰適從？』況今有六，而可得乎！嫌隙若成，方相誅滅，當今避禍，惟有此地。勤行仁義，可坐作西伯。但諸弟在都，恐罹世患，須與益州圖之耳。」

時高祖長兄懿罷益州還，仍行郢州事，乃使弘策詣郢，陳計於懿曰：「昔晉惠庸主，諸王爭權，遂內難九興，外寇三作。今六貴爭權，人握王憲，制主畫敕，各欲專威，睚眦成憾，理相屠滅。且嗣主在東宮本無令譽，媟近左右，蜂目忍人，一總萬機，恣其所欲，豈肯虛坐主諾，委政朝臣。積相嫌貳，必大誅戮。始安欲爲趙倫，形迹已見，蹇人上天，信無此理。且性甚猜狹，徒取亂機。所可當軸，惟有江、劉而已。祏怯而無斷，暄弱而不才，折鼎覆餗，翹足可待。蕭坦之胸懷猜忌，動言相傷，徐孝嗣才非柱石，聽人穿鼻，若隙開釁起，必中外土崩。今得守外藩，幸圖身計，智者見機，不俟終日。及今猜防未生，宜召諸弟以時聚集。後相防疑，拔足無路。郢州控帶荊、湘，西注漢、沔；雍州士馬，呼吸數萬，虎眎其間，以觀天下。世治則竭誠本朝，時亂則爲國翦暴，可得與時進退，此蓋萬全之策。如不早圖，悔無及也。」懿聞之變色，心弗之許。弘策還，高祖乃啓迎弟偉及憺，是歲至襄陽。於是潛造器械，多伐竹木，沉於檀溪，密爲舟裝之備。時所住齋常有五色回轉，狀若蟠龍，其上紫氣騰起，形如繖蓋，望者莫不異焉。

永元二年冬，懿被害信至，高祖密召長史王茂、中兵呂僧珍、別駕柳慶遠、功曹史吉士瞻等謀之。既定，以十一月乙巳召僚佐集於廳事，謂曰：「昔武王會孟津，皆曰『紂可伐』。今昏主惡稔，窮虐極暴，誅戮朝賢，罕有遺育，生民塗炭，天命殛之。卿等同心疾惡，共興義舉，公侯將相，良在茲日，各盡勳効，我不食言。」是日建牙。於是收集得甲士萬餘人，馬千餘匹，船三千艘，出檀溪竹木裝艦。

先是，東昏以劉山陽爲巴西太守，〔五〕配精兵三千，使過荊州就行事蕭穎胄以襲襄陽。高祖知其謀，乃遣參軍王天虎、龐慶國詣江陵，遍與州府書。及山陽西上，高祖謂諸將曰：「荊州本畏襄陽人，加脣亡齒寒，自有傷弦之急，寧不闇同邪？我若總荊、雍之兵，掃定東夏，韓、白重出，不能爲計。況以無算之昏主，役御刀應敕之徒哉？我能使山陽至荊，便卽授首，諸君試觀何如。」及山陽至巴陵，高祖復令天虎齎書與穎胄兄弟。去後，高祖謂張弘策曰：「夫用兵之道，攻心爲上，攻城次之，心戰爲上，兵戰次之，今日是也。近遣天虎往州府，人皆有書。今段乘驛甚急，止有兩封與行事兄弟，云『天虎口具』；及問天虎而口無所說，行事不得相聞，不容妄有所道。天虎是行事心膂，彼聞必謂行事與天虎共隱其事，〔六〕則人人生疑。山陽惑於衆口，判相嫌貳，則行事進退無以自明，必漏吾謀內。〔七〕是馳兩空函定一州矣。」山陽至江安，聞之，果疑不上。穎胄大懼，乃斬天虎，送首山陽。山陽信之，將數十人馳入，穎胄伏甲斬之，送首高祖。仍以南康王尊號之議來告，且曰：「時月未利，當須來年二月；遽便進兵，恐非廟算。」高祖答曰：「今坐甲十萬，糧用自竭，況所藉義心，一時驍銳，事事相接，猶恐疑怠；若頓兵十旬，必生悔吝。童兒立異，便大事不成。今太白出西方，仗義而動，天時人謀，有何不利？處分已定，安可中息？昔武王伐紂，行逆太歲，復須待年月乎？」竟陵太守曹景宗遣杜思沖勸高祖迎南康王都襄陽，待正尊號，然後進軍，高祖不從。王茂又私於張弘策曰：「我奉事節下，義無進退；然今者以南康置人手中，彼便挾天子以令諸侯，而節下前去爲人所使，此豈歲寒之計？」弘策言之，高祖曰：「若使前途大事不捷，故自蘭艾同焚；若功業克建，威讋四海，號令天下，誰敢不從！豈是碌碌受人處分？待至石城，當面曉王茂、曹景宗也。」於沔南立新野郡，以集新附。

三年二月，〔八〕南康王爲相國，以高祖爲征東將軍，給鼓吹一部。戊申，高祖發襄陽。

留弟偉守襄陽城，總州府事，弟憺守壘城，府司馬莊丘黑守樊城，功曹史吉士詢兼長史，白馬戍主黃嗣祖兼司馬，鄀令杜永兼別駕，小府錄事郭儼知轉漕。移檄京邑曰：

夫道不常夷，時無永化，險泰相沿，晦明非一，皆屯困而後亨，資多難以啓聖。故昌邑悖德，孝宣聿興，海西亂政，簡文升歷，並拓緒開基，紹隆寶命，理驗前經，事昭往策。

獨夫擾亂天常，毀棄君德，姦回淫縱，歲月滋甚。挺虐於鬋翦之年，植險於髫丱之日。猜忌凶毒，觸途而著，暴戾昏荒，與事而發。自大行告漸，喜容前見，梓宮在殯，靦無哀色，歡娛遊宴，有過平常，奇服異衣，更極誇麗。至於選采妃嬪，姊妹無別，招侍巾櫛，姑姪莫辨，掖庭有稗販之名，姬姜被干殳之服。至乃形體宣露，褻衣顛倒，斬斮其間，以爲歡笑。騁肆淫放，驅屏郊邑。老弱波流，士女塗炭。行產盈路，輿尸竟道，母不及抱，子不遑哭。劫掠剽虜，以日繼夜。晝伏宵遊，曾無休息。淫酗醬肆，酣歌壚邸。寵恣愚豎，亂惑妖孽。梅蟲兒、茹法珍臧獲廝小，專制威柄，誅翦忠良，屠滅卿宰。劉鎮軍舅氏之尊，盡忠奉國；江僕射外戚之重，竭誠事上；蕭領軍葭莩之宗，志存柱石；徐司空、沈僕射搢紳冠冕，人望攸歸。或渭陽餘感，或勳庸允穆，或誠著艱難，或劬勞王室，並受遺託，同參顧命，送往事居，俱竭心力。宜其慶溢當年，祚隆後裔；而一朝齏粉，孩稚無遺。人神怨結，行路嗟憤。蕭令君忠公幹伐，誠貫幽顯。往年寇賊遊魂，南鄭危逼，拔刃飛泉，孤城獨振。及中流逆命，憑陵京邑，謀猷禁省，指授羣帥，剋翦鯨鯢，清我王度。崔慧景奇鋒迅駭，兵交象魏，武力喪魂，〔九〕義夫奪膽，投名送款，比屋交馳，負糧影從，愚智競赴。復誓旅江甸，奮不顧身，奬厲義徒，電掩强敵，剋殲大憝，以固皇基。功出桓、文，勳超伊、呂；而勞謙省己，事昭心迹，功遂身退，不祈榮滿。敦賞未聞，禍酷濫及，預稟精靈，孰不寃痛！而羣孽放命，蜂蠆懷毒，乃遣劉山陽驅扇逋逃，招逼亡命，潛圖密構，規見掩襲。蕭右軍、夏侯征虜忠斷夙舉，義形於色，奇謀宏振，應手梟懸，天道禍淫，罪不容戮。至於悖禮違教，傷化虐人，射天彈路，比之猶善，刳胎斮脛，方之非酷，盡寓縣之竹，未足紀其過，窮山澤之兔，不能書其罪。自草昧以來，圖牒所記，昏君暴后，未有若斯之甚者也。

既人神乏主，宗稷阽危，海內沸騰，氓庶板蕩，百姓懔懔，如崩厥角，蒼生喁喁，投足無地。幕府荷眷前朝，義均休戚，上懷委付之重，下惟在原之痛，豈可臥薪引火，坐觀傾覆！至尊體自高宗，特鍾慈寵，明並日月，粹昭靈神，祥啓元龜，符驗當璧，作鎮陝藩，化流西夏，謳歌攸奉，萬有樂推。右軍蕭穎胄、征虜將軍夏侯詳並同心翼戴，即宮舊楚，三靈再朗，九縣更新，升平之運，此焉復始，康哉之盛，在乎茲日。然帝德雖彰，區宇未定，元惡未黜，天邑猶梗。仰稟宸規，率前啓路。即日遣冠軍、竟陵內史曹景宗等二十軍主，長槊五萬，驥騄爲羣，鶚視爭先，龍驤並驅，步出横江，直指朱雀。長史、冠軍將軍、襄陽太守王茂等三十軍主，戈船七萬，乘流電激，推鋒扼險，〔一〇〕斜趣白城。南中郎諮議參軍、軍主蕭偉等三十九軍主，巨艦迅檝，衝波噎水，旗鼓八萬，焱集石頭。南中郎諮議參軍、軍主蕭憺等四十二軍主，熊羆之士，甲楯十萬，沿波馳艓，掩據新亭。益州刺史劉季連、梁州刺史柳惔、司州刺史王僧景、魏興太守裴師仁、上庸太守韋叡、新城太守崔僧季，並肅奉明詔，龔行天罰。蜀、漢果鋭，沿流而下；淮、汝勁勇，望波遄騖。幕府總率貔貅，驍勇百萬，繕甲燕弧，屯兵冀馬，摐金沸地，鳴鞞聒天，霜鋒曜日，朱旗絳寓，方舟千里，駱驛係進。蕭右軍訏謨上才，兼資文武，英略峻遠，執鈞匡世。擁荆南之衆，督四方之師，宣讚中權，奉衛輿輦。旍麾所指，威稜無外，龍驤虎步，並集建業。黜放愚狡，均禮海昏，廓清神甸，掃定京宇。譬猶崩泰山而壓蟻壤，決懸河而注熛燼，豈有不殄滅者哉！

今資斧所加，止梅蟲兒、茹法珍而已。諸君咸世胄羽儀，書勳王府，皆俛眉姦黨，受制凶威。若能因變立功，轉禍爲福，並誓河、岳，永紆青紫。若執迷不悟，距逆王師，大衆一臨，刑茲罔赦，所謂火烈高原，芝蘭同泯。勉求多福，無貽後悔。賞罰之科，有如白水。

高祖至竟陵，命長史王茂與太守曹景宗爲前軍，中兵參軍張法安守竟陵城。茂等至漢口，輕兵濟江，逼郢城。其刺史張沖置陣據石橋浦，義師與戰不利，軍主朱僧起死之。諸將議欲併軍圍郢，分兵以襲西陽、武昌。高祖曰：「漢口不闊一里，箭道交至，房僧寄以重兵固守，爲郢城人犄角。若悉衆前進，賊必絕我軍後，一朝爲阻，則悔無所及。今欲遣王、曹諸軍濟江，與荆州軍相會，以逼賊壘。吾自後圍魯山，以通沔、漢。鄖城、竟陵間粟，方舟而下；江陵、湘中之兵，連旗繼至。糧食既足，士衆稍多，圍守兩城，不攻自拔，天下之事，臥取之耳。」諸將皆曰「善」。乃命王茂、曹景宗帥衆濟岸，進頓九里。其日，張沖出軍迎戰，茂等邀擊，大破之，皆棄甲奔走。荆州遣冠軍將軍鄧元起、軍主王世興、田安等數千人，〔一〕會大軍於夏首。高祖築漢口城以守魯山，命水軍主張惠紹、朱思遠等遊遏江中，絕郢、魯二城信使。

三月，乃命元起進據南堂西陼，〔二〕田安之頓城北，王世興頓曲水故城。是時張沖死，其衆復推軍主薛元嗣及沖長史程茂爲主。

乙巳，南康王卽帝位於江陵，改永元三年爲中興元年，遙廢東昏爲涪陵王。以高祖爲尙書左僕射，加征東大將軍、都督征討諸軍事，假黃鉞。西臺又遣冠軍將軍蕭穎達領兵會于軍。是日，元嗣軍主沈難當率輕舸數千，亂流來戰，張惠紹等擊破，盡擒之。

四月，高祖出沔，命王茂、蕭穎達等進軍逼郢城。元嗣戰頗疲，因不敢出。諸將欲攻之，高祖不許。

五月，東昏遣寧朔將軍吳子陽、軍主光子衿等十三軍救郢州，進據巴口。

六月，西臺遣衞尉席闡文勞軍，齎蕭穎胄等議，謂高祖曰：「今頓兵兩岸，不併軍圍郢，定西陽、武昌，取江州，此機已失；莫若請救於魏，與北連和，猶爲上策。」高祖謂闡文曰：「漢口路通荆、雍，控引秦、梁，糧運資儲，聽此氣息，所以兵壓漢口，連絡數州。今若併軍圍城，又分兵前進，魯山必阻沔路，所謂搤喉。若糧運不通，自然離散，何謂持久？鄧元起近欲以三千兵往定尋陽，彼若歡然悟機，一酈生亦足；脫距王師，故非三千能下。進退無據，未見其可。西陽、武昌，取便得耳，得便應鎮守。守兩城不減萬人，糧儲稱是，卒無所出。脫賊軍有上者，萬人攻一城，兩城勢不得相救。若我分軍應援，則首尾俱弱；如其不遣，孤城必陷。一城既沒，諸城相次土崩，天下大事於是去矣。若郢州既拔，席卷沿流，西陽、武昌，自然風靡，何遽分兵散衆，自貽其憂！且丈夫舉動，言靜天步；況擁數州之兵以誅羣豎，懸河注火，奚有不滅？豈容北面請救，以自示弱！彼未必能信，徒貽我醜聲。此之下計，何謂上策？卿爲我白鎮軍：前途攻取，但以見付，事在目中，無患不捷，恃鎮軍靖鎮之耳。」

吳子陽等進軍武口，高祖乃命軍主梁天惠、蔡道祐據漁湖城，唐脩期、劉道曼屯白陽壘，夾兩岸而待之。子陽又進據加湖，去郢三十里，傍山帶水，築壘柵以自固。魯山城主房僧寄死，衆復推助防孫樂祖代之。〔一三〕七月，高祖命王茂帥軍主曹仲宗、康絢、武會超等潛師襲加湖，將逼子陽。水涸不通艦，其夜暴長，衆軍乘流齊進，鼓譟攻之，賊俄而大潰，子陽等竄走，衆盡溺于江。王茂虜其餘而旋。於是郢、魯二城相視奪氣。

先是，東昏遣冠軍將軍陳伯之鎭江州，爲子陽等聲援。高祖乃謂諸將曰：「夫征討未必須實力，所聽威聲耳。今加湖之敗，誰不弭服。陳虎牙卽伯之子，狼狽奔歸，彼間人情，理當恟懼，我謂九江傳檄可定也。」因命搜所獲俘囚，得伯之幢主蘇隆之，厚加賞賜，使致命焉。魯山城主孫樂祖、郢城主程茂、薛元嗣相繼請降。初，郢城之閉，將佐文武男女口十餘萬人，疾疫流腫死者十七八，及城開，高祖並加隱卹，其死者命給棺櫬。

先是，汝南人胡文超起義於灄陽，求討義陽、安陸等郡以自効，高祖又遣軍主唐脩期攻隨郡，並剋之。司州刺史王僧景遣子貞孫入質。司部悉平。

陳伯之遣蘇隆之反命，求未便進軍。高祖曰：「伯之此言，意懷首鼠，及其猶豫，急往逼之，計無所出，勢不得暴。」乃命鄧元起率衆，卽日沿流。八月，天子遣黃門郎蘇回勞軍。高祖登舟，命諸將以次進路，留上庸太守韋叡守郢城，行州事。鄧元起將至尋陽，陳伯之猶猜懼，乃收兵退保湖口，留其子虎牙守盆城。及高祖至，乃束甲請罪。九月，天子詔高祖平定東夏，並以便宜從事。是月，留少府、長史鄭紹叔守江州城。前軍次蕪湖，南豫州刺史申胄棄姑孰走，至是時大軍進據之，仍遣曹景宗、蕭穎達領馬步進頓江寧。東昏遣征虜將軍李居士率步軍迎戰，景宗擊走之。於是王茂、鄧元起、呂僧珍進據赤鼻邏，曹景宗、陳伯之爲遊兵。是日，新亭城主江道林率兵出戰，衆軍擒之於陣。大軍次新林，命王茂進據越城，曹景宗據皂莢橋，鄧元起據道士墩，陳伯之據籬門。道林餘衆退屯航南，義軍迫之，因復散走，退保朱爵，〔一四〕憑淮以自固。時李居士猶據新亭壘，請東昏燒南岸邑屋以開戰場。自大航以西、新亭以北，蕩然矣。

十月，東昏石頭軍主朱僧勇率水軍二千人歸降。東昏又遣征虜將軍王珍國率軍主胡虎牙等列陣於航南大路，悉配精手利器，尙十餘萬人。閹人王倀子持白虎幡督率諸軍，又開航背水，以絕歸路。王茂、曹景宗等掎角奔之，將士皆殊死戰，無不一當百，鼓噪震天地。珍國之衆，一時土崩，投淮死者，積尸與航等，後至者乘之以濟，於是朱爵諸軍望之皆潰。義軍追至宣陽門，李居士以新亭壘、徐元瑜以東府城降，石頭、白下諸軍並宵潰。壬午，高祖鎭石頭，命衆軍圍六門，東昏悉焚燒門內，驅逼營署、官府並入城，有衆二十萬。青州刺史桓和紿東昏出戰，因以其衆來降。高祖命諸軍築長圍。

初，義師之逼，東昏遣軍主左僧慶鎮京口，常僧景鎮廣陵，李叔獻屯瓜步，及申胄自姑孰奔歸，又使屯破墩以爲東北聲援。至是，高祖遣使曉喻，並率衆降。乃遣弟輔國將軍秀鎮京口，輔國將軍恢屯破墩，從弟寧朔將軍景鎮廣陵。〔一五〕吳郡太守蔡夤棄郡赴義師。

十二月丙寅旦，兼衞尉張稷、北徐州刺史王珍國斬東昏，送首義師。高祖命呂僧珍勒兵封府庫及圖籍，收嬖妾潘妃及凶黨王咺之以下四十一人屬吏，誅之。宣德皇后令廢涪陵王爲東昏侯，依漢海昏侯故事。授高祖中書監、都督揚南徐二州諸軍事、大司馬、錄尚書、驃騎大將軍、揚州刺史，封建安郡公，食邑萬戶，給班劍四十人，黃鉞、侍中、征討諸軍事並如故；依晉武陵王遵承制故事。

己卯，高祖入屯閱武堂。下令曰：「皇家不造，遘此昏凶，禍挻動植，虐被人鬼，社廟之危，蠢焉如綴。吾身藉皇宗，曲荷先顧，受任邊疆，推轂萬里，眷言瞻烏，痛心在目，故率其尊主之情，厲其忘生之志。雖寶曆重升，明命有紹，而獨夫醜縱，方煽京邑。投袂援戈，克弭多難。虐政橫流，爲日既久，同惡相濟，諒非一族。仰稟朝命，任在專征，思播皇澤，被之率土。凡厥負釁，咸與惟新。可大赦天下；唯王咺之等四十一人不在赦例。」

又令曰：「夫樹以司牧，非役物以養生；視民如傷，豈肆上以縱虐。廢主棄常，自絕宗廟。窮凶極悖，書契未有。征賦不一，苛酷滋章。緹繡土木，菽粟犬馬，徵發閭左，以充繕築。流離寒暑，繼以疫癘，轉死溝渠，曾莫救恤，朽肉枯骸，烏鳶是厭。加以天災人火，屢焚宮掖，官府臺寺，尺椽無遺，悲甚黍離，痛兼麥秀。遂使億兆離心，疆徼侵弱，斯人何辜，離此塗炭！今明昏遞運，大道公行，思治之氓，來蘇茲日。猥以寡薄，屬當大寵，雖運距中興，艱同草昧，思闡皇休，與之更始。凡昏制、謬賦、淫刑、濫役，外可詳檢前源，悉皆除蕩。其主守散失，諸所損耗，精立科條，咸從原例。」

又曰：「永元之季，乾維落紐。政實多門，有殊衞文之代；權移於下，事等曹恭之時。遂使閹尹有翁媼之稱，高安有法堯之旨。鬻獄販官，錮山護澤，開塞之機，奏成小醜。直道正義，擁抑彌年，懷冤抱理，莫知誰訴。姦吏因之，筆削自己。豈直賈生流涕，許伯哭時而已哉！今理運惟新，政刑得所，矯革流弊，實在茲日。可通檢尚書衆曹，東昏時諸諍訟失理及主者淹停不時施行者，精加訊辨，依事議奏。」

又下令，以義師臨陣致命及疾病死亡者，並加葬斂，收恤遺孤。又令曰：「朱爵之捷，逆徒送死者，特許家人殯葬；若無親屬，或有貧苦，二縣長尉卽爲埋掩。建康城內，不達天命，自取淪滅，亦同此科。」

二年正月，天子遣兼侍中席闡文、兼黃門侍郎樂法才慰勞京邑。追贈高祖祖散騎常侍左光祿大夫，考侍中丞相。

高祖下令曰：「夫在上化下，草偃風從，世之澆淳，恒由此作。自永元失德，書契未紀，窮凶極悖，焉可勝言。既而琁室外構，傾宮內積，奇技異服，殫所未見。上慢下暴，淫侈競馳。國命朝權，盡移近習。販官鬻爵，賄貨公行。並甲第康衢，漸臺廣室。長袖低昂，等和戎之賜；珍羞百品，同伐冰之家。愚民因之，浸以成俗。驕豔競爽，夸麗相高。至乃市井之家，貂狐在御；工商之子，緹繡是襲。日入之次，夜分未反，昧爽之朝，期之清旦。聖明肇運，厲精惟始，雖曰纘戎，殆同創革。且淫費之後，繼以興師，巨橋、鹿臺，凋罄不一。孤忝荷大寵，務在澄清，思所以仰述皇朝大帛之旨，俯厲微躬鹿裘之義，解而更張，斲雕爲樸。自非可以奉粢盛，脩紱冕，習禮樂之容，繕甲兵之備，此外衆費，一皆禁絕。御府中署，量宜罷省。掖庭備御妾之數，大予絕鄭衞之音。〔一六〕其中有可以率先卿士，准的甿庶，菲食薄衣，請自孤始。加羣才並軌，九官咸事，若能人務退食，競存約己，移風易俗，庶朞月有成。昔毛玠在朝，士大夫不敢靡衣偸食。魏武歎曰：『孤之法不如毛尚書。』孤雖德謝往賢，任重先達，實望多士得其此心。外可詳爲條格。」

戊戌，宣德皇后臨朝，入居內殿。拜帝大司馬，解承制，百僚致敬如前。詔進高祖都督中外諸軍事，劍履上殿，入朝不趨，贊拜不名。加前後部羽葆鼓吹。置左右長史、司馬、從事中郎、掾、屬各四人，並依舊辟士，餘並如故。詔曰：

夫日月麗天，高明所以表德；山岳題地，柔博所以成功。故能庶物出而資始，河海振而不洩。二象貞觀，代之者人。是以七輔、四叔，致無爲於軒、昊；韋、彭、齊、晉，靖衰亂於殷、周。

大司馬攸縱自天，體茲齊聖，文洽九功，武苞七德。欽惟厥始，徽猷早樹，誠著艱難，功參帷幙，錫賦開壤，式表厥庸。建武升歷，邊隙屢啓。公釋書輟講，經營四方。司、豫懸切，樊、漢危殆，覆强寇於沔濱，僵胡馬於鄧汭。永元肇號，難結羣醜，專威擅虐，毒被含靈，溥天惴惴，命懸晷刻。否終有期，神謨載挺，首建大策，惟新鼎祚。投袂勤王，沿流電舉，魯城雲撤，夏汭霧披，〔一七〕加湖羣盜，一鼓殄拔，姑孰連旍，倏焉冰泮。取新壘其如拾芥，撲朱爵其猶掃塵。霆電外駭，省闥內傾，餘醜纖蠹，蚳蝝必盡。援彼已溺，解此倒懸，塗歡里抃，自近及遠。畿甸夷穆，方外肅寧，解茲虐網，被以寬政。積弊窮昏，一朝載廓，聲教遐漸，無思不被。雖伊尹之執茲壹德，姬旦之光于四海，方斯蔑如也。

昔呂望翼佐聖君，猶享四履之命；文侯立功平后，尚荷二弓之錫，況於盛德元勳，超邁自古。黔首惵惵，待以爲命，救其已然，拯其方斮，式閭表墓，未或能比；而大輅渠門，輟而莫授，眷言前訓，無忘終食。便宜敬升大典，式允羣望。其進位相國，總百揆，揚州刺史，〔一八〕封十郡爲梁公，備九錫之禮，加璽紱遠遊冠，位在諸王上，加相國綠綟綬。其驃騎大將軍如故。依舊置梁百司。

策曰：

二儀寂寞，由寒暑而代行，三才並用，資立人以爲寶，故能流形品物，仰代天工。允茲元輔，應期挺秀，裁成天地之功，幽協神明之德。撥亂反正，濟世寧民，〔一九〕盛烈光於有道，大勳振於無外，雖伊陟之保乂王家，姬公之有此丕訓，方之蔑如也。今將授公典策，其敬聽朕命：

上天不造，難鍾皇室，世祖以休明早崩，世宗以仁德不嗣，〔二〇〕高宗襲統，宸居弗永，雖夙夜劬勞，而隆平不洽。嗣君昏暴，書契弗覩。朝權國柄，委之羣孽。勦戮忠賢，誅殘台輔，含冤抱痛，噍類靡餘。寔繁非一，並專國命。嚬笑致災，睚眦及禍。嚴科毒賦，載離比屋，溥天熬熬，置身無所。冤頸引決，道樹相望，無近無遠，號天靡告。公藉昏明之期，因兆民之願，援帥羣后，翊成中興，宗社之危已固，天人之望允塞，此實公紐我絕綱，大造皇家者也。

永明季年，邊隙大啓，荆河連率，招引戎荒，江、淮擾逼，勢同履虎。公受言本朝，輕兵赴襲，縻以長算，制之環中。排危冒險，强柔遞用，坦然一方，還成藩服。此又公之功也。在昔隆昌，洪基已謝，高宗慮深社稷，將行權道。公定策帷帳，激揚大節，廢帝立王，謀猷深著。此又公之功也。建武闡業，厥猷雖遠，戎狄內侵，憑陵關塞，司部危逼，淪陷指期。公治兵外討，卷甲長騖，接距交綏，電激風掃，摧堅覆銳，咽水塗原，執俘象魏，獻馘海渚，焚廬毀帳，號哭言歸。此又公之功也。樊、漢阽切，羽書續至。公星言鞠旅，稟命徂征，而軍機戎統，事非己出，善策嘉謀，抑而莫允。鄧城之役，胡馬卒至，元帥潛及，〔三〕不相告報，棄甲捐師，餌之虎口。公南收散卒，北禦雕騎，全衆方軌，案路徐歸，拯我邊危，重獲安堵。此又公之功也。漢南迥弱，咫尺勍寇，兵糧蓋闕，器甲靡遺。公作藩爰始，因資靡託，整兵訓卒，蒐狩有序，俾我危城，翻爲强鎭。此又公之功也。永元紀號，瞻烏已及，雖廢昏有典，而伊、霍稱難。公首建大策，爰立明聖，義踰邑綸，勳高代入，易亂以化，俾昏作明。此又公之功也。文王之風，雖被江、漢，京邑蠢動，湮爲洪流，句吳、於越，巢幕匪喻。公投袂萬里，事惟拯溺，義聲所覃，無思不韙。此又公之功也。魯城、夏汭，梗據中流，乘山置壘，縈川自固。公御此烏集，陵茲地險，頓兵坐甲，寒往暑移，我行永久，士忘歸願，經以遠圖，御以長策，費無遺矢，戰未窮兵，踐華之固，相望俱拔。此又公之功也。惟此羣凶，同惡相濟，緣江負險，蟻聚加湖。水陸盤據，規援夏首，桴旝一臨，應時褫潰。此又公之功也。姦孽震皇，復懷舉斧，蓄兵九派，用擬勤王。公稜威直指，勢踰風電，旌旆小臨，〔三〕全州稽服。此又公之功也。姑孰衝要，密邇京畿，凶徒熾聚，斷塞津路。公偏師啓塗，排方繼及，兵威所震，望旗自駭，焚舟委壁，卷甲宵遁。此又公之功也。羣豎猖狂，志在借一，豕突淮涘，武騎如雲。公爰命英勇，因機騁銳，氣冠版泉，勢踰洹水，追奔逐北，奄有通津，熊耳比峻，未足云擬，睢水不流，曷其能及。此又公之功也。琅邪、石首，襟帶岨固，新壘、東墉，金湯是埒。憑險作守，兵食兼資，風激電駭，莫不震疊，城復于隍，於是乎在。此又公之功也。獨夫昏很，憑城靡懼，鼓鍾鞺鞳，傲若有餘。狎是邪孽，忌斯冠冕，凶狡因之，將逞孥戮。公奇謨密運，盛略潛通，忠勇之徒，得申厥効，白旗宣室，未之或比。此又公之功也。

公有拯億兆之勳，重之以明德，爰初厲志，服道儒門，濯纓來仕，清猷映代。時運艱難，宗社危殆，崐崗已燎，玉石同焚。驅率貔貅，抑揚霆電，義等南巢，功齊牧野。若夫禹功寂漠，微管誰嗣，拯其將魚，驅其被髮，解茲亂網，理此棼絲，復禮衽席，反樂河海。永平故事，聞之者歎息；司隸舊章，見之者隕涕。請我民命，還之斗極。憫憫搢紳，重荷戴天之慶；哀哀黔首，復蒙履地之恩。德踰嵩、岱，功隣造物，超哉邈矣，越無得而言焉。

朕又聞之：疇庸命德，建侯作屏，咸用剋固四維，永隆萬葉。是以二南流化，九伯斯征，王道淳洽，刑措罔用。覆政弗興，歷茲永久，如燬旣及，晉、鄭靡依。惟公經綸天地，寧濟區夏，道冠乎伊、稷，賞薄於桓、文，豈所以憲章齊、魯，長轡宇宙。敬惟前烈，朕甚懼焉。今進授相國，改揚州刺史爲牧，以豫州之梁郡歷陽、南徐州之義興、揚州之淮南宣城吳吳興會稽新安東陽十郡，〔三〕封公爲梁公。錫茲白土，苴以白茅，爰定爾邦，用建冢社。在昔旦、奭，入居保佑，逮于畢、毛，亦作卿士，任兼內外，禮實宜之。今命使持節兼太尉王亮授相國揚州牧印綬，梁公璽紱；使持節兼司空王志授梁公茅土，金虎符第一至第五左，竹使符第一至第十左。相國位冠羣后，任總百司，恒典彝數，宜與事革。其以相國總百揆，去錄尙書之號，上所假節、侍中貂蟬、中書監印、中外都督大司馬印綬，建安公印策，驃騎大將軍如故。又加公九錫，其敬聽後命：以公禮律兼修，刑德備舉，哀矜折獄，罔不用情，是用錫公大輅、戎輅各一，玄牡二駟。公勞心稼穡，念在民天，丕崇本務，惟穀是寶，是用錫公袞冕之服，赤舃副焉。公鎔鈞所被，變風以雅，易俗陶民，載和邦國，是用錫公軒懸之樂，六佾之舞。公文德廣覃，義聲遠洽，椎髻髽首，夷歌請吏，是用錫公朱戶以居。公揚清抑濁，官方有序，多士聿興，棫樸流詠，是用錫公納陛以登。公正色御下，以身軌物，式遏不虞，折衝惟遠，是用錫公虎賁之士三百人。公威同夏日，志淸姦宄，放命圮族，刑茲罔赦，是用錫公鈇、鉞各一。公跨躡嵩溟，陵厲區宇，譬諸日月，容光必至，是用錫公彤弓一，彤矢百；盧弓十，盧矢千。公永言惟孝，至感通神，恭嚴祀典，祭有餘敬，是用錫公秬鬯一卣，圭瓚副焉。梁國置丞相以下，一遵舊式。欽哉！其敬循往策，祗服大禮，對揚天眷，用膺多福，以弘我太祖之休命！

高祖固辭。府僚勸進曰：「伏承嘉命，顯至佇策。明公逡巡盛禮，斯實謙尊之旨，未窮遠大之致。何者？嗣君棄常，自絕宗社，國命民主，翦爲仇讎，折棟崩榱，壓焉自及，卿士懷脯斮之痛，黔首懼比屋之誅。明公亮格天之功，拯水火之切，再躔日月，重綴參辰，反龜玉於塗泥，濟斯民於阬岸，使夫匹婦童兒，羞言伊、呂，鄉校里塾，恥談五霸。而位卑乎阿衡，地狹於曲阜，慶賞之道，尙其未洽。夫大寶公器，非要非距，至公至平，當仁誰讓？明公宜祗奉天人，允膺大禮。無使後予之歌，同彼胥怨，兼濟之人，飜爲獨善。」公不許。

二月辛酉，府僚重請曰：「近以朝命蘊策，冒奏丹誠，奉被還令，未蒙虛受，搢紳顒顒，深所未達。蓋聞受金於府，通人弘致，高蹈海隅，匹夫小節，是以履乘石而周公不以爲疑，贈玉璜而太公不以爲讓。況世哲繼軌，先德在民，經綸草昧，歎深微管。加以朱方之役，荆河是依，班師振旅，大造王室。雖復累繭救宋，重胝存楚，居今觀古，曾何足云。而惑甚盜鍾，功疑不賞，皇天后土，不勝其酷。是以玉馬駿奔，表微子之去；金板出地，告龍逢之寃。明公據鞍輟哭，厲三軍之志，獨居掩涕，激義士之心，故能使海若登祇，罄圖効祉，山戎、孤竹，束馬影從，伐罪弔民，一匡靜亂，匪叨天功，實勤濡足。且明公本自諸生，取樂名教，道風素論，坐鎮雅俗，不習孫、吳，遘茲神武。驅盡誅之氓，濟必封之俗，龜玉不毀，誰之功與？獨爲君子，將使伊、周何地？」於是始受相國梁公之命。

是日，焚東昏淫奢異服六十二種於都街。湘東王寶晊謀反，賜死。詔追贈梁公故夫人爲梁妃。

乙丑，南兗州隊主陳文興於桓城內鑿井，得玉鏤騏驎、金鏤玉璧、水精環各二枚。又建康令羊瞻解稱鳳皇見縣之桐下里。宣德皇后稱美符瑞，歸于相國府。

丙寅，詔：「梁國初建，宜須綜理，可依舊選諸要職，悉依天朝之制。」高祖上表曰：

臣聞以言取士，士飾其言；以行取人，人竭其行。所謂才生於世，窮達惟時；而風流遂往，馳騖成俗，媒孽夸衒，利盡錐刀，遂使官人之門，肩摩轂擊。豈直暴蓋露冠，不避寒暑，遂乃戢屨杖策，風雨必至。良由鄉舉里選，不師古始，稱肉度骨，遺之管庫。加以山河梁畢，闕輿徵之恩；金、張、許、史，忘舊業之替。吁，可傷哉！且夫譜牒訛誤，詐僞多緒，人物雅俗，莫肯留心。是以冒襲良家，卽成冠族；妄修邊幅，便爲雅士；負俗深累，遽遭寵擢；墓木已拱，方被徽榮。故前代選官，皆立選簿，應在貫魚，自有銓次。冑籍升降，行能臧否，或素定懷抱，或得之餘論，故得簡通賓客，無事掃門。〔二四〕頃代陵夷，九流乖失。其有勇退忘進，懷質抱眞者，選部或以未經朝謁，難於進用。或有晦善藏聲，自埋衡華，又以名不素著，絕其階緒。必須畫刺投狀，然後彈冠，則是驅迫廉撝，獎成澆競。愚謂自今選曹宜精隱括，依舊立簿，使冠屨無爽，名實不違，庶人識崖涘，造請自息。

且聞中間立格，甲族以二十登仕，後門以過立試吏，求之愚懷，抑有未達。何者？設官分職，惟才是務。若八元立年，居皁隸而見抑；四凶弱冠，處鼎族而宜甄。是則世祿之家，無意爲善；布衣之士，肆心爲惡。豈所以弘獎風流，希向後進？此實巨蠹，尤宜刊革。不然，將使周人有路傍之泣，晉臣興漁獵之歎。且俗長浮競，人寡退情，若限歲登朝，必增年就宦，故貌實昏童，籍已踰立，滓穢名教，於斯爲甚。

臣總司內外，憂責是任，朝政得失，義不容隱。伏願陛下垂聖淑之姿，降聽覽之末，則彝倫自穆，憲章惟允。

詔依高祖表施行。

丙戌，詔曰：

嵩高惟岳，配天所以流稱；大啓南陽，霸德所以光闡。忠誠簡帝，番君膺上爵之尊；勤勞王室，姬公增附庸之地。前王令典，布諸方策，長祚字甿，罔不由此。

相國梁公，體茲上哲，齊聖廣淵。文教內洽，武功外暢。推轂作藩，則威懷被於殊俗；治兵教戰，則霆雷赫於萬里。道喪時昏，讒邪孔熾。豈徒宗社如綴、神器莫主而已哉！至於兆庶殲亡，衣冠殄滅，餘類殘喘，指命崇朝，含生業業，投足無所，遂乃山川反覆，草木塗地。與夫仁被行葦之時，信及豚魚之日，何其遼敻相去之遠歟！公命師鞠旅，指景長騖。而本朝危切，樊、鄧遐遠，凶徒盤據，水陸相望，爰自姑孰，屆于夏首，嚴城勁卒，憑川爲固。公沿漢浮江，電激風掃，舟徒水覆，地險雲傾，藉茲義勇，前無强陣，拯危京邑，清我帝畿，撲旣燎於原火，免將誅於比屋。悠悠兆庶，命不在天；茫茫六合，咸受其賜。匡俗正本，民不失職。仁信並行，禮樂同暢。伊、周未足方軌，桓、文遠有慚德。而爵後藩牧，地終秦、楚，非所以式酬光烈，允答元勳。寔由公履謙爲本，形於造次，嘉數未申，晦朔增佇。便宜崇斯禮秩，允副遐邇之望。可進梁公爵爲王。以豫州之南譙廬江、江州之尋陽、郢州之武昌西陽、南徐州之南琅邪南東海晉陵、揚州之臨海永嘉十郡，益梁國，並前爲二十郡。其相國、揚州牧、驃騎大將軍如故。

公固辭。有詔斷表。相國左長史王瑩等率百僚敦請。

三月辛卯，延陵縣華陽邏主戴車牒稱云：「十二月乙酉，甘露降茅山，彌漫數里。正月己酉，邏將潘道蓋於山石穴中得毛龜一。二月辛酉，邏將徐靈符又於山東見白麞一。丙寅平旦，山上雲霧四合，須臾有玄黃之色，狀如龍形，長十餘丈，乍隱乍顯，久乃從西北升天。」丁卯，兗州刺史馬元和籤：「所領東平郡壽張縣見騶虞一。」

癸巳，受梁王之命。令曰：「孤以虛昧，任執國鈞，雖夙夜勤止，念在興治，而育德振民，邈然尚遠。聖朝永言舊式，隆此眷命。侯伯盛典，方軌前烈；嘉錫隆被，禮數昭崇。徒守愿節，終隔體諒。羣后百司，重茲敦獎，勉茲厚顏，當此休祚。望昆、彭以長想，欽桓、文而歎息，思弘政塗，莫知津濟。邦甸初啓，藩宇惟新，思覃嘉慶，被之下國。國內殊死以下，今月十五日昧爽以前，〔三五〕一皆原赦。鰥寡孤獨不能自存者，賜穀五斛。府州所統，亦同蠲蕩。」

丙午，命王冕十有二旒，建天子旌旗，出警入蹕，乘金根車，駕六馬，備五時副車，置旄頭雲罕，樂舞八佾，設鍾虡宮縣。王妃王子王女爵命之號，一依舊儀。

丙辰，齊帝禪位于梁王。詔曰：

夫五德更始，三正迭興，馭物資賢，登庸啓聖，故帝跡所以代昌，王度所以改耀。革晦以明，由來尚矣。齊德淪微，危亡荐襲。隆昌凶虐，寔違天地；永元昏暴，取紊人神。三光再沉，七廟如綴。鼎業幾移，含識知泯。我高、明之祚，眇焉將墜。永惟屯難，冰谷載懷。

相國梁王，天誕睿哲，神縱靈武，德格玄祇，功均造物。止宗社之橫流，反生民之塗炭。扶傾頹構之下，拯溺逝川之中。九區重緝，四維更紐。絕禮還紀，崩樂復張。文館盈紳，戎亭息警。浹海宇以馳風，罄輪裳而稟朔。八表呈祥，五靈効祉。豈止鱗羽禎奇，雲星瑞色而已哉！勳茂於百王，道昭乎萬代，固以明配上天，光華日月者也。河嶽表革命之符，圖讖紀代終之運。樂推之心，幽顯共積；歌頌之誠，華裔同著。昔水政既微，木德升緒，天之曆數，寔有所歸，握鏡璇樞，允集明哲。

朕雖庸蔽，闇于大道，永鑒崇替，爲日已久，敢忘列代之高義，人祇之至願乎！今便敬禪于梁，卽安姑孰，依唐虞、晉宋故事。

四月辛酉，宣德皇后令曰：「西詔至，帝憲章前代，敬禪神器于梁。明可臨軒遣使，恭授璽紱，未亡人便歸于別宮。」壬戌，策曰：

咨爾梁王：惟昔邃古之載，肇有生民，皇雄、大庭之辟，赫胥、尊盧之后，斯並龍圖鳥跡以前，慌忽杳冥之世，固無得而詳焉。洎乎農、軒、炎、皞之代，放勛、重華之主，莫不以大道君萬姓，公器御八紘。居之如執朽索，去之若捐重負。一駕汾陽，便有窅然之志；暫適箕嶺，卽動讓王之心。故知戴黃屋，服玉璽，非所以示貴稱尊；乘大輅，建旂旌，蓋欲令歸趣有地。是故忘己而字兆民，殉物而君四海。及於精華內竭，畚橇外勞，則撫茲歸運，惟能是與。況兼乎笙管革文，威圖啓瑞，攝提夜朗，熒光晝發者哉！四百告終，有漢所以高揖；黃德既謝，魏氏所以樂推。爰及晉、宋，亦弘斯典。我太祖握河受曆，應符啓運，二葉重光，三聖係軌。嗣君喪德，昏棄紀度，毀紊天綱，凋絕地紐，茫茫九域，翦爲仇讎，溥天相顧，命縣晷刻。斮涉刳孕，於事已輕；求雞徵杖，曾何足譬。是以谷滿川枯，山飛鬼哭，七廟已危，人神無主。

惟王體茲上哲，明聖在躬，稟靈五緯，明並日月。彝倫攸序，則端冕而協邕熙；時難孔棘，則推鋒而拯塗炭。功踰造物，德濟蒼生，澤無不漸，仁無不被，上達蒼昊，下及川泉。文教與鵬翼齊舉，武功與日車並運。固以幽顯宅心，謳訟斯屬；豈徒桴鼓播地，卿雲叢天而已哉！至如晝覩爭明，夜飛枉矢，土淪彗刺，日既星亡，除舊之徵必顯，更姓之符允集。是以義師初踐，芳露凝甘，仁風既被，素文自擾，北闕藁街之使，風車火徼之民，膜拜稽首，願爲臣妾。鍾石畢變，事表於遷虞；蛟魚並出，義彰於事夏。若夫長民御衆，爲之司牧，本同己於萬物，乃因心於百姓。寶命無常主，帝王非一族。今仰祇乾象，俯藉人願，敬禪神器，授帝位于爾躬。大祚告窮，天祿永終。於戲！王允執其中，式遵前典，以副昊天之望。禋上帝而臨億兆，格文祖而膺大業，以傳無疆之祚，豈不盛歟！

又璽書曰：

夫生者天地之大德，人者含生之通稱，並首同本，未知所以異也。而禀靈造化，賢愚之情不一；託性五常，强柔之分或舛。羣后靡一，爭犯交興，是故建君立長，用相司牧。非謂尊驕在上，以天下爲私者也。兼以三正迭改，五運相遷，綠文赤字，徵河表洛。在昔勛、華，深達兹義，眷求明哲，授以蒸民。遷虞事夏，本因心於百姓；化殷爲周，實受命於蒼昊。爰自漢、魏，罔不率由；降及晉、宋，亦遵斯典。我高皇所以格文祖而撫歸運，畏上天而恭寶曆者也。至于季世，禍亂荐臻，王度紛糾，姦回熾積。億兆夷人，刀俎爲命，已然之逼，若綫之危，跼天蹐地，逃形無所。羣凶挾煽，志逞殘戮，將欲先殄衣冠，次移龜鼎。衡、保、周、召，並列宵人。巢幕累卵，方此非切。自非英聖遠圖，仁爲己任，則鴟梟厲吻，翦焉已及。

惟王崇高則天，博厚儀地，鎔鑄六合，陶甄萬有。鋒馹交馳，振靈武以遐略；雲雷方扇，鞠義旅以勤王。揚旍旆於遠路，戮姦宄於魏闕。德冠往初，功無與二。弘濟艱難，緝熙王道。懷柔萬姓，經營四方。舉直措枉，較如畫一。待旦同乎殷后，日昃過於周文。風化肅穆，禮樂交暢。加以赦過宥罪，神武不殺，盛德昭於景緯，至義感於鬼神。

若夫納彼大麓，膺此歸運，烈風不迷，樂推攸在。治五韙於已亂，重九鼎於既輕。自聲教所及，車書所至，革面回首，謳吟德澤。九山滅祲，四瀆安流。祥風扇起，淫雨靜息。玄甲遊於芳荃，素文馴於郊苑。躍九川於清漢，鳴六象於高崗。靈瑞雜沓，玄符昭著。至於星孛紫宮，水効孟月，飛鴻滿野，長彗橫天，取新之應既昭，革故之徵必顯。加以天表秀特，軒狀堯姿；君臨之符，諒非一揆。書云：「天鑒厥德，用集大命。」詩云：「文王在上，於昭于天。」所以二儀乃眷，幽明允叶，豈惟宅是萬邦，緝茲謳訟而已哉！

朕是用擁琁沉首，屬懷聖哲。昔水行告厭，我太祖既受命代終；在日天祿云謝，亦以木德而傳于梁。遠尋前典，降惟近代，百辟遐邇，莫違朕心。今遣使持節、兼太保、侍中、中書監、兼尚書令汝南縣開國侯亮，兼太尉、散騎常侍、中書令新吳縣開國侯志，奉皇帝璽紱。受終之禮，一依唐虞故事。王其陟茲元后，君臨萬方，式傳洪烈，以答上天之休命！

高祖抗表陳讓，表不獲通。於是，齊百官豫章王元琳等八百一十九人，及梁臺侍中臣雲等一百一十七人，並上表勸進，高祖謙讓不受。是日，太史令蔣道秀陳天文符讖六十四條，事並明著；羣臣重表固請，乃從之。

校勘記

〔一〕仰生太子太傅望之　「太子太傅」，各本作「太傅」，據册府元龜一八二增補。錢大昕廿二史考異云：「當云太子太傅，脫太子二字。」

〔二〕闡生吳郡太守冰　「冰」，南齊書高帝紀作「永」。

〔三〕隸江州刺史王廣爲援　「王廣」卽「王廣之」，南齊書有傳。本書王珍國傳云：「父廣之。」六朝人雙名後所帶「之」字，往往可省去。

〔四〕高祖及雍州刺史曹虎等並受節度　「曹虎」，各本作「曹武」，南齊書本傳作「曹虎」。按：姚思廉避唐諱，凡「虎」字皆改爲「武」或「獸」。殿本依照北監本又皆改回，但此處漏改，今改正。

〔五〕東昏以劉山陽爲巴西太守　「巴西」，各本作「巴陵」，據南史改。錢大昕廿二史考異：「蕭穎達、柳忱傳並作巴西。」按：南齊書和帝紀及通鑑齊東昏侯永元二年紀並云「巴西、梓潼二郡太守劉山陽」。巴西、梓潼同爲益州領郡，巴陵則爲荆州領郡，離梓潼甚遠，足證「巴陵」爲「巴西」之譌。

〔六〕彼聞必謂行事與天虎共隱其事　「聞」，通鑑作「間」。疑作「間」是。

〔七〕必漏吾謀內　此句疑有脫誤。通典一六一、太平御覽二八七，「必」下有「恐」字。册府元龜一八五引此句無「內」字。

〔八〕三年二月　「二月」當作「正月」。下云「戊申，高祖發襄陽」。是年正月丙申朔，戊申爲正月十三日。

〔九〕武力喪魂　北史薛安都傳，「在南以武力見叙」，隋書高祖紀下，「武力之子，俱可學文」，「武力」用法均與此異。册府元龜一八五「武力」作「武士」。

〔一〇〕推鋒扼險　「推」殿本等作「摧」，今從百衲本、南監本。按：「推鋒」一詞，史籍中屢見，如「推鋒越河」，見晉書祖逖傳；「推鋒逕進」，見北齊書高昂傳。時尚未交鋒，不得云「摧鋒」。

〔一一〕軍主王世興田安等數千人　田安卽田安之，下文有「田安之頓城北」。此省去「之」字。

〔一二〕乃命元起進據南堂西陼　「陼」，册府元龜一八五作「渚」。按：「陼」「渚」古通用。通鑑齊和帝中興元年紀作「渚」。胡注：「南堂在郢城南，西近江渚。」

〔一三〕衆復推助防孫樂祖代之　「孫」，各本作「張」。洪頤煊諸史考異：「楊公則傳、南齊書和帝紀俱作魯山城主孫樂祖。」按：南齊書張冲傳、通鑑齊和帝中興元年紀並作「孫樂祖」。胡三省注云：「參考前後，張當作孫。」今改正。

〔一四〕退保朱爵　「朱爵」，上文作「朱雀」(直指朱雀)。按「爵」、「雀」古今字，後不悉出。

〔一五〕從弟寧朔將軍景鎭廣陵　蕭景原名蕭昞，姚思廉避唐諱改。

〔一六〕大予絕鄭衞之音　「大予」各本作「大享」，惟百衲本作「大予」。張元濟梁書校勘記：「按大予卽太樂，見後漢書。」今從之。

〔一七〕夏洒霧披　「霧」各本作「露」。按：册府元龜一八五作「霧」，是，今據改。

〔一八〕其進位相國總百揆揚州刺史　按：「揚州刺史」當依通鑑作「揚州牧」。蕭衍於上年十二月爲揚州刺史，今進位揚州牧，所以下策文中謂「今進授相國，改揚州刺史爲牧」。

〔一九〕濟世寧民　「世」「民」各本作「俗」「人」。係姚思廉避唐太宗「世民」諱改。據册府元龜一八五改回。

〔二〇〕世祖以休明早崩世宗以仁德不嗣　「世祖」各本作「元帝」，「世宗」作「簡文」。此爲齊「禪」梁册文，豈能提及蕭衍後裔謚號，顯然錯誤。據南史梁本紀改正。又「德」原作「弱」，據南史改。

〔二一〕元帥潛及　「及」，疑爲「反」字之譌。

〔二二〕旌旆小臨　「小臨」各本作「未臨」。據南史及册府元龜一八五改。按此指陳伯之據江州拒蕭衍，及蕭衍臨江州，伯之束甲請降事。當云「小臨」，不得云「未臨」。

〔二三〕以豫州之梁郡歷陽南徐州之義興揚州之淮南宣城吳吳興會稽新安東陽十郡　「吳興」上，各本俱脫一「吳」字，不足十郡之數。今據南史補。

〔二四〕故得簡通賓客無事掃門　「事」通典選舉典作「俟」，義似較勝。

〔二五〕今月十五日昧爽以前　蕭衍於三月癸巳受梁王之命，即日下赦令。是年三月己丑朔，癸巳爲三月五日。「今月十五日」應作「今月五日」，衍一「十」字。文館詞林六九五無「十」字。

梁書卷二

本紀第二

武帝中

天監元年夏四月丙寅，高祖卽皇帝位於南郊。設壇柴燎，告類于天曰：「皇帝臣衍，敢用玄牡，昭告于皇天后帝：齊氏以曆運斯旣，否終則亨，欽若天應，以命于衍。夫任是司牧，惟能是授；天命不于常，帝王非一族。唐謝虞受，漢替魏升，爰及晉、宋，憲章在昔。咸以君德馭四海，元功子萬姓，故能大庇氓黎，光宅區宇。齊代云季，世主昏凶，狡焉羣慝，是崇是長，肆厥姦回暴亂，以播虐于我有邦，俾溥天惴惴，將墜于深壑。九服八荒之內，連率岳牧之君，蹶角頓顙，匡救無術，臥薪待然，援天靡訴。衍投袂星言，推鋒萬里，〔一〕厲其掛冠之情，用拯兆民之切。銜膽誓衆，覆銳屠堅，建立人主，克翦昏亂。遂因時來，宰司邦國，濟民康世，實有厥勞。而晷緯呈祥，川岳効祉，朝夕坰牧，日月郊畿。代終之符旣顯，革運之期已萃，殊俗百蠻，重譯獻款，人神遠邇，罔不和會。於是羣公卿士，咸致厥誠，並以皇乾降命，難以謙拒。齊帝脫屣萬邦，授以神器。衍自惟匪德，辭不獲許，仰迫上玄之眷，俯惟億兆之心，宸極不可久曠，民神不可乏主，遂藉樂推，膺此嘉祚。以茲寡薄，臨御萬方，顧求夙志，永言祗惕。敬簡元辰，恭茲大禮，升壇受禪，告類上帝，克播休祉，以弘盛烈，式傳厥後，用永保于我有梁。惟明靈是饗。」

禮畢，備法駕卽建康宮，臨太極前殿。詔曰：「五精遞襲，皇王所以受命；四海樂推，殷、周所以改物。雖禪代相舛，遭會異時，而微明迭用，其流遠矣。莫不振民育德，光被黎元。朕以寡闇，命不先後，寧濟之功，屬當期運，乘此時來，因心萬物，遂振厥弛維，大造區夏，永言前蹤，義均慙德。齊氏以代終有徵，歷數云改，欽若前載，集大命于朕躬。顧惟菲德，辭不獲命，寅畏上靈，用膺景業。執禋柴之禮，當與能之祚，繼迹百王，君臨四海，若涉大川，罔知攸濟。洪基初兆，萬品權輿，思俾慶澤，覃被率土。可大赦天下。改齊中興二年爲天監元年。賜民爵二級；文武加位二等；鰥寡孤獨不能自存者，人穀五斛。逋布、口錢、宿債勿復收。其犯鄉論清議，贓汙淫盜，一皆蕩滌，洗除前注，與之更始。」

封齊帝爲巴陵王，全食一郡。載天子旌旗，乘五時副車。行齊正朔。郊祀天地，禮樂制度，皆用齊典。齊宣德皇后爲齊文帝妃，齊后王氏爲巴陵王妃。

詔曰：「興運升降，前代舊章。齊世王侯封爵，悉皆降省。其有効著艱難者，別有後命。惟宋汝陰王不在除例。」

又詔曰：「大運肇升，嘉慶惟始，劫賊餘口沒在臺府者，悉可蠲放。諸流徙之家，並聽還本。」

追尊皇考爲文皇帝，廟曰太祖；皇妣爲獻皇后。追謚妃郗氏爲德皇后。追封兄太傅懿爲長沙郡王，謚曰宣武；齊後軍諮議敷爲永陽郡王，謚曰昭；弟齊太常暢爲衡陽郡王，謚曰宣；齊給事黃門侍郎融爲桂陽郡王，謚曰簡。

是日，詔封文武功臣新除車騎將軍夏侯詳等十五人爲公侯，食邑各有差。以弟中護軍宏爲揚州刺史，封爲臨川郡王；南徐州刺史秀安成郡王；雍州刺史偉建安郡王；左衞將軍恢鄱陽郡王；荊州刺史憺始興郡王。

丁卯，加領軍將軍王茂鎭軍將軍。以中書監王亮爲尚書令、中軍將軍，相國左長史王瑩爲中書監、撫軍將軍，吏部尚書沈約爲尚書僕射，長兼侍中范雲爲散騎常侍、吏部尚書。

詔曰：「宋氏以來，並恣淫侈，傾宮之富，遂盈數千。推算五都，愁窮四海，並嬰罹寃橫，拘逼不一。撫絃命管，良家不被蠲；織室繡房，幽厄猶見役。弊國傷和，莫斯爲甚。凡後宮樂府，西解暴室，諸如此例，一皆放遣。若衰老不能自存，官給廩食。」

戊辰，車騎將軍高句驪王高雲進號車騎大將軍。鎭東大將軍百濟王餘大進號征東大將軍。安西將軍宕昌王梁彌頜進號鎭西將軍。鎭東大將軍倭王武進號征東大將軍。〔三〕鎭西將軍河南王吐谷渾休留代進號征西將軍。巴陵王蕭寶融薨于姑孰，追謚爲齊和帝，終禮一依故事。

己巳，以光祿大夫張瓌爲右光祿大夫。庚午，鎭南將軍、江州刺史陳伯之進號征南將軍。

詔曰：「觀風省俗，哲后弘規；狩岳巡方，明王盛軌。所以重華在上，五品聿脩；文命肇基，四載斯履。故能物色幽微，耳目屠釣，致王業於緝熙，被淳風於遐邇。朕以寡薄，昧于治方，藉代終之運，當符命之重，取監前古，懍若馭朽。思所以振民育德，去殺勝殘，解網更張，置之仁壽；而明慚照遠，智不周物，兼以歲之不易，未遑卜征，興言夕惕，無忘鑒寐。可分遣內侍，周省四方，觀政聽謠，訪賢舉滯。其有田野不闢，獄訟無章，忘公殉私，侵漁是務者，悉隨事以聞。若懷寶迷邦，蘊奇待價，蓄響藏眞，不求聞達，並依名騰奏，罔或遺隱。使輶軒所届，如朕親覽焉。」

又詔曰：「金作贖刑，有聞自昔，入縑以免，施於中世，民悅法行，莫尙乎此。永言叔世，偸薄成風，嬰𠎝入罪，厥塗匪一。斷弊之書，日纏於聽覽；鉗釱之刑，歲積於牢犴。死者不可復生，刑者無因自返，〔三〕由此而望滋實，庸可致乎？朕夕惕思治，念崇政術，斟酌前王，擇其令典，有可以憲章邦國，罔不由之。釋愧心於四海，昭情素於萬物。俗僞日久，禁網彌繁。漢文四百，邈焉已遠。雖省事清心，無忘日用，而委銜廢策，事未獲從。可依周、漢舊典，有罪入贖，外詳爲條格，以時奏聞。」

辛未，以中領軍蔡道恭爲司州刺史。以新除謝沐縣公蕭寶義爲巴陵王，以奉齊祀。復南蘭陵武進縣，依前代之科。徵謝朏爲左光祿大夫、開府儀同三司，何胤爲右光祿大夫。改南東海爲蘭陵郡。土斷南徐州諸僑郡縣。

癸酉，詔曰：「商俗甫移，遺風尚熾，下不上達，由來遠矣。升中馭索，增其懍然。可於公車府謗木肺石傍各置一函。若肉食莫言，山阿欲有橫議，投謗木函。若從我江、漢，功在可策，犀兕徒弊，龍蛇方縣；次身才高妙，擯壓莫通，懷傅、呂之術，抱屈、賈之歎，其理有皦然，受困包匭；夫大政侵小，豪門陵賤，四民已窮，九重莫達。若欲自申，並可投肺石函。」

甲戌，詔斷遠近上慶禮。

又詔曰：「禮闈文閣，宜率舊章，貴賤既位，各有差等，俯仰拜伏，以明王度，濟濟洋洋，具瞻斯在。頃因多難，治綱弛落，官非積及，榮由幸至。六軍尸四品之職，青紫治白簿之勞。振衣朝伍，長揖卿相，趨步廣闥，並驅丞郎。遂冠履倒錯，珪甑莫辨。靜言疚懷，思返流弊。且翫法惰官，動成逋弛，罰以常科，終未懲革。夫檟楚申威，蓋代斷趾，笞捶有令，如或可從。外詳共平議，務盡厥理。」

癸未，詔「相國府職吏，可依資勞度臺；若職限已盈，所度之餘，及驃騎府，並可賜滿。」閏月丁酉，以行宕昌王梁彌邕爲安西將軍、河涼二州刺史，正封宕昌王。壬寅，以車騎將軍夏侯詳爲右光祿大夫。

詔曰：「成務弘風，肅厲內外，寔由設官分職，互相懲糾。而頃壹拘常式，見失方奏，多容違惰，莫肯執咎，憲網日弛，漸以爲俗。今端右可以風聞奏事，依元熙舊制。」

五月乙亥夜，盜入南、北掖，燒神虎門、總章觀，害衞尉卿張弘策。戊子，江州刺史陳伯之舉兵反，以領軍將軍王茂爲征南將軍、江州刺史，率衆討之。

六月庚戌，以行北秦州刺史楊紹先爲北秦州刺史、武都王。是月，陳伯之奔魏，江州平。前益州刺史劉季連據成都反。

八月戊戌，置建康三官。乙巳，平北將軍、西涼州刺史象舒彭進號安西將軍，封鄧至王。丁未，詔中書監王瑩等八人參定律令。是月，詔尚書曹郎依昔奏事。林邑、干陁利國各遣使獻方物。

冬十一月己未，立小廟。甲子，立皇子統爲皇太子。

十二月丙申，以國子祭酒張稷爲護軍將軍。辛亥，護軍將軍張稷免。

是歲大旱，米斗五千，人多餓死。

二年春正月甲寅朔，詔曰：「三訊五聽，著自聖典，哀矜折獄，義重前誥，蓋所以明愼用刑，深戒疑枉，成功致治，罔不由茲。朕自藩部，常躬訊錄，求理得情，洪細必盡。末運弛網，斯政又闕，牢犴沉壅，申訴靡從。朕屬當期運，君臨兆億，雖復齋居宣室，留心聽斷；而九牧遐荒，無因臨覽。深懼懷寃就鞫，匪惟一方。可申敕諸州，月一臨訊，博詢擇善，務在確實。」乙卯，以尙書僕射沈約爲尙書左僕射；吏部尙書范雲爲尙書右僕射；前將軍鄱陽王恢爲南徐州刺史；尙書令王亮爲左光祿大夫；右衞將軍柳慶遠爲中領軍。丙辰，尙書令、新除左光祿大夫王亮免。

夏四月癸卯，尙書删定郎蔡法度上梁律二十卷、令三十卷、科四十卷。

五月丁巳，尙書右僕射范雲卒。乙丑，益州刺史鄧元起克成都，曲赦益州。壬申，斷諸郡縣獻奉二宮。惟諸州及會稽，職惟嶽牧，許薦任土，若非地產，亦不得貢。

六月丁亥，詔以東陽、信安、豐安三縣水潦，漂損居民資業，遣使周履，量蠲課調。是夏多癘疫。以新除左光祿大夫謝朏爲司徒、尙書令。甲午，以中書監王瑩爲尙書右僕射。

秋七月，扶南、龜茲、中天竺國各遣使獻方物。

冬十月，魏寇司州。

十一月乙卯，雷電大雨，晦。是夜又雷。乙亥，尚書左僕射沈約以母憂去職。

三年春正月戊申，後將軍、揚州刺史臨川王宏進號中軍將軍。癸丑，以尚書右僕射王瑩爲尚書左僕射，太子詹事柳惔爲尚書右僕射，前尚書左僕射沈約爲鎮軍將軍。

二月，魏陷梁州。

三月，隕霜殺草。

五月丁巳，以扶南國王憍陳如闍耶跋摩爲安南將軍。

六月丙子，詔曰：「昔哲王之宰世也，每歲卜征，躬事巡省，民俗政刑，罔不必逮。末代風凋，久曠茲典，雖欲肆遠忘勞，究臨幽仄，而居今行古，事未易從，所以日晏踟躕，情同再撫。總總九州，遠近民庶，或川路幽遐，或貧羸老疾，懷冤抱理，莫由自申，所以東海匹婦，致災邦國，西土孤魂，登樓請訴。念此于懷，中夜太息。可分將命巡行州部，其有深冤鉅害，抑鬱無歸，聽詣使者，依源自列。庶以矜隱之念，昭被四方，遏聽遠聞，事均親覽。」癸未，大赦天下。

秋七月丁未，以光祿大夫夏侯詳爲車騎將軍、湘州刺史，湘州刺史楊公則爲中護軍。甲子，立皇子綜爲豫章郡王。

八月，魏陷司州，詔以南義陽置司州。

九月壬子，以河南王世子伏連籌爲鎭西將軍、西秦河二州刺史、河南王。北天竺國遣使獻方物。

冬十一月甲子，詔曰：「設教因時，淳薄異政，刑以世革，輕重殊風。昔商俗未移，民散久矣，嬰網陷辟，日夜相尋。若悉加正法，則赭衣塞路；並申弘宥，則難用爲國，故使有罪入贖，以全元元之命。今遐邇知禁，〔四〕圄犴稍虛，率斯以往，庶幾刑措。金作權典，宜在蠲息。可除贖罪之科。」

是歲多疾疫。

四年春正月癸卯朔，詔曰：「今九流常選，年未三十，不通一經，不得解褐。若有才同甘、顏，勿限年次。」置五經博士各一人。以鎭北將軍、雍州刺史建安王偉爲南徐州刺史，南徐州刺史鄱陽王恢爲郢州刺史，中領軍柳慶遠爲雍州刺史。丙午，省鳳皇銜書伎。戊申，詔曰：「夫禋郊饗帝，至敬攸在，致誠盡慤，猶懼有違；而往代多令宮人縱觀茲禮，帷宮廣設，輜軿耀路，非所以仰虔蒼昊，昭感上靈。屬車之間，見譏前世，便可自今停止。」辛亥，輿駕親祠南郊，赦天下。

二月壬午，遣衞尉卿楊公則率宿衞兵塞洛口。壬辰，交州刺史李凱據州反，長史李畟討平之。曲赦交州。戊戌，以前郢州刺史曹景宗爲中護軍。是月，立建興苑於秣陵建興里。

夏四月丁巳，以行宕昌王梁彌博爲安西將軍、河涼二州刺史、宕昌王。是月，自甲寅至壬戌，甘露連降華林園。

五月辛卯，建康縣朔陰里生嘉禾，一莖十二穗。

六月庚戌，立孔子廟。壬戌，歲星晝見。

秋七月辛卯，右光祿大夫張瓌卒。

八月庚子，老人星見。

冬十月丙午，北伐，以中軍將軍、揚州刺史臨川王宏都督北討諸軍事，尚書右僕射柳惔爲副。是歲，以興師費用，王公以下各上國租及田穀，以助軍資。

十一月辛未，以都官尚書張稷爲領軍將軍。甲午，天晴朗，西南有電光，聞如雷聲三。

十二月，司徒、尚書令謝朏以所生母憂，去職。

是歲大穰，米斛三十。

五年春正月丁卯朔，詔曰：「在昔周、漢，取士方國。頃代凋訛，幽仄罕被，人孤地絕，用隔聽覽，士操淪胥，因茲靡勸。豈其岳瀆縱靈，偏有厚薄，寔由知與不知、用與不用耳。朕以菲德，君此兆民，而兼明廣照，屈於堂戶，飛耳長目，不及四方，永言愧懷，無忘旦夕。凡諸郡國舊族邦內無在朝位者，選官搜括，使郡有一人。」乙亥，以前司徒謝朏為中書監、司徒、衞將軍，鎮軍將軍沈約為右光祿大夫，豫章王綜為南徐州刺史。丁丑，以尚書左僕射王瑩為護軍將軍，僕射如故。甲申，立皇子綱為晉安郡王。丁亥，太白晝見。

二月庚戌，以太常張充為吏部尚書。

三月丙寅朔，日有蝕之。癸未，魏宣武帝從弟翼率其諸弟來降。輔國將軍劉思效破魏青州刺史元繫於膠水。丁亥，陳伯之自壽陽率衆歸降。

夏四月丙申，廬陵高昌之仁山獲銅劒二，始豐縣獲八目龜一。甲寅，詔曰：「朕昧旦齋居，惟刑是恤，三辟五聽，寢興載懷。故陳肺石於都街，增官司於詔獄，殷勤親覽，小大以情。而明慎未洽，囹圄尚壅，永言納隍，在予興愧。凡犴獄之所，可遣法官近侍，遞錄囚徒，如有枉滯，以時奏聞。」

五月辛未，太子左衞率張惠紹克魏宿預城。〔五〕乙亥，臨川王宏前軍克梁城。辛巳，豫州刺史韋叡克合肥城。丁亥，廬江太守裴邃克羊石城；庚寅，又克霍丘城。辛卯，太白晝見。

六月庚子，青、冀二州刺史桓和前軍克朐山城。

秋七月乙丑，鄧至國遣使獻方物。

八月戊戌，老人星見。辛酉，作太子宮。

冬十一月甲子，京師地震。乙丑，以師出淹時，大赦天下。魏寇鍾離，遣右衞將軍曹景宗率衆赴援。

十二月癸卯，司徒謝朏薨。

六年春正月辛酉朔，詔曰：「徑寸之寶，或隱沙泥；以人廢言，君子斯戒。朕聽朝晏罷，思闡政術，雖百辟卿士，有懷必聞，而蓄響邊遐，未臻魏闕。或屈以貧陋，或間以山川，頓足延首，無因奏達。豈所以沉浮靡漏，遠邇兼得者乎？四方士民，若有欲陳言刑政，益國利民，淪礙幽遠，不能自通者，可各詮條布懷於刺史二千石。有可申採，大小以聞。」己卯，詔曰：「夫有天下者，義非爲己。凶荒疾癘，兵革水火，有一於此，責歸元首。今祝史請禱，繼諸不善，以朕身當之，永使災害不及萬姓，俾茲下民稍蒙寧息。不得爲朕祈福，以增其過。

特班遠邇，咸令遵奉。」

二月甲辰，老人星見。

三月庚申朔，隕霜殺草。是月，有三象入京師。

夏四月壬辰，置左右驍騎、左右游擊將軍官。癸巳，曹景宗、韋叡等破魏軍於邵陽洲，斬獲萬計。癸卯，以右衞將軍曹景宗爲領軍將軍、徐州刺史。己酉，以江州刺史王茂爲尚書右僕射，中書令安成王秀爲平南將軍、江州刺史。分湘廣二州置衡州。丁巳，以中軍將軍、揚州刺史臨川王宏爲驃騎將軍、開府儀同三司，撫軍將軍建安王偉爲揚州刺史，右光祿大夫沈約爲尚書左僕射，尚書左僕射王瑩爲中軍將軍。

五月己未，以新除左驍騎將軍長沙王深業爲中護軍。〔六〕癸亥，以侍中袁昂爲吏部尚書。己巳，置中衞、中權將軍，改驍騎爲雲騎，游擊爲游騎。辛未，右將軍、揚州刺史建安王偉進號中權將軍。

六月庚戌，以車騎將軍、湘州刺史夏侯詳爲右光祿大夫，〔七〕新除金紫光祿大夫柳惔爲安南將軍、湘州刺史。新吳縣獲四目龜一。

秋七月甲子，太白晝見。丙寅，分廣州置桂州。丁亥，以新除尚書右僕射王茂爲中衞將軍。

八月戊子，赦天下。戊戌，大風折木。京師大水，因濤入，加御道七尺。九月，嘉禾一莖九穗，生江陵縣。乙亥，改閱武堂爲德陽堂，〔八〕聽訟堂爲儀賢堂。丙戌，以左衞將軍呂僧珍爲平北將軍、南兗州刺史，豫章內史蕭昌爲廣州刺史。

冬十月壬寅，以五兵尚書徐勉爲吏部尚書。

閏月乙丑，以驃騎將軍、開府儀同三司臨川王宏爲司徒、行太子太傅，尚書左僕射沈約爲尚書令、行太子少傅，吏部尚書袁昂爲右僕射。〔九〕戊寅，平西將軍、荆州刺史始興王憺進號安西將軍。甲申，以右光祿大夫夏侯詳爲尚書左僕射。〔一〇〕

十二月丙辰，尚書左僕射夏侯詳卒。乙丑，魏淮陽鎭都軍主常邕和以城內屬。分豫州置霍州。

七年春正月乙酉朔，詔曰：「建國君民，立教爲首。不學將落，嘉植靡由。朕肇基明命，光宅區宇，雖耕耘雅業，傍闡藝文，而成器未廣，志本猶闕，非所以鎔範貴遊，納諸軌度。思欲式敦讓齒，自家刑國。今聲訓所漸，戎夏同風，宜大啓庠斆，博延胄子，務彼十倫，弘此三德，使陶鈞遠被，微言載表。」中衞將軍、領太子詹事王茂進號車騎將軍。戊戌，作神龍、仁虎闕於端門、大司馬門外。壬子，以領軍將軍曹景宗爲中衞將軍，衞尉蕭景兼領軍將軍。

二月乙卯，廬江灊縣獲銅鍾二。新作國門于越城南。乙丑，增置鎮衞將軍以下各有差。庚午，詔於州郡縣置州望、郡宗、鄉豪各一人，專掌搜薦。乙亥，以車騎大將軍高麗王高雲爲撫東大將軍、〔二〕開府儀同三司，平北將軍、南兗州刺史呂僧珍爲領軍將軍。丙子，以中護軍長沙王深業爲南兗州刺史，兼領軍將軍蕭景爲雍州刺史，雍州刺史柳慶遠爲護軍將軍。

夏四月乙卯，皇太子納妃，赦大辟以下，頒賜朝臣及近侍各有差。辛未，秣陵縣獲靈龜一。戊寅，餘姚縣獲古銅劍二。

五月己亥，詔復置宗正、太僕、大匠、鴻臚，又增太府、太舟，仍先爲十二卿。癸卯，以平南將軍、江州刺史安成王秀爲平西將軍、荆州刺史，安西將軍、荆州刺史始興王憺爲護軍將軍，中衞將軍曹景宗爲安南將軍、江州刺史。

六月辛酉，復建、修二陵周回五里內居民，改陵監爲令。

秋七月丁亥，月犯氐。

八月癸丑，安南將軍、江州刺史曹景宗卒。丁巳，赦大辟以下未結正者。甲戌，平西將軍、荆州刺史安成王秀進號安西將軍，雲麾將軍、郢州刺史鄱陽王恢進號平西將軍。老人星見。

九月丁亥，詔曰：「芻牧必往，姬文垂則；雉兔有刑，姜宣致貶。〔一二〕藪澤山林，毓材是出，斧斤之用，比屋所資。而頃世相承，並加封固，豈所謂與民同利，惠茲黔首？凡公家諸屯戍見封熂者，可悉開常禁。」壬辰，置童子奉車郎。癸巳，立皇子績爲南康郡王。己亥，月犯東井。

冬十月丙寅，以吳興太守張稷爲尚書左僕射。丙子，魏陽關主許敬珍以城内附。詔大舉北伐。以護軍將軍始興王憺爲平北將軍，率衆入清；車騎將軍王茂率衆向宿預。丁丑，魏懸瓠鎮軍主白皁生、〔一三〕豫州刺史胡遜以城内屬，以皁生爲鎮北將軍、司州刺史，遜爲平北將軍、豫州刺史。

十一月辛巳，鄱縣言甘露降。

八年春正月辛巳，輿駕親祠南郊，赦天下，内外文武各賜勞一年。壬辰，魏鎮東參軍成景儁斬宿預城主嚴仲寶，〔一四〕以城内屬。

二月壬戌，老人星見。

夏四月，以北巴西郡置南梁州。戊申，以護軍將軍始興王憺爲中衞將軍，司徒、行太子太傅臨川王宏爲司空、揚州刺史，車騎將軍、領太子詹事王茂卽本號開府儀同三司。丁卯，魏楚王城主李國興以城內附。丙子，以中軍將軍、丹陽尹王瑩爲右光祿大夫。

五月壬午，詔曰：「學以從政，殷勤往哲，祿在其中，抑亦前事。朕思闡治綱，每敦儒術，軾閭闢館，造次以之。故負袟成風，甲科間出，方當置諸周行，飾以青紫。其有能通一經、始末無倦者，策實之後，選可量加敍錄。雖復牛監羊肆，寒品後門，並隨才試吏，勿有遺隔。」

秋七月癸巳，巴陵王蕭寶義薨。

八月戊午，老人星見。

冬十月乙巳，以中軍將軍始興王憺爲鎭北將軍、南兗州刺史，〔一五〕南兗州刺史長沙王深業爲護軍將軍。

九年春正月乙亥，以尚書令、行太子少傅沈約爲左光祿大夫，行少傅如故，右光祿大夫王瑩爲尚書令，行中撫將軍建安王偉領護軍將軍，鎭北將軍、南兗州刺史始興王憺爲鎭西將軍、益州刺史，太常卿王亮爲中書監。丙子，以輕車將軍晉安王綱爲南兗州刺史。庚寅，新作緣淮塘，北岸起石頭迄東冶，南岸起後渚籬門迄三橋。

三月己丑，車駕幸國子學，親臨講肆，賜國子祭酒以下帛各有差。乙未，詔曰：「王子從學，著自禮經，貴遊咸在，實惟前誥，所以式廣義方，克隆教道。今成均大啓，元良齒讓，自斯以降，並宜肄業。皇太子及王侯之子，年在從師者，可令入學。」于闐國遣使獻方物。

夏四月丁巳，革選尚書五都令史用寒流。林邑國遣使獻白猴一。

五月己亥，詔曰：「朕達聽思治，無忘日昃，而百司羣務，其途不一，隨時適用，各有攸宜，若非總會衆言，無以備兹親覽。自今臺閣省府州郡鎭戍應有職僚之所，時共集議，各陳損益，具以奏聞。」中書監王亮卒。

六月癸丑，盜殺宣城太守朱僧勇。癸酉，以中撫將軍、領護軍建安王偉爲鎭南將軍、江州刺史。

閏月己丑，宣城盜轉寇吳興縣，太守蔡撙討平之。

秋七月己巳，老人星見。

冬十二月癸未，輿駕幸國子學，策試胄子，賜訓授之司各有差。

十年春正月辛丑，輿駕親祠南郊，大赦天下，居局治事賜勞二年。癸卯，以尚書左僕射張稷爲安北將軍、青冀二州刺史，郢州刺史鄱陽王恢爲護軍將軍。甲辰，以南徐州刺史豫章王綜爲郢州刺史，輕車將軍南康王績爲南徐州刺史。戊申，騶虞一，見荆州華容縣。以左民尚書王暕爲吏部尚書。辛酉，輿駕親祠明堂。

三月辛丑，盜殺東莞、琅邪二郡太守鄧晰，〔一六〕以朐山引魏軍，遣振遠將軍馬仙琕討之。是月，魏徐州刺史盧昶帥衆赴朐山。

夏五月癸酉，安豐縣獲一角玄龜。〔一七〕丁丑，領軍呂僧珍卒。己卯，以國子祭酒張充爲尚書左僕射，太子詹事柳慶遠爲領軍將軍。

六月乙酉，嘉蓮一莖三花生樂遊苑。〔一八〕

秋七月丙辰，詔曰：「昔公卿面陳，載在前史，令僕陛奏，列代明文，所以釐彼庶績，成茲羣務。晉氏陵替，虛誕爲風，自此相因，其失彌遠，遂使武帳空勞，無汲公之奏，丹墀徒闢，闕鄭生之履。三槐八座，應有務之百官，宜有所論，可入陳啓，庶藉周爰，少匡寡薄。」

九月丙申，天西北隆隆有聲，赤氣下至地。

冬十二月癸酉，山車見于臨城縣。庚辰，馬仙琕大破魏軍，斬馘十餘萬，剋復朐山城。是歲，初作宮城門三重樓及開二道。宕昌國遣使獻方物。

十一年春正月壬辰，詔曰：「夫刑法悼耄，罪不收孥，禮著明文，史彰前事，蓋所以申其哀矜，故罰有弗及。近代相因，厥網彌峻，髫年華髮，同坐入嚳。雖懲惡勸善，宜窮其制，而

老幼流離，良亦可愍。自今逋謫之家及罪應質作，若年有老小，可停將送。」加左光祿大夫、
行太子少傅沈約特進。鎮南將軍、江州刺史建安王偉儀同三司。司空、揚州刺史臨川王宏
進位爲太尉。驃騎將軍王茂爲司空。〔一九〕尚書令、雲麾將軍王瑩進號安左將軍。安北將軍、
青冀二州刺史張稷進號鎮北將軍。〔二〇〕

二月戊辰，新昌、濟陽二郡野蠶成繭。

三月丁巳，曲赦揚、徐二州。築西靜壇於鍾山。庚申，高麗國遣使獻方物。

四月戊子，詔曰：「去歲朐山大殲醜類，宜爲京觀，用旌武功；但伐罪弔民，皇王盛軌，掩
骼埋胔，仁者用心。其下青州悉使收藏。」百濟、扶南、林邑國並遣使獻方物。

六月辛巳，以司空王茂領中權將軍。

九月辛亥，宕昌國遣使獻方物。

冬十一月乙未，以吳郡太守袁昂兼尚書右僕射。己酉，降太尉、揚州刺史臨川王宏爲
驃騎將軍、開府同三司之儀。癸丑，齊宣德太妃王氏薨。

十二月己未，以安西將軍、荆州刺史安成王秀爲中衞將軍，護軍將軍鄱陽王恢爲平西
將軍、荆州刺史。

十二年春正月辛卯，輿駕親祠南郊，赦大辟以下。

二月辛酉，以兼尚書右僕射袁昂爲尚書右僕射。〔三〕丙寅，詔曰：「掩骼埋胔，義重周經，樽櫝有加，事美漢策。朕向隅載懷，每勤造次，收藏之命，亟下哀矜；而寓縣遐深，遵奉未洽，髐然路隅，往往而有，言愍沉枯，彌勞傷惻。可明下遠近，各巡境界，若委骸不葬，或蔯衣莫改，即就收斂，量給棺具。庶夜哭之魂斯慰，霑霜之骨有歸。」辛巳，新作太極殿，改爲十三間。

三月癸卯，以湘州刺史王珍國爲護軍將軍。

閏月乙丑，特進、中軍將軍沈約卒。

夏四月，京邑大水。

六月癸巳，新作太廟，增基九尺。庚子，太極殿成。

秋九月戊午，以鎮南將軍、開府儀同三司、江州刺史建安王偉爲撫軍將軍，儀同如故；驃騎將軍、開府同三司之儀、揚州刺史臨川王宏爲司空；領中權將軍王茂爲驃騎將軍、開府同三司之儀、江州刺史。

冬十月丁亥，詔曰：「明堂地勢卑濕，未稱乃心。外可量就埤起，以盡誠敬。」

十三年春正月壬戌，以丹陽尹晉安王綱爲荆州刺史。癸亥，以平西將軍、荆州刺史鄱陽王恢爲鎭西將軍、益州刺史。丙寅，以翊右將軍安成王秀爲安西將軍、郢州刺史。

二月丁亥，輿駕親耕籍田，赦天下，孝悌力田賜爵一級。老人星見。

三月辛亥，以新除中撫將軍、開府儀同三司建安王偉爲左光祿大夫。

夏四月辛卯，林邑國遣使獻方物。壬辰，以郢州刺史豫章王綜爲安右將軍。

五月辛亥，以通直散騎常侍韋叡爲中護軍。

六月己亥，以南兗州刺史蕭景爲領軍將軍，領軍將軍柳慶遠爲安北將軍、雍州刺史。

秋七月乙亥，立皇子綸爲邵陵郡王，繹爲湘東郡王，紀爲武陵郡王。

八月癸卯，扶南、于闐國各遣使獻方物。

是歲作浮山堰。

十四年春正月乙巳朔，皇太子冠，赦天下，賜爲父後者爵一級，王公以下班賚各有差，停遠近上慶禮。丙午，安左將軍、尙書令王瑩進號中權將軍。以鎭西將軍始興王憺爲中撫將軍。辛亥，輿駕親祠南郊。詔曰：「朕恭祗明祀，昭事上靈，臨竹宮而登泰壇，服裘冕而奉蒼璧，柴望既升，誠敬克展，思所以對越乾元，弘宣德教；而缺于治道，政法多昧，實佇羣才，用康庶績。可班下遠近，博採英異。若有確然鄉黨，獨行州閭，肥遁丘園，不求聞達，藏器待時，未加收採；或賢良、方正，孝悌、力田，並卽騰奏，具以名上。當擢彼周行，試以邦邑，庶百司咸事，兆民無隱。又世輕世重，隨時約法，前以劓墨，用代重辟，猶念改悔，其路已壅，並可省除。」丙寅，汝陰王劉胤薨。

二月庚寅，芮芮國遣使獻方物。戊戌，老人星見。辛丑，以中護軍韋叡爲平北將軍、雍州刺史，新除中撫將軍始興王憺爲荆州刺史。

夏四月丁丑，驃騎將軍、開府同三司之儀、江州刺史王茂薨。

五月丁巳，以荆州刺史晉安王綱爲江州刺史。

秋八月乙未，老人星見。

九月癸亥，以長沙王深業爲護軍將軍。狼牙脩國遣使獻方物。

十五年春正月己巳，詔曰：「觀時設教，王政所先，兼而利之，寔惟務本，移風致治，咸由此作。頃因革之令，隨事必下，而張弛之要，未臻厥宜，民瘼猶繁，廉平尚寡，所以佇旒纊而載懷，朝玉帛而興歎。可申下四方，政有不便於民者，所在具條以聞。守宰若淸潔可稱，或侵漁爲蠹，分別奏上，將行黜陟。長吏勸課，躬履堤防，勿有不脩，致妨農事。關市之賦，或有未允，外時參量，優減舊格。」

三月戊辰朔，日有蝕之。

夏四月丁未，以安右將軍豫章王綜兼護軍。高麗國遣使獻方物。

五月癸未，以司空、揚州刺史臨川王宏爲中書監，驃騎大將軍、刺史如故。

六月丙申，改作小廟畢。庚子，以尚書令王瑩爲左光祿大夫、開府儀同三司，尚書右僕射袁昂爲尚書左僕射，吏部尚書王暕爲尚書右僕射。

秋八月，老人星見。芮芮、河南遣使獻方物。

九月辛巳，左光祿大夫、開府儀同三司王瑩薨。壬辰，赦天下。

冬十月戊午，以丹陽尹長沙王深業爲湘州刺史。

十一月丁卯，以兼護軍豫章王綜爲安前將軍。交州刺史李畟斬交州反者阮宗孝，傳首京師。曲赦交州。壬午，以雍州刺史韋叡爲護軍將軍。

十六年春正月辛未，輿駕親祠南郊，詔曰：「朕當扆思治，政道未明，昧旦劬勞，亟移星紀。今太皡御氣，句芒首節，升中就陽，禋敬克展，務承天休，布兹和澤。尤貧之家，勿收今年三調。其無田業者，所在量宜賦給。若民有產子，即依格優蠲。孤老鰥寡不能自存，咸加賑卹。班下四方。諸州郡縣，時理獄訟，勿使寃滯，並若親覽。」

二月庚戌，老人星見。甲寅，以安前將軍豫章王綜爲南徐州刺史。

三月丙子，河南王遣使獻方物。

夏四月甲子，初去宗廟牲。〔三〕潮溝獲白雀一。

六月戊申，以廬陵王續爲江州刺史。

七月丁丑，以郢州刺史安成王秀爲鎭北將軍、雍州刺史。

八月辛丑，老人星見。扶南、婆利國各遣使獻方物。

冬十月，去宗廟薦脩，始用蔬果。

十七年春正月丁巳朔，詔曰：「夫樂所自生，含識之常性；厚下安宅，馭世之通規。朕矜此庶氓，無忘待旦，亟弘生聚之略，每布寬卹之恩；而編戶未滋，遷徙尚有，輕去故鄉，豈其本志？資業殆闕，自返莫由，巢南之心，亦何能弭。今開元發歲，品物惟新，思俾黔黎，各安舊所。將使郡無曠土，邑靡游民，鷄犬相聞，桑柘交畛。凡天下之民，有流移他境，在天監十七年正月一日以前，可開恩半歲，悉聽還本，蠲課三年。其流寓過遠者，量加程日。若有不樂還者，卽使著土籍爲民，准舊課輸。若流移之後，本鄉無復居宅者，村司三老及餘親屬，卽爲詣縣，占請村內官地官宅，〔二三〕令相容受，使戀本者還有所託。凡坐爲市埭諸職割盜衰減應被封籍者，〔二四〕其田宅車牛，是民生之具，不得悉以沒入，皆優量分留，使得自止。其商賈富室，亦不得頓相兼併。遁叛之身，罪無輕重，並許首出，還復民伍。若有拘限，自還本役。並爲條格，咸使知聞。」

二月癸巳，鎭北將軍、雍州刺史安成王秀薨。甲辰，大赦天下。乙卯，以領石頭戍事南康王績爲南兗州刺史。

三月甲申，老人星見。丙申，改封建安王偉爲南平王。〔二五〕

夏五月戊寅，驃騎大將軍、揚州刺史臨川王宏免。己卯，干陁利國遣使獻方物。以領軍將軍蕭景爲安右將軍，監揚州。辛巳，以臨川王宏爲中軍將軍、中書監。

六月乙酉，以益州刺史鄱陽王恢爲領軍將軍。中軍將軍、中書監臨川王宏以本號行司徒。

癸卯，以國子祭酒蔡撙爲吏部尙書。

秋八月壬寅，老人星見。詔以兵騶奴婢，男年登六十，女年登五十，〔二六〕免爲平民。

冬十月乙亥，以中軍將軍、行司徒臨川王宏爲中書監、司徒。

十一月辛亥，以南平王偉爲左光祿大夫、開府儀同三司。

十八年春正月甲申，以領軍將軍鄱陽王恢爲征西將軍、開府儀同三司、荆州刺史，荆州刺史始興王憺爲中撫將軍、開府儀同三司、領軍。以尚書左僕射袁昂爲尚書令，尚書右僕射王暕爲尙書左僕射，太子詹事徐勉爲尚書右僕射。辛卯，輿駕親祠南郊，孝悌力田賜爵一級。

二月戊午，老人星見。

四月丁巳，大赦天下。

秋七月甲申，老人星見。于闐、扶南國各遣使獻方物。

校勘記

〔一〕推鋒萬里　「推」殿本作「摧」，今從百衲本。說見卷一校勘記第十條。

〔二〕鎮東大將軍倭王武進號征東大將軍　「征東大將軍」各本及倭國傳並作「征東將軍」。今據南史倭國傳補。

〔三〕刑者無因自返　「刑」，各本作「生」，據南史改。按：此語本緹縈上書故事。漢書刑法志：「死者不可復生，刑者不可復屬。」

〔四〕今遐邇知禁　「今」殿本作「令」，從百衲本。按：「今遐邇知禁」對上「昔商俗未移」言，作「令」譌。

〔五〕太子左衞率張惠紹克魏宿預城　「太子左衞率」張惠紹傳及通鑑皆作「太子右衞率」。

〔六〕以新除左驍騎將軍長沙王深業爲中護軍　長沙王本名淵業，因避唐諱，或去「淵」字，或改「淵」爲「深」。後如此者，不再出校記。

〔七〕以車騎將軍湘州刺史夏侯詳爲右光祿大夫　「右」各本作「左」，據夏侯詳傳改。

〔八〕乙亥改閱武堂爲德陽堂　「乙亥」各本作「丁亥」，據南史改。按：下有丙戌，則丁亥不得在前，作「乙亥」是。

〔九〕吏部尙書袁昂爲右僕射　「右」各本作「左」，據南史、通鑑並參照袁昂傳改。按：袁昂傳，昂於天監六年徵爲吏部尙書，累表陳讓，徙爲左民尙書、兼右僕射。

〔一〇〕以右光祿大夫夏侯詳爲尙書左僕射　「光祿」上，各本脫「右」字。南史作「左」字，亦誤。按本傳，詳終於右光祿，今補正。

〔一一〕以車騎大將軍高麗王高雲爲撫東大將軍　「撫東大將軍」各本作「撫軍大將軍」。據南史、册府元龜九六三及本書東夷傳改正。

〔一二〕雉兔有刑姜宣致貶　牛運震空山堂集讀史糾繆八：「案孟子，殺其麋鹿者如殺人之罪。非謂雉兔也。宣王乃田齊，非姜齊。」

〔一三〕魏懸瓠鎭軍主白皁生　「白皁生」魏書宣武帝紀作「白早生」，通鑑從魏書。

〔一四〕魏鎭東參軍成景儁斬宿預城主嚴仲寶　「嚴仲寶」魏書宣武帝紀作「嚴仲賢」。

〔一五〕以中軍將軍始興王憺爲鎭北將軍南兗州刺史　蕭憺於本年四月爲中衞將軍。此「中軍將軍」當爲「中衞將軍」之譌。

〔一六〕三月辛丑盜殺東莞琅邪二郡太守鄧晣　通鑑考異據魏書盧昶傳，以爲殺太守事在三月二十四夜，按是月丁酉朔，二十四爲辛酉，非辛丑。又「鄧晣」當依馬仙琕傳及魏書宣武帝紀、盧昶傳作「劉晣」。

〔一七〕夏五月癸酉安豐縣獲一角玄龜　「五月」當作「四月」。是年五月丙申朔，無癸酉，亦無下文所出之丁丑、己卯。四月丙寅朔，有癸酉、丁丑、己卯。

〔一八〕六月乙酉嘉蓮一莖三花生樂遊苑　「六月」各本脫，建康實錄一七「乙酉」上有「六月」二字。按：是年五月丙申朔，無乙酉。六月乙丑朔，乙酉爲六月二十一日，正蓮花開放之時。據補。

〔一九〕驃騎將軍王茂爲司空　按王茂傳，茂以天監七年拜車騎將軍，八年以本號開府儀同三司，十一年進位司空，改領中權將軍，至十二年始出爲使持節散騎常侍、驃騎將軍、都督江州諸軍事。此「驃騎將軍」當作「車騎將軍」。

〔二〇〕安北將軍青冀二州刺史張稷進號鎭北將軍　「鎭北將軍」各本作「領北將軍」。時無領北將軍之號，據張稷傳改。

〔二一〕以兼尚書右僕射袁昂爲尚書右僕射　「尚書右僕射」各本作「尚書左僕射」，據南史及通鑑改。張森楷梁書校勘記云：「據下十五年以右僕射袁昂爲左僕射之文，則此不得是左僕射。」

〔二二〕夏四月甲子初去宗廟牲　通鑑不書日。考異云：「按長曆是月辛卯朔，無甲子。」

〔二三〕占請村內官地官宅　「占」北監本、汲古閣本、殿本並譌「告」，今從百衲本、金陵局本。按：文館詞林六七〇、册府元龜一九一並作「占」。占請，謂隱度其地而請之。

〔二四〕凡坐爲市埭諸職割盜衰減應被封籍者　「減」各本作「滅」。據文館詞林六七〇、册府元龜一九一改。割盜衰減，是割盜諸稅及稅收衰減之意。

〔二五〕三月甲申老人星見丙申改封建安王偉爲南平王　是年三月丙辰朔，無丙申。「丙申」，建康實錄作「丙寅」。但甲申又不應在丙寅前。

〔二六〕男年登六十女年登五十　南史作「男年六十六，女年六十」。

梁書卷三

本紀第三

武帝下

普通元年春正月乙亥朔，改元，大赦天下，賜文武勞位，孝悌力田爵一級，尤貧之家，勿收常調，鰥寡孤獨，並加贍䘏。丙子，日有蝕之。己卯，以司徒臨川王宏爲太尉、揚州刺史，安右將軍、監揚州蕭景爲安西將軍、郢州刺史。尚書左僕射王暕以母憂去職，金紫光祿大夫王份爲尚書左僕射。庚子，扶南、高麗國各遣使獻方物。

二月壬子，老人星見。癸丑，以高麗王世子安爲寧東將軍、高麗王。

三月丙戌，滑國遣使獻方物。

夏四月甲午，河南王遣使獻方物。

六月丁未，以護軍將軍韋叡爲車騎將軍。

秋七月己卯，江、淮、海並溢。辛卯，以信威將軍邵陵王綸爲江州刺史。

八月庚戌，老人星見。甲子，新除車騎將軍韋叡卒。

九月乙亥，有星晨見東方，光爛如火。

冬十月辛亥，以宣惠將軍長沙王深業爲護軍將軍。辛酉，以丹陽尹晉安王綱爲平西將軍、益州刺史。

二年春正月甲戌，以南徐州刺史豫章王綜爲鎮右將軍。新除益州刺史晉安王綱改爲徐州刺史。辛巳，輿駕親祠南郊。詔曰：「春司御氣，虔恭報祀，陶匏克誠，蒼璧禮備，思隨乾覆，布茲亭育。凡民有單老孤稚不能自存，主者郡縣咸加收養，贍給衣食，每令周足，以終其身。又於京師置孤獨園，孤幼有歸，華髮不匱。若終年命，厚加料理。尤窮之家，勿收租賦。」戊子，大赦天下。

二月辛丑，輿駕親祠明堂。

三月庚寅，大雪，平地三尺。

夏四月乙卯，改作南北郊。丙辰，詔曰：「夫欽若昊天，曆象無違，躬執耒耜，盡力致敬，上協星鳥，俯訓民時，平秩東作，義不在南。前代因襲，有乖禮制，可於震方，簡求沃野，具茲千畝，庶允舊章。」

五月癸卯，琬琰殿火，〔一〕延燒後宮屋三千間。丁巳，詔曰：「王公卿士，今拜表賀瑞，雖則百辟體國之誠，朕懷良有多愧。若其澤漏川泉，仁被動植，氣調玉燭，治致太平，爰降嘉祥，可無慚德；而政道多缺，淳化未凝，何以仰叶辰和，遠臻冥貺？此乃更彰寡薄，重增其尤。自今可停賀瑞。」

六月丁卯，信威將軍、義州刺史文僧明以州叛入于魏。〔二〕

秋七月丁酉，假大匠卿裴邃節，督衆軍北討。甲寅，老人星見。魏荊州刺史桓叔興帥衆降。

八月丁亥，始平郡中石鼓村地自開成井，方六尺六寸，深三十二丈。

冬十一月，百濟、新羅國各遣使獻方物。

十二月戊辰，以鎮東大將軍百濟王餘隆爲寧東大將軍。

三年春正月庚子，以尚書令袁昂爲中書監，吳郡太守王暕爲尚書左僕射，尚書左僕射王份爲右光祿大夫。庚戌，京師地震。己未，以宣毅將軍廬陵王續爲雍州刺史。

三月乙卯，巴陵王蕭屏薨。〔三〕

夏四月丁卯，汝陰王劉端薨。

五月壬辰朔，日有蝕之，既。癸巳，赦天下，並班下四方，民所疾苦，咸即以聞，公卿百僚各上封事，連率郡國舉賢良、方正、直言之士。

秋八月辛酉，作二郊及籍田並畢，班賜工匠各有差。甲子，老人星見。婆利、白題國各遣使獻方物。

冬十月丙子，加中書監袁昂中衞將軍。

十一月甲午，撫軍將軍、開府儀同三司、領軍將軍始興王憺薨。辛丑，以太子詹事蕭淵藻爲領軍將軍。

四年春正月辛卯，輿駕親祠南郊，大赦天下，應諸窮疾，咸加賑卹，並班下四方，時理獄訟。丙午，輿駕親祠明堂。〔四〕

二月庚午，老人星見。乙亥，躬耕籍田。詔曰：「夫耕籍之義大矣哉！粢盛由之而興，禮節因之以著，古者哲王咸用此作。眷言八政，致茲千畝，公卿百辟，恪恭其儀，九推畢禮，馨香靡替。兼以風雲叶律，氣象光華，屬覽休辰，思加獎勸。可班下遠近，廣闢良疇，公私畎畝，務盡地利。若欲附農而糧種有乏，亦加貸卹，每使優遍。孝悌力田賜爵一級。預耕之司，剋日勞酒。」

三月壬寅，以鎭右將軍豫章王綜爲平北將軍、南兗州刺史。

六月乙丑，分益州置信州，分交州置愛州，分廣州置成州、南定州、合州、建州，分霍州置義州。

秋八月丁卯，老人星見。

冬十月庚午，以中書監、中衞將軍袁昂爲尙書令，卽本號開府儀同三司。己卯，護軍將軍昌義之卒。

十一月癸未朔，日有蝕之。太白晝見。甲辰，尙書左僕射王暕卒。

十二月戊午，始鑄鐵錢。狼牙脩國遣使獻方物。

五年春正月，以左光祿大夫、開府儀同三司南平王偉爲鎭衞大將軍，改領右光祿大夫，儀同三司如故。征西將軍、開府儀同三司、荆州刺史鄱陽王恢進號驃騎大將軍。太府卿夏侯亶爲中護軍。右光祿大夫王份爲左光祿大夫，加特進。辛卯，平北將軍、南兗州刺史豫章王綜進號鎭北將軍。平西將軍、雍州刺史晉安王綱進號安北將軍。

二月庚午，特進、左光祿大夫王份卒。丁丑，老人星見。

三月甲戌，分揚州、江州置東揚州。

夏四月乙未，以雲麾將軍南康王績爲江州刺史。

六月乙酉，龍鬬于曲阿王陂，因西行至建陵城。所經處樹木倒折，開地數十丈。戊子，以會稽太守武陵王紀爲東揚州刺史。庚子，以員外散騎常侍元樹爲平北將軍、北青兗二州刺史，率衆北伐。

秋七月辛未，賜北討義客位一階。

八月庚寅，徐州刺史成景雋克魏童城。〔五〕

九月戊申，又剋睢陵城。戊午，北兗州刺史趙景悅圍荆山。壬戌，宣毅將軍裴邃襲壽陽，入羅城，弗剋。

冬十月戊寅，裴邃、元樹攻魏建陵城，破之。辛巳，又破曲木。〔六〕掃虜將軍彭寶孫剋琅邪。甲申，又剋檀丘城。辛卯，裴邃破狄城。〔七〕丙申，又剋甓城，遂進屯黎漿。〔八〕壬寅，魏東海太守韋敬欣以司吾城降。定遠將軍闕二字太守曹世宗破魏曲陽城。甲辰，又剋秦墟。魏郿、潘溪守悉皆棄城走。

十一月丙辰，彭寶孫剋東莞城。壬戌，裴邃攻壽陽之安城，剋之。〔九〕丙寅，魏馬頭、安城並來降。

十二月戊寅，魏荆山城降。乙巳，武勇將軍李國興攻平靜關，剋之。辛丑，信威長史楊法乾攻武陽關；壬寅，攻峴關：並剋之。

六年春正月丙午，安北將軍晉安王綱遣長史柳津破魏南鄉郡，〔一〇〕司馬董當門破魏晉城。庚戌，又破馬圈、彫陽二城。辛亥，輿駕親祠南郊，大赦天下。庚申，魏鎮東將軍、徐州刺史元法僧以彭城內附。己巳，雍州前軍剋魏新蔡郡。詔曰：「廟謨已定，王略方舉。侍中、領軍將軍西昌侯淵藻，可便親戎，以前啓行；鎮北將軍、南兗州刺史豫章王綜董馭雄桀，風馳次邁；其餘衆軍，計日差遣，初中後師，善得嚴辦。朕當六軍雲動，龍舟濟江。」癸酉，剋魏鄭城。甲戌，以魏鎮東將軍、徐州刺史元法僧爲司空。

二月丁丑，老人星見。庚辰，南徐州刺史廬陵王續還朝，稟承戎略。乙未，趙景悅下魏龍亢城。

三月丙午，歲星見南斗。賜新附民長復除，應諸罪失一無所問。己酉，行幸白下城，履行六軍頓所。乙丑，鎮北將軍、南兗州刺史豫章王綜權頓彭城，總督衆軍，並攝徐州府事。己巳，以魏假平東將軍元景隆爲衡州刺史，魏征虜將軍元景仲爲廣州刺史。

夏五月己酉，築宿預堰，又修曹公堰於濟陰。太白晝見。壬子，遣中護軍夏侯亶督壽陽諸軍事，北伐。

六月庚辰，豫章王綜奔于魏，魏復據彭城。

秋七月壬戌，大赦天下。

八月丙子，以散騎常侍曹仲宗兼領軍。壬午，老人星見。

十二月戊子，邵陵王綸有罪，免官，削爵土。壬辰，京師地震。

七年春正月辛丑朔，赦殊死以下。丁卯，滑國遣使獻方物。

二月甲戌，北伐衆軍解嚴。河南王遣使獻方物。丁亥，老人星見。

三月乙卯，高麗國遣使獻方物。

夏四月乙酉，太尉臨川王宏薨。南州津改置校尉，增加俸秩。詔在位羣臣，各舉所知，凡是清吏，咸使薦聞，州年舉二人，大郡一人。

六月己卯，林邑國遣使獻方物。

秋九月己酉，驃騎大將軍、開府儀同三司、荊州刺史鄱陽王恢薨。

冬十月辛未，以丹陽尹湘東王繹爲荊州刺史。

十一月庚辰，大赦天下。是日，丁貴嬪薨。辛巳，夏侯亶、胡龍牙、元樹、曹世宗等衆軍剋壽陽城。丁亥，放魏揚州刺史李憲還北。以壽陽置豫州，合肥改爲南豫州。以中護軍夏侯亶爲豫、南豫二州刺史。平西將軍、郢州刺史元樹進號安西將軍。魏新野太守以郡降。

大通元年春正月乙丑，以尚書左僕射徐勉爲尚書僕射、〔二〕中衞將軍。詔曰：「朕思利兆民，惟日不足，氣象環回，每弘優簡。百官俸祿，本有定數，前代以來，皆多評准，頃者因循，未遑改革。自今已後，可長給見錢，依時即出，勿令逋緩。凡散失官物，不問多少，並從原宥。惟事涉軍儲，取公私見物，不在此例。」辛未，輿駕親祠南郊。詔曰：「奉時昭事，虔薦蒼璧，思承天德，惠此下民。凡因事去土，流移他境者，並聽復宅業，蠲役五年。尤貧之家，勿收三調。孝悌力田賜爵一級。」是月，司州刺史夏侯夔進軍三關，所至皆剋。

三月辛未，輿駕幸同泰寺捨身。甲戌，還宮，赦天下，改元。以左衞將軍蕭淵藻爲中護軍。林邑、師子國各遣使獻方物。

夏五月丙寅，成景雋剋魏臨潼、竹邑。

秋八月壬辰，老人星見。

冬十月庚戌，魏東豫州刺史元慶和以渦陽內屬。甲寅，曲赦東豫州。

十一月丁卯，以中護軍蕭淵藻爲北討都督、征北大將軍，鎭渦陽。戊辰，加尚書令、中衞將軍、開府儀同三司袁昂中書監。以渦陽置西徐州。高麗國遣使獻方物。

二年春正月庚申，司空元法僧以本官領中軍將軍。中書監、尙書令、中衞將軍、開府儀同三司袁昂進號中撫大將軍。衞尉卿蕭昂爲中領軍。乙酉，芮芮國遣使獻方物。

二月甲午，老人星見。是月，築寒山堰。

三月壬戌，以江州刺史南康王績爲安右將軍。

夏四月辛丑，魏郢州刺史元願達以義陽內附，置北司州。時魏大亂，其北海王元顥、臨淮王元彧、汝南王元悅並來奔；其北青州刺史元世儁、南荆州刺史李志亦以地降。

六月丁亥，魏臨淮王元彧求還本國，許之。

冬十月丁亥，以魏北海王元顥爲魏主，遣東宮直閤將軍陳慶之衞送還北。魏豫州刺史鄧獻以地內屬。

中大通元年正月辛酉，輿駕親祠南郊，大赦天下，孝悌力田賜爵一級。甲子，魏汝南王元悅求還本國，許之。辛巳，輿駕親祠明堂。

二月甲申，以丹陽尹武陵王紀爲江州刺史。辛丑，芮芮國遣使獻方物。

三月丙辰，以河南王阿羅眞爲寧西將軍、西秦河沙三州刺史。〔一二〕庚辰，以中護軍蕭淵藻爲中權將軍。

夏四月癸未，以安右將軍南康王績爲護軍將軍。癸巳，陳慶之攻魏梁城，〔一三〕拔之；進屠考城，擒魏濟陰王元暉業。

五月戊辰，剋大梁。癸酉，剋虎牢城。魏主元子攸棄洛陽，〔一四〕走河北。乙亥，元顥入洛陽。

六月壬午，大赦天下。辛亥，魏淮陰太守晉鴻以湖陽城內屬。

閏月己未，安右將軍、護軍南康王績薨。己卯，魏尒朱榮攻殺元顥，復據洛陽。

秋九月辛巳，朱雀航華表災。以安北將軍羊侃爲青、冀二州刺史。癸巳，輿駕幸同泰寺，設四部無遮大會，因捨身，公卿以下，以錢一億萬奉贖。

冬十月己酉，輿駕還宮，大赦，改元。

十一月丙戌，加中撫大將軍、開府儀同三司袁昂中書監。加鎭衞大將軍、開府儀同三司南平王偉太子少傅。加金紫光祿大夫蕭琛、陸杲並特進。司空、中軍將軍元法僧進號車騎將軍。中權將軍蕭淵藻爲中護軍將軍。〔一五〕中領軍蕭昂爲領軍將軍。戊子，魏巴州刺史嚴始欣以城降。

十二月丁巳，盤盤國遣使獻方物。

二年春正月戊寅，以雍州刺史晉安王綱爲驃騎大將軍、揚州刺史，南徐州刺史廬陵王續爲平北將軍、雍州刺史。癸未，老人星見。

夏四月庚申，大雨雹。壬申，以河南王佛輔爲寧西將軍、西秦河二州刺史。

六月丁巳，遣魏太保汝南王元悅還北爲魏主。庚申，以魏尚書左僕射范遵爲安北將軍、司州牧，隨元悅北討。林邑國遣使獻方物。壬申，扶南國遣使獻方物。

秋八月庚戌，輿駕幸德陽堂，設絲竹會，祖送魏主元悅。山賊聚結，寇會稽郡所部縣。

九月壬午，假超武將軍湛海珍節以討之。〔一六〕

三年春正月辛巳，輿駕親祠南郊，大赦天下，孝悌力田賜爵一級。丙申，以魏尚書僕射鄭先護爲征北大將軍。

二月辛丑，輿駕親祠明堂。甲寅，老人星見。乙卯，特進蕭琛卒。乙丑，以廣州刺史元景隆爲安右將軍。

夏四月乙巳，皇太子統薨。

六月丁未，以前太子詹事蕭淵猷爲中護軍。尚書僕射徐勉加特進、右光祿大夫。丹丹國遣使獻方物。癸丑，立昭明太子子南徐州刺史華容公歡爲豫章郡王，枝江公譽爲河東郡王，曲阿公詧爲岳陽郡王。

秋七月乙亥，立晉安王綱爲皇太子。大赦天下，賜爲父後者及出處忠孝文武清勤，並賜爵一級。乙酉，以侍中、五兵尚書謝舉爲吏部尚書。庚寅，詔曰：「推恩六親，義彰九族，班以侯爵，亦曰惟允。凡是宗戚有服屬者，並可賜沐食鄉亭侯，各隨遠近以爲差次。其有暱親，自依舊章。」壬辰，以吏部尚書何敬容爲尚書右僕射。癸巳，老人星見。

九月庚午，以太子詹事蕭淵藻爲征北將軍、南兗州刺史。戊寅，狼牙脩國奉表獻方物。

冬十月己酉，行幸同泰寺，高祖升法座，爲四部衆說大般若涅盤經義，〔一七〕迄于乙卯。前樂山縣侯蕭正則有罪流徙，至是招誘亡命，欲寇廣州，在所討平之。

十一月乙未，行幸同泰寺，高祖升法座，爲四部衆說摩訶般若波羅蜜經義，訖于十二月辛丑。

是歲，吳興郡生野穀，堪食。

四年春正月丙寅朔，以鎭衞大將軍、開府儀同三司南平王偉進位大司馬，司空元法僧進位太尉，尚書令、中權大將軍、開府儀同三司袁昂進位司空。〔一八〕立臨川靖惠王宏子正德爲臨賀郡王。戊辰，以丹陽尹邵陵王綸爲揚州刺史。太子右衞率薛法護爲平北將軍、司州牧，衞送元悅入洛。庚午，立嫡皇孫大器爲宣城郡王。癸未，魏南兗州刺史劉世明以城降，改魏南兗州爲譙州，以世明爲刺史。

二月壬寅，老人星見。新除太尉元法僧還北，爲東魏主。以安右將軍元景隆爲征北將軍、徐州刺史，雲麾將軍羊侃爲安北將軍、兗州刺史，〔一九〕散騎常侍元樹爲鎭北將軍。庚戌，新除揚州刺史邵陵王綸有罪，免爲庶人。壬子，以江州刺史武陵王紀爲揚州刺史，領軍將軍蕭昂爲江州刺史。丙辰，邵陵縣獲白鹿一。

三月庚午，侍中、領國子博士蕭子顯上表置制旨孝經助敎一人，生十人，專通高祖所釋孝經義。

夏四月壬申，盤盤國遣使獻方物。

秋七月甲辰，星隕如雨。

八月丙子，特進陸杲卒。

九月乙巳，以太子詹事南平王世子恪爲領軍將軍，平北將軍、雍州刺史廬陵王續爲安北將軍，西中郎將、荆州刺史湘東王繹爲平西將軍，司空袁昂領尚書令。

十一月己酉，高麗國遣使獻方物。

十二月庚辰，以太尉元法僧爲驃騎大將軍、開府同三司之儀、郢州刺史。

五年春正月辛卯，輿駕親祠南郊，大赦天下，孝悌力田賜爵一級。先是一日丙夜，〔二〇〕南郊令解滌之等到郊所履行，忽聞空中有異香三隨風至，及將行事，奏樂迎神畢，有神光滿壇上，朱紫黃白雜色，食頃方滅。兼太宰武陵王紀等以聞。戊申，京師地震。己酉。長星見。辛亥，輿駕親祠明堂。癸丑，以宣城王大器爲中軍將軍。河南國遣使獻方物。

二月癸未，行幸同泰寺，設四部大會，高祖升法座，發金字摩訶波若經題，訖于己丑。老人星見。

三月丙辰，大司馬南平王偉薨。

夏四月癸酉，以御史中丞臧盾兼領軍。

五月戊子，京邑大水，御道通船。

六月己卯，魏建義城主蘭寶殺魏東徐州刺史，〔二一〕以下邳城降。

秋七月辛卯，改下邳爲武州。

八月庚申，以前徐州刺史元景隆爲安右將軍。老人星見。甲子，波斯國遣使獻方物。

甲申，中護軍蕭淵猷卒。

九月己亥，以輕車將軍、臨賀王正德爲中護軍。甲寅，以尚書令、司空袁昂爲特進、左光祿大夫，〔三〕司空如故。盤盤國遣使獻方物。

冬十月庚申，以尚書右僕射何敬容爲尚書左僕射，吏部尚書謝舉爲尚書右僕射，侍中、國子祭酒蕭子顯爲吏部尚書。

六年春二月癸亥，輿駕親耕籍田，大赦天下，孝悌力田賜爵一級。

三月己亥，以行河南王可沓振爲西秦河二州刺史、河南王。甲辰，百濟國遣使獻方物。

夏四月丁卯，熒惑在南斗。

秋七月甲辰，林邑國遣使獻方物。

八月己未，以南梁州刺史武興王楊紹先爲秦、南秦二州刺史。

冬十月丁卯，以信武將軍元慶和爲鎮北將軍，率衆北伐。

閏十二月丙午，西南有雷聲二。

大同元年春正月戊申朔，改元，大赦天下。

二月己卯，老人星見。辛巳，輿駕親祠明堂。丁亥，輿駕躬耕籍田。辛丑，高麗國、丹丹國各遣使獻方物。

三月辛未，滑國王安樂薩丹王遣使獻方物。

夏四月庚子，波斯國獻方物。甲辰，以魏鎮東將軍劉濟爲徐州刺史。壬戌，以安北將軍廬陵王續爲安南將軍、江州刺史。

秋七月乙卯，老人星見。辛卯，扶南國遣使獻方物。

冬十月辛卯，以前南兗州刺史蕭淵藻爲護軍將軍。

十一月丁未，中衞將軍、特進、右光祿大夫徐勉卒。壬戌，北梁州刺史蘭欽攻漢中，剋之，魏梁州刺史元羅降。癸亥，賜梁州歸附者復除有差。甲子，雄勇將軍、北益州刺史陰平王楊法深進號平北將軍。月行左角星。

十二月乙酉，以魏北徐州刺史羊徽逸爲平北將軍。戊戌，〔二三〕以平西將軍、秦南秦二州刺史武興王楊紹先進號車騎將軍，〔二四〕平北將軍、北益州刺史陰平王楊法深進號驃騎將軍。辛丑，平西將軍、荊州刺史湘東王繹進號安西將軍。

二年春正月甲辰，以兼領軍臧盾爲中領軍。

二月乙亥，輿駕躬耕籍田。丙戌，老人星見。

三月庚申，詔曰：「政在養民，德存被物，上令如風，民應如草。朕以寡德，運屬時來，撥亂反正，倏焉三紀。不能使重門不閉，守在海外，疆埸多阻，車書未一。民疲轉輸，士勞邊防。徹田爲粮，未得頓止。治道不明，政用多僻，百辟無沃心之言，四聰闕飛耳之聽，州輟刺舉，郡忘共治。致使失理負謗，無由聞達，侮文弄法，因事生姦，肺石空陳，懸鐘徒設。書不云乎：『股肱惟人，良臣惟聖。』寔賴賢佐，匡其不及。凡厥在朝，各獻讜言，政治不便於民者，可悉陳之。若在四遠，刺史二千石長吏，並以奏聞。細民有言事者，咸爲申達。朕將親覽，以紓其過。文武在位，舉爾所知，公侯將相，隨才擢用，拾遺補闕，勿有所隱。」

夏四月乙未，以驃騎大將軍、開府同三司之儀元法僧爲太尉，領軍師將軍。

先是，尚書右丞江子四上封事，極言政治得失。五月癸卯，詔曰：「古人有言，屋漏在上，知之在下。朕所鍾過，不能自覺。江子四等封事如上，尚書可時加檢括，於民有蠹患者，便卽勒停，宜速詳啓，勿致淹緩。」乙巳，以魏前梁州刺史元羅爲征北大將軍、青冀二州刺史。

六月丁亥，詔曰：「南郊、明堂、陵廟等令，與朝請同班，於事爲輕，可改視散騎侍郎。」

冬十月乙亥，詔大舉北伐。

十一月己亥，詔北伐衆班師。辛亥，京師地震。

十二月壬申，魏請通和，詔許之。丁酉，以吳興太守、駙馬都尉、利亭侯張纘爲吏部尚書。〔二五〕

三年春正月辛丑，輿駕親祠南郊，大赦天下；孝悌力田賜爵一級。是夜，朱雀門災。壬寅，天無雲，雨灰，黃色。癸卯，以中書令邵陵王綸爲江州刺史。

二月乙酉，老人星見。丁亥，輿駕親耕籍田。己丑，以尚書左僕射何敬容爲中權將軍，護軍將軍蕭淵藻爲安右將軍、尚書左僕射。以尚書右僕射謝舉爲右光祿大夫。庚寅，以安南將軍廬陵王續爲中衛將軍、護軍將軍。

三月戊戌，立昭明太子子謍爲武昌郡王，譼爲義陽郡王。

夏四月丁卯，以南琅邪彭城二郡太守河東王譽爲南徐州刺史。

五月丙申，以前揚州刺史武陵王紀復爲揚州刺史。

六月，青州朐山境隕霜。

秋七月癸卯，魏遣使來聘。己酉，義陽王譼薨。是月，青州雪，害苗稼。

八月甲申，老人星見。辛卯，輿駕幸阿育王寺，赦天下。

九月，南兗州大饑。是月，北徐州境內旅生稻稗二千許頃。閏月甲子，安西將軍、荊州刺史湘東王繹進號鎮西將軍，揚州刺史武陵王紀爲安西將軍、益州刺史。

冬十月丙辰，京師地震。

是歲，饑。

四年春正月庚辰，以中軍將軍宣城王大器爲中軍大將軍、揚州刺史。

二月己亥，輿駕親耕籍田。

三月戊寅，河南國遣使獻方物。癸未，芮芮國遣使獻方物。

五月甲戌，魏遣使來聘。

秋七月己未，以南琅邪彭城二郡太守岳陽王詧爲東揚州刺史。癸亥，詔以東冶徒李胤之降如來眞形舍利，大赦天下。

八月甲辰，詔「南兗、北徐、西徐、東徐、青、冀、南北青、武、仁、潼、睢等十二州，既經饑饉，曲赦逋租宿責，勿收今年三調。」

冬十二月丁亥，兼國子助教皇侃表上所撰禮記義疏五十卷。

五年春正月乙卯，以護軍將軍廬陵王續爲驃騎將軍、開府儀同三司，安右將軍、尙書左僕射蕭淵藻爲中衞將軍、開府儀同三司。中權將軍、丹陽尹何敬容以本號爲尙書令，吏部尙書張纘爲尙書僕射，都官尙書劉孺爲吏部尙書。丁巳，御史中丞、參禮儀事賀琛奏：「今南北二郊及籍田往還並宜御輦，不復乘輅。二郊請用素輦，籍田往還乘常輦，皆以侍中陪乘，停大將軍及太僕。」詔付尙書博議施行。改素輦名大同輦。昭祀宗廟乘玉輦。辛未，與駕親祠南郊，詔孝悌力田及州閭鄉黨稱爲善人者，各賜爵一級，並勒屬所以時騰上。

三月己未，詔曰：「朕四聰旣闕，五識多蔽，晝可外牒，或致紕繆。凡是政事不便於民者，州郡縣卽時皆言，勿得欺隱。如使怨訟，當境任失。而今而後，以爲永准。」

秋七月己卯，以驃騎將軍、開府儀同三司廬陵王續爲荆州刺史，湘東王繹爲護軍將軍、安右將軍。

八月乙酉，扶南國遣使獻生犀及方物。

九月庚申，以都官尙書到溉爲吏部尙書。

冬十一月乙亥，魏遣使來聘。

十二月癸未，以吳郡太守謝舉爲中書監，新除中書令鄱陽王範爲中領軍。

六年春正月庚戌朔，曲赦司、豫、徐、兗四州。

二月己亥，輿駕親耕籍田。丙午，以江州刺史邵陵王綸爲平西將軍、郢州刺史，雲麾將軍豫章王歡爲江州刺史。秦郡獻白鹿一。

夏四月癸未，詔曰：「命世興王，嗣賢傳業，聲稱不朽，人代徂遷，二賓以位，三恪義在，時事浸遠，宿草榛蕪，望古興懷，言念愴然。晉、宋、齊三代諸陵，有職司者勤加守護，〔二六〕勿令細民妄相侵毀。作兵有少，補使充足。前無守視，並可量給。」

五月戊寅，以前青、冀二州刺史元羅爲右光祿大夫。己卯，河南王遣使獻馬及方物。〔二七〕

六月丁未，平陽縣獻白鹿一。

秋七月丁亥，魏遣使來聘。

八月戊午，赦天下。辛未，詔曰：「經國有體，必詢諸朝，所以尚書置令、僕、丞、郎，旦旦上朝，以議時事，前共籌懷，然後奏聞。頃者不爾，每有疑事，倚立求決。古人有云，主非堯舜，何得發言便是。是故放勛之聖，猶咨四岳，重華之叡，亦待多士。豈朕寡德，所能獨斷。自今尚書中有疑事，前於朝堂參議，然後啓聞，不得習常。其軍機要切，前須諮審，自依舊典。」盤盤國遣使獻方物。

九月，移安州置定遠郡，受北徐州都督，定遠郡改屬安州。始平太守崔碩表獻嘉禾一莖十二穗。戊戌，特進、左光祿大夫、司空袁昂薨。

冬十一月己卯，曲赦京邑。

十二月壬子，江州刺史豫章王歡薨。以護軍將軍湘東王繹爲鎭南將軍、江州刺史。置桂州於湘州始安郡，受湘州督；省南桂林等二十四郡，悉改屬桂州。

七年春正月辛巳，輿駕親祠南郊，赦天下，其有流移及失桑梓者，各還田宅，蠲課五年。辛丑，輿駕親祠明堂。

二月乙巳，以行宕昌王梁彌泰爲平西將軍、〔二八〕河涼二州刺史、宕昌王。辛亥，輿駕躬耕籍田。乙卯，京師地震。丁巳，以中領軍、鄱陽王範爲鎭北將軍、雍州刺史。

三月乙亥，宕昌王遣使獻馬及方物。高麗、百濟、滑國各遣使獻方物。

夏四月戊申，魏遣使來聘。

五月癸巳，以侍中南康王會理兼領軍。

秋九月戊寅，芮芮國遣使獻方物。

冬十月丙午，以侍中劉孺爲吏部尚書。

十一月丙子，詔停在所役使女丁。丁丑，詔曰：「民之多幸，國之不幸，恩澤屢加，彌長姦盜，朕亦知此之爲病矣。如不優赦，非仁人之心。凡厥訾耗逋負，起今七年十一月九日昧爽以前，在民間無問多少，言上尙書督所未入者，皆赦除之。」又詔曰：「用天之道，分地之利，蓋先聖之格訓也。凡是田桑廢宅沒入者，公創之外，悉以分給貧民，皆使量其所能以受田分。如聞頃者，豪家富室，多占取公田，貴價僦稅，以與貧民，傷時害政，爲蠹已甚。自今公田悉不得假與豪家；已假者特聽不追。其若富室給貧民種糧共營作者，不在禁例。」己丑，以金紫光祿大夫臧盾爲領軍將軍。

十二月壬寅，詔曰：「古人云，一物失所，如納諸隍，未是切言也。朕寒心消志，爲日久矣，每當食投箸，方眠徹枕，獨坐懷憂，憤慨申旦，非爲一人，萬姓故耳。州牧多非良才，守宰虎而傅翼，楊阜是故憂憤，賈誼所以流涕。至於民間誅求萬端，或供厨帳，或供廐庫，或遣使命，或待賓客，皆無自費，取給於民。又復多遣遊軍，稱爲遏防，姦盜不止，暴掠繁多，或求供設，或責脚步。又行劫縱，更相枉逼，良人命盡，富室財殫。此爲怨酷，非止一事。亦頻禁斷，猶自未已。外司明加聽採，隨事舉奏。又復公私傳、屯、邸、冶，爰至僧尼，當其地界，止應依限守視；乃至廣加封固，越界分斷水陸採捕及以樵蘇，遂致細民措手無所。凡自今有越界禁斷者，禁斷之身，皆以軍法從事。若是公家創內，止不得輒自立屯，與公競作以收私利。至百姓樵採以供煙爨者，悉不得禁；及以採捕，亦勿訶問。若不遵承，皆以死罪結正。」魏遣使來聘。丙辰，於宮城西立士林館，延集學者。

是歲，交州土民李賁攻刺史蕭諮，諮輸賂，得還越州。

八年春正月，安成郡民劉敬躬挾左道以反，〔二九〕內史蕭說委郡東奔，〔三〇〕敬躬據郡，進攻廬陵，取豫章，妖黨遂至數萬，前逼新淦、柴桑。

二月戊戌，江州刺史湘東王繹遣中兵曹子郢討之。

三月戊辰，大破之，擒敬躬送京師，斬于建康市。是月，於江州新蔡、高塘立頌平屯，〔三一〕墾作蠻田。遣越州刺史陳侯、羅州刺史寧巨、安州刺史李智、愛州刺史阮漢，同征李賁於交州。

九年春閏月丙申，地震，生毛。

二月甲戌，使江州民三十家出奴婢一戶，配送司州。

三月，以太子詹事謝舉爲尚書僕射。

夏四月，林邑王破德州，攻李賁，賁將范脩又破林邑王於九德，林邑王敗走。

冬十一月辛丑，安西將軍、益州刺史武陵王紀進號征西將軍、開府儀同三司。

十二月壬戌，領軍將軍臧盾卒；以輕車將軍河東王譽爲領軍將軍。

十年春正月，李賁於交阯竊位號，署置百官。

三月甲午，輿駕幸蘭陵，謁建陵。〔三〕辛丑，至脩陵。壬寅，詔曰：「朕自違桑梓，五十餘載，乃眷東顧，靡日不思。今四方款關，海外有截，獄訟稍簡，國務小閑，始獲展敬園陵，但增感慟。故鄉老少，接踵遠至，情貌孜孜，若歸于父，宜有以慰其此心。並可錫位一階，并加頒賚。所經縣邑，無出今年租賦。監所責民，蠲復二年。并普賚內外從官軍主左右錢米各有差。」因作還舊鄉詩。癸卯，詔園陵職司，恭事勤勞，並錫位一階，并加沾賚。丁未，仁威將軍、南徐州刺史臨川王正義進號安東將軍。己酉，幸京口城北固樓，改名北顧。庚戌，幸回賓亭，宴帝鄉故老及所經近縣奉迎候者少長數千人，各賚錢二千。

夏四月乙卯，輿駕至自蘭陵。詔鰥寡孤獨尤貧者贍卹各有差。

五月丁酉，尚書令何敬容免。

秋九月己丑，詔曰：「今茲遠近，雨澤調適，其穫已及，冀必萬箱，宜使百姓因斯安樂。

凡天下罪無輕重，已發覺未發覺，討捕未擒者，皆赦宥之。侵割耗散官物，無問多少，亦悉原除。田者荒廢、水旱不作、無當時文列，應追稅者，并作田不登公格者，並停。各備臺州以文最逋殿，罪悉從原。其有因饑逐食，離鄉去土，悉聽復業，蠲課五年。」

冬十二月，大雪，平地三尺。

十一年春三月庚辰，詔曰：「皇王在昔，澤風未遠，故端居玄扆，拱默巖廊。自大道既淪，澆波斯逝，動競日滋，情僞彌作。朕負扆君臨，百年將半。宵漏未分，躬勞政事；白日西浮，不遑飧飯。退居猶被布素，〔三〕含咀匪過藜藿。寧以萬乘爲貴，四海爲富；唯欲億兆康寧，下民安乂。雖復三思行事，而百慮多失。凡遠近分置、內外條流、四方所立屯、傳、邸、冶，市埭、桁渡，津稅、田園，新舊守宰，遊軍戍邏，有不便於民者，尚書州郡各速條上，當隨言除省，以舒民患。」

夏四月，魏遣使來聘。

冬十月己未，詔曰：「堯、舜以來，便開贖刑，中年依古，許罪身入貲，吏下因此，不無姦猾，所以一日復敕禁斷。川流難壅，人心惟危，既乖內典慈悲之義，又傷外教好生之德。書云：『與殺不辜，寧失不經。』可復開罪身，皆聽入贖。」

中大同元年春正月丁未，曲阿縣建陵隧口石騏驎動，有大蛇鬬隧中，其一被傷奔走。癸丑，交州刺史楊瞟剋交趾嘉寧城，李賁竄入屈獠洞，〔三四〕交州平。

三月乙巳，大赦天下：凡主守割盜、放散官物，及以軍糧器甲，〔三五〕凡是赦所不原者，起十一年正月以前，皆悉從恩，十一年正月已後，悉原加責；其或為事逃叛流移，因饑以後亡鄉失土，可聽復業，蠲課五年，停其徭役；其被拘之身，各還本郡，舊業若在，皆悉還之。庚戌，法駕出同泰寺大會，停寺省，講金字三慧經。

夏四月丙戌，於同泰寺解講，設法會。大赦，改元。孝悌力田為父後者賜爵一級，賚宿衞文武各有差。是夜，同泰寺災。

六月辛巳，竟天有聲，如風雨相擊薄。

秋七月辛酉，以武昌王謩為東揚州刺史。甲子，詔曰：「禽獸知母而不知父，無賴子弟過於禽獸，至於父母並皆不知。多觸王憲，致及老人。耆年禁執，大可傷愍。自今有犯罪者，父母祖父母勿坐。唯大逆不預今恩。」丙寅，詔曰：「朝四而暮三，衆狙皆喜，名實未虧，而喜怒為用。頃聞外間多用九陌錢，陌減則物貴，陌足則物賤，非物有貴賤，是心有顛倒。至於遠方，日更滋甚。豈直國有異政，乃至家有殊俗，徒亂王制，無益民財。自今可通用足陌錢。令書行後，百日爲期，若猶有犯，男子謫運，女子質作，並同三年。」

八月丁丑，東揚州刺史武昌王警薨。以安東將軍、南徐州刺史臨川王正義即本號東揚州刺史，丹陽尹邵陵王綸爲鎮東將軍、南徐州刺史。甲午，渴槃陁國遣使獻方物。

冬十月癸酉，汝陰王劉哲薨。乙亥，以前東揚州刺史岳陽王詧爲雍州刺史。

太清元年正月壬寅，驃騎大將軍、開府儀同三司、荆州刺史廬陵王續薨；以鎮南將軍、江州刺史湘東王繹爲鎮西將軍、荆州刺史。辛酉，輿駕親祠南郊，詔曰：「天行彌綸，覆燾之功博；乾道變化，資始之德成。朕沐浴齋宮，虔恭上帝，祗事槱燎，高熛太一，大禮克遂，感慶兼懷，思與億兆，同其福惠。可大赦天下，尤窮者無出即年租調；淸議禁錮，並皆宥釋；所討逋叛，巧籍隱年，闇丁匿口，開恩百日，各令自首，不問往罪；流移他鄉，聽復宅業，蠲課五年；孝悌力田賜爵一級；居局治事賞勞二年。可班下遠近，博採英異，或德茂州閭，道行鄉邑，或獨行特立，不求聞達，咸使言上，以時招聘。」甲子，輿駕親祠明堂。

二月己卯，白虹貫日。庚辰，魏司徒侯景求以豫、廣、潁、洛、陽、西揚、東荆、北荆、襄、東豫、南兗、西兗、齊等十三州內屬。〔三六〕壬午，以景爲大將軍，封河南王，大行臺，制承如鄧禹故事。丁亥，輿駕躬耕籍田。

三月庚子，高祖幸同泰寺，設無遮大會，捨身，公卿等以錢一億萬奉贖。甲辰，遣司州刺史羊鴉仁、兗州刺史桓和、仁州刺史湛海珍等應接北豫州。

夏四月丁亥，輿駕還宮，大赦天下，改元，孝悌力田爲父後者賜爵一級，在朝羣臣宿衞文武並加頒賚。

五月丁酉，輿駕幸德陽堂，宴羣臣，設絲竹樂。

六月戊辰，以前雍州刺史鄱陽王範爲征北將軍，總督漢北征討諸軍事。

秋七月庚申，羊鴉仁入懸瓠城。甲子，詔曰：「二豫分置，其來久矣。今汝、潁剋定，可依前代故事，以懸瓠爲豫州，壽春爲南豫，改合肥爲合州，北廣陵爲淮州，項城爲殷州，合州爲南合州。」

八月乙丑，王師北伐，以南豫州刺史蕭淵明爲大都督。詔曰：「今汝南新復，嵩、潁載清，瞻言遺黎，有勞鑒寐，宜覃寬惠，與之更始。應是緣邊初附諸州部內百姓，先有負罪流亡，逃叛入北，一皆曠蕩，不問往僁，並不得挾以私讎而相報復。若有犯者，嚴加裁問。」戊子，以大將軍侯景錄行臺尚書事。

九月癸卯，王遊苑成。庚戌，輿駕幸苑。

冬十一月，魏遣大將軍慕容紹宗等至寒山。丙午，大戰，淵明敗績，及北兗州刺史胡貴孫等並陷魏。紹宗進圍潼州。

十二月戊辰，遣太子舍人元貞還北爲魏主。辛巳，以前征北將軍鄱陽王範爲安北將軍、南豫州刺史。

二年春正月戊戌，詔在位各舉所知。己亥，魏陷渦陽。辛丑，以尚書僕射謝舉爲尚書令，守吏部尚書王克爲尚書僕射。甲辰，豫州刺史羊鴉仁、殷州刺史羊思達，並棄城走，魏進據之。乙卯，以大將軍侯景爲南豫州牧，安北將軍、南豫州刺史鄱陽王範爲合州刺史。

三月甲辰，撫東將軍高麗王高延卒，以其息爲寧東將軍、高麗王、樂浪公。己未，以鎮東將軍、南徐州刺史邵陵王綸爲平南將軍、湘州刺史、同三司之儀，中衞將軍、開府儀同三司蕭淵藻爲征東將軍、南徐州刺史。是日，屈獠洞斬李賁，傳首京師。

夏四月丙子，詔在朝及州郡各舉淸人任治民者，皆以禮送京師。戊寅，以護軍將軍河東王譽爲湘州刺史。

五月辛丑，以新除中書令邵陵王綸爲安前將軍、開府儀同三司，前湘州刺史張纘爲領軍將軍。辛亥，曲赦交、愛、德三州。癸丑，詔曰：「爲國在於多士，寧下寄于得人。朕暗於行事，尤闕治道，孤立在上，如臨深谷。凡爾在朝，咸思匡救，獻替可否，用相啓沃。班下方岳，傍求俊乂，窮其屠釣，盡其巖穴，以時奏聞。」是月，兩月夜見。

秋八月乙未，以右衞將軍朱异爲中領軍。戊戌，侯景舉兵反，擅攻馬頭、木柵、荆山等戍。甲辰，以安前將軍、開府儀同三司邵陵王綸都督衆軍討景。曲赦南豫州。

九月丙寅，加左光祿大夫元羅鎭右將軍。

冬十月，侯景襲譙州，執刺史蕭泰。丁未，景進攻歷陽，太守莊鐵降之。戊申，以新除光祿大夫臨賀王正德爲平北將軍，都督京師諸軍，屯丹陽郡。己酉，景自横江濟于采石。辛亥，景師至京，臨賀王正德率衆附賊。

十一月辛酉，賊攻陷東府城，害南浦侯蕭推、中軍司馬楊曒。庚辰，邵陵王綸帥武州刺史蕭弄璋、前譙州刺史趙伯超等入援京師，頓鍾山愛敬寺。乙酉，綸進軍湖頭，與賊戰，敗績。丙戌，安北將軍鄱陽王範遣世子嗣、雄信將軍裴之高等帥衆入援，次于張公洲。

十二月戊申，天西北中裂，有光如火。尙書令謝舉卒。丙辰，司州刺史柳仲禮、前衡州刺史韋粲、高州刺史李遷仕、前司州刺史羊鴉仁等並帥軍入援，推仲禮爲大都督。

三年春正月丁巳朔，柳仲禮帥衆分據南岸。是日，賊濟軍於青塘，襲破韋粲營，粲拒戰死。庚申，邵陵王綸、東揚州刺史臨成公大連等帥兵集南岸。乙丑，中領軍朱异卒。丙寅，以司農卿傅岐爲中領軍。戊辰，高州刺史李遷仕、天門太守樊文皎進軍青溪東，爲賊所破，文皎死之。壬午，熒惑守心。乙酉，太白晝見。

二月丁未，南兗州刺史南康王會理、前青冀二州刺史湘潭侯蕭退帥江州之衆，頓于蘭亭苑。庚戌，安北將軍、合州刺史鄱陽王範以本號開府儀同三司。

三月戊午，前司州刺史羊鴉仁等進軍東府北，與賊戰，大敗。己未，皇太子妃王氏薨。丁卯，賊攻陷宮城，縱兵大掠。己巳，賊矯詔遣石城公大款解外援軍。庚午，侯景自爲都督中外諸軍事、大丞相、錄尚書。辛未，援軍各退散。丙子，熒惑守心。壬午，新除中領軍傅岐卒。

夏四月己丑，京師地震。丙申，地又震。己酉，高祖以所求不供，憂憤寢疾。是月，青冀二州刺史明少遐、東徐州刺史湛海珍、北青州刺史王奉伯各舉州附于魏。

五月丙辰，高祖崩于淨居殿，時年八十六。辛巳，遷大行皇帝梓宮于太極前殿。冬十一月，追尊爲武皇帝，廟曰高祖。乙卯，葬于脩陵。

高祖生知淳孝。年六歲，獻皇太后崩，水漿不入口三日，哭泣哀苦，有過成人，內外親黨，咸加敬異。及丁文皇帝憂，時爲齊隨王諮議，隨府在荆鎮，髣髴奉聞，便投劾星馳，不復寢食，倍道就路，憤風驚浪，不暫停止。高祖形容本壯，及還至京都，銷毀骨立，親表士友，不復識焉。望宅奉諱，氣絕久之，每哭輒歐血數升。服內不復嘗米，惟資大麥，日止二溢。拜掃山陵，涕淚所灑，松草變色。及居帝位，卽於鍾山造大愛敬寺，青溪邊造智度寺，又於臺內立至敬等殿。又立七廟堂，月中再過，設淨饌。每至展拜，恒涕泗滂沲，哀動左右。加以文思欽明，能事畢究，少而篤學，洞達儒玄。雖萬機多務，猶卷不輟手，燃燭側光，常至戊夜。造制旨孝經義，周易講疏，及六十四卦、二繫、文言、序卦等義，樂社義，毛詩答問，春秋答問，尚書大義，中庸講疏，孔子正言，老子講疏，凡二百餘卷，並正先儒之迷，開古聖之旨。王侯朝臣皆奉表質疑，高祖皆爲解釋。脩飾國學，增廣生員，立五館，置五經博士。天監初，則何佟之、賀瑒、嚴植之、明山賓等覆述制旨，並撰吉凶軍賓嘉五禮，凡一千餘卷，高祖稱制斷疑。於是穆穆恂恂，家知禮節。大同中，於臺西立士林館，領軍朱异、太府卿賀琛、舍人孔子祛等遞相講述。皇太子、宣城王亦於東宮宣猷堂及揚州廨開講，於是四方郡國，趨學向風，雲集於京師矣。兼篤信正法，尤長釋典，製涅盤、大品、淨名、三慧諸經義記，復數百卷。聽覽餘閑，卽於重雲殿及同泰寺講說，名僧碩學、四部聽衆，常萬餘人。又造通史，躬製贊序，凡六百卷。天情睿敏，下筆成章，千賦百詩，直疏便就，皆文質彬彬，超邁今古。詔銘贊誄，箴頌牋奏，爰初在田，洎登寶曆，凡諸文集，又百二十卷。六藝備閑，棊登逸品，陰陽緯候，卜筮占決，並悉稱善。又撰金策三十卷。草隸尺牘，騎射弓馬，莫不奇妙。

勤於政務，孜孜無怠。每至冬月，四更竟，卽敕把燭看事，執筆觸寒，手爲皴裂。糾姦擿伏，洞盡物情，常哀矜涕泣，然後可奏。日止一食，膳無鮮腴，惟豆羹糲食而已。庶事繁擁，日儻移中，便嗽口以過。身衣布衣，木緜皁帳，一冠三載，一被二年。常克儉於身，凡皆此類。五十外便斷房室。後宮職司貴妃以下，六宮褘褕三翟之外，皆衣不曳地，傍無錦綺。不飲酒，不聽音聲，非宗廟祭祀、大會饗宴及諸法事，未嘗作樂。性方正，雖居小殿暗室，恒理衣冠，小坐押褄，盛夏暑月，未嘗褰袒。不正容止，不與人相見，雖覿內豎小臣，亦如遇大賓也。歷觀古昔帝王人君，恭儉莊敬，藝能博學，罕或有焉。

史臣曰：齊季告終，君臨昏虐，天棄神怒，衆叛親離。高祖英武睿哲，義起樊、鄧，仗旗建號，濡足救焚，總蒼兕之師，翼龍豹之陣，雲驤雷駭，翦暴夷凶，萬邦樂推，三靈改卜。於是御鳳曆，握龍圖，闢四門弘招賢之路，納十亂引諒直之規。興文學，脩郊祀，治五禮，定六律，四聰既達，萬機斯理，治定功成，遠安邇肅。加以天祥地瑞，無絕歲時。征賦所及之鄉，文軌傍通之地，南超萬里，西拓五千。其中瓌財重寶，千夫百族，莫不充牣王府，蹶角闕庭。三四十年，斯爲盛矣。自魏、晉以降，未或有焉。及乎耄年，委事羣倖。然朱异之徒，作威作福，挾朋樹黨，政以賄成，服冕乘軒，由其掌握，是以朝經混亂，賞罰無章。「小人道長」，抑此之謂也。賈誼有云「可爲慟哭者矣」。遂使滔天羯寇，承間掩襲，鷲羽流王屋，金契辱乘輿，塗炭黎元，黍離宮室。嗚呼！天道何其酷焉。雖曆數斯窮，蓋亦人事然也。

校勘記

〔一〕五月癸卯琬琰殿火　是年五月戊辰朔，無癸卯。通鑑繫於六月，六月丁卯朔，亦無癸卯。建康實錄作「五月己卯」，是。

〔二〕義州刺史文僧明以州叛入于魏　「文僧明」隋書五行志、天文志並作「文僧朗」，此宋刻避宋始祖玄朗諱而改「朗」爲「明」。

〔三〕三月乙卯巴陵王蕭屛薨　「乙卯」各本作「己卯」，按：是年三月癸巳朔，無己卯。今據南史改。

〔四〕丙午輿駕親祠明堂　「丙午」南史作「辛亥」。按齊、梁祭典，祠南郊、明堂，例用辛日，南史作「辛亥」，是。

〔五〕徐州刺史成景儁剋魏童城　「童城」各本作「童棧」，據通鑑改。按通鑑胡注：「童城，卽下邳僮縣城也。」

〔六〕又破曲木　通鑑胡注：「『曲木』當作『曲沭』。水經注：沭水過建陵縣故城東，又南逕陵山西，魏立大堰遏水西流，兩瀆之會，置城防之，曰曲沭戍。」

〔七〕裴邃破狄城　「狄城」，裴邃傳作「狄丘」。

〔八〕遂進屯黎漿　「黎漿」各本作「黎將」。據本書裴邃傳、韋放傳及通鑑改。水經肥水注：「黎漿水東逕黎漿亭南。」作「黎漿」是。

〔九〕壬戌裴邃攻壽陽之安城剋之　壬戌既書剋安城，則下文丙寅不應又書安城來降。通鑑無「剋之」二字，疑二字是衍文。

〔一〇〕安北將軍晉安王綱遣長史柳津破魏南鄉郡　「柳津」，通鑑作「柳渾」。

〔一一〕以尚書左僕射徐勉爲尚書僕射　「左」原作「右」。本書徐勉傳，勉以尚書右僕射爲尚書僕射。按：自普通四年尚書左僕射王暕死後，左僕射久缺，徐勉不曾爲左僕射。

〔一二〕以河南王阿羅眞爲寧西將軍西秦河沙三州刺史　「阿羅眞」，本書諸夷傳作「呵羅眞」。「西秦河沙三州刺史」諸夷傳作「西秦河二州刺史」。

〔一三〕陳慶之攻魏梁城　「梁城」，本書陳慶之傳作「滎城」，通鑑同。

〔一四〕魏主元子攸棄洛陽　「子攸」各本皆作「子猷」，誤。子攸，北魏孝莊帝名，時正在位。本書陳慶之傳亦作「子攸」，今據改。

〔一五〕中權將軍蕭淵藻爲中護軍將軍　張森楷梁書校勘記云：「中護軍不稱將軍，護軍將軍不加中字，必有一誤。」

〔一六〕假超武將軍湛海珍節以討之　「超武將軍」各本作「昭武將軍」。據南史及册府元龜二一六改。按：中大通元年更定二百四十號將軍班次，超武與鐵騎、樓船等同班，無昭武。

〔一七〕爲四部衆說大般若涅盤經義　各本脫「若」字，今補。

〔一八〕尚書令中權大將軍開府儀同三司袁昂進位司空　袁昂於大通二年進號中撫大將軍。「中權」當作「中撫」。

〔一九〕雲麾將軍羊侃爲安北將軍兗州刺史　「羊侃」各本作「楊侃」，據通鑑改。按：羊侃自雲麾爲兗州刺史，事具本傳。

〔二〇〕先是一日丙夜　「丙夜」二字各本譌作「東」，據南史改。通志一三、御覽九八一、册府元龜二〇二亦均作「丙夜」。

〔二一〕魏建義城主蘭寶殺魏東徐州刺史　「蘭寶」南史作「蘭保」。魏書出帝平陽王紀作「東徐州城民王早、簡寶等殺刺史崔庠」。

〔二二〕以尚書令司空袁昂爲特進左光祿大夫　「左」各本譌作「右」，據本書袁昂傳改。

〔二三〕戊戌　「戊戌」上各本有「十二月」三字。上已書「十二月乙酉」，則此「十二月」三字當爲衍文，今删去。又是年十二月癸酉朔，「乙酉」、「戊戌」及下之「辛丑」，皆在十二月。

〔二四〕以平西將軍秦南秦二州刺史武興王楊紹先進號車騎將軍　本書諸夷傳，楊紹先以天監十年死，子智慧，以大同初自魏歸梁，則此年當是紹先子智慧，非紹先。

〔二五〕丁酉以吳興太守至張纘爲吏部尚書　大同二年十二月無丁酉，有乙酉、癸酉、丁丑、丁亥，不知此「丁酉」爲何干支之誤。

〔二六〕有職司者勤加守護　「勤」各本譌「勒」，據南史改。

〔二七〕己卯河南王遣使獻馬及方物　按：「己卯」當依建康實錄一七作「乙卯」。是年五月戊申朔，無己卯。

〔二八〕以行宕昌王梁彌泰爲平西將軍　「梁彌泰」通鑑作「梁彌定」，考異云從典略。

〔二九〕安成郡民劉敬躬挾左道以反　「安成」各本作「安城」，據南史及通鑑改。「劉敬躬」，本書及南史張綰傳作「劉敬宮」。

〔三〇〕內史蕭說委郡東奔　「蕭說」，本書張綰傳作「蕭倪」。

〔三一〕於江州新蔡高塘立頌平屯　「高塘」各本並譌「高埭」，據南史改。

〔三二〕謁建陵　「建陵」各本作「建寧陵」，據南史改。天監七年，復建、脩二陵五里內周圍居民，卽此建陵。通鑑胡注：「建寧陵，梁紀曰建陵，皇妣張皇后陵也。」是胡氏所見本亦作「建陵」。

〔三三〕退居猶被布素　「被」各本譌「於」，據册府元龜一九一改。

〔三四〕屈獠洞　「屈獠洞」各本作「獠洞」。按本卷太淸二年三月己未下作「屈獠洞」。陳書高祖紀及建康實錄亦作「屈獠洞」，今據補。

〔三五〕及以軍糧器甲　「器甲」各本作「器下」，據册府元龜二一〇八改。

〔三六〕魏司徒侯景求以豫廣潁洛陽西揚東荆北荆襄東豫南兗西兗齊等十三州内屬　「豫」下各本並衍一「章」字，據册府元龜二一一七删。

梁書卷四

本紀第四

簡文帝

太宗簡文皇帝諱綱，字世纘，小字六通，高祖第三子，昭明太子母弟也。天監二年十月丁未，生于顯陽殿。五年，封晉安王，食邑八千戶。八年，爲雲麾將軍，領石頭戍軍事，量置佐吏。九年，遷使持節、都督南北兗青徐冀五州諸軍事、宣毅將軍、南兗州刺史。十二年，入爲宣惠將軍、丹陽尹。十三年，出爲使持節、都督荆雍梁南北秦益寧七州諸軍事、南蠻校尉、荆州刺史，將軍如故。十四年，徙爲都督江州諸軍事、雲麾將軍、江州刺史，持節如故。十七年，徵爲西中郎將、領石頭戍軍事，尋復爲宣惠將軍、丹陽尹，加侍中。普通元年，出爲使持節、都督益寧雍梁南北秦沙七州諸軍事、益州刺史；未拜，改授雲麾將軍、南徐州刺史。四年，徙爲使持節、都督雍梁南北秦四州郢州之竟陵司州之隨郡諸軍事、平西將軍、寧蠻校尉、雍州刺史。五年，進號安北將軍。七年，權進都督荆、益、南梁三州諸軍事。是歲，丁所生穆貴嬪喪，上表陳解，詔還攝本任。中大通元年，詔依先給鼓吹一部。二年，徵爲都督南揚徐二州諸軍事、驃騎將軍、揚州刺史。三年四月乙巳，昭明太子薨。五月丙申，詔曰：「非至公無以主天下，非博愛無以臨四海。所以堯舜克讓，惟德是與；文王舍伯邑考而立武王，格于上下，光于四表。今岱宗牢落，天步艱難，淳風猶鬱，黎民未乂，自非克明克哲，允武允文，豈能荷神器之重，嗣龍圖之尊。晉安王綱，文義生知，孝敬自然，威惠外宣，德行內敏，羣后歸美，率土宅心。可立爲皇太子。」七月乙亥，臨軒策拜，以脩繕東宮，權居東府。四年九月，移還東宮。

太清三年五月丙辰，高祖崩。辛巳，卽皇帝位。詔曰：「朕以不造，夙丁閔凶。大行皇帝奄棄萬國，攀慕號擗，厝身靡所。猥以寡德，越居民上，煢煢在疚，罔知所託，方賴藩輔，社稷用安。謹遵先旨，顧命遺澤，宜加億兆。可大赦天下。」壬午，詔曰：「育物惟寬，馭民惟惠，道著興王，本非隸役。或開奉國，便致擒虜；或在邊疆，濫被抄劫。二邦是競，黎元何罪！朕以寡昧，創承鴻業，既臨率土，化行宇宙，豈欲使彼獨爲匪民。諸州見在北人爲奴婢者，並及妻兒，悉可原放。」癸未，追謚妃王氏爲簡皇后。

六月丙戌，以南康嗣王會理爲司空。丁亥，立宣城王大器爲皇太子。壬辰，封當陽公大心爲尋陽郡王，石城公大款爲江夏郡王，寧國公大臨爲南海郡王，臨城公大連爲南郡王，西豐公大春爲安陸郡王，新淦公大成爲山陽郡王，〔一〕臨湘公大封爲宜都郡王。

秋七月甲寅，廣州刺史元景仲謀應侯景，西江督護陳霸先起兵攻之，景仲自殺，霸先迎定州刺史蕭勃爲刺史。戊辰，以吳郡置吳州，以安陸王大春爲刺史。庚午，以司空南康嗣王會理兼尚書令，南海王大臨爲揚州刺史，新興王大莊爲南徐州刺史。〔二〕是月，九江大饑，人相食十四五。

八月癸卯，征東大將軍、開府儀同三司、南徐州刺史蕭淵藻薨。

冬十月丁未，地震。

十二月，百濟國遣使獻方物。

大寶元年春正月辛亥朔，以國哀不朝會。詔曰：「蓋天下者，至公之神器，在昔三五，不獲已而臨涖之。故帝王之功，聖人之餘事，軒冕之華，儻來之一物。太祖文皇帝含光大之量，啓西伯之基。高祖武皇帝道洽二儀，智周萬物。屬齊季薦瘥，彝倫剝喪，同氣離入苑之禍，元首懷無厭之欲，乃當樂推之運，因億兆之心，承彼掎角，雪茲讎恥。事非爲己，義寔從民，故功成弗居，卑宮菲食，大慈之業普薰，汾陽之詔屢下。于茲四紀，無得而稱。朕以寡昧，哀煢孔棘，生靈已盡，志不圖全，僶俛視陰，企承鴻緒。懸旌履薄，未足云喻。痛甚愈遲，諒闇彌切。方當玄默在躬，栖心事外。即王道未直，天步猶艱，式憑宰輔，以弘庶政。履端建號，抑惟舊章。可大赦天下，改太清四年爲大寶元年。」丁巳，天雨黃沙。己未，太白經天，辛酉乃止。西魏寇安陸，執司州刺史柳仲禮，盡沒漢東之地。丙寅，月晝見。癸酉，前江都令祖皓起義，襲廣陵，斬賊南兗州刺史董紹先。侯景自帥水步軍擊皓。

二月癸未，景攻陷廣陵，皓等並見害。丙戌，以安陸王大春爲東揚州刺史。省吳州，如先爲郡。詔曰：「近東垂擾亂，江陽縱逸。上宰運謀，猛士雄奮，吳、會肅清，濟、兗澄謐，京師畿內，無事戎衣。朝廷達官，齋內左右，並可解嚴。」乙巳，以尚書僕射王克爲左僕射。是月，邵陵王綸自尋陽至于夏口，郢州刺史南平王恪以州讓綸。丙午，侯景逼太宗幸西州。

夏五月庚午，征北將軍、開府儀同三司鄱陽嗣王範薨。自春迄夏，大饑，人相食，京師尤甚。

六月辛巳，以南郡王大連行揚州事。庚子，前司州刺史羊鴉仁自尚書省出奔西州。

秋七月戊辰，賊行臺任約寇江州，刺史尋陽王大心以州降約。是月，以南郡王大連爲江州刺史。

八月甲午，湘東王繹遣領軍將軍王僧辯率衆逼郢州。乙亥，侯景自進位相國，封二十郡爲漢王。邵陵王綸棄郢州走。

冬十月乙未，侯景又逼太宗幸西州曲宴，自加宇宙大將軍、都督六合諸軍事。立皇子大鈞爲西陽郡王，大威爲武寧郡王，大球爲建安郡王，大昕爲義安郡王，大摯爲綏建郡王，大圜爲樂梁郡王。壬寅，景害南康嗣王會理。

十一月，任約進據西陽，分兵寇齊昌，執衡陽王獻送京師，害之。湘東王繹遣前寧州刺史徐文盛督衆軍拒約。南郡王前中兵張彪起義於會稽若邪山，攻破浙東諸縣。

二年春二月，邵陵王綸走至安陸董城，爲西魏所攻，軍敗，死。

三月，侯景自帥衆西寇。丁未，發京師，自石頭至新林，舳艫相接。

四月，至西陽。〔三〕乙亥，景分遣僞將宋子仙、任約襲郢州。丙子，執刺史蕭方諸。

閏月甲子，〔四〕景進寇巴陵，湘東王繹所遣領軍將軍王僧辯連戰不能剋。

五月癸未，湘東王繹遣游擊將軍胡僧祐、信州刺史陸法和援巴陵，景遣任約帥衆拒援軍。

六月甲辰，僧祐等擊破任約，〔五〕擒之。乙巳，景解圍宵遁，王僧辯督衆軍追景。庚申，攻魯山城，剋之，獲魏司徒張化仁、〔六〕儀同門洪慶。〔七〕辛酉，進圍郢州，下之，獲賊帥宋子仙等。鄱陽王故將侯瑱起兵，襲僞儀同于慶于豫章，慶敗走。

秋七月丁亥，侯景還至京師。辛丑，王僧辯軍次湓城，賊行江州事范希榮棄城走。

八月丙午，晉熙人王僧振、鄭寵起兵襲郡城，僞晉州刺史夏侯威生、儀同任延遁走。戊午，侯景遣衞尉卿彭儁、廂公王僧貴率兵入殿，廢太宗爲晉安王，幽于永福省。害皇太子大器、尋陽王大心、西陽王大鈞、武寧王大威、建平王大球、〔八〕義安王大昕及尋陽王諸子二十人。矯爲太宗詔，禪于豫章嗣王棟，大赦改年。遣使害南海王大臨於吳郡，南郡王大連於姑孰，安陸王大春於會稽，新興王大莊於京口。

冬十月壬寅，帝謂舍人殷不害曰：「吾昨夜夢吞土，卿試爲我思之。」不害曰：「昔重耳饋塊，卒還晉國。陛下所夢，得符是乎。」及王偉等進觴於帝曰：「丞相以陛下憂憤既久，使臣上壽。」帝笑曰：「壽酒，不得盡此乎？」於是並賫酒餚、曲項琵琶，與帝飲。帝知不免，乃盡酣，曰：「不圖爲樂一至於斯！」既醉寢，王偉、彭儁進土囊，王脩纂坐其上，於是太宗崩於永福省，時年四十九。賊僞謚曰明皇帝，廟稱高宗。明年，三月己丑，〔九〕王僧辯率前百官奉梓宮升朝堂，世祖追崇爲簡文皇帝，廟曰太宗。四月乙丑，葬莊陵。

初，太宗見幽縶，題壁自序云：「有梁正士蘭陵蕭世纘，立身行道，終始如一，風雨如晦，雞鳴不已。弗欺暗室，豈況三光，數至於此，命也如何！」又爲連珠二首，文甚悽愴。

太宗幼而敏睿，識悟過人，六歲便屬文，高祖驚其早就，弗之信也，乃於御前面試，辭采甚美。高祖歎曰：「此子，吾家之東阿。」既長，器宇寬弘，未嘗見慍喜。方頰豐下，鬚鬢如畫，眄睞則目光燭人。讀書十行俱下。九流百氏，經目必記；篇章辭賦，操筆立成。博綜儒書，善言玄理。自年十一，便能親庶務，歷試蕃政，所在有稱。在穆貴嬪憂，哀毁骨立，晝夜號泣不絕聲，所坐之席，沾濕盡爛。在襄陽拜表北伐，遣長史柳津、司馬董當門、壯武將軍杜懷寶、振遠將軍曹義宗等衆軍進討，剋平南陽、新野等郡，魏南荆州刺史李志據安昌城降，拓地千餘里。及居監撫，多所弘宥，文案簿領，纖毫不可欺。引納文學之士，賞接無倦，恒討論篇籍，繼以文章。高祖所製五經講疏，嘗於玄圃奉述，聽者傾朝野。雅好題詩，其序云：「余七歲有詩癖，長而不倦。」然傷於輕豔，當時號曰「宮體」。所著昭明太子傳五卷，諸王傳三十卷，禮大義二十卷，老子義二十卷，莊子義二十卷，長春義記一百卷，法寶連璧三百卷，並行於世焉。

史臣曰：太宗幼年聰睿，令問夙標，天才縱逸，冠於今古。文則時以輕華爲累，君子所不取焉。及養德東朝，聲被夷夏，洎乎繼統，寔有人君之懿矣。方符文、景，運鍾屯、剝，受制賊臣，弗展所蘊，終罹懷、愍之酷，哀哉！

校勘記

〔一〕新淦公大成爲山陽郡王　「淦」各本譌「塗」。今改正。按：本書武帝紀大同八年正月下，出「新淦」。通鑑太清二年十一月紀「新塗公大成」胡注：「新塗或作新淦。沈約志：新淦縣，漢屬豫章郡。」

〔二〕新興王大莊爲南徐州刺史　「大莊」各本作「大壯」，據本書太宗十一王傳及南史改，下同。

〔三〕四月至西陽　按：下出「乙亥」、「丙子」。是年閏三月甲戌朔，乙亥爲閏三月二日，丙子爲閏三月三日，是「四月」當作「閏月」。

〔四〕閏月甲子　「閏月」當作「四月」。是年閏三月，不閏四月。閏三月甲戌朔，無「甲子」，四月甲辰朔，有「甲子」。

〔五〕六月甲辰僧祐等擊破任約　「甲辰」下各本衍一「朔」字，據通鑑刪。是年六月癸卯朔，甲辰爲六月二日。

〔六〕獲魏司徒張化仁　「魏司徒張化仁」，通鑑作「別將張化仁」。考異云：「梁帝紀作魏司徒張化仁。按魏司徒安得爲景守城，今從典略。」

〔七〕儀同門洪慶　本書侯景傳「門」作「閻」。

〔八〕武寧王大威建平王大球　「武寧王」下各本脫「大威建平王」五字，今據本書太宗十一王傳補。按：太宗十一王傳，武寧王大威、建平王大球並於大寶二年秋遇害。

〔九〕明年三月己丑　「己丑」各本譌「癸丑」，據南史改。本書元帝紀亦作「己丑」，是。大寶三年三月己巳朔，無癸丑。

梁書卷五

本紀第五

元帝

世祖孝元皇帝諱繹，字世誠，小字七符，高祖第七子也。天監七年八月丁巳生。十三年，封湘東郡王，邑二千戶。初爲寧遠將軍、會稽太守，入爲侍中、宣威將軍、丹陽尹。普通七年，出爲使持節、都督荆湘郢益寧南梁六州諸軍事、西中郎將、荆州刺史。中大通四年，進號平西將軍。大同元年，進號安西將軍。三年，進號鎭西將軍。五年，入爲安右將軍、護軍將軍，領石頭戍軍事。六年，出爲使持節、都督江州諸軍事、鎭南將軍、江州刺史。太清元年，徙爲使持節、都督荆雍湘司郢寧梁南北秦九州諸軍事、鎭西將軍、荆州刺史。三年三月，侯景寇沒京師。四月，太子舍人蕭韶至江陵宣密詔，〔一〕以世祖爲侍中、假黃鉞、大都督中外諸軍事、司徒承制，餘如故。是月，世祖徵兵於湘州，湘州刺史河東王譽拒不遣。六月丙午，遣世子方等帥衆討譽，〔二〕戰所敗死。七月，又遣鎮兵將軍鮑泉代討譽。〔三〕九月乙卯，雍州刺史岳陽王詧舉兵反，來寇江陵，世祖嬰城拒守。乙丑，詧將杜崱與其兄弟及楊混各率其衆來降。丙寅，詧遁走。鮑泉攻湘州不克，又遣左衞將軍王僧辯代將。

大寶元年，世祖猶稱太清四年。正月辛亥朔，左衞將軍王僧辯獲橘三十子共蔕，以獻。二月甲戌，衡陽內史周弘直表言鳳皇見郡界。夏五月辛未，王僧辯克湘州，斬河東王譽，湘州平。六月，江夏王大款、山陽王大成、宜都王大封自信安間道來奔。九月辛酉，以前郢州刺史南平王恪爲中衞將軍、尚書令、開府儀同三司，中撫軍將軍世子方諸爲郢州刺史，左衞將軍王僧辯爲領軍將軍。改封大款爲臨川郡王，大成爲桂陽郡王，大封爲汝南郡王。是月，任約進寇西陽、武昌，遣左衞將軍徐文盛、右衞將軍陰子春、太子右衞率蕭慧正、巂州刺史席文獻等下武昌拒約。以中衞將軍、尚書令、開府儀同三司南平王恪爲荆州刺史，鎮武陵。

十一月甲子，南平王恪、侍中臨川王大款、桂陽王大成、散騎常侍江安侯圓正、侍中左衞將軍張綰、司徒左長史曇等府州國一千人奉牋曰：

竊以嵩岳既峻，山川出雲；大國有蕃，申甫惟翰。豈非皇建斯極，以位爲寶；聖教辨方，愼名與器。是知太尉佐帝，重華表黃玉之符；司空相土，伯禹降玄珪之錫。伏惟明公大王殿下，命世應期，挺生將聖，忠爲令德，孝實天經，地切應、韓，寄深旦、奭，五品斯訓，七政以齊，志存社稷，功濟屯險。夷狄內侵，枕戈泣血，鯨鯢未掃，投袂勤王，能使遊魂請盟以屈膝，醜徒銜璧而讋氣。親蕃外叛，釁均吳、楚，義討申威，兵不血刃。湘波自息，非築杜弢之壘；峴山離貳，不伐劉表之城。九江致梗，二別殊派，纔命戈船，底定濡、霍。泝流窮討，路絕窺窬，胡兵侵界，鐵馬霧合，神規獨運，皆卽梟懸，翻同翅折，遂修職貢。梁、漢合契，肆犀利之兵，巴、漢俱下，竭驍勇之陣。南通五嶺，北出力原；〔四〕東夷不怨，西戎卽序。可謂上流千里，持戟百萬，天下之至貴，四海之所推也。

今海水飛雲，崑山起燎，魏文悲樂推之歲，韓宣歎成禮之日，陽臺之下，獨有冠蓋相趨；夢水之傍，尚致車輿結轍。麰麥兩穗，出於南平之邦；甘露泥枝，降乎當陽之境。野蠶自績，何謝歐絲；閑田生稻，寧殊雨粟。莫非品物咸亨，是稱文明光大，豈可徽號不彰於彝典，明試不陳乎車服者哉！

昔晉、鄭入周，尚作卿士；蕭、曹佐漢，且居相國。宜崇茲盛禮，顯答羣望。恪等稽尋甲令，博詢惇史，謹再拜上，進位相國，總百揆，竹使符一，別准恒儀。杖金斧以翦逆暴，乘玉輅而定社稷。傍羅麗於日月，貞明合于天地。扶危翼治，豈不休哉！

愔等不通大體，自昧伏奏以聞。

世祖令答曰：「數鍾陽九，時惟百六，鯨鯢未翦，寤寐痛心。周粤天官，秦稱相國，東至于海，西至于河，南次朱鳶，北漸玄塞。率茲小宰，弘斯大德。將何用繼蹤曲阜，擬跡桓、文，終建一匡，肅其五拜。雖義屬隨時，事無虛紀，傳稱皆讓，象著鳴謙，瞻言前典，再懷哽恧。」

十二月壬辰，以定州刺史蕭勃爲鎭南將軍、廣州刺史。遣護軍將軍尹悅、巴州刺史王珣、定州刺史杜幼安帥衆下武昌，〔五〕助徐文盛。

大寶二年，世祖猶稱太淸五年。二月己亥，魏遣使來聘。

三月，侯景悉兵西上，會任約軍。

四月丙午，〔六〕景遣其將宋子仙、任約襲郢州，執刺史蕭方諸。戊申，徐文盛、陰子春等奔歸，王珣、尹悅、杜幼安並降賊。庚戌，領軍將軍王僧辯帥衆屯巴陵。甲子，景進寇巴陵。

五月癸未，世祖遣游擊將軍胡僧祐、信州刺史陸法和帥衆下援巴陵。任約敗，景遂遁走。以王僧辯爲征東將軍、開府儀同三司、尙書令，胡僧祐爲領軍將軍，陸法和爲護軍將軍。仍令僧辯率衆軍追景，所至皆捷。

八月甲辰，僧辯下次湓城。辛亥，以鎮南將軍、湘州刺史蕭方矩爲中衞將軍。司空、征南將軍南平王恪進號征南大將軍、湘州刺史，餘如故。

九月己亥，以征東將軍、開府儀同三司、尚書令王僧辯爲江州刺史，餘如故。盤盤國獻馴象。

冬十月辛丑朔，有紫雲如車蓋，臨江陵城。是月，太宗崩。侍中、征東將軍、開府儀同三司、江州刺史、尚書令、長寧縣侯王僧辯等奉表曰：

衆軍薄伐，塗次九水，即日獲臨城縣使人報稱：侯景弑逆皇帝，賊害太子，宗室在寇庭者，並罹禍酷。六軍慟哭，三辰改曜。哀我皇極，四海崩心。我大梁纂堯構緒，基商啓祚。太祖文皇帝徇齊作聖，肇有六州。高祖武皇帝聰明神武，奄龕天下。依日月而和四時，履至尊而制六合。麗正居貞，大横固祉。四葉相係，三聖同基。蠢爾凶渠，遂憑天邑。閶闔受白登之辱，象魏致堯城之疑。雲扆承華，一朝俱酷。金楨玉幹，莫不同寃。悠悠彼蒼，何其罔極！

臣聞喪君有君，春秋之茂典；以德以長，先王之通訓。少康則牧衆撫職，祀夏所以配天；平王則居正東遷，宗周所以卜世。漢光以能捕不道，故景歷重昌；中宗以不違羣議，故江東可立。儔今考古，更無二謀。伏惟陛下至孝通幽，英武靈斷，當七九之厄，而應千載之期；啓殷憂之明，而居百王之會。取威定霸，嶮阻艱難，建社治兵，載循古道。家國之事，一至於斯。天祚大梁，必將有主。軒轅得姓，存者二人；高祖五王，代實居長。乘屈完而陳諸侯，拜子武而服大輅。功齊九有，道濟生民。非奉聖明，誰嗣下武！

臣聞日月貞明，太陽不可以闕照；天地貞觀，乾道不可以久愓。黃屋左纛，本爲億兆而尊；鸞輅龍章，蓋以郊禋而貴。寶器存乎至重，介石愼於易差。黔首豈可少選無君，宗祏豈可一日無主。伏願陛下掃地升中，柴天改物。事迫凶危，運鍾擾攘，蓋不勞宗正奉詔，博士擇時，南面卽可居尊，西向無所讓德。四方既知有奉，八百始可同期。殘寇潛居，器藏社處，乾象既傾，坤儀已覆，斬莽輗車，燒卓照市，廓淸函夏，正爲塋陵，開雪宮闈，庶存鍾鼎，彼黍離離，伊何可言。陛下繼明闡祚，卽宮舊楚。左廟右社之制，可以權宜；五禮六樂之容，歲時取備。金芝九莖，瓊茅三脊。要衞率職，尉候相望。坐廟堂以朝四夷，登靈臺而望雲物，禪梁甫而封泰山，臨東濱而禮日觀。然後與三事大夫，更謀都鄙。左瀍右澗，夾雒可以爲居，抗殿疏龍，惟王可以在鎬，何必勤勤建業也哉。

臣等不勝控款之至，謹拜表以聞。

世祖奉諱，大臨三日，百官縞素。乃答曰：「孤以不德，天降之災，枕戈飲膽，扣心泣血。風樹之酷，萬始不追；霜露之哀，百憂總萃。甫聞伯升之禍，彌切仲謀之悲。若封豕既殲，長蛇即戮，方欲追延陵之逸軌，繼子臧之高讓，豈資秋亭之壇，安事繁陽之石。侯景，項籍也；蕭棟，殷辛也。赤泉未賞，劉邦尚曰漢王；白旗弗懸，周發猶稱太子。飛龍之位，孰謂可躋；附鳳之徒，既聞來議。羣公卿士，其諭孤之志，無忽！」司空南平王恪率宗室五十餘人，領軍將軍胡僧祐率羣僚二百餘人，江州別駕張佚率吏民三百餘人，並奉牋勸進。世祖固讓。

十一月乙亥，王僧辯又奉表曰：

紫宸曠位，赤縣無主，百靈聳動，萬國回皇。雖醉醒相扶，同歸景亳，式歌且誦，總赴唐郊，猶懼陛下俛首潛然，讓德不嗣。傳車在道，方愼宋昌之謀；法駕已陳，尚杜耿純之勸。岳牧翹首，天民累息。

臣聞星回日薄，擊雷鞭電者之謂天；岳立川流，吐霧蒸雲者之謂地。苞天地之混成，洞陰陽之不測，而以裁成萬物者，其在聖人乎！故云「天地之大德曰生，聖人之大寶曰位」。黃屋廟堂之下，本非獲已而居；明鏡四衢之樽，蓋由應物取訓。伏惟陛下稽古文思，英雄特達。比以周旦，則文王之子；方之放勛，則帝摯之季。千年旦暮，可不在斯。庭闕湮亡，鍾鼎淪覆，嗣膺景曆，非陛下而誰？豈可使赤眉更立盆子，隗囂託置高廟。陛下方復從容高讓，用執謙光。展其矯行僞書，誣罔正朔，見機而作，斷可識矣。匪疑何卜，無待蓍龜。

日者，公卿失馭，禍纏霄極，侯景憑陵，姦臣互起，率戎伐顥，無處不然，勸明誅胥，側足皆爾。刁斗夜鳴，烽火相照。中朝人士，相顧銜悲；涼州義徒，東望殞涕，惵惵黔首，將欲安歸！陛下英略緯天，沉明內斷，橫劍泣血，枕戈嘗膽，農山圯下之策，金匱玉鼎之謀，莫不定算扆帷，決勝千里。擊靈鼉之鼓，而建翠華之旗，驅六州之兵，而總九伯之伐，四方雖虞，一戰以霸。斬其鯨鯢，旣章大戮，何校滅耳，莫匪姦回，史不絕書，府無虛月。自洞庭安波，彭蠡底定，文昭武穆，芳若椒蘭，敵國降城，和如親戚，九服同謀，百道俱進，國恥家怨，計期就雪，社稷不墜，繄在聖明。今也何時，而申帝啓之避，凶危若此，方陳泰伯之辭。國有具臣，誰敢奉詔。

天下者高祖之天下，陛下者萬國之歡心，萬國豈可無君，高祖豈可廢祀。卽日五星夜聚，八風通吹，雲煙紛郁，日月光華，百官象物而動，軍政不戒而備。飛艫巨艦，竟水浮川；鐵馬銀鞍，陵山跨谷。英傑接踵，忠勇相顧，湛宗族以酬恩，焚妻子以報主。莫不覆盾銜威，提斧擊衆，風飛電耀、志滅凶醜。所待陛下昭告后土，虔奉上帝，廣發明詔，師出以名，五行夕返，六軍曉進，便當盡司寇之威，窮蚩尤之伐，執石趙而求璽，斬姚秦而取鍾，脩埽塋陵，奉迎宗廟。陛下豈得不仰存國計，俯從民請。漢宣嗣位之後，卽遣蒲類之軍；光武登極既竟，始有長安之捷。由此言之，不無前准。

臣等或世受朝恩，或身荷重遇，同休等戚，自國刑家，苟有腹心，敢以死奪。不任慺慺之至，謹重奉表以聞。

世祖答曰：「省示，復具一二。孤聞天生蒸民而樹之以君，所以對揚天休，司牧黔首。攝提、合雒以前，栗陸、驪連之外，書契不傳，無得稱也。自阪泉彰其武功，丹陵表其文德，有人民焉，有社稷焉，或歌謠所歸，或惟天所相。孤遭家多難，大恥未雪，國賊則蚩尤弗翦，同姓則有扈不賓，臥而思之，坐以待旦，何以應寶曆，何以嗣龍圖。庶一戎既定，罪人斯得，祀夏配天，方申來議也。」是時巨寇尚存，未欲卽位，而四方表勸，前後相屬，乃下令曰：「大壯乘乾，明夷垂翼，璿度亟移，玉律屢徙，四岳頻遣勸進，九棘比者表聞。譙、沛未復，塋陵永遠，于居于處，寤寐疚懷，何心何顏，撫茲歸運。自今表奏，所由並斷，若有啓疏，可寫此令施行。」是日，賊司空、東南道大行臺劉神茂率儀同劉歸義、留異赴義，奉表請降。

大寶三年，世祖猶稱太清六年。正月甲戌，世祖下令曰：「軍國多虞，戎旃未靜，青領雖熾，黔首宜安。時惟星鳥，表年祥於東秩；春紀宿龍，歌歲取於南畯。況三農務業，尚看天桃敷水；四人有令，〔七〕猶及落杏飛花。化俗移風，常在所急；勸耕且戰，彌須自許。豈直燕垂寒谷，積黍自溫，寧可墮此玄苗，坐飡紅粒，不植鷰頷，空候蟬鳴。可悉深耕穊種，安堵復業，無棄民力，並分地利。班勸州郡，咸使遵承。」以智武將軍、南平內史王褒爲吏部尚書。

二月，王僧辯衆軍發自尋陽。世祖馳檄告四方曰：

夫剝極生災，乃及龍戰，師貞終吉，方制豶豕。豈不以侵陽蕩薄，源之者亂階；定龕艱難，成之者忠義。故羿、澆滅於前，莽、卓誅於後。是故使桓、文之勳，復興於周代；溫、陶之績，彌盛於金行。粵若梁興五十餘載，平壹宇內，德惠悠長，仁育蒼生，義征不服。左伊右瀍，咸皆仰化；濁涇清渭，靡不向風。建翠鳳之旗，則六龍驤首；擊靈鼉之鼓，則百神警肅。風、牧、方、邵之賢，衞、霍、辛、趙之將，羽林黃頭之士，虎賁緹騎之夫，叱咤則風雲興起，鼓動則嵩、華倒拔。自桐柏以北，孤竹以南，碣石之前，流沙之後，延頸舉踵，交臂屈膝。胡人不敢牧馬，秦士不敢彎弓。叶和萬邦，平章百姓，十堯九舜，曷足云也。

賊臣侯景，匈奴叛臣，鳴鏑餘噍。懸瓠空城，本非國寶，壽春畿要，賞不踰月。開海陵之倉，賑常平之米，檄九府之費，錫三官之錢，冒于貨賄，不知紀極。敢興逆亂，梗我王畿。賊臣正德，阻兵安忍。日者結怨江芈，遠適單于。簡牘屢彰，彭生之魂未弭；聚斂無度，景卿之誚已及。爲虎傅翼，遠相招致。虔劉我生民，離散我兄弟。我是以董率皐貔，躬擐甲冑，霜戈照日，則晨離奪暉，龍騎蔽野，則平原掩色，信與江水同流，氣與寒風俱憤。凶醜畏威，委命下吏，乞活淮、肥，苟存徐、兗。渙汗既行，絲綸爰被。我是以班師凱歸，休牛息馬。賊猶不悛。遂復矢流王屋，兵躔象魏。總章之觀，非復聽訟之堂；甘泉之宮，永乖避暑之地。坐召憲司，臥制朝宰，矯託天命，僞作符書。重增賦斂，肆意裒剝，生者逃竄，死者暴尸，道路以目，庶僚鉗口。刑戮失衷，爵賞由心，老弱波流，士女塗炭。臧獲之人，五宗及賞；搢紳之士，三族見誅。轂粟騰踴，自相吞噬。慄慄黔首，路有銜索之哀；蠢蠢黎民，家隕桓山之泣。〔八〕偃師南望，無復儲胥、露寒，河陽北臨，或有穹廬氈帳。南山之竹，未足言其愆；西山之兔，不足書其罪。

外監陳瑩之至，伏承先帝登遐，宮車晏駕。奉諱驚號，五內摧裂，州冤本毒，〔九〕無地容身。景阻饑既甚，民且狼顧，遂侵軼我彭蠡，憑凌我郢邑，竊據我江夏，掩襲我巴丘。我是以義勇爭先，忠貞盡力。斬馘凶渠，不可稱算，沙同赤岸，水若絳河。任約泥首於安南，化仁面縛於漢口，子仙乞活於鄢郢，希榮敗績於柴桑。侯景奔竄，十鼠爭穴，郭默淸夷，晉熙附義，計窮力屈，反殺後主。畢、原、酆、郇，並離禍患，凡、蔣、邢、茅，皆伏鈇鑕。是可忍也，孰不可容！

　　幕府據有上流，實惟分陜，投袂荷戈，志在畢命。昔周依晉、鄭，漢有虛、牟。彼惟末屬，猶能如此；況聯華日月，天下不賤，爲臣爲子，兼國兼家者哉！咸以義旗旣建，宜須總一，共推幕府，實用主盟。粤以不佞，謬董連率，遠惟國艱，不遑寧處。中權後勁，襲行天罰，提戈蒙險，隕越以之。天馬千羣，長戟百萬，驅賁獲之士，資智勇之力，大楚踰荆山，淺原度彭蠡，〔一〇〕舳艫汎水，以掎其南，輜軿委輸，以衝其北。華夷百濮，贏糧影從。雷震風駭，直指建業。按劍而叱，江水爲之倒流；抽戈而揮，皎日爲之退舍。方駕長驅，百道俱入，夷山殄谷，充原蔽野。挾輈曳牛之侶，拔距磔石之夫，騎則逐日追風，弓則吟猿落雁。捧崑崙而壓卵，傾渤海而灌熒。如駟馬之載鴻毛，若奔牛之觸魯縞。以此衆戰，誰能禦之！脫復蜂蠆有毒，獸窮則鬭。謂山蓋高，則四郊多壘；謂地蓋遠，則三千弗違。如彼怒蛙，譬諸鼷鼠，豈費萬鈞，無勞百溢。加以日臨黃道，兵起絳宮，三門旣啓，五將咸發，舉整整之旗，掃亭亭之氣，故以臨機密運，非賊所解，奉義而誅，何罪不服。

　　今遣使持節、大都督、征東將軍、開府儀同三司、江州刺史、尚書令、長寧縣開國侯王僧辯率衆十萬，直掃金陵。鳴鼓聒天，摐金振地。朱旗夕建，如赤城之霞起；戈船夜動，若滄海之奔流。計其同惡，不盈一旅。君子在野，小人比周。何校滅耳，匪朝伊夕。春長狄之喉，繫郅支之頸。今司寇明罰，質鈇所誅，止侯景而已。黎元何辜，一無所問。諸君或世樹忠貞，身荷寵爵，羽儀鼎族，書勳王府，俛眉猾豎，無由自效，豈不慚泉壤，上愧皇天！失忠與義，難以自立。想誠南風，迺眷西顧，因變立功，轉禍爲福。有能縛侯景及送首者，封萬戶開國公，絹布五萬匹。有能率動義衆，以應官軍，保全城邑，不爲賊用，上賞方伯，下賞剖符，並裂山河，以紆青紫。昔由余入秦，禮同卿佐；日磾降漢，且珥金貂。必有其才，何卹無位。若執迷不反，拒逆王師，大軍一臨，刑茲罔赦。孟諸焚燎，芝艾俱盡；宣房河決，玉石同沉。信賞之科，有如皎日；黜陟之制，事均白水。檄布遠近，咸使知聞。

三月，王僧辯等平侯景，傳其首於江陵。戊子，以賊平告明堂、太社。己丑，王僧辯等又奉表曰：

衆軍以今月戊子總集建康。賊景烏伏獸窮，頻擊頻挫，姦竭詐盡，深溝自固。臣等分勒武旅，百道同趣，突騎短兵，犀函鐵楯，結隊千羣，持戟百萬，止紂七步，圍項三重，轟然大潰，羣凶四滅。京師少長，俱稱萬歲。長安酒食，於此價高。九縣雲開，六合清朗，矧伊黔首，誰不載躍！伏惟陛下咀痛茹哀，嬰憤忍酷。自紫庭絳闕，胡塵四起，壖垣好畤，冀馬雲屯，泣血治兵，嘗膽誓衆。而吳、楚一家，方與七國俱反，管、蔡流言，又以三監作亂。西涼義衆，阻强秦而不通；并州遺民，跨飛狐而見泯。豺狼當路，非止一人；鯨鯢不梟，倏焉五載。英武克振，怨耻並雪，永尋霜露，如何可言！臣等輒依故實，奉脩社廟，使者持節，分告塋陵。嗣后升遐，龍輴未殯，承華掩曜，梓宮莫測，並卽隨由備辦，禮具凶荒。四海同哀，六軍袒哭，聖情孝友，理當感慟。

日者，百司岳牧，祈仰宸鑒。以錫珪之功，旣歸有道，當璧之禮，允屬聖明；而優詔謙沖，窅然凝邈。飛龍可躋，而乾爻在四；帝閽云叫，而閶闔未開。謳歌再馳，是用翹首。所以越人固執，熏丹穴以求君；周民樂推，踰岐山而事主。漢王不卽位，無以貴功臣；光武止蕭王，〔二〕豈謂紹宗廟。黃帝遊於襄城，尙訪治民之道；放勛入於姑射，猶使樽俎有歸。伊此儻來，豈聖人所欲，帝王所應，不獲已而然。伏讀璽書，尋諷制旨，顧懷物外，未奉慈衷。陛下日角龍顏之姿，表於徇齊之日；彤雲素氣之瑞，基於應物之初。博覽則大哉無所與名，深言則曄乎昭章之觀。忠爲令德，孝實動天。加以英威茂略，雄圖武算，指麾則丹浦不戰，顧眄則阪泉自蕩。地維絕而重紐，天柱傾而更植。鑿河津於孟門，百川復啓；補穹儀以五石，萬物再生。縱陛下拂袗衣而遊廣成，登崦山而去東土，羣臣安得仰訴，兆庶何所歸仁。況郊祀配天，罍篚禮曠，齋宮清廟，匏竹不陳，仰望鑾輿，匪朝伊夕，瞻言法駕，載渴且飢，豈可久稽衆議，有曠彝則！舊郊既復，函、雒已平。〔一二〕高奴、櫟陽，宮館雖毁；濁河清渭，佳氣猶存。皐門有伉，甘泉四敞，土圭測景，仙人承露。斯蓋九州之赤縣，六合之樞機。博士捧圖書而稍還，太常定禮儀而已列。豈得不揚清蹕而赴名都，具玉鑾而遊正寢！昔東周既遷，鎬京遂其不復；長安一亂，郟、洛永以爲居。夏后以萬國朝諸侯，文王以六州匡天下。跡基百里，劍杖三尺。以殘楚之地，抗拒九戎；一旅之師，翦滅三叛。坦然大定，御輦東歸。解五牛於冀州，秣六馬於譙郡。緬求前古，其可得歟？對揚天命，何所讓德！有理存焉，敢重所奏。

相國答曰：「省表，復具一二。羣公卿士，億兆夷人，咸以皇天眷命，歸運所屬，用集寶位于予一人。文叔金吾之官，事均往願；孟德征西之位，且符前說。今淮海長鯨，雖云授首；襄陽短狐，未全革面。太平玉燭，爾乃議之。」辛卯，宣猛將軍朱買臣密害豫章嗣王棟，及其二弟橋、樛，世祖志也。

四月乙巳，益州刺史、新除假黄鉞、太尉武陵王紀竊位於蜀，改號天正元年。世祖遣兼司空蕭泰、祠部尚書樂子雲拜謁塋陵，〔一三〕脩復社廟。丁巳，世祖令曰：「軍容不入國，國容不入軍。雖子產獻捷，戎服從事，亞夫弗拜，義止將兵。今凶醜殲夷，逆徒殄潰，九有既截，四海乂安。漢官威儀，方陳盛禮，衞多君子，寄是式瞻。便可解嚴，以時宣勒。」是月，以東陽太守張彪爲安東將軍。

五月庚午，司空南平王恪及宗室王侯、大都督王僧辯等，復拜表上尊號，世祖猶固讓不受。庚辰，以征南將軍、湘州刺史、司空南平嗣王恪爲鎭東將軍、揚州刺史，餘如故。甲申，以尙書令、征東將軍、開府儀同三司、江州刺史王僧辯爲司徒、鎭衞將軍。乙酉，斬賊左僕射王偉、尙書呂季略、少卿周石珍、舍人嚴亶於江陵市。是日，世祖令曰：「君子赦過，著在周經；聖人解網，聞之湯令。自獫狁孔熾，長蛇荐食，赤縣阽危，黔黎塗炭，終宵不寐，志在雪恥。元惡稽誅，本屬侯景；王偉是其心膂，周石珍負背恩義，今並烹諸鼎鑊，肆之市朝。但比屯邅寇擾，爲歲已積，衣冠舊貴，被逼偸生，猛士勳豪，和光苟免，凡諸惡侶，諒非一族。今特闡以王澤，削以刑書，自太清六年五月二十日昧爽以前，咸使惟新。」是月，魏遣太師潘樂、辛術等寇秦郡，〔一四〕王僧辯遣杜崱帥衆拒之。以陳霸先爲征北大將軍、開府儀同三司、南徐州刺史。是月，魏遣使賀平侯景。

八月，蕭紀率巴、蜀大衆連舟東下，遣護軍陸法和屯巴峽以拒之。兼通直散騎常侍、聘魏使徐陵於鄴奉表曰：

臣聞封唐有聖，還承帝嚳之家；居代惟賢，終纂高皇之祚。無爲稱於革舄，至治表於垂衣，而撥亂反正，非聞前古。至如金行重作，源出東莞；炎運猶昌，枝分南頓。豈得掩顯姓於軒轅，非才子於顓頊？莫不時因多難，俱繼神宗者也。伏惟陛下，出震等於勛、華，明讓同於旦、奭。握圖執鉞，將在御天，玉縢珠衡，先彰元后。神祇所命，非惟太室之祥；圖書斯歸，〔一五〕何止堯門之瑞。若夫大孝聖人之心，中庸君子之德，固以作訓生民，貽風多士。一日二日，研覽萬機；允文允武，包羅羣藝。擬茲三大，賓是四門，歷試諸難，咸熙庶績，斯無得而稱也。

自無妄興暴，皇祚寖微，封豨脩蛇，行災中國，靈心所宅，下武其興，望紫極而長號，瞻丹陵而殞慟。家寃將報，天賜黃鳥之旗；國害宜誅，神奉玄狐之籙。滕公擁樹，雄氣方嚴；張繡交兵，風神彌勇。忠誠冠於日月，孝義感於冰霜。如霆如雷，如貔如虎，前驅效命，元惡斯殲。既挂膽於西州，方燃臍於東市。蚩尤三冢，寧謂嚴誅；王莽千剸，非云明罰。青羌赤狄，同畀豺狼，胡服夷言，咸爲京觀。邦畿濟濟，還見隆平；宗廟愔愔，方承多福。自氤氳渾沌之世，驪連、栗陸之君，卦起龍圖，〔一六〕文因鳥跡。雲師火帝，非無戰陣之風；堯誓湯征，咸用干戈之道。星躔東井，時破崤、潼；雷震南陽，初平尋、邑。未有援三靈之已墜，救四海之羣飛，赫赫明明，龔行天罰，如當今之盛者也。於是卿雲似蓋，晨映姚鄉；甘露如珠，朝華景寢。芝房感德，咸出銅池；蓂莢伺辰，無勞銀箭。重以東漸玄菟，西踰白狼，高柳生風，扶桑盛日，莫不編名屬國，歸質鴻臚，荒服來賓，遐邇同福。其文昭武穆，跗蕚也如彼；天平地成，功業也如此。久應旁求掌故，諮詢天官，斟酌繁昌，經營高邑。宗王啓霸，非勞陽武之侯；〔一七〕清蹕無虞，何事長安之邸。正應揚鑾旂以饗帝，仰鳳扆以承天，曆數在躬，疇與爲讓！去月二十日，兼散騎常侍柳暉等至鄴，伏承聖旨謙沖，爲而弗宰，或云涇陽未復，函谷無泥，旋駕金陵，方膺天眷。愚謂大庭、少昊，非有定居；漢祖、殷宗，皆無恒宅。登封岱岳，猶置明堂；巡狩章陵，時行司隸。何必西瞻虎據，乃建王宮；南望牛頭，方稱天闕。抑又聞之：玄圭既錫，蒼玉無陳，乃棫樸之愆期，非苞茅之不貢。雲和之瑟，久廢甘泉；孤竹之管，無聞方澤。豈不懼歟。

伏願陛下因百姓之心，拯萬邦之命。豈可逡巡固讓，方求石戶之農；高謝君臨，徒引箕山之客！未知上德之不德，惟見聖人之不仁。率土翹翹，蒼生何望！昔蘇季、張儀，違鄉負俗，尚復招三方以事趙，請六國以尊秦。況臣等顯奉皇華，親承朝命，珪璋特達，通聘河陽，貂珥雍容，尋盟漳水，加牢貶館，隨勢汙隆，〔一八〕瞻望鄉關，誠均休戚。但輕生不造，命與時乖。忝一介之行人，同三危之遠擯。承閒內殿，事絕耿弇之恩；封奏邊城，私等劉琨之哭。不勝區區之至，謹拜表以聞。

九月甲戌，司空、鎮東將軍、揚州刺史南平王恪薨。

冬十月乙未，前梁州刺史蕭循自魏至于江陵，以循爲平北將軍、開府儀同三司。戊申，執湘州刺史王琳於殿內，琳副將殷晏下獄死。辛酉，以子方略爲湘州刺史。庚戌，琳長史陸納及其將潘烏累等舉兵反，〔一九〕襲陷湘州。是月，四方征鎮王公卿士復勸世祖卽尊號，猶謙讓未許。表三上，乃從之。

承聖元年冬十一月丙子，世祖卽皇帝位於江陵。詔曰：「夫樹之以君，司牧黔首。帝堯之心，豈貴黃屋，誠弗獲已而臨莅之。朕皇祖太祖文皇帝積德岐、梁，化行江、漢，道映在田，具瞻斯屬。皇考高祖武皇帝明並日月，功格區宇，應天從民，惟睿作聖。太宗簡文皇帝地侔啓、誦，方符文、景。羯寇憑陵，時難孔棘。朕大拯橫流，克復宗社。羣公卿士、百辟庶僚，咸以皇靈眷命，歸運斯及，天命不可以久淹，宸極不可以久曠，粵若前載，憲章令範，畏天之威，算隆寶曆，用集神器于予一人。昔虞、夏、商、周，年無嘉號，漢、魏、晉、宋，因循以久。朕雖云撥亂，且非創業，〔二〇〕思得上繫宗祧，下惠億兆。可改太清六年爲承聖元年。逋租宿責，並許弘貸；孝子義孫，〔二一〕可悉賜爵；長徒鏁士，特加原宥；禁錮奪勞，一皆曠蕩。」是日世祖不升正殿，公卿陪列而已。丁丑，以平北將軍、開府儀同三司蕭循爲驃騎將軍、湘州刺史，餘如故。己卯，立王太子方矩爲皇太子，改名元良。立皇子方智爲晉安郡王，方略爲始安郡王。追尊所生妣阮脩容爲文宣太后。是月，陸納遣將潘烏累等攻破衡州刺史丁道貴於渌口，道貴走零陵。

十二月壬子，陸納分兵襲巴陵，湘州刺史蕭循擊破之。是月，營州刺史李洪雅自零陵率衆出空靈灘，〔二二〕將下討納，納遣將吳藏等襲破洪雅，洪雅退守空靈城。

二年春正月乙丑，詔王僧辯率衆軍士討陸納。〔二三〕戊寅，以吏部尚書王褒爲尚書右僕射，〔二四〕劉瑴爲吏部尚書。西魏遣大將尉遲迥襲益州。

三月庚午，〔二五〕詔曰：「食乃民天，農爲治本，垂之千載，貽諸百王，莫不敬授民時，躬耕帝籍。是以稼穡爲寶，周頌嘉其樂章；禾麥不成，魯史書其方册。秦人有農力之科，漢氏開屯田之利。頃歲屯否，多難荐臻，干戈不戢，我則未暇。廣田之令，無聞於郡國；載師之職，有陋於官方。今元惡殄殲，海内方一，其大庇黔首，庶拯横流。一廛曠務，勞心日仄；一夫廢業，鴟鹵無遺。國富刑清，家給民足。其力田之身，在所蠲免。外卽宣勒，稱朕意焉。」辛未，李洪雅以空靈城降賊，賊執之而歸。初，丁道貴走零陵投洪雅，洪雅使收餘衆，與之俱降。洪雅既降賊，賊乃害道貴。丙子，賊將吳藏等帥兵據車輪。庚寅，有兩龍見湘州西江。

夏四月丙申，僧辯軍次車輪。

五月甲子，衆軍攻賊，大破之。乙丑，僧辯軍至長沙。甲戌，尉遲迥進逼巴西，潼州刺史楊乾運以城降，〔二六〕納迥。己丑，蕭紀軍至西陵。

六月乙卯，〔二七〕湘州平。是月，尉遲迥圍益州。

秋七月辛未，巴人苻昇、徐子初斬賊城主公孫晃，〔二八〕舉城來降。紀衆大潰，遇兵死。乙未，王僧辯班師江陵，詔諸軍各還所鎭。

八月戊戌，尉遲迥陷益州。庚子，詔曰：「夫爰始居亳，不廢先王之都；受命于周，無改舊邦之頌。頃戎旃既息，關柝無警。去魯興歎，有感宵分，過沛殞涕，實勞夕寐。仍以瀟、湘作亂，庸、蜀阻兵，命將授律，指期克定。今八表乂清，四郊無壘，宜從青蓋之典，〔二九〕言歸白水之鄉。江、湘委輸，方船連舳，巴峽舟艦，精甲百萬，先次建鄴，行實京師；然後六軍遄征，九旂揚旆，拜謁塋陵，脩復宗社。主者詳依舊典，以時宣勒。」

九月庚午，司徒王僧辯旋鎭。丙子，以護軍將軍陸法和爲郢州刺史。乙酉，以晉安王方智爲江州刺史。是月，魏遣郭元建治舟師於合肥，〔三〇〕又遣大將邢杲遠、步大汗薩、東方老率衆會之。〔三一〕

冬十一月辛酉，僧辯次于姑孰，卽留鎭焉。遣豫州刺史侯瑱據東關壘，徵吳興太守裴之橫帥衆繼之。戊戌，以尚書右僕射王褒爲尚書左僕射，湘東太守張綰爲尚書右僕射。

十二月，宿預土民東方光據城歸化，魏江西州郡皆起兵應之。

三年春正月甲午，加南豫州刺史侯瑱征北將軍、開府儀同三司。〔三二〕陳霸先帥衆攻廣陵城。秦州刺史嚴超達自秦郡圍涇州，侯瑱、張彪出石梁，爲其聲援。辛丑，陳霸先遣晉陵太守杜僧明率衆助東方光。

三月甲辰，以司徒王僧辯爲太尉、車騎大將軍。〔三三〕丁未，魏遣將王球率衆七百攻宿預，杜僧明逆擊，大破之。戊申，以護軍將軍、郢州刺史陸法和爲司徒。

夏四月癸酉，以征北大將軍、開府儀同三司陳霸先爲司空。

六月壬午，魏復遣將步大汗薩率衆救涇州。癸未，有黑氣如龍，見于殿內。

秋七月甲辰，以都官尚書宗懍爲吏部尚書。

九月辛卯，世祖於龍光殿述老子義，尚書左僕射王褒爲執經。乙巳，魏遣其柱國萬紐于謹率大衆來寇。

冬十月丙寅，魏軍至于襄陽，蕭詧率衆會之。丁卯，停講，內外戒嚴，輿駕出行都柵。是日，大風拔木。丙子，徵王僧辯等軍。

十一月，以領軍胡僧祐都督城東城北諸軍事，右僕射張綰爲副；左僕射王褒都督城西城南諸軍事，直殿省元景亮爲副。王公卿士各有守備。丙戌，世祖遍行都柵，皇太子巡行城樓，使居民助運水石，〔三四〕諸要害所，並增兵備。丁亥，魏軍至柵下。〔三五〕丙申，徵廣州刺史王琳入援。丁酉，大風，城內火。以胡僧祐爲開府儀同三司，巂州刺史裴畿爲領軍將軍。庚子，信州刺史徐世譜、晉安王司馬任約軍次馬頭岸。戊申，胡僧祐、朱買臣等率兵出戰，買臣敗績。己酉，降左僕射王褒爲護軍將軍。辛亥，魏軍大攻，〔三六〕世祖出枇杷門，親臨陣督戰。胡僧祐中流矢薨。六軍敗績。反者斬西門關以納魏師，城陷于西魏。世祖見執，如蕭詧營，又遷還城內。

十二月丙辰，徐世譜、任約退戍巴陵。辛未，西魏害世祖，遂崩焉，時年四十七。太子元良、始安王方略皆見害。乃選百姓男女數萬口，分爲奴婢，驅入長安；小弱者皆殺之。明年四月，追尊爲孝元皇帝，廟曰世祖。

世祖聰悟俊朗，天才英發。年五歲，高祖問：「汝讀何書？」對曰：「能誦曲禮。」高祖曰：「汝試言之。」即誦上篇，左右莫不驚歎。初生患眼，高祖自下意治之，遂盲一目，彌加愍愛。既長好學，博總羣書，下筆成章，出言爲論，才辯敏速，冠絕一時。高祖嘗問曰：「孫策昔在江東，于時年幾？」答曰：「十七。」高祖曰：「正是汝年。」賀革爲府諮議，敕革講三禮。世祖性不好聲色，頗有高名，與裴子野、劉顯、蕭子雲、張纘及當時才秀爲布衣之交，著述辭章，多行於世。在尋陽，夢人曰：「天下將亂，王必維之。」又背生黑子，巫媼見曰：「此大貴兆，當不可言。」初，賀革西上，意甚不悅，過別御史中丞江革，以情告之。革曰：「吾嘗夢主上遍見諸子，至湘東王，手脫帽授之。此人後必當璧，卿其行乎！」革從之。及太清之難，乃能克復，故遐邇樂推，遂膺寶命矣。所著孝德傳三十卷，忠臣傳三十卷，丹陽尹傳十卷，注漢書一百一十五卷，周易講疏十卷，內典博要一百卷，連山三十卷，洞林三卷，玉韜十卷，補闕子十卷，老子講疏四卷，全德志、懷舊志、荆南志、江州記、貢職圖、古今同姓名錄一卷，筮經十二卷，式贊三卷，文集五十卷。

史臣曰：梁季之禍，巨寇憑壘，世祖時位長連率，有全楚之資，應身率羣后，枕戈先路。虛張外援，事異勤王，在於行師，曾非百舍。後方殲夷大憝，用寧宗社，握圖南面，光啓中興，亦世祖雄才英略，紹茲寶運者也。而稟性猜忌，不隔疏近，御下無術，履冰弗懼，故鳳闕伺晨之功，火無內照之美。以世祖之神睿特達，留情政道，不怵邪說，徙蹕金陵，左鄰强寇，將何以作。是以天未悔禍，蕩覆斯生，悲夫！

校勘記

〔一〕太子舍人蕭韶至江陵宣密詔　「韶」各本訛「歆」，據南史及通鑑改正。

〔二〕六月丙午遣世子方等帥衆討譽　「六月」各本作「十月」。按下文出「九月」，十月不應在九月前。南史但云「七月」，不書日。是年七月甲寅朔，無丙午，亦不合。通鑑作「六月丙午」，其月乙酉朔，丙午爲二十二日，今據改。

〔三〕七月又遣鎭兵將軍鮑泉代討譽　「七月」原作「是月」。按南史以遣方等鮑泉並繫於七月；通鑑以遣方等繫於六月，遣鮑泉繫於七月。今旣據通鑑改上文「十月」爲「六月」，則此「是月」亦當據通鑑、南史改爲七月，方與史實相合。

〔四〕南通五嶺北出力原　地名不見有名「力原」者，疑有誤。或謂是「九原」之譌，但是時北魏都洛陽，漢水以北皆是魏土，漢九原在今後套東北，不容遠指九原以對五嶺爲言。

〔五〕定州刺史杜幼安帥衆下武昌　「幼」各本譌「多」，據本書徐文盛傳及通鑑改正。按：杜幼安附本書杜崱傳，謂幼安爲西荊州刺史，與此不同。

〔六〕四月丙午　各本作「閏四月丙午」。按：大寶二年閏三月，不閏四月。閏三月甲戌朔，無丙午。通鑑作「四月丙午」是，今據通鑑删「閏」字。

〔七〕四人有令　按：「人」當作「民」，此姚思廉避唐諱改。後漢崔寔有四民月令。

〔八〕家隕桓山之泣　百衲本、南監本「桓」字墨丁。殿本作「家有隕山之泣」。册府元龜一八五作「家隕常山之泣」。按孔子家語：「顏回……聞……哭聲，非但爲死者而已，又有生離別者也。……桓山之鳥，生四子焉，羽翼既成，將分于四海，其母悲鳴而送之，哀聲有似於此。」蕭繹討侯景檄文正用此典，言侯景肆虐，江南人民家家有死別生離之苦。又顏氏家訓文章篇：「堂上養老，送兄賦桓山之悲。」亦用此典。宋刻太平御覽三八八引家語，「桓山」譌作「恒山」。宋閩刻本顏氏家訓，「桓山」亦譌作「恒山」，見沈揆考證後跋。疑北宋初所見梁書抄本，此「桓山」亦譌「恒山」，故册府元龜之纂修者，避宋眞宗名恒，改作「常山」。查家語此條出自說苑，而說苑本作「完山」，「完」「桓」字異音同，則作「桓山」者不誤，而作「恒山」者誤也。今仍改作「桓山」。

〔九〕州冤本毒　册府元龜一八五作「煩冤荼毒。」

〔一〇〕淺原度彭蠡　「原」各本作「源」。按：「淺原」卽禹貢之「敷淺原」。尚書禹貢：「過九江至於敷淺原」。高平曰原，卽今廬山東南之麓瀕於彭蠡者。

〔一一〕光武止蕭王　「止蕭王」各本作「不止戈」。據南史及藝文類聚一四改。

〔一二〕舊郊既復函雒已平　「舊郊」疑當從南史作「舊邦」。

〔一三〕世祖遣兼司空蕭泰祠部尚書樂子雲拜謁塋陵　「蕭泰」各本作「蕭太」，據南史及通鑑改。蕭泰，周書、北史各有傳，云「梁元帝平侯景，以泰爲兼太常卿」，與此云「兼司空」不同。

〔一四〕魏遣太師潘樂辛術等寇秦郡　「潘樂」各本作「潘洛」，據南史改。按：潘樂、辛術，北齊書、北史並有傳。二人又並先仕魏，後入齊，故此作「魏」，而南史作「齊」。

〔一五〕圖書斯歸　「圖書」各本作「圖畫」。據藝文類聚一四改。按：圖書乃河圖洛書之省稱。

〔一六〕卦起龍圖　「卦」各本誤作「封」，據龔道耕蛛隱廬日箋（稿本）改。

〔一七〕宗王啓霸非勞陽武之俟　「宗」各本譌「宋」，據藝文類聚一四改。按：此用漢文帝劉恒以代王入卽帝位事。宗王，指代王劉恒；陽武侯，指陳平。

〔一八〕隨勢汙隆　文苑英華六〇〇「勢」作「世」。按：此姚思廉避唐諱改。

〔一九〕琳長史陸納及其將潘烏累等舉兵反　「琳」下各本衍一「州」字。張元濟梁書校勘記：「按『州』字衍，當作『琳長史陸納』，見杜崱傳及南史。」今删。

〔二〇〕朕雖云撥亂且非創業　「且」册府元龜一八八、二〇八並作「自」，疑作「自」是。

〔二一〕孝子義孫　「義」册府元龜二〇八作「從」。原注：「梁武帝父名順之，故曰『從孫』。」

〔二二〕營州刺史李洪雅自零陵率衆出空靈灘　「空靈灘」原作「空雲灘」。本書王僧孺傳「李洪雅又自零陵率衆出空靈灘」。又通鑑梁元帝承聖元年，「洪雅等退保空雲城」，胡注「姚思廉梁書作『空靈灘』」，是胡氏所見本「雲」作「靈」。下「空雲城」亦當作「空靈城」。今並改正。

〔二三〕詔王僧辯率衆軍士討陸納　張森楷梁書校勘記：「士，疑當作上。士字無義，蓋刻誤。」

〔二四〕以吏部尚書王褒爲尚書右僕射　「右僕射」各本作「左僕射」。按：本傳及北史王褒傳均作「右僕射」。下十一月戊戌，「以尚書右僕射王褒爲尚書左僕射，湘東太守張綰爲尚書右僕射」，可見其時王褒尚是右僕射，至十一月始爲左僕射，今據改。

〔二五〕三月庚午　「三月」各本作「二月」，譌。按是年二月甲午朔，無庚午，亦無下文之「辛未」、「丙子」、「庚寅」；三月癸亥朔，有庚午、辛未、丙子、庚寅，今改正。

〔二六〕潼州刺史楊乾運以城降　「楊乾運」各本作「楊虔運」，據南史及通鑑改。

〔二七〕六月乙卯　「乙卯」百衲本、南監本、北監本、殿本譌「乙酉」；汲古閣本、金陵局本譌「乙丑」；南史作「乙卯」；通鑑作「乙未」。按是年六月壬辰朔，無乙酉、乙丑，有乙未、乙卯。乙未爲初四日，乙卯爲二十四日。今據南史改「乙卯」。

〔二八〕巴人苻昇徐子初斬賊城主公孫晃　「巴」通鑑作「巴東」，是。本書武陵王紀傳作「巴興」。

〔二九〕宜從青蓋之典　「典」各本訛「興」，據册府元龜一九六改。按王子爲王，賜乘青蓋車，見續漢書輿服志。

〔三〇〕魏遣郭元建治舟師於合肥　「魏」南史及通鑑並作「齊」。張森楷梁書校勘記：「據此是齊事而云魏，非也。」按：下「魏江西州郡並起兵應之」，「魏」亦當作「齊」。

〔三一〕又遣大將邢杲遠步大汗薩東方老率衆會之　「步大汗薩」各本訛作「步六汗薩」，據南史、通鑑改。「邢杲遠」南史、通鑑並作「邢景遠」。通鑑考異云:「梁書作邢杲遠,今從北齊書、北史。」

〔三二〕加南豫州刺史侯瑱征北將軍開府儀同三司　「征北將軍」下,各本衍「安東」二字,今刪。

〔三三〕以司徒王僧辯爲太尉車騎大將軍　各本脫「大」字,據本傳及南史、通鑑補。

〔三四〕使居民助運水石　「水」疑爲「木」字之譌。

〔三五〕丁亥魏軍至栅下　「丁亥」各本作「丁卯」,據南史及通鑑改。是月癸未朔,無丁卯,有丁亥。

〔三六〕辛亥魏軍大攻　「辛亥」各本作「辛卯」,據南史改。按上文已出丙申、丁酉、庚子、戊申、己酉,辛卯不應在其後,其誤顯然。

梁書卷六

本紀第六

敬帝

敬皇帝諱方智，字慧相，小字法眞，世祖第九子也。太清三年，封興梁侯。承聖元年，封晉安王，邑二千戶。二年，出爲平南將軍、江州刺史。三年十一月，江陵陷，太尉揚州刺史王僧辯、司空南徐州刺史陳霸先定議，以帝爲太宰、承制，奉迎還京師。四年二月癸丑，至自尋陽，入居朝堂。以太尉王僧辯爲中書監、錄尚書、驃騎將軍、都督中外諸軍事。〔一〕加司空陳霸先班劍三十人。以豫州刺史侯瑱爲江州刺史，儀同三司、湘州刺史蕭循爲太尉，儀同三司、廣州刺史蕭勃爲司徒，鎭東將軍張彪爲郢州刺史。

三月，齊遣其上黨王高渙送貞陽侯蕭淵明來主梁嗣，至東關，遣吳興太守裴之横與戰，敗績，之横死。太尉王僧辯率衆出屯姑孰。四月，司徒陸法和以郢州附于齊，遣江州刺史侯瑱討之。七月辛丑，王僧辯納貞陽侯蕭淵明，自采石濟江。甲辰，入于京師，以帝爲皇太子。九月甲辰，司空陳霸先舉義，襲殺王僧辯，黜蕭淵明。丙午，帝卽皇帝位。

紹泰元年冬十月己巳，詔曰：「王室不造，嬰罹禍釁，西都失守，朝廷淪覆，先帝梓宮，播越非所，王基傾弛，率土罔戴。朕以荒幼，仍屬艱難，泣血枕戈，志復讐逆。大恥未雪，夙宵鯁憤。羣公卿尹，勉以大義，越登寡闇，嗣奉洪業。顧惟夙心，念不至此。庶仰憑先靈，傍資將相，克清元惡，謝冤陵寢。今墜命載新，宗祊更祀，慶流億兆，豈予一人。可改承聖四年爲紹泰元年，大赦天下，內外文武賜位一等。」以貞陽侯淵明爲司徒，封建安郡公，食邑三千戶。壬子，以司空陳霸先爲尙書令、都督中外諸軍事、車騎將軍、揚南徐二州刺史，司空如故。震州刺史杜龕舉兵，攻信武將軍陳蒨於長城，義興太守韋載據郡以應之。癸丑，進太尉蕭循爲太保，新除司徒建安公淵明爲太傅，司徒蕭勃爲太尉。以鎭南將軍王琳爲車騎將軍、開府儀同三司。戊午，尊所生夏貴妃爲皇太后。立妃王氏爲皇后。鎭東將軍、揚州刺史張彪進號征東大將軍。〔三〕鎭北將軍、譙秦二州刺史徐嗣徽進號征北大將軍。征南將軍、南豫州刺史任約進號征南大將軍。辛未，詔司空陳霸先東討韋載。丙子，任約、徐嗣徽舉兵反，乘京師無備，竊據石頭。丁丑，韋載降，義興平。遣晉陵太守周文育率軍援長城。
十一月庚辰，齊安州刺史翟子崇、楚州刺史劉仕榮、淮州刺史柳達摩率衆赴任約，入于石頭。庚寅，司空陳霸先旋于京師。
十二月庚戌，徐嗣徽、任約又相率至采石，迎齊援。丙辰，遣猛烈將軍侯安都水軍於江寧邀之，賊衆大潰，嗣徽、約等奔于江西。庚申，翟子崇等請降，並放還北。
太平元年春正月戊寅，大赦天下，其與任約、徐嗣徽協契同謀，一無所問。追贈簡文皇帝諸子。以故永安侯確子後襲封邵陵王，奉攜王後。癸未，鎮東將軍、震州刺史杜龕降，詔賜死，曲赦吳興郡。己亥，以太保、宜豐侯蕭循襲封鄱陽王。東揚州刺史張彪圍臨海太守王懷振於剡巖。
二月庚戌，遣周文育、陳蒨襲會稽，討彪。癸丑，彪長史謝岐、司馬沈泰、軍主吳寶眞等舉城降，彪敗走。以中衞將軍臨川王大款即本號開府儀同三司，中護軍桂陽王大成爲護軍將軍。丙辰，若耶村人斬張彪，傳首京師，曲赦東揚州。己未，罷震州，還復吳興郡。癸亥，賊徐嗣徽、任約襲采石戍，執戍主明州刺史張懷鈞，入于齊。甲子，以東土經杜龕、張彪抄暴，遣大使巡省。

三月丙子，罷東揚州，還復會稽郡。壬午，班下遠近並雜用古今錢。戊戌，齊遣大將蕭軌出柵口，向梁山，司空陳霸先軍主黃叢逆擊，大破之。軌退保蕪湖。遣周文育、侯安都衆軍，據梁山拒之。

夏四月丁巳，司空陳霸先表詣梁山撫巡將帥。壬申，侯安都輕兵襲齊行臺司馬恭於歷陽，〔三〕大破之，俘獲萬計。

五月癸未，太傅建安公淵明薨。庚寅，齊軍水步入丹陽縣。丙申，至秣陵故治。敕周文育還頓方丘，〔四〕徐度頓馬牧，杜稜頓大桁。癸卯，齊軍進據兒塘，輿駕出頓趙建故籬門，內外纂嚴。

六月甲辰，齊潛軍至蔣山龍尾，斜趨莫府山北，至玄武湖西北。〔五〕乙卯，司空陳霸先授衆軍節度，與齊軍交戰，大破之，斬齊北兗州刺史杜方慶及徐嗣徽、弟嗣宗，〔六〕生擒徐嗣彥、蕭軌、東方老、王敬寶、李希光、裴英起、劉歸義等，〔七〕皆誅之。戊午，大赦天下，軍士身殞戰場，悉遣斂祭，其無家屬，卽爲瘞埋。辛酉，解嚴。

秋七月丙子，車騎將軍、司空陳霸先進位司徒，加中書監，餘如故。丁亥，以開府儀同三司侯瑱爲司空。

八月己酉，太保鄱陽王循薨。

九月壬寅，改元大赦，孝悌力田賜爵一級，殊才異行所在奏聞，饑難流移勒歸本土。進新除司徒陳霸先爲丞相、錄尚書事、鎮衞大將軍、揚州牧，封義興郡公。中權將軍王沖即本號開府儀同三司。吏部尚書王通爲尚書右僕射。丁巳，以郢州刺史徐度爲領軍將軍。

冬十一月乙卯，起雲龍、神虎門。

十二月壬申，進太尉、鎮南將軍蕭勃爲太保、驃騎將軍。以新除左衞將軍歐陽頠爲安南將軍、衡州刺史。壬午，平南將軍劉法瑜進號安南將軍。甲午，以前壽昌令劉叡爲汝陰王，前鎮西法曹、行參軍蕭紞爲巴陵王，奉宋、齊二代後。

二年春正月壬寅，詔曰：「夫子降靈體喆，經仁緯義，允光素王，載闡玄功，仰之者彌高，誨之者不倦。立忠立孝，德被蒸民，制禮作樂，道冠羣后。雖泰山頹峻，一老不遺，〔八〕而泗水餘瀾，千載猶在。自皇圖屯阻，祀薦不脩，奉聖之門，胤嗣殲滅，敬神之寢，簠簋寂寥。永言聲烈，實兼欽愴。外可搜舉魯國之族，以爲奉聖後；〔九〕並繕廟堂，供備祀典，四時薦秩，一皆遵舊。」是日，又詔「諸州各置中正，依舊訪舉。不得輒承單狀序官，皆須中正押上，然後量授。詳依品制，務使精實。其荆、雍、青、兗雖暫爲隔閡，衣冠多寓淮海，猶宜不廢司存。會計罷州，尙爲大郡，人士殷曠，可別置邑居。至如分割郡縣，新號州牧，並係本邑，不勞兼置。其選中正，每求耆德該悉，以他官領之。」以車騎將軍、開府儀同三司王琳爲司空、驃騎大將軍。分尋陽、太原、齊昌、高唐、新蔡五郡，置西江州，卽於尋陽仍充州鎭。又詔「宗室在朝開國承家者，今猶稱世子，可悉聽襲本爵。」以尚書右僕射王通爲尚書左僕射。丁巳，鎭西將軍、益州刺史長沙王韶進號征南將軍。

二月庚午，領軍將軍徐度入東關。〔一〇〕太保、廣州刺史蕭勃舉兵反，遣僞帥歐陽頠、傅泰、勃從子孜爲前軍，南江州刺史余孝頃以兵會之。詔平西將軍周文育、平南將軍侯安都等率衆軍南討。戊子，徐度至合肥，燒齊船三千艘。癸巳，周文育軍於巴山生獲歐陽頠。

三月庚子，文育前軍丁法洪於蹠口生俘傅泰。蕭孜、余孝頃軍退走。甲辰，以新除司空王琳爲湘、郢二州刺史。甲寅，德州刺史陳法武、前衡州刺史譚世遠於始興攻殺蕭勃。

夏四月癸酉，曲赦江、廣、衡三州；並督內爲賊所拘逼者，並皆不問。己卯，鑄四柱錢，一准二十。齊遣使請和。壬辰，改四柱錢一准十。丙申，復閉細錢。蕭勃故主帥前直閤蘭敱襲殺譚世遠，敱仍爲亡命夏侯明徹所殺。勃故記室李寶藏奉懷安侯蕭任據廣州作亂。戊戌，侯安都進軍，余孝頃棄軍走，蕭孜請降，豫章平。

五月乙巳，平西將軍周文育進號鎭南將軍，侯安都進號鎭北將軍，並以本號開府儀同三司。丙午，以鎭軍將軍徐度爲南豫州刺史。戊辰，余孝頃遣使詣丞相府乞降。

秋八月甲午，加丞相陳霸先黄鉞，領太傅，劍履上殿，入朝不趨，贊拜不名，給羽葆、鼓吹。

九月辛丑，崇丞相爲相國，總百揆，封十郡爲陳公，備九錫之禮，加璽紱遠遊冠，位在王公上。加相國綠綟綬。置陳國百司。

冬十月戊辰，進陳公爵爲王，增封十郡，並前爲二十郡。命陳王冕十有二旒，建天子旌旂，出警入蹕，乘金根車，駕六馬，備五時副車，置旄頭雲罕，樂儛八佾，設鍾虡宮縣。王后王子女爵命之典，一依舊儀。辛未，詔曰：

五運更始，三正迭代，司牧黎庶，是屬聖賢，用能經緯乾坤，彌綸區宇，大庇黔首，闡揚洪烈。革晦以明，積代同軌，百王踵武，咸由此則。〔一〕梁德湮微，禍難荐發：太清云始，用困長蛇；承聖之年，又罹封豕；爰至天成，重竊神器。三光亟改，七廟乏祀，含生已泯，鼎命斯墜，我皇之祚，眇若綴旒，靜惟屯、剝，夕惕載懷。

相國陳王，有縱自天，降神惟嶽，天地合德，晷曜齊明。拯社稷之横流，提億兆之塗炭。東誅叛逆，北殲獯醜，威加四海，仁漸萬國。復張崩樂，重紀絕禮，儒館聿脩，戎亭虛候。雖大功在舜，盛績維禹，巍巍蕩蕩，無得而稱。來獻白環，豈直皇虞之世；入貢素雉，非止隆周之日。故効珍川陸，表瑞煙雲，玉露醴泉，旦夕凝涌，嘉禾瑞草，孳植郊甸，道昭於悠代，勳格於皇穹。明明上天，光華日月，革故著於玄象，代德彰於讖圖，獄訟有違，〔一二〕謳歌爰適，天之曆數，實有攸在。朕雖庸藐，闇於古昔，永稽崇替，爲日已久，敢忘列代之遺典，人祇之至願乎！〔一三〕今便遜位別宮，敬禪于陳，一依唐虞、宋齊故事。

陳王踐阼，奉帝爲江陰王，薨于外邸，時年十六，追謚敬皇帝。

史臣曰：梁季橫潰，喪亂屢臻，當此之時，天曆去矣，敬皇高讓，將同釋負焉。

史臣侍中、鄭國公魏徵曰：「高祖固天攸縱，聰明稽古，道亞生知，學爲博物，允文允武，多藝多才。爰自諸生，有不羈之度，屬昏凶肆虐，天倫及禍，收合義旅，將雪家冤。曰紂可伐，不期而會，龍躍樊、漢，電擊湘、郢，翦離德如振槁，取獨夫如拾遺。其雄才大略，固無得而稱矣。既懸白旗之首，方應皇天之眷，布德施惠，悅近來遠，開蕩蕩之王道，革靡靡之商俗，大脩文教，盛飾禮容，鼓扇玄風，闡揚儒業，介冑仁義，折衝罇俎，聲振寰宇，澤流遐裔，干戈載戢，凡數十年。濟濟焉，洋洋焉，魏、晉已來，未有若斯之盛。然不能息末敦本，斲彫爲樸，慕名好事，崇尚浮華，抑揚孔、墨，流連釋、老。或經夜不寢，或終日不食，非弘道以利物，惟飾智以驚愚。且心未遺榮，虛厠蒼頭之伍；高談脫屣，終戀黃屋之尊。夫人之大欲，在乎飲食男女，至於軒冕殿堂，非有切身之急。高祖屏除嗜慾，眷戀軒冕，得其所難而滯於所易，可謂神有所不達，智有所不通矣。逮夫精華稍竭，鳳德已衰，惑於聽受，權在姦佞，儲后百辟，莫得盡言。險躁之心，暮年愈甚。見利而動，愎諫違卜，開門揖盜，棄好即讎，釁起蕭牆，禍成戎羯，身殞非命，災被億兆，衣冠斃鋒鏑之下，老幼粉戎馬之足。瞻彼黍離，痛深周廟；永言麥秀，悲甚殷墟。自古以安爲危，既成而敗，顛覆之速，書契所未聞也。易曰：『天之所助者信，人之所助者順。』〔一四〕高祖之遇斯屯剝，不得其死，蓋動而之險，不由信順，失天人之所助，其能免於此乎！

「太宗聰睿過人，神彩秀發，多聞博達，富贍詞藻。然文豔用寡，華而不實，體窮淫麗，義罕疏通，哀思之音，遂移風俗，以此而貞萬國，異乎周誦、漢莊矣。我生不辰，載離多難，桀逆搆扇，巨猾滔天，始自牖里之拘，終類望夷之禍。悠悠蒼天，其可問哉！

「昔國步初屯，兵纏魏闕，羣后釋位，投袂勤王。元帝以盤石之宗，受分陝之任，屬君親之難，居連率之長，不能撫劍嘗膽，枕戈泣血，躬先士卒，致命前驅；遂乃擁衆逡巡，內懷觖望，坐觀時變，以爲身幸。不急莽、卓之誅，先行昆弟之戮。又沉猜忌酷，多行無禮。騁智辯以飾非，肆忿戾以害物。爪牙重將，心膂謀臣，或顧眄以就拘囚，或一言而及葅醢，朝之君子，相顧懍然。自謂安若泰山，舉無遺策，怵於邪說，卽安荆楚。雖元惡克翦，社稷未寧，而西隣責言，禍敗旋及。上天降鑒，此焉假手，天道人事，其可誣乎！其篤志藝文，採浮淫而棄忠信；戎昭果毅，先骨肉而後寇讎。雖口誦六經，心通百氏，有仲尼之學，有公旦之才，適足以益其驕矜，增其禍患，何補金陵之覆沒，何救江陵之滅亡哉！

「敬帝遭家不造，紹茲屯運，征伐有所自出，政刑不由於己，時無伊、霍之輔，焉得不爲高讓歟？」

校勘記

〔一〕以太尉王僧辯爲中書監錄尚書驃騎將軍都督中外諸軍事　按「驃騎將軍」本傳及南史、通鑑俱作「驃騎大將軍」，此脫「大」字。

〔二〕鎭東將軍揚州刺史張彪進號征東大將軍　張森楷梁書校勘記：「上文書彪爲郢州，而此云揚州，必有一誤。」按下文又云「東揚州刺史張彪」，「曲赦東揚州」，疑此「揚州」上脫一「東」字。

〔三〕壬申侯安都輕兵襲齊行臺司馬恭於歷陽　「壬申」各本作「壬午」，據南史改。按是月乙巳朔，無壬午。

〔四〕敕周文育還頓方丘　「方丘」陳書高祖紀、南史陳武帝紀及通鑑俱作「方山」。

〔五〕至玄武湖西北　「湖」各本譌作「廟」，據陳書及南史改正。

〔六〕斬齊北兗州刺史杜方慶及徐嗣徽弟嗣宗　張森楷梁書校勘記：「嗣徽下當更有嗣徽二字，陳書高祖紀可證。」按陳書高祖紀作「生執徐嗣徽及其弟嗣宗，斬之以徇。」

〔七〕生擒徐嗣彥蕭軌東方老王敬寶李希光裴英起劉歸義等　「徐嗣彥」各本訛爲「徐嗣產」，據陳書及南史改正。

〔八〕一老不遺　「老」各本作「簣」，據册府元龜一九四改正。按「不憖遺一老」，魯哀公誄孔子語，見左傳哀公十六年。

〔九〕以爲奉聖後　「後」南史及册府元龜一九四作「侯」。

〔一〇〕領軍將軍徐度入東關　南史及册府元龜二一七「領」上有「遣」字。

〔一一〕咸由此則　各本作「咸此由則」，據陳書高祖紀乙正。

〔一二〕獄訟有違　陳書高祖紀「違」作「歸」。按：此用詩大雅緜「虞芮質厥成」故事，作「歸」義較長。

〔一三〕敢忘列代之遺典人祇之至願乎　「列」各本訛「烈」。「敢忘列代之」下，各本脫「遺典人祇之」五字。據陳書高祖紀改補。

〔一四〕天之所助者信人之所助者順　張森楷梁書校勘記：「南史『信』『順』二字互易，與易文合。」按「天之所助者順也，人之所助者信也」，見易繫辭上。

梁書卷七

列傳第一

太祖張皇后　高祖郗皇后　太宗王皇后　高祖丁貴嬪

高祖阮脩容　世祖徐妃

易曰：「有天地然後有萬物，有萬物然後有男女，有男女然後有夫婦。」夫婦之義尚矣哉！周禮，王者立后六宮，三夫人、九嬪、二十七世婦、八十一御妻，以聽天下之內治。故昏義云：「天子之與后，猶日之與月，陰之與陽，相須而成者也。」漢初因秦稱號，帝母稱皇太后，后稱皇后，而加以美人、良人、八子、七子之屬。至孝武制婕妤之徒凡十四等。降及魏、晉，母后之號，皆因漢法；自夫人以下，世有增損焉。高祖撥亂反正，深鑒奢逸，惡衣菲食，務先節儉。配德早終，長秋曠位，嬪嬙之數，無所改作。太宗、世祖出自儲藩，而妃並先殂，又不建椒闈。今之撰錄，止備闕云。

太祖獻皇后張氏諱尚柔，范陽方城人也。祖次惠，宋濮陽太守。后母蕭氏，卽文帝從姑。后，宋元嘉中嬪於文帝，生長沙宣武王懿、永陽昭王敷，次生高祖。

初，后嘗於室內，忽見庭前昌蒲生花，光彩照灼，非世中所有。后驚視，謂侍者曰：「汝見不？」對曰：「不見。」后曰：「嘗聞見者當富貴。」因遽取呑之。是月產高祖。將產之夜，后見庭內若有衣冠陪列焉。次生衡陽宣王暢、義興昭長公主令嫕。宋泰始七年，殂于秣陵縣同夏里舍，葬武進縣東城里山。天監元年五月甲辰，追上尊號爲皇后，〔一〕謚曰獻。

父穆之，字思靜，晉司空華六世孫。曾祖輿坐華誅，徙輿古，未至召還。及過江，爲丞相掾，太子舍人。穆之少方雅，有識鑒。宋元嘉中，爲員外散騎侍郎。與吏部尚書江湛、太子左率袁淑善，淑薦之於始興王濬，濬深引納焉。穆之鑒其禍萌，思違其難，言於湛求外出。湛將用爲東縣，固乞遠郡，久之，得爲寧遠將軍、交阯太守。治有異績。會刺史死，交土大亂，穆之威懷循拊，境內以寧。宋文帝聞之嘉焉，將以爲交州刺史，會病卒。子弘籍，字眞藝，齊初爲鎭西參軍，卒於官。高祖踐阼，追贈穆之光祿大夫，加金章。又詔曰：「亡舅齊鎭西參軍，素風雅猷，夙肩名輩，降年不永，早世潛輝。朕少離苦辛，情地彌切，雖宅相克成，輅車靡贈，興言永往，觸目慟心。可追贈廷尉卿。」弘籍無子，從父弟弘策以第三子纘爲嗣，別有傳。

高祖德皇后郗氏諱徽，高平金鄉人也。祖紹，國子祭酒，領東海王師。父燁，太子舍人，早卒。

初，后母尋陽公主方娠，夢當生貴子。及生后，有赤光照于室內，器物盡明，家人皆怪之。巫言此女光采異常，將有所妨，乃於水濱祓除之。

后幼而明慧，善隸書，讀史傳。女工之事，無不閑習。宋後廢帝將納爲后；齊初，安陸王緬又欲婚：郗氏並辭以女疾，乃止。建元末，高祖始娉焉。生永興公主玉姚，永世公主玉婉，永康公主玉嬛。

建武五年，高祖爲雍州刺史，〔三〕先之鎮，後乃迎后。至州未幾，永元元年八月殂于襄陽官舍，時年三十二。其年歸葬南徐州南東海武進縣東城里山。中興二年，齊朝進高祖位相國，封十郡，梁公，詔贈后爲梁公妃。高祖踐阼，追崇爲皇后。有司議謚，吏部尚書兼右僕射臣約議曰：「表號垂名，義昭不朽。先皇后應祥月德，比載坤靈，柔範陰化，儀形自遠。俔天作合，義先造舟，而神猷夙掩，所隔升運，宜式遵景行，用昭大典。謹按謚法，忠和純備曰德，貴而好禮曰德。宜崇曰德皇后。」詔從之。陵曰脩陵。

后父燁，詔贈金紫光祿大夫。燁尚宋文帝女尋陽公主，齊初降封松滋縣君。燁子泛，中軍臨川王記室參軍。

太宗簡皇后王氏諱靈賓，琅邪臨沂人也。祖儉，太尉、南昌文憲公。后幼而柔明淑德，叔父暕見之曰：「吾家女師也。」天監十一年，拜晉安王妃。生哀太子大器，南郡王大連，長山公主妙䂮。中大通三年十月，拜皇太子妃。〔三〕太清三年三月，薨于永福省，時年四十五。其年，太宗即位，追崇爲皇后，謚曰簡。大寶元年九月，葬莊陵。先是詔曰：「簡皇后窀穸有期。昔西京霸陵，因山爲藏；東漢壽陵，流水而已。朕屬值時艱，歲饑民弊，方欲以身率下，永示敦朴。今所營莊陵，務存約儉。」又詔金紫光祿大夫蕭子範爲哀策文。

父騫，字思寂，本名玄成，與齊高帝偏諱同，故改焉。以公子起家員外郎，遷太子洗馬，襲封南昌縣公，出爲義興太守。還爲驃騎諮議，累遷黃門郎，司徒右長史。性凝簡，不狎當世。嘗從容謂諸子曰：「吾家門戶，所謂素族，自可隨流平進，不須苟求也。」永元末，遷侍中，不拜。高祖霸府建，引爲大司馬諮議參軍，俄遷侍中，領越騎校尉。

高祖受禪，詔曰：「庭堅世祀，靡輟於宗周，樂毅錫壤，乃昭於洪漢。齊故太尉南昌公，含章履道，草昧興齊，謨明翊贊，同符在昔。雖子房之蔚爲帝師，文若之隆比王佐，無以尙也。朕膺曆受圖，惟新寶命，莘莘玉帛，升降有典。永言前代，敬惟徽烈，匪直懋勳，義兼懷樹。可降封南昌縣公爲侯，食邑千戶。」騫襲爵，遷度支尙書。天監四年，出爲東陽太守，尋徙吳郡。八年，入爲太府卿，領後軍將軍，遷太常卿。十一年，遷中書令，加員外散騎常侍。

時高祖於鍾山造大愛敬寺，騫舊墅在寺側，有良田八十餘頃，卽晉丞相王導賜田也。高祖遣主書宣旨就騫求市，欲以施寺。騫答旨云：「此田不賣；若是敕取，所不敢言。」酬對又脫略。高祖怒，遂付市評田價，以直逼還之。由是忤旨，出爲吳興太守。在郡臥疾不視事。徵還，復爲度支尙書，加給事中，領射聲校尉。以母憂去職。普通三年十月卒，時年四十九。詔贈侍中、金紫光祿大夫，謚曰安。子規襲爵，別有傳。

高祖丁貴嬪諱令光，譙國人也，世居襄陽。貴嬪生于樊城，有神光之異，紫煙滿室，故以「光」爲名。相者云：「此女當大貴。」高祖臨州，丁氏因人以聞。貴嬪時年十四，高祖納焉。初，貴嬪生而有赤痣在左臂，治之不滅，至是無何忽失所在。事德皇后小心祗敬，嘗於供養經案之側，髣髴若見神人，心獨異之。

高祖義師起，昭明太子始誕育，貴嬪與太子留在州城。京邑平，乃還京都。天監元年五月，有司奏爲貴人，未拜；其年八月，又爲貴嬪，位在三夫人上，居于顯陽殿。及太子定位，有司奏曰：

禮，母以子貴。皇儲所生，不容無敬。宋泰豫元年六月，議百官以吏敬敬帝所生陳太妃，則宋明帝在時，百官未有敬。臣竊謂「母以子貴」，義著春秋。皇太子副貳宸極，率土咸執吏禮，既盡禮皇儲，則所生不容無敬。但帝王妃嬪，義與外隔，以理以例，無致敬之道也。今皇太子聖睿在躬，儲禮夙備，子貴之道，抑有舊章。王侯妃主常得通信問者，及六宮三夫人雖與貴嬪同列，並應以敬皇太子之禮敬貴嬪。宋元嘉中，始興、武陵國臣並以吏敬敬所生潘淑妃、路淑媛。貴嬪於宮臣雖非小君，其義不異，與宋泰豫朝議百官以吏敬敬帝所生，事義正同。謂宮閹施敬〔四〕宜同吏禮，詣神虎門奉牋致謁；年節稱慶，亦同如此。婦人無閫外之事，賀及問訊牋什，所由官報聞而已。夫婦人之道，義無自專，若不仰繫於夫，則當俯繫於子。榮親之道，應極其所榮，未有子所行而所從不足者也。故春秋凡王命爲夫人，則禮秩與子等。列國雖異於儲貳，而從尊之義不殊，前代依准，布在舊事。貴嬪載誕元良，克固大業，禮同儲君，實惟舊典。尋前代始置貴嬪，位次皇后，爵無所視；其次職者，位視相國，爵比諸侯王。此貴嬪之禮，已高朝列；況母儀春宮，義絕常算。且儲妃作配，率由盛則；以婦踰姑，彌乖從序。謂貴嬪典章，一與太子不異。〔五〕

於是貴嬪備典章禮數，同于太子，言則稱令。

貴嬪性仁恕，及居宮內，接馭自下，皆得其歡心。不好華飾，器服無珍麗，未嘗爲親戚私謁。及高祖弘佛敎，貴嬪奉而行之，屏絕滋腴，長進蔬膳。受戒日，甘露降于殿前，方一丈五尺。高祖所立經義，皆得其指歸。尤精淨名經。所受供賜，悉以充法事。

普通七年十一月庚辰薨，〔六〕殯於東宮臨雲殿，年四十二。詔吏部郎張纘爲哀策文曰：

菆塗既啓，桂罇虛凝，龍帷已薦，象服將升。皇帝傷璧臺之永閟，悼曾城之不踐，罷鄉歌乎燕樂，廢徹齊於祀典。風有采蘩，化行南國，爰命史臣，俾流嬪德。其辭曰：

軒緯之精，江漢之英；歸于君袂，生此離明。誕自厥初，時維載育；樞電繞郊，神光照屋。爰及待年，含章早穆；聲被洽陽，譽宣中谷。龍德在田，聿恭茲祀；陰化代終，王風攸始。動容諮式，出言顧史；宜其家人，刑于國紀。膺斯眘命，從此宅心；狄綴采珩，珮動雅音。日中思戒，月滿懷箴；如何不踽，天高照臨。玄紞莫脩，褘章早缺；成物誰能，芳猷有烈。素魄貞明，紫宮炤晰；逮下靡傷，思賢罔蔽。躬儉則節，昭事惟虔；金玉無玩，筐筥不捐。祥流德化，慶表親賢；甄昌軼啓，孕魯陶燕。方論婦教，明章閫席；玄池早扃，湘沅已穸。展衣委華，朱幩寢迹；慕結儲闈，哀深蓄辟。嗚呼哀哉！

令龜兆良，葆引遷祖；具僚次列，承華接武。日杳杳以霾春，風凄凄而結緒；去曾掖以依遲，飾新宮而延佇。嗚呼哀哉！

啓丹旗之星旆，振容車之黼裳；擬靈金而鬱楚，泛悽管而凝傷。遺備物乎營寢，掩重闈於窒皇；椒風暖兮猶昔，蘭殿幽而不陽。嗚呼哀哉！

側闈高義，彤管有懌；道變虞風，功參唐跡。婉如之人，休光赤舄；施諸天地，而無朝夕。嗚呼哀哉！

有司奏謚曰穆。太宗即位，追崇曰穆太后。

太后父仲遷，天監初，官至兗州刺史。

高祖阮脩容諱令嬴，本姓石，會稽餘姚人也。齊始安王遙光納焉。遙光敗，入東昏宮。建康城平，高祖納爲綵女。天監七年八月，生世祖。〔七〕尋拜爲脩容，常隨世祖出蕃。大同六年六月，薨于江州內寢，時年六十七。其年十一月，歸葬江寧縣通望山。謚曰宣。世祖卽位，有司奏追崇爲文宣太后。

承聖二年，追贈太后父齊故奉朝請靈寶散騎常侍、左衞將軍，封武康縣侯，邑五百戶；母陳氏，武康侯夫人。

世祖徐妃諱昭佩，東海郯人也。祖孝嗣，太尉、枝江文忠公。父緄，侍中、信武將軍。天監十六年十二月，拜湘東王妃。生世子方等、益昌公主含貞。太清三年五月，被譴死，葬江陵瓦官寺。

史臣曰：后妃道贊皇風，化行天下，蓋取葛覃、關雎之義焉。至於穆貴嬪，徽華早著，誕育元良，德懋六宮，美矣。世祖徐妃之無行，自致殲滅，宜哉。

校勘記

〔一〕天監元年五月甲辰追上尊號爲皇后　追上尊號之日期，武帝紀作四月丙寅，南史梁本紀作閏四月。按是年五月戊午朔，無甲辰，閏四月戊子朔，有甲辰，是「五月」當作「閏四月」。

〔二〕建武五年高祖爲雍州刺史　按：齊明帝建武五年四月，改元永泰。據南齊書明帝紀，以蕭衍爲雍州刺史在永泰元年七月，已在改元之後，「建武五年」應作「永泰元年」。

〔三〕中大通三年十月拜皇太子妃　「中大通」各本皆作「大通」，脫「中」字。大通三年十月改元中大通，其時昭明太子尚在，何得別立太子妃？明「大通」乃「中大通」之譌脫，今補。

〔四〕謂宮閣施敬　「閣」，南史作「僚」。

〔五〕謂貴嬪典章一與太子不異　各本脫「一與」二字，據南史補。

〔六〕普通七年十一月庚辰薨　各本脫「一」字，據本書武帝紀、昭明太子傳及通鑑補。

〔七〕天監七年八月生世祖　「七年」各本及南史作「六年」。按元帝紀，元帝生於天監七年八月，死於承聖三年，時年四十七。承聖三年上距天監七年，首尾正四十七年。作「六年」譌，今改正。

梁書卷八

列傳第二

昭明太子　哀太子　愍懷太子

昭明太子統字德施，高祖長子也。母曰丁貴嬪。初，高祖未有男，義師起，太子以齊中興元年九月生于襄陽。高祖既受禪，有司奏立儲副，高祖以天下始定，百度多闕，未之許也。羣臣固請，天監元年十一月，立爲皇太子。時太子年幼，依舊居於內，拜東宮官屬，文武皆入直永福省。

太子生而聰叡，三歲受孝經、論語，五歲遍讀五經，悉能諷誦。五年六月庚戌，始出居東宮。〔一〕太子性仁孝，自出宮，恒思戀不樂。高祖知之，每五日一朝，多便留永福省，或五日三日乃還宮。八年九月，於壽安殿講孝經，盡通大義。講畢，親臨釋奠于國學。十四年正月朔旦，高祖臨軒，冠太子於太極殿。舊制，太子著遠遊冠，金蟬翠緌纓；至

是，詔加金博山。〔二〕

太子美姿貌，善舉止。讀書數行並下，過目皆憶。每遊宴祖道，賦詩至十數韻。或命作劇韻賦之，皆屬思便成，無所點易。高祖大弘佛教，親自講說；太子亦崇信三寶，遍覽衆經。乃於宮內別立慧義殿，專爲法集之所。招引名僧，談論不絕。太子自立二諦、法身義，〔三〕並有新意。普通元年四月，甘露降于慧義殿，咸以爲至德所感焉。

三年十一月，始興王憺薨。舊事，以東宮禮絕傍親，書翰並依常儀。太子意以爲疑，命僕劉孝綽議其事。〔四〕孝綽議曰：「案張鏡撰東宮儀記，稱『三朝發哀者，踰月不舉樂；鼓吹寢奏，服限亦然』。尋傍絕之義，義在去服，服雖可奪，情豈無悲，鐃歌輟奏，良亦爲此。既有悲情，宜稱兼慕，卒哭之後，依常舉樂，稱悲竟，此理例相符。謂猶應稱兼慕，至卒哭。」僕射徐勉、左率周捨、家令陸襄並同孝綽議。太子令曰：「張鏡儀記云『依士禮，終服月稱慕悼』。又云『凡三朝發哀者，踰月不舉樂』。劉僕議，云『傍絕之義，義在去服，服雖可奪，情豈無悲，卒哭之後，依常舉樂，稱悲竟，此理例相符』。尋情悲之說，非止卒哭之後，緣情爲論，此自難一也。用張鏡之舉樂，棄張鏡之稱悲，一鏡之言，取捨有異，此自難二也。陸家令止云『多歷年所』，恐非事證；雖復累稔所用，意常未安。近亦常經以此問外，由來立意，謂猶應有慕悼之言。張豈不知舉樂爲大，稱悲事小；所以用小而忽大，良亦有以。至如元正六佾，事爲國章；雖情或未安，而禮不可廢。鐃吹軍樂，比之亦然，書疏方之，事則成小，差可緣心。聲樂自外，書疏自內，樂自他，書自己。劉僕之議，卽情未安。可令諸賢更共詳衷。」司農卿明山賓、步兵校尉朱异議，稱「慕悼之解，宜終服月」。於是令付典書遵用，以爲永準。

七年十一月，貴嬪有疾，太子還永福省，朝夕侍疾，衣不解帶。及薨，步從喪還宮，至殯，水漿不入口，每哭輒慟絕。高祖遣中書舍人顧協宣旨曰：「毁不滅性，聖人之制。禮，不勝喪比於不孝。有我在，那得自毁如此！可卽强進飲食。」太子奉勅，乃進數合。自是至葬，日進麥粥一升。高祖又勅曰：「聞汝所進過少，轉就羸瘵。我比更無餘病，正爲汝如此，胸中亦圮塞成疾。故應强加饘粥，不使我恒爾懸心。」雖屢奉勅勸逼，日止一溢，不嘗菜果之味。體素壯，腰帶十圍，至是減削過半。每入朝，士庶見者莫不下泣。

太子自加元服，高祖便使省萬機，內外百司奏事者塡塞於前。太子明於庶事，纖毫必曉，每所奏有謬誤及巧妄，皆卽就辯析，示其可否，徐令改正，未嘗彈糾一人。平斷法獄，多所全宥，天下皆稱仁。

性寬和容衆，喜慍不形於色。引納才學之士，賞愛無倦。恒自討論篇籍，或與學士商権古今；閒則繼以文章著述，率以爲常。于時東宮有書幾三萬卷，名才並集，文學之盛，晉、宋以來未之有也。

性愛山水，於玄圃穿築，更立亭館，與朝士名素者遊其中。嘗泛舟後池，番禺侯軌盛稱「此中宜奏女樂」。太子不答，詠左思招隱詩曰：「何必絲與竹，山水有清音。」侯慚而止。出宮二十餘年，不畜聲樂。少時，敕賜太樂女妓一部，略非所好。

普通中，大軍北討，京師穀貴，太子因命菲衣減膳，改常饌爲小食。每霖雨積雪，遣腹心左右，周行閭巷，視貧困家，有流離道路，密加振賜。又出主衣綿帛，多作襦袴，冬月以施貧凍。若死亡無可以斂者，爲備棺槥。每聞遠近百姓賦役勤苦，輒斂容色。常以戶口未實，重於勞擾。

吳興郡屢以水災失收，有上言當漕大瀆以瀉浙江。中大通二年春，詔遣前交州刺史王弁假節，〔五〕發吳郡、吳興、義興三郡民丁就役。太子上疏曰：「伏聞當發王弁等上東三郡民丁，開漕溝渠，導泄震澤，使吳興一境，無復水災，誠矜恤之至仁，經略之遠旨。暫勞永逸，必獲後利。未萌難覩，竊有愚懷。所聞吳興累年失收，民頗流移。吳郡十城，亦不全熟。唯義興去秋有稔，復非常役之民。卽日東境穀稼猶貴，劫盜屢起，在所有司，不皆聞奏。今征戍未歸，强丁疏少，此雖小舉，竊恐難合，吏一呼門，動爲民蠹。又出丁之處，遠近不一，比得齊集，已妨蠶農。去年稱爲豐歲，公私未能足食；如復今茲失業，慮恐爲弊更深。且草竊多伺候民間虛實，若善人從役，則抄盜彌增，吳興未受其益，內地已罹其弊。不審可得權停此功，待優實以不？聖心垂矜黎庶，神量久已有在。臣意見庸淺，不識事宜，苟有愚心，願得上啓。」高祖優詔以喻焉。

太子孝謹天至，每入朝，未五鼓便守城門開。東宮雖燕居內殿，一坐一起，恒向西南面臺。宿被召當入，危坐達旦。

三年三月，寢疾。恐貽高祖憂，敕參問，輒自力手書啓。及稍篤，左右欲啓聞，猶不許，曰「云何令至尊知我如此惡」，因便嗚咽。四月乙巳薨，時年三十一。高祖幸東宮，臨哭盡哀。詔斂以袞冕。謚曰昭明。五月庚寅，葬安寧陵。詔司徒左長史王筠爲哀册，文曰：

蜃輅俄軒，龍驂踢步；羽翿前驅，雲旂北御。皇帝哀繼明之寢耀，痛嗣德之殂芳；御武帳而悽慟，臨甲觀而增傷。式稽令典，載揚鴻烈；詔撰德於旌旒，永傳徽於舞綴。其辭曰：

式載明兩，實惟少陽；既稱上嗣，且曰元良。儀天比峻，儷景騰光；奉祀延福，守器傳芳。睿哲膺期，旦暮斯在；外弘莊肅，內含和愷。識洞機深，量苞瀛海；立德不器，至功弗宰。寬綽居心，溫恭成性，循時孝友，率由嚴敬。咸有種德，惠和齊聖；三善遞宣，萬國同慶。

軒緯掩精，陰羲弛極；纒哀在疚，殷憂銜恤。孺泣無時，蔬饘不溢；禫遵踰月，哀號未畢。實惟監撫，亦嗣郊禋；問安肅肅，視膳恂恂。金華玉璪，玄駟班輪；隆家幹國，主祭安民。光奉成務，萬機是理；矜慎庶獄，勤恤關市。誠存隱惻，容無慍喜；殷勤博施，綢繆恩紀。

爰初敬業，離經斷句；奠爵崇師，卑躬待傅。寧資導習，匪勞審諭；博約是司，時斂斯務。辯究空微，思探幾賾；馳神圖緯，研精爻畫。沈吟典禮，優遊方册；饜飫膏腴，含咀肴核。括囊流略，包舉藝文；遍該緗素，殫極丘墳。縢帙充積，儒墨區分；瞻河闡訓，望魯揚芬。吟詠性靈，豈惟薄伎；屬詞婉約，緣情綺靡。字無點竄，筆不停紙；壯思泉流，清章雲委。

總覽時才，網羅英茂；學窮優洽，辭歸繁富。或擅談叢，或稱文囿；四友推德，七子慚秀。望苑招賢，華池愛客；託乘同舟，連輿接席。摛文掞藻，飛觴汎醳；恩隆置醴，賞逾賜璧。徽風遐被，盛業日新；仁器非重，德輶易遵。澤流兆庶，福降百神；四方慕義，天下歸仁。

雲物告徵，祲沴褰象；星霾恒耀，山頹朽壤。靈儀上賓，德音長往；具僚無蔭，諮承安仰。嗚呼哀哉！

皇情悼愍，切心纏痛；胤嗣長號，跗萼增慟。慕結親遊，悲動氓衆；憂若殄邦，懼同折棟。嗚呼哀哉！

首夏司開，麥秋紀節；容衞徒警，菁華委絕。書幌空張，談筵罷設；虛饋饛饛，孤燈翳翳。嗚呼哀哉！

簡辰請日，筮合龜貞。幽埏夙啓，玄宮獻成。武校齊列，文物增明。昔遊漳滏，賓從無聲；今歸郊郭，徒御相驚。嗚呼哀哉！

背絳闕以遠徂，轥青門而徐轉；指馳道而詎前，望國都而不踐。陵脩阪之威夷，遡平原之悠緬；驥蹀足以酸嘶，挽悽鏘而流泫。嗚呼哀哉！

混哀音於簫籟，變愁容於天日；雖夏木之森陰，返寒林之蕭瑟。旣將反而復疑，如有求而遂失；謂天地其無心，遽永潛於容質。嗚呼哀哉！

卽玄宮之冥漠，安神寢之清閟；傳聲華於懋典，觀德業於徽諡。懸忠貞於日月，播鴻名於天地；惟小臣之紀言，實含毫而無愧。嗚呼哀哉！

太子仁德素著，及薨，朝野惋愕。京師男女，奔走宮門，號泣滿路。四方氓庶，及疆徼之民，聞喪皆慟哭。所著文集二十卷；又撰古今典誥文言，爲正序十卷；五言詩之善者，爲文章英華二十卷；文選三十卷。

哀太子大器字仁宗，太宗嫡長子也。普通四年五月丁酉生。中大通四年，封宣城郡王，〔六〕食邑二千戶。尋爲侍中、中衞將軍，〔七〕給鼓吹一部。大同四年，授使持節、都督揚徐二州諸軍事、中軍大將軍、揚州刺史，侍中如故。

太清二年十月，侯景寇京邑，敕太子爲臺內大都督。三年五月，太宗卽位。六月丁亥，立爲皇太子。〔八〕大寶二年八月，賊景廢太宗，將害太子，時賊黨稱景命召太子，太子方講老子，將欲下牀，而刑人掩至。太子顏色不變，徐曰：「久知此事，嗟其晚耳。」刑者欲以衣帶絞之。太子曰：「此不能見殺。」乃指繫帳竿下繩，命取絞之而絕，時年二十八。〔九〕

太子性寬和，兼神用端嶷，在於賊手，每不屈意。初，侯景西上，攜太子同行，及其敗歸，部伍不復整肅，太子所乘船居後，不及賊衆，左右心腹並勸因此入北。太子曰：「家國喪敗，志不圖生；主上蒙塵，寧忍違離。吾今逃匿，乃是叛父，非謂避賊。」便涕泗嗚咽，令卽前進。賊以太子有器度，每常憚之，恐爲後患，故先及禍。承聖元年四月，追謚哀太子。

愍懷太子方矩字德規，世祖第四子也。初封南安縣侯，隨世祖在荊鎭。太清初，爲使持節、督湘郢桂寧成合羅七州諸軍事、鎭南將軍、湘州刺史。尋徵爲侍中、中衞將軍，給鼓吹一部。世祖承制，拜王太子，改名元良。承聖元年十一月丙子，立爲皇太子。〔一〇〕及西魏師陷荆城，太子與世祖同爲魏人所害。

太子聰穎，頗有世祖風，而凶暴猜忌。敬帝承制，追謚愍懷太子。

陳吏部尚書姚察曰：孟軻有言，「鷄鳴而起，孳孳爲善者，舜之徒也。」若乃布衣韋帶之士，在於畎畝之中，終日爲之，其利亦已博矣。況乎處重明之位，居正體之尊，克念無怠，烝烝以孝，大舜之德，其何遠之有哉！

校勘記

〔一〕五年六月庚戌始出居東宮　「六月」各本作「五月」，據通鑑改。天監五年五月乙丑朔，無庚戌，六月甲午朔，有庚戌。

〔二〕至是詔加金博山　各本脫「詔」字，據南史補。按：太平御覽一四八、六八五，册府元龜二六一，俱有「詔」字。

〔三〕太子自立二諦法身義　「二諦」各本作「三諦」。按：廣弘明集二四有昭明太子解二諦令旨並問答。二諦謂真諦、俗諦。三諦是其所破，非其所立。册府元龜二五八正作「二諦」，今據改。

〔四〕命僕劉孝綽議其事　此「僕」字及下文「劉僕議」、「劉僕之議」，各本皆誤作「僕射」。本書劉孝綽傳，孝綽曾爲太子僕，未嘗爲尚書僕射，今删。

〔五〕詔遣前交州刺史王弁假節　「王弁」，南史作「王弈」。

〔六〕中大通四年封宣城郡王　「四年」，各本作「三年」，據本書武帝紀及通鑑改。按太宗十一王傳，諸王之始封，無一在中大通三年。

〔七〕尋爲侍中中衞將軍　按本書武帝紀，中大通五年正月癸丑，以宣城王大器爲中軍將軍。「中衞」當從紀作「中軍」。

〔八〕六月丁亥立爲皇太子　「丁亥」，各本及南史作「癸酉」。按：是年六月乙酉朔，有丁亥，無癸酉。本書簡文紀作「丁亥」。今改正。

〔九〕時年二十八　大器生於普通四年，死於大寶二年，時年二十九。此作「二十八」，譌。

〔一〇〕承聖元年十一月丙子立爲皇太子　「丙子」，當依本書元帝紀作「己卯」。丙子是蕭繹即帝位日，史稱「是日帝不升正殿，公卿陪列而已」；至己卯始立皇太子。

梁書卷九

列傳第三

王茂　曹景宗　柳慶遠

王茂字休遠，〔一〕太原祁人也。祖深，北中郎司馬。父天生，宋末爲列將，於石頭克司徒袁粲，以勳至巴西、梓潼二郡太守，上黃縣男。

茂年數歲，爲大父深所異，常謂親識曰：「此吾家之千里駒，成門戶者必此兒也。」及長，好讀兵書，駮略究其大旨。性沈隱，不妄交遊，身長八尺，潔白美容觀。齊武帝布衣時，見之歎曰：「王茂年少，堂堂如此，必爲公輔之器。」

宋昇明末，起家奉朝請，歷後軍行參軍，〔二〕司空騎兵，太尉中兵參軍。魏將李烏奴寇漢中，茂受詔西討。魏軍退，還爲鎮南司馬，帶臨湘令。入爲越騎校尉。魏寇兗州，茂時以寧朔將軍長史鎮援北境，入爲前軍將軍江夏王司馬。又遷寧朔將軍、江夏內史。建武初，魏圍司州，茂以郢州之師救焉。高祖率衆先登賢首山，魏將王肅、劉昶來戰，茂從高祖拒之，大破肅等。魏軍退，茂還郢，仍遷輔國長史、襄陽太守。

高祖義師起，茂私於張弘策，勸高祖迎和帝，高祖以爲不然，語在高祖紀。高祖發雍部，每遣茂爲前驅。師次郢城，茂進平加湖，破光子衿、吴子陽等，斬馘萬計，還獻捷于漢川。郢、魯既平，從高祖東下，復爲軍鋒。師次秣陵，東昏遣大將王珍國，盛兵朱雀門，衆號二十萬，度航請戰。茂與曹景宗等會擊，大破之。縱兵追奔，積屍與航欄等，其赴淮死者，不可勝算。長驅至宣陽門。建康城平，以茂爲護軍將軍，俄遷侍中、領軍將軍。羣盜之燒神虎門也，茂率所領到東掖門應赴，爲盜所射，茂躍馬而進，羣盜反走。茂以不能式遏姦盜，自表解職，優詔不許。加鎮軍將軍，封望蔡縣公，邑二千三百戶。

是歲，江州刺史陳伯之舉兵叛，茂出爲使持節、散騎常侍、都督江州諸軍事、征南將軍、江州刺史，給鼓吹一部，南討伯之。伯之奔于魏。時九江新罹軍寇，民思反業，茂務農省役，百姓安之。四年，魏侵漢中，茂受詔西討，魏乃班師。六年，遷尚書右僕射，常侍如故。固辭不拜，改授侍中、中衞將軍，領太子詹事。七年，拜車騎將軍，太子詹事如故。八年，以本號開府儀同三司、丹陽尹，侍中如故。時天下無事，高祖方信仗文雅，茂心頗怏怏，侍宴醉後，每見言色，高祖常宥而不之責也。十一年，進位司空，侍中、尹如故。茂辭京尹，改領中權將軍。

茂性寬厚，居官雖無譽，亦爲吏民所安。居處方正，在一室衣冠儼然，雖僕妾莫見其惰容。姿表瓌麗，須眉如畫，出入朝會，每爲衆所瞻望。明年，出爲使持節、散騎常侍、驃騎將軍、開府同三司之儀、都督江州諸軍事、江州刺史。視事三年，薨于州，時年六十。高祖甚悼惜之，賻錢三十萬，布三百匹。詔曰：「旌德紀勳，哲王令軌；念終追遠，前典明誥。故使持節、散騎常侍、驃騎將軍、開府儀同三司、江州刺史茂，識度淹廣，器宇凝正。爰初草昧，盡誠宣力，綢繆休戚，契闊屯夷。方賴謀猷，永隆朝寄；奄至薨殞，朕用慟于厥心。宜增禮數，式昭盛烈。可贈侍中、太尉，加班劍二十人，鼓吹一部。謚曰忠烈。」

初，茂以元勳，高祖賜以鍾磬之樂。茂在江州，夢鍾磬在格，無故自墮，心惡之。及覺，命奏樂。既成列，鍾磬在格，果無故編皆絕，墮地。茂謂長史江詮曰：「此樂，天子所以惠勞臣也。樂既極矣，能無憂乎！」俄而病，少日卒。

子貞秀嗣，以居喪無禮，爲有司奏，〔三〕徙越州，後有詔留廣州，乃潛結仁威府中兵參軍杜景，欲襲州城，刺史蕭昂討之。〔四〕景，魏降人，與貞秀同戮。

曹景宗字子震，新野人也。父欣之，爲宋將，位至征虜將軍、徐州刺史。景宗幼善騎射，好畋獵，常與少年數十人澤中逐麞鹿，每衆騎趁鹿，〔五〕鹿馬相亂，景宗於衆中射之，人皆懼中馬足，鹿應弦輒斃，以此爲樂。未弱冠，欣之於新野遣出州，以匹馬將數人，於中路卒逢蠻賊數百圍之。景宗帶百餘箭，乃馳騎四射，每箭殺一蠻，蠻遂散走，因是以膽勇知名。頗愛史書，每讀穰苴、樂毅傳，輒放卷歎息曰：「丈夫當如是！」辟西曹不就。宋元徽中，隨父出京師，爲奉朝請、員外，遷尚書左民郎。尋以父憂去職，還鄉里。服闋，刺史蕭赤斧板爲冠軍中兵參軍，領天水太守。

時建元初，蠻寇羣動，景宗東西討擊，多所擒破。齊鄱陽王鏘爲雍州，復以爲征虜中兵參軍，帶馮翊太守，督峴南諸軍事，除屯騎校尉。少與州里張道門厚善。〔六〕道門，齊車騎將軍敬兒少子也，爲武陵太守。敬兒誅，道門於郡伏法，親屬故吏莫敢收，景宗自襄陽遣人船到武陵，收其屍骸，迎還殯葬，鄉里以此義之。

建武二年，魏主托跋宏寇赭陽，景宗爲偏將，每衝堅陷陣，輒有斬獲，以勳除游擊將軍。四年，太尉陳顯達督衆軍北圍馬圈，景宗從之，以甲士二千設伏，破魏援托跋英四萬人。及剋馬圈，顯達論功，以景宗爲後，景宗退無怨言。魏主率衆大至，顯達宵奔，景宗導入山道，故顯達父子獲全。

五年，高祖爲雍州刺史，〔七〕景宗深自結附，數請高祖臨其宅。時天下方亂，高祖亦厚加意焉。永元初，表爲冠軍將軍、竟陵太守。及義師起，景宗聚衆，遣親人杜思沖勸先迎南康王於襄陽卽帝位，然後出師，爲萬全計。高祖不從，語在高祖紀。高祖至竟陵，以景宗與冠軍將軍王茂濟江，圍郢城，自二月至于七月，城乃降。復帥衆前驅至南州，領馬步軍取建康，道次江寧，東昏將李居士以重兵屯新亭，是日選精騎一千至江寧行頓，景宗始至，安營未立；且師行日久，器甲穿弊，居士望而輕之，因鼓噪前薄景宗。景宗被甲馳戰，短兵裁接，居士棄甲奔走，景宗皆獲之，因鼓而前，徑至皁莢橋築壘。景宗又與王茂、呂僧珍掎角，破王珍國於大航。茂衝其中堅，應時而陷，景宗縱兵乘之。景宗軍士皆桀黠無賴，御道左右，莫非富室，抄掠財物，略奪子女，景宗不能禁。及高祖入頓新城，嚴申號令，然後稍息。復與衆軍長圍六門。城平，拜散騎常侍、右衞將軍，封湘西縣侯，食邑一千六百戶。仍還持節、都督郢司二州諸軍事、左將軍、郢州刺史。天監元年，進號平西將軍，改封竟陵縣侯。

景宗在州，鬻貨聚斂。於城南起宅，長堤以東，夏口以北，開街列門，東西數里，而部曲殘橫，民頗厭之。二年十月，魏寇司州，圍刺史蔡道恭。時魏攻日苦，城中負板而汲，景宗望門不出，但耀軍遊獵而已。及司州城陷，爲御史中丞任昉所奏，高祖以功臣寢而不治，徵爲護軍。既至，復拜散騎常侍、右衞將軍。

五年，魏托跋英寇鍾離，圍徐州刺史昌義之，高祖詔景宗督衆軍援義之，豫州刺史韋叡亦預焉，而受景宗節度。詔景宗頓道人洲，待衆軍齊集俱進。景宗固啓，求先據邵陽洲尾，高祖不聽。景宗欲專其功，乃違詔而進，值暴風卒起，頗有渰溺，復還守先頓。高祖聞之，曰：「此所以破賊也。景宗不進，蓋天意乎！若孤軍獨往，城不時立，必見狼狽。今得待衆軍同進，始大捷矣。」及韋叡至，與景宗進頓邵陽洲，立壘去魏城百餘步。魏連戰不能却，殺傷者十二三，自是魏軍不敢逼。景宗等器甲精新，軍儀甚盛，魏人望之奪氣。魏大將楊大眼對橋北岸立城，以通糧運，每牧人過岸伐芻藁，皆爲大眼所略。景宗乃募勇敢士千餘人，徑渡大眼城南數里築壘，親自舉築。大眼率衆來攻，景宗與戰破之，因得壘成。使別將趙草守之，因謂爲趙草城，是後恣芻牧焉。大眼時遣抄掠，輒反爲趙草所獲。先是，高祖詔景宗等逆裝高艦，使與魏橋等，爲火攻計。令景宗與叡各攻一橋，叡攻其南，景宗攻其北。六年三月，春水生，淮水暴長六七尺。叡遣所督將馮道根、李文釗、裴邃、韋寂等乘艦登岸，擊魏洲上軍盡殪。景宗因使衆軍皆鼓噪亂登諸城，呼聲震天地，大眼於西岸燒營，英自東岸棄城走。諸壘相次土崩，悉棄其器甲，爭投水死，淮水爲之不流。景宗令軍主馬廣躡大眼至濊水上，四十餘里，伏屍相枕。義之出逐英至洛口，〔八〕英以匹馬入梁城。緣淮百餘里，屍骸枕藉，生擒五萬餘人，收其軍糧器械，積如山岳，牛馬驢騾，不可勝計。景宗乃搜軍所得生口萬餘人，馬千匹，遣獻捷，高祖詔還本軍，景宗振旅凱入，增封四百，並前爲二千戶，進爵爲公。詔拜侍中、領軍將軍，給鼓吹一部。

景宗爲人自恃尚勝，每作書，字有不解，不以問人，皆以意造焉。雖公卿無所推揖；惟韋叡年長，且州里勝流，特相敬重，同讌御筵，亦曲躬謙遜，高祖以此嘉之。景宗好內，妓妾至數百，窮極錦繡。性躁動，不能沈默，出行常欲褰車帷幔，左右輒諫以位望隆重，人所具瞻，不宜然。景宗謂所親曰：「我昔在鄉里，〔九〕騎快馬如龍，與年少輩數十騎，拓弓弦作霹靂聲，箭如餓鴟叫。平澤中逐麞，數肋射之，渴飲其血，飢食其肉，甜如甘露漿。覺耳後風生，鼻頭出火，此樂使人忘死，不知老之將至。今來揚州作貴人，動轉不得，路行開車幔，小人輒言不可。閉置車中，如三日新婦。遭此邑邑，使人無氣。」爲人嗜酒好樂，臘月於宅中，使作野虖逐除，〔一〇〕遍往人家乞酒食。本以爲戲，而部下多剽輕，因弄人婦女，奪人財貨。高祖頗知之，景宗乃止。高祖數讌見功臣，共道故舊，景宗醉後謬忘，或誤稱下官，高祖故縱之以爲笑樂。

七年，遷侍中、中衞將軍、江州刺史。赴任卒於道，時年五十二。詔賻錢二十萬，布三百匹，追贈征北將軍、雍州刺史、開府儀同三司。謚曰壯。子皎嗣。

柳慶遠字文和，河東解人也。伯父元景，宋太尉。

慶遠起家郢州主簿，齊初爲尚書都官郎、大司馬中兵參軍、建武將軍、魏興太守。郡遭暴水，流漂居民，吏請徙民祀城。〔二〕慶遠曰：「天降雨水，豈城之所知。吾聞江河長不過三日，斯亦何慮。」命築土而已。俄而水過，百姓服之。入爲長水校尉，出爲平北錄事參軍、襄陽令。

高祖之臨雍州，問京兆人杜惲求州綱，惲舉慶遠。高祖曰：「文和吾已知之，所問未知者耳。」因辟別駕從事史。齊方多難，慶遠謂所親曰：「方今天下將亂，英雄必起，庇民定霸，其吾君乎？」因盡誠協贊。及義兵起，慶遠常居帷幄爲謀主。

中興元年，西臺選爲黃門郎，遷冠軍將軍、征東長史。從軍東下，身先士卒。高祖行營壘，見慶遠頓舍嚴整，每歎曰：「人人若是，吾又何憂。」建康城平，入爲侍中，領前軍將軍，帶淮陵、齊昌二郡太守。城內嘗夜失火，禁中驚懼，高祖時居宮中，悉斂諸鑰，問「柳侍中何在」。慶遠至，悉付之。其見任如此。

霸府建，以爲太尉從事中郎。高祖受禪，遷散騎常侍、右衞將軍，加征虜將軍，封重安侯，食邑千戶。母憂去職，以本官起之，固辭不拜。天監二年，遷中領軍，改封雲杜侯。四年，出爲使持節、都督雍梁南北秦四州諸軍事、征虜將軍、寧蠻校尉、雍州刺史。高祖餞於新亭，謂曰：「卿衣錦還鄉，朕無西顧之憂矣。」

七年，徵爲護軍將軍，領太子庶子。未赴職，仍遷通直散騎常侍、右衞將軍，領右驍騎將軍。至京都，值魏宿預城請降，受詔爲援，於是假節守淮陰。魏軍退。八年，還京師，遷散騎常侍、太子詹事、雍州大中正。十年，遷侍中、領軍將軍，給扶，幷鼓吹一部。十二年，遷安北將軍、寧蠻校尉、雍州刺史。〔一三〕慶遠重爲本州，頗厲清節，士庶懷之。明年春，卒，時年五十七。詔曰：「念往篤終，前王令則；式隆寵數，列代恒規。使持節、都督雍梁南北秦四州郢州之竟陵司州之隨郡諸軍事、安北將軍、寧蠻校尉、雍州刺史、雲杜縣開國侯柳慶遠，器識淹曠，思懷通雅。爰初草昧，預屬經綸；遠自升平，契闊禁旅。重牧西藩，方弘治道，奄至殞喪，傷慟于懷。宜追榮命，以彰茂勳。可贈侍中、中軍將軍、開府儀同三司，鼓吹、侯如故。諡曰忠惠。賻錢二十萬，布二百匹。」及喪還京師，高祖出臨哭。子津嗣。

初，慶遠從父兄衞將軍世隆嘗謂慶遠曰：「吾昔夢太尉以褥席見賜，吾遂亞台司；適又夢以吾褥席與汝，汝必光我公族。」至是，慶遠亦繼世隆焉。

陳吏部尚書姚察曰：王茂、曹景宗、柳慶遠雖世爲將家，然未顯奇節。梁興，因日月末光，以成所志，配迹方、邵，勒勳鍾鼎，偉哉！昔漢光武全愛功臣，不過朝請、特進，寇、鄧、耿、賈咸不盡其器力。茂等迭據方岳，位終上將，君臣之際，邁於前代矣。

校勘記

〔一〕王茂字休遠　南史作「王茂字休連，一字茂先」。南齊書和帝紀：「永元三年二月己丑，以冠軍長史王茂先爲江州刺史。」北朝諸史凡引述王茂處皆作王茂先。

〔二〕歷後軍行參軍　「後軍行參軍」各本作「後行軍參軍」。今乙正。

〔三〕爲有司奏　南史及册府元龜九四〇「奏」上有「所」字。

〔四〕刺史蕭昂討之　「刺史」各本作「長史」。按本傳昂爲廣州刺史，今改正。

〔五〕每衆騎趁鹿　百衲本、南監本、汲古閣本俱作「無還騎趁鹿」。北監本、殿本作「每衆騎赴鹿」。金陵局本作「每衆騎趁鹿」。今從金陵局本。

〔六〕少與州里張道門厚善　「少」字下，各本衍「守督峴南」四字，據南史删。按南齊書張敬兒傳，「道門」作「道文」。

〔七〕五年高祖爲雍州刺史　齊明帝建武五年四月，改元永泰。蕭衍爲雍州刺史在永泰元年七月。

「五年」應作「永泰元年」。

〔八〕義之出逐英至洛口　「洛」各本訛「浴」。本書昌義之傳及南史作「洛」，今據改。

〔九〕我昔在鄉里　各本脫「在」字，據南史及册府元龜八五五，太平御覽三〇〇、六九九、八三一補。

〔一〇〕臘月於宅中使作野虖逐除　「野虖」南史作「邪呼」。按「野虖」、「邪呼」並狀衆譴叫聲，詞異而義同。

〔一一〕吏請徙民祀城　「祀」各本訛「杞」，據册府元龜六九一改正。

〔一二〕十二年遷安北將軍寧蠻校尉雍州刺史　按：本書武帝紀，柳慶遠爲安北將軍、雍州刺史在天監十三年。

梁書卷十

列傳第四

蕭穎達　夏侯詳　蔡道恭　楊公則　鄧元起

蕭穎達，蘭陵蘭陵人，齊光祿大夫赤斧第五子也。少好勇使氣，起家冠軍。〔一〕兄穎胄，齊建武末行荆州事，穎達亦爲西中郎外兵參軍，俱在西府。〔二〕齊季多難，頗不自安。會東昏遣輔國將軍劉山陽爲巴西太守，道過荆州，密敕穎胄襲雍州。時高祖已爲備矣。仍遣穎胄親人王天虎以書疑之。山陽至，果不敢入城。穎胄計無所出，夜遣錢塘人朱景思呼西中郎城局參軍席闡文、諮議參軍柳忱閉齋定議。闡文曰：「蕭雍州蓄養士馬，非復一日，江陵素畏襄陽人，人衆又不敵，取之必不可制，制之，歲寒復不爲朝廷所容。今若殺山陽，與雍州舉事，立天子以令諸侯，則霸業成矣。山陽持疑不進，是不信我。今斬送天虎，則彼疑可釋。至而圖之，罔不濟矣。」忱亦勸焉。穎達曰：「善。」及天明，穎胄謂天虎曰：「卿與劉輔國相識，今不得不借卿頭。」乃斬天虎以示山陽。山陽大喜，輕將步騎數百到州。闡文勒兵待於門，山陽車踰限而門闔，因執斬之，傳首高祖。且以奉南康王之議來告，高祖許焉。

和帝卽位，以穎胄爲假節、侍中、尙書令、領吏部尙書、都督行留諸軍事、鎭軍將軍、荆州刺史，留衞西朝。以穎達爲冠軍將軍。及楊公則等率師隨高祖，高祖圍郢城，穎達會軍於漢口，與王茂、曹景宗等攻郢城，陷之。隨高祖平江州。高祖進江州，使與曹景宗先率馬步進趨江寧，破東昏將李居士，又下東城。

初，義師之起也，巴東太守蕭惠訓子璝、巴西太守魯休烈弗從，舉兵侵荆州，敗輔國將軍任漾之於硤口，破大將軍劉孝慶於上明，穎胄遣軍拒之；而高祖已平江、郢，圖建康。穎胄自以職居上將，不能拒制璝等，憂愧不樂，發疾數日而卒。州中祕之，使似其書者假爲敎命。及璝等聞建康將平，衆懼而潰，乃始發喪，和帝贈穎胄丞相。

義師初，穎達弟穎孚自京師出亡，廬陵人脩景智潛引與南歸，〔三〕至廬陵，景智及宗人靈祐爲起兵，得數百人，屯西昌藥山湖。穎達聞之，假穎孚節、督廬陵豫章臨川南康安成五郡軍事、冠軍將軍、廬陵內史。穎孚率靈祐等進據西昌，東昏遣安西太守劉希祖自南江入湖拒之。〔四〕穎孚不能自立，以其兵由建安復奔長沙，希祖追之，穎孚緣山踰嶂，僅而獲免。在道絕糧，後因食過飽而卒。

建康城平，高祖以穎達爲前將軍、丹陽尹。上受禪，詔曰：「念功惟德，列代所同，追遠懷人，彌與事篤。齊故侍中、丞相、尚書令穎胄，風格峻遠，器寓深邵，淸猷盛業，問望斯歸。締構義始，肇基王迹，契闊屯夷，載形心事。朕膺天改物，光宅區宇，望岱觀河，永言號慟。可封巴東郡開國公，食邑三千戶，本官如故。」贈穎孚右衞將軍。加穎達散騎常侍，以公事免。及大論功賞，封穎達吳昌縣侯，邑千五百戶。尋爲侍中，改封作唐侯，縣邑如故。

遷征虜將軍、太子左衞率。御史中丞任昉奏曰：

臣聞貧觀所取，窮視不爲。在於布衣，窮居介然之行，尙可以激貪厲俗，惇此薄夫；況乎伐冰之家，爭雞豚之利；衣繡之士，受賈人之服。風聞征虜將軍臣蕭穎達啓乞魚軍稅，輒攝穎達宅督彭難當到臺辨問。列稱『尋生魚典稅，先本是鄧僧琰啓乞，限訖今年五月十四日。主人穎達，于時謂非新立，仍啓乞接代僧琰，卽蒙降許登稅，與史法論一年收直五十萬。』如其列狀，〔五〕則與風聞符同，穎達卽主。

臣謹案：征虜將軍、太子左衞率、作唐縣開國侯臣穎達，備位大臣，預聞執憲，私謁亟陳，至公寂寞。屠中之志，異乎鮑肆之求；魚飧之資，不俟潛有之數。遂復申茲文二，追彼十一，風體若茲，準繩斯在。陛下弘惜勳良，每爲曲法；臣當官執憲，敢不直繩。臣等參議，請以見事免穎達所居官，以侯還第。

有詔原之。轉散騎常侍、左衞將軍。俄復爲侍中，衞尉卿。出爲信威將軍、豫章內史，加秩中二千石。治任威猛，郡人畏之。遷使持節、都督江州諸軍事、江州刺史，將軍如故。頃之，徵爲通直散騎常侍、右驍騎將軍。旣處優閑，尤恣聲色，飮酒過度，頗以此傷生。九年，遷信威將軍、右衞將軍。是歲卒，年三十四。車駕臨哭，給東園祕器，朝服一具，衣一襲，錢二十萬，布二百匹。追贈侍中、中衞將軍，鼓吹一部。諡曰康。子敏嗣。穎胄子靡，襲巴東公，位至中書郎，早卒。

夏侯詳字叔業，譙郡譙人也。〔六〕年十六，遭父艱，居喪哀毀。三年廬于墓，嘗有雀三足，飛來集其廬戶，衆咸異焉。服闋，刺史殷琰召補主簿。

宋泰始初，琰舉豫州叛，宋明帝遣輔國將軍劉勔討之，攻守連月，人情危懼，將請救於魏。詳說琰曰：「今日之舉，本効忠節；若社稷有奉，便歸身朝廷，何可屈身北面異域。且今魏氏之卒，近在淮次，一軍未測去就，懼有異圖。今若遣使歸款，必厚相慰納，豈止兔罪而已。若謂不然，請充一介。」琰許之。詳見勔曰：「將軍嚴圍峭壘，矢刃如霜，城內愚徒，實同困獸，士庶懼誅，咸欲投魏。僕所以踰城歸德，敢布腹心。願將軍弘曠蕩之恩，垂霈然之惠，解圍退舍，則皆相率而至矣。」勔許之。詳曰：「審爾，當如君言，而詳請反命。」勔遣到城下，詳呼城中人，語以勔辭，卽日琰及衆俱出，一州以全。

勔爲刺史，又補主簿。頃之，爲新汲令，治有異績，刺史段佛榮班下境內，爲屬城表。轉治中從事史，仍遷別駕。歷事八將，州部稱之。

齊明帝爲刺史，雅相器遇。及輔政，招令出都，將大用之。每引詳及鄉人裴叔業日夜與語，詳輒末略不酬。帝以問叔業，叔業告詳。詳曰：「不爲福始，不爲禍先。」由此微有忤。出爲征虜長史、義陽太守。頃之，建安戍爲魏所圍，仍以詳爲建安戍主，帶邊城、新蔡二郡太守，并督光城、弋陽、汝陰三郡衆赴之。〔七〕詳至建安，魏軍引退。先是，魏又於淮上置荊亭戍，常爲寇掠，累攻不能禦，詳率銳卒攻之，賊衆大潰，皆棄城奔走。

建武末，徵爲游擊將軍，出爲南中郎司馬、南新蔡太守。齊南康王爲荊州，遷西中郎司馬、新興太守，便道先到江陽。時始安王遙光稱兵京邑，南康王長史蕭穎胄並未至，中兵參軍劉山陽先在州，山陽副潘紹欲謀作亂，詳僞呼紹議事，卽於城門斬之，州府乃安。遷司州刺史，辭不之職。

高祖義兵起，詳與穎胄同創大舉。西臺建，以詳爲中領軍，加散騎常侍、南郡太守。凡軍國大事，穎胄多決於詳。及高祖圍郢城未下，穎胄遣衛尉席闡文如高祖軍。詳獻議曰：「窮壁易守，攻取勢難；頓甲堅城，兵家所忌。誠宜大弘經略，詢納羣言，軍主以下至于匹夫，皆令獻其所見，盡其所懷，擇善而從，選能而用，不以人廢言，不以多罔寡。又須量我衆力，度賊樵糧，窺彼人情，權其形勢。若使賊人衆而食少，故宜計日而守之；食多而力寡，故宜悉衆而攻之。若使糧力俱足，非攻守所屈，便宜散金寶，縱反間，使彼智者不用，愚者懷猜，此魏武之所以定大業也。若三事未可，宜思變通，觀於人情，計我糧轂。若德之所感，萬里同符，仁之所懷，遠邇歸義，金帛素積，糧運又充，乃可以列圍寬守，引以歲月，此王翦之所以剋楚也。若圍之不卒降，攻之未可下，間道不能行，金粟無人積，天下非一家，人情難可豫，此則宜更思變計矣。變計之道，實資英斷，此之深要，難以紙宣，輒布言於席衞尉，特願垂採。」高祖嘉納焉。頃之，穎胄卒。時高祖弟始興王憺留守襄陽，詳乃遣使迎憺，共參軍國。和帝加詳禁兵，出入殿省，固辭不受。遷侍中、尚書右僕射。尋授使持節、撫軍將軍、荆州刺史。詳又固讓于憺。

天監元年，徵爲侍中、車騎將軍，論功封寧都縣侯，邑二千戶。詳累辭讓，至於懇切，乃更授右光祿大夫，侍中如故。給親信二十人，改封豐城縣公，邑如故。二年，抗表致仕，詔解侍中，進特進。三年，遷使持節、散騎常侍、車騎將軍、湘州刺史。詳善吏事，在州四載，爲百姓所稱。州城南臨水有峻峯，舊老相傳，云「刺史登此山輒被代」。因是歷政莫敢至。詳於其地起臺榭，延僚屬，以表損挹之志。

六年，徵爲侍中、右光祿大夫，給親信二十人，未至，授尚書左僕射，〔八〕金紫光祿大夫，侍中如故。道病卒，時年七十四，上爲素服舉哀，贈右光祿。

先是，荆府城局參軍吉士瞻役萬人浚仗庫防火池，得金革帶鉤，隱起雕鏤甚精巧，篆文曰「錫爾金鉤，既公且侯。」士瞻，詳兄女壻也。女竊以與詳，詳喜佩之，期歲而貴矣。

蔡道恭字懷儉，南陽冠軍人也。父那，宋益州刺史。〔九〕道恭少寬厚有大量。齊文帝爲雍州，召補主簿，仍除員外散騎常侍。後累有戰功，遷越騎校尉、後軍將軍。建武末，出爲輔國司馬、汝南令。齊南康王爲荆州，薦爲西中郎中兵參軍，加輔國將軍。

義兵起，蕭穎胄以道恭舊將，素著威略，專相委任，遷冠軍將軍、西中郎諮議參軍，仍轉司馬。中興元年，和帝卽位，遷右衞將軍。巴西太守魯休烈等自巴、蜀連兵寇上明，以道恭持節、督西討諸軍事。次土臺，與賊合戰，道恭潛以奇兵出其後，一戰大破之，休烈等降于軍門。以功遷中領軍，固辭不受，出爲使持節、右將軍、司州刺史。

天監初，論功封漢壽縣伯，邑七百戶，進號平北將軍。三年，魏圍司州，時城中衆不滿五千人，食裁支半歲，魏軍攻之，晝夜不息，道恭隨方抗禦，皆應手摧却。魏乃作大車載土，四面俱前，欲以填壍，道恭輒於壍內列艨衝鬭艦以待之，魏人不得進。又潛作伏道以決壍水，道恭載土犺塞之。相持百餘日，前後斬獲不可勝計。魏大造梯衝，攻圍日急，道恭於城內作土山，厚二十餘丈，多作大槊，長二丈五尺，施長刃，使壯士刺魏人登城者。魏軍甚憚之，將退。會道恭疾篤，乃呼兄子僧勰、從弟靈恩及諸將帥謂曰：「吾受國厚恩，不能破滅寇賊，今所苦轉篤，勢不支久，汝等當以死固節，無令吾沒有遺恨。」又令取所持節謂僧勰曰：「稟命出疆，憑此而已；即不得奉以還朝，方欲攜之同逝，可與棺柩相隨。」衆皆流涕。其年五月卒。魏知道恭死，攻之轉急。

先是，朝廷遣郢州刺史曹景宗率衆赴援，景宗到鑿峴，頓兵不前。至八月，城內糧盡，乃陷。詔曰：「持節、都督司州諸軍事、平北將軍、司州刺史、漢壽縣開國伯道恭，器幹詳審，才志通烈。王業肇構，致力陝西。受任邊垂，効彰所莅。寇賊憑陵，竭誠守禦，奇謀間出，捷書日至。不幸抱疾，奄至殞喪，遺略所固，得移氣朔。自非徇國忘已，忠果並至，何能身沒守存，窮而後屈。言念傷悼，特兼常懷，追榮加等，抑有恒數。可贈鎮西將軍，使持節、都督、刺史、伯如故，并尋賻喪櫬，隨宜資給。」八年，魏許還道恭喪，其家以女樂易之，葬襄陽。

子澹嗣，卒於河東太守。孫固早卒，國除。

楊公則字君翼，天水西縣人也。父仲懷，宋泰始初爲豫州刺史殷琰將。琰叛，輔國將軍劉勔討琰，仲懷力戰，死於横塘。公則隨父在軍，年未弱冠，冒陣抱尸號哭，氣絶良久，勔命還仲懷首。公則殮畢，徒步負喪歸鄉里，由此著名。歷官員外散騎侍郎。梁州刺史范栢年板爲宋熙太守、領白馬戍主。

氐賊李烏奴作亂，攻白馬，公則固守經時，矢盡糧竭，陷于寇，抗聲罵賊。烏奴壯之，更厚待焉，要與同事。公則僞許而圖之，謀泄，單馬逃歸。梁州刺史王玄邈以事表聞，齊高帝下詔褒美。除晉壽太守，在任清潔自守。

永明中，爲鎭北長流參軍，遷扶風太守，母憂去官。雍州刺史陳顯達起爲寧朔將軍，復領太守。頃之，荆州刺史巴東王子響構亂，公則率師進討。事平，遷武寧太守。在郡七年，資無擔石，百姓便之。入爲前軍將軍。南康王爲荆州，復爲西中郎中兵參軍。領軍將軍蕭穎冑協同義舉，以公則爲輔國將軍、領西中郎諮議參軍，中兵如故，率衆東下。時湘州行事張寶積發兵自守，未知所附，公則軍及巴陵，仍回師南討。軍次白沙，寶積懼，釋甲以俟焉。

公則到，撫納之，湘境遂定。

和帝即位，授持節、都督湘州諸軍事、湘州刺史。高祖勒衆軍次于沔口，魯山城主孫樂祖、〔一〇〕郢州刺史張沖各據城未下，公則率湘府之衆會于夏口。時荊州諸軍受公則節度，雖蕭穎達宗室之貴亦隸焉。累進征虜將軍、左衞將軍，持節、刺史如故。

郢城平，高祖命衆軍即日俱下，公則受命先驅，徑掩柴桑。江州既定，連旌東下，直造京邑。公則號令嚴明，秋毫不犯，所在莫不賴焉。大軍至新林，公則自越城移屯領軍府壘北樓，與南掖門相對，嘗登樓望戰。城中遙見麾蓋，縱神鋒弩射之，矢貫胡牀，左右皆失色。公則曰：「幾中吾腳。」談笑如初。東昏夜選勇士攻公則柵，軍中驚擾，公則堅臥不起，徐命擊之，東昏軍乃退。公則所領多湘溪人，性怯懦，城內輕之，以爲易與，每出盪，輒先犯公則壘。公則獎厲軍士，剋獲更多。及平，城內出者或被剝奪，公則親率麾下，列陣東掖門，衞送公卿士庶，故出者多由公則營焉。進號左將軍，持節、刺史如故，還鎭南蕃。

初，公則東下，湘部諸郡多未賓從，及公則還州，然後諸屯聚並散。天監元年，進號平南將軍，封寧都縣侯，邑一千五百戶。湘州寇亂累年，民多流散，公則輕刑薄斂，頃之，戶口充復。〔一一〕爲政雖無威嚴，然保己廉愼，爲吏民所悅。湘俗單家以賂求州職，公則至，悉斷之，所辟引皆州郡著姓，高祖班下諸州以爲法。

四年，徵中護軍。〔一二〕代至，乘二舸便發，賫送一無所取。仍遷衞尉卿，加散騎常侍。時朝廷始議北伐，以公則威名素著，至京師，詔假節先屯洛口。公則受命遘疾，謂親人曰：「昔廉頗、馬援以年老見遺，猶自力請用。今國家不以吾朽懦，任以前驅，方於古人，見知重矣。雖臨途疾苦，豈可僶俛辭事。馬革還葬，此吾志也。」遂强起登舟。至洛口，壽春士女歸降者數千戶。魏豫州刺史薛恭度遣長史石榮等前鋒接戰，即斬石榮，逐北至壽春，去城數十里乃反。疾卒于師，時年六十一。高祖深痛惜之，即日舉哀，贈車騎將軍，給鼓吹一部。謚曰烈。

公則爲人敦厚慈愛，居家篤睦，視兄子過於其子，家財悉委焉。性好學，雖居軍旅，手不輟卷，士大夫以此稱之。

子瞟嗣，有罪國除。高祖以公則勳臣，特詔聽庶長子朓嗣。朓固讓，歷年乃受。

鄧元起字仲居，南郡當陽人也。少有膽幹，膂力過人。性任俠，好賑施，鄉里年少多附之。起家州辟議曹從事史，轉奉朝請。雍州刺史蕭緬板爲槐里令。遷弘農太守、平西軍事。〔一三〕時西陽馬榮率衆緣江寇抄，商旅斷絕，刺史蕭遙欣使元起率衆討平之。遷武寧太守。

永元末，魏軍逼義陽，元起自郡援焉。蠻帥田孔明附于魏，自號郢州刺史，寇掠三關，規襲夏口，元起率銳卒攻之，旬月之間，頻陷六城，斬獲萬計，餘黨悉皆散走。仍戍三關。郢州刺史張沖督河北軍事，元起累與沖書，求旋軍。沖報書曰：「足下在彼，吾在此，表裏之勢，所謂金城湯池；一旦捨去，則荆棘生焉。」乃表元起爲平南中兵參軍事。自是每戰必捷，勇冠當時，敢死之士樂爲用命者萬有餘人。

義師起，蕭穎胄與書招之。張沖待元起素厚，衆皆懼沖；及書至，元起部曲多勸其還郢。元起大言於衆曰：「朝廷暴虐，誅戮宰臣，羣小用命，衣冠道盡。荆、雍二州同舉大事，何患不剋。且我老母在西，豈容背本。若事不成，政受戮昏朝，幸免不孝之罪。」即日治嚴上道。至江陵，爲西中郎中兵參軍，加冠軍將軍，率衆與高祖會于夏口。高祖命王茂、曹景宗及元起等圍城，結壘九里，張沖屢戰，輒大敗，乃嬰城固守。

和帝卽位，授假節、冠軍將軍、平越中郎將、廣州刺史，遷給事黃門侍郎，移鎮南堂西渚。中興元年七月，郢城降，以本號爲益州刺史，仍爲前軍，先定尋陽。及大軍進至京邑，元起築壘於建陽門，與王茂、曹景宗等合長圍，身當鋒鏑。建康城平，進號征虜將軍。天監初，封當陽縣侯，邑一千二百戶。又進號左將軍，刺史如故，始述職焉。

初，義師之起，益州刺史劉季連持兩端；及聞元起將至，遂發兵拒守。語在季連傳。元起至巴西，巴西太守朱士略開門以待。先時蜀人多逃亡，至是出投元起，皆稱起義應朝廷，師人新故三萬餘。元起在道久，軍糧乏絕。或說之曰：「蜀土政慢，民多詐疾，若檢巴西一郡籍注，〔一四〕因而罰之，所獲必厚。」元起然之。涪令李膺諫曰：「使君前有嚴敵，後無繼援，山民始附，於我觀德，若糾以刻薄，民必不堪，衆心一離，雖悔無及，何必起疾可以濟師。膺請出圖之，不患資糧不足也。」元起曰：「善，一以委卿。」膺退，率富民上軍資米，俄得三萬斛。

元起先遣將王元宗等，破季連將李奉伯於新巴，齊晚盛於赤水，衆進屯西平。季連始嬰城自守。晚盛又破元起將魯方達於斛石，士卒死者千餘人，師衆咸懼，元起乃自率兵稍進至蔣橋，去成都二十里，留輜重於郫。季連復遣奉伯、晚盛二千人，間道襲郫，陷之，軍備盡沒。元起遣魯方達之衆救之，敗而反，遂不能剋。元起捨郫，逕圍州城，柵其三面而塹焉。元起出巡視圍柵，季連使精勇掩之，將至麾下，元起下輿持楯叱之，衆辟易不敢進。

時益部兵亂日久，民廢耕農，內外苦饑，人多相食，道路斷絕，季連計窮。會明年，高祖使赦季連罪，許之降。季連卽日開城納元起，元起送季連于京師。城開，郫乃降。斬奉伯、晚盛。高祖論平蜀勳，復元起號平西將軍，〔一五〕增封八百戶，并前二千戶。

元起以鄉人庾黔婁爲錄事參軍，又得荊州刺史蕭遙欣故客蔣光濟，並厚待之，任以州事。黔婁甚清潔，光濟多計謀，並勸爲善政。元起之剋季連也，城內財寶無所私，勤恤民事，口不論財色。性本能飲酒，至一斛不亂，及是絕之。蜀土翕然稱之。元起舅子梁矜孫性輕脫，與黔婁志行不同，乃言於元起曰：「城中稱有三刺史，節下何以堪之。」元起由此疏黔婁、光濟，而治迹稍損。

在州二年，以母老乞歸供養，詔許焉，徵爲右衞將軍，以西昌侯蕭淵藻代之。是時，梁州長史夏侯道遷以南鄭叛，引魏人，白馬戍主尹天寶馳使報蜀，魏將王景胤、孔陵寇東西晉壽，並遣告急，衆勸元起急救之。元起曰：「朝廷萬里，軍不卒至，若寇賊侵淫，方須撲討，董督之任，非我而誰？何事怱怱便救。」黔婁等苦諫之，皆不從。高祖亦假元起節，都督征討諸軍事，〔一六〕救漢中，比至，魏已攻陷兩晉壽。〔一七〕淵藻將至，元起頗營還裝，糧儲器械，略無遺者。淵藻入城，甚怨望之，因表其逗留不憂軍事，收付州獄，於獄自縊，時年四十八。有司追劾削爵土，詔減邑之半，乃更封松滋縣侯，邑千戶。

初，元起在荊州，刺史隨王板元起爲從事，別駕庾蓽堅執不可，元起恨之。大軍既至京師，蓽在城內，甚懼。及城平，元起先遣迎蓽，語人曰：「庾別駕若爲亂兵所殺，我無以自明。」因厚遺之。少時又嘗至其西沮田舍，有沙門造之乞，元起問田人曰：「有稻幾何？」對曰：「二十斛。」元起悉以施之。時人稱其有大度。

元起初爲益州，過江陵迎其母，母事道，方居館，不肯出。元起拜請同行。母曰：「貧賤家兒忽得富貴，詎可久保，我寧死不能與汝共入禍敗。」元起之至巴東，聞蜀亂，使蔣光濟筮之，遇蹇，喟然嘆曰：「吾豈鄧艾而及此乎。」後果如筮。子鏗嗣。

陳吏部尚書姚察曰：永元之末，荆州方未有釁，蕭穎胄悉全楚之兵，首應義舉。豈天之所啓，人甚之謀？不然，何其響附之決也？穎達叔姪慶流後嗣，夏侯、楊、鄧咸享隆名，盛矣。詳之謹厚，楊、蔡廉節，君子有取焉。

校勘記

〔一〕起家冠軍　「起家冠軍」下疑有脱落，南史無此四字。

〔二〕兄穎胄齊建武末行荆州事穎達亦爲西中郎外兵參軍俱在西府　各本脱「行荆州事穎達」六字，據南史補。

〔三〕廬陵人脩景智潛引與南歸　「脩」各本作「循」，據南齊書南史及通鑑改正。

〔四〕東昏遣安西太守劉希祖自南江入湖拒之　據南齊書蕭穎胄傳及通鑑齊和帝中興元年，時東昏侯遣軍主劉希祖率三千人攻蕭穎孚，穎孚敗奔長沙，希祖攻拔安成，殺太守范僧簡，東昏以希祖爲安成內史。是「安西」乃「安成」之誤；而劉希祖時爲軍主，後乃爲安成內史，亦非太守。

〔五〕如其列狀　「如」各本譌「知」，據册府元龜五一九改。

〔六〕譙郡譙人也　各本作「譙郡人也」，脫一「譙」字，據南史及册府元龜三四四、七五七補。

〔七〕並督光城弋陽汝陰三郡衆赴之　「光城弋陽汝陰三郡」各本皆作「光成弋陽汝鄧五郡」。按南齊書州郡志豫州下有「光城郡」，無「光成郡」，有「汝陰郡」，無「汝鄧郡」，「五」亦爲「三」之譌，今並改正。

〔八〕授尚書左僕射　「左」各本作「右」，據南史改。按夏侯詳以繼沈約爲尚書左僕射而被徵，本書武帝紀及通鑑並作「左」。

〔九〕父那宋益州刺史　「那」各本譌「郡」，據南史改正。蔡那見宋書宗越傳，爲益州刺史在泰豫元年。

〔一〇〕魯山城主孫樂祖　「魯」各本譌「曾」，據本書武帝紀及册府元龜三七一改正。

〔一一〕戶口充復　「充」各本作「克」。王懋竑讀書記疑：「克疑作充。」按「充」古書往往寫作「克」，因譌爲「克」，通志正作「充」，今據改。

〔一二〕四年徵中護軍　本書武帝紀，天監三年，以湘州刺史楊公則爲中護軍。而代楊公則爲湘州刺史是夏侯詳。本書夏侯詳傳亦云天監三年遷湘州刺史。是「四年」當作「三年」。

〔一三〕遷弘農太守平西軍事　「平西軍事」上疑脫「參」字。

〔一四〕若檢巴西一郡籍注　「郡」各本作「部」，據南史、册府元龜四二一改。

〔一五〕復元起號平西將軍　上文無授免元起平西將軍事，此處謂「復號平西將軍」，非前有脫文，卽此處有譌誤。

〔一六〕高祖亦假元起節都督征討諸軍事　「節」字，各本並脫，據册府元龜四四五補。「諸軍事」各本並作「諸軍將」，今改正。

〔一七〕比至魏已攻陷兩晉壽　「比至」各本作「比是」，據南史及册府元龜四四五改。

梁書卷十一

列傳第五

張弘策 庾域 鄭紹叔 呂僧珍

張弘策字眞簡，范陽方城人，文獻皇后之從父弟也。幼以孝聞。母嘗有疾，五日不食，弘策亦不食。母强爲進粥，乃食母所餘。遭母憂，三年不食鹽菜，幾至滅性。兄弟友愛，不忍暫離，雖各有室，常同臥起，世比之姜肱兄弟。起家齊邵陵王國常侍，遷奉朝請、西中郎江夏王行參軍。

弘策與高祖年相輩，幼見親狎，恒隨高祖遊處。每入室，常覺有雲煙氣，體輒肅然，弘策由此特敬高祖。建武末，弘策從高祖宿，酒酣，徙席星下，語及時事。弘策因問高祖曰：「緯象云何？國家故當無恙？」高祖曰：「其可言乎？」弘策因曰：「請言其兆。」高祖曰：「漢北有失地氣，浙東有急兵祥。今冬初，魏必動；若動則亡漢北。帝今久疾，多異議，萬一伺釁，稽部且乘機而作，是亦無成，徒自驅除耳。明年都邑有亂，死人過於亂麻，齊之歷數，自玆亡矣。梁、楚、漢當有英雄興。」弘策曰：「英雄今何在？爲已富貴，爲在草茅？」高祖笑曰：「光武有云，『安知非僕』。」弘策起曰：「今夜之言，是天意也，請定君臣之分。」高祖曰：「舅欲效鄧晨乎？」是冬，魏軍寇新野，高祖將兵爲援，且受密旨，仍代曹虎爲雍州。弘策聞之心喜，謂高祖曰：「夜中之言，獨當驗矣。」高祖笑曰：「且勿多言。」弘策從高祖西行，仍參帷幄，身親勞役，不憚辛苦。

五年秋，明帝崩，〔一〕遺詔以高祖爲雍州刺史，乃表弘策爲錄事參軍，帶襄陽令。高祖覩海內方亂，有匡濟之心，密爲儲備，謀猷所及，惟弘策而已。時長沙宣武王罷益州還，仍爲西中郎長史，行郢州事。高祖使弘策到郢，陳計於宣武王，語在高祖紀。弘策因說王曰：「昔周室既衰，諸侯力爭，齊桓蓋中人耳，遂能一匡九合，民到于今稱之。齊德告微，四海方亂，蒼生之命，會應有主。以郢州居中流之要，雍部有戎馬之饒，卿兄弟英武，當今無敵，虎據兩州，參分天下，糾合義兵，爲百姓請命，廢昏立明，易於反掌。如此，則桓、文之業可成，不世之功可建。無爲豎子所欺，取笑身後。雍州揣之已熟，願善圖之。」王頗不懌而無以拒也。

義師將起，高祖夜召弘策、呂僧珍入宅定議，旦乃發兵，以弘策爲輔國將軍、軍主，領萬人督後部軍事。西臺建，爲步兵校尉，遷車騎諮議參軍。及郢城平，蕭穎達、楊公則諸將皆欲頓軍夏口，高祖以爲宜乘勢長驅，直指京邑，以計語弘策，弘策與高祖意合。又訪寧遠將軍庾域，域又同。乃命衆軍即日上道，緣江至建康，凡磯、浦、村落，軍行宿次、立頓處所，弘策逆爲圖測，皆在目中。義師至新林，王茂、曹景宗等於大航方戰，高祖遣弘策持節勞勉，衆咸奮厲。是日，仍破朱雀軍。高祖入頓石頭城，弘策屯門禁衞，引接士類，多全免。城平，高祖遣弘策與呂僧珍先入清宮，封檢府庫。于時城內珍寶委積，弘策申勒部曲，秋毫無犯。遷衞尉卿，加給事中。天監初，加散騎常侍，洮陽縣侯，邑二千二百戶。〔三〕弘策盡忠奉上，知無不爲，交友故舊，隨才薦拔，搢紳皆趨焉。

時東昏餘黨初逢赦令，多未自安，數百人因運荻炬束仗，得入南北掖作亂，燒神虎門、總章觀。前軍司馬呂僧珍直殿內，以宿衞兵拒破之，盜分入衞尉府，弘策方救火，盜潛後害之，時年四十七。高祖深慟惜焉。給第一區，衣一襲，錢十萬，布百匹，蠟二百斤。詔曰：「亡從舅衞尉，慮發所忽，殞身祆豎。其情理清貞，器識淹濟，自藩升朝，契闊夷阻。加外氏凋衰，饗嘗屢絕，與感渭陽，情寄斯在。方賴忠勳，翼宜寡薄，報効無徵，永言增慟。可贈散騎常侍、車騎將軍。給鼓吹一部。謚曰愍。」

弘策爲人寬厚通率，篤舊故。及居隆重，不以貴勢自高。故人賓客，禮接如布衣時。祿賜皆散之親友。及其遇害，莫不痛惜焉。子緬嗣，別有傳。

庾域字司大，新野人。長沙宣武王爲梁州，以爲錄事參軍，帶華陽太守。時魏軍攻圍南鄭，州有空倉數十所，域封題指示將士云：「此中粟皆滿，足支二年，但努力堅守。」衆心以安。虜退，以功拜羽林監，遷南中郎記室參軍。

永元末，高祖起兵，遣書招域。西臺建，以爲寧朔將軍，領行選，從高祖東下。師次楊口，〔三〕和帝遣御史中丞宗夬銜命勞軍。域乃諷夬曰：「黃鉞未加，非所以總率侯伯。」夬反西臺，卽授高祖黃鉞。蕭穎胄既都督中外諸軍事，論者謂高祖應致牋，域爭不聽，乃止。郢城平，域及張弘策議與高祖意合，卽命衆軍便下。每獻謀畫，多被納用。霸府初開，以爲諮議參軍。天監初，封廣牧縣子，後軍司馬。出爲寧朔將軍、巴西梓潼二郡太守。梁州長史夏侯道遷舉州叛降魏，魏騎將襲巴西，域固守百餘日，城中糧盡，將士皆齕草食土，死者太半，無有離心。魏軍退，詔增封二百戶，進爵爲伯。六年，卒於郡。

鄭紹叔字仲明，滎陽開封人也，世居壽陽。祖琨，宋高平太守。

紹叔少孤貧。年二十餘，爲安豐令，居縣有能名。本州召補主簿，轉治中從事史。時刺史蕭誕以弟諶誅，臺遣收兵卒至，左右莫不驚散，紹叔聞難，獨馳赴焉。誕死，侍送喪柩，衆咸稱之。到京師，司空徐孝嗣見而異之，曰：「祖逖之流也。」

高祖臨司州，命爲中兵參軍，領長流，因是厚自結附。高祖罷州還京師，謝遣賓客，紹叔獨固請願留。高祖謂曰：「卿才幸自有用，我今未能相益，宜更思他塗。」紹叔曰：「委質有在，義無二心。」高祖固不許，於是乃還壽陽。刺史蕭遙昌苦引紹叔，終不受命。遙昌怒，將囚之，救解得免。及高祖爲雍州刺史，紹叔間道西歸，補寧蠻長史、扶風太守。

東昏既害朝宰，頗疑高祖。紹叔兄植爲東昏直後，東昏遣至雍州，託以候紹叔，實潛使爲刺客。紹叔知之，密以白高祖。植既至，高祖於紹叔處置酒宴之，戲植曰：「朝廷遣卿見圖，今日閑宴，是見取良會也。」賓主大笑。令植登臨城隍，周觀府署，士卒、器械、舟艫、戰馬，莫不富實。植退謂紹叔曰：「雍州實力，未易圖也。」紹叔曰：「兄還，具爲天子言之。兄若取雍州，紹叔請以此衆一戰。」送兄於南峴，相持慟哭而別。

義師起，爲冠軍將軍，改驍騎將軍，侍從東下江州，留紹叔監州事，督江、湘二州糧運，事無闕乏。天監初，入爲衞尉卿。紹叔忠於事上，外所聞知，纖毫無隱。每爲高祖言事，善，則曰「臣愚不及，此皆聖主之策。」其不善，則曰「臣慮出淺短，以爲其事當如是，殆以此誤朝廷，臣之罪深矣。」高祖甚親信之。母憂去職。紹叔有至性，高祖常使人節其哭。頃之，起爲冠軍將軍、右軍司馬，封營道縣侯，邑千戶。俄復爲衞尉卿，加冠軍將軍。以營道縣戶凋弊，改封東興縣侯，邑如故。初，紹叔少失父，事母及祖母以孝聞，奉兄恭謹。及居顯要，祿賜所得及四方貢遺，悉歸之兄室。

三年，魏軍圍合肥，紹叔以本號督衆軍鎭東關，事平，復爲衞尉。既而義陽爲魏所陷，司州移鎭關南。四年，以紹叔爲使持節、征虜將軍、司州刺史。紹叔創立城隍，繕修兵器，廣田積穀，招納流民，百姓安之。性頗矜躁，以權勢自居；然能傾心接物，多所薦舉，士類亦以此歸之。

六年，徵爲左將軍，〔四〕加通直散騎常侍，領司豫二州大中正。紹叔至家疾篤，詔於宅拜授，輿載還府，中使醫藥，一日數至。〔五〕七年，卒於府舍，時年四十五。高祖將臨其殯，紹叔宅巷狹陋，不容輿駕，乃止。詔曰：「追往念功，前王所篤；在誠惟舊，異代同規。通直散騎常侍、右衞將軍、〔六〕東興縣開國侯紹叔，立身清正，奉上忠恪，契闊藩朝，情績顯著。爰及義始，寔立茂勳，作牧疆境，効彰所莅。方申任寄，協贊心膂；奄至殞喪，傷痛于懷。宜加優典，隆茲寵命。可贈散騎常侍、護軍將軍，給鼓吹一部，東園祕器，朝服一具，衣一襲，凶事所須，隨由資給。謚曰忠。」

紹叔卒後，高祖嘗潸然謂朝臣曰：「鄭紹叔立志忠烈，善則稱君，過則歸己，當今殆無其比。」其見賞惜如此。子貞嗣。

呂僧珍字元瑜，東平范人也，世居廣陵。起自寒賤。始童兒時，從師學，有相工歷觀諸生，指僧珍謂博士曰：「此有奇聲，封侯相也。」年二十餘，依宋丹陽尹劉秉，秉誅後，事太祖文皇爲門下書佐。身長七尺五寸，容貌甚偉。在同類中少所褻狎，曹輩皆敬之。

太祖爲豫州刺史，以爲典籤，帶蒙令，居官稱職。太祖遷領軍，補主簿。妖賊唐瑀寇東陽，〔七〕太祖率衆東討，使僧珍知行軍衆局事。僧珍宅在建陽門東，自受命當行，每日由建陽門道，不過私室，太祖益以此知之。爲丹陽尹，復命爲郡督郵。齊隨王子隆出爲荆州刺史，齊武以僧珍爲子隆防閤，從之鎮。永明九年，雍州刺史王奐反，〔八〕敕遣僧珍隸平北將軍曹虎，西爲典籤，帶新城令。魏軍寇沔北，司空陳顯達出討，一見異之，因屏人呼上座，謂曰：「卿有貴相，後當不見減，努力爲之。」

建武二年，魏大舉南侵，五道並進。高祖率師援義陽，僧珍從在軍中。長沙宣武王時爲梁州刺史，魏圍守連月，間諜所在不通，義陽與雍州路斷。高祖欲遣使至襄陽，求梁州問，衆皆憚，莫敢行，僧珍固請充使，即日單舸上道。既至襄陽，督遣援軍，且獲宣武王書而反，高祖甚嘉之。事寧，補羽林監。

東昏即位，司空徐孝嗣管朝政，欲與共事，僧珍揣不久安，竟弗往。時高祖已臨雍州，僧珍固求西歸，得補邔令。〔九〕既至，高祖命爲中兵參軍，委以心膂。僧珍陰養死士，歸之者甚衆。高祖頗招武猛，士庶響從，會者萬餘人，因命按行城西空地，將起數千間屋，以爲止舍，多伐材竹，〔一〇〕沈於檀溪，積茅蓋若山阜，皆不之用。僧珍獨悟其旨，亦私具櫓數百張。義兵起，高祖夜召僧珍及張弘策定議，明旦乃會衆發兵，悉取檀溪材竹，裝爲艛艦，葺之以茅，並立辦。衆軍將發，諸將果爭櫓，僧珍乃出先所具者，每船付二張，爭者乃息。

高祖以僧珍爲輔國將軍、步兵校尉，出入卧內，宣通意旨。師及郢城，僧珍率所領頓偃月壘，俄又進據騎城。郢州平，高祖進僧珍爲前鋒大將軍。〔一一〕大軍次江寧，高祖令僧珍與王茂率精兵先登赤鼻邏。其日，東昏將李居士與衆來戰，僧珍等要擊，大破之。乃與茂進軍於白板橋築壘，壘立，茂移頓越城，僧珍猶守白板。李居士密覘知衆少，率銳卒萬人，直來薄城。僧珍謂將士曰：「今力既不敵，不可與戰；亦勿遙射，須至塹裏，當並力破之。」俄而皆越塹拔柵，僧珍分人上城，矢石俱發，自率馬步三百人出其後，守隅者復踰城而下，內外齊擊，居士應時奔散，獲其器甲不可勝計。僧珍又進據越城。東昏大將王珍國列車爲營，背淮而陣。王茂等衆軍擊之，僧珍縱火車焚其營。即日瓦解。

建康城平，高祖命僧珍率所領先入清宮，與張弘策封檢府庫，即日以本官帶南彭城太守，遷給事黃門侍郎，領虎賁中郎將。高祖受禪，以爲冠軍將軍、前軍司馬，封平固縣侯，邑一千二百戶。尋遷給事中、右衛將軍。頃之，轉左衛將軍，加散騎常侍，入直祕書省，總知宿衞。天監四年冬，大舉北伐，自是軍機多事，僧珍晝直中書省，夜還祕書。五年夏，又命僧珍率羽林勁勇出梁城。其年冬旋軍，以本官領太子中庶子。

僧珍去家久，表求拜墓，高祖欲榮之，使爲本州，乃授使持節、平北將軍、南兗州刺史。僧珍在任，平心率下，不私親戚。從父兄子先以販葱爲業，僧珍旣至，乃棄業欲求州官。僧珍曰：「吾荷國重恩，無以報効，汝等自有常分，豈可妄求叨越，但當速反葱肆耳。」僧珍舊宅在市北，前有督郵廨，鄉人咸勸徙廨以益其宅。僧珍怒曰：「督郵官廨也，置立以來，便在此地，豈可徙之益吾私宅！」姊適于氏，住在市西，小屋臨路，與列肆雜處，僧珍常導從鹵簿到其宅，不以爲恥。在州百日，徵爲領軍將軍，尋加散騎常侍，給鼓吹一部，直祕書省如先。

僧珍有大勳，任總心膂，恩遇隆密，莫與爲比。性甚恭愼，當直禁中，盛暑不敢解衣。每侍御座，屛氣鞠躬，果食未嘗舉箸。嘗因醉後，取一柑食之。高祖笑謂曰：「便是大有所進。」祿俸之外，又月給錢十萬；其餘賜賚不絕於時。

十年，疾病，車駕臨幸，中使醫藥，日有數四。僧珍語親舊曰：「吾昔在蒙縣，熱病發黃，當時必謂不濟，主上見語，『卿有富貴相，必當不死，尋應自差』，俄而果愈。今已富貴而復發黃，所苦與昔正同，必不復起矣。」竟如其言。卒于領軍府舍，時年五十八。高祖卽日臨殯，詔曰：「思舊篤終，前王令典；追榮加等，列代通規。散騎常侍、領軍將軍、平固縣開國侯僧珍，器思淹通，識宇詳濟，竭忠盡禮，知無不爲。與朕契闊，情兼屯泰。大業初構，茂勳克舉。及居禁衞，朝夕盡誠。方參任台槐，式隆朝寄；奄致喪逝，傷慟于懷。宜加優典，以隆寵命。可贈驃騎將軍、開府儀同三司，常侍、鼓吹、侯如故。給東園祕器，朝服一具，衣一襲，喪事所須，隨由備辦。謚曰忠敬侯。」高祖痛惜之，言爲流涕。長子峻早卒，峻子淡嗣。

陳吏部尚書姚察曰：張弘策敦厚慎密，呂僧珍恪勤匪懈，鄭紹叔忠誠亮藎，締構王業，三子皆有力焉。僧珍之肅恭禁省，紹叔之造膝詭辭，蓋識爲臣之節矣。

校勘記

〔一〕五年秋明帝崩　齊明帝建武五年四月，改元永泰，明帝死在七月，「五年」當作「永泰元年」。

〔二〕邑二千二百戶　梁制，郡王封邑例爲二千戶，張弘策僅一縣侯，何得食邑二千二百戶？册府元龜三八〇作「一千二百戶」。

〔三〕師次楊口　「楊」各本譌「陽」，據南史及通鑑齊和帝中興元年紀改。按本書宗夬傳亦作「楊口」。

〔四〕徵爲左將軍　南史作「左衞將軍」。

〔五〕中使醫藥一日數至　「使」字各本脫，今據南史及册府元龜三八〇補。

〔六〕右衞將軍　上文云「徵爲左將軍」，南史作「徵爲左衞將軍」，則此處之「右衞將軍」當作「左衞將軍」。

〔七〕妖賊唐瑀寇東陽　「唐瑀」北監本作「唐寓之」，其他各本俱作「唐瑀」。南齊書武帝紀及通鑑齊明帝永明三年、四年俱作「唐寓之」。

〔八〕永明九年雍州刺史王奐反　按南齊書王奐傳，奐之反在永明十一年，此作「永明九年」，誤。

〔九〕得補邔令　「邔」殿本作「卬」，百衲本、南監本、汲古閣本、金陵局本作「邛」。張森楷梁書校勘記：「卬、邛皆非縣名，不得有令。據漢書地理志，南郡有邔縣，續漢志、晉志並屬荆州；宋、南齊志屬雍州，隋志無之，疑梁以後省。時高祖爲雍州，僧珍從之，當補邔令。卬、邛二字並非。」按張說是，今據改。

〔一〇〕多伐材竹　「材」各本譌「林」，據南史及册府元龜三四四改。按：下文云「悉取檀溪材竹」，亦作「材」。

〔二〕高祖進僧珍爲前鋒大將軍　張森楷梁書校勘記：「大將軍三字不當有，蓋涉下大軍而衍。」

梁書卷十二

列傳第六

柳惔 弟忱　席闡文　韋叡 族弟愛

柳惔字文通，河東解人也。父世隆，齊司空。惔年十七，齊武帝爲中軍，命爲參軍，轉主簿。齊初，入爲尙書三公郎，累遷太子中舍人，巴東王子響友。子響爲荆州，惔隨之鎭。子響昵近小人，惔知將爲禍，稱疾還京。及難作，惔以先歸得免。歷中書侍郎，中護軍長史。出爲新安太守，居郡，以無政績，免歸。久之，爲右軍諮議參軍事。

建武末，爲西戎校尉、梁南秦二州刺史。及高祖起兵，惔舉漢中應義。和帝卽位，以爲侍中，領前軍將軍。高祖踐阼，徵爲護軍將軍，未拜，仍遷太子詹事，加散騎常侍。論功封曲江縣侯，邑千戶。高祖因讌爲詩以貽惔曰：「爾寔冠羣后，惟余實念功。」又嘗侍座，高祖曰：

「徐元瑜違命嶺南，周書罪不相及，朕已宥其諸子，何如？」惔對曰：「罰不及嗣，賞延于世，今復見之聖朝。」時以爲知言。尋遷尚書右僕射。

天監四年，大舉北伐，臨川王宏都督衆軍，以惔爲副。軍還，復爲僕射。以久疾，轉金紫光祿大夫，加散騎常侍，給親信二十人。未拜，出爲使持節、安南將軍、湘州刺史。六年十月，卒于州，時年四十六。高祖爲素服舉哀。贈侍中、撫軍將軍，給鼓吹一部。謚曰穆。惔著仁政傳及諸詩賦，粗有辭義。子照嗣。

惔第四弟憕，亦有美譽，歷侍中、鎭西長史。天監十二年，卒，贈寧遠將軍、豫州刺史。

忱字文若，惔第五弟也。年數歲，父世隆及母閻氏時寢疾，忱不解帶經年。及居喪，以毁聞。起家爲司徒行參軍，累遷太子中舍人，西中郎主簿，功曹史。

齊東昏遣巴西太守劉山陽由荆襲高祖，西中郎長史蕭穎胄計未有定，召忱及其所親席闡文等夜入議之。忱曰：「朝廷狂悖，爲惡日滋。頃聞京師長者，莫不重足累息；今幸在遠，得假日自安。雍州之事，且藉以相斃耳。獨不見蕭令君乎？以精兵數千，破崔氏十萬衆，竟爲羣邪所陷，禍酷相尋。前事之不忘，後事之師也。若使彼凶心已逞，豈知使君不係踵而及？且雍州士銳糧多，蕭使君雄姿冠世，必非山陽所能擬；若破山陽，荆州復受失律之責。進退無可，且深慮之。」闡文亦深勸同高祖。穎胄乃誘斬山陽，以忱爲寧朔將軍。和帝卽位，爲尚書吏部郎，進號輔國將軍、南平太守。尋遷侍中、冠軍將軍，太守如故。轉吏部尚書，不拜。郢州平，穎胄議遷都夏口，忱復固諫，以爲巴硤未賓，不宜輕捨根本，搖動民志。穎胄不從。俄而巴東兵至硤口，遷都之議乃息。論者以爲見機。

高祖踐阼，以忱爲五兵尚書，領驍騎將軍。論建義功，封州陵伯，邑七百戶。天監二年，出爲安西長史、冠軍將軍、南郡太守。六年，徵爲員外散騎常侍、太子右衞率。未發，遷持節、督湘州諸軍事、輔國將軍、湘州刺史。八年，坐輒放從軍丁免。俄入爲祕書監，遷散騎常侍，轉祠部尚書，未拜遇疾，詔改授給事中、光祿大夫，疾篤不拜。十年，卒於家，時年四十一。追贈中書令，謚曰穆。子範嗣。

席闡文，安定臨涇人也。少孤貧，涉獵書史。齊初，爲雍州刺史蕭赤斧中兵參軍，由是與其子穎胄善。復歷西中郎中兵參軍，領城局。高祖之將起義也，闡文深勸之，穎胄同焉，仍遣田祖恭私報高祖，并獻銀裝刀，高祖報以金如意。和帝稱尊號，爲給事黃門侍郎，尋遷衞尉卿。穎胄暴卒，州府騷擾，闡文以和帝幼弱，中流任重，時始興王憺留鎮雍部，乃與西朝羣臣迎王總州事，故賴以寧輯。

高祖受禪，除都官尚書、輔國將軍。封山陽伯，邑七百戶。出爲東陽太守，又改封湘西，戶邑如故。視事二年，以清白著稱，卒於官。詔賻錢三萬，布五十匹。謚曰威。

韋叡字懷文，京兆杜陵人也。自漢丞相賢以後，世爲三輔著姓。祖玄，避吏隱於長安南山。宋武帝入關，以太尉掾徵，不至。伯父祖征，宋末爲光祿勳。父祖歸，寧遠長史。叡事繼母以孝聞。叡兄纂、闡，並早知名。纂、叡皆好學，闡有清操。祖征累爲郡守，每攜叡之職，視之如子。時叡內兄王憕、姨弟杜惲，並有鄉里盛名。祖征謂叡曰：「汝自謂何如憕、惲？」叡謙不敢對。祖征曰：「汝文章或小減，學識當過之；然而幹國家，成功業，皆莫汝逮也。」外兄杜幼文爲梁州刺史，要叡俱行。梁土富饒，往者多以賄敗；叡時雖幼，獨用廉聞。

宋永光初，袁顗爲雍州刺史，見而異之，引爲主簿。顗到州，與鄧琬起兵，叡求出爲義成郡，故免顗之禍。後爲晉平王左常侍，遷司空桂陽王行參軍，隨齊司空柳世隆守郢城，拒荆州刺史沈攸之。攸之平，遷前軍中兵參軍。久之，爲廣德令。累遷齊興太守、本州別駕、長水校尉、右軍將軍。齊末多故，不欲遠鄉里，求爲上庸太守，加建威將軍。俄而太尉陳顯達、護軍將軍崔慧景頻逼京師，民心遑駭，未有所定，西土人謀之於叡。叡曰：「陳雖舊將，非命世才；崔頗更事，懦而不武。其取赤族也，宜哉。天下眞人，殆興於吾州矣。」乃遣其二子，自結於高祖。

義兵檄至，叡率郡人伐竹爲筏，倍道來赴，有衆二千，馬二百匹。高祖見叡甚悅，拊几曰：「他日見君之面，今日見君之心，吾事就矣。」義師剋郢、魯，平加湖，叡多建謀策，皆見納用。大軍發郢，謀留守將，高祖難其人；久之，顧叡曰：「棄騏驥而不乘，焉遑遑而更索？」卽日以爲冠軍將軍、江夏太守，行郢府事。初，郢城之拒守也，男女口垂十萬，閉壘經年，疾疫死者十七八，皆積屍於牀下，而生者寢處其上，每屋輒盈滿。叡料簡隱卹，咸爲營理，於是死者得埋藏，生者反居業，百姓賴之。

梁臺建，徵爲大理。高祖卽位，遷廷尉，封都梁子，〔一〕邑三百戶。天監二年，改封永昌，戶邑如先。東宮建，遷太子右衞率，出爲輔國將軍、豫州刺史、領歷陽太守。三年，魏遣衆來寇，率州兵擊走之。

四年，王師北伐，詔叡都督衆軍。叡遣長史王超宗、梁郡太守馮道根攻魏小峴城，未能拔。叡巡行圍柵，魏城中忽出數百人陳於門外，叡欲擊之，諸將皆曰：「向本輕來，未有戰備，徐還授甲，乃可進耳。」叡曰：「不然。魏城中二千餘人，閉門堅守，足以自保，無故出人於外，必其驍勇者也，若能挫之，其城自拔。」衆猶遲疑，〔二〕叡指其節曰：「朝廷授此，非以爲飾，韋叡之法，不可犯也。」乃進兵。士皆殊死戰，魏軍果敗走，因急攻之，中宿而城拔。遂進討合肥。先是，右軍司馬胡略等至合肥，〔三〕久未能下，叡按行山川，曰：「吾聞『汾水可以灌平陽，絳水可以灌安邑』，卽此是也。」乃堰肥水，親自表率，〔四〕頃之，堰成水通，舟艦繼至。魏初分築東西小城夾合肥，叡先攻二城。既而魏援將楊靈胤帥軍五萬奄至，〔五〕衆懼不敵，請表益兵。叡笑曰：「賊已至城下，方復求軍，臨難鑄兵，豈及馬腹。且吾求濟師，彼亦徵衆，猶如吳益巴丘，蜀增白帝耳。『師克在和不在衆』，古之義也。」因與戰，破之，軍人少安。

初，肥水堰立，使軍主王懷靜築城於岸守之，魏攻陷懷靜城，千餘人皆沒。魏人乘勝至叡堤下，其勢甚盛，軍監潘靈祐勸叡退還巢湖，諸將又請走保三叉。叡怒曰：「寧有此邪！將軍死綏，有前無却。」因令取繖扇麾幢，樹之堤下，示無動志。叡素羸，每戰未嘗騎馬，以板輿自載，督厲衆軍。魏兵來鑿堤，叡親與爭之，魏軍少却，因築壘於堤以自固。叡起鬭艦，高與合肥城等，四面臨之。魏人計窮，相與悲哭。叡攻具既成，堰水又滿，魏救兵無所用。魏守將杜元倫登城督戰，中弩死，城遂潰。俘獲萬餘級，牛馬萬數，絹滿十間屋，悉充軍賞。叡每晝接客旅，夜算軍書，三更起張燈達曙，撫循其衆，常如不及，故投募之士爭歸之。所至頓舍脩立，館宇藩籬墻壁，皆應准繩。

合肥既平，高祖詔衆軍進次東陵。東陵去魏甓城二十里，將會戰，有詔班師。去賊既近，懼爲所躡，叡悉遣輜重居前，身乘小輿殿後，魏人服叡威名，望之不敢逼，全軍而還。至是遷豫州於合肥。

五年，魏中山王元英寇北徐州，圍刺史昌義之於鍾離，衆號百萬，連城四十餘。高祖遣征北將軍曹景宗，都督衆軍二十萬以拒之。次邵陽洲，築壘相守，高祖詔叡率豫州之衆會焉。叡自合肥逕道由陰陵大澤行，值澗谷，輒飛橋以濟。師人畏魏軍盛，多勸叡緩行。叡曰：「鍾離今鑿穴而處，負戶而汲，車馳卒奔，猶恐其後，而況緩乎！魏人已墮吾腹中，卿曹勿憂也。」旬日而至邵陽。初，高祖敕景宗曰：「韋叡，卿之鄉望，宜善敬之。」景宗見叡，禮甚謹。高祖聞之，曰：「二將和，師必濟矣。」叡於景宗營前二十里，夜掘長塹，樹鹿角，截洲爲城，比曉而營立。元英大驚，以杖擊地曰：「是何神也！」明旦，英自率衆來戰，叡乘素木輿，執白角如意麾軍，一日數合，英甚憚其强。〔六〕魏軍又夜來攻城，飛矢雨集，叡子黯請下城以避箭，叡不許。軍中驚，叡於城上厲聲呵之，乃定。魏人先於邵陽洲兩岸爲兩橋，樹栅數百步，跨淮通道。叡裝大艦，使梁郡太守馮道根、廬江太守裴邃、秦郡太守李文釗等爲水軍。值淮水暴長，叡卽遣之，鬭艦競發，皆臨敵壘，以小船載草，灌之以膏，從而焚其橋。風怒火盛，烟塵晦冥，敢死之士，拔栅斫橋，水又漂疾，倏忽之間，橋栅盡壞。而道根等皆身自搏戰，軍人奮勇，呼聲動天地，無不一當百，魏人大潰。元英見橋絕，脫身遁去。魏軍趨水死者十餘萬，斬首亦如之。其餘釋甲稽顙，乞爲囚奴，猶數十萬。所獲軍實牛馬，不可勝紀。叡遣報昌義之，義之且悲且喜，不暇答語，但叫曰「更生！更生！」高祖遣中書郎周捨勞於淮上，叡積所獲於軍門，捨觀之，謂叡曰：「君此獲復與熊耳山等。」以功增封七百戶，進爵爲侯，徵通直散騎常侍、右衞將軍。

七年，遷左衞將軍，俄爲安西長史、南郡太守，秩中二千石。會司州刺史馬仙琕北伐還軍，爲魏人所躡，三關擾動，詔叡督衆軍援焉。叡至安陸，增築城二丈餘，更開大塹，起高樓，衆頗譏其示弱。叡曰：「不然，爲將當有怯時，不可專勇。」是時元英復追仙琕，將復邵陽之恥，聞叡至，乃退，帝亦詔罷軍。明年，遷信武將軍、江州刺史。九年，徵員外散騎常侍、右衞將軍，累遷左衞將軍、太子詹事，尋加通直散騎常侍。十三年，遷智武將軍、丹陽尹，以公事免。頃之，起爲中護軍。

十四年，出爲平北將軍、寧蠻校尉、雍州刺史。初，叡起兵鄉中，客陰儁光泣止叡，〔七〕叡還爲州，儁光道候叡，叡笑謂之曰：「若從公言，乞食於路矣。」餉耕牛十頭。叡於故舊，無所遺惜，士大夫年七十以上，多與假板縣令，鄉里甚懷之。十五年，拜表致仕，優詔不許。十七年，徵散騎常侍、護軍將軍，〔八〕尋給鼓吹一部，入直殿省。居朝廷，恂恂未嘗忤視，高祖甚禮敬之。性慈愛，撫孤兄子過於己子，歷官所得祿賜，皆散之親故，家無餘財。後爲護軍，居家無事，慕萬石、陸賈之爲人，因畫之於壁以自玩。時雖老，暇日猶課諸兒以學。第三子稜，尤明經史，世稱其洽聞，叡每坐稜使說書，其所發擿，稜猶弗之逮也。高祖方銳意釋氏，天下咸從風而化；叡自以信受素薄，位居大臣，不欲與俗俯仰，所行略如他日。

普通元年夏，遷侍中、車騎將軍，以疾未拜。八月，卒于家，時年七十九。遺令薄葬，斂以時服。高祖卽日臨哭甚慟。賜錢十萬，布二百匹，東園祕器，朝服一具，衣一襲，喪事取給於官，遣中書舍人監護。贈侍中、車騎將軍、開府儀同三司。謚曰嚴。

初，邵陽之役，昌義之甚德叡，請曹景宗與叡會，因設錢二十萬官賭之，景宗擲得雉，叡徐擲得盧，遽取一子反之，曰「異事」，遂作塞。景宗時與羣帥爭先啓捷，〔九〕叡獨居後，其不尙勝，率多如是，世尤以此賢之。子放、正、稜、黯，放別有傳。

正字敬直，起家南康王行參軍，稍遷中書侍郎，出爲襄陽太守。初，正與東海王僧孺友善，及僧孺爲尙書吏部郎，參掌大選，賓友故人莫不傾意，正獨澹然。及僧孺擯廢之後，正復篤素分，有踰曩日，論者稱焉。歷官至給事黃門侍郎。

稜字威直，性恬素，以書史爲業，博物强記，當世之士，咸就質疑。起家安成王府行參軍，稍遷治書侍御史，太子僕，光祿卿。著漢書續訓三卷。

黯字務直，性强正，少習經史，有文詞。起家太子舍人，稍遷太僕卿，南豫州刺史，太府卿。侯景濟江，黯屯六門，尋改爲都督城西面諸軍事。時景於城外起東西二土山，城內亦作以應之，太宗親自負土，哀太子以下躬執畚鍤。黯守西土山，晝夜苦戰，以功授輕車將軍，加持節。卒於城內，贈散騎常侍、左衞將軍。叡族弟愛。

愛字孝友，沈靜有器局。高祖父廣，晉後軍將軍、北平太守。曾祖軌，以孝武太元之初，南遷襄陽，爲本州別駕，散騎侍郎。祖公循，宋義陽太守。父義正，早卒。

愛少而偏孤，事母以孝聞。性淸介，不妄交遊，而篤志好學，每虛室獨坐，遊心墳素，而埃塵滿席，寂若無人。年十二，嘗遊京師，値天子出遊南苑，邑里諠譁，老幼爭觀，愛獨端坐讀書，手不釋卷，宗族見者，莫不異焉。及長，博學有文才，尤善周易及春秋左氏義。

袁顗爲雍州刺史，辟爲主簿。遭母憂，廬於墓側，負土起墳。高祖臨雍州，聞之，親往臨弔。服闋，引爲中兵參軍。義師之起也，以愛爲壯武將軍、冠軍南平王司馬，帶襄陽令。時京邑未定，雍州空虛，魏興太守顏僧都等據郡反，州內驚擾，百姓攜貳。愛沉敏有謀，素爲州里信伏，乃推心撫御，曉示逆順，兼率募鄉里，得千餘人，與僧都等戰於始平郡南，大破之，百姓乃安。

蕭穎胄之死也，和帝徵兵襄陽，愛從始興王憺赴焉。先是，巴東太守蕭璝、巴西太守魯休烈舉兵來逼荆州，〔一〇〕及憺至，令愛書諭之，璝即日請降。

中興二年，從和帝東下。高祖受禪，進號輔國將軍，仍爲驍騎將軍，尋除寧蜀太守，與益州刺史鄧元起西上襲劉季連，行至公安，道病卒，贈衞尉卿。子乾向，官至驍騎將軍，征北長史，汝陰、鍾離二郡太守。

陳吏部尚書姚察曰：昔竇融以河右歸漢，終爲盛族；柳惔舉南鄭響從，而家聲弗霣，時哉！惔之謀畫，亦用有成，智矣。韋叡起上庸以附義，其地比惔則薄，及合肥、邵陽之役，其功甚盛，推而弗有，君子哉。

校勘記

〔一〕封都梁子　「都梁」各本皆顚倒作「梁都」。按：都梁爲湘州邵陵郡屬縣，見宋、齊書州郡志。今乙正。

〔二〕衆猶遲疑　各本作「衆皆猶遲疑」，「皆」字衍。今據南史及册府元龜三六三、四二八删。

〔三〕右軍司馬胡畧等至合肥　「胡畧等」，南史作「胡景畧」。

〔四〕親自表率　「表率」各本作「夜率」，據册府元龜三五二改。

〔五〕旣而魏援將楊靈胤帥軍五萬奄至　「楊」各本作「揚」，據南史及册府元龜四〇四改。

〔六〕英甚憚其强　「憚其」二字，各本皆脫，據南史及太平御覽三〇七補。

〔七〕客陰儁光泣止叡　南史及册府元龜四一二、四五一「儁」作「雙」。

〔八〕十五年拜表致仕優詔不許十七年徵散騎常侍護軍將軍　本書武帝紀，天監十五年十一月，以雍州刺史韋叡爲護軍將軍。是徵散騎常侍、護軍將軍卽在叡拜表致仕、優詔不許時。「十七年」乃衍文，南史無此三字。

〔九〕景宗時與羣帥爭先啓捷　「啓」下各本衍一「之」字，今删去。

〔一〇〕巴東太守蕭璝巴西太守魯休烈舉兵來逼荆州　本書蕭穎達傳及始興忠武王憺傳俱云「巴東太守蕭惠訓子璝」，此脫「惠訓子」三字。

梁書卷十三

列傳第七

范雲　沈約

范雲字彥龍，南鄉舞陰人，晉平北將軍汪六世孫也。年八歲，遇宋豫州刺史殷琰於塗，琰異之，要就席，雲風姿應對，傍若無人。琰令賦詩，操筆便就，坐者歎焉。嘗就親人袁照學，晝夜不怠。〔一〕照撫其背曰：「卿精神秀朗而勤於學，卿相才也。」少機警，有識具，〔二〕善屬文，便尺牘，下筆輒成，未嘗定藁，時人每疑其宿構。父抗，爲郢府參軍，雲隨父在府，時吳興沈約、新野庾杲之與抗同府，見而友之。

起家郢州西曹書佐，轉法曹行參軍。俄而沈攸之舉兵圍郢城，抗時爲府長流，入城固守，留家屬居外。雲爲軍人所得，攸之召與語，聲色甚厲，雲容貌不變，徐自陳說。攸之乃笑曰：「卿定可兒，且出就舍。」明旦，又召令送書入城。城內或欲誅之。雲曰：「老母弱弟，懸命沈氏，若違其命，〔三〕禍必及親，今日就戮，甘心如薺。」長史柳世隆素與雲善，乃免之。齊建元初，竟陵王子良爲會稽太守，雲始隨王，王未之知也。會遊秦望，使人視刻石文，時莫能識，雲獨誦之，王悅，自是寵冠府朝。王爲丹陽尹，召爲主簿，深相親任。時進見齊高帝，值有獻白烏者，帝問此爲何瑞？雲位卑，最後答曰：「臣聞王者敬宗廟，則白烏至。」時謁廟始畢。帝曰：「卿言是也。感應之理，一至此乎！」轉補征北南郡王刑獄參軍事，領主簿如故，遷尚書殿中郎。子良爲司徒，又補記室參軍事，尋授通直散騎侍郎、領本州大中正。出爲零陵內史，在任潔己，省煩苛，去游費，百姓安之。明帝召還都，及至，拜散騎侍郎。復出爲始興內史。郡多豪猾大姓，二千石有不善者，謀共殺害，不則逐去之。邊帶蠻俚，尤多盜賊，前內史皆以兵刃自衞。雲入境，撫以恩德，罷亭候，商賈露宿，郡中稱爲神明。仍遷假節、建武將軍、平越中郎將、廣州刺史。初，雲與尚書僕射江祏善，祏姨弟徐藝爲曲江令，深以託雲。有譚儼者，縣之豪族，藝鞭之，儼以爲恥，詣京訴雲，雲坐徵還下獄，會赦免。永元二年，起爲國子博士。

初，雲與高祖遇於齊竟陵王子良邸，又嘗接里閈，高祖深器之。及義兵至京邑，雲時在城內。東昏既誅，侍中張稷使雲銜命出城，高祖因留之，便參帷幄，仍拜黃門侍郎，與沈約同心翊贊。俄遷大司馬諮議參軍、領錄事。梁臺建，遷侍中。時高祖納齊東昏余妃，頗妨政事，雲嘗以爲言，未之納也。後與王茂同入卧內，雲又諫曰：「昔漢祖居山東，貪財好色；及入關定秦，財帛無所取，婦女無所幸，范增以爲其志大故也。今明公始定天下，海內想望風聲，奈何襲昏亂之蹤，以女德爲累。」王茂因起拜曰：「范雲言是，公必以天下爲念，無宜留惜。」高祖默然。雲便疏令以余氏賚茂，高祖賢其意而許之。明日，賜雲、茂錢各百萬。

天監元年，高祖受禪，柴燎於南郊，雲以侍中參乘。禮畢，高祖升輦，謂雲曰：「朕之今日，所謂懍乎若朽索之馭六馬。」雲對曰：「亦願陛下日愼一日。」高祖善之。是日，遷散騎常侍、吏部尚書；以佐命功封霄城縣侯，邑千戶。雲以舊恩見拔，超居佐命，盡誠翊亮，知無不爲。高祖亦推心任之，所奏多允。嘗侍讌，高祖謂臨川王宏、鄱陽王恢曰：「我與范尚書少親善，申四海之敬；今爲天下主，此禮既革，汝宜代我呼范爲兄。」二王下席拜，與雲同車還尚書下省，時人榮之。其年，東宮建，雲以本官領太子中庶子，尋遷尚書右僕射，猶領吏部。頃之，坐違詔用人，免吏部，猶爲僕射。

雲性篤睦，事寡嫂盡禮，家事必先諮而後行。好節尚奇，專趣人之急。少時與領軍長史王畡善，畡亡於官舍，貧無居宅，雲乃迎喪還家，躬營含殯。事竟陵王子良恩禮甚隆，雲每獻損益，未嘗阿意。子良嘗啓齊武帝論雲爲郡。帝曰：「庸人，聞其恒相賣弄，不復窮法，當宥之以遠。」子良曰：「不然。雲動相規誨，諫書具存，請取以奏。」既至，有百餘紙，辭皆切直。帝歎息，因謂子良曰：「不謂雲能爾。方使弼汝，何宜出守。」齊文惠太子嘗出東田觀穫，顧謂衆賓曰：「刈此亦殊可觀。」衆皆唯唯。雲獨曰：「夫三時之務，實爲長勤。伏願殿下知稼穡之艱難，無徇一朝之宴逸。」既出，侍中蕭緬先不相識，因就車握雲手曰：「不圖今日復聞讜言。」及居選官，任守隆重，書牘盈案，賓客滿門，雲應對如流，無所壅滯，官曹文墨，發擿若神，時人咸服其明贍。性頗激厲，少威重，有所是非，形於造次，士或以此少之。初，雲爲郡號稱廉潔，及居貴重，頗通饋餉；然家無蓄積，隨散之親友。

二年，卒，時年五十三。高祖爲之流涕，卽日輿駕臨殯。詔曰：「追遠興悼，常情所篤；況問望斯在，事深朝寄者乎！故散騎常侍、尙書右僕射、霄城侯雲，器範貞正，思懷經遠，爰初立志，素履有聞。脫巾來仕，淸績仍著。爕務登朝，具瞻惟允。綢繆翊贊，義簡朕心，雖勤非負靮，而舊同論講。方騁遠塗，永毗庶政；奄致喪殞，傷悼於懷。宜加命秩，式備徽典。可追贈侍中、衞將軍，僕射、侯如故。並給鼓吹一部。」禮官請諡曰宣，勑賜諡文。有集三十卷。子孝才嗣，官至太子中舍人。

沈約字休文，吳興武康人也。祖林子，宋征虜將軍。父璞，淮南太守。璞元嘉末被誅，約幼潛竄，會赦免。既而流寓孤貧，篤志好學，晝夜不倦。母恐其以勞生疾，常遣減油滅火。而晝之所讀，夜輒誦之，遂博通羣籍，能屬文。

起家奉朝請。濟陽蔡興宗聞其才而善之；興宗爲郢州刺史，引爲安西外兵參軍，兼記室。興宗嘗謂其諸子曰：「沈記室人倫師表，宜善事之。」及爲荆州，又爲征西記室參軍，帶厥西令。〔四〕興宗卒，始爲安西晉安王法曹參軍，轉外兵，並兼記室。入爲尚書度支郎。

齊初爲征虜記室，帶襄陽令，所奉之王，齊文惠太子也。太子入居東宮，爲步兵校尉，管書記，直永壽省，校四部圖書。時東宮多士，約特被親遇，每直入見，影斜方出。當時王侯到宮，或不得進，約每以爲言。太子曰：「吾生平懶起，是卿所悉，得卿談論，然後忘寢。卿欲我夙興，可恒早入。」遷太子家令，後以本官兼著作郎，遷中書郎，本邑中正，司徒右長史，黄門侍郎。時竟陵王亦招士，約與蘭陵蕭琛、琅邪王融、陳郡謝朓、南鄉范雲、樂安任昉等皆遊焉，當世號爲得人。俄兼尚書左丞，尋爲御史中丞，轉車騎長史。隆昌元年，除吏部郎，出爲寧朔將軍、東陽太守。明帝卽位，進號輔國將軍，徵爲五兵尚書，遷國子祭酒。明帝崩，政歸冢宰，尚書令徐孝嗣使約撰定遺詔。遷左衞將軍，尋加通直散騎常侍。永元二年，以母老表求解職，改授冠軍將軍、司徒左長史，征虜將軍、南淸河太守。

高祖在西邸，與約遊舊，建康城平，引爲驃騎司馬，將軍如故。時高祖勳業既就，天人允屬，約嘗扣其端，高祖默而不應。佗日又進曰：「今與古異，不可以淳風期萬物。士大夫攀龍附鳳者，皆望有尺寸之功，以保其福祿。今童兒牧豎，悉知齊祚已終，莫不云明公其人也。天文人事，表革運之徵，永元以來，尤爲彰著。讖云『行中水，作天子』，此又歷然在記。天心不可違，人情不可失，苟是曆數所至，雖欲謙光，亦不可得已。」高祖曰：「吾方思之。」對曰：「公初杖兵樊、沔，此時應思，今王業已就，何所復思。昔武王伐紂，始入，民便曰吾君，武王不違民意，亦無所思。公自至京邑，已移氣序，比於周武，遲速不同。若不早定大業，稽天人之望，脫有一人立異，便損威德。且人非金石，〔五〕時事難保。豈可以建安之封，遺之子孫？若天子還都，公卿在位，則君臣分定，無復異心。君明於上，臣忠於下，豈復有人方更同公作賊。」高祖然之。約出，高祖召范雲告之，雲對略同約旨。高祖曰：「智者乃爾暗同，卿明早將休文更來。」雲出語約，約曰：「卿必待我。」雲許諾，而約先期入，高祖命草其事。約乃出懷中詔書並諸選置，高祖初無所改。俄而雲自外來，至殿門不得入，徘徊壽光閤外，但云「咄咄」。約出，問曰：「何以見處？」約舉手向左，雲笑曰：「不乖所望。」有頃，高祖召范雲謂曰：「生平與沈休文羣居，不覺有異人處；今日才智縱橫，可謂明識。」雲曰：「公今知約，不異約今知公。」高祖曰：「我起兵於今三年矣，功臣諸將，實有其勞；然成帝業者，乃卿二人也。」

梁臺建，爲散騎常侍、吏部尚書，兼右僕射。高祖受禪，爲尚書僕射，封建昌縣侯，邑千戶，常侍如故。又拜約母謝爲建昌國太夫人。奉策之日，右僕射范雲等二十餘人咸來致拜，〔六〕朝野以爲榮。俄遷尚書左僕射，常侍如故。尋兼領軍，加侍中。天監二年，遭母憂，輿駕親出臨弔，以約年衰，不宜致毀，遣中書舍人斷客節哭。起爲鎭軍將軍、丹陽尹，置佐史。服闋，遷侍中、右光祿大夫，領太子詹事，揚州大中正，關尚書八條事，遷尚書令，侍中、詹事、中正如故。累表陳讓，改授尚書左僕射、領中書令、前將軍，置佐史，侍中如故。尋遷尚書令，領太子少傅。九年，轉左光祿大夫，侍中、少傅如故，給鼓吹一部。

初，約久處端揆，有志台司，論者咸謂爲宜，而帝終不用，乃求外出，又不見許。與徐勉素善，遂以書陳情於勉曰：「吾弱年孤苦，傍無朞屬，往者將墜於地，契闊屯邅，困於朝夕，崎嶇薄宦，事非爲己，望得小祿，傍此東歸。歲逾十稔，方忝襄陽縣，公私情計，非所了具，以身資物，不得不任人事。永明末，出守東陽，意在止足；而建武肇運，人世膠加，一去不返，行之未易。及昏猜之始，王政多門，因此謀退，庶幾可果，託卿布懷於徐令，想記未忘。聖道聿興，謬逢嘉運，往志宿心，復成乖爽。今歲開元，禮年云至，懸車之請，事由恩奪，誠不能弘宣風政，光闡朝猷，尚欲討尋文簿，時議同異。而開年以來，病增慮切，當由生靈有限，勞役過差，總此凋竭，歸之暮年，牽策行止，努力祇事。外觀傍覽，尚似全人，而形骸力用，不相綜攝。常須過自束持，方可僶俛。解衣一臥，支體不復相關。上熱下冷，月增日篤，取煖則煩，加寒必利，後差不及前差，後劇必甚前劇。百日數旬，革帶常應移孔；以手握臂，率計月小半分。以此推算，豈能支久？若此不休，日復一日，將貽聖主不追之恨。冒欲表聞，乞歸老之秩。若天假其年，還得平健，才力所堪，惟思是策。」勉爲言於高祖，請三司之儀，弗許，但加鼓吹而已。

約性不飲酒，少嗜欲，雖時遇隆重，而居處儉素。立宅東田，矚望郊阜。嘗爲郊居賦，其辭曰：

惟至人之非己，固物我而兼忘。自中智以下洎，〔七〕咸得性以爲場。獸因窟而獲騁，鳥先巢而後翔。陳巷窮而業泰，嬰居湫而德昌。僑棲仁於東里，鳳晦跡於西堂。伊吾人之褊志，無經世之大方。思依林而羽戢，願託水而鱗藏。固無情於輪奐，非有欲於康莊。披東郊之寥廓，入蓬藋之荒茫。既從豎而橫構，亦風除而雨攘。

昔西漢之標季，余播遷之云始。違利建於海昏，創惟桑於江汜。同河濟之重世，踰班生之十紀。或辭祿而反耕，或彈冠而來仕。逮有晉之隆安，集艱虞於天步。世交爭而波流，民失時而狼顧。延亂麻於井邑，曝如莽於衢路。大地曠而靡容，旻天遠而誰訴。伊皇祖之弱辰，逢時艱之孔棘。違危邦而窘驚，訪安土而移卽。肇胥宇於朱方，掩閑庭而晏息。值龍顔之鬱起，乃憑風而矯翼。指皇邑而南轅，駕脩衢以騁力。遷華扉而來啓，張高衡而徙植。傍逸陌之脩平，面淮流之淸直。芳塵浸而悠遠，世道忽其窊隆。繇四代於茲日，盈百祀於微躬。嗟弊廬之難保，若霣籜之從風。或誅茅而翦棘，或旣西而復東。乍容身於白社，亦寄孥於伯通。

迹平生之耿介，實有心於獨往。思幽人而軫念，望東皋而長想。本忘情於徇物，徒羈紲於天壤。應屢歎於牽絲，陸與言於世網。事滔滔而未合，志悁悁而無爽。路將殫而彌峭，情薄暮而踰廣。抱寸心其如蘭，何斯願之浩蕩。詠歸歟而躑躅，眷巖阿而抵掌。

逢時君之喪德，何凶昏之孔熾。乃戰牧所未陳，實升陑所不記。彼黎元之喋喋，將垂獸而爲餌。瞻穹昊而無歸，雖非牢而被㦸。始歎絲而未覩，終逌組而後值。〔八〕尋貽愛乎上天，固非民其莫甚。授冥符於井翼，實靈命之所稟。當降監之初辰，值積惡之云稔。寧方割於下墊，廓重氛於上墋。躬靡暇於朝食，常求衣於夜枕。旣牢籠於嬀、夏，又驅馳乎軒、頊。德無遠而不被，明無微而不燭。鼓玄澤於大荒，播仁風於遐俗。闢終古而遐念，信王猷其如玉。

值衢圖之盛世，遇興聖之嘉期。謝中涓於初日，叨光佐於此時。闕投石之猛志，無飛矢之麗辭。排陽鳥而命邑，方河山而啓基。翼儲光於三善，長王職於百司。兢鄙夫之易失，懼寵祿之難持。伊前世之貴仕，罕紆情於丘窟。譬叢華於楚、趙，每驕奢以相越。築甲館於銅駝，並高門於北闕。闢重扃於華閫，豈蓬蒿所能沒。敖傳嗣於墝壤，何安身於窮地。〔九〕味先哲而爲言，固余心之所嗜。不慕權於城市，豈邀名於屠肆。詠希微以考室，幸風霜之可庇。

爾乃傍窮野，抵荒郊；編霜菼，葺寒茅。構棲噪之所集，築町疃之所交。因犯檐而刊樹，由妨基而翦巢。決渟洿之汀濙，塞井甃之淪坳。藝芳枳於北渠，樹脩楊於南浦。遷甕牖於蘭室，同肩牆於華堵。織宿楚以成門，籍外扉而爲戶。既取陰於庭樾，又因籬於芳杜。開閤室以遠臨，闢高軒而旁覩。漸沼沚於霤垂，周塍陌於堂下。其水草則蘋萍芡芰，菁藻蒹菰；石衣海髮，黃荇綠蒲。動紅荷於輕浪，覆碧葉於澄湖。飡嘉實而却老，振羽服於清都。其陸卉則紫鼈綠葹，天蓍山韭；〔一〇〕雁齒麋舌，牛脣彘首。布濩南池之陽，爛漫北樓之後。或幕渚而芘地，或縈窗而窺牖。若乃園宅殊製，田圃異區。李衡則橘林千樹，石崇則雜果萬株。並豪情之所侈，非儉志之所娛。欲令紛披蓊鬱，吐綠攢朱；羅窗映戶，接霤承隅。開丹房以四照，舒翠葉而九衢。抽紅英於紫蔕，銜素蘂於青跗。其林鳥則翻泊頡頏，遺音下上；楚雀多名，流嚶雜響。或班尾而綺翼，或綠衿而絳顙。好葉隱而枝藏，乍間關而來往。其水禽則大鴻小雁，天狗澤虞；秋鷺寒鶂，脩鷁短鳧。曳參差之弱藻，戲瀺灂之輕軀；翅抨流而起沫，翼鼓浪而成珠。其魚則赤鯉青魴，纖儵鉅鱯。碧鱗朱尾，脩顱偃頷。小則戲渚成文，大則噴流揚白。不興羨於江海，聊相忘於余宅。其竹則東南獨秀，九府擅奇。不遷植於淇水，豈分根於樂池。秋蜩吟葉，寒雀噪枝。來風南軒之下，負雪北堂之垂。訪往塗之軫跡，觀先識之情僞。每誅空而索有，皆指難以爲易。不自已而求足，並尤物以興累。亦昔士之所迷，而今余之所避也。

原農皇之攸始，討厥播之云初。肇變腥以粒食，乃人命之所儲。尋井田之往記，考阡陌於前書。顔簞食而樂在，鄭高廩而空虛。頃四百而不足，畝五十而有餘。撫幽衷而蹐念，幸取給於庭廬。緯東菑之故耜，浸北畝之新渠。無褰爨於曉蓐，不抱惄於朝蔬。排外物以齊遣，獨爲累之在余。安事千斯之積，不羨汶陽之墟。

臨巽維而騁目，卽堆冢而流眄。雖茲山之培塿，乃文靖之所宴。驅四牡之低昂，響繁笳之清囀。羅方員而綺錯，窮海陸而兼薦。奚一權之足偉，委千金其如線。試撫臆而爲言，豈斯風之可扇。將通人之遠旨，非庸情之所見。聊遷情而徙睇，識方阜於歸津。帶脩汀於桂渚，肇舉鍤於强秦。路縈吳而款越，塗被海而通閩。懷三鳥以長念，伊故鄉之可珍。實褰期於晚歲，非失步於方春。〔一〕何東川之瀰瀰，獨流涕於吾人。謬參賢於昔代，亟徒遊於茲所。侍縡旌而齊轡，陪龍舟而遵渚。或列席而賦詩，或班觴而宴語。總帷一朝冥漠，西陵忽其蔥楚。望商飈而永歎，每樂愷於斯觀。始則鍾石鏘鈜，終以魚龍瀾漫。或升降有序，或浮白無算。貴則丙、魏、蕭、曹，〔二〕親則梁武、周旦。莫不共霜霧而歇滅，與風雲而消散。眺孫后之墓田，尋雄霸之遺武。實接漢之後王，信開吳之英主。指衡岳而作鎮，苞江漢而爲宇。徒徵言於石椁，遂延災於金縷。忽蕪穢而不脩，同原陵之膴膴。寧知螻蟻之與狐兔，無論樵芻之與牧豎。睇東巘以流目，心悽愴而不怡。蓋昔儲之舊苑，實博望之餘基。脩林則表以桂樹，列草則冠以芳芝。風臺累翼，月榭重栭。千櫨捷嶪，百栱相持。皁轅林駕，蘭枻水嬉。踰三齡而事往，忽二紀以歷茲。咸夷漫以蕩滌，非古今之異時。

回余眸於艮域，覿高館於茲嶺。雖混成以無跡，寔遺訓之可秉。始湌霞而吐霧，終陵虛而倒影。駕雌蜺之連卷，泛天江之悠永。指咸池而一息，望瑤臺而高騁，匪爽言以自姱，冀神方之可請。惟鍾巖之隱鬱，表皇都而作峻，蓋望秩之所宗，含風雲而吐潤。其爲狀也，則巍峨崇崒，喬枝拂日；嶢嶷岧嵉，墜石堆星。岑崟崪屼，或坳或平；盤堅枕臥，詭狀殊形。孤嶝橫插，洞穴斜經；千丈萬仞，三襲九成。亘繞州邑，款跨郊坰；

素烟晚帶，白霧晨縈。近循則一巖異色，遠望則百嶺俱青。

觀二代之塋兆，覩摧殘之餘燧。成顛沛於虐豎，康斂衿於虛器；穆恭已於巖廊，簡遊情於玄肆；烈窮飲以致災，安忘懷而受祟。何宗祖之奇傑，威横天而陵地。惟聖文之纘武，殆隆平之可至。余世德之所君，仰遺封而掩淚。神寢匪一，靈館相距。席布騂駒，堂流桂醑。降紫皇於天闕，延二妃於湘渚。浮蘭煙於桂棟，召巫陽於南楚。揚玉桴，握椒糈。怳臨風以浩唱，折瓊茅而延佇。敬惟空路邈遠，神蹤遐闊。念甚驚飈，生猶聚沫。歸妙軫於一乘，啓玄扉於三達。欲息心以遣累，必違人而後豁。或結榱於巖根，或開櫺於木末。室闇蘿蔦，檐梢松栝。既得理於兼謝，固忘懷於飢渴。或攀枝獨遠，或陵雲高蹈。因葺茨以結名，猶觀空以表號。得忘己於茲日，豈期心於來報。天假余以大德，荷茲賜之無疆。受老夫之嘉稱，班燕禮於上庠。無希驥之秀質，乏如珪之令望。邀昔恩於舊主，重匪服於今皇。仰休老之盛則，請微軀於夕陽。勞蒙司而獲謝，猶奉職於春坊。時言歸於陋宇，聊暇日以翺翔。棲余志於淨國，歸余心於道場。獸依墀而莫駭，魚牣沼而不綱。旋迷塗於去轍，篤後念於徂光。晚樹開花，初英落蘂。或異林而分丹青，乍因風而雜紅紫。紫蓮夜發，紅荷曉舒。輕風微動，其芳襲余。風騷屑於園樹，月籠連於池竹。蔓長柯於簷柱，發黃華於庭菊。冰懸埳而帶坻，雪縈松而被野。鴨屯飛而不散，雁高翔而欲下。並時物之可懷，雖外來而非假。寔情性之所留滯，亦志之而不能捨也。

傷余情之頹暮，罹憂患其相溢。悲異軫而同歸，歎殊方而並失。時復託情魚鳥，歸閑蓬蓽。旁闕吳娃，前無趙瑟。以斯終老，於焉消日。惟以天地之恩不報，書事之官靡述；徒重於高門之地，不載於良史之筆。長太息其何言，羌愧心之非一。

尋加特進，光祿、侍中、少傅如故。十二年，卒官，時年七十三。詔贈本官，賻錢五萬，布百匹，謚曰隱。

約左目重瞳子，腰有紫志，聰明過人。好墳籍，聚書至二萬卷，京師莫比。少時孤貧，丐于宗黨，得米數百斛，爲宗人所侮，覆米而去。及貴，不以爲憾，用爲郡部傳。嘗侍讌，有妓師是齊文惠宮人。帝問識座中客不？曰：「惟識沈家令。」約伏座流涕，帝亦悲焉，爲之罷酒。約歷仕三代，該悉舊章，博物洽聞，當世取則。謝玄暉善爲詩，任彥昇工於文章，約兼而有之，然不能過也。自負高才，昧於榮利，乘時藉勢，頗累清談。及居端揆，稍弘止足，每進一官，輒殷勤請退，而終不能去，論者方之山濤。用事十餘年，未嘗有所薦達，政之得失，唯唯而已。

初，高祖有憾於張稷，及稷卒，因與約言之。約曰：「尚書左僕射出作邊州刺史，已往之事，何足復論。」帝以爲婚家相爲，大怒曰：「卿言如此，是忠臣邪！」乃輦歸內殿。約懼，不覺高祖起，猶坐如初。及還，未至牀，而憑空頓於戶下，因病，夢齊和帝以劍斷其舌。召巫視之，巫言如夢。乃呼道士奏赤章於天，稱禪代之事，不由己出。高祖遣上省醫徐奘視約疾，還具以狀聞。先此，約嘗侍讌，值豫州獻栗，徑寸半，帝奇之，問曰：「栗事多少？」與約各疏所憶，少帝三事。出謂人曰：「此公護前，不讓卽羞死。」帝以其言不遜，欲抵其罪，徐勉固諫乃止。及聞赤章事，大怒，中使譴責者數焉，約懼遂卒。有司謚曰文，帝曰：「懷情不盡曰隱。」故改爲隱云。所著晉書百一十卷，宋書百卷，齊紀二十卷，高祖紀十四卷，邇言十卷，謚例十卷，宋文章志三十卷，文集一百卷：皆行於世。又撰四聲譜，以爲在昔詞人，累千載而不寤，而獨得胸衿，窮其妙旨，自謂入神之作，高祖雅不好焉。帝問周捨曰：「何謂四聲？」捨曰：「天子聖哲」是也，然帝竟不遵用。

子旋，及約時已歷中書侍郎，永嘉太守，司徒從事中郎，司徒右長史。免約喪，爲太子僕，復以母憂去官，而蔬食辟穀。服除，猶絕粳粱。爲給事黃門侍郎、中撫軍長史。出爲招遠將軍、南康內史，在部以清治稱。卒官，謚曰恭侯。子寔嗣。

陳吏部尚書姚察曰：昔木德將謝，昏嗣流虐，惵惵黔黎，命懸晷漏。高祖義拯横潰，志寧區夏，謀謨帷幄，寔寄良、平。至於范雲、沈約，參預締構，贊成帝業；加雲以機警明贍，濟務益時，約高才博洽，名亞遷、董，俱屬興運，蓋一代之英偉焉。

校勘記

〔一〕嘗就親人袁照學晝夜不怠　各本作「嘗就親人袁照學書，一夜不怠」，將「晝」字誤分爲「書一」二字。今據册府元龜七八九、八四三改正。按：南史云「就其姑夫袁叔明讀毛詩，日誦九紙」。袁叔明卽袁照。是范雲向袁照非學書法。

〔二〕少機警有識具　「具」各本作「且」，連下「善屬文」爲句，今從百衲本。按：「識具親通」，見孔休源傳；「識具優敏」，見南史陸瓊傳。「且」與「具」形近而訛。

〔三〕若違其命　南史及册府元龜七五三、八七一、九四〇作「若其違命」。

〔四〕帶厥西令　「厥西」北監本、殿本作「闕西」，百衲本、南監本、汲古閣本、金陵局本作「闞西」。按：宋、齊有闞西縣，屬司州隨郡，又有厥西縣，屬荆州南義陽郡。時蔡興宗爲荆州，沈約爲荆州掾屬，不應帶司州縣令。「闞」當爲「厥」之譌，更由「闞」譌「闕」。今改正。

〔五〕且人非金石　「金石」各本作「金玉」。據南史及册府元龜三四四改。

〔六〕右僕射范雲等二十餘人咸來致拜　「右」各本譌「左」，今改正。按本書武帝紀及范雲傳，雲於天監元年四月遷右僕射，二年五月卒官，故追贈詔稱「故散騎常侍、尚書右僕射、霄城侯雲」。

〔七〕自中智以下洎　藝文類聚六四「洎」作「愚」，疑作「愚」是。

〔八〕終逌組而後値　「逌」百衲本作「道」，南監本、北監本、汲古閣本、殿本作「逌」。百衲本卷末有曾鞏校語云：「『逌組』，疑。」

〔九〕敖傳嗣於墝壤何安身於窮地　「敖」各本作「教」。按：敖謂孫叔敖，臨終，戒其子必無受封善地，以寢丘地惡，受之可長有。楚莊王卒如其言而封之。「教」字譌，今改。

〔一〇〕天著山韭　「著」各本作「著」。按：嚴可均全梁文二五校云「著當作著」，今據改。

〔一一〕實褰期於晚歲非失步於方春　「褰期」疑當作「騫期」。

〔一二〕貴則丙魏蕭曹　「丙」各本作「景」。錢大昕廿二史考異：「景魏謂丙吉魏相也。思廉避唐諱改。」今改回。

梁書卷十四

列傳第八

江淹　任昉

江淹字文通，濟陽考城人也。少孤貧好學，沉靖少交遊。起家南徐州從事，轉奉朝請。宋建平王景素好士，淹隨景素在南兗州。廣陵令郭彥文得罪，辭連淹，繫州獄。淹獄中上書曰：

昔者，賤臣叩心，飛霜擊於燕地；庶女告天，振風襲於齊臺。下官每讀其書，未嘗不廢卷流涕。何者？士有一定之論，女有不易之行。信而見疑，貞而爲戮，是以壯夫義士伏死而不顧者此也。下官聞仁不可恃，善不可依，始謂徒語，乃今知之。伏願大王暫停左右，少加憐鑒。

下官本蓬戶桑樞之民，布衣韋帶之士，退不飾詩書以驚愚，進不買名聲於天下。

日者，謬得升降承明之闕，出入金華之殿，何嘗不局影凝嚴，側身局禁者乎？竊慕大王之義，爲門下之賓，備鳴盜淺術之餘，豫三五賤伎之末。大王惠以恩光，眄以顏色。實佩荆卿黄金之賜，竊感豫讓國士之分矣。常欲結纓伏劍，少謝萬一，剖心摩踵，以報所天。不圖小人固陋，坐貽謗缺，迹墜昭憲，身限幽圄。履影弔心，酸鼻痛骨。下官聞虧名爲辱，虧形次之，是以每一念來，忽若有遺。加以涉旬月，迫季秋，天光沉陰，左右無色。身非木石，與獄吏爲伍。此少卿所以仰天搥心，泣盡而繼之以血者也。下官雖乏鄉曲之譽，然嘗聞君子之行矣。其上則隱於簾肆之間，臥於巖石之下；次則結綬金馬之庭，高議雲臺之上；次則虜南越之君，係單于之頸：俱啓丹册，並圖青史。寧當爭分寸之末，競刀錐之利哉！然下官聞積毁銷金，積讒糜骨。古則直生取疑於盜金，近則伯魚被名於不義。彼之二才，猶或如此；況在下官，焉能自免。昔上將之恥，絳侯幽獄；名臣之羞，史遷下室，如下官尚何言哉。夫魯連之智，辭祿而不反；接輿之賢，行歌而忘歸。子陵閉關於東越，仲蔚杜門於西秦，亦良可知也。若使下官事非其虛，罪得其實，亦當鉗口吞舌，伏匕首以殞身，何以見齊魯奇節之人，燕趙悲歌之士乎？

方今聖曆欽明，天下樂業，青雲浮雒，榮光塞河。西洎臨洮、狄道，北距飛狐、陽原，莫不浸仁沐義，照景飲醴。而下官抱痛圜門，含憤獄戶，一物之微，有足悲者。仰惟大王少垂明白，則梧丘之魂，不愧於沉首；鵠亭之鬼，無恨於灰骨。不任肝膽之切，敬因執事以聞。此心既照，死且不朽。

景素覽書，卽日出之。尋舉南徐州秀才，對策上第，轉巴陵王國左常侍。景素爲荆州，淹從之鎭。少帝卽位，多失德。景素專據上流，咸勸因此舉事。淹每從容諫曰：「流言納禍，二叔所以同亡；抵局銜怨，七國於焉俱斃。殿下不求宗廟之安，而信左右之計，則復見麋鹿霜露棲於姑蘇之臺矣。」景素不納。及鎭京口，淹又爲鎭軍參軍事，領南東海郡丞。景素與腹心日夜謀議，淹知禍機將發，乃贈詩十五首以諷焉。

會南東海太守陸澄丁艱，淹自謂郡丞應行郡事，景素用司馬柳世隆。淹固求之，景素大怒，言於選部，黜爲建安吳興令。淹在縣三年。昇明初，齊帝輔政，聞其才，召爲尙書駕部郎、驃騎參軍事。俄而荆州刺史沈攸之作亂，高帝謂淹曰：「天下紛紛若是，君謂何如？」淹對曰：「昔項强而劉弱，袁衆而曹寡，羽號令諸侯，卒受一劍之辱，紹跨躡四州，終爲奔北之虜。此謂『在德不在鼎』。公何疑哉。」帝曰：「聞此言者多矣，試爲慮之。」淹曰：「公雄武有奇略，一勝也；寬容而仁恕，二勝也；賢能畢力，三勝也；民望所歸，四勝也；奉天子而伐叛逆，五勝也。彼志鋭而器小，一敗也；有威而無恩，二敗也；士卒解體，三敗也；搢紳不懷，四敗也；懸兵數千里，而無同惡相濟，〔一〕五敗也。故雖豺狼十萬，而終爲我獲焉。」帝笑曰：

「君談過矣。」是時軍書表記，皆使淹具草。相國建，補記室參軍事。建元初，又爲驃騎豫章王記室，〔三〕帶東武令，參掌詔册，並典國史。尋遷中書侍郎。永明初，遷驃騎將軍，掌國史。出爲建武將軍、廬陵內史。視事三年，還爲驍騎將軍，兼尚書左丞，尋復以本官領國子博士。少帝初，以本官兼御史中丞。

時明帝作相，因謂淹曰：「君昔在尚書中，非公事不妄行，在官寬猛能折衷；今爲南司，足以震肅百僚。」淹答曰：「今日之事，可謂當官而行，更恐才劣志薄，不足以仰稱明旨耳。」於是彈中書令謝朏、司徒左長史王績、護軍長史庾弘遠，並以久疾不預山陵公事；又奏前益州刺史劉悛、梁州刺史陰智伯，並贓貨巨萬，輒收付廷尉治罪。臨海太守沈昭略、永嘉太守庾曇隆，及諸郡二千石并大縣官長，多被劾治，內外肅然。明帝謂淹曰：「宋世以來，不復有嚴明中丞，君今日可謂近世獨步。」

明帝卽位，爲車騎臨海王長史。俄除廷尉卿，加給事中，遷冠軍長史，加輔國將軍。出爲宣城太守，將軍如故。在郡四年，還爲黃門侍郎、領步兵校尉，尋爲祕書監。永元中，崔慧景舉兵圍京城，衣冠悉投名刺，淹稱疾不往。及事平，世服其先見。

東昏末，淹以祕書監兼衞尉，固辭不獲免，遂親職。謂人曰：「此非吾任，路人所知，正取吾空名耳。且天時人事，尋當翻覆。孔子曰：『有文事者必有武備。』臨事圖之，何憂之有？」頃之，又副領軍王瑩。及義師至新林，淹微服來奔，高祖板爲冠軍將軍，祕書監如故，尋兼司徒左長史。中興元年，遷吏部尚書。二年，轉相國右長史，冠軍將軍如故。

天監元年，爲散騎常侍、左衞將軍，封臨沮縣開國伯，食邑四百戶。淹乃謂子弟曰：「吾本素宦，不求富貴，今之忝竊，遂至於此。平生言止足之事，亦以備矣。人生行樂耳，須富貴何時。吾功名既立，正欲歸身草萊耳。」其年，以疾遷金紫光祿大夫，改封醴陵侯。〔三〕四年，卒，時年六十二。高祖爲素服舉哀。賻錢三萬，布五十匹。謚曰憲伯。

淹少以文章顯，晚節才思微退，時人皆謂之才盡。凡所著述百餘篇，自撰爲前後集，幷齊史十志，並行於世。

子蒍襲封嗣，自丹陽尹丞爲長城令，有罪削爵。普通四年，高祖追念淹功，復封蒍吳昌伯，邑如先。

任昉字彥昇，樂安博昌人，漢御史大夫敖之後也。父遙，齊中散大夫。遙妻裴氏，嘗晝寢，夢有彩旗蓋四角懸鈴，自天而墜，其一鈴落入裴懷中，心悸動，既而有娠，生昉。身長七尺五寸。幼而好學，早知名。宋丹陽尹劉秉辟爲主簿。時昉年十六，以氣忤秉子。久之，爲奉朝請，舉兗州秀才，拜太常博士，遷征北行參軍。

永明初，衞將軍王儉領丹陽尹，復引爲主簿。儉雅欽重昉，以爲當時無輩。遷司徒刑獄參軍事，入爲尚書殿中郎，轉司徒竟陵王記室參軍，以父憂去職。性至孝，居喪盡禮。服闋，續遭母憂，常廬于墓側，哭泣之地，草爲不生。服除，拜太子步兵校尉、管東宮書記。

初，齊明帝既廢鬱林王，始爲侍中、中書監、驃騎大將軍、開府儀同三司、揚州刺史、錄尚書事，封宣城郡公，加兵五千，使昉具表草。其辭曰：「臣本庸才，智力淺短。太祖高皇帝篤猶子之愛，降家人之慈；世祖武皇帝情等布衣，寄深同氣。武皇大漸，實奉詔言。雖自見之明，庸近所蔽，愚夫一至，偶識量己，實不忍自固於綴衣之辰，拒違於玉几之側，遂荷顧託，導揚末命。雖嗣君棄常，獲罪宣德，王室不造，職臣之由。何者？親則東牟，任惟博陸，徒懷子孟社稷之對，何救昌邑爭臣之譏。四海之議，於何逃責。陵土未乾，訓誓在耳，家國之事，一至於斯，非臣之尤，誰任其咎！將何以肅拜高寢，虔奉武園？悼心失圖，泣血待旦。寧容復徼榮於家恥，宴安於國危。驃騎上將之元勳，神州儀刑之列岳，尚書是稱司會，中書實管王言。且虛飾寵章，委成禦侮，臣知不愜，物誰謂宜。但命輕鴻毛，責重山岳，存沒同歸，毀譽一貫。辭一官不減身累，增一職已黷朝經。便當自同體國，不爲飾讓。至於功均一匡，賞同千室，光宅近甸，奄有全邦，殞越爲期，不敢聞命，亦願曲留降鑒，卽垂聽許。鉅平之懇誠必固，永昌之丹慊獲申，乃知君臣之道，綽有餘裕，苟曰易昭，敢守難奪。」〔四〕帝惡其辭斥，甚慍，昉由是終建武中，位不過列校。

昉雅善屬文，尤長載筆，才思無窮，當世王公表奏，〔五〕莫不請焉。昉起草卽成，不加點竄。沈約一代詞宗，深所推挹。明帝崩，遷中書侍郎。永元末，爲司徒右長史。

高祖克京邑，霸府初開，以昉爲驃騎記室參軍。始高祖與昉遇竟陵王西邸，〔六〕從容謂昉曰：「我登三府，當以卿爲記室。」昉亦戲高祖曰：「我若登三事，當以卿爲騎兵。」謂高祖善騎也。至是，故引昉符昔言焉。昉奉牋曰：「伏承以今月令辰，〔七〕肅膺典策，德顯功高，光副四海，含生之倫，庇身有地；況昉受教君子，將二十年，咳唾爲恩，眄睞成飾，小人懷惠，顧知死所。昔承清宴，屬有緒言，提挈之旨，形乎善謔，豈謂多幸，斯言不渝。雖情謬先覺，而迹淪驕餌，湯沐具而非弔，大厦構而相䜩。明公道冠二儀，勳超邃古，將使伊周奉轡，桓文扶轂，神功無紀，化物何稱。府朝初建，俊賢驤首，惟此魚目，唐突璵璠。顧己循涯，寔知塵忝，千載一逢，再造難荅。雖則殞越，且知非報。」

梁臺建，禪讓文誥，多昉所具。高祖踐阼，拜黃門侍郎，遷吏部郎中，尋以本官掌著作。天監二年，出爲義興太守。在任清潔，兒妾食麥而已。友人彭城到溉，溉弟洽，從昉共爲山澤游。及被代登舟，止有米五斛。旣至無衣，鎭軍將軍沈約遣裙衫迎之。重除吏部郎中，參掌大選，居職不稱。尋轉御史中丞，祕書監，領前軍將軍。自齊永元以來，祕閣四部，篇卷紛雜，昉手自讎校，由是篇目定焉。

六年春，出爲寧朔將軍、新安太守。在郡不事邊幅，率然曳杖，徒行邑郭，民通辭訟者，就路決焉。爲政清省，吏民便之。視事朞歲，卒於官舍，時年四十九。闔境痛惜，百姓共立祠堂於城南。高祖聞問，卽日舉哀，哭之甚慟。追贈太常卿，謚曰敬子。

昉好交結，獎進士友，得其延譽者，率多升擢，故衣冠貴遊，莫不爭與交好，坐上賓客，恒有數十。時人慕之，號曰任君，言如漢之三君也。陳郡殷芸與建安太守到溉書曰：「哲人云亡，儀表長謝。元龜何寄？指南誰託？」其爲士友所推如此。昉不治生產，至乃居無室宅。世或譏其多乞貸，亦隨復散之親故。昉常歎曰：「知我亦以叔則，不知我亦以叔則。」昉墳籍無所不見，家雖貧，聚書至萬餘卷，率多異本。昉卒後，高祖使學士賀縱共沈約勘其書目，官所無者，就昉家取之。昉所著文章數十萬言，盛行於世。

初，昉立於士大夫間，多所汲引，有善己者則厚其聲名。及卒，諸子皆幼，人罕贍卹之。平原劉孝標爲著論曰：

客問主人曰：「朱公叔絕交論，爲是乎？爲非乎？」主人曰：「客奚此之問？」客曰：「夫草蟲鳴則阜螽躍，雕虎嘯而清風起。故絪緼相感，霧涌雲蒸；嚶鳴相召，星流電激。

是以王陽登則貢公喜，罕生逝而國子悲。且心同琴瑟，言鬱郁於蘭茝，道叶膠漆，志婉變於塤篪。聖賢以此鏤金版而鐫盤盂，書玉牒而刻鍾鼎。若匠人輟成風之妙巧，伯牙息流波之雅引。范、張款款於下泉，尹、班陶陶於永夕。駱驛縱橫，煙霏雨散，皆巧曆所不知，心計莫能測。而朱益州汨彝敘，越謨訓，捶直切，絕交遊，視黔首以鷹鸇，媲人倫於豺虎。蒙有猜焉，請辨其惑。」

主人听然曰：「客所謂撫弦徽音，未達燥濕變響；張羅沮澤，不覩鵠雁高飛。蓋聖人握金鏡，闡風烈，龍驤蠖屈，從道汙隆。日月聯璧，歎亹亹之弘致；雲飛電薄，顯棣華之微旨。若五音之變化，濟九成之妙曲。此朱生得玄珠於赤水，謨神睿而爲言。至夫組織仁義，琢磨道德，驩其愉樂，恤其陵夷。寄通靈臺之下，遺迹江湖之上，風雨急而不輟其音，霜雪零而不渝其色，斯賢達之素交，歷萬古而一遇。逮叔世民訛，狙詐飆起，谿谷不能踰其險，鬼神無以究其變，競毛羽之輕，趨錐刀之末。於是素交盡，利交興，天下蚩蚩，鳥驚雷駭。然利交同源，派流則異，較言其略，有五術焉：

「若其寵鈞董、石，權壓梁、竇。雕刻百工，鑪錘萬物，吐漱興雲雨，呼吸下霜露，九域聳其風塵，四海疊其燻灼。靡不望影星奔，藉響川鶩，鷄人始唱，鶴蓋成陰，高門旦開，流水接軫。皆願摩頂至踵，隳膽抽腸，約同要離焚妻子，誓徇荊卿湛七族。是曰勢交，其流一也。

「富埒陶、白，貲巨程、羅，山擅銅陵，家藏金穴，出平原而聯騎，居里閈而鳴鐘。則有窮巷之賓，繩樞之士，冀宵燭之末光，邀潤屋之微澤，魚貫鳧躍，颯沓鱗萃，分雁鶩之稻粱，沾玉斝之餘瀝。銜恩遇，進款誠，援青松以示心，指白水而旌信。是曰賄交，其流二也。

「陸大夫燕喜西都，郭有道人倫東國，公卿貴其籍甚，搢紳羨其登仙。加以頷頤蹙頞，涕唾流沫，騁黃馬之劇談，縱碧雞之雄辯，敍溫燠則寒谷成暄，論嚴枯則春叢零葉，飛沉出其顧指，榮辱定其一言。於是弱冠王孫，綺紈公子，道不絓於通人，聲未遒於雲閣，攀其鱗翼，丐其餘論，附騏驥之髦端，軼歸鴻於碣石。是曰談交，其流三也。

「陽舒陰慘，生民大情，憂合讙離，品物恒性。故魚以泉涸而呴沫，鳥因將死而悲鳴。同病相憐，綴河上之悲曲；恐懼置懷，昭谷風之盛典。斯則斷金由於湫隘，刎頸起於苦蓋。是以伍員濯溉於宰嚭，張王撫翼於陳相。是曰窮交，其流四也。

「馳騖之俗，澆薄之倫，無不操權衡，秉纖纊。衡所以揣其輕重，纊所以屬其鼻息。若衡不能舉，纊不能飛，雖顏、冉龍翰鳳鶵，曾、史蘭熏雪白，舒、向金玉淵海，卿、雲黼黻河漢，〔八〕視若遊塵，遇同土梗，莫肯費其半菽，罕有落其一毛。若衡重錙銖，纊微影撇，雖共工之蒐慝，讙兜之掩義，南荆之跋扈，東陵之巨猾，皆爲匍匐委蛇，折枝舐痔，金膏翠羽將其意，脂韋便辟導其誠。故輪蓋所遊，必非夷、惠之室；苞苴所入，實行張、霍之家。謀而後動，芒毫寡忒。是曰量交，其流五也。

「凡斯五交，義同賈鬻，故桓譚譬之於闤闠，〔九〕林回喻之於甘醴。夫寒暑遞進，盛衰相襲，或前榮而後瘁，或始富而終貧，或初存而末亡，或古約而今泰，循環翻覆，迅若波瀾。〔一〇〕此則徇利之情未嘗異，變化之道不得一。由是觀之，張、陳所以凶終，蕭、朱所以隙末，斷焉可知矣。而翟公方規規然勒門以箴客，何所見之晚乎？

「然因此五交，是生三舋：敗德殄義，禽獸相若，一舋也；難固易攜，讎訟所聚，二舋也；名陷饕餮，貞介所羞，三舋也。古人知三舋之爲梗，懼五交之速尤。故王丹威子以檟楚，朱穆昌言而示絕，有旨哉！

「近世有樂安任昉，海內髦傑，早綰銀黃，夙招民譽。遒文麗藻，方駕曹、王；英特儁邁，聯衡許、郭。〔一一〕類田文之愛客，同鄭莊之好賢。見一善則盱衡扼腕，遇一才則揚眉抵掌。雌黃出其脣吻，朱紫由其月旦。於是冠蓋輻湊，衣裳雲合，輜軿擊轊，坐客恒滿。蹈其閫閾，若升闕里之堂；入其奧隅，謂登龍門之坂。至於顧盼增其倍價，翦拂使其長鳴，彯組雲臺者摩肩，趨走丹墀者疊迹。莫不締恩狎，結綢繆，想惠、莊之清塵，庶羊、左之徽烈。及瞑目東越，歸骸雒浦，繐帳猶懸，門罕漬酒之彥；墳未宿草，野絕動輪之賓。藐爾諸孤，朝不謀夕，流離大海之南，寄命瘴癘之地。自昔把臂之英，金蘭之友，曾無羊舌下泣之仁，寧慕郈成分宅之德。嗚呼！世路險巇，一至於此！太行孟門，寧云嶄絕。是以耿介之士，疾其若斯，裂裳裹足，棄之長騖。獨立高山之頂，驩與麋鹿同羣，皦皦然絕其雰濁，誠恥之也，誠畏之也。」

昉撰雜傳二百四十七卷，地記二百五十二卷，文章三十三卷。

昉第四子東里，頗有父風，官至尚書外兵郎。

陳吏部尚書姚察曰：觀夫二漢求賢，率先經術；近世取人，多由文史。二子之作，辭藻壯麗，允値其時。淹能沉靜，昉持內行，並以名位終始，宜哉。江非先覺，任無舊恩，則上秩顯贈，亦末由也已。

校勘記

〔一〕而無同惡相濟　「無」各本皆脫，據南史、文選及册府元龜七一七補。

〔二〕建元初又爲驃騎豫章王記室　「豫章王」各本作「建安王」，據南史改。按建安王子貞以建元四年封，亦無建元初爲驃騎事。豫章王嶷於建元初爲驃騎大將軍。作「豫章王」是。

〔三〕改封醴陵侯　張森楷梁書校勘記：「上云封臨沮縣伯，此云爲侯，當是進封，而云改封，非也。」按「侯」疑當作「伯」。江淹死後，謚曰憲伯，其子蒍襲封，後復封蒍吳昌伯，邑如先。凡此皆可證非改封醴陵侯，乃改封醴陵伯。

〔四〕苟曰易昭敢守難奪　「易昭」百衲本、汲古閣本作「易照」，北監本、金陵局本作「易昭」。張元濟梁書校勘記：「『昭』疑當作與。易與，見史記『韓信之爲人易與耳』，對下『難奪』言。」

〔五〕當世王公表奏　「王公」二字各本譌倒，據南史及册府元龜八三九乙正。

〔六〕始高祖與昉遇竟陵王西邸　「遇」各本作「過」，據南史改。

〔七〕伏承以今月令辰　各本脫「月」字，據文選及册府元龜二一一補。

〔八〕卿雲黼黻河漢　「河漢」百衲本、南監本、汲古閣本、金陵局本作「江漢」，今從北監本、殿本及南史、文選。論衡案書篇：「漢作書者多，司馬子長、揚子雲，河漢也；其餘涇渭也。」此句蓋取其義。

〔九〕故桓譚譬之於闤闠　「桓譚」疑「譚拾」之譌。文選李善注：「桓譚集及新論並無以市喻交之文。戰國策，譚拾子謂孟嘗君曰：『富貴者則就之，貧賤者則去之，請以市喻。』疑『拾』誤爲『桓』，遂居『譚』上耳。」

〔一〇〕迅若波瀾　「若」各本作「彼」，據南史改。

〔一一〕聯衡許郭　「衡」各本作「横」，據南史改。按：衡横本通，然縱横之横可通用衡，車衡之衡不可通用横。

梁書卷十五

列傳第九

謝朏 弟子覽

謝朏字敬沖，陳郡陽夏人也。祖弘微，宋太常卿，父莊，右光祿大夫，並有名前代。朏幼聰慧，莊器之，常置左右。年十歲，能屬文。莊遊土山賦詩，使朏命篇，朏攬筆便就。琅邪王景文謂莊曰：「賢子足稱神童，復爲後來特達。」莊笑，因撫朏背曰：「眞吾家千金。」孝武帝遊姑孰，勑莊攜朏從駕，詔使爲洞井贊，於坐奏之。帝曰：「雖小，奇童也。」

起家撫軍法曹行參軍，遷太子舍人，以父憂去職。服闋，復爲舍人，歷中書郎，衞將軍袁粲長史。粲性簡峻，罕通賓客，時人方之李膺。朏謁既退，粲曰：「謝令不死。」尋遷給事黃門侍郎。出爲臨川內史，以賄見劾，案經袁粲，粲寢之。

齊高帝爲驃騎將軍輔政，選朏爲長史，勑與河南褚炫、濟陽江斅、彭城劉俁俱入侍宋帝，時號爲天子四友。續拜侍中，並掌中書、散騎二省詔册。高帝進太尉，又以朏爲長史，帶南東海太守。高帝方圖禪代，思佐命之臣，以朏有重名，深所欽屬。論魏、晉故事，因曰：「晉革命時事久兆，石苞不早勸晉文，死方慟哭，方之馮異，非知機也。」朏答曰：「昔魏臣有勸魏武卽帝位者，魏武曰：『如有用我，其爲周文王乎！』晉文世事魏氏，將必身終北面；假使魏早依唐虞故事，亦當三讓彌高。」帝不悅。更引王儉爲左長史，以朏侍中，領祕書監。及齊受禪，朏當日在直，百僚陪位，侍中當解璽，朏佯不知，曰：「有何公事？」傳詔云：「解璽授齊王。」朏曰：「齊自應有侍中。」乃引枕臥。傳詔懼，乃使稱疾，欲取兼人。朏曰：「我無疾，何所道。」遂朝服，步出東掖門，乃得車，仍還宅。是日遂以王儉爲侍中解璽。旣而武帝言於高帝，請誅朏。帝曰：「殺之則遂成其名，正應容之度外耳。」遂廢于家。

永明元年，起家拜通直散騎常侍，累遷侍中，領國子博士。五年，出爲冠軍將軍、義興太守，加秩中二千石。在郡不省雜事，悉付綱紀，曰：「吾不能作主者吏，但能作太守耳。」視事三年，徵都官尚書、中書令。隆昌元年，復爲侍中，領新安王師，未拜，固求外出。仍爲征虜將軍、吳興太守，受召便述職。時明帝謀入嗣位，朝之舊臣皆引參謀策。朏內圖止足，且實避事。弟瀹，時爲吏部尚書。朏至郡，致瀹數斛酒，遺書曰：「可力飲此，勿豫人事。」朏居郡每不治，而常務聚斂，衆頗譏之，亦不屑也。

建武四年，詔徵爲侍中、中書令，遂抗表不應召。遣諸子還京師，獨與母留，築室郡之西郭。明帝下詔曰：「夫超然榮觀，風流自遠；蹈彼幽人，英華罕値。故長揖楚相，見稱南國；高謝漢臣，取貴良史。新除侍中、中書令朏，早藉羽儀，夙標淸尚，登朝樹績，出守馳聲。遂斂跡康衢，拂衣林沚，抱箕潁之餘芳，甘顩頷而無悶。撫事懷人，載留欽想。宜加優禮，用旌素概。可賜牀帳褥席，俸以卿祿，常出在所。」時國子祭酒廬江何胤亦抗表還會稽。永元二年，〔一〕詔徵朏爲散騎常侍、中書監，胤爲散騎常侍、太常卿，並不屈。三年，又詔徵朏爲侍中、太子少傅，胤散騎常侍、太子詹事。時東昏皆下在所，使迫遣之，値義師已近，故並得不到。

及高祖平京邑，進位相國，表請朏、胤曰：「夫窮則獨善，達以兼濟。雖出處之道，其揆不同，用捨惟時，賢哲是蹈。前新除侍中、太子少傅朏，前新除散騎常侍、太子詹事、都亭侯胤，羽儀世胄，徽猷冠冕，道業德聲，康濟雅俗。昔居朝列，素無宦情，賓客簡通，公卿罕預，簪紱未褫，而風塵擺落。且文宗儒肆，互居其長；淸規雅裁，兼擅其美。並達照深識，預覩亂萌，見庸質之如初，知貽厥之無寄。拂衣東山，眇絕塵軌。雖解組昌運，實避昏時。家膺鼎食，而甘茲橡艾；世襲靑紫，而安此懸鶉。自澆風肇扇，用南成俗，淳流素軌，餘烈頗存。誰其激貪，功歸有道，康俗振民，朝野一致。雖在江海，而勳同魏闕。今泰運甫開，賤貧爲恥；況乎久蘊瑚璉，暫厭承明，而可得求志海隅，永追松子。臣負荷殊重，參贊萬機，寔賴羣才，共成棟幹。思挹清源，取鏡止水。愚欲屈居僚首，朝夕諮諏，庶足以翼宣寡薄，式是王度。請並補臣府軍諮祭酒，朏加後將軍。」並不至。

高祖踐阼，徵朏爲侍中、左光祿大夫、〔二〕開府儀同三司，胤散騎常侍、特進、右光祿大夫，又並不屈。仍遣領軍司馬王果宣旨敦譬。明年六月，朏輕舟出，詣闕自陳。既至，詔以爲侍中、司徒、尚書令。朏辭脚疾不堪拜謁，乃角巾肩輿，詣雲龍門謝。詔見於華林園，乘小車就席。明旦，輿駕出幸朏宅，讌語盡歡。朏固陳本志，不許；因請自還東迎母，乃許之。臨發，輿駕復臨幸，賦詩餞別。王人送迎，相望於道。到京師，敕材官起府於舊宅，高祖臨軒，遣謁者於府拜授，詔停諸公事及朔望朝謁。

三年元會，詔朏乘小輿升殿。其年，遭母憂，〔三〕尋有詔攝職如故。後五年，改授中書監、司徒、衞將軍，並固讓不受。遣謁者敦授，乃拜受焉。是冬薨於府，時年六十六。輿駕出臨哭，詔給東園祕器，朝服一具，衣一襲，錢十萬，布百匹，蠟百斤。贈侍中、司徒。謚曰靖孝。朏所著書及文章，並行於世。

子諼，官至司徒右長史，坐殺牛免官，卒於家。次子謇，頗有文才，仕至晉安太守，卒官。

覽字景滌，朏弟瀹之子也。選尙齊錢唐公主，拜駙馬都尉、祕書郎、太子舍人。高祖爲大司馬，召補東閤祭酒，遷相國戶曹。天監元年，爲中書侍郎，掌吏部事，頃之卽眞。

覽爲人美風神，善辭令，高祖深器之。嘗侍座，受敕與侍中王暕爲詩答贈，其文甚工。高祖善之，仍使重作，復合旨。乃賜詩云：「雙文既後進，二少實名家；豈伊止棟隆，〔四〕信乃俱國華。」以母憂去職。服闋，除中庶子，又掌吏部郎事，尋除吏部郎，遷侍中。覽頗樂酒，因醼席與散騎常侍蕭琛辭相詆毀，爲有司所奏。高祖以覽年少不直，出爲中權長史。頃之，敕掌東宮管記，遷明威將軍、新安太守。

九年夏，山賊吳承伯破宣城郡，餘黨散入新安，叛吏鮑敍等與合，攻沒黟、歙諸縣，進兵擊覽。覽遣郡丞周興嗣於錦沙立塢拒戰，不敵，遂棄郡奔會稽。臺軍平山寇，覽復還郡，左遷司徒諮議參軍、仁威長史、行南徐州事，五兵尙書。尋遷吏部尙書。覽自祖至孫，三世居選部，當世以爲榮。

十二年春，出爲吳興太守。中書舍人黃睦之家居烏程，子弟專橫，前太守皆折節事之。覽未到郡，睦之子弟來迎，覽逐去其船，杖吏爲通者。自是睦之家杜門不出，不敢與公私關通。〔五〕郡境多劫，爲東道患，覽下車肅然，一境清謐。初，齊明帝及覽父瀹、東海徐孝嗣，並爲吳興，號稱名守，覽皆欲過之！昔覽在新安頗聚斂，至是遂稱廉潔，時人方之王懷祖。卒於官，時年三十七。詔贈中書令。子罕，早卒。

陳吏部尚書姚察曰：謝朏之於宋代，蓋忠義者歟？當齊建武之世，拂衣止足，永元多難，確然獨善，其疏、蔣之流乎。洎高祖龍興，旁求物色，角巾來仕，首陟台司，極出處之致矣。覽終能善政，君子韙之。

校勘記

〔一〕永元二年　「永元」各本作「永明」。按上文已有永明五年、隆昌元年、建武四年，則此不應作永明二年。南史作「永元」，是，今據改。

〔二〕徵朏爲侍中左光祿大夫　「左」字各本脫，據本書武帝紀及南史補。

〔三〕其年遭母憂　「其年」應承上文指天監三年，然據本書武帝紀，謝朏以母死去職，在天監四年，「其」當是「四」之譌。

〔四〕豈伊止棟隆　「止」各本同，惟北監本及南史作「爾」。張森楷梁書校勘記：「南史止作爾，一作爾德。」

〔五〕不敢與公私關通　「關通」各本譌「門通」，據册府元龜六九六改。

梁書卷十六

列傳第十

王亮　張稷　王瑩

王亮字奉叔，琅邪臨沂人，晉丞相導之六世孫也。祖偃，宋右光祿大夫、開府儀同三司。父攸，給事黃門侍郎。

亮以名家子，宋末選尚公主，拜駙馬都尉、祕書郎，累遷桂陽王文學，南郡王友，祕書丞。齊竟陵王子良開西邸，延才俊以爲士林館，使工圖畫其像，亮亦預焉。遷中書侍郎、大司馬從事中郎，出爲衡陽太守。以南土卑濕，辭不之官，遷給事黃門侍郎。尋拜晉陵太守，在職清公有美政。時齊明帝作相，聞而嘉之，引爲領軍長史，甚見賞納。及卽位，累遷太子中庶子，尙書吏部郎，詮序著稱，遷侍中。

建武末，爲吏部尙書。是時尙書右僕射江祏管朝政，多所進拔，爲士子所歸。亮自以身居選部，每持異議。始亮未爲吏部郎時，以祏帝之內弟，故深友祏，祏爲之延譽，益爲帝所器重；至是與祏情好攜薄，祏昵之如初。〔一〕及祏遇誅，羣小放命，凡所除拜，悉由內寵，亮更弗能止。外若詳審，內無明鑒，其所選用，拘資次而已，當世不謂爲能。頻加通直散騎常侍、太子右衞率，爲尚書右僕射、中護軍。既而東昏肆虐，淫刑已逞，亮傾側取容，竟以免戮。

義師至新林，內外百僚皆道迎，其未能拔者，亦間路送誠款，亮獨不遣。及城內既定，獨推亮爲首。亮出見高祖，高祖曰：「顚而不扶，安用彼相。」而弗之罪也。霸府開，以爲大司馬長史、撫軍將軍、琅邪清河二郡太守。梁臺建，授侍中、尚書令，固讓不拜，乃爲侍中、中書監，兼尚書令。高祖受禪，遷侍中、尚書令、中軍將軍，引參佐命，封豫寧縣公，邑二千戶。天監二年，轉左光祿大夫，侍中、中軍如故。元日朝會萬國，亮辭疾不登殿，設饌別省，而語笑自若。數日，詔公卿問訊，亮無疾色，御史中丞樂藹奏大不敬，論棄市刑。詔削爵廢爲庶人。

四年夏，高祖讌於華光殿，謂羣臣曰：「朕日昃聽政，思聞得失。卿等可謂多士，宜各盡獻替。」尚書左丞范縝起曰：「司徒謝朏本有虛名，陛下擢之如此，前尚書令王亮頗有治實，陛下棄之如彼，是愚臣所不知。」高祖變色曰：「卿可更餘言。」縝固執不已，高祖不悅。御史中丞任昉因奏曰：

臣聞息夫歷詆，漢有正刑；白褒一奏，晉以明罰。況乎附下訕上，毀譽自口者哉。風聞尚書左丞臣范縝，自晉安還，語人云：「我不詣餘人，惟詣王亮；不餉餘人，惟餉王亮。」輒收縝白從左右萬休到臺辨問，與風聞符同。又今月十日，御餞梁州刺史臣珍國，宴私既洽，羣臣並已謁退，時詔留侍中臣昂等十人，訪以政道。縝不答所問，而橫議沸騰，遂貶裁司徒臣朏，褒舉庶人王亮。臣于時預奉恩留，肩隨並立，耳目所接，差非風聞。竊尋王有遊豫，親御軒陛，義深推轂，情均湛露。酒闌宴罷，當扆正立，記事在前，記言在後，軫早朝之念，深求瘼之情，而縝言不遜，妄陳褒貶，傷濟濟之風，缺側席之望。不有嚴裁，憲准將頹，縝卽主。

臣謹案：尚書左丞臣范縝，衣冠緒餘，言行舛駁，誇諧里落，喧詬周行。曲學諛聞，未知去代；弄口鳴舌，祇足飾非。乃者，義師近次，縝丁罹艱棘，曾不呼門，墨縗景附，頗同先覺，實奉龍顏。而今黨協釁餘，翻爲矛楯，人而無恒，成茲姦詖。日者，飮至策勳，功微賞厚，出守名邦，入司管轄，苞篚罔遺，而假稱折轅，衣裙所弊，讒激失所，許與疵廢，廷辱民宗。自居樞憲，糾奏寂寞。顧望縱容，無至公之議；惡直醜正，有私訐之談。宜置之徽纆，肅正國典。臣等參議，請以見事免縝所居官，輒勒外收付廷尉法獄治罪。應諸連逮，委之獄官，以法制從事。纘位應黃紙，臣輒奉白簡。」詔聞可。璽書詰纘曰〔二〕：「亮少乏才能，無聞時輩，昔經冒入羣英，相與豈薄，晚節諂事江祏，爲吏部，末協附梅蟲兒、茹法珍，遂執昏政。比屋罹禍，盡家塗炭，四海沸騰，天下横潰，此誰之咎！食亂君之祿，不死於治世。亮協固凶黨，作威作福，靡衣玉食，女樂盈房，勢危事逼，自相吞噬。建石首題，〔三〕啓靡請罪。朕錄其白旗之來，貰其既往之咎。亮反覆不忠，姦賄彰暴，有何可論，妄相談述？具以狀對。」所詰十條，纘答支離而已。亮因屏居閉掃，不通賓客。遭母憂，居喪盡禮。

八年，詔起爲祕書監，俄加通直散騎常侍，數日遷太常卿。九年，轉中書監，加散騎常侍。其年卒。詔賻錢三萬，布五十匹。〔四〕謚曰煬子。

張稷字公喬，吳郡人也。父永，宋右光祿大夫。稷所生母遘疾歷時，稷始年十一，夜不解衣而養，永異之。及母亡，毁瘠過人，杖而後起。性疏率，朗悟有才略，與族兄充、融、卷等具知名，時稱之曰：「充融卷稷，是爲四張。」起家著作佐郎，不拜。頻居父母憂，六載廬于墓側。服除，爲驃騎法曹行參軍，遷外兵參軍。

齊永明中，爲剡縣令，略不視事，多爲山水遊。會賊唐寓之作亂，〔五〕稷率厲縣人，保全縣境。入爲太子洗馬，大司馬東曹掾，建安王友，大司馬從事中郎。武陵王曅爲護軍，轉護軍司馬，尋爲本州治中。明帝領牧，仍爲別駕。時魏寇壽春，以稷爲寧朔將軍、軍主，副尚書僕射沈文季鎮豫州。魏衆稱百萬，圍城累日，時經略處分，文季悉委稷焉。軍退，遷平西司馬、寧朔將軍、南平內史。魏又寇雍州，詔以本號都督荊、雍諸軍事。時雍州刺史曹虎度樊城岸，以稷知州事。魏師退，稷還荊州，就拜黃門侍郎，復爲司馬、新興永寧二郡太守。郡犯私諱，改永寧爲長寧。尋遷司徒司馬，加輔國將軍。及江州刺史陳顯達舉兵反，以本號鎮歷陽、南譙二郡太守，遷鎮南長史、尋陽太守、輔國將軍、行江州事。尋徵還，爲持節、輔國將軍、都督北徐州諸軍事、北徐州刺史。出次白下，仍遷都督南兗州諸軍事、南兗州刺史。俄進督北徐、徐、兗、青、冀五州諸軍事，將軍並如故。永元末，徵爲侍中，宿衞宮城。義師至，兼衞尉江淹出奔，稷兼衞尉，副王瑩都督城內諸軍事。

時東昏淫虐，義師圍城已久，城內思亡而莫有先發。北徐州刺史王珍國就稷謀之，乃使直閤張齊害東昏于含德殿。稷召尚書右僕射王亮等列坐殿前西鍾下，謂曰：「昔桀有昏德，鼎遷于殷；商紂暴虐，鼎遷于周。今獨夫自絕于天，四海已歸聖主，斯實微子去殷之時，項伯歸漢之日，可不勉哉。」乃遣國子博士范雲、舍人裴長穆等使石頭城詣高祖，高祖以稷爲侍中、左衞將軍。高祖總百揆，遷大司馬左司馬。梁臺建，爲散騎常侍、中書令。高祖受禪，以功封江安縣侯，邑一千戶。又爲侍中、國子祭酒，領驍騎將軍，遷護軍將軍、揚州大中正，以事免。尋爲度支尚書、前將軍、太子右衞率，又以公事免。俄爲祠部尚書，轉散騎常侍、都官尚書、揚州大中正，以本職知領軍事。尋遷領軍將軍，中正、侯如故。

時魏寇青州，詔假節、行州事。會魏軍退，仍出爲散騎常侍、將軍、吳興太守，秩中二千石。下車存問遺老，引其子孫，置之右職，政稱寬恕。進號雲麾將軍，徵尚書左僕射。輿駕將欲如稷宅，以盛暑，留幸僕射省，舊臨幸供具皆酬太官饌直，帝以稷淸貧，手詔不受。出爲使持節、散騎常侍、都督青冀二州諸軍事、安北將軍、青冀二州刺史。會魏寇朐山，詔稷權頓六里，都督衆軍。還，進號鎭北將軍。

初鬱洲接邊陲，民俗多與魏人交市。及朐山叛，或與魏通，既不自安矣；且稷寬弛無防，僚吏頗侵漁之。州人徐道角等夜襲州城，〔六〕害稷，時年六十三。有司奏削爵土。

稷性烈亮，善與人交。歷官無蓄聚，俸祿皆頒之親故，家無餘財。初去吳興郡，以僕射徵，道由吳，鄉人候稷者滿水陸。〔七〕稷單裝徑還京師，人莫之識，其率素如此。

稷長女楚瑗，適會稽孔氏，無子歸宗。至稷見害，女以身蔽刃，先父卒。稷子嵊，別有傳。

卷字令遠，稷從兄也。少以知理著稱，能清言，仕至都官尚書，天監初卒。

王瑩字奉光，琅邪臨沂人也。父懋，光祿大夫、南鄉僖侯。

瑩選尚宋臨淮公主，拜駙馬都尉，除著作佐郎，累遷太子舍人，撫軍功曹，散騎侍郎，司徒左西屬。

齊高帝爲驃騎將軍，引爲從事中郎。頃之，出爲義興太守，代謝超宗。超宗去郡，與瑩交惡，既還，間瑩於懋。懋言之於朝廷，以瑩供養不足，坐失郡廢棄。久之，爲前軍諮議參軍，中書侍郎，大司馬從事中郎，未拜，丁母憂。服闋，爲給事黃門郎，出爲宣城太守，遷爲驃騎長史。復爲黃門侍郎、司馬、太子中庶子，〔八〕仍遷侍中，父憂去職。服闋，復爲侍中，領射聲校尉，又爲冠軍將軍、東陽太守。居郡有惠政，遷吳興太守。明帝勤憂庶政，瑩頻處二郡，皆有能名，甚見褒美。還爲太子詹事、中領軍。

永元初，政由羣小，瑩守職而不能有所是非。瑩從弟亮既當朝，於瑩素雖不善，時欲引與同事。遷尚書左僕射，未拜，會護軍崔慧景自京口奉江夏王入伐，瑩假節，率衆拒慧景於湖頭。夜爲慧景所襲，衆散，瑩赴水，乘榜入樂遊，因得還臺城。慧景敗，還居領軍府。義師至，復假節，都督宮城諸軍事。建康平，高祖爲相國，引瑩爲左長史，加冠軍將軍，奉法駕迎和帝于江陵。帝至南州，遜位于別宮。高祖踐阼，遷侍中、撫軍將軍，封建城縣公，邑千戶。尋遷尚書左僕射，侍中、撫軍如故。頃之，爲護軍將軍，復遷散騎常侍、中軍將軍、丹陽尹。視事三年，遷侍中、光祿大夫，領左衞將軍。俄遷尚書令、雲麾將軍，侍中如故。累進號左中權將軍，給鼓吹一部。瑩性清愼，居官恭恪，高祖深重之。天監十五年，遷左光祿大夫、開府儀同三司，丹陽尹、侍中如故。瑩將拜，印工鑄其印，六鑄而龜六毀，既成，頸空不實，補而用之。居職六日，暴疾卒。贈侍中、左光祿大夫、開府儀同三司。

陳吏部尚書姚察曰：孔子稱「殷有三仁，微子去之，箕子爲之奴，比干諫而死。」王亮之居亂世，勢位見矣。其於取捨，何與三仁之異歟？及奉興王，蒙寬政，爲佐命，固將愧於心。其自取廢敗，非不幸也。易曰：「非所據而據之，身必危。」亮之進退，失所據矣。惜哉！張稷因機制變，亦其時也。王瑩印章六毀，豈神之害盈乎？

校勘記

〔一〕至是與祏情好攜薄祏昵之如初　各本脫「祏情好攜薄」五字，據南史及册府元龜九四五補。

〔二〕璽書詰續曰　「詰」各本譌「語」，今改正。按：下云「所詰十條」，明「語」字是「詰」字之譌。

〔三〕建石首題　建，建業。石，石頭。南史王亮傳：「乃遣國子博士范雲齎東昏首送石頭，推亮爲首。」推亮爲首，謂推王亮首先署名於向梁武輸誠之文書上也。卽此「首題」意。

〔四〕布五十匹　各本作「布五千匹」。據册府元龜三一八、四六一改。

〔五〕會賊唐寓之作亂　各本原作「唐瑤」，本書呂僧珍傳作「唐瑀」，南史作「唐寓之」，今據南史改。錢大昕廿二史考異：「梁書作唐瑤，誤。梁宗室傳作唐瑀之，『瑀』誤爲『瑤』也。」按：南齊書武帝永明四年紀、通鑑武帝永明三年、四年紀俱作「唐寓之」，蕭崇之事附見梁書蕭景傳，云「永明中，錢唐唐寓之別衆攻東陽，崇之遇害」。

〔六〕州人徐道角等夜襲州城　「徐道角」，南史同。魏書世宗紀、游肇傳並作「徐玄明」。

〔七〕鄉人候稷者滿水陸　各本脫「人」字，據南史及太平御覽六九一補。

〔八〕復爲黃門侍郎司馬太子中庶子　錢大昕廿二史考異：「司馬者，驃騎府之司馬也。蓋蒙上驃騎長史之文。」

唐姚思廉撰

梁書

第二册

卷一七至卷四〇（傳）

中華書局

梁書卷十七

列傳第十一

王珍國　馬仙琕　張齊

王珍國字德重，沛國相人也。父廣之，齊世良將，官至散騎常侍、車騎將軍。珍國起家冠軍行參軍，累遷虎賁中郎將、南譙太守，治有能名。時郡境苦饑，乃發米散財，以拯窮乏。齊高帝手敕云：「卿愛人治國，甚副吾意也。」永明初，遷桂陽內史，討捕盜賊，境內肅清。罷任還都，路經江州，刺史柳世隆臨渚餞別，見珍國還裝輕素，乃歎曰：「此眞可謂良二千石也。」還爲大司馬中兵參軍。武帝雅相知賞，每歎曰：「晚代將家子弟，有如珍國者少矣。」復出爲安成內史。入爲越騎校尉，冠軍長史、鍾離太守。仍遷巴東、建平二郡太守。還爲游擊將軍，以父憂去職。

建武末，魏軍圍司州，明帝使徐州刺史裴叔業攻拔渦陽，以爲聲援，起珍國爲輔國將軍，率兵助焉。魏將楊大眼大衆奄至，叔業懼，棄軍走，珍國率其衆殿，故不至大敗。永泰元年，會稽太守王敬則反，珍國又率衆距之。敬則平，遷寧朔將軍、青冀二州刺史，將軍如故。

義師起，東昏召珍國以衆還京師，入頓建康城。義師至，使珍國出屯朱雀門，爲王茂軍所敗，乃入城。仍密遣郄纂奉明鏡獻誠於高祖，高祖斷金以報之。時城中咸思從義，莫敢先發，侍中、衛尉張稷都督衆軍，珍國潛結稷腹心張齊要稷，稷許之。十二月丙寅旦，珍國引稷於衛尉府，勒兵入自雲龍門，卽東昏於內殿斬之，與稷會尚書僕射王亮等於西鍾下，使中書舍人裴長穆等奉東昏首歸高祖。以功授右衛將軍，辭不拜；又授徐州刺史，固乞留京師。復賜金帛，珍國又固讓。敕答曰：「昔田子泰固辭絹穀。卿體國情深，良在可嘉。」後因侍宴，帝問曰：「卿明鏡尚存，昔金何在？」珍國答曰：「黃金謹在臣肘，不敢失墜。」復爲右衛將軍，加給事中，遷左衛將軍，加散騎常侍。天監初，封灄陽縣侯，邑千戶。除都官尚書，常侍如故。

五年，魏任城王元澄寇鍾離，〔一〕高祖遣珍國，因問討賊方略。珍國對曰：「臣常患魏衆少，不苦其多。」高祖壯其言，乃假節，與衆軍同討焉。魏軍退，班師。出爲使持節、都督梁秦二州諸軍事、征虜將軍、南秦梁二州刺史。會梁州長史夏侯道遷以州降魏，珍國步道出魏興，將襲之，不果，遂留鎭焉。以無功，累表請解，高祖弗許。改封宜陽縣侯，戶邑如前。徵還爲員外散騎常侍、太子右衞率，加後軍。頃之，復爲左衞將軍。九年，出爲使持節、都督湘州諸軍事、信武將軍、湘州刺史。視事四年，徵還爲護軍將軍，遷通直散騎常侍、丹陽尹。十四年，卒。詔贈車騎將軍，給鼓吹一部，賻錢十萬，布百匹。謚曰威。子僧度嗣。

馬仙琕字靈馥，扶風郿人也。父伯鸞，宋冠軍司馬。仙琕少以果敢聞，遭父憂，毀瘠過禮，負土成墳，手植松柏。起家郢州主簿，遷武騎常侍，爲小將，隨齊安陸王蕭緬。緬卒，事明帝。永元中，蕭遙光、崔慧景亂，累有戰功，以勳至前將軍。出爲龍驤將軍、南汝陰譙二郡太守。會壽陽新陷，魏將王肅侵邊，仙琕力戰，以寡克衆，魏人甚憚之。復以功遷寧朔將軍、豫州刺史。

義師起，四方多響應，高祖使仙琕故人姚仲賓說之，仙琕於軍斬仲賓以徇。義師至新林，仙琕猶持兵於江西，日鈔運漕。建康城陷，仙琕號哭經宿，乃解兵歸罪。高祖勞之曰：「射鉤斬袪，昔人弗忌。卿勿以戮使斷運，苟自嫌絕也。」仙琕謝曰：「小人如失主犬，後主飼之，便復爲用。」高祖笑而美之。俄而仙琕母卒，高祖知其貧，賻給甚厚。仙琕號泣，謂弟仲艾曰：「蒙大造之恩，未獲上報。今復荷殊澤，當與爾以心力自効耳。」

天監四年，王師北討，仙琕每戰，勇冠三軍，當其衝者，莫不摧破。與諸將論議，口未嘗言功。人問其故，仙琕曰：「丈夫爲時所知，當進不求名，退不逃罪，乃平生願也。何功可論！」授輔國將軍、宋安安蠻二郡太守，遷南義陽太守。累破山蠻，郡境清謐。以功封浛洭縣伯，邑四百戶，仍遷都督司州諸軍事、司州刺史，輔國將軍如故。俄進號貞威將軍。

魏豫州人白皁生殺其刺史琅邪王司馬慶曾，〔二〕自號平北將軍，推鄉人胡遜爲刺史，〔三〕以懸瓠來降。高祖使仙琕赴之，又遣直閤將軍武會超、馬廣率衆爲援。仙琕進頓楚王城，遣副將齊苟兒以兵二千助守懸瓠。魏中山王元英率衆十萬攻懸瓠，仙琕遣廣、會超等守三關。十二月，英破懸瓠，執齊苟兒，遂進攻馬廣，又破廣，生擒之，送雒陽。仙琕不能救。會超等亦相次退散，魏軍遂進據三關。仙琕坐徵還，爲雲騎將軍。出爲仁威司馬，府主豫章王轉號雲麾，復爲司馬，加振遠將軍。

十年，朐山民殺琅邪太守劉晣，〔四〕以城降魏，詔假仙琕節，討之。魏徐州刺史盧昶以衆十餘萬赴焉。仙琕與戰，累破之，昶遁走。仙琕縱兵乘之，魏衆免者十一二，收其兵糧牛馬器械，不可勝數。振旅還京師，遷太子左衞率，進爵爲侯，增邑六百戶。十一年，遷持節、督豫北豫霍三州諸軍事、信武將軍、豫州刺史，領南汝陰太守。

初，仙琕幼名仙婢，及長，以「婢」名不典，乃以「玉」代「女」，因成「琕」云。自爲將及居州郡，能與士卒同勞逸。身衣不過布帛，所居無帷幕衾屛，行則飲食與厮養最下者同。其在邊境，常單身潛入敵庭，伺知壁壘村落險要處所，故戰多克捷，士卒亦甘心爲之用，高祖雅愛仗之。在州四年，卒。贈左衞將軍。謚曰剛。子巖夫嗣。

張齊字子響，〔五〕馮翊郡人。世居橫桑，或云橫桑人也。少有膽氣。初事荆府司馬垣歷生。歷生酗酒，遇下嚴酷，不甚禮之。歷生罷官歸，吳郡張稷爲荆府司馬，齊復從之，稷甚相知重，以爲心腹，雖家居細事，皆以任焉。齊盡心事稷，無所辭憚。隨稷歸京師。稷爲南兗州，又擢爲府中兵參軍，始委以軍旅。

齊永元中，義師起，東昏徵稷歸，都督宮城諸軍事，居尚書省。義兵至，外圍漸急，齊日造王珍國，陰與定計。計定，夜引珍國就稷造膝，齊自執燭以成謀。明旦，與稷、珍國卽東昏於內殿，齊手刃焉。明年，高祖受禪，封齊安昌縣侯，邑五百戶，仍爲寧朔將軍、歷陽太守。齊手不知書，目不識字，而在郡有淸政，吏事甚脩。

天監二年，還爲虎賁中郎將。未拜，遷天門太守，寧朔將軍如故。四年，魏將王足寇巴、蜀，高祖以齊爲輔國將軍救蜀。未至，足退走，齊進戍南安。七年秋，使齊置大劍、寒冢二戍，軍還益州。其年，遷武旅將軍、巴西太守，尋加征遠將軍。十年，郡人姚景和聚合蠻蜒，抄斷江路，攻破金井。齊討景和於平昌，破之。

初，南鄭沒於魏，乃於益州西置南梁州。州鎮草創，皆仰益州取足。齊上夷獠義租，得米二十萬斛。又立臺傳，興冶鑄，以應贍南梁。

十一年，進假節、督益州外水諸軍。十二年，魏將傅豎眼寇南安，齊率衆距之，豎眼退走。十四年，遷信武將軍、巴西梓潼二郡太守。是歲，葭萌人任令宗因衆之患魏也，殺魏晉壽太守，以城歸款。益州刺史鄱陽王遣齊帥衆三萬，督南梁州長史席宗範諸軍迎令宗。十五年，魏東益州刺史元法僧遣子景隆來拒齊師，南安太守皇甫謀及宗範逆擊之，大破魏軍於葭萌，屠十餘城，魏將丘突、王穆等皆降。而魏更增傅豎眼兵，復來拒戰，齊兵少不利，軍引還，於是葭萌復沒於魏。

齊在益部累年，討擊蠻獠，身無寧歲。其居軍中，能身親勞辱，與士卒同其勤苦。自晝頓舍城壘，皆委曲得其便，調給衣糧資用，人人無所困乏。既爲物情所附，蠻獠亦不敢犯，是以威名行於庸、蜀。巴西郡居益州之半，又當東道衝要，刺史經過，軍府遠涉，多所窮匱。齊緣路聚糧食，種蔬菜，行者皆取給焉。其能濟辦，多此類也。

十七年，遷持節、都督南梁州諸軍事、智武將軍、南梁州刺史。普通四年，遷信武將軍、征西鄱陽王司馬、新興永寧二郡太守。未發而卒，時年六十七。追贈散騎常侍、右衞將軍。賻錢十萬，布百匹。謚曰壯。

陳吏部尚書姚察曰：王珍國、申胄、徐元瑜、李居士，齊末咸爲列將，擁强兵；或面縛請罪，或斬關獻捷；其能後服，馬仙琕而已。仁義何常，蹈之則爲君子，信哉！及其臨邊撫衆，雖李牧無以加矣。張齊之政績，亦有異焉。胄、元瑜、居士入梁事迹鮮，故不爲之傳。

校勘記

〔一〕五年魏任城王元澄寇鍾離　「五年」南史作「天監二年」。按：通鑑梁武帝天監二年三月，魏揚州刺史任城王澄遣將入寇；三年二月，任城王澄攻鍾離。又下文「梁州長史夏侯道遷以州降魏」，通鑑繫之於天監四年，是在天監五年以前。則此「五年」當是「二年」之誤。

〔二〕魏豫州人白皁生殺其刺史琅邪王司馬慶曾　「白皁生」、「司馬慶曾」，魏書宣武帝紀作「白早生」、「司馬悦」，通鑑皆從魏書。

〔三〕推鄉人胡遜爲刺史　「遜」各本作「遊」，據本書武帝紀改。

〔四〕朐山民殺琅邪太守劉晣　「晣」各本譌「昕」，據南史及魏書盧昶傳改。

〔五〕張齊字子轡　「轡」南史作「嚮」。

梁書卷十八

列傳第十二

張惠紹 馮道根 康絢 昌義之

張惠紹字德繼，義陽人也。少有武幹。齊明帝時爲直閤，後出補竟陵橫桑戍主。永元初，母喪歸葬於鄉里。聞義師起，馳歸高祖，板爲中兵參軍，加寧朔將軍、軍主。師次漢口，高祖使惠紹與軍主朱思遠遊遏江中，斷郢、魯二城糧運。郢城水軍主沈難當帥輕舸數十挑戰，惠紹擊破，斬難當，盡獲其軍器。義師次新林、朱雀，惠紹累有戰功。建康城平，遷輔國將軍、前軍，直閤、左細仗主。高祖踐阼，封石陽縣侯，邑五百戶。遷驍騎將軍，直閤、細仗主如故。時東昏餘黨數百人，竊入南北掖門，燒神虎門，害衞尉張弘策。惠紹馳率所領赴戰，斬首數十級，賊乃散走。以功增邑二百戶，遷太子右衞率。

天監四年，大舉北伐，惠紹與冠軍長史胡辛生、寧朔將軍張豹子攻宿預，執城主馬成龍，送于京師。使部將藍懷恭於水南立城爲掎角。俄而魏援大至，敗陷懷恭，惠紹不能守，是夜奔還淮陰，魏復得宿預。六年，魏軍攻鍾離，詔左衞將軍曹景宗督衆軍爲援，進據邵陽，惠紹與馮道根、裴邃等攻斷魏連橋，短兵接戰，魏軍大潰。以功增邑三百戶，還爲左驍騎將軍。尋出爲持節、都督北兗州諸軍事、冠軍將軍、北兗州刺史。魏宿預、淮陽二城內附，惠紹撫納有功，進號智武將軍，益封二百戶。入爲衞尉卿，遷左衞將軍。出爲持節、都督司州諸軍事、信威將軍、司州刺史、領安陸太守。在州和理，吏民親愛之。徵還爲左衞將軍，加通直散騎常侍，甲仗百人，直衞殿內。十八年，卒，時年六十三。詔曰：「張惠紹志略開濟，幹用貞果。誠勳義始，績聞累任。爰居禁旅，盡心朝夕。奄至殞喪，惻愴于懷。宜追寵命，以彰勳烈。可贈護軍將軍，給鼓吹一部，布百匹，蠟二百斤。謚曰忠。」子澄嗣。

澄初爲直閤將軍，丁父憂，起爲晉熙太守，隨豫州刺史裴邃北伐，累有戰功，與湛僧智、胡紹世、魚弘並當時之驍將。〔一〕歷官衞尉卿、太子左衞率。卒官，謚曰愍。

馮道根字巨基，廣平酇人也。少失父，家貧，傭賃以養母。行得甘肥，不敢先食，必遽還以進母。年十三，以孝聞於鄉里。郡召爲主簿，辭不就。年十六，鄉人蔡道斑爲湖陽戍主，〔二〕道斑攻蠻錫城，反爲蠻所困，道根救之。匹馬轉戰，殺傷甚多，道斑以免，由是知名。齊建武末，魏主托跋宏寇沒南陽等五郡，明帝遣太尉陳顯達率衆復爭之。師入汮口，〔三〕道根與鄉里人士以牛酒候軍，因說顯達曰：「汮水迅急，難進易退。魏若守隘，則首尾俱急。不如悉棄船艦於鄴城，方道步進，建營相次，鼓行而前。如是，則立破之矣。」顯達不聽，道根猶以私屬從軍。及顯達敗，軍人夜走，多不知山路；道根每及險要，輒停馬指示之，衆賴以全。尋爲汮口戍副。

永元中，以母喪還家。聞高祖起義師，乃謂所親曰：「金革奪禮，古人不避，揚名後世，豈非孝乎？時不可失，吾其行矣。」率鄉人子弟勝兵者，悉歸高祖。時有蔡道福爲將從軍，高祖使道根副之，皆隸於王茂。茂伐沔，攻郢城，克加湖，道根常爲前鋒陷陳。會道福卒於軍，高祖令道根并領其衆。大軍次新林，隨王茂於朱雀航大戰，斬獲尤多。高祖卽位，以爲驍騎將軍。封增城縣男，邑二百戶。領文德帥，遷游擊將軍。是歲，江州刺史陳伯之反，道根隨王茂討平之。

天監二年，爲寧朔將軍、南梁太守，領阜陵城戍。初到阜陵，脩城隍，遠斥候，有如敵將至者，衆頗笑之。道根曰：「怯防勇戰，此之謂也。」脩城未畢，會魏將党法宗、傅豎眼率衆二萬，奄至城下，道根壍壘未固，城中衆少，皆失色。道根命廣開門，緩服登城，選精鋭二百人，出與魏軍戰，敗之。魏人見意閑，且戰又不利，因退走。是時魏分兵於大小峴、東桑等，連城相持。魏將高祖珍以三千騎軍其間，道根率百騎横擊破之，獲其鼓角軍儀。於是糧運既絶，諸軍乃退。遷道根輔國將軍。

豫州刺史韋叡圍合肥，克之，道根與諸軍同進，所在有功。六年，魏攻鍾離，高祖復詔叡救之，道根率衆三千爲叡前驅。至徐州，建計據邵陽洲，築壘掘壍，以逼魏城。道根能走馬步地，計馬足以賦功，〔四〕城隍立辦。及淮水長，道根乘戰艦，攻斷魏連橋數百丈，魏軍敗績。益封三百戶，進爵爲伯。還遷雲騎將軍、領直閤將軍，改封豫寧縣，戶邑如前。累遷中權中司馬、右游擊將軍、武旅將軍、歷陽太守。八年，遷貞毅將軍、假節、督豫州諸軍事、豫州刺史、領汝陰太守。〔五〕爲政清簡，境内安定。十一年，徵爲太子右衞率。十三年，出爲信武將軍、宣惠司馬、新興永寧二郡太守。十四年，徵爲員外散騎常侍、右游擊將軍，領朱衣直閤。十五年，爲右衞將軍。

道根性謹厚，木訥少言，爲將能檢御部曲，所過村陌，將士不敢虜掠。每所征伐，終不言功，諸將讙譁爭競，道根默然而已。其部曲或怨非之，道根喻曰：「明主自鑒功之多少，吾將何事。」高祖嘗指道根示尚書令沈約曰：「此人口不論勳。」約曰：「此陛下之大樹將軍也。」

處州郡，和理清靜，爲部下所懷。在朝廷，雖貴顯而性儉約，所居宅不營牆屋，無器服侍衞，入室則蕭然如素士之貧賤者。當時服其清退，高祖亦雅重之。微時不學，旣貴，粗讀書，自謂少文，常慕周勃之器重。

十六年，復假節、都督豫州諸軍事、信武將軍、豫州刺史。將行，高祖引朝臣宴別道根於武德殿，召工視道根，使圖其形像。道根踧踖謝曰：「臣所可報國家，惟餘一死；但天下太平，臣恨無可死之地。」豫部重得道根，人皆喜悅。高祖每稱曰：「馮道根所在，能使朝廷不復憶有一州。」

居州少時，遇疾，自表乞還朝，徵爲散騎常侍、左軍將軍。旣至疾甚，中使累加存問。普通元年正月，卒，時年五十八。是日輿駕春祠二廟，旣出宮，有司以聞。高祖問中書舍人朱异曰：「吉凶同日，今行乎？」异對曰：「昔柳莊寢疾，衞獻公當祭，請於尸曰：『有臣柳莊，非寡人之臣，是社稷之臣也，聞其死，請往。』不釋祭服而往，遂以襚之。道根雖未爲社稷之臣，亦有勞王室，臨之禮也。」高祖卽幸其宅，哭之甚慟。詔曰：「豫寧縣開國伯、新除散騎常侍、領左軍將軍馮道根，奉上能忠，有功不伐，撫人留愛，守邊難犯，祭遵、馮異、郭伋、李牧，不能過也。奄致殞喪，惻愴于懷。可贈信威將軍、左衞將軍，給鼓吹一部。賻錢十萬，布百匹。諡曰威。」子懷嗣。

康絢字長明，華山藍田人也。其先出自康居。初，漢置都護，盡臣西域，康居亦遣侍子待詔於河西，因留爲黔首，其後卽以康爲姓。晉時隴右亂，康氏遷于藍田。絢曾祖因爲苻堅太子詹事，生穆，穆爲姚萇河南尹。宋永初中，穆舉鄉族三千餘家，入襄陽之峴南，宋爲置華山郡藍田縣，寄居于襄陽，以穆爲秦、梁二州刺史，未拜，卒。絢世父元隆，父元撫，並爲流人所推，相繼爲華山太守。

絢少俶儻有志氣，齊文帝爲雍州刺史，所辟皆取名家，絢特以才力召爲西曹書佐。永明三年，除奉朝請。文帝在東宮，以舊恩引爲直後，以母憂去職。服闋，除振威將軍、華山太守。推誠撫循，荒餘悅服。遷前軍將軍，復爲華山太守。

永元元年，義兵起，絢舉郡以應高祖，身率敢勇三千人，私馬二百五十匹以從。除西中郎南康王中兵參軍，加輔國將軍。義師方圍張沖於郢城，曠日持久，東昏將吳子陽壁于加湖，軍鋒甚盛，絢隨王茂力攻屠之。自是常領遊兵，有急應赴，斬獲居多。天監元年，封南安縣男，〔六〕邑三百戶。除輔國將軍、竟陵太守。魏圍梁州，刺史王珍國使請救，絢以郡兵赴之，魏軍退。七年，司州三關爲魏所逼，詔假絢節、武旅將軍，率衆赴援。九年，遷假節、督北兗州緣淮諸軍事、振遠將軍、北兗州刺史。及朐山亡徒以城降魏，絢馳遣司馬霍奉伯分軍據嶮，魏軍至，不得越朐城。明年，青州刺史張稷爲土人徐道角所殺，〔七〕絢又遣司馬茅榮伯討平之。徵驃騎臨川王司馬，加左驍騎將軍，尋轉朱衣直閤。十三年，遷太子右衞率，甲仗百人，與領軍蕭景直殿內。

絢身長八尺，容貌絕倫，雖居顯官，猶習武藝。高祖幸德陽殿戲馬，敕絢馬射，撫弦貫的，觀者悅之。其日，上使畫工圖絢形，遣中使持以問絢曰：「卿識此圖不？」其見親如此。

時魏降人王足陳計，求堰淮水以灌壽陽。足引北方童謠曰：「荆山爲上格，浮山爲下格，潼沱爲激溝，併灌鉅野澤。」高祖以爲然，使水工陳承伯、材官將軍祖暅視地形，咸謂淮內沙土漂輕，不堅實，其功不可就。高祖弗納，發徐、揚人，率二十戶取五丁以築之。假絢節、都督淮上諸軍事，並護堰作，役人及戰士，有衆二十萬。於鍾離南起浮山，北抵巉石，依岸以築土，合脊於中流。十四年，堰將合，淮水漂疾，輒復決潰，衆患之。或謂江、淮多有蛟，能乘風雨決壞崖岸，其性惡鐵，因是引東西二冶鐵器，大則釜鬵，小則鋘鋤，數千萬斤，沉于堰所。猶不能合，乃伐樹爲井幹，塡以巨石，加土其上。緣淮百里內，岡陵木石，無巨細必盡，負擔者肩上皆穿。夏日疾疫，死者相枕，蠅蟲晝夜聲相合。高祖愍役人淹久，遣尚書右僕射袁昂、侍中謝舉假節慰勞之，并加蠲復。是冬又寒甚，淮、泗盡凍，士卒死者十七八，高祖復遣賜以衣袴。十一月，魏遣將楊大眼揚聲決堰，絢命諸軍撤營露次以待之。遣其子悅挑戰，斬魏咸陽王府司馬徐方興，魏軍小却。十二月，魏遣其尚書僕射李曇定督衆軍來戰，〔八〕絢與徐州刺史劉思祖等距之。高祖又遣右衞將軍昌義之、太僕卿魚弘文、〔九〕直閤曹世宗、徐元和相次距守。十五年四月，堰乃成。其長九里，下闊一百四十丈，上廣四十五丈，高二十丈，深十九丈五尺。夾之以堤，并樹杞柳，軍人安堵，列居其上。其水清潔，俯視居人墳墓，了然皆在其下。或人謂絢曰：「四瀆，天所以節宣其氣，不可久塞。若鑿湫東注，則游波寬緩，堰得不壞。」絢然之，開湫東注。又縱反間於魏曰：「梁人所懼開湫，不畏野戰。」魏人信之，果鑿山深五丈，開湫北注，水日夜分流，湫猶不減。其月，魏軍竟潰而歸。水之所及，夾淮方數百里地。魏壽陽城戍稍徙頓於八公山，此南居人散就岡壠。

初，堰起於徐州界，刺史張豹子宣言於境，謂己必尸其事。既而絢以他官來監作，豹子甚慚。俄而敕豹子受絢節度，每事輒先諮焉，由是遂譖絢與魏交通，高祖雖不納，猶以事畢徵絢。尋以絢爲持節、都督司州諸軍事、信武將軍、司州刺史，領安陸太守，增封二百戶。絢還後，豹子不脩堰，至其秋八月，淮水暴長，堰悉壞決，奔流于海，祖暅坐下獄。絢在州三年，大脩城隍，號爲嚴政。〔一〇〕

十八年，徵爲員外散騎常侍，領長水校尉，與護軍韋叡、太子右衞率周捨直殿省。普通元年，除衞尉卿，未拜，卒，時年五十七。輿駕卽日臨哭。贈右衞將軍，給鼓吹一部。賻錢十萬，布百匹。謚曰壯。

絢寬和少喜懼，在朝廷，見人如不能言，號爲長厚。在省，每寒月見省官繿縷，輒遺以襦衣，其好施如此。子悅嗣。

昌義之，歷陽烏江人也。少有武幹。齊代隨曹虎征伐，累有戰功。虎爲雍州，以義之補防閤，出爲馮翊戍主。及虎代還，義之留事高祖。時天下方亂，高祖亦厚遇之。義師起，板爲輔國將軍、軍主，除建安王中兵參軍。時竟陵芊口有邸閣，高祖遣驅，每戰必捷。大軍次新林，隨王茂於新亭，并朱雀航力戰，斬獲尤多。建康城平，以爲直閤將軍、馬右夾轂主。天監元年，封永豐縣侯，邑五百戶。除驍騎將軍。出爲盱眙太守。二年，遷假節、督北徐州諸軍事、輔國將軍、北徐州刺史，鎭鍾離。魏寇州境，義之擊破之。三年，進號冠軍將軍，增封二百戶。

四年，大舉北伐，揚州刺史臨川王督衆軍軍洛口，義之以州兵受節度，爲前軍，攻魏梁城戍，克之。五年，高祖以征役久，有詔班師，衆軍各退散，魏中山王元英乘勢追躡，攻沒馬頭，城內糧儲，魏悉移之歸北。議者咸曰：「魏運米北歸，當無復南向。」高祖曰：「不然，此必進兵，非其實也。」乃遣土匠脩營鍾離城，〔二〕敕義之爲戰守之備。是冬，英果率其安樂王元道明、平東將軍楊大眼等衆數十萬，來寇鍾離。鍾離城北阻淮水，魏人於邵陽洲西岸作浮橋，跨淮通道。英據東岸，大眼據西岸，以攻城。時城中衆纔三千人，義之督帥，隨方抗禦。魏軍乃以車載土塡塹，使其衆負土隨之，嚴騎自後蹙焉，人有未及回者，因以土迮之，俄而塹滿。英與大眼躬自督戰，晝夜苦攻，分番相代，墜而復升，莫有退者。又設飛樓及衝車撞之，所值城土輒頹落。〔三〕義之乃以泥補缺，衝車雖入而不能壞。義之善射，其被攻危急之處，輒馳往救之，每彎弓所向，莫不應弦而倒。一日戰數十合，前後殺傷者萬計，魏軍死者與城平。

六年四月，高祖遣曹景宗、韋叡帥衆二十萬救焉，既至，與魏戰，大破之，英、大眼等各脫身奔走。義之因率輕兵追至洛口而還，斬首俘生，不可勝計。以功進號軍師將軍，增封二百戶，遷持節、督青冀二州諸軍事、征虜將軍、青冀二州刺史。未拜，改督南兗兗徐青冀五州諸軍事、輔國將軍、南兗州刺史。坐禁物出藩，爲有司所奏免。其年，補朱衣直閤，除左驍騎將軍，直閤如故。遷太子右衞率，領越騎校尉，假節。八年，出爲持節、督湘州諸軍事、征遠將軍、湘州刺史。九年，以本號還朝，俄爲司空臨川王司馬，將軍如故。十年，遷右衛將軍。十三年，徙爲左衛將軍。

是冬，高祖遣太子右衛率康絢督衆軍作荆山堰。明年，魏遣將李曇定大衆逼荆山，揚聲欲決堰，詔假義之節，帥太僕卿魚弘文、直閣將軍曹世宗、徐元和等救絢，軍未至，絢等已破魏軍。魏又遣大將李平攻峽石，圍直閣將軍趙祖悅，義之又率朱衣直閣王神念等救之。時魏兵盛，神念攻峽石浮橋不能克，故援兵不得時進，遂陷峽石。義之班師，爲有司所奏，高祖以其功臣，不問也。

十五年，復以爲使持節、都督湘州諸軍事、信威將軍、湘州刺史。其年，改授都督北徐州緣淮諸軍事、平北將軍、北徐州刺史。義之性寬厚，爲將能撫御，得人死力，及居藩任，吏民安之。俄給鼓吹一部，改封營道縣侯，邑戶如先。普通三年，徵爲護軍將軍，鼓吹如故。四年十月，卒。高祖深痛惜之，詔曰：「護軍將軍、營道縣開國侯昌義之，幹略沉濟，志懷寬隱，誠著運始，効彰邊服。方申爪牙，寄以禁旅；奄至殞喪，惻愴于懷。可贈散騎常侍、車騎將軍，并鼓吹一部。給東園祕器，朝服一具。賻錢二萬，布二百匹，蠟二百斤。謚曰烈。」

子寶業嗣，官至直閣將軍、譙州刺史。

陳吏部尚書姚察曰：張惠紹、馮道根、康絢、昌義之，初起從上，其功則輕。及羣盜焚門，而惠紹以力戰顯；合肥、邵陽之逼，而道根、義之功多；浮山之役起，而康絢典其事：互有厥勞，寵進宜矣。先是鎮星守天江而堰興，及退舍而堰決，非徒人事，有天道矣。

校勘記

〔一〕與湛僧智胡紹世魚弘並當時之驍將　「胡紹世」，夏侯亶傳作「明紹世」。「魚弘」各本作「魚弘文」。按：夏侯亶傳南史張紹惠傳及册府元龜三五二並作「魚弘」。「文」字衍，今據删。下同。

〔二〕鄉人蔡道斑爲湖陽戍主　「斑」南史及册府元龜八四七作「班」。

〔三〕師入泃口　「泃口」各本皆作「泃均口」。王鳴盛十七史商榷云：「泃當作洵。均字乃後人旁注，而傳寫者誤入正文。」按：王說是。洵口卽水經沔水注之均口，爲洵水入沔之口。下文「泃均水迅急」，「泃均口戍副」，皆當作「洵水迅急」，「洵口戍副」，今並改正。

〔四〕計馬足以賦功　「馬」，各本脫。據南史及册府元龜三五二補。

〔五〕領汝陰太守　「汝陰」當作「南汝陰」。錢大昕廿二史考異：「是時豫州治合肥，南汝陰郡亦僑置於合肥。馮道根傳領汝陰太守，亦當爲南汝陰，史缺南字耳。」

〔六〕封南安縣男　「南安」南史及册府元龜七六五作「南陽」。

〔七〕明年青州刺史張稷爲土人徐道角所殺　張森楷梁書校勘記：「案武帝紀及張稷傳，稷以十二年見殺，非十年也。此於九年下接之，明年則似十年矣，非也。」

〔八〕十二月魏遣其尚書僕射李曇定督衆軍來戰　通鑑天監十五年：「康絢已擊魏兵，却之。」考異：「按魏帝紀，此年正月乃遣李平節度諸軍，絢傳誤也。曇定卽平字也。」

〔九〕太僕卿魚弘文　「魚弘文」亦疑爲「魚弘」之譌。然魚弘傳不載其爲太僕卿。

〔一〇〕號爲嚴政　「政」南史作「整」。

〔一一〕乃遣土匠脩營鍾離城　「土匠」疑「工匠」之譌。

〔一二〕所值城土輒頹落　「土」各本作「上」。按下文有「義之乃以泥補缺」，則「上」字顯係「土」字之譌，今改正。

梁書卷十九

列傳第十三

宗夬　劉坦　樂藹

宗夬字明敭，南陽涅陽人也，世居江陵。祖炳，〔一〕宋時徵太子庶子不就，有高名。父繁，西中郎諮議參軍。

夬少勤學，有局幹。弱冠，舉郢州秀才，歷臨川王常侍、驃騎行參軍。齊司徒竟陵王集學士於西邸，並見圖畫，夬亦預焉。永明中，與魏和親，敕夬與尙書殿中郎任昉同接魏使，皆時選也。

武帝嫡孫南郡王居西州，以夬管書記，夬既以筆札被知，亦以貞正見許，故任焉。俄而文惠太子薨，王爲皇太孫，夬仍管書記。及太孫卽位，多失德，夬頗自疏，得爲秣陵令，遷尙書都官郎。隆昌末，少帝見誅，寵舊多罹其禍，惟夬及傅昭以清正免。

明帝卽位，以夬爲郢州治中，有名稱職，以父老去官還鄉里。南康王爲荊州刺史，引爲別駕。義師起，遷西中郎諮議參軍，別駕如故。時西土位望，惟夬與同郡樂藹、劉坦爲州人所推信，故領軍將軍蕭穎冑深相委仗，每事諮焉。高祖師發雍州，穎冑遣夬出自楊口，面稟經略，並護送軍資，高祖甚禮之。中興初，遷御史中丞，〔二〕以父憂去職。起爲冠軍將軍、衞軍長史。天監元年，遷征虜長史、東海太守，將軍如故。二年，徵爲太子右衞率。是冬，遷五兵尚書，參掌大選。三年，卒，時年四十九。子曜卿嗣。〔三〕

夬從弟岳，有名行，州里稱之，出於夬右。仕歷尚書庫部郎，郢州治中，北中郎錄事參軍事。

劉坦字德度，南陽安衆人也，〔四〕晉鎮東將軍喬之七世孫。坦少爲從兄虯所知。齊建元初，爲南郡王國常侍，尋補孱陵令，遷南中郎錄事參軍，所居以幹濟稱。

南康王爲荊州刺史，坦爲西中郎中兵參軍，領長流。義師起，遷諮議參軍。時輔國將軍楊公則爲湘州刺史，帥師赴夏口，西朝議行州事者，坦謂衆曰：「湘境人情，易擾難信。若專用武士，則百姓畏侵漁；若遣文人，則威略不振。必欲鎮靜一州城，軍民足食，則無踰老臣。先零之役，竊以自許。」遂從之。乃除輔國長史、長沙太守，行湘州事。坦嘗在湘州，多舊恩，道迎者甚衆。下車簡選堪事吏，分詣十郡，悉發人丁，運租米三十餘萬斛，致之義師，資糧用給。

時東昏遣安成太守劉希祖破西臺所選太守范僧簡於平都，希祖移檄湘部，於是始興內史王僧粲應之。〔五〕邵陵人逐其內史褚洊，永陽人周暉起兵攻始安郡，並應僧粲。桂陽人邵曇弄、鄧道介報復私讎，因合黨亦同焉。僧粲自號平西將軍、湘州刺史，以永陽人周舒爲謀主，師于建寧。自是湘部諸郡，悉皆蜂起；惟臨湘、湘陰、瀏陽、羅四縣猶全。州人咸欲汎舟逃走，坦悉聚船焚之，遣將尹法略距僧粲，相持未決。前湘州鎮軍鍾玄紹潛謀應僧粲，〔六〕要結士庶數百人，皆連名定計，刻日反州城。坦聞其謀，僞爲不知，因理訟至夜，而城門遂不閉，以疑之。玄紹未及發，明旦詣坦問其故。坦久留與語，密遣親兵收其家書，玄紹在坐未起，而收兵已報具得其文書本末，玄紹卽首伏，於坐斬之。焚其文書，其餘黨悉無所問，衆愧且服，州部遂安。法略與僧粲相持累月，建康城平，公則還州，羣賊始散。

天監初，論功封荔浦縣子，邑三百戶。遷平西司馬、新興太守。天監三年，遷西中郎長史，〔七〕卒，時年六十二。子泉嗣。

樂藹字蔚遠，南陽淯陽人，晉尚書令廣之六世孫，世居江陵。其舅雍州刺史宗慤，嘗陳器物，試諸甥姪。藹時尚幼，而所取惟書，慤由此奇之。又取史傳各一卷授藹等，使讀畢，言所記。藹略讀具舉，慤益善之。

宋建平王景素爲荆州刺史，辟爲主簿。景素爲南徐州，復爲征北刑獄參軍，遷龍陽相。以父憂去職，吏民詣州請之，葬訖起焉。時齊豫章王嶷爲武陵太守，雅善藹爲政，及嶷爲荆州刺史，以藹爲驃騎行參軍、領州主簿，參知州事。嶷嘗問藹風土舊俗，城隍基跱，山川險易，藹隨問立對，若按圖牒，嶷益重焉。州人嫉之，或譖藹廨門如市，嶷遣覘之，方見藹閉閤讀書。嶷還都，以藹爲太尉刑獄參軍，典書記，遷枝江令。還爲大司馬中兵參軍，轉署記室。

永明八年，荆州刺史巴東王子響稱兵反，既敗，焚燒府舍，官曹文書，一時蕩盡。武帝引見藹，問以西事，藹上對詳敏，帝悅焉。用爲荆州治中，敕付以脩復府州事。藹還州，繕脩廨署數百區，頃之咸畢，而役不及民。荆部以爲自晉王忱移鎮以來府舍，〔八〕未之有也。

九年，豫章王嶷薨，藹解官赴喪，率荆、湘二州故吏，〔九〕建碑墓所。累遷車騎平西錄事參軍、步兵校尉，求助戍西歸。

南康王爲西中郎，以藹爲諮議參軍。義師起，蕭穎胄引藹及宗夬、劉坦，任以經略。梁臺建，遷鎮軍司馬、中書侍郎、尙書左丞。時營造器甲，舟艦軍糧，及朝廷儀憲，悉資藹焉。尋遷給事黃門侍郎，左丞如故。和帝東下，道兼衞尉卿。

天監初，遷驍騎將軍、領少府卿；俄遷御史中丞，領本州大中正。初，藹發江陵，無故於船得八車輻，如中丞健步避道者，至是果遷焉。藹性公强，居憲臺甚稱職。時長沙宣武王將葬，而車府忽於庫失油絡，欲推主者。藹曰：「昔晉武庫火，張華以爲積油萬石必然。今庫若有灰，非吏罪也。」既而檢之，果有積灰，時稱其博物弘恕焉。

二年，出爲持節、督廣交越三州諸軍、冠軍將軍、平越中郎將、廣州刺史。前刺史徐元瑜罷歸，道遇始興人士反，逐內史崔睦舒，因掠元瑜財產。元瑜走歸廣州，借兵於藹，託欲討賊，而實謀襲藹。藹覺之，誅元瑜。尋進號征虜將軍，卒官。

藹姊適徵士同郡劉虬，亦明識有禮訓。藹爲州，迎姊居官舍，參分祿秩，西土稱之。

子法才，字元備，幼與弟法藏俱有美名。〔一〇〕少遊京師，造沈約，約見而稱之。齊和帝爲相國，召爲府參軍，鎮軍蕭穎胄辟主簿。梁臺建，除起部郎。天監二年，藹出鎮嶺表，法才留任京邑，遷金部郎，父憂去官。服闋，除中書通事舍人，出爲本州別駕。入爲通直散騎侍郎，復掌通事，遷尙書右丞。晉安王爲荆州，重除別駕從事史。復徵爲尙書右丞，出爲招遠將軍、建康令。不受俸秩，比去任，將至百金，縣曹啓輸臺庫。高祖嘉其淸節，曰：「居職若斯，可以爲百城表矣。」卽日遷太舟卿。〔二〕尋除南康內史，恥以讓俸受名，辭不拜。俄轉雲騎將軍、少府卿。出爲信武長史、江夏太守。因被代，表便道還鄉。至家，割宅爲寺，棲心物表。皇太子以法才舊臣，累有優令，召使東下，未及發而卒，時年六十三。

陳吏部尚書姚察曰：蕭穎胄起大州之衆以會義，當其時，人心未之能悟。此三人者，楚之鎭也。經營締構，蓋有力焉。方面之功，坦爲多矣；當官任事，藹則兼之。咸登寵秩，宜乎！

校勘記

〔一〕祖炳　「炳」字，各本作「景」，姚思廉避唐諱所改。宗炳，字少文，見宋書隱逸傳。南史避唐諱，稱少文而不名。今改回。

〔二〕中興初遷御史中丞　「中興」各本作「天興」。按：齊無天興年號。齊和帝中興元年三月，蕭衍師次楊口，和帝遣御史中丞宗夬銜命勞軍，見本書庾域傳及通鑑。今據改。

〔三〕子曜卿嗣　上文不言宗夬封爵，此言「嗣」，如「嗣」字不是衍文，卽上有脫文。

〔四〕南陽安衆人也　按：晉書劉喬傳：「喬，南陽人。」南齊書、南史劉虯傳並云：「南陽湼陽人，晉豫州刺史喬七世孫。」南齊書州郡志，南陽郡領縣七，有湼陽，無安衆。此南陽安衆當就其漢世郡望而言。

〔五〕時東昏遣安成太守劉希祖破西臺所選太守范僧簡於平都至於是始興內史王僧粲應之　「安成太守」，通鑑和帝中興元年紀作「安成內史」。「始興內史」，南齊書蕭穎胄傳作「湘東內史」。

〔六〕前湘州鎮軍鍾玄紹潛謀應僧粲　通鑑和帝中興元年紀同。胡注：「按當時州府官屬無鎮軍之稱，此必梁書之誤。」

〔七〕遷西中郎長史　「長史」二字，各本皆脫，據南史補。

〔八〕荆部以爲自晉王忱移鎮以來府舍　「忱」各本作「悦」。按：晉荆州刺史有王忱，無王悦，今改正。

〔九〕率荆湘二州故吏　「二州」各本作「二牧」，據南史改。

〔一〇〕幼與弟法藏俱有美名　「法」字各本脫，據南史補。

〔一一〕卽日遷太舟卿　「太舟卿」各本作「太府卿」，據南史改。按：梁天監七年官制，太府卿十三班，少府卿十一班，太舟卿九班，以班多者爲貴。下文「俄轉少府卿」，明應由太舟卿轉，不應由太府卿降。

梁書卷二十

列傳第十四

劉季連　陳伯之

劉季連字惠續，彭城人也。父思考，以宋高祖族弟顯於宋世，位至金紫光祿大夫。季連有名譽，早歷清官。齊高帝受禪，悉誅宋室近屬，將及季連等，太宰褚淵素善之，固請乃免。

建元中，季連爲尚書左丞。永明初，出爲江夏內史，累遷平南長沙內史，〔一〕冠軍長史、廣陵太守，並行府州事。入爲給事黄門侍郎，轉太子中庶子。建武中，又出爲平西蕭遙欣長史、南郡太守。時明帝諸子幼弱，內親則仗遙欣兄弟，外親則倚后弟劉暄、內弟江祏。遙欣之鎮江陵也，意寄甚隆；而遙欣至州，多招賓客，厚自封殖，明帝甚惡之。季連族甥琅邪王會爲遙欣諮議參軍，美容貌，頗才辯，遙欣遇之甚厚。會多所慠忽，於公座與遙欣競侮季連，季連憾之，乃密表明帝，稱遙欣有異迹，明帝納焉，乃以遙欣爲雍州刺史。明帝心德季連，四年，以爲輔國將軍、益州刺史，令據遙欣上流。季連父，宋世爲益州，貪鄙無政績，州人猶以義故，善待季連。季連下車，存問故老，撫納新舊，見父時故吏，皆對之流涕。辟遂寧人龔愜爲府主簿。愜，龔穎之孫，累世有學行，故引焉。

東昏卽位，永元元年，徵季連爲右衞將軍，道斷不至。季連聞東昏失德，京師多故，稍自驕矜。本以文吏知名，性忌而褊狹，至是遂嚴愎酷狠，士人始懷怨望。其年九月，季連因聚會，發人丁五千人，聲以講武，遂遣中兵參軍宋買率之以襲中水。穰人李託豫知之，設備守險，買與戰不利，還州，郡縣多叛亂矣。是月，新城人趙續伯殺五城令，〔三〕逐始平太守。十月，晉原人樂寶稱、李難當殺其太守，寶稱自號南秦州刺史，難當益州刺史。十二月，季連遣參軍崔茂祖率衆二千討之，齎三日糧。值歲大寒，羣賊相聚，伐樹塞路，軍人水火無所得，大敗而還，死者十七八。明年正月，新城人帛養逐遂寧太守譙希淵。三月，巴西人雍道晞率羣賊萬餘逼巴西，去郡數里，道晞稱鎭西將軍，號建義。巴西太守魯休烈與涪令李膺嬰城自守，季連遣中兵參軍李奉伯率衆五千救之。奉伯至，與郡兵破擒道晞，斬之涪市。奉伯因獨進巴西之東鄉討餘賊。李膺止之曰：「卒惰將驕，乘勝履險，非良策也。不如小緩，更思後計。」奉伯不納，悉衆入山，大敗而出，遂奔還州。六月，江陽人程延期反，殺太守何法藏。魯休烈懼不自保，奔投巴東相蕭慧訓。十月，巴西人趙續伯又反，有衆二萬，出廣漢，乘佛輿，以五綵裹青石，誑百姓云：「天與我玉印，當王蜀。」愚人從之者甚衆。季連進討之，遣長史趙越常前驅。兵敗，季連復遣李奉伯由涪路討之。奉伯別軍自潺亭與大軍會於城，進攻其柵，大破之。

時會稽人石文安字守休，〔三〕隱居鄉里，專行禮讓，代季連爲尚書左丞，出爲江夏內史，又代季連入爲御史中丞，與季連相善。子仲淵字欽回，聞義師起，率鄉人以應高祖。天監初，拜郢州別駕，從高祖平京邑。

明年春，遣左右陳建孫送季連弟通直郎子淵及季連二子使蜀，喻旨慰勞。季連受命，飭還裝。高祖以西臺將鄧元起爲益州刺史。元起，南郡人。季連爲南郡之時，素薄元起。典籤朱道琛者，嘗爲季連府都錄，無賴小人，有罪，季連欲殺之，逃叛以免。至是說元起曰：「益州亂離已久，公私府庫必多秏失，劉益州臨歸空竭，豈辦復能遠遣候遞。道琛請先使檢校，緣路奉迎；不然，萬里資糧，未易可得。」元起許之。道琛既至，言語不恭，又歷造府州人士，見器物輒奪之，有不獲者，語曰：「會當屬人，何須苦惜。」於是軍府大懼，謂元起至必誅季連，禍及黨與，競言之於季連。季連亦以爲然；又惡昔之不禮元起也，益憤懣。司馬朱士略說季連，求爲巴西郡，留三子爲質，季連許之。頃之，季連遂召佐史，矯稱齊宣德皇后令，聚兵復反，收朱道琛殺之。書報朱士略，兼召李膺。膺、士略並不受使。使歸，元起收兵於巴西以待之，季連誅士略三子。

天監元年六月，元起至巴西，季連遣其將李奉伯等拒戰。兵交，互有得失，久之，奉伯乃敗退還成都。季連驅略居人，閉城固守。元起稍進圍之。是冬，季連城局參軍江希之等謀以城降，不果，季連誅之。蜀中喪亂已二年矣，城中食盡，升米三千，亦無所糴，餓死者相枕。其無親黨者，又殺而食之。季連食粥累月，飢窘無計。二年正月，高祖遣主書趙景悅宣詔降季連，季連肉袒請罪。元起遷季連於城外，俄而造焉，待之以禮。季連謝曰：「早知如此，豈有前日之事。」元起誅李奉伯并諸渠帥，送季連還京師。季連將發，人莫之視，惟襲恆送焉。

初，元起在道，懼事不集，無以爲賞，士之至者，皆許以辟命，於是受別駕、治中檄者，將二千人。

季連既至，詣闕謝，高祖引見之。季連自東掖門入，數步一稽顙，以至高祖前。高祖笑謂曰：「卿欲慕劉備而曾不及公孫述，豈無臥龍之臣乎。」季連復稽顙謝。赦爲庶人。四年正月，因出建陽門，爲蜀人藺道恭所殺。季連在蜀，殺道恭父，道恭出亡，至是而報復焉。

陳伯之，濟陰睢陵人也。幼有膂力。年十三四，好著獺皮冠，帶刺刀，候伺鄰里稻熟，輒偷刈之。嘗爲田主所見，呵之云：「楚子莫動！」伯之謂田主曰：「君稻幸多，一擔何苦？」田主將執之，伯之因杖刀而進，將刺之，曰：「楚子定何如！」田主皆反走，伯之徐擔稻而歸。及年長，在鍾離數爲劫盜，嘗授面覘人船，船人斫之，獲其左耳。後隨鄉人車騎將軍王廣之，廣之愛其勇，每夜臥下榻，征伐嘗自隨。

齊安陸王子敬爲南兗州，頗持兵自衞。明帝遣廣之討子敬，廣之至歐陽，遣伯之先驅，因城開，獨入斬子敬。又頻有戰功，以勳累遷爲冠軍將軍、驃騎司馬，封魚復縣伯，邑五百戶。

義師起，東昏假伯之節、督前驅諸軍事、豫州刺史，將軍如故。尋轉江州，據尋陽以拒義軍。郢城平，高祖得伯之幢主蘇隆之，使說伯之，卽以爲安東將軍、江州刺史。伯之雖受命，猶懷兩端，僞云「大軍未須便下」。高祖謂諸將曰：「伯之此答，其心未定，及其猶豫，宜逼之。」衆軍遂次尋陽，伯之退保南湖，然後歸附。進號鎭南將軍，與衆俱下。伯之頓籬門，尋進西明門。建康城未平，每降人出，伯之輒喚與耳語。高祖恐其復懷翻覆，密語伯之曰：「聞城中甚忿卿舉江州降，欲遣刺客中卿，宜以爲慮。」伯之未之信。會東昏將鄭伯倫降，高祖使過伯之，謂曰：「城中甚忿卿，欲遣信誘卿以封賞。須卿復降，當生割卿手脚；卿若不降，復欲遣刺客殺卿。宜深爲備。」伯之懼，自是無異志矣。力戰有功。城平，進號征南將軍，封豐城縣公，邑二千戶，遣還之鎭。

伯之不識書，及還江州，得文牒辭訟，惟作大諾而已。有事，典籤傳口語，與奪決於主者。

伯之與豫章人鄧繕、永興人戴永忠並有舊，繕經藏伯之息英免禍，伯之尤德之。及在州，用繕爲別駕，永忠記室參軍。河南褚緭，京師之薄行者，齊末爲揚州西曹，遇亂居閭里；而輕薄互能自致，惟緭獨不達。高祖卽位，緭頻造尙書范雲，雲不好緭，堅距之。緭益怒，私語所知曰：「建武以後，草澤底下，悉化成貴人，吾何罪而見棄。今天下草創，饑饉不已，喪亂未可知。陳伯之擁强兵在江州，非代來臣，有自疑意；且熒惑守南斗，詎非爲我出。今者一行，事若無成，入魏，何遽減作河南郡。」於是遂投伯之書佐王思穆事之，大見親狎。及伯之鄉人朱龍符爲長流參軍，並乘伯之愚闇，恣行姦險，刑政通塞，悉共專之。

伯之子虎牙，時爲直閤將軍，高祖手疏龍符罪，親付虎牙，虎牙封示伯之；高祖又遣代江州別駕鄧繕，伯之並不受命。答高祖曰：「龍符驍勇健兒，鄧繕事有績効，臺所遣別駕，請以爲治中。」繕於是日夜說伯之云：「臺家府庫空竭，復無器仗，三倉無米，東境饑流，此萬代一時也，機不可失。」緭、永忠等每贊成之。伯之謂繕：「今段啓卿，若復不得，便與卿共下使反。」高祖敕部內一郡處繕，伯之於是集府州佐史謂曰：「奉齊建安王教，率江北義勇十萬，已次六合，見使以江州見力運糧速下。我荷明帝厚恩，誓死以報，今便纂嚴備辦。」使緭詐爲蕭寶夤書，以示僚佐。於廳事前爲壇，殺牲以盟，伯之先歃，長史已下次第歃血。緭說伯之曰：「今舉大事，宜引衆望。程元沖不與人同心；臨川內史王觀，僧虔之孫，人身不惡，便可召爲長史，以代元沖。」伯之從之，仍以緭爲尋陽太守，加討逆將軍；永忠輔義將軍；龍符爲豫州刺史，率五百人守大雷。大雷戍主沈慧休，鎭南參軍李延伯。又遣鄉人孫隣、李景受龍符節度，隣爲徐州，景爲郢州。豫章太守鄭伯倫起郡兵距守。程元沖既失職，於家合率數百人，使伯之典籤呂孝通、戴元則爲內應。伯之每旦常作伎，日晡輒臥，左右仗身皆休息。元沖因其解弛，從北門入，徑至廳事前。伯之聞叫聲，自率出盪，元沖力不能敵，走逃廬山。

初，元沖起兵，要尋陽張孝季，孝季從之。既敗，伯之追孝季不得，得其母郎氏，蠟灌殺之。遣信還都報虎牙兄弟，虎牙等走盱眙，盱眙人徐安、莊興紹、張顯明邀擊之，不能禁，反見殺。高祖遣王茂討伯之。伯之聞茂來，謂緭等曰：「王觀既不就命，鄭伯倫又不肯從，便應空手受困。今先平豫章，開通南路，多發丁力，益運資糧，然後席卷北向，以撲飢疲之衆，不憂不濟也。」乃留鄉人唐蓋人守城，遂相率趣豫章。太守鄭伯倫堅守，伯之攻之不能下。王茂前軍既至，伯之表裏受敵，乃敗走，間道亡命出江北，與子虎牙及褚緭俱入魏。魏以伯之爲使持節、散騎常侍、都督淮南諸軍事、平南將軍、光祿大夫、曲江縣侯。

天監四年，詔太尉、臨川王宏率衆軍北討，宏命記室丘遲私與伯之書曰：

陳將軍足下無恙，幸甚。將軍勇冠三軍，才爲世出。棄鷰雀之小志，慕鴻鵠以高翔。昔因機變化，遭逢明主，立功立事，開國承家，朱輪華轂，擁旄萬里，何其壯也！如何一旦爲奔亡之虜，聞鳴鏑而股戰，對穹廬以屈膝，又何劣耶？尋君去就之際，非有他故，直以不能內審諸己，外受流言，沉迷猖蹷，以至於此。聖朝赦罪論功，棄瑕錄用，收赤心於天下，安反側於萬物，將軍之所知，非假僕一二談也。朱鮪涉血於友于，張繡傳刃於愛子，漢主不以爲疑，魏君待之若舊。況將軍無昔人之罪，而勳重於當世。

夫迷塗知反，往哲是與；不遠而復，先典攸高。主上屈法申恩，吞舟是漏。將軍松柏不翦，親戚安居；高臺未傾，愛妾尙在。悠悠爾心，亦何可述。今功臣名將，雁行有序。懷黃佩紫，贊帷幄之謀；乘軺建節，奉疆埸之任。並刑馬作誓，傳之子孫。將軍獨靦顏借命，驅馳異域，寧不哀哉！

夫以慕容超之强，身送東市；姚泓之盛，面縛西都。故知霜露所均，不育異類；姬漢舊邦，無取雜種。北虜僭盜中原，多歷年所，惡積禍盈，理至燋爛。況僞孽昏狡，自相夷戮，部落攜離，酋豪猜貳，方當繫頸蠻邸，懸首藁街。而將軍魚游於沸鼎之中，鷰巢於飛幕之上，不亦惑乎！

暮春三月，江南草長，雜花生樹，羣鶯亂飛。見故國之旗鼓，感平生於疇日，撫弦登陴，豈不愴悢。所以廉公之思趙將，吳子之泣西河，人之情也。將軍獨無情哉！想早勵良圖，自求多福。

伯之乃於壽陽擁衆八千歸。虎牙爲魏人所殺。

伯之既至，以爲使持節、都督西豫州諸軍事、平北將軍、西豫州刺史，永新縣侯，邑千戶。未之任，復以爲通直散騎常侍、驍騎將軍，又爲太中大夫。久之，卒於家。其子猶有在魏者。

褚緭在魏，魏人欲擢用之。魏元會，緭戲爲詩曰：「帽上著籠冠，袴上著朱衣，不知是今是，不知非昔非。」魏人怒，出爲始平太守。日日行獵，墮馬死。

史臣曰：劉季連之文吏小節，而不能以自保全，習亂然也。陳伯之小人而乘君子之器，羣盜又誣而奪之，安能長久矣。

校勘記

〔一〕累遷平南長沙內史　張森楷校勘記：「『平南』下疑脫『長史』二字。平南乃將軍號，非郡，不當有內史。」

〔二〕新城人趙續伯殺五城令　按下文「巴西人趙續伯又反」，前後互異。又南史及太平御覽八二一皆謂趙續伯是巴西人。

〔三〕時會稽人石文安字守休　「字」字各本脫，據册府元龜八八二補。

梁書卷二十一

列傳第十五

王瞻　王志　王峻　王暕 子訓　王泰　王份 孫錫 僉

張充　柳惲　蔡撙　江蒨

王瞻字思範，琅邪臨沂人，宋太保弘從孫也。祖柳，光祿大夫、東亭侯。父猷，廷尉卿。瞻年數歲，嘗從師受業，時有伎經其門，同學皆出觀，瞻獨不視，習誦如初。從父尚書僕射僧達聞而異之，謂瞻父曰：「吾宗不衰，寄之此子。」年十二，居父憂，以孝聞。服闋，襲封東亭侯。

瞻幼時輕薄，好逸遊，爲閭里所患。及長，頗折節有士操，涉獵書記，於棊射尤善。起家著作佐郎，累遷太子舍人、太尉主簿、太子洗馬。頃之，出爲鄱陽內史，秩滿，授太子中舍人。又爲齊南海王友，尋轉司徒竟陵王從事中郎，王甚相賓禮。南海王爲護軍將軍，瞻爲長史。又出補徐州別駕從事史，遷驃騎將軍王晏長史。晏誅，出爲晉陵太守。瞻潔己爲政，妻子不免飢寒。時大司馬王敬則舉兵作亂，路經晉陵，郡民多附敬則，軍敗，臺軍討賊黨，瞻言於朝曰：「愚人易動，不足窮法。」明帝許之，所全活者萬數。徵拜給事黃門侍郎，撫軍建安王長史，御史中丞。

高祖霸府開，以瞻爲大司馬相國諮議參軍，領錄事。梁臺建，爲侍中，遷左民尚書，俄轉吏部尚書。瞻性率亮，居選部，所舉多行其意。頗嗜酒，每飲或竟日，而精神益朗贍，不廢簿領。高祖每稱瞻有三術，射、棊、酒也。尋加左軍將軍，以疾不拜，仍爲侍中，領驍騎將軍，未拜，卒，時年四十九。謚康侯。子長玄，著作佐郎，早卒。

王志字次道，琅邪臨沂人。祖曇首，宋左光祿大夫、豫寧文侯；父僧虔，齊司空、簡穆公：並有重名。

志年九歲，居所生母憂，哀容毀瘠，爲中表所異。弱冠，選尚宋孝武女安固公主，〔一〕拜駙馬都尉、祕書郎。累遷太尉行參軍，太子舍人，武陵王文學。褚淵爲司徒，引志爲主簿。淵謂僧虔曰：「朝廷之恩，本爲殊特，所可光榮，在屈賢子。」累遷鎮北竟陵王功曹史、安陸南郡二王友。入爲中書侍郎。尋除宣城內史，淸謹有恩惠。郡民張倪、吳慶爭田，經年不決。志到官，父老乃相謂曰：「王府君有德政，吾曹鄉里乃有此爭。」倪、慶因相攜請罪，〔三〕所訟地遂爲閑田。徵拜黃門侍郎，尋遷吏部侍郎。出爲寧朔將軍、東陽太守。郡獄有重囚十餘人，冬至日悉遣還家，過節皆返，惟一人失期，獄司以爲言。志曰：「此自太守事，主者勿憂。」明旦，果自詣獄，辭以婦孕，吏民益歎服之。視事三年，齊永明二年，入爲侍中，未拜，轉吏部尚書，在選以和理稱。崔慧景平，以例加右軍將軍，封臨汝侯，固讓不受，改領右衞將軍。

義師至，城內害東昏，百僚署名送其首。志聞而歎曰：「冠雖弊，可加足乎？」因取庭中樹葉挼服之，僞悶，不署名。高祖覽牋無志署，心嘉之，弗以讓也。霸府開，以志爲右軍將軍、驃騎大將軍長史。梁臺建，遷散騎常侍、中書令。

天監元年，以本官領前軍將軍。其年，遷冠軍將軍、丹陽尹。爲政淸靜，去煩苛。京師有寡婦無子，姑亡，舉債以斂葬，旣葬而無以還之，志愍其義，以俸錢償焉。時年饑，每旦爲粥於郡門，以賦百姓，民稱之不容口。三年，爲散騎常侍、中書令，領游擊將軍。志爲中書令，及居京尹，便懷止足。常謂諸子姪曰：「謝莊在宋孝武世，位止中書令，吾自視豈可以過之。」因多謝病，簡通賓客。遷前將軍、太常卿。六年，出爲雲麾將軍、安西始興王長史、南郡太守。明年，遷軍師將軍、平西鄱陽郡王長史、江夏太守，並加秩中二千石。九年，遷爲散騎常侍、金紫光祿大夫。十二年，卒，時年五十四。

志善草隸，當時以爲楷法。齊游擊將軍徐希秀亦號能書，常謂志爲「書聖」。

志家世居建康禁中里馬蕃巷，〔三〕父僧虔以來，門風多寬恕，志尤惇厚。所歷職，不以罪咎劾人。門下客嘗盜脫志車轓賣之，志知而不問，待之如初。賓客游其門者，專覆其過而稱其善。兄弟子姪皆篤實謙和，時人號馬蕃諸王爲長者。普通四年，志改葬，高祖厚賻賜之，追謚曰安。有五子，緝、休、諲、操、素，並知名。

王峻字茂遠，琅邪臨沂人。曾祖敬弘，有重名於宋世，位至左光祿大夫、開府儀同三司。祖瓚之，金紫光祿大夫。父秀之，吳興太守。

峻少美風姿，善舉止。起家著作佐郎，不拜，累遷中軍廬陵王法曹行參軍，太子舍人，邵陵王文學，太傅主簿。府主齊竟陵王子良甚相賞遇。遷司徒主簿，以父憂去職。服闋，除太子洗馬，建安王友。出爲寧遠將軍、桂陽內史。會義師起，上流諸郡多相驚擾，峻閉門靜坐，一郡帖然，百姓賴之。

天監初，還除中書侍郎。高祖甚悅其風采，與陳郡謝覽同見賞擢。俄遷吏部，當官不稱職，轉征虜安成王長史，又爲太子中庶子、游擊將軍。出爲宣城太守，爲政清和，吏民安之。視事三年，徵拜侍中，遷度支尚書。又以本官兼起部尚書，監起太極殿。事畢，出爲征遠將軍、平西長史、南郡太守。尋爲智武將軍、鎮西長史、蜀郡太守。還爲左民尚書，領步兵校尉。遷吏部尚書，處選甚得名譽。

峻性詳雅，無趨競心。嘗與謝覽約，官至侍中，不復謀進仕。覽自吏部尚書出爲吳興郡，平心不畏强禦，亦由處世之情既薄故也。峻爲侍中以後，雖不退身，亦淡然自守，無所營務。久之，以疾表解職，遷金紫光祿大夫，未拜。普通二年，卒，時年五十六，謚惠子。

子琮，玩。〔四〕琮爲國子生，尚始興王女繁昌縣主，不慧，爲學生所嗤，遂離婚。峻謝王，王曰：「此自上意，僕極不願如此。」峻曰：「臣太祖是謝仁祖外孫，亦不藉殿下姻媾爲門戶。」

王暕字思晦，琅邪臨沂人。父儉，齊太尉、南昌文憲公。

暕年數歲，而風神警拔，有成人之度。時文憲作宰，賓客盈門，見暕相謂曰：「公才公望，復在此矣。」弱冠，選尚淮南長公主，拜駙馬都尉，除員外散騎侍郎，不拜，改授晉安王文學，遷廬陵王友、祕書丞。明帝詔求異士，始安王遙光表薦暕及東海王僧孺曰：「臣聞求賢暫勞，垂拱永逸，方之疏壤，取類導川。伏惟陛下道隱旒纊，信充符璽，白駒空谷，振鷺在庭；猶懼隱鱗卜祝，藏器屠保，物色關下，委裘河上。非取製於一狐，諒求味於兼采。而五聲倦響，九工是詢；寢議廟堂，借聽輿皁。臣位任隆重，義兼邦家，實欲使名實不違，儌幸路絕。勢門上品，猶當格以淸談；英俊下僚，不可限以位貌。竊見祕書丞琅邪王暕，年二十一，七葉重光，海內冠冕，神淸氣茂，允迪中和。叔寶理遣之談，彥輔名教之樂，故以暉映先達，領袖後進。居無塵雜，家有賜書；辭賦淸新，屬言玄遠；室邇人曠，物疏道親。養素丘園，台階虛位；庠序公朝，萬夫傾首。豈徒荀令可想，李公不亡而已哉！乃東序之祕寶，瑚璉之茂器。」除驃騎從事中郎。

高祖霸府開，引爲戶曹屬，遷司徒左長史。天監元年，除太子中庶子，領驍騎將軍，入爲侍中。出爲寧朔將軍、中軍長史。又爲侍中，領射聲校尉，遷五兵尙書，加給事中。出爲晉陵太守。徵爲吏部尙書，俄領國子祭酒。暕名公子，少致美稱，及居選曹，職事脩理；然世貴顯，與物多隔，不能留心寒素，衆頗謂爲刻薄。遷尙書右僕射，尋加侍中。復遷左僕射，以母憂去官。〔五〕起爲雲麾將軍、吳郡太守。還爲侍中、尙書左僕射，領國子祭酒。普通四年冬，暴疾卒，時年四十七。詔贈侍中、中書令、中軍將軍，給東園祕器，朝服一具，衣一襲，錢十萬，布百匹。謚曰靖。有四子，訓、承、穉、訏，並通顯。

訓字懷範，幼聰警有識量，徵士何胤見而奇之。年十三，暕亡憂毁，家人莫之識。十六，召見文德殿，應對爽徹。上目送久之，顧謂朱异曰：「可謂相門有相矣。」補國子生，射策高第，除祕書郎，遷太子舍人、祕書丞。轉宣城王文學、友、太子中庶子，掌管記。俄遷侍中，既拜入見，高祖從容問何敬容曰：「褚彦回年幾爲宰相？」敬容對曰：「少過三十。」上曰：「今之王訓，無謝彦回。」

訓美容儀，善進止，文章之美，爲後進領袖。在春宮特被恩禮。以疾終於位，時年二十六。贈本官。謚溫子。

王泰字仲通，志長兄慈之子也。慈，齊時歷侍中、吳郡，知名在志右。

泰幼敏悟，年數歲時，祖母集諸孫姪，散棗栗於牀上，羣兒皆競之，泰獨不取。問其故，對曰：「不取，自當得賜。」由是中表異之。既長，通和溫雅，人不見其喜愠之色。起家爲著作郎，不拜，改除秘書郎，遷前將軍法曹行參軍、司徒東閤祭酒、車騎主簿。

高祖霸府建，以泰爲驃騎功曹史。天監元年，遷祕書丞。齊永元末，後宮火，延燒祕書，圖書散亂殆盡。泰爲丞，表校定繕寫，高祖從之。頃之，遷中書侍郎。出爲南徐州別駕從事史，居職有能名。復徵中書侍郎，敕掌吏部郎事。累遷給事黃門侍郎，員外散騎常侍，並掌吏部如故，俄卽眞。自過江，吏部郎不復典大選，令史以下，小人求競者輻湊，前後少能稱職。泰爲之不通關求，吏先至者卽補，不爲貴賤請囑易意，天下稱平。累遷爲廷尉，司徒左長史。出爲明威將軍、新安太守，在郡和理得民心。徵爲寧遠將軍，安右長史，俄遷侍中。尋爲太子庶子、領步兵校尉，復爲侍中。仍遷仁威長史、南蘭陵太守，行南康王府、州、國事。王遷職，復爲北中郎長史、行豫章王府、州、國事，太守如故。入爲都官尚書。泰能接人士，士多懷泰，每願其居選官。頃之，爲吏部尙書，衣冠屬望，未及選舉，仍疾，改除散騎常侍、左驍騎將軍。未拜，卒，時年四十五。謚夷子。

初泰無子，養兄子祁，晚有子廓。

王份字季文，琅邪人也。祖僧朗，宋開府儀同三司、元公。〔六〕父粹，黃門侍郎。份十四而孤，解褐車騎主簿。出爲寧遠將軍、始安內史。袁粲之誅，親故無敢視者，份獨往致慟，由是顯名。遷太子中舍人，太尉屬。出爲晉安內史。累遷中書侍郎，轉大司農。份兄奐於雍州被誅，奐子肅奔于魏，份自拘請罪，齊世祖知其誠款，喻而遣之。屬肅屢引魏人來侵疆埸，世祖嘗因侍坐，從容謂份曰：「比有北信不？」份斂容對曰：「肅既近忘墳柏，寧遠憶有臣。」帝亦以此亮焉。尋除寧朔將軍、零陵內史。徵爲黃門侍郎，以父終於此職，固辭不拜，遷祕書監。

天監初，除散騎常侍、領步兵校尉，兼起部尚書。高祖嘗於宴席問羣臣曰：「朕爲有爲無？」份對曰：「陛下應萬物爲有，體至理爲無。」高祖稱善。出爲宣城太守，轉吳郡太守，遷寧朔將軍、北中郎豫章王長史、蘭陵太守，行南徐府州事。遷太常卿、太子右率、散騎常侍，侍東宮，除金紫光祿大夫。復爲智武將軍、南康王長史，秩中二千石。復入爲散騎常侍、金紫光祿、南徐州大中正，給親信二十人。遷尚書左僕射，尋加侍中。

時脩建二郊，份以本官領大匠卿，遷散騎常侍、右光祿大夫，加親信爲四十人。遷侍中、特進、左光祿，復以本官監丹陽尹。普通五年三月，卒，時年七十九。詔贈本官，賻錢四十萬，布四百匹，蠟四百斤，給東園祕器，朝服一具，衣一襲。謚胡子。

長子琳，字孝璋，舉南徐州秀才，釋褐征虜建安王法曹，司徒東閤祭酒，南平王文學。尚義興公主，拜駙馬都尉。累遷中書侍郎，衞軍謝朏長史，員外散騎常侍。出爲明威將軍、東陽太守，徵司徒左長史。

錫字公嘏，琳之第二子也。幼而警悟，與兄弟受業，至應休散，常獨留不起。年七八歲，猶隨公主入宮，高祖嘉其聰敏，常爲朝士說之。精力不倦，致損右目。公主每節其業，爲飾居宇。雖童稚之中，一無所好。十二，爲國子生。十四，舉清茂，除祕書郎，與范陽張伯緒齊名，俱爲太子舍人。丁父憂，居喪盡禮。服闋，除太子洗馬。時昭明尚幼，未與臣僚相接。高祖敕：「太子洗馬王錫、秘書郎張纘，親表英華，朝中髦俊，可以師友事之。」以戚屬封永安侯，除晉安王友，稱疾不行，敕許受詔停都。王冠日，以府僚攝事。

普通初，魏始連和，使劉善明來聘，敕使中書舍人朱异接之，預讌者皆歸化北人。善明負其才氣，酒酣謂异曰：「南國辯學如中書者幾人？」异對曰：「异所以得接賓宴者，乃分職是司。二國通和，所敦親好；若以才辯相尙，則不容見使。」善明乃曰：「王錫、張纘，北間所聞，云何可見？」异具啓，敕即使於南苑設宴，錫與張纘朱异四人而已。善明造席，遍論經史，兼以嘲謔，錫、纘隨方酬對，無所稽疑，未嘗訪彼一事，善明甚相歎挹。佗日謂异曰：「一日見二賢，實副所期，不有君子，安能爲國！」

轉中書郎，遷給事黃門侍郎、尙書吏部郎中，時年二十四。謂親友曰：「吾以外戚，謬被時知，多叨人爵，本非其志；兼比羸病，庶務難擁，安能捨其所好而徇所不能。」乃稱疾不拜。便謝遣胥徒，拒絕賓客，掩扉覃思，室宇蕭然。中大通六年正月，卒，時年三十六。贈侍中，給東園秘器，朝服一具，衣一襲。謚貞子。子泛、湜。

僉字公會，錫第五弟也。八歲丁父憂，哀毀過禮。服闋，召補國子生，祭酒袁昂稱爲通理。策高第，除長兼秘書郎中，〔七〕歷尙書殿中郎，太子中舍人，與吳郡陸襄對掌東宮管記。出爲建安太守。山酋方善、謝稀聚徒依險，屢爲民患，僉潛設方略，率衆平之，有詔褒美，頒示州郡。除武威將軍、〔八〕始興內史，丁所生母憂，固辭不拜。又除寧遠將軍、南康內史，屬循墟作亂，〔九〕復轉僉爲安成內史，以鎭撫之。還除黃門侍郎，尋爲安西武陵王長史、蜀郡太守。僉憚岨嶮，固以疾辭，因以黜免。久之，除戎昭將軍、尙書左丞，復補黃門侍郎，遷太子中庶子，掌東宮管記。太淸二年十二月，卒，時年四十五。贈侍中，給東園秘器，朝服一具，衣一襲。承聖三年，世祖追詔曰：「賢而不伐曰恭，謚恭子。」

張充字延符，吳郡人。父緒，齊特進、金紫光祿大夫，有名前代。充少時，不持操行，好逸游。緒嘗請假還吳，始入西郭，值充出獵，左手臂鷹，右手牽狗，遇緒船至，便放紲脫韝，拜於水次。緒曰：「一身兩役，無乃勞乎？」充跪對曰：「充聞三十而立，今二十九矣，請至來歲而敬易之。」緒曰：「過而能改，顏氏子有焉。」及明年，便脩身改節。學不盈載，多所該覽，尤明老、易，能清言，與從叔稷俱有令譽。

起家撫軍行參軍，遷太子舍人、尚書殿中郎、武陵王友。時尚書令王儉當朝用事，武帝皆取決焉。武帝嘗欲以充父緒爲尚書僕射，訪於儉，儉對曰：「張緒少有清望，誠美選也；然東士比無所執，緒諸子又多薄行，臣謂此宜詳擇。」帝遂止。先是充兄弟皆輕俠，充少時又不護細行，故儉言之。充聞而慍，因與儉書曰：

吳國男子張充致書於琅邪王君侯侍者：頃日路長，愁霖韜晦，涼暑未平，想無虧攝。充幸以魚釣之閑，鎌採之暇，時復以卷軸自娛，逍遙前史。從橫萬古，動默之路多端；紛綸百年，昇降之途不一。〔一〇〕故以圓行方止，器之異也；金剛水柔，性之別也。善御性者，不違金水之質，善爲器者，不易方圓之用。所以北海掛簪帶之高，河南降璽書之貴。〔一一〕充生平少偶，不以利欲干懷，三十六年，差得以棲貧自澹。介然之志，峭聳霜崖；確乎之情，峯橫海岸。彯纓天閣，既謝廊廟之華；綴組雲臺，終慚衣冠之秀。所以擯跡江皐，陽狂隴畔者，實由氣岸疏凝，情塗猖隔。獨師懷抱，不見許於俗人；孤秀神崖，每邅回於在世。故君山直上，蹙壓於當年；叔陽敻舉，⿰車甚⿰車亶乎千載。充所以長羣魚鳥，畢影松阿。半頃之田，足以輸稅；五畝之宅，樹以桑麻。嘯歌於川澤之間，諷味於澠池之上，泛濫於漁父之遊，偃息於卜居之下。如此而已，充何謝焉。

若夫驚巖罩日，壯海逢天；竦石崩尋，分危落仞。桂蘭綺靡，叢雜於山幽；松柏森陰，相繚於澗曲。元卿於是乎不歸，伯休亦以茲長往。若迺飛竿釣渚，濯足滄洲；獨浪煙霞，高臥風月。悠悠琴酒，岫遠誰來；灼灼文談，空罷方寸。不覺鬱然千里，路阻江川。每至西風，何嘗不眷？聊因疾隙，略舉諸襟；持此片言，輕枉高聽。

丈人歲路未强，學優而仕；道佐蒼生，功橫海望。入朝則協長倩之誠，出議則抗仲子之節。可謂盛德維時，孤松獨秀者也。素履未詳，斯旅尚眇。茂陵之彥，望冠蓋而長懷；霸山之氓，佇衣車而聳歎。得無惜乎？若鴻裝撰御，鶴駕軒空，則岸不辭枯，山被其潤。奇禽異羽，或巖際而逢迎；弱霧輕煙，乍林端而奄藹。東都不足奇，南山豈爲貴。

充昆西之百姓，岱表之一民。蠶而衣，耕且食，不能事王侯，覓知己，造時人，騁遊說，蓬轉於屠博之間，其歡甚矣。丈人早遇承華，中逢崇禮。肆上之眷，望溢於早辰；鄉下之言，謬延於造次。然舉世皆謂充爲狂，充亦何能與諸君道之哉？是以披聞見，掃心胸，述平生，論語默，所以通夢交魂，推衿送抱者，其惟丈人而已。

關山敻阻，書罷莫因，儻遇樵者，妄塵執事。

儉言之武帝，免充官，廢處久之。後爲司徒諮議參軍，與琅邪王思遠、同郡陸慧曉等，並爲司徒竟陵王賓客。入爲中書侍郎，尋轉給事黃門侍郎。明帝作相，以充爲鎭軍長史。出爲義興太守，爲政淸靜，民吏便之。尋以母憂去職，服闋，除太子中庶子，遷侍中。

義師近次，東昏召百官入宮省，朝士慮禍，或往來酣宴，充獨居侍中省，不出閤。城內既害東昏，百官集西鍾下，召充不至。

高祖霸府開，以充爲大司馬諮議參軍，遷梁王國郞中令、祠部尙書、領屯騎校尉，轉冠軍將軍、司徒左長史。天監初，除太常卿。尋遷吏部尙書，居選稱爲平允。俄爲散騎常侍、雲騎將軍。尋除晉陵太守，秩中二千石。徵拜散騎常侍、國子祭酒。充長於義理，登堂講說，皇太子以下皆至。時王侯多在學，執經以拜，充朝服而立，不敢當也。轉左衞將軍，祭酒如故。入爲尙書僕射，頃之，除雲麾將軍、吳郡太守。下車卹貧老，故舊莫不欣悅。以疾自陳，徵爲散騎常侍、金紫光祿大夫，未及還朝，十三年，卒于吳，時年六十六。詔贈侍中、護軍將軍。謚穆子。子最嗣。

柳惲字文暢，河東解人也。少有志行，好學，善尺牘。與陳郡謝瀹鄰居，瀹深所友愛。初，宋世有嵇元榮、羊蓋，並善彈琴，云傳戴安道之法，惲幼從之學，特窮其妙。齊竟陵王聞而引之，以爲法曹行參軍，雅被賞狎。王嘗置酒後園，有晉相謝安鳴琴在側，以授惲，惲彈爲雅弄。子良曰：「卿巧越嵇心，妙臻羊體，良質美手，信在今辰。豈止當世稱奇，足可追蹤古烈。」累遷太子洗馬，父憂去官。服闋，試守鄱陽相，聽吏屬得盡三年喪禮，署之文教，百姓稱焉。還除驃騎從事中郎。

高祖至京邑，惲候謁石頭，以爲冠軍將軍、征東府司馬。時東昏未平，士猶苦戰，惲上牋陳便宜，請城平之日，先收圖籍，及遵漢祖寬大愛民之義，高祖從之。會蕭穎胄薨于江陵，使惲西上迎和帝，仍除給事黄門侍郎，領步兵校尉，遷相國右司馬。天監元年，除長兼侍中，〔一二〕與僕射沈約等共定新律。

惲立行貞素，以貴公子早有令名，少工篇什。始爲詩曰：「亭臯木葉下，隴首秋雲飛。」琅邪王元長見而嗟賞，因書齋壁。至是預曲宴，必被詔賦詩。嘗奉和高祖登景陽樓中篇云：「太液滄波起，長楊高樹秋。翠華承漢遠，雕輦逐風遊。」深爲高祖所美。當時咸共稱傳。

惲善弈棊，帝每敕侍坐，仍令定棊譜，第其優劣。二年，出爲吳興太守。六年，徵爲散騎常侍，遷左民尚書。八年，除持節、都督廣交桂越四州諸軍事、仁武將軍、平越中郎將、廣州刺史。徵爲祕書監，領左軍將軍。復爲吳興太守六年，爲政清靜，民吏懷之。於郡感疾，自陳解任，父老千餘人拜表陳請，事未施行。天監十六年，卒，時年五十三。贈侍中、中護軍。〔一三〕

惲既善琴，嘗以今聲轉棄古法，乃著清調論，具有條流。

少子偃，字彥游。年十二引見。詔問讀何書，對曰尚書。又曰：「有何美句？」對曰：「德惟善政，政在養民。」衆咸異之。詔尚長城公主，拜駙馬都尉，都亭侯，太子舍人，洗馬，廬陵、鄱陽內史。大寶元年，卒。

蔡撙字景節，濟陽考城人。父興宗，宋左光祿大夫、開府儀同三司，有重名前代。

撙少方雅退默，與兄寅俱知名。選補國子生，舉高第，爲司徒法曹行參軍。齊左衞將軍王儉高選府僚，以撙爲主簿。累遷建安王文學，司徒主簿、左西屬。明帝爲鎮軍將軍，引爲從事中郎，遷中書侍郎，中軍長史，給事黃門侍郎。丁母憂，廬于墓側。齊末多難，服闋，因居墓所。除太子中庶子，太尉長史，並不就。梁臺建，爲侍中，遷臨海太守，坐公事左遷太子中庶子。復爲侍中，吳興太守。

天監九年，宣城郡吏吳承伯挾祆道聚衆攻宣城，〔一四〕殺太守朱僧勇，因轉屠旁縣，踰山寇吳興，所過皆殘破，衆有二萬，奄襲郡城。東道不習兵革，吏民恇擾奔散，並請撙避之。撙堅守不動，募勇敢固郡。承伯盡銳攻撙，撙命衆出拒，戰於門，應手摧破，臨陣斬承伯，餘黨悉平。加信武將軍。徵度支尚書，遷中書令。復爲信武將軍、晉陵太守。還除通直散騎常侍、國子祭酒。遷吏部尚書，居選，弘簡有名稱。又爲侍中，領祕書監，轉中書令，侍中如故。普通二年，出爲宣毅將軍、吳郡太守。四年，卒，時年五十七。追贈侍中、金紫光祿大夫、宣惠將軍。謚康子。

子彥熙，歷官中書郎，宣城內史。

江蒨字彥標，濟陽考城人。曾祖湛，宋左光祿、儀同三司；父斅，齊太常卿：並有重名於前世。

蒨幼聰警，讀書過目便能諷誦。選爲國子生，通尚書，舉高第。起家祕書郎，累遷司徒東閤祭酒、廬陵王主簿。居父憂以孝聞，廬於墓側，明帝敕遣齋仗二十人防墓所。服闋，除太子洗馬，累遷司徒左西屬，〔一五〕太子中舍人，祕書丞。出爲建安內史，視事朞月，義師下次江州，遣寧朔將軍劉諓之爲郡，蒨帥吏民據郡拒之。及建康城平，蒨坐禁錮，俄被原，起爲後軍臨川王外兵參軍。累遷臨川王友，中書侍郎，太子家令，黃門侍郎，領南兗州大中正。遷太子中庶子，中正如故。轉中權始興王長史。出爲伏波將軍、晉安內史。在政清約，務在寬惠，吏民便之。詔徵爲寧朔將軍、南康王長史，行府、州、國事。頃之，遷太尉臨川王長史，轉尚書吏部郎，右將軍。

蒨方雅有風格。僕射徐勉以權重自遇，在位者並宿士敬之，惟蒨及王規與抗禮，不爲之屈。勉因蒨門客翟景爲第七兒繇求蒨女婚，蒨不答，景再言之，乃杖景四十，由此與勉有忤。除散騎常侍，不拜。是時勉又爲子求蒨弟葺及王泰女，二人並拒之。葺爲吏部郎，坐杖曹中幹免官，泰以疾假出宅，〔一六〕乃遷散騎常侍，皆勉意也。初，天監六年，詔以侍中、常侍並侍帷幄，分門下二局入集書，其官品視侍中，而非華胄所悅，故勉斥泰爲之。蒨尋遷司徒左長史。

初，王泰出閤，高祖謂勉云：「江蒨資歷，應居選部。」勉對曰：「蒨有眼患，又不悉人物。」

高祖乃止。遷光祿大夫。大通元年，卒，時年五十三。詔贈本官。謚肅子。

蒨好學，尤悉朝儀故事，撰江左遺典三十卷，未就，卒。文集十五卷。

子紑，經在孝行傳。

史臣曰：王氏自姬姓已降，及乎秦漢，繼有英哲。洎東晉王茂弘經綸江左，時人方之管仲。其後蟬冕交映，台袞相襲，勒名帝籍，慶流子孫，斯爲盛族矣。王瞻等承藉茲基，國華是貴，子有才行，可得而稱。張充少不持操，晚乃折節，在於典選，實號廉平。柳惲以多藝稱，蔡撙以方雅著，江蒨以風格顯，俱爲梁室名士焉。

校勘記

〔一〕選尚宋孝武女安固公主　「安固」南史作「固安」。

〔二〕倪慶因相攜請罪　「慶」百衲本、南監本、汲古閣本、金陵局本俱脫。「因」北監本、殿本並脫。南史作「倪慶因相攜請罪」，是，今據補。

〔三〕志家世居建康禁中里馬蕃巷　「蕃」南史及册府元龜七九三作「糞」。

〔四〕子琮玩　南史無「玩」字。疑「玩」字是衍文。

〔五〕復遷左僕射以母憂去官　「左僕射」各本作「右僕射」。按：上文已遷尚書右僕射，不應復遷右僕射，且下文又謂「還爲侍中、尚書左僕射」，明「右」是「左」之譌。本書武帝紀普通元年亦作「尚書左僕射王暕以母憂去職」。今據改。

〔六〕祖僧朗宋開府儀同三司元公　「僧朗」各本譌「續明」或「續朗」。據南史王彧傳改。

〔七〕除長兼秘書郎中　「長」下各本皆有「史」字。張森楷梁書校勘記：「長史當有府，不應徒稱，此史字疑誤衍文。」今删。

〔八〕除武威將軍　「武威」原作「威武」。按隋書百官志敍梁官制，有武威將軍，無威武將軍，「威武」二字必是誤倒，今乙正。

〔九〕屬循壚作亂　百衲本、南監本作「循壚」，其餘各本作「盧循」。曾鞏於卷末附校語云：「屬循壚作亂，疑。」

〔一〇〕昇降之途不一　「途」各本作「徒」，據南史及册府元龜九〇五改。

〔一一〕河南降璽書之貴　「璽書」各本作「璽言」，今改正。

〔一二〕天監元年除長兼侍中　「長」下各本皆有「史」字，據南史删。

〔一三〕贈侍中中護軍　「中護軍」下各本有「將軍」二字。按中護軍不稱將軍，護軍將軍不稱中。南史作「中護軍」，無「將軍」二字，今據删。

〔一四〕天監九年宣城郡吏吳承伯挾祆道聚衆攻宣城　「九年」各本作「元年」。按本書武帝紀繫吳承伯殺朱僧勇事在天監九年，南史、通鑑並同。今據改。

〔一五〕累遷司徒左西屬　「西」各本譌「南」。按司徒官有左西屬，無左南屬。今改正。

〔一六〕泰以疾假出宅　「宅」各本譌「守」，據南史及册府元龜三三八改正。

梁書卷二十二

列傳第十六

太祖五王

太祖十男。張皇后生長沙宣武王懿、永陽昭王敷、高祖、衡陽宣王暢。李太妃生桂陽簡王融。懿及融，齊永元中爲東昏所害；〔一〕敷、暢，建武中卒：高祖踐阼，並追封郡王。陳太妃生臨川靖惠王宏，〔二〕南平元襄王偉。吳太妃生安成康王秀，始興忠武王憺。費太妃生鄱陽忠烈王恢。

臨川靖惠王宏字宣達，太祖第六子也。長八尺，美鬚眉，容止可觀。齊永明十年，爲衞軍廬陵王法曹行參軍，遷太子舍人。時長沙王懿鎮梁州，爲魏所圍，明年，給宏精兵千人赴援，未至，魏軍退。遷驃騎晉安王主簿，尋爲北中郎桂陽王功曹史。衡陽王暢，有美名，爲始安王蕭遙光所禮。及遙光作亂，逼暢入東府，暢懼禍，先赴臺。〔三〕高祖在雍州，常懼諸弟及禍，謂南平王偉曰：「六弟明於事理，必先還臺。」及信至，果如高祖策。

高祖義師下，宏至新林奉迎，拜輔國將軍。建康平，遷西中郎將、中護軍，領石頭戍軍事。〔四〕天監元年，封臨川郡王，邑二千戶。尋爲使持節、散騎常侍、都督揚南徐州諸軍事、後將軍、揚州刺史，又給鼓吹一部。三年，加侍中，進號中軍將軍。

四年，高祖詔北伐，以宏爲都督南北兗北徐青冀豫司霍八州北討諸軍事。宏以帝之介弟，所領皆器械精新，軍容甚盛，北人以爲百數十年所未之有。軍次洛口，宏前軍剋梁城，斬魏將亀清。會征役久，有詔班師。六年夏，遷驃騎將軍、開府儀同三司，侍中如故。其年，遷司徒，領太子太傅。八年夏，爲使持節、都督揚南徐二州諸軍事、司空、揚州刺史，侍中如故。其年冬，以公事左遷驃騎大將軍，〔五〕開府同三司之儀，侍中如故。未拜，遷使持節、都督揚徐二州諸軍事、揚州刺史，侍中、將軍如故。十二年，遷司空，使持節、侍中、都督、刺史、將軍並如故。

十五年春，所生母陳太妃寢疾，宏與母弟南平王偉侍疾，並衣不解帶，每二宮參問，輒對使涕泣。及太妃薨，水漿不入口者五日，高祖每臨幸慰勉之。宏少而孝謹，齊之末年，避難潛伏，與太妃異處，每遣使參問起居。或謂宏曰：「逃難須密，不宜往來。」宏銜淚答曰：

「乃可無我，此事不容暫廢。」尋起爲中書監，驃騎大將軍、使持節、都督如故，固辭弗許。

十七年夏，以公事左遷侍中、中軍將軍、行司徒。其年冬，遷侍中、中書監、司徒。普通元年，遷使持節、都督揚南徐州諸軍事、太尉、揚州刺史，侍中如故。二年，改創南、北郊，以本官領起部尚書，事竟罷。七年三月，以疾累表自陳，詔許解揚州，餘如故。四月，薨，時年五十四。自疾至于薨，輿駕七出臨視。及葬，詔曰：「侍中、太尉臨川王宏，器宇沖貴，雅量弘通。爰初弱齡，行彰素履；逮于應務，嘉猷載緝。自皇業啓基，地惟介弟，久司神甸，歷位台階，論道登朝，物無異議。朕友于之至，家國兼情，方弘燮贊，儀刑列辟。天不憖遺，奄焉不永，哀痛抽切，震慟于厥心。宜增峻禮秩，式昭懋典。可贈侍中、大將軍、揚州牧、假黃鉞，王如故。並給羽葆鼓吹一部，增班劍爲六十人。給溫明祕器，斂以衮服。謚曰靖惠。」宏性寬和篤厚，在州二十餘年，未嘗以吏事按郡縣，時稱其長者。

宏有七子：正仁，正義，正德，正則，正立，正表，正信。世子正仁，爲吳興太守，有治能。天監十年，卒，謚曰哀世子。無子，高祖詔以羅平侯正立爲世子，由宏意也。宏薨，正立表讓正義爲嗣，高祖嘉而許之，改封正立爲建安侯，邑千戶。卒，子貴嗣。〔六〕正義先封平樂侯，正德西豐侯，正則樂山侯，正立羅平侯，正表封山侯，正信武化侯。正德別有傳。

安成康王秀字彥達，太祖第七子也。年十二，所生母吳太妃亡，秀母弟始興王憺時年九歲，並以孝聞，居喪，累日不進漿飲，太祖親取粥授之。哀其早孤，命側室陳氏并母二子。陳亦無子，有母德，視二子如親生焉。秀既長，美風儀，性方靜，雖左右近侍，非正衣冠不見也，由是親友及家人咸敬焉。齊世，弱冠爲著作佐郎，累遷後軍法曹行參軍，太子舍人。

永元中，長沙宣武王懿入平崔慧景，爲尙書令，居端右；弟衡陽王暢爲衞尉，掌管籥。東昏日夕逸遊，出入無度，衆頗勸懿因其出，閉門舉兵廢之，懿不聽。帝左右既惡懿勳高，又慮廢立，並間懿，懿亦危之，自是諸王侯咸爲之備。及難作，臨川王宏以下諸弟姪各得奔避。方其逃也，皆不出京師，而罕有發覺，惟桂陽王融及禍。

高祖義師至新林，秀與諸王侯並自拔赴軍，高祖以秀爲輔國將軍。是時東昏弟晉熙王寶嵩爲冠軍將軍、南徐州刺史，鎭京口，長史范岫行府州事，遣使降，且請兵於高祖，以秀爲冠軍長史、南東海太守，鎭京口。建康平，仍爲使持節、都督南徐兗二州諸軍事、南徐州刺史，輔國將軍如故。天監元年，進號征虜將軍，封安成郡王，邑二千戶。京口自崔慧景作亂，累被兵革，民戶流散，秀招懷撫納，惠愛大行。仍值年饑，以私財贍百姓，所濟活甚多。二年，以本號徵領石頭戍事，〔七〕加散騎常侍。三年，進號右將軍。五年，加領軍、中書令，給鼓吹一部。

六年，出爲使持節、都督江州諸軍事、平南將軍、江州刺史。將發，主者求堅船以爲齋舫。秀曰：「吾豈愛財而不愛士。」乃教所由，以牢者給參佐，下者載齋物。既而遭風，齋舫遂破。及至州，聞前刺史取徵士陶潛曾孫爲里司。秀歎曰：「陶潛之德，豈可不及後世！」卽日辟爲西曹。時盛夏水汎長，津梁斷絕，外司請依舊僦度，收其價直。秀教曰：「刺史不德，水潦爲患，可利之乎！給船而已。」七年，遭慈母陳太妃憂，詔起視事。尋遷都督荆湘雍益寧南北梁南北秦州九州諸軍事、平西將軍、荆州刺史。〔八〕其年，遷號安西將軍。立學校，招隱逸。下教曰：「夫鶉火之禽，不匿影於丹山；昭華之寶，乍耀采於藍田。是以江漢有濯纓之歌，空谷著來思之詠，弘風闡道，靡不由茲。處士河東韓懷明、南平韓望、南郡庾承先、河東郭麻，並脫落風塵，高蹈其事。兩韓之孝友純深，庾、郭之形骸枯槁，或橡飯菁羹，惟日不足，或葭牆艾席，樂在其中。昔伯武貞堅，就仕河內，史雲孤劭，屈志陳留。豈曰場苗，實惟攻玉。可加引辟，并遣喻意。既同魏侯致禮之請，庶無辟彊三緘之歎。」

是歲，魏懸瓠城民反，殺豫州刺史司馬悅，引司州刺史馬仙琕，仙琕籤荆州求應赴。衆咸謂宜待臺報，秀曰：「彼待我而爲援，援之宜速，待敕雖舊，非應急也。」卽遣兵赴之。先是，巴陵馬營蠻爲緣江寇害，後軍司馬高江產以郢州軍伐之，不剋，江產死之，蠻遂盛。秀遣防閤文熾率衆討之，燔其林木，絕其蹊逕，蠻失其嶮，朞歲而江路清，於是州境盜賊遂絕。及沮水暴長，頗敗民田，秀以穀二萬斛贍之。使長史蕭琛簡府州貧老單丁吏，一日散遣五百餘人，百姓甚悅。

十一年，徵爲侍中、中衞將軍，領宗正卿、石頭戍事。十三年，復出爲使持節、散騎常侍、都督郢司霍三州諸軍事、安西將軍、郢州刺史。郢州當塗爲劇地，百姓貧，至以婦人供役，其弊如此。秀至鎭，務安之。主者或求召吏。秀曰：「不識救弊之術；此州凋殘，不可擾也。」於是務存約己，省去遊費，百姓安堵，境內晏然。先是夏口常爲兵衝，露骸積骨於黃鶴樓下，秀祭而埋之。一夜，夢數百人拜謝而去。每冬月，常作襦袴以賜凍者。時司州叛蠻田魯生，弟魯賢、超秀，據蒙籠來降，高祖以魯生爲北司州刺史，魯賢北豫州刺史，超秀定州刺史，爲北境捍蔽。而魯生、超秀互相讒毀，有去就心，秀撫喻懷納，各得其用，當時賴之。

十六年，遷使持節、都督雍梁南北秦四州郢州之竟陵司州之隨郡諸軍事、鎭北將軍、寧蠻校尉、雍州刺史，便道之鎭。十七年春，行至竟陵之石梵，薨，時年四十四。高祖聞之，甚痛悼焉。遣皇子南康王績緣道迎候。

初，秀之西也，郢州民相送出境，聞其疾，百姓商賈咸爲請命。既薨，四州民裂裳爲白帽，哀哭以迎送之。雍州蠻迎秀，聞薨，祭哭而去。喪至京師，高祖使使册贈侍中、司空，諡曰康。

秀有容觀，每朝，百僚屬目。性仁恕，喜慍不形於色。左右嘗以石擲殺所養鵠，齋帥請治其罪。秀曰：「吾豈以鳥傷人。」在京師，且臨公事，厨人進食，誤而覆之，去而登車，竟朝不飯，亦不之誚也。精意術學，搜集經記，招學士平原劉孝標，使撰類苑，書未及畢，而已行於世。秀於高祖布衣昆弟，及爲君臣，小心畏敬，過於疏賤者，高祖益以此賢之。少偏孤，於始興王憺尤篤。梁興，憺久爲荊州刺史，自天監初，常以所得俸中分與秀，〔九〕秀稱心受之，亦弗辭多也。昆弟之睦，時議歸之。故吏夏侯亶等表立墓碑，詔許焉。當世高才遊王門者，東海王僧孺、吳郡陸倕、彭城劉孝綽、河東裴子野，各製其文，古未之有也。世子機嗣。

機字智通，天監二年，除安成國世子。六年，爲寧遠將軍、會稽太守。還爲給事中。普通元年，襲封安成郡王，其年爲太子洗馬，遷中書侍郎。二年，遷明威將軍、丹陽尹。三年，遷持節、督湘衡桂三州諸軍事、寧遠將軍、湘州刺史。大通二年，薨于州，時年三十。機美姿容，善吐納。家既多書，博學强記；然而好弄，尙力，遠士子，近小人。爲州專意聚斂，無治績，頻被案劾。及將葬，有司請諡，高祖詔曰：「王好内怠政，可諡曰煬。」所著詩賦數千言，世祖集而序之。子操嗣。

南浦侯推，字智進，機次弟也。少清敏，好屬文，深爲太宗所賞。普通六年，以王子例封。歷寧遠將軍、淮南太守。遷輕車將軍、晉陵太守，給事中，太子洗馬，祕書丞。出爲戎昭將軍、吳郡太守。所臨必赤地大旱，吳人號「旱母」焉。侯景之亂，守東府城，賊設樓車，盡銳攻之，推隨方抗拒，頻擊挫之。至夕，東北樓主許鬱華啓關延賊，城遂陷，推握節死之。

南平元襄王偉字文達，太祖第八子也。幼清警好學。齊世，起家晉安鎭北法曹行參軍，府遷驃騎，轉外兵。高祖爲雍州，慮天下將亂，求迎偉及始興王憺來襄陽。俄聞已入沔，高祖欣然謂佐吏曰：「吾無憂矣。」義師起，南康王承制，板爲冠軍將軍，留行雍州州府事。〔一〇〕義師發後，州內儲備及人皆虛竭。魏興太守裴師仁、齊興太守顏僧都並據郡不受命，舉兵將襲雍州，偉與始興王憺遣兵於始平郡待師仁等，要擊大破之，州境以安。

高祖既剋郢、魯，下尋陽，圍建業，而巴東太守蕭慧訓子璝及巴西太守魯休烈起兵逼荊州，屯軍上明，連破荊州。鎭軍蕭穎胄遣將劉孝慶等距之，反爲璝所敗，穎胄憂憤暴疾卒，西朝兇懼。尙書僕射夏侯詳議徵兵雍州，偉乃割州府將吏，配始興王憺往赴之。憺既至，璝等皆降。和帝詔以偉爲使持節、都督雍梁南北秦四州郢州之竟陵司州之隨郡諸軍事、寧鑾校尉、雍州刺史，將軍如故。尋加侍中，進號鎮北將軍。天監元年，加散騎常侍，進督荊、寧二州，餘如故。封建安郡王，食邑二千戶，給鼓吹一部。四年，徙都督南徐州諸軍事、南徐州刺史，使持節、常侍、將軍如故。五年，至都，改爲撫軍將軍、丹陽尹，常侍如故。六年，遷使持節、都督揚南徐二州諸軍事、右軍將軍、揚州刺史。未拜，進號中權將軍。七年，以疾表解州，改侍中、中撫軍，知司徒事。九年，遷護軍、石頭戍軍事，侍中、將軍、鼓吹如故。其年，出爲使持節、散騎常侍、都督江州諸軍事、鎮南將軍、江州刺史，鼓吹如故。十一年，以本號加開府儀同三司。其年，復以疾陳解。十二年，徵爲撫軍將軍，〔一〕儀同、常侍如故，以疾不拜。十三年，改爲左光祿大夫。加親信四十人，歲給米萬斛，布絹五千匹，藥直二百四十萬，廚供月二十萬，并二衞兩營雜役二百人，倍先，置防閤白直左右職局一百人。偉末年疾浸劇，不復出藩，故俸秩加焉。

十五年，所生母陳太妃寢疾，偉及臨川王宏侍疾，並衣不解帶。及太妃薨，毀頓過禮，水漿不入口累日，高祖每臨幸譬抑之。偉雖奉詔，而毀瘠殆不勝喪。

十七年，高祖以建安土瘠，改封南平郡王，邑戶如故。遷侍中、左光祿大夫、開府儀同三司。普通四年，增邑一千戶。五年，進號鎮衞大將軍。中大通元年，以本官領太子太傅。四年，遷中書令、大司馬。五年，薨，時年五十八。詔斂以衮冕，給東園祕器。又詔曰：「旌德紀功，前王令典；愼終追遠，列代通規。故侍中、中書令、大司馬南平王偉，器宇宏曠，鑒識弘簡。爰在弱齡，淸風載穆，翼佐草昧，勳高樊、沔，契闊艱難，劬勞任寄。及贊務論道，弘茲袞職。奄焉薨逝，朕用震慟于厥心。宜隆寵命，式昭茂典。可贈侍中、太宰，王如故。給羽葆鼓吹一部，並班劍四十人。謚曰元襄。」

偉少好學，篤誠通恕，趨賢重士，常如不及。由是四方遊士，當世知名者，莫不畢至。齊世，靑溪宮改爲芳林苑，天監初，賜偉爲第，偉又加穿築，增植嘉樹珍果，窮極雕麗，每與賓客遊其中，命從事中郎蕭子範爲之記。梁世蕃邸之盛，無以過焉。而性多恩惠，尤愍窮乏。常遣腹心左右，歷訪閭里人士，其有貧困吉凶不擧者，卽遣贍卹之。太原王曼穎卒，家貧無以殯斂，友人江革往哭之，其妻兒對革號訴。革曰：「建安王當知，必爲營理。」言未訖而偉使至，給其喪事，得周濟焉。每祁寒積雪，則遣人載樵米，隨乏絕者卽賦給之。晚年崇信佛理，尤精玄學，著二旨義，別爲新通。又製性情、幾神等論，其義，僧寵及周捨、殷鈞、陸倕並名精解，而不能屈。

偉四子：恪，恭，虔，祗。世子恪嗣。

恭字敬範。天監八年，封衡山縣侯，以元襄功，加邑至千戶。初，樂山侯正則有罪，勑讓諸王，獨謂元襄曰：「汝兒非直無過，並有義方。」

恭起家給事中，遷太子洗馬。出爲督齊安等十一郡事、寧遠將軍、西陽武昌二郡太守。徵爲祕書丞，遷中書郎，監丹陽尹，行徐南徐州事，轉衡州刺史，母憂去職。尋起爲雲麾將軍、湘州刺史。

恭善解吏事，所在見稱，而性尚華侈，廣營第宅，重齋步櫚，模寫宮殿。尤好賓友，酣讌終辰，座客滿筵，言談不倦。時世祖居藩，頗事聲譽，勤心著述，卮酒未嘗妄進。恭每從容謂人曰：「下官歷觀世人，多有不好歡樂，乃仰眠床上，看屋梁而著書，千秋萬歲，誰傳此者。勞神苦思，竟不成名，豈如臨清風，對朗月，登山泛水，肆意酣歌也。」尋以雍州蠻文道拘引魏寇，詔恭赴援，仍除持節、仁威將軍、寧蠻校尉、雍州刺史，便道之鎮。太宗少與恭遊，特被賞狎，至是手令曰：「彼士流骯髒，有關輔餘風，黔首扞格，但知重劍輕死。降胡惟尚貪惏，邊蠻不知敬讓，懷抱不可皁白，法律無所用施。願充實邊戍，無數遷徙，諜候惟遠，箱庾惟積，長以控短，靜以制躁。早蒙愛念，敢布腹心。」恭至州，治果有聲績，百姓陳奏，乞於城南立碑頌德，詔許焉。

先高祖以雍爲邊鎮，運數州之粟，以實儲倉，恭後多取官米，贍給私宅，爲荊州刺史廬陵王所啓，由是免官削爵，數年竟不敍用。侯景亂，卒于城中，時年五十二。詔特復本封。

世祖追贈侍中、左衞將軍。謚曰僖。

世子靜，字安仁，有美名，號爲宗室後進。有文才，而篤志好學，既內足於財，多聚經史，散書滿席，手自讎校。何敬容欲以女妻之，靜忌其太盛，距而不納，時論服焉。歷官太子舍人、東宮領直。遷丹陽尹丞，給事黃門侍郎，深爲太宗所愛賞。太清三年，卒，贈侍中。

鄱陽忠烈王恢字弘達，太祖第九子也。幼聰穎，年七歲，能通孝經、論語義，發擿無所遺。既長，美風表，涉獵史籍。齊隆昌中，明帝作相，內外多虞，明帝就長沙宣武王懿求諸弟有可委以腹心者，宣武言恢焉。明帝以恢爲寧遠將軍，甲仗百人衞東府，且引爲驃騎法曹行參軍。明帝卽位，東宮建，爲太子舍人，累遷北中郎外兵參軍，前軍主簿。宣武之難，逃在京師。

高祖義兵至，恢於新林奉迎，以爲輔國將軍。時三吳多亂，高祖命出頓破岡。建康平，還爲冠軍將軍、右衞將軍。天監元年，爲侍中、前將軍、領石頭戍軍事。封鄱陽郡王，食邑二千戶。二年，出爲使持節、都督南徐州諸軍事、征虜將軍、南徐州刺史。四年，改授都督郢司二州諸軍事、後將軍、郢州刺史，持節如故。義兵初，郢城內疾疫死者甚多，不及藏殯，及恢下車，遽命埋掩。又遣四使巡行州部，境內大治。七年，進號雲麾將軍，進督霍州。八年，復進號平西將軍。〔一二〕十年，徵爲侍中、護軍將軍、石頭戍軍事，領宗正卿。十一年，出爲使持節、都督荊湘雍益寧南北梁南北秦九州諸軍事、平西將軍、荊州刺史，給鼓吹一部。十三年，遷散騎常侍、都督益寧南北秦沙七州諸軍事、〔一三〕鎭西將軍、益州刺史，使持節如故，便道之鎭。成都去新城五百里，陸路往来，悉訂私馬，百姓患焉，累政不能改。恢乃市馬千匹，以付所訂之家，資其騎乘，有用則以次發之，百姓賴焉。十七年，徵爲侍中、安前將軍、領軍將軍。十八年，出爲使持節、散騎常侍、都督荊湘雍梁益寧南北秦八州諸軍事、征西將軍、開府儀同三司、荊州刺史。普通五年，進號驃騎大將軍。七年九月，薨于州，時年五十一。詔曰：「故使持節、散騎常侍、都督荊湘雍梁益寧南北秦八州諸軍事、驃騎大將軍、開府儀同三司、荊州刺史鄱陽王恢，風度開朗，器情凝質。爰在弱歲，美譽克宣，洎于從政，嘉猷載緝。方入正論道，弘燮台階，奄焉薨逝，朕用傷慟于厥心。宜隆寵命，以申朝典。可贈侍中、司徒，王如故。并給班劍二十人。謚曰忠烈。」遣中書舍人劉顯護喪事。

恢有孝性，初鎭蜀，所生費太妃猶停都，後於都下不豫，恢未之知，一夜忽夢還侍疾，既覺憂遑，便廢寢食。俄而都信至，太妃已瘳。後又目有疾，久廢視瞻，有北渡道人慧龍得治眼術，恢請之。既至，空中忽見聖僧，及慧龍下鍼，豁然開朗，咸謂精誠所致。

恢性通恕，輕財好施，凡歷四州，所得俸祿隨而散之。在荊州，常從容問賓僚曰：「中山好酒，趙王好吏，二者孰愈？」衆未有對者。顧謂長史蕭琛曰：「漢時王侯，藩屏而已，視事親民，自有其職。中山聽樂，可得任性；彭祖代吏，近於侵官。今之王侯，不守藩國，當佐天子臨民，淸白其優乎！」坐賓咸服。世子範嗣。

範字世儀，溫和有器識。起家太子洗馬、祕書郎，歷黃門郎，遷衞尉卿。每夜自巡警，高祖嘉其勞苦。出爲益州刺史，開通劍道，剋復華陽，增邑一千戶，加鼓吹。徵爲領軍將軍、侍中。

範雖無學術，而以籌略自命，愛奇翫古，招集文才，率意題章，亦時有奇致。復出爲使持節、都督雍梁東益南北秦五州諸軍事、鎭北將軍、雍州刺史。範作牧莅民，甚得時譽；撫循將士，盡獲歡心。太淸元年，大舉北伐，以範爲使持節、征北大將軍、總督漢北征討諸軍事，進伐穰城。尋遷安北將軍、南豫州刺史。侯景敗於渦陽，退保壽陽，乃改範爲合州刺史，鎭合肥。時景已蓄姦謀，不臣將露，範屢啓言之，朱异每抑而不奏。及景圍京邑，範遣世子嗣與裴之高等入援，遷開府儀同三司，進號征北將軍。京城不守，範乃棄合肥，出東關，請兵于魏，遣二子爲質。魏人據合肥，竟不出師助範，範進退無計，乃泝流西上，軍于樅陽，遣信告尋陽王。尋陽要還九江，欲共治兵西上，範得書大喜，乃引軍至湓城，以晉熙爲晉州，遣子嗣爲刺史。江州郡縣，輒更改易，尋陽政令所行，惟存一郡，時論以此少之。旣商旅不通，信使距絕，範數萬之衆，皆無復食，人多餓死。範恚，發背薨，時年五十二。

世子嗣，字長胤。容貌豐偉，腰帶十圍。性驍果有膽略，倜儻不護細行，而能傾身養士，皆得其死力。範之薨也，嗣猶據晉熙，城中食盡，士乏絕，景遣任約來攻，嗣躬擐甲胄，出壘距之。時賊勢方盛，咸勸且止。嗣按劍叱之曰：「今之戰，何有退乎？此蕭嗣效命死節之秋也。」遂中流矢，卒於陣。

始興忠武王憺字僧達，太祖第十一子也。數歲，所生母吳太妃卒，憺哀感傍人。齊世，弱冠爲西中郎法曹行參軍，遷外兵參軍。義師起，南康王承制，以憺爲冠軍將軍、西中郎諮議參軍，遷相國從事中郎，與南平王偉留守。

和帝立，以憺爲給事黃門侍郎。時巴東太守蕭慧訓子璝等及巴西太守魯休烈舉兵逼荊州，屯軍上明，鎭軍將軍蕭穎冑暴疾卒，西朝甚懼，尙書僕射夏侯詳議徵兵雍州，南平王偉遣憺赴之。憺以書喻璝等，旬日皆請降。是冬，高祖平建業。明年春，和帝將發江陵，詔以憺爲使持節、都督荆湘益寧南北秦六州諸軍事、平西將軍、荆州刺史，未拜。天監元年，加安西將軍，〔一四〕都督、刺史如故。封始興郡王，食邑二千戶。〔一五〕時軍旅之後，公私空乏，憺厲精爲治，廣闢屯田，減省力役，存問兵死之家，供其窮困，民甚安之。憺自以少年始居重任，思欲開導物情。乃謂佐吏曰：「政之不臧，士君子所宜共惜。言可用，用之可也；如不用，於我何傷？吾開懷矣，爾其無吝。」於是小人知恩，而君子盡意。民辭訟者，皆立前待符敎，決於俄頃。曹無留事，下無滯獄，民益悅焉。三年，詔加鼓吹一部。

六年，州大水，江溢堤壞，憺親率府將吏，冒雨賦丈尺築治之。雨甚水壯，衆皆恐，或請憺避焉。憺曰：「王尊尚欲身塞河堤，我獨何心以免。」乃刑白馬祭江神。俄而水退堤立。邴州在南岸，數百家見水長驚走，登屋緣樹，憺募人救之，一口賞一萬，估客數十人應募救焉，州民乃以免。又分遣行諸郡，遭水死者給棺槥，失田者與糧種。是歲，嘉禾生於州界，吏民歸美，憺謙讓不受。

七年，慈母陳太妃薨，水漿不入口六日，居喪過禮，高祖優詔勉之，使攝州任。是冬，詔徵以本號還朝。民爲之歌曰：「始興王，民之爹徒可反。赴人急，如水火。何時復來哺乳我？」八年，爲平北將軍、護軍將軍、領石頭戍事。尋遷中軍將軍、中書令，〔一六〕俄領衞尉卿。憺性勞謙，降意接士，常與賓客連榻而坐，時論稱之。是秋，出爲使持節、散騎常侍、都督南北兗徐青冀五州諸軍事、鎭北將軍、南兗州刺史。九年春，遷都督益寧南梁南北秦沙六州諸軍事、鎭西將軍、益州刺史。開立學校，勸課就業，遣子映親受經焉，由是多向方者。時魏襲巴南，西圍南安，南安太守垣季珪堅壁固守，憺遣軍救之，魏人退走，所收器械甚衆。十四年，遷都督荆湘雍寧南梁南北秦七州諸軍事、鎭右將軍、荆州刺史。同母兄安成王秀將之雍州，薨於道。憺聞喪，自投于地，席稾哭泣，不飮不食者數日，傾財產賻送，部伍小大皆取足焉。天下稱其悌。十八年，徵爲侍中、中撫將軍、開府儀同三司、領軍將軍。普通三年十一月，薨，時年四十五。追贈侍中、司徒、驃騎將軍。給班劍三十人，羽葆鼓吹一部。册曰：「咨故侍中、司徒、驃騎將軍始興王：夫忠爲令德，武謂止戈，于以用之，載在前志。王有佐命之元勳，利民之厚德，契闊二紀，始終不渝，是用方軌往賢，稽擇故訓，鴻名美義，允臻其極。今遣兼大鴻臚程爽，謚曰忠武。魂而有靈，歆茲顯號。嗚呼哀哉！」憺未薨前，夢改封中山王，策授如他日，意頗惡之，數旬而卒。世子亮嗣。

史臣曰：自昔王者創業，廣植親親，割裂州國，封建子弟。是以大旂少帛，崇於魯、衞，盤石凝脂，樹斯梁、楚。高祖遠遵前軌，藩屏懿親。至於安成、南平、鄱陽、始興，俱以名跡著，蓋亦漢之間、平矣。

校勘記

〔一〕懿及融齊永元中爲東昏所害　「永元」各本譌「永明」，據南史梁長沙宣武王懿傳改。

〔二〕臨川靖惠王宏　「靖」各本作「靜」。王鳴盛十七史商榷六三：「靜惠，文中作靖惠，標題傳寫誤。」張敦頤六朝事蹟卷下墳陵、碑刻二門，皆作靖惠，是。」按八瓊室金石補正卷十一著錄「梁故假黃鉞侍中大將軍揚州牧臨川靖惠王之神道」，亦作「靖惠」，今並下文「靜惠」，皆改「靖惠」。

〔三〕暢懼禍先赴臺　張森楷梁書校勘記：「暢行第四，宏行第六。帝謂六弟明於事理，又若是謂宏者。詳玩文誼，暢當作宏。」

〔四〕遷西中郎將中護軍領石頭戍軍事　「西中郎將」各本作「西平郎將」，宋、齊、隋志，無西平郎將官，當是西中郎將之譌，今改正。

〔五〕其年冬以公事左遷驃騎大將軍　「其年冬」，承上「八年夏」而言。然據本書武帝紀，蕭宏左遷在天監十一年冬十一月。南史：「十一年正月爲太尉，其年冬，以公事左遷驃騎大將軍。」則「其年」當作「十一年」。

〔六〕子貢嗣　「貢」，各本皆譌作「賁」，據南史及册府元龜二八四、二九四改。

〔七〕以本號徵領石頭戍事　「事」各本作「軍」，據册府元龜二八〇改。

〔八〕尋遷都督荆湘雍益寧南北梁南北秦州九州諸軍事平西將軍荆州刺史　「秦州」上各本皆脱「南北」二字，九州只得八州。按鄱陽王恢傳，天監十一年，「都督荆湘雍益寧南北梁南北秦九州諸軍事、平西將軍、荆州刺史」。督區、軍號及所刺之州全同。是此「秦州」明爲「南北秦州」，今據補。

〔九〕常以所得俸中分與秀　「常」各本譌「帝」，據南史及册府元龜二七四改。

〔一〇〕留行雍州州府事　「州府事」各本譌「開府事」，據南史及册府元龜二八〇改。

〔一一〕徵爲撫軍將軍　「撫軍」各本譌「中撫」。據本書武帝紀改。

〔一二〕八年復進號平西將軍　按本書武帝紀，蕭恢進號平西將軍在天監七年八月。

〔一三〕都督益寧南北秦沙七州諸軍事　按此只有五州，疑脱南北梁二州。南梁，天監中分益州置，始興忠武王憺傳謂憺於天監九年，都督益寧南梁南北秦沙六州諸軍事，其中有南梁。又上文十一年都督荆湘雍益寧南北梁南北秦九州諸軍事，亦有南北梁。

〔一四〕天監元年加安西將軍　按本書武帝紀，蕭憺進號安西將軍在天監六年閏十月。

〔一五〕食邑二千戶　「二」各本作「三」。據册府元龜二六四及徐勉梁故侍中司徒驃騎將軍始興忠武王碑改。

〔一六〕尋遷中軍將軍中書令　「中軍」，南史及徐勉梁故侍中司徒驃騎將軍始興忠武王碑作「中衛」。

梁書卷二十三

列傳第十七

長沙嗣王業　永陽嗣王伯游　衡陽嗣王元簡

桂陽嗣王象

長沙嗣王業字靜曠，〔一〕高祖長兄懿之子也。懿字元達，少有令譽。解褐齊安南邵陵王行參軍，襲爵臨湘縣侯。遷太子舍人、洗馬、建安王友。出爲晉陵太守，曾未朞月，訟理人和，稱爲善政。入爲中書侍郎。永明季，授持節、都督梁南北秦沙四州諸軍事、西戎校尉、梁南秦二州刺史，〔二〕加冠軍將軍。是歲，魏人入漢中，遂圍南鄭。懿隨機拒擊，傷殺甚多，乃解圍遁去。懿又遣氐帥楊元秀攻魏歷城、皐蘭、駱谷、坑池等六戍，〔三〕尅之，魏人震懼，邊境遂寧。進號征虜將軍，增封三百戶，遷督益寧二州軍事、益州刺史。入爲太子右衞率、尚書吏部郎、衞尉卿。永元二年，裴叔業據豫州反，授持節、征虜將軍、督豫州諸軍事、豫州刺史，領歷陽南譙二郡太守，討叔業，叔業懼，降于魏。既而平西將軍崔慧景入寇京邑，奉江夏王寶玄圍臺城，齊室大亂，詔徵懿。懿時方食，投箸而起，率銳卒三千人援城。慧景遣其子覺來拒，懿奔擊大破之，覺單騎走。乘勝而進，慧景衆潰，追斬之。〔四〕授侍中、尚書右僕射，未拜，仍遷尚書令、都督征討水陸諸軍事，持節、將軍如故，增邑二千五百戶。時東昏肆虐，茹法珍、王咺之等執政，宿臣舊將，並見誅夷，懿既立元勳，獨居朝右，深爲法珍等所憚，乃說東昏曰：「懿將行隆昌故事，陛下命在晷刻。」東昏信之，將加酷害，而懿所親知之，密具舟江渚，勸令西奔。懿曰：「古皆有死，豈有叛走尚書令耶？」遂遇禍。中興元年，追贈侍中、中書監、司徒。宣德太后臨朝，改贈太傅。天監元年，追崇丞相，封長沙郡王，謚曰宣武。給九旒、鸞輅、轀輬車，黃屋左纛，前後部羽葆鼓吹，挽歌二部，虎賁班劍百人，葬禮一依晉安平王故事。

業幼而明敏，識度過人。仕齊爲著作郎、太子舍人。宣武之難，與二弟藻、象俱逃匿。高祖既至，乃赴軍，以爲寧朔將軍。中興二年，除輔國將軍、南琅邪清河二郡太守。天監二年，襲封長沙王，徵爲冠軍將軍，量置佐史，遷祕書監。四年，改授侍中。六年，轉散騎常侍、太子右衞率，遷左驍騎將軍，尋爲中護軍，領石頭戍軍事。七年，出爲使持節、都督南兗兗徐青冀五州諸軍事、仁威將軍、南兗州刺史。八年，徵爲護軍。九年，除中書令，改授安後將軍、鎮琅邪彭城二郡、領南琅邪太守。十年，徵爲安右將軍、散騎常侍。十四年，復爲護軍，領南琅邪彭城，鎮于琅邪。〔五〕復徵中書令，出爲輕車將軍、湘州刺史。

業性敦篤，所在留惠。深信因果，篤誠佛法，高祖每嘉歎之。普通三年，徵爲散騎常侍、護軍將軍。〔六〕四年，改爲侍中、金紫光祿大夫。七年，薨，時年四十八。謚曰元。有文集行於世。子孝儼嗣。

孝儼字希莊，聰慧有文才。射策甲科，除祕書郎、太子舍人。從幸華林園，於座獻相風烏、華光殿、景陽山等頌，其文甚美，高祖深賞異之。普通元年，薨，〔七〕時年二十三。謚曰章。子慎嗣。

藻字靖藝，〔八〕元王弟也。少立名行，志操清潔。齊永元初，釋褐著作佐郎。天監元年，封西昌縣侯，食邑五百戶。出爲持節、都督益寧二州諸軍事、冠軍將軍、益州刺史。時天下草創，邊徼未安，州民焦僧護聚衆數萬，據郫、繁作亂。〔九〕藻年未弱冠，集僚佐議，欲自擊之。或陳不可，藻大怒，斬于階側。乃乘平肩輿，巡行賊壘。賊弓亂射，矢下如雨，從者舉楯禦箭，又命除之，由是人心大安。賊乃夜遁，藻命騎追之，斬首數千級，遂平之。進號信威將軍。九年，徵爲太子中庶子。十年，爲左驍騎將軍、領南琅邪太守。入爲侍中。

藻性謙退，不求聞達。善屬文辭，尤好古體，自非公讌，未嘗妄有所爲，縱有小文，成輒棄本。十一年，出爲使持節、都督雍梁秦三州竟陵隨二郡諸軍事、仁威將軍、寧蠻校尉、雍州刺史。十二年，徵爲使持節、都督南兗兗徐青冀五州諸軍事、兗州刺史，軍號如故。頻莅數鎭，民吏稱之。推善下人，常如弗及。徵爲太子詹事。普通三年，遷領軍將軍，加侍中。六年，爲軍師將軍，與西豐侯正德北伐渦陽，輒班師，爲有司所奏，免官削爵土。七年，起爲宗正卿。八年，復封爵，尋除左衞將軍，領步兵校尉。大通元年，遷侍中、中護軍。時渦陽始降，乃以藻爲使持節、北討都督、征北大將軍，鎭于渦陽。二年，爲中權將軍、〔一○〕金紫光祿大夫，置佐史，加侍中。中大通元年，遷護軍將軍，中權如故。三年，爲中軍將軍、〔一一〕太子詹事，出爲丹陽尹。高祖每歎曰：「子弟並如迦葉，吾復何憂。」迦葉，藻小名也。入爲安左將軍、尚書左僕射，加侍中，藻固辭不就，詔不許。大同五年，遷中衞將軍、開府儀同三司、中書令，侍中如故。

藻性恬靜，獨處一室，牀有膝痕，宗室衣冠，莫不楷則。常以爵祿太過，每思屏退，門庭閑寂，賓客罕通，太宗尤敬愛之。自遭家禍，恒布衣蒲席，不食鮮禽，非在公庭，不聽音樂，高祖每以此稱之。出爲使持節、督南徐州刺史。侯景亂，藻遣長子彧率兵入援，及城開，加散騎常侍、大將軍。景遣其儀同蕭邕代之，據京口，藻因感氣疾，不自療。或勸奔江北，藻曰：「吾國之台鉉，位任特隆，既不能誅翦逆賊，正當同死朝廷，安能投身異類，欲保餘生。」因不食累日。太清三年，薨，時年六十七。

永陽嗣王伯游字士仁，高祖次兄敷之子。敷字仲達，解褐齊後軍征虜行參軍，〔三〕轉太子舍人，洗馬，遷丹陽尹丞。入爲太子中舍人，除建威將軍、隨郡內史。招懷遠近，黎庶安之，以爲前後之政莫之及也。進號寧朔將軍，徵爲廬陵王諮議參軍。建武四年，薨。高祖即位，追贈侍中、司空，封永陽郡王，謚曰昭。

伯游美風神，善言玄理。天監元年四月，詔曰：「兄子伯游，雖年識未弘，意尚粗可。浙東奧區，宜須撫莅，可督會稽東陽新安永嘉臨海五郡諸軍事、輔國將軍、會稽太守。」二年，襲封永陽郡王。五年，薨，時年二十三。謚曰恭。

衡陽嗣王元簡字熙遠，高祖第四弟暢之子。暢仕齊至太常，封江陵縣侯，卒。天監元年，追贈侍中、驃騎大將軍、開府儀同三司。封衡陽郡王。謚曰宣。

元簡三年襲封，除中書郎，遷會稽太守。十三年，入爲給事黃門侍郎，出爲持節、都督廣交越三州諸軍事、平越中郎將、廣州刺史。還爲太子中庶子，遷使持節、都督郢司霍三州諸軍事、信武將軍、郢州刺史。十八年正月，卒於州。謚曰孝。子俊嗣。

桂陽嗣王象字世翼，長沙宣武王第九子也。初，叔父融仕齊至太子洗馬。永元中，宣武之難，融遇害。高祖平京邑，贈給事黃門侍郎。天監元年，加散騎常侍、撫軍大將軍，封桂陽郡王。謚曰簡。無子，乃詔象爲嗣，襲封爵。

象容止閑雅，善於交遊，事所生母以孝聞。起家寧遠將軍、丹陽尹。到官未幾，簡王妃薨，去職。服闋，復授明威將軍、丹陽尹。象生長深宮，始親庶政，舉無失德，朝廷稱之。出爲持節、督司霍郢三州諸軍事、征遠將軍、郢州刺史。尋遷湘衡二州諸軍事、輕車將軍、湘州刺史。湘州舊多虎暴，及象在任，爲之靜息，故老咸稱德政所感。除中書侍郎，俄以本官行石頭戍軍事，轉給事黃門侍郎、兼領軍，又以本官兼宗正卿。尋遷侍中、太子詹事，未拜，改授持節、督江州諸軍事、信武將軍、江州刺史。以疾免。尋除太常卿，加侍中，遷祕書監、領步兵校尉。大同二年，薨，謚曰敦。子慥嗣。

史臣曰：長沙諸嗣王，並承襲土宇，光有藩服。桂陽王象以孝聞，在於牧湘，猛虎息暴，蓋德惠所致也。昔之善政，何以加焉。

校勘記

〔一〕長沙嗣王業字靜曠　蕭業本名淵業，姚思廉避唐諱省去「淵」字；而於武帝紀則改「淵」爲「深」，作「深業」。

〔二〕梁南秦二州刺史　「南秦」各本譌「南梁」，據南史改。按上督區是「梁南北秦沙」，則下不得更爲「南梁」刺史。

〔三〕懿又遣氐帥楊元秀攻魏歷城臯蘭駱谷坑池等六戍　「駱谷」各本譌「駱火」，據南齊書魏虜傳改。「坑池」，魏虜傳作「仇池」。

〔四〕追斬之　「斬」各本譌「奔」，據南史及册府元龜二九〇改。

〔五〕鎮于琅邪　「于」各本譌「牙」，據册府元龜二八〇改。

〔六〕普通三年徵爲散騎常侍護軍將軍　本書武帝紀，蕭淵業爲護軍將軍在普通元年。

〔七〕普通元年薨　蕭淵業死於普通七年，孝儼嗣爵，則孝儼不得死於普通元年。「普」字或爲「大」字之譌，或爲「中大」二字之譌。

〔八〕藻字靖藝　藻本名淵藻，姚思廉避唐諱，省去「淵」字。

〔九〕據郢繁作亂　「繁」百衲本、殿本等作「樊」。今據南史及册府元龜四一九改。

〔一〇〕二年爲中權將軍　本書武帝紀，蕭淵藻爲中權將軍在中大通元年三月。是年十月方改元，在十月前仍得稱大通三年，此「二年」當作「三年」。

〔一一〕三年爲中軍將軍　各本作「中將軍」，脫一「軍」字，據南史補。

〔一二〕解褐齊後軍征虜行參軍　「後」字下，原衍「將」字。按：徐勉故侍中司空永陽昭王墓誌銘作「解褐齊後軍長沙王行參軍」，無「將」字，今據删。

梁書卷二十四

列傳第十八

蕭景 弟昌 昂 昱

蕭景字子昭，〔一〕高祖從父弟也。父崇之字茂敬，即左光祿大夫道賜之子。道賜三子：長子尚之，字茂先；次太祖文皇帝；次崇之。初，左光祿居於鄉里，專行禮讓，爲衆所推，仕歷宋太尉江夏王參軍，終于治書侍御史，齊末，追贈散騎常侍、左光祿大夫。尚之敦厚有德器，爲司徒建安王中兵參軍，一府稱爲長者；琅邪王僧虔尤善之，每事多與議決。遷步兵校尉，卒官。天監初，追謚文宣侯。尚之子靈鈞，仕齊廣德令。高祖義師至，行會稽郡事，頃之卒。高祖即位，追封東昌縣侯，邑一千戶。子謇嗣。崇之以幹能顯，爲政尚嚴厲，官至冠軍將軍、東陽太守。永明中，錢唐唐寓之反，別衆破東陽，崇之遇害。天監初，追謚忠簡侯。

景八歲隨父在郡，居喪以毀聞。既長好學，才辯能斷。齊建武中，除晉安王國左常侍，遷永寧令，政爲百城最。永嘉太守范述曾居郡，號稱廉平，雅服景爲政，乃牓郡門曰：「諸縣有疑滯者，可就永寧令決。」頃之，以疾去官。永嘉人胡仲宣等千人詣闕，表請景爲郡，不許。還爲驃騎行參軍。永元二年，以長沙宣武王懿勳，除步兵校尉。是冬，宣武王遇害，景亦逃難。高祖義師至，以景爲寧朔將軍、行南兗州軍事。〔二〕時天下未定，江北傖楚各據塢壁，景示以威信，渠帥相率面縛請罪，旬日境內皆平。中興二年，遷督南兗州諸軍事、輔國將軍、監南兗州。高祖踐阼，封吳平縣侯，食邑一千戶，仍爲使持節、都督南北兗青冀四州諸軍事、〔三〕冠軍將軍、南兗州刺史。詔景母毛氏爲國太夫人，禮如王國太妃，假金章紫綬。景居州，清恪有威裁，明解吏職，文案無壅，下不敢欺，吏人畏敬如神。會年荒，計口賑卹，爲饘粥於路以賦之，死者給棺具，人甚賴焉。

天監四年，王師北伐，景帥衆出淮陽，進屠宿預。丁母憂，詔起攝職。五年，班師，除太子右衞率，遷輔國將軍、衞尉卿。七年，遷左驍騎將軍，兼領軍將軍。領軍管天下兵要，監局官僚，舊多驕侈，景在職峻切，官曹肅然。制局監皆近倖，頗不堪命，以是不得久留中。尋出爲使持節、督雍梁南北秦郢州之竟陵司州之隨郡諸軍事、信武將軍、寧蠻校尉、雍州刺史。八年三月，魏荆州刺史元志率衆七萬寇潺溝，驅迫羣蠻，羣蠻悉渡漢水來降。議者以蠻累爲邊患，可因此除之。景曰：「窮來歸我，誅之不祥。且魏人來侵，每爲矛盾，若悉誅蠻，則魏軍無礙，非長策也。」乃開樊城受降。因命司馬朱思遠、寧蠻長史曹義宗、中兵參軍孟惠儁擊志於溽溝，大破之，生擒志長史杜景。斬首萬餘級，流屍蓋漢水，景遣中兵參軍崔績率軍士收而瘞焉。

景初到州，省除參迎羽儀器服，不得煩擾吏人。修營城壘，申警邊備，理辭訟，勸農桑。郡縣皆改節自勵，州內清肅，緣漢水陸千餘里，抄盜絕迹。十一年，徵右衞將軍、領石頭戍軍事。十二年，復爲使持節、督南北兗北徐青冀五州諸軍事、信威將軍、南兗州刺史。〔四〕十三年，徵爲領軍將軍，直殿省，知十州損益事，月加祿五萬。

景爲人雅有風力，長於辭令。其在朝廷，爲衆所瞻仰。於高祖屬雖爲從弟，而禮寄甚隆，軍國大事，皆與議決。十五年，加侍中。十七年，太尉、揚州刺史臨川王宏坐法免。詔曰：「揚州應須緝理，宜得其人。侍中、領軍將軍吳平侯景才任此舉，可以安右將軍監揚州，並置佐史，侍中如故，卽宅爲府。」景越親居揚州，辭讓甚懇惻，至于涕泣，高祖不許。在州尤稱明斷，符教嚴整。有田舍老姥嘗訴得符，還至縣，縣吏未卽發，姥語曰：「蕭監州符，火爤汝手，何敢留之！」其爲人所畏敬如此。

十八年，累表陳解，高祖未之許。明年，出爲使持節、散騎常侍、都督郢司霍三州諸軍事、安西將軍、郢州刺史。將發，高祖幸建興苑餞別，爲之流涕。既還宮，詔給鼓吹一部。

在州復有能名。齊安、竟陵郡接魏界，多盜賊，景移書告示，魏卽焚塢戍保境，〔五〕不復侵略。普通四年，卒于州，時年四十七。詔贈侍中、中撫軍、開府儀同三司。謚曰忠。子勱嗣。〔六〕

昌字子建，景第二弟也。齊豫章末，〔七〕爲晉安王左常侍。天監初，除中書侍郎，出爲豫章內史。五年，加寧朔將軍。六年，遷持節、督廣交越桂四州諸軍事、輔國將軍、平越中郎將、廣州刺史。七年，進號征遠將軍。九年，分湘州置衡州，以昌爲持節、督廣州之綏建湘州之始安諸軍事、信武將軍、衡州刺史，坐免。十三年，起爲散騎侍郎，尋以本官兼宗正卿。其年，出爲安右長史。累遷太子中庶子、通直散騎常侍，又兼宗正卿。

昌爲人亦明悟，然性好酒，酒後多過。在州郡，每醉輒迳出入人家，或獨詣草野。其於刑戮，頗無期度。醉時所殺，醒或求焉，亦無悔也。屬爲有司所劾，入留京師，忽忽不樂，遂縱酒虛悸。在石頭東齋，引刀自刺，左右救之，不殊。十七年，卒，時年三十九。子伯言。

昂字子明，景第三弟也。天監初，累遷司徒右長史，出爲輕車將軍、監南兗州。初，兄景再爲南兗，德惠在人，及昂來代，時人方之馮氏。徵爲琅邪、彭城二郡太守，軍號如先。

復以輕車將軍出爲廣州刺史。普通二年，爲散騎常侍、信威將軍。四年，轉散騎侍郎、中領軍、太子中庶子，出爲吳興太守。大通二年，徵爲仁威將軍、衞尉卿，尋爲侍中，兼領軍將軍。中大通元年，爲領軍將軍。二年，封湘陰縣侯，邑一千戶。出爲江州刺史。大同元年，卒，時年五十三。謚曰恭。

昱字子眞，景第四弟也。天監初，除祕書郎，累遷太子舍人，洗馬，中書舍人，中書侍郎。每求自試，高祖以爲淮南、永嘉、襄陽郡，並不就。志願邊州，高祖以其輕脫無威望，抑而不許。遷給事黃門侍郎。上表曰：「夏初陳啓，未垂採照，追懷慚懼，實戰胸心。臣聞暑雨祁寒，小人猶怨；榮枯寵辱，誰能忘懷！臣藉以往因，得預枝戚之重；緣報旣雜，時逢坎壈之運。昔在齊季，義師之始，臣乃幼弱，粗有識慮，東西阻絕，歸赴無由，雖未能負戈擐甲，實銜淚憤懣。潛伏東境，備履艱危，首尾三年，亟移數處，雖復飢寒切身，亦不以凍餒爲苦。每涉驚疑，惶怖失魄，旣乖致命之節，空有項領之憂，希望開泰，冀蒙共樂；豈期二十餘年，功名無紀，畢此身骸，方塡溝壑，丹誠素願，溘至長罷，俯自哀憐，能不傷歎！夫自媒自衒，誠哉可鄙；自譽自伐，實在可羞。然量己揆分，自知者審，陳力就列，寧敢空言，是以常願一試，屢成干請。夫上應玄象，實不易叨；錦不輕裁，誠難其製。過去業鄣，所以致乖算測。

聖監既謂臣愚短，不可試用，豈容久居顯禁，徒穢黃樞。忝竊稍積，恐招物議，請解今職，乞屏退私門。伏願天照，特垂允許。臣雖叨榮兩宮，報效無地，方違省闥，伏深戀悚。」高祖手詔答曰：「昱表如此。古者用人，必前明試，皆須績用既立，乃可自退之高。昔漢光武兄子章、興二人，並有名宗室，就欲習吏事，不過章爲平陰令，興爲緱氏宰，政事有能，方遷郡守，非直政績見稱，即是光武猶子。昱之才地，豈得比類焉！往歲處以淮南郡，既不肯行；續用爲招遠將軍、鎮北長史、襄陽太守，又以邊外致辭；改除招遠將軍、永嘉太守，復云內地非願；復問晉安、臨川，隨意所擇，亦復不行。解巾臨郡，事不爲薄，數有致辭，意欲何在？且昱諸兄遞居連率，相繼推轂，未嘗缺歲。其同產兄景，今正居藩鎮。朕豈厚於景而薄於昱，正是朝序物議，次第若斯，於其一門，差自無愧。無論今日不得如此；昱兄弟昔在布衣，以處成長，於何取立，豈得任情反道，背天違地。孰謂朝廷無有憲章，特是未欲致之于理。既表解職。可聽如啓。」坐免官。因此杜門絕朝覲，國家慶弔不復通。

普通五年，坐於宅內鑄錢，爲有司所奏，下廷尉，得免死，徙臨海郡。行至上虞，有敕追還，且令受菩薩戒。昱既至，恂恂盡禮，改意蹈道，持戒又精潔，高祖甚嘉之，以爲招遠將軍、晉陵太守。下車勵名迹，除煩苛，明法憲，嚴於姦吏，優養百姓，旬日之間，郡中大化。俄而暴疾卒，百姓行坐號哭，市里爲之諠沸，設祭奠於郡庭者四百餘人。田舍有女人夏氏，年百餘歲，扶曾孫出郡，悲泣不自勝。其惠化所感如此。百姓相率爲立廟建碑，以紀其德。又詣京師求贈謚。詔贈湘州刺史。謚曰恭。

史臣曰：高祖光有天下，慶命傍流，枝戚屬䜩，咸被任遇。蕭景之才辯識斷，益政佐時，蓋梁宗室令望者矣。

校勘記

〔一〕蕭景字子昭　蕭景本名昺，姚思廉避唐諱，改「昺」爲「景」。弘明集有衞尉卿蕭昺答釋法雲書，難范縝神滅論。

〔二〕行南兗州軍事　文館詞林四五七梁孝元帝郢州都督蕭子昭碑銘作「行南兗州事」，無「軍」字。

〔三〕都督南北兗青冀四州諸軍事　各本皆作「都督北兗徐青冀四州諸軍事」。文館詞林四五七梁孝元帝郢州都督蕭子昭碑銘作「督南北兗、青、冀四州諸軍事」。按：下云爲南兗州刺史，則其所督諸州必首爲南兗州。今據碑文補一「南」字，删一「徐」字。

〔四〕信威將軍南兗州刺史　「信威」梁孝元帝郢州都督蕭子昭碑銘作「信武」。

〔五〕魏即焚塢戍保境　「焚」各本作「禁」，據南史及册府元龜六九五改。

〔六〕子勱嗣　「勱」各本作「勵」，據陳書江總傳改。

〔七〕齊豫章末　齊有豫章王蕭嶷，無「豫章」年號，「豫章」二字當有誤，或是衍文。

梁書卷二十五

列傳第十九

周捨　徐勉

周捨字昇逸，汝南安城人，晉左光祿大夫顗之八世孫也。父顒，齊中書侍郎，有名於時。捨幼聰穎，顒異之，臨卒謂曰：「汝不患不富貴，但當持之以道德。」既長，博學多通，尤精義理，善誦書，背文諷說，音韻清辯。

起家齊太學博士，遷後軍行參軍。建武中，魏人吳包南歸，有儒學，尚書僕射江祏招包講，捨造坐，累折包，辭理遒逸，由是名爲口辯。王亮爲丹陽尹，聞而悅之，辟爲主簿，政事多委焉。遷太常丞。

梁臺建，爲奉常丞。高祖卽位，博求異能之士，吏部尚書范雲與顒素善，重捨才器，言之於高祖，召拜尚書祠部郎。時天下草創，禮儀損益，多自捨出。尋爲後軍記室參軍、秣陵令。入爲中書通事舍人，累遷太子洗馬，散騎常侍，中書侍郎，鴻臚卿。時王亮得罪歸家，故人莫有至者，捨獨敦恩舊，及卒，身營殯葬，時人稱之。遷尚書吏部郎，太子右衞率，右衞將軍，雖居職屢徙，而常留省內，罕得休下，國史詔誥，儀體法律，軍旅謀謨，皆兼掌之。日夜侍上，預機密，二十餘年未嘗離左右。捨素辯給，與人汎論談謔，終日不絕口，而竟無一言漏泄機事，衆尤歎服之。性儉素，衣服器用，居處牀席，如布衣之貧者。每入官府，雖廣厦華堂，閨閤重邃，捨居之則塵埃滿積。以荻爲鄣，壞亦不營。爲右衞，母憂去職，起爲明威將軍、右驍騎將軍。服闋，除侍中，領步兵校尉，未拜，仍遷員外散騎常侍、太子左衞率。頃之，加散騎常侍、本州大中正，遷太子詹事。

普通五年，南津獲武陵太守白渦書，〔一〕許遺捨面錢百萬，津司以聞。雖書自外入，猶爲有司所奏，捨坐免。遷右驍騎將軍，知太子詹事。以其年卒，時年五十六。上臨哭，哀慟左右。詔曰：「太子詹事、豫州大中正捨，奄至殞喪，惻愴于懷。其學思堅明，志行開敏，劬勞機要，多歷歲年，才用未窮，彌可嗟慟。宜隆追遠，以旌善人。可贈侍中、護軍將軍，鼓吹一部，給東園祕器，朝服一具，衣一襲，喪事隨由資給。諡曰簡子。」明年，又詔曰：「故侍中、護軍將軍簡子捨，義該玄儒，博窮文史，奉親能孝，事君盡忠，歷掌機密，淸貞自居。食不重味，身靡兼衣。終亡之日，內無妻妾，外無田宅，兩兒單貧，有過古烈。往者，南司白渦之劾，恐外議謂朕有私，致此黜免，追愧若人一介之善。外可量加褒異，以旌善人。」二子：弘義，弘信。

徐勉字脩仁，東海郯人也。祖長宗，宋高祖霸府行參軍。父融，南昌相。

勉幼孤貧，早勵清節。年六歲，時屬霖雨，家人祈霽，率爾爲文，見稱耆宿。及長，篤志好學。起家國子生。太尉文憲公王儉時爲祭酒，每稱勉有宰輔之量。射策舉高第，補西陽王國侍郎。尋遷太學博士，鎭軍參軍，尙書殿中郎，以公事免。又除中兵郎、領軍長史。琅邪王元長才名甚盛，嘗欲與勉相識，每託人召之。勉謂人曰：「王郞名高望促，難可輕襲衣裾。」俄而元長及禍，時人莫不服其機鑒。

初與長沙宣武王遊，高祖深器賞之。及義兵至京邑，勉於新林謁見，高祖甚加恩禮，使管書記。高祖踐阼，拜中書侍郎，遷建威將軍、後軍諮議參軍、本邑中正、尙書左丞。自掌樞憲，多所糾舉，時論以爲稱職。

天監二年，除給事黃門侍郎、尙書吏部郎，參掌大選。遷侍中。時王師北伐，候驛塡委。勉參掌軍書，劬勞夙夜，動經數旬，乃一還宅。每還，羣犬驚吠。勉歎曰：「吾憂國忘家，乃至於此。若吾亡後，亦是傳中一事。」六年，除給事中、五兵尚書，遷吏部尚書。勉居選官，彝倫有序，既閑尺牘，兼善辭令，雖文案塡積，坐客充滿，應對如流，手不停筆。又該綜百氏，皆爲避諱。常與門人夜集，客有虞暠求詹事五官，勉正色答云：「今夕止可談風月，不宜及公事。」故時人咸服其無私。

除散騎常侍，領游擊將軍，未拜，改領太子右衞率。遷左衞將軍，領太子中庶子，侍東宮。昭明太子尚幼，敕知宮事。太子禮之甚重，每事詢謀。嘗於殿內講孝經，臨川靖惠王、尚書令沈約備二傅，勉與國子祭酒張充爲執經，王瑩、張稷、柳憕、王暕爲侍講。時選極親賢，妙盡時譽，勉陳讓數四。又與沈約書，求換侍講，詔不許，然後就焉。轉太子詹事，領雲騎將軍，尋加散騎常侍，遷尚書右僕射，詹事如故。又改授侍中，頻表解宮職，優詔不許。

時人間喪事，多不遵禮，朝終夕殯，相尚以速。勉上疏曰：「禮記問喪云：『三日而後斂者，以俟其生也；三日而不生，亦不生矣。』自頃以來，不遵斯制。送終之禮，殯以朞日，潤屋豪家，乃或半晷，衣衾棺椁，以速爲榮，親戚徒隸，各念休反。故屬纊纔畢，灰釘已具，忘狐鼠之顧步，愧燕雀之徊翔。傷情滅理，莫此爲大。且人子承衾之時，志懣心絕，喪事所資，悉關他手，愛憎深淺，事實難原，如覘視或爽，存沒違濫，使萬有其一，怨酷已多，豈若緩其告斂之晨，申其望生之冀。請自今士庶，宜悉依古，三日大斂。如有不奉，加以糾繩。」詔可其奏。

尋授宣惠將軍，置佐史，侍中、僕射如故。又除尚書僕射、中衞將軍。勉以舊恩，越升重位，盡心奉上。知無不爲。爰自小選，迄于此職，常參掌衡石，甚得士心。禁省中事，未嘗漏洩。每有表奏，輒焚藁草。博通經史，多識前載。朝儀國典，婚冠吉凶，勉皆預圖議。普通六年，上修五禮表曰：

臣聞「立天之道，曰陰與陽；立人之道，曰仁與義」。故稱「導之以德，齊之以禮」。夫禮所以安上治民，弘風訓俗，經國家，利後嗣者也。唐虞三代，咸必由之。在乎有周，憲章尤備，因殷革夏，損益可知。雖復經禮三百，曲禮三千，經文三百，威儀三千，其大歸有五，卽宗伯所掌典禮：吉爲上，凶次之，賓次之，軍次之，嘉爲下也。故祠祭不以禮，則不齊不莊；喪紀不以禮，則背死忘生者衆；賓客不以禮，則朝覲失其儀；軍旅不以禮，則致亂於師律；冠婚不以禮，則男女失其時。爲國修身，於斯攸急。

洎周室大壞，王道旣衰，官守斯文，日失其序，禮樂征伐，出自諸侯，小雅盡廢，舊章缺矣。是以韓宣適魯，知周公之德；叔侯在晉，辨郊勞之儀。戰國從橫，政敎愈泯；暴秦滅學，掃地無餘。漢氏鬱興，日不暇給，猶命叔孫於外野，方知帝王之爲貴。末葉紛綸，遞有興毁，或以武功銳志，或好黃老之言，禮義之式，於焉中止。及東京曹褒，南宮制述，集其散略，百有餘篇，雖寫以尺簡，而終闕平奏。其後兵革相尋，異端互起，章句既淪，俎豆斯輟。方領矩步之容，事滅於旌鼓；蘭臺石室之文，用盡於帷蓋。至乎晉初，爰定新禮，荀顗制之於前，摯虞刪之於末。既而中原喪亂，罕有所遺；江左草創，因循而已。釐革之風，是則未暇。

伏惟陛下睿明啓運，先天改物，撥亂惟武，經世以文。〔二〕作樂在乎功成，制禮弘於業定。光啓二學，皇枝等於貴遊；闢茲五館，草萊升以好爵。爰自受命，迄于告成，盛德形容備矣，天下能事畢矣。明明穆穆，無德而稱焉。至若玄符靈貺之祥，浮溟棧山之賮，〔三〕固亦日書左史，副在司存，今可得而略也。是以命彼羣才，搜甘泉之法；延茲碩學，闡曲臺之儀。淄上淹中之儒，連蹤繼軌；負笈懷鉛之彥，匪旦伊夕。諒以化穆三雍，人從五典，秩宗之教，勃焉以興。

伏尋所定五禮，起齊永明三年，〔四〕太子步兵校尉伏曼容表求制一代禮樂，于時參議置新舊學士十人，止修五禮，諮稟衞將軍丹陽尹王儉，學士亦分住郡中，製作歷年，猶未克就。及文憲薨殂，遺文散逸，後又以事付國子祭酒何胤，經涉九載，猶復未畢。建武四年，胤還東山，齊明帝敕委尚書令徐孝嗣。舊事本末，隨在南第。永元中，孝嗣於此遇禍，又多零落。當時鳩斂所餘，權付尚書左丞蔡仲熊、驍騎將軍何佟之，共掌其事。時修禮局住在國子學中門外，東昏之代，頻有軍火，其所散失，又踰太半。天監元年，佟之啓審省置之宜，敕使外詳。時尚書參詳，以天地初革，庶務權輿，宜俟隆平，徐議刪撰，欲且省禮局，併還尚書儀曹。詔旨云：「禮壞樂缺，故國異家殊，實宜以時修定，以爲永准。但頃之修撰，以情取人，不以學進；其掌知者，以貴總一，不以稽古，所以歷年不就，有名無實。此既經國所先，外可議其人，人定，便即撰次。」於是尚書僕射沈約等參議，請五禮各置舊學士一人，人各自舉學士二人，相助抄撰。其中有疑者，依前漢石渠、後漢白虎，隨源以聞，請旨斷決。乃以舊學士右軍記室參軍明山賓掌吉禮，中軍騎兵參軍嚴植之掌凶禮，中軍田曹行參軍兼太常丞賀瑒掌賓禮，征虜記室參軍陸璉掌軍禮，右軍參軍司馬褧掌嘉禮，〔五〕尚書左丞何佟之總參其事。佟之亡後，以鎮北諮議參軍伏暅代之。後又以暅代嚴植之掌凶禮。暅尋遷官，以五經博士繆昭掌凶禮。復以禮儀深廣，記載殘缺，宜須博論，共盡其致，更使鎮軍將軍丹陽尹沈約、太常卿張充及臣三人同參厥務。臣又奉別敕，總知其事。末又使中書侍郎周捨、庾於陵二人復豫參知。若有疑義，所掌學士當職先立議，通諮五禮舊學士及參知，各言同異，條牒啓聞，決之制旨。疑事既多，歲時又積，制旨裁斷，其數不少，莫不網羅經誥，玉振金聲，義貫幽微，理入神契，前儒所不釋，後學所未聞。凡諸奏決，皆載篇首，具列聖旨，爲不刊之則。洪規盛範，冠絕百王；茂實英聲，方垂千載。寧孝宣之能擬，豈孝章之足云。

五禮之職，事有繁簡，及其列畢，不得同時。嘉禮儀注以天監六年五月七日上尙書，合十有二秩，一百一十六卷，〔六〕五百三十六條；賓禮儀注以天監六年五月二十日上尙書，合十有七秩，一百三十三卷，五百四十五條；軍禮儀注以天監九年十月二十九日上尙書，合十有八秩，一百八十九卷，二百四十條；吉禮儀注以天監十一年十一月十日上尙書，合二十有六秩，二百二十四卷，一千五條；凶禮儀注以天監十一年十一月十七日上尙書，合四十有七秩，五百一十四卷，五千六百九十三條：大凡一百二十秩，一千一百七十六卷，八千一十九條。又列副祕閣及五經典書各一通，繕寫校定，以普通五年二月始獲洗畢。

竊以撰正履禮，歷代罕就，皇明在運，厥功克成。周代三千，舉其盈數；今之八千，隨事附益。質文相變，故其數兼倍，猶如八卦之爻，因而重之，錯綜成六十四也。昔文武二王，所以綱紀周室，君臨天下，公旦脩之，以致太平龍鳳之瑞。自斯厥後，甫備茲日。孔子曰：「其有繼周，雖百世可知。」〔七〕豈所謂齊功比美者歟！臣以庸識，謬司其任，淹留歷稔，允當斯責；兼勒成之初，未遑表上，寔由才輕務廣，思力不周，永言慚惕，無忘寤寐。自今春輿駕將親六師，搜尋軍禮，閱其條章，靡不該備。所謂郁郁文哉，煥乎洋溢，信可以懸諸日月，頒之天下者矣。愚心喜抃，彌思陳述；兼前後聯官，一時皆逝，臣雖幸存，耄已將及，慮皇世大典，遂闕騰奏，不任下情，輒具載撰修始末，并職掌人、所成卷秩、條目之數，謹拜表以聞。

詔曰：「經禮大備，政典載弘，今詔有司，案以行事也。」又詔曰：「勉表如此。因革允釐，憲章孔備，功成業定，於是乎在。可以光被八表，施諸百代，俾萬世之下，知斯文在斯。主者其按以遵行，勿有失墜。」尋加中書令，給親信二十人。勉以疾自陳，求解內任，詔不許，乃令停下省，三日一朝，有事遣主書論決。脚疾轉劇，久闕朝覲，固陳求解，詔乃賚假，須疾差還省。

勉雖居顯位，不營產業，家無蓄積，俸祿分贍親族之窮乏者。門人故舊或從容致言。勉乃答曰：「人遺子孫以財，我遺之以清白。子孫才也，則自致輜軿；如其不才，終爲他有。」嘗爲書誡其子崧曰：

吾家世清廉，故常居貧素，至於產業之事，所未嘗言，非直不經營而已。薄躬遭逢，遂至今日，尊官厚祿，可謂備之。每念叨竊若斯，豈由才致，仰藉先代風範及以福慶，故臻此耳。古人所謂「以清白遺子孫，不亦厚乎。」又云：「遺子黃金滿籯，不如一經。」詳求此言，信非徒語。吾雖不敏，實有本志，庶得遵奉斯義，不敢墜失。所以顯貴以來，將三十載，門人故舊，亟薦便宜，或使創闢田園，或勸興立邸店，又欲舳艫運致，亦令貨殖聚斂。若此衆事，皆距而不納。非謂拔葵去織，且欲省息紛紜。

中年聊於東田間營小園者，非在播藝，以要利入，正欲穿池種樹，少寄情賞。又以郊際閑曠，終可爲宅，儻獲懸車致事，實欲歌哭於斯。慧日、十住等，既應營婚，又須住止，吾清明門宅，無相容處。所以爾者，亦復有以：前割西邊施宣武寺，既失西廂，不復方幅，意亦謂此逆旅舍耳，何事須華？常恨時人謂是我宅。古往今來，豪富繼踵，高門甲第，連闥洞房，宛其死矣，定是誰室？但不能不爲培塿之山，聚石移果，雜以花卉，以娛休沐，用託性靈。隨便架立，不在廣大，惟功德處，小以爲好。所以內中逼促，無復房宇。近營東邊兒孫二宅，乃藉十住南還之資，其中所須，猶爲不少，既牽挽不至，又不可中塗而輟，郊間之園，遂不辦保，貨與韋黯，乃獲百金，成就兩宅，已消其半。尋園價所得，何以至此？由吾經始歷年，粗已成立，桃李茂密，桐竹成陰，塍陌交通，渠畎相屬。華樓迥榭，頗有臨眺之美；孤峯叢薄，不無糾紛之興。瀆中並饒菰蔣，湖裏殊富芰蓮。雖云人外，城闕密邇，韋生欲之，亦雅有情趣。追述此事，非有吝心，蓋是筆勢所至耳。憶謝靈運山家詩云：「中爲天地物，今成鄙夫有。」吾此園有之二十載矣，今爲天地物，物之與我，相校幾何哉！此吾所餘，今以分汝，營小田舍，親累既多，理亦須此。且釋氏之教，以財物謂之外命；儒典亦稱「何以聚人曰財」。況汝曹常情，安得忘此。聞汝所買姑孰田地，甚爲舄鹵，彌復何安。所以如此，非物競故也。雖事異寢丘，聊可髣髴。孔子曰：「居家理治，可移於官。」既已營之，宜使成立。進退兩亡，更貽恥笑。若有所收穫，汝可自分贍內外大小，宜令得所，非吾所知，又復應沾之諸女耳。汝既居長，故有此及。

凡爲人長，殊復不易，當使中外諧緝，人無間言，先物後己，然後可貴。老生云：「後其身而身先。」若能爾者，更招巨利。汝當自勗，見賢思齊，不宜忽略以棄日也。非徒棄日，乃是棄身，〔八〕身名美惡，豈不大哉！可不慎歟？今之所敕，略言此意，正謂爲家已來，不事資產，既立墅舍，以乖舊業，陳其始末，無愧懷抱。兼吾年時朽暮，心力稍殫，牽課奉公，略不克舉，其中餘暇，裁可自休。或復冬日之陽，夏日之陰，良辰美景，文案間隙，負杖躡屩，逍遙陋館，臨池觀魚，披林聽鳥，濁酒一杯，彈琴一曲，求數刻之暫樂，庶居常以待終，不宜復勞家間細務。汝交關既定，此書又行，凡所資須，付給如別。自茲以後，吾不復言及田事，汝亦勿復與吾言之。假使堯水湯旱，吾豈知如何；若其滿庾盈箱，爾之幸遇。如斯之事，竝無俟令吾知也。記云：「夫孝者，善繼人之志，善述人之事。」今且望汝全吾此志，則無所恨矣。

勉第二子悱卒，痛悼甚至，不欲久廢王務，乃爲答客喻。其辭曰：

普通五年春二月丁丑，余第二息晉安內史悱喪之問至焉，舉家傷悼，心情若隕。二宮並降中使，以相慰勗，親遊賓客，畢來弔問，輒慟哭失聲，悲不自已，所謂父子天性，不知涕之所從來也。

於是門人慮其肆情所鍾，容致委頓，乃斂衽而進曰：「僕聞古往今來，理運之常數；春榮秋落，氣象之定期。人居其間，譬諸逆旅，生寄死歸，著於通論，是以深識之士，悠爾忘懷。東門歸無之旨，見稱往哲；西河喪明之過，取誚友朋。足下受遇於朝，任居端右，憂深責重，休戚是均，宜其遺情下流，止哀加飯，上存奉國，俯示隆家。豈可縱此無益，同之兒女，傷神損識，或虧生務？門下竊議，咸爲君侯不取也。」

余雪泣而答曰：「彭殤之達義，延吳之雅言，亦常聞之矣；顧所以未能弭意者，請陳其說。夫植樹階庭，欽柯葉之茂；爲山累仞，惜覆簣之功。故秀而不實，尼父爲之歎息；析彼歧路，楊子所以留連。事有可深，聖賢靡抑。今吾所悲，亦以悱始踰立歲，孝悌之至，自幼而長，文章之美，得之天然，好學不倦，居無塵雜，多所著述，盈帙滿笥，淡然得失之際，不見喜慍之容。及翰飛東朝，參伍盛列，其所遊往，皆一時才俊，賦詩頌詠，終日忘疲。每從容謂吾以遭逢時來，位隆任要，當應推賢下士，先物後身，然後可以報恩明主，克保元吉。俾余二紀之中，忝竊若是，幸無大過者，繄此子之助焉。自出閫區，政存清靜，冀其旋反，少慰衰暮，言念今日，眇然長往。加以闔棺千里之外，未知歸骨之期，雖復無情之倫，庸詎不痛於昔！夷甫孩抱中物，尚盡慟以待賓；安仁未及七旬，猶殷勤於詞賦。況夫名立宦成，〔九〕半途而廢者，亦焉可已已哉。求其此懷，可謂苗實之義。諸賢既貽格言，喻以大理，卽日輟哀，命駕脩職事焉。」

中大通三年，又以疾自陳，移授特進、右光祿大夫、侍中、中衞將軍，置佐史，餘如故。增親信四十人。兩宮參問，冠蓋結轍；服膳醫藥，皆資天府。有敕每欲臨幸，勉以拜伏有虧，頻啓停出，詔許之，遂停輿駕。大同元年，卒，時年七十。高祖聞而流涕，卽日車駕臨殯，乃詔贈特進、右光祿大夫、開府儀同三司，餘並如故。給東園祕器，朝服一具，衣一襲。贈錢二十萬，布百匹。皇太子亦舉哀朝堂。謚曰簡肅公。

勉善屬文，勤著述，雖當機務，下筆不休。嘗以起居注煩雜，乃加删撰爲流別起居注六百卷；〔一〇〕左丞彈事五卷；在選曹，撰選品五卷；齊時，撰太廟祝文二卷；以孔釋二教殊途同歸，撰會林五十卷。凡所著前後二集四十五卷，又爲婦人集十卷，〔一一〕皆行於世。大同三年，故佐史尚書左丞劉覽等詣闕陳勉行狀，請刊石紀德，卽降詔許立碑於墓云。

悱字敬業，幼聰敏，能屬文。起家著作佐郎，轉太子舍人，掌書記之任。累遷洗馬、中舍人，猶管書記。出入宮坊者歷稔，以足疾出爲湘東王友，遷晉安內史。

陳吏部尚書姚察曰：徐勉少而厲志忘食，發憤脩身，愼言行，擇交遊；加運屬興王，依光日月，故能明經術以綰青紫，出閭閻而取卿相。及居重任，竭誠事主，動師古始，依則先王，提衡端軌，物無異議，爲梁宗臣，盛矣。

校勘記

〔一〕普通五年南津獲武陵太守白渦書　南史周捨傳作「普通五年，南津校尉郭祖深獲始興相白渦書」。本書武帝紀及南史郭祖深傳皆云南津校尉置於普通七年，且卽以郭祖深任校尉，則普通五年當作普通七年。白渦是武陵太守或始興相，則無以決。

〔二〕經世以文　「世」各本作「時」，南史作「俗」，皆以避唐諱改，今改回。

〔三〕浮溟棧山之賚　「棧」，各本譌「機」，據册府元龜五六三改。按：顔延年三月三日曲水詩序有「棧山航海」語，與此同義。

〔四〕伏尋所定五禮起齊永明三年　「三年」當依南史作「二年」。南齊書禮志云「永明二年，太子步兵校尉伏曼容表定禮樂」。

〔五〕右軍參軍司馬褧掌嘉禮　「褧」各本譌「裴」，據南史改。

〔六〕一百一十六卷　「百」字上「一」字，各本脫，據南史及册府元龜五六三補。

〔七〕雖百世可知　「世」各本作「代」。此語本論語，姚思廉避唐諱改，今改回。

〔八〕非徒棄日乃是棄身　「非徒」二字各本皆脫，據藝文類聚二三補。

〔九〕況夫名立宦成　「宦」各本譌「官」，今改正。

〔一〇〕乃加删撰爲流別起居注六百卷　「流」字各本脫去，據南史補。流別，卽分類。

〔一一〕又爲婦人集十卷　南史作「又爲人章表集十卷」。

梁書卷二十六

列傳第二十

范岫　傅昭弟映　蕭琛　陸杲

范岫字懋賓，濟陽考城人也。高祖宣，晉徵士。父羲，宋兗州別駕。

岫早孤，事母以孝聞，與吳興沈約俱爲蔡興宗所禮。泰始中，起家奉朝請。興宗爲安西將軍，引爲主簿。累遷臨海、長城二縣令，驃騎參軍，尚書删定郎，護軍司馬，齊司徒竟陵王子良記室參軍。

累遷太子家令。文惠太子之在東宮，沈約之徒以文才見引，岫亦預焉。岫文雖不逮約，而名行爲時輩所與，博涉多通，尤悉魏晉以來吉凶故事。約常稱曰：「范公好事該博，胡廣無以加。」南鄉范雲謂人曰：「諸君進止威儀，當問范長頭。」以岫多識前代舊事也。

遷國子博士。永明中，魏使至，有詔妙選朝士有詞辯者，接使於界首，以岫兼淮陰長史迎焉。還遷尙書左丞，母憂去官，尋起攝職。出爲寧朔將軍、南蠻長史、南義陽太守，未赴職，遷右軍諮議參軍，郡如故。除撫軍司馬。出爲建威將軍、安成內史。入爲給事黃門侍郎，遷御史中丞、領前軍將軍、南北兗二州大中正。永元末，出爲輔國將軍、冠軍晉安王長史，行南徐州事。義師平京邑，承制徵爲尙書吏部郎，參大選。梁臺建，爲度支尙書。天監五年，遷散騎常侍、光祿大夫，侍皇太子，給扶。六年，領太子左衞率。七年，徙通直散騎常侍、右衞將軍，中正如故。其年表致事，詔不許。八年，出爲晉陵太守，秩中二千石。九年，入爲祠部尙書，領右驍騎將軍，其年遷金紫光祿大夫，加親信二十人。十三年，卒官，時年七十五。賻錢五萬，布百匹。

岫身長七尺八寸，恭敬儼恪，進止以禮。自親喪之後，蔬食布衣以終身。每所居官，恒以廉潔著稱。爲長城令時，有梓材巾箱至數十年，經貴遂不改易。在晉陵，惟作牙管筆一雙，猶以爲費。所著文集、禮論、雜儀、字訓行於世。二子褒，偉。

傅昭，字茂遠，北地靈州人，晉司隸校尉咸七世孫也。祖和之，父淡，善三禮，知名宋世。淡事宋竟陵王劉誕，誕反，淡坐誅。昭六歲而孤，哀毀如成人者，宗黨咸異之。十一，隨外祖於朱雀航賣曆日。爲雍州刺史袁顗客，顗嘗來昭所，昭讀書自若，神色不改。顗歎曰：「此兒神情不凡，必成佳器。」司徒建安王休仁聞而悅之，因欲致昭，昭以宋氏多故，遂不往。或有稱昭於廷尉虞愿，愿乃遣車迎昭。時愿宗人通之在坐，並當世名流，通之贈昭詩曰：「英妙擅山東，才子傾洛陽。清塵誰能嗣，及爾遘遺芳。」太原王延秀薦昭於丹陽尹袁粲，深爲所禮，辟爲郡主簿，使諸子從昭受學。會明帝崩，粲造哀策文，乃引昭定其所制。每經昭戶，輒歎曰：「經其戶，寂若無人，披其帷，其人斯在，豈非名賢。」尋爲總明學士、奉朝請。齊永明中，累遷員外郎、司徒竟陵王子良參軍、尚書儀曹郎。

先是御史中丞劉休薦昭於武帝，永明初，以昭爲南郡王侍讀。王嗣帝位，故時臣隸爭求權寵，惟昭及南陽宗夬，保身守正，無所參入，竟不罹其禍。明帝踐阼，引昭爲中書通事舍人。時居此職者，皆勢傾天下，昭獨廉靜，無所干豫。器服率陋，身安粗糲。常插燭於板牀，明帝聞之，賜漆合燭盤等，敕曰：「卿有古人之風，故賜卿古人之物。」累遷車騎臨海王記室參軍，長水校尉，〔一〕太子家令，驃騎晉安王諮議參軍。尋除尚書左丞、本州大中正。

高祖素悉昭能，建康城平，引爲驃騎錄事參軍。梁臺建，遷給事黃門侍郎，領著作郎，頃之，兼御史中丞，黃門、著作、中正並如故。天監三年，兼五兵尚書，參選事，四年，卽眞。六年，徙爲左民尚書，未拜，出爲建威將軍、平南安成王長史、尋陽太守。七年，入爲振遠將軍、中權長史。八年，遷通直散騎常侍，領步兵校尉，復領本州大中正。十年，復爲左民尚書。

十一年，出爲信武將軍、安成內史。安成自宋已來兵亂，郡舍號凶。及昭爲郡，郡內人夜夢見兵馬鎧甲甚盛，又聞有人云「當避善人」，軍衆相與騰虛而逝。夢者驚起。俄而疾風暴雨，倏忽便至，數間屋俱倒，卽夢者所見軍馬踐蹈之所也。自後郡舍遂安，咸以昭正直所致。郡溪無魚，或有暑月薦昭魚者，昭既不納，又不欲拒，遂餧于門側。

十二年，入爲祕書監，領後軍將軍。十四年，遷太常卿。十七年，出爲智武將軍、臨海太守。郡有蜜巖，前後太守皆自封固，專收其利。昭以周文之囿，與百姓共之，大可喩小，乃勑勿封。縣令常餉栗，置絹于薄下，昭笑而還之。普通二年，入爲通直散騎常侍、光祿大夫，領本州大中正，尋領祕書監。五年，遷散騎常侍、金紫光祿大夫，中正如故。

昭所莅官，常以淸靜爲政，不尙嚴肅。居朝廷，無所請謁，不畜私門生，不交私利。終日端居，以書記爲樂，雖老不衰。博極古今，尤善人物，魏晉以來，官宦簿伐，姻通內外，舉而論之，無所遺失。性尤篤愼。子婦嘗得家餉牛肉以進，昭召其子曰：「食之則犯法，告之則不可，取而埋之。」其居身行己，不負闇室，類皆如此。京師後進，宗其學，重其道，人人自以爲不逮。大通二年九月，卒，時年七十五。詔賻錢三萬，布五十匹，卽日舉哀，謚曰貞子。

長子諝，尚書郎，臨安令。次子肱。

映字徽遠，昭弟也。三歲而孤。兄弟友睦，脩身厲行，非禮不行。始昭之守臨海，陸倕餞之，賓主俱歡，日昏不反，映以昭年高，不可連夜極樂，乃自往迎候，同乘而歸，兄弟並已斑白，時人美而服焉。及昭卒，映喪之如父，年踰七十，哀戚過禮，服制雖除，每言輒感慟。

映泛涉記傳，有文才，而不以篇什自命。少時與劉繪、蕭琛相友善，繪之爲南康相，映時爲府丞，文敎多令具草。褚彥回聞而悅之，乃屈與子賁等遊處。年未弱冠，彥回欲令仕，映以昭未解褐，固辭，須昭仕乃官。

永元元年，參鎭軍江夏王軍事，出爲武康令。及高祖師次建康，吳興太守袁昂自謂門世忠貞，固守誠節，乃訪於映曰：「卿謂時事云何？」映答曰：「元嘉之末，開闢未有，故太尉殺身以明節，司徒當寄託之重，理無苟全，所以不顧夷險，以殉名義。今嗣主昏虐，狎近羣小，親賢誅戮，君子道消，外難屢作，曾無悛改。今荆、雍協舉，乘據上流，背昏向明，勢無不濟。百姓思治，天人之意可知；旣明且哲，忠孝之途無爽。願明府更當雅慮，無祇悔也。」尋以公事免。天監初，除征虜鄱陽王參軍，建安王中權錄事參軍，領軍長史，烏程令。所受俸祿，悉歸于兄。復爲臨川王錄事參軍，南臺治書，安成王錄事，太子翊軍校尉，累遷中散大夫、光祿卿，太中大夫。大同五年，卒，年八十三。子弘。

蕭琛字彥瑜，蘭陵人。祖僧珍，宋廷尉卿。父惠訓，太中大夫。琛年數歲，從伯惠開撫其背曰：「必興吾宗。」

琛少而朗悟，有縱橫才辯。起家齊太學博士。時王儉當朝，琛年少，未爲儉所識，負其才氣，欲候儉。時儉宴于樂遊苑，琛乃著虎皮靴，策桃枝杖，直造儉坐，儉與語，大悅。儉爲丹陽尹，辟爲主簿，舉爲南徐州秀才，累遷司徒記室。

永明九年，魏始通好，琛再銜命至桑乾，還爲通直散騎侍郎。時魏遣李道固來使，齊帝讌之，琛於御筵舉酒勸道固，道固不受，曰：「公庭無私禮，不容受勸。」琛徐答曰：「詩所謂『雨我公田，遂及我私』。」座者皆服，道固乃受琛酒。遷司徒右長史，出爲晉熙王長史、行南徐州事。還兼少府卿、尙書左丞。

東昏初嗣立，時議以無廟見之典，琛議據周頌烈文、閔予皆爲卽位朝廟之典，於是從之。高祖定京邑，引爲驃騎諮議，領錄事，遷給事黃門侍郎。梁臺建，爲御史中丞。天監元年，遷庶子，〔三〕出爲宣城太守。徵爲衞尉卿，俄遷員外散騎常侍。三年，除太子中庶子、散騎常侍。九年，出爲寧遠將軍、平西長史、江夏太守。

始琛在宣城，有北僧南度，惟賫一葫蘆，中有漢書序傳。僧曰：「三輔舊老相傳，以爲班固眞本。」琛固求得之，其書多有異今者，而紙墨亦古，文字多如龍擧之例，非隸非篆，琛甚祕之。及是行也，以書餉鄱陽王範，範乃獻于東宮。

琛尋遷安西長史、南郡太守，母憂去官，又丁父艱。起爲信武將軍、護軍長史，俄爲貞毅將軍、太尉長史。出爲信威將軍、東陽太守，遷吳興太守。郡有項羽廟，土民名爲憤王，甚有靈驗，遂於郡廳事安施牀幕爲神座，公私請禱，前後二千石皆於廳拜祠，而避居他室。琛至，徙神還廟，處之不疑。又禁殺牛解祀，以脯代肉。

琛頻莅大郡，不治產業，有闕則取，不以爲嫌。普通元年，徵爲宗正卿，遷左民尚書，領南徐州大中正，太子右衞率。徙度支尚書，左驍騎將軍，領軍將軍，轉祕書監、後軍將軍，遷侍中。

高祖在西邸，早與琛狎，每朝讌，接以舊恩，呼爲宗老。琛亦奉陳昔恩，以「早簉中陽，夙忝同閈，雖迷興運，猶荷洪慈」。上答曰：「雖云早契闊，乃自非同志；勿談興運初，且道狂奴異。」

琛常言：「少壯三好，音律、書、酒。年長以來，二事都廢，惟書籍不衰。」而琛性通脫，常自解寵，事畢餕餘，必陶然致醉。大通二年，爲金紫光祿大夫，加特進，給親信三十人。中大通元年，爲雲麾將軍、晉陵太守，秩中二千石，以疾自解，改授侍中、特進、金紫光祿大夫。卒，年五十二。遺令諸子，與妻同墳異藏，祭以蔬菜，葬日止車十乘，事存率素。乘輿臨哭甚哀。詔贈本官，加雲麾將軍，給東園祕器，朝服一具，衣一襲，賻錢二十萬，布百匹。謚曰平子。

陸杲字明霞，吳郡吳人。祖徽，宋輔國將軍、益州刺史。父叡，揚州治中。杲少好學，工書畫，舅張融有高名，杲風韻舉動，頗類於融，時稱之曰：「無對日下，惟舅與甥。」起家齊中軍法曹行參軍，太子舍人，衞軍王儉主簿。遷尙書殿中曹郎，拜日，八座丞郎並到上省交禮，而杲至晚，不及時刻，坐免官。久之，以爲司徒竟陵王外兵參軍，遷征虜宜都王功曹史，驃騎晉安王諮議參軍，司徒從事中郎。梁臺建，以爲驃騎記室參軍，遷相國西曹掾。天監元年，除撫軍長史，母憂去職。服闋，拜建威將軍、中軍臨川王諮議參軍，尋遷黃門侍郎，右軍安成王長史。五年，遷御史中丞。

杲性婞直，無所顧望。山陰令虞肩在任，贓汚數百萬，杲奏收治。中書舍人黃睦之以肩事託杲，杲不答。高祖聞之，以問杲，杲答曰「有之」。高祖曰：「卿識睦之不？」杲答曰：「臣不識其人。」時睦之在御側，上指示杲曰：「此人是也。」杲謂睦之曰：「君小人，何敢以罪人屬南司？」睦之失色。領軍將軍張稷，是杲從舅，杲嘗以公事彈稷，稷因侍宴訴高祖曰：「陸杲是臣通親，小事彈臣不貸。」高祖曰：「杲職司其事，卿何得爲嫌！」杲在臺，號稱不畏强禦。

六年，遷祕書監，頃之爲太子中庶子、光祿卿。八年，出爲義興太守，在郡寬惠，爲民下所稱。還爲司空臨川王長史、領揚州大中正。十四年，遷通直散騎侍郎，俄遷散騎常侍，中正如故。十五年，遷司徒左長史。十六年，入爲左民尚書，遷太常卿。普通二年，出爲仁威將軍、臨川內史。五年，入爲金紫光祿大夫，又領揚州大中正。中大通元年，加特進，中正如故。四年，卒，時年七十四。謚曰質子。

杲素信佛法，持戒甚精，著沙門傳三十卷。

弟煦，學涉有思理。天監初，歷中書侍郎，尚書左丞，太子家令，卒。撰晉書未就。又著陸史十五卷，陸氏驪泉志一卷，並行於世。

子罩，少篤學，有文才，仕至太子中庶子、光祿卿。

史臣曰：范岫、傅昭，並篤行清愼，善始令終，斯石建、石慶之徒矣。蕭琛、陸杲俱以才學著名。琛朗悟辯捷，加諳究朝典，高祖在田，與琛遊舊，及踐天曆，任遇甚隆，美矣。杲性婞直，無所忌憚，旣而執法憲臺，糾繩不避權幸，可謂允玆正色。詩云：「彼己之子，邦之司直。」杲其有焉。

校勘記

〔一〕累遷車騎臨海王記室參軍長水校尉　「長水」各本作「長史」。按：歷代無「長史校尉」之官。梁有屯騎、步騎、越騎、長水、射聲五營校尉。「長史」當爲「長水」之譌，今改正。

〔二〕天監元年遷庶子　按：梁東宮職僚有太子中庶子，太子庶子。此「庶子」上當脫「太子中」三字或「太子」二字。

梁書卷二十七

列傳第二十一

陸倕　到洽　明山賓　殷鈞　陸襄

陸倕字佐公，吳郡吳人也。晉太尉玩六世孫。祖子眞，宋東陽太守。〔一〕父慧曉，齊太常卿。

倕少勤學，善屬文。於宅內起兩間茅屋，杜絕往來，晝夜讀書，如此者數載。所讀一遍，必誦於口。嘗借人漢書，失五行志四卷，乃暗寫還之，略無遺脫。幼爲外祖張岱所異，岱常謂諸子曰：「此兒汝家之陽元也。」年十七，〔二〕舉本州秀才。刺史竟陵王子良開西邸延英俊，倕亦預焉。辟議曹從事參軍、廬陵王法曹行參軍。天監初，爲右軍安成王外兵參軍，轉主簿。

倕與樂安任昉友善，爲感知己賦以贈昉，昉因此名以報之曰：「信偉人之世篤，本侯服於陸鄉。緬風流與道素，襲袞衣與繡裳。還伊人而世載，〔三〕並三駿而龍光。過龍津而一息，望鳳條而曾翔。彼白玉之雖潔，此幽蘭之信芳。思在物而取譬，非斗斛之能量。匹聳峙於東岳，比凝厲於秋霜。不一飯以妄過，每三錢以投渭。匪蒙袂之敢嗟，豈溝壑之能衣。既蘊藉其有餘，又淡然而無味。得意同乎卷懷，違方似乎仗氣。類平叔而靡雕，似子雲之不朴。冠衆善而貽操，綜羣言而名學。折高、戴於后臺，異鄒、顏乎董幄。採三詩於河間，訪九師於淮曲。術兼口傳之書，藝廣鏗鏘之樂。時坐睡而梁懸，裁枝梧而錐握。既文過而意深，又理勝而辭縟。咨余生之荏苒，迫歲暮而傷情。測徂陰於堂下，聽鳴鍾於洛城。唯忘年之陸子，定一遇於班荆。余獲田蘇之價，爾得海上之名。信落魄而無產，終長對於短生。飢虛表於徐步，逃責顯於疾行。子比我於叔則，又方余於耀卿。心照情交，流言靡惑。萬類闇求，千里懸得。言象可廢，蹄筌自默。居非連棟，行則同車。冬日不足，夏日靡餘。肴核非餌，絲竹豈娛。我未捨駕，子已回輿。中飯相顧，悵然動色。邦壤既殊，離會莫測。存異山陽之居，沒非要離之側。似膠投漆中，離婁豈能識。」其爲士友所重如此。

遷驃騎臨川王東曹掾。是時禮樂制度，多所創革，高祖雅愛倕才，乃敕撰新漏刻銘，其文甚美。遷太子中舍人，管東宮書記。又詔爲石闕銘記，奏之。敕曰：「太子中舍人陸倕所製石闕銘，辭義典雅，足爲佳作。昔虞丘辨物，邯鄲獻賦，賞以金帛，前史美談。可賜絹三十四。」遷太子庶子、國子博士，母憂去職。服闋，爲中書侍郎，給事黄門侍郎，揚州別駕從事史，以疾陳解，遷鴻臚卿，入爲吏部郎，參選事。出爲雲麾晉安王長史、尋陽太守、行江州府州事。以公事免，左遷中書侍郎，司徒司馬，太子中庶子，廷尉卿。又爲中庶子，加給事中，揚州大中正。復除國子博士，中庶子、中正並如故。守太常卿，中正如故。普通七年，卒，年五十七。文集二十卷，行於世。

第四子纘，早慧，十歲通經，爲童子奉車郎，卒。

到洽字茂沿，彭城武原人也。宋驃騎將軍彥之曾孫。祖仲度，驃騎江夏王從事中郎。父坦，齊中書郎。

洽年十八，爲南徐州迎西曹行事。洽少知名，清警有才學士行。謝朓文章盛於一時，見洽深相賞好，日引與談論。每謂洽曰：「君非直名人，乃亦兼資文武。」朓後爲吏部，洽去職，朓欲薦之，洽覩世方亂，深相拒絕。除晉安王國左常侍，不就，遂築室巖阿，幽居者積歲。樂安任昉有知人之鑒，與洽兄沼、溉並善。嘗訪洽於田舍，見之歎曰：「此子日下無雙。」遂申拜親之禮。

天監初，沼、溉俱蒙擢用，洽尤見知賞，從弟沆亦相與齊名。高祖問待詔丘遲曰：「到洽何如沆、溉？」遲對曰：「正清過於沆，文章不減溉；加以淸言，殆將難及。」卽召爲太子舍人。御華光殿，詔洽及沆、蕭琛、任昉侍讌，賦二十韻詩，以洽辭爲工，賜絹二十匹。高祖謂昉曰：「諸到可謂才子。」昉對曰：「臣常竊議，宋得其武，梁得其文。」

二年，遷司徒主簿，直待詔省，敕使抄甲部書。五年，遷尙書殿中郎。洽兄弟羣從，遞居此職，時人榮之。七年，遷太子中舍人，與庶子陸倕對掌東宮管記。俄爲侍讀，侍讀省仍置學士二人，洽復充其選。九年，遷國子博士，奉敕撰太學碑。十二年，出爲臨川內史，在郡稱職。十四年，入爲太子家令，遷給事黃門侍郎，兼國子博士。十六年，遷太子中庶子。普通元年，以本官領博士。頃之，入爲尙書吏部郎，請託一無所行。俄遷員外散騎常侍，復領博士，母憂去職。五年，復爲太子中庶子，領步兵校尉，未拜，仍遷給事黃門侍郎，領尙書左丞，準繩不避貴戚，尙書省賄賂莫敢通。時鑾輿欲親戎，軍國容禮，多自洽出。六年，遷御史中丞，彈糾無所顧望，號爲勁直，當時肅淸。以公事左降，猶居職。舊制，中丞不得入尙書下舍，洽兄溉爲左民尙書，洽引服親不應有礙，刺省詳決。左丞蕭子雲議許入溉省，亦以其兄弟素篤，不能相別也。七年，出爲貞威將軍、雲麾長史、尋陽太守。大通元年，卒於郡，時年五十一。贈侍中。謚曰理子。昭明太子與晉安王綱令曰：「明北兗、到長史遂相係凋落，傷怛悲惋，不能已已。去歲陸太常殂歿，今茲二賢長謝。陸生資忠履貞，冰清玉潔，文該四始，學遍九流，高情勝氣，貞然直上。明公儒學稽古，淳厚篤誠，立身行道，始終如一，儻值夫子，必升孔堂。到子風神開爽，文義可觀，當官蒞事，介然無私。皆海內之俊乂，東序之祕寶。此之嗟惜，更復何論。但遊處周旋，並淹歲序，造膝忠規，豈可勝說，幸免祇悔，實二三子之力也。談對如昨，音言在耳，零落相仍，皆成異物，每一念至，何時可言。天下之寶，理當惻愴。近張新安又致故，其人文筆弘雅，亦足嗟惜，隨弟府朝，東西日久，尤當傷懷也。比人物零落，特可傷惋，屬有今信，乃復及之。」

洽文集行於世。子伯淮、仲舉。

明山賓字孝若，平原鬲人也。父僧紹，隱居不仕，宋末國子博士徵，不就。山賓七歲能言名理，〔四〕十三博通經傳，居喪盡禮。服闋，州辟從事史。起家奉朝請。兄仲璋嬰痼疾，家道屢空，山賓乃行干祿。齊始安王蕭遙光引爲撫軍行參軍，後爲廣陽令，頃之去官。義師至，高祖引爲相府田曹參軍。梁臺建，爲尚書駕部郎，遷治書侍御史，右軍記室參軍，掌治吉禮。時初置五經博士，山賓首膺其選。遷北中郎諮議參軍，侍皇太子讀。累遷中書侍郎，國子博士，太子率更令，中庶子，博士如故。天監十五年，出爲持節、督緣淮諸軍事、征遠將軍、北兗州刺史。普通二年，徵爲太子右衞率，加給事中，遷御史中丞。以公事左遷黃門侍郎、司農卿。四年，遷散騎常侍，領青冀二州大中正。東宮新置學士，又以山賓居之，俄以本官兼國子祭酒。

初，山賓在州，所部平陸縣不稔，啓出倉米以贍人，後刺史檢州曹，失簿書，以山賓爲秏闕，有司追責，籍其宅入官，山賓默不自理，更市地造宅。昭明太子聞築室不就，有令曰：「明祭酒雖出撫大藩，擁旄推轂，珥金拖紫，而恒事屢空。聞構宇未成，今送薄助。」並貽詩曰：「平仲古稱奇，夷吾昔檀美。令則挺伊賢，東秦固多士。築室非道傍，置宅歸仁里。庚桑方有係，原生今易擬。必來三逕人，將招五經士。」

山賓性篤實，家中嘗乏用，〔五〕貨所乘牛。既售受錢，乃謂買主曰：「此牛經患漏蹄，治差已久，恐後脫發，無容不相語。」買主遽追取錢。處士阮孝緒聞之，歎曰：「此言足使還淳反朴，激薄停澆矣。」

五年，又爲國子博士，常侍、中正如故。其年以本官假節，權攝北兗州事。大通元年，卒，時年八十五。詔贈侍中、信威將軍。謚曰質子。昭明太子爲舉哀，賻錢十萬，布百匹，並使舍人王顒監護喪事。又與前司徒左長史殷芸令曰：「北兗信至，明常侍遂至殞逝，聞之傷怛。此賢儒術該通，志用稽古，溫厚淳和，倫雅弘篤。授經以來，迄今二紀。若其上交不諂，造膝忠規，非顯外迹，得之胸懷者，蓋亦積矣。攝官連率，行當言歸，不謂長往，眇成疇日。追憶談緒，皆爲悲端，往矣如何！昔經聯事，理當酸愴也。」

山賓累居學官，甚有訓導之益，然性頗疏通，接於諸生，多所狎比，人皆愛之。所著吉禮儀注二百二十四卷，禮儀二十卷，孝經喪禮服義十五卷。

子震，字興道，亦傳父業。歷官太學博士，太子舍人，尚書祠部郎，餘姚令。

殷鈞字季和，陳郡長平人也。晉太常融八世孫。父叡，有才辯，知名齊世，歷官司徒從事中郎。叡妻王奐女。奐爲雍州刺史、鎭北將軍，乃言於朝，以叡爲鎭北長史、河南太守。奐誅，叡並見害。鈞時年九歲，以孝聞。及長，恬靜簡交遊，好學有思理。善隸書，爲當時楷法，南鄉范雲、〔六〕樂安任昉並稱賞之。高祖與叡少舊故，以女妻鈞，卽永興公主也。

天監初，拜駙馬都尉，起家祕書郎，太子舍人，司徒主簿，祕書丞。鈞在職，啓校定祕閣四部書，更爲目錄。又受詔料檢西省法書古迹，別爲品目。遷驃騎從事中郎，中書郎，太子家令，掌東宮書記。頃之，遷給事黃門侍郎，中庶子，尚書吏部郎，司徒左長史，侍中。東宮置學士，復以鈞爲之。公事免。復爲中庶子，領國子博士、左驍騎將軍，博士如故。出爲明威將軍、臨川內史。

鈞體羸多疾，閉閤卧治，而百姓化其德，劫盜皆奔出境。嘗禽劫帥，不加考掠，但和言誚責。劫帥稽顙乞改過，鈞便命遣之，後遂爲善人。郡舊多山瘧，更暑必動，自鈞在任，郡境無復瘧疾。母憂去職，居喪過禮，昭明太子憂之，手書誡喻曰：「知比諸德，哀頓爲過，又所進殆無一溢，甚以酸耿。迴然一身，〔七〕宗奠是寄，毁而滅性，聖教所不許。宜微自遣割，俯存禮制，饘粥果蔬，少加勉强。憂懷既深，指故有及，並令繆道臻口具。」鈞答曰：「奉賜手令，並繆道臻宣旨，伏讀感咽，肝心塗地。小人無情，動不及禮，但稟生尫劣，假推年歲，罪戾所鍾，復加横疾。頃者綿微，守盡晷漏，目亂玄黃，心迷哀樂，惟救危苦，未能以遠理自制。薑桂之滋，實聞前典，不避粱肉，復忝今慈，臣亦何人，降此憂愍。謹當循復聖言，思自補續，如脫申延，實由亭造。」服闋，遷五兵尚書，猶以頓瘵經時，不堪拜受，乃更授散騎常侍，領步兵校尉，侍東宮。尋改領中庶子。昭明太子薨，官屬罷，又領右游擊，除國子祭酒，常侍如故。中大通四年，卒，時年四十九。謚曰貞子。二子：構，湦。

陸襄字師卿，吳郡吳人也。父閑，齊始安王遙光揚州治中，〔八〕永元末，遙光據東府作亂，或勸閑去之。閑曰：「吾爲人吏，何所逃死。」臺軍攻陷城，閑見執，將刑，第二子絳求代死，不獲，遂以身蔽刃，刑者俱害之。襄痛父兄之酷，喪過于禮，服釋後猶若居憂。

天監三年，都官尚書范岫表薦襄，起家擢拜著作佐郎，除永寧令。秩滿，累遷司空臨川王法曹，外兵，輕車廬陵王記室參軍。昭明太子聞襄業行，啓高祖引與遊處，除太子洗馬，遷中舍人，並掌管記。出爲揚州治中，襄父終此官，固辭職，高祖不許，聽與府司馬換廨居之。昭明太子敬耆老，襄母年將八十，與蕭琛、傅昭、陸杲每月常遣存問，加賜珍羞衣服。襄母嘗卒患心痛，醫方須三升粟漿，是時冬月，日又逼暮，求索無所，忽有老人詣門貨漿，量如方劑，始欲酬直，無何失之，時以襄孝感所致也。累遷國子博士，太子家令，復掌管記，母憂去職。襄年已五十，毀頓過禮，太子憂之，日遣使誡喻。服闋，除太子中庶子，復掌管記。中大通三年，昭明太子薨，官屬罷，妃蔡氏別居金華宮，以襄爲中散大夫、領步兵校尉、金華宮家令、知金華宮事。

七年，出爲鄱陽內史。〔九〕先是，郡民鮮于琛服食脩道法，嘗入山採藥，拾得五色幡眊，又於地中得石璽，竊怪之。琛先與妻別室，望琛所處，常有異氣，益以爲神。大同元年，遂結其門徒，殺廣晉令王筠，號上願元年，署置官屬，其黨轉相誑惑，有衆萬餘人。將出攻郡，襄先已帥民吏脩城隍，爲備禦，及賊至，連戰破之，生獲琛，餘衆逃散。時隣郡豫章、安成等守宰，案治黨與，因求賄貨，皆不得其實，或有善人盡室離禍，惟襄郡部枉直無濫。民作歌曰：「鮮于平後善惡分，民無枉死，賴有陸君。」又有彭李二家，先因忿爭，遂相誣告，襄引入內室，不加責誚，但和言解喻之，二人感恩，深自咎悔，乃爲設酒食，令其盡歡，酒罷，同載而還，因相親厚。民又歌曰：「陸君政，無怨家，鬭旣罷，讎共車。」在政六年，郡中大治，民李睍等四百二十人詣闕拜表，陳襄德化，求於郡立碑，降勅許之。又表乞留襄，襄固求還，徵爲吏部郎，遷祕書監，領揚州大中正。太清元年，遷度支尙書，中正如故。

二年，侯景舉兵圍宮城，以襄直侍中省。三年三月，城陷，襄逃還吳。賊尋寇東境，沒吳郡。景將宋子仙進攻錢塘，會海鹽人陸黯舉義，有衆數千人，夜出襲郡，殺僞太守蘇單于，推襄行郡事。時淮南太守文成侯蕭寧逃賊入吳，襄遣迎寧爲盟主，遣黯及兄子映公帥衆拒子仙。子仙聞兵起，乃退還，與黯等戰於松江，黯敗走，吳下軍聞之，亦各奔散。襄匿于墓下，一夜憂憤卒，時年七十。

襄弱冠遭家禍，終身蔬食布衣，不聽音樂，口不言殺害五十許年。侯景平，世祖追贈侍中、雲麾將軍。以建義功，追封餘干縣侯，邑五百戶。

陳吏部尚書姚察曰：陸倕博涉文理，到洽匪躬貞勁，明山賓儒雅篤實，殷鈞靜素恬和，陸襄淳深孝性，雖任遇有異，皆列於名臣矣。

校勘記

〔一〕祖子眞宋東陽太守　「東陽」南史作「海陵」。

〔二〕年十七　「年」字各本脱去，據册府元龜七二七補。

〔三〕還伊人而世載　「還」藝文類聚三一作「逮」。

〔四〕山賓七歲能言名理　「名」北監本、汲古閣本、殿本、金陵局本及南史俱作「玄」。今從百衲本及册府元龜七七四。

〔五〕家中嘗乏用　「用」南史作「困」，疑作「困」是。

〔六〕南鄉范雲　「鄉」各本譌「郡」，今據南史及册府元龜八六一改。按：本書范雲傳作「南鄉舞陰人」。

〔七〕迥然一身　「迥」各本譌「迴」，據册府元龜七五三改。

〔八〕父閑齊始安王遙光揚州治中　「揚州治中」，齊書孝義陸絳傳及南史陸閑傳作「揚州别駕」。

〔九〕七年出爲鄱陽內史　中大通只六年，其明年正月改大同，不得有七年。「七」字譌，當作「六」。

梁書卷二十八

列傳第二十二

裴邃 兄子之高 之平 之橫　夏侯亶 弟夔 魚弘附　韋放

裴邃字淵明，河東聞喜人，魏襄州刺史綽之後也。〔一〕祖壽孫，寓居壽陽，爲宋武帝前軍長史。父仲穆，驍騎將軍。

邃十歲能屬文，善左氏春秋。齊建武初，刺史蕭遙昌引爲府主簿。壽陽有八公山廟，遙昌爲立碑，使邃爲文，甚見稱賞。舉秀才，對策高第，奉朝請。

東昏踐阼，始安王蕭遙光爲撫軍將軍、揚州刺史，引邃爲參軍。後遙光敗，邃還壽陽，值刺史裴叔業以壽陽降魏，豫州豪族皆被驅掠，邃遂隨衆北徙，魏主宣武帝雅重之，以爲司徒屬，中書郎，魏郡太守。魏遣王肅鎭壽陽，邃固求隨肅，密圖南歸。天監初，自拔還朝，除後軍諮議參軍。邃求邊境自効，以爲輔國將軍、廬江太守。時魏將呂頗率衆五萬奄來攻郡，邃率麾下拒破之，加右軍將軍。

五年，征邵陽洲，魏人爲長橋斷淮以濟。邃築壘逼橋，每戰輒克，於是密作沒突艦。會甚雨，淮水暴溢，邃乘艦徑造橋側，魏衆驚潰，邃乘勝追擊，大破之。進克羊石城，斬城主元康。又破霍丘城，斬城主甯永仁。平小峴，攻合肥。以功封夷陵縣子，邑三百戶。遷冠軍長史、廣陵太守。

邃與鄉人共入魏武廟，因論帝王功業。其妻甥王篆之密啓高祖，云「裴邃多大言，有不臣之迹」。由是左遷爲始安太守。邃志欲立功邊陲，不願閑遠，乃致書於呂僧珍曰：「昔阮咸、顏延有『二始』之歎，〔三〕吾才不逮古人，今爲三始，非其願也，將如之何！」未及至郡，會魏攻宿預，詔邃拒焉。行次直瀆，魏衆退。遷右軍諮議參軍、豫章王雲麾府司馬，率所領助守石頭。出爲竟陵太守，開置屯田，公私便之。遷爲游擊將軍、朱衣直閤，直殿省。尋遷假節、明威將軍、西戎校尉、北梁秦二州刺史。復開創屯田數千頃，倉廩盈實，省息邊運，民吏獲安。乃相率餉絹千餘匹，邃從容曰：「汝等不應爾；吾又不可逆。」納其絹二匹而已。還爲給事中、雲騎將軍、朱衣直閤將軍，遷大匠卿。

普通二年，義州刺史文僧明以州叛入於魏，魏軍來援。以邃爲假節、信武將軍，督衆軍討焉。邃深入魏境，從邊城道，出其不意，魏所署義州刺史封壽據檀公峴，邃擊破之，遂圍其城，壽面縛請降，義州平。除持節、督北徐州諸軍事、信武將軍、北徐州刺史，未之職，又遷督豫州北豫霍三州諸軍事、豫州刺史，鎭合肥。

四年，進號宣毅將軍。是歲，大軍將北伐，〔三〕以邃督征討諸軍事，率騎三千，先襲壽陽。九月壬戌，夜至壽陽，攻其郛，斬關而入，一日戰九合，爲後軍蔡秀成失道不至，邃以援絕拔還。於是邃復整兵，收集士卒。令諸將各以服色相別。邃自爲黃袍騎，先攻狄丘、甓城、黎漿等城，皆拔之。屠安成、馬頭、沙陵等戍。〔四〕是冬，始修芍陂。明年，復破魏新蔡郡，略地至於鄭城，汝潁之間，所在響應。魏壽陽守將長孫稚、河間王元琛率衆五萬，出城挑戰，邃勒諸將爲四甄以待之，令直閤將軍李祖憐僞遁以引稚，稚等悉衆追之，四甄競發，魏衆大敗。斬首萬餘級。稚等奔走，閉門自固，不敢復出。其年五月，卒於軍中。追贈侍中、左衞將軍，給鼓吹一部，進爵爲侯，增邑七百戶。謚曰烈。

邃少言笑，沉深有思略，爲政寬明，能得士心。居身方正有威重，將吏憚之，少敢犯法。及其卒也，淮、肥間莫不流涕，以爲邃不死，洛陽不足拔也。

子之禮，字子義，自國子生推第，〔五〕補邵陵王國左常侍、信威行參軍。王爲南兗，除長流參軍，未行，仍留宿衞，補直閤將軍。丁父憂，服闋襲封，因請隨軍討壽陽，除雲麾將軍，遷散騎常侍。又別攻魏廣陵城，平之，除信武將軍、西豫州刺史，加輕車將軍，除黃門侍郎，遷中軍宣城王司馬。尋爲都督北徐仁睢三州諸軍事、信武將軍、北徐州刺史。徵太子左衞率，兼衞尉卿，轉少府卿。卒，謚曰壯。子政，承聖中，官至給事黄門侍郎。江陵陷，隨例入西魏。

之高字如山，邃兄中散大夫髦之子也。起家州從事、新都令、奉朝請，遷參軍。頗讀書，少負意氣，常隨叔父邃征討，所在立功，甚爲邃所器重，戎政咸以委焉。壽陽之役，邃卒于軍所，之高隷夏侯夔，平壽陽，仍除平北豫章長史、梁郡太守，封都城縣男，邑二百五十戶。時魏汝陰來附，敕之高應接，仍除假節、飈勇將軍、潁州刺史。士民夜反，踰城而入，之高率家僮與麾下奮擊，賊乃散走。父憂還京。起爲光遠將軍，合討陰陵盜賊，平之，〔六〕以爲譙州刺史。又還爲左軍將軍，出爲南譙太守、監北徐州，遷員外散騎常侍。尋除雄信將軍、西豫州刺史，餘如故。

侯景亂，之高率衆入援，南豫州刺史、鄱陽嗣王範命之高總督江右援軍諸軍事，頓于張公洲。柳仲禮至横江，之高遣船舸二百餘艘迎致仲禮，與韋粲等俱會靑塘立營，據建興苑。及城陷，之高還合肥，與鄱陽王範西上。稍至新蔡，衆將一萬，未有所屬，元帝遣蕭慧正召之，以爲侍中、護軍將軍。到江陵，承制除特進、金紫光祿大夫。卒，時年七十三。贈侍中、儀同三司，鼓吹一部。謚曰恭。

子譏，累官太子右衛率、雋州刺史。西魏攻陷江陵，譏力戰死之。

之平字如原，之高第五弟。少亦隨邃征討，以軍功封都亭侯。歷武陵王常侍、扶風弘農二郡太守，不行，除譙州長史、陽平太守。拒侯景，城陷後，遷散騎常侍、右衛將軍、太子詹事。

之橫字如岳，之高第十三弟也。少好賓遊，重氣俠，不事產業。之高以其縱誕，乃爲狹被蔬食以激厲之。之橫歎曰：「大丈夫富貴，必作百幅被。」遂與僮屬數百人，於芍陂大營田墅，遂致殷積。太宗在東宮，聞而要之，以爲河東王常侍、直殿主帥，遷直閤將軍。侯景亂，出爲貞威將軍，隸鄱陽王範討景。景濟江，仍與範長子嗣入援。連營度淮，據東城。京都陷，退還合肥，與範泝流赴湓城。景遣任約上逼晉熙，範令之橫下援，未及至，範薨，之橫乃還。

時尋陽王大心在江州，範副梅思立密要大心襲湓城，之橫斬思立而拒大心。大心以州降景。之橫率衆與兄之高同歸元帝，承制除散騎常侍、廷尉卿，出爲河東內史。又隨王僧辯拒侯景於巴陵，景退，遷持節、平北將軍、東徐州刺史，中護軍，封豫寧侯，邑三千戶。又隨僧辯追景，平郢、魯、江、晉等州，恒爲前鋒陷陣。仍至石頭，破景，景東奔，僧辯令之横與杜崱入守臺城。及陸納據湘州叛，又隸王僧辯南討焉。於陣斬納將李賢明，遂平之。又破武陵王於硤口。還除吳興太守，乃作百幅被，以成其初志。

後江陵陷，齊遣上黨王高渙挾貞陽侯攻東關，晉安王方智承制，〔七〕以之横爲使持節、鎭北將軍、徐州刺史，都督衆軍，給鼓吹一部，出守蘄城。之横營壘未周，而齊軍大至，〔八〕兵盡矢窮，遂於陣沒，時年四十一。贈侍中、司空公，謚曰忠壯。子鳳寶嗣。

夏侯亶字世龍，車騎將軍詳長子也。齊初，起家奉朝請。永元末，詳爲西中郎南康王司馬，隨府鎭荆州，亶留京師，爲東昏聽政主帥。及崔慧景作亂，亶以捍禦功，除驍騎將軍。及高祖起師，詳與長史蕭穎胄協同義舉，密遣信下都迎亶，亶乃齎宣德皇后令，令南康王纂承大統，封十郡爲宣城王，進位相國，置僚屬，選百官。建康城平，以亶爲尚書吏部郎，俄遷侍中，奉璽於高祖。天監元年，出爲宣城太守。尋入爲散騎常侍，領右驍騎將軍。六年，出爲平西始興王長史、南郡太守，父憂解職。居喪盡禮，廬于墓側，遺財悉推諸弟。八年，起爲持節、督司州諸軍事、信武將軍、司州刺史，領安陸太守。服闋，襲封豐城縣公。居州甚有威惠，爲邊人所悅服。十二年，以本號還朝，除都官尚書，遷給事中、右衞將軍、領豫州大中正。十五年，出爲信武將軍、安西長史、江夏太守。十七年，入爲通直散騎常侍、太子右衞率，遷左衞將軍，領前軍將軍。俄出爲明威將軍、吳興太守。在郡復有惠政，吏民圖其像，立碑頌美焉。普通三年，入爲散騎常侍，領右驍騎將軍，轉太府卿，常侍如故。以公事免，未幾，優詔復職。五年，遷中護軍。

六年，大舉北伐，先遣豫州刺史裴邃帥譙州刺史湛僧智、歷陽太守明紹世、〔九〕南譙太守魚弘、晉熙太守張澄，並世之驍將，自南道伐壽陽城，未克而邃卒。乃加亶使持節，馳驛代邃，與魏將河間王元琛、臨淮王元彧等相拒，頻戰克捷。尋有密敕，班師合肥，以休士馬，須堰成復進。七年夏，淮堰水盛，壽陽城將沒，高祖復遣北道軍元樹帥彭寶孫、陳慶之等稍進，亶帥湛僧智、魚弘、張澄等通淸流澗，將入淮、肥。魏軍夾肥築城，出亶軍後，亶與僧智還襲，破之。進攻黎漿，貞威將軍韋放自北道會焉。兩軍旣合，所向皆降下。凡降城五十二，獲男女口七萬五千人，米二十萬石。詔以壽陽依前代置豫州，合肥鎭改爲南豫州，以亶爲使持節、都督豫州緣淮南豫霍義定五州諸軍事、雲麾將軍、豫南豫二州刺史。壽春久罹兵荒，百姓多流散，亶輕刑薄賦，務農省役，頃之民戶充復。大通二年，進號平北將軍。三年，卒於州鎮。高祖聞之，卽日素服舉哀，贈車騎將軍。諡曰襄。州民夏侯簡等五百人表請爲亶立碑置祠，詔許之。

亶爲人美風儀，寬厚有器量，涉獵文史，辯給能專對。宗人夏侯溢爲衡陽內史，辭日，亶侍御坐，高祖謂亶曰：「夏侯溢於卿疏近？」亶答曰：「是臣從弟。」高祖知溢於亶已疏，乃曰：「卿傖人，好不辨族從。」亶對曰：「臣聞服屬易疏，所以不忍言族。」時以爲能對。

亶歷爲六郡三州，不修產業，祿賜所得，隨散親故。性儉率，居處服用，充足而已，不事華侈。晚年頗好音樂，有妓妾十數人，並無被服姿容。每有客，常隔簾奏之，時謂簾爲夏侯妓衣也。

亶二子：誼，損。誼襲封豐城公，歷官太子舍人，洗馬。太清中，侯景入寇，誼與弟損帥部曲入城，並卒圍內。

夔字季龍，亶弟也。起家齊南康王府行參軍。中興初，遷司徒屬。天監元年，爲太子洗馬，中舍人，中書郎。丁父憂，服闋，除大匠卿，知造太極殿事。普通元年，爲邵陵王信威長史，行府國事。其年，出爲假節、征遠將軍，隨機北討，還除給事黃門侍郎。二年，副裴邃討義州，平之。三年，代兄亶爲吳興太守，尋遷假節、征遠將軍、西陽武昌二郡太守。七年，徵爲衞尉，未拜，改授持節、督司州諸軍事、信武將軍、司州刺史，領安陸太守。

八年，敕夔帥壯武將軍裴之禮、直閤將軍任思祖出義陽道，攻平靜、穆陵、陰山三關，克之。是時譙州刺史湛僧智圍魏東豫州刺史元慶和於廣陵，入其郛。魏將元顯伯率軍赴援，僧智逆擊破之，夔自武陽會僧智，斷魏軍歸路。慶和於內築柵以自固，及夔至，遂請降。夔讓僧智，僧智曰：「慶和志欲降公，不願降僧智，今往必乖其意；且僧智所將爲烏合募人，〔一〇〕不可御之以法。公持軍素嚴，必無犯令，受降納附，深得其宜。」於是夔乃登城拔魏幟，建官軍旗鼓，衆莫敢妄動，慶和束兵以出，軍無私焉。凡降男女口四萬餘人，粟六十萬斛，餘物稱是。顯伯聞之夜遁，衆軍追之，生擒二萬餘人，斬獲不可勝數。詔以僧智領東豫州，鎭廣陵。夔引軍屯安陽。夔又遣偏將屠楚城，盡俘其衆，由是義陽北道遂與魏絕。

大通二年，魏郢州刺史元顯達請降，〔一一〕高祖敕郢州刺史元樹往迎顯達，夔亦自楚城會之，遂留鎭焉。詔改魏郢州爲北司州，以夔爲刺史，兼督司州。三年，遷使持節，進號仁威將軍，封保城縣侯，邑一千五百戶。中大通二年，徵爲右衞將軍，丁所生母憂去職。

時魏南兗州刺史劉明以譙城入附，詔遣鎭北將軍元樹帥軍應接，起夔爲雲麾將軍，隨機北討，尋授使持節、督南豫州諸軍事、南豫州刺史。六年，轉使持節、督豫淮陳潁建霍義七州諸軍事、豫州刺史。豫州積歲寇戎，人頗失業，夔乃帥軍人於蒼陵立堰，溉田千餘頃，歲收穀百餘萬石，以充儲備，兼贍貧人，境內賴之。夔兄亶先經此任，至是夔又居焉。兄弟並有恩惠於鄉里，百姓歌之曰：「我之有州，頻仍夏侯；前兄後弟，布政優優。」在州七年，甚有聲績，遠近多附之。有部曲萬人，馬二千匹，並服習精強，爲當時之盛。性奢豪，後房伎妾曳羅縠飾金翠者亦有百數。愛好人士，不以貴勢自高，文武賓客常滿坐，時亦以此稱之。大同四年，卒於州，時年五十六。有詔舉哀，賻錢二十萬，布二百匹。追贈侍中、安北將軍。謚曰桓。

子譔嗣，官至太僕卿。譔弟譒，少粗險薄行，常停鄉里，領其父部曲，爲州助防，刺史蕭淵明引爲府長史。淵明彭城戰沒，復爲侯景長史。景尋舉兵反，譒前驅濟江，頓兵城西士林館，破掠邸第及居人富室，子女財貨，盡略有之。淵明在州有四妾，章、於、王、阮，並有國色。淵明沒魏，其妾並還京第，譒至，破第納焉。

魚弘，襄陽人。身長八尺，白晳美姿容。累從征討，常爲軍鋒，歷南譙、盱眙、竟陵太守。常語人曰：「我爲郡，所謂四盡：水中魚鱉盡，山中麞鹿盡，田中米穀盡，村里民庶盡。丈夫生世，如輕塵栖弱草，白駒之過隙。人生歡樂富貴幾何時！」於是恣意酣賞，侍妾百餘人，不勝金翠，服玩車馬，皆窮一時之絕。遷爲平西湘東王司馬、新興永寧二郡太守，卒官。

韋放字元直，車騎將軍叡之子。初爲齊晉安王寧朔迎主簿，高祖臨雍州，又召爲主簿。放身長七尺七寸，腰帶八圍，容貌甚偉。天監元年，爲盱眙太守，還除通直郎，尋爲輕車晉安王中兵參軍，遷鎮右始興王諮議參軍，以父憂去職。服闋，襲封永昌縣侯，出爲輕車南平王長史、襄陽太守。轉假節、明威將軍、竟陵太守。在郡和理，爲吏民所稱。

六年，大舉北伐，以放爲貞威將軍，與胡龍牙會曹仲宗進軍。七年，夏侯亶攻黎漿不克，高祖復使帥軍自北道會壽春城。尋遷雲麾南康王長史、尋陽太守。放累爲藩佐，並著聲績。普通八年，高祖遣兼領軍曹仲宗等攻渦陽，又以放爲明威將軍，帥師會之。魏大將費穆帥衆奄至，放軍營未立，麾下止有二百餘人。放從弟洵驍果有勇力，一軍所仗，放令洵單騎擊刺，屢折魏軍，洵馬亦被傷不能進，放胄又三貫流矢。衆皆失色，請放突去。放厲聲叱之曰：「今日唯有死耳。」乃免胄下馬，據胡牀處分。於是士皆殊死戰，莫不一當百。魏軍遂退，放逐北至渦陽。魏又遣常山王元昭、大將軍李獎、乞佛寶、費穆等衆五萬來援，放率所督將陳度、趙伯超等夾擊，大破之。渦陽城主王緯以城降。〔三〕放乃登城，簡出降口四千二百人，器仗充牣；又遣降人三十，分報李獎、費穆等。魏人棄諸營壘，一時奔潰，衆軍乘之，斬獲略盡。擒穆弟超，并王緯送於京師。還爲太子右衞率，轉通直散騎常侍。出爲持節、督梁南秦二州諸軍事、信武將軍、梁南秦二州刺史。中大通二年，徙督北徐州諸軍事、北徐州刺史，增封四百戶，持節、將軍如故。在鎭三年，卒，時年五十九。謚曰宣侯。

放性弘厚篤實，輕財好施，於諸弟尤雍睦。每將遠別及行役初還，常同一室臥起，時稱爲「三姜」。初，放與吳郡張率皆有側室懷孕，因指爲婚姻。其後各產男女，未及成長而率亡，遺嗣孤弱，放常贍卹之。及爲北徐州，時有勢族請姻者，放曰：「吾不失信於故友。」乃以息岐娶率女，又以女適率子，時稱放能篤舊。長子粲嗣，別有傳。

史臣曰：裴邃之詞釆早著，兼思略沉深，夏侯亶之好學辯給，夔之奢豪愛士，韋放之弘厚篤行，並遇主逢時，展其才用矣。及牧州典郡，破敵安邊，咸著功績，允文武之任，蓋梁室之名臣歟。

校勘記

〔一〕魏襄州刺史綽之後也　「襄州刺史綽」南史作「冀州刺史徽」。按西魏以前無襄州，裴綽亦未嘗爲刺史，裴徽曾爲冀州刺史，見三國魏志。疑南史作「冀州刺史徽」爲是。

〔二〕昔阮咸顔延有二始之歎　「咸」各本譌「彧」，據南史改。

〔三〕是歲大軍將北伐　「是歲」承上文普通「四年」而言。按當依本書武帝紀作普通五年，則下文之「九月壬戌」、「明年」皆與紀合。

〔四〕屠安成馬頭沙陵等戍　「安成」當依本書武帝紀普通五年十一月作「安城」。

〔五〕自國子生推第　「推第」疑是「擢第」之譌。

〔六〕合討陰陵盜賊平之　「合」疑當依南史作「令」。

〔七〕晉安王方智承制　姚思廉原文作「晉安王諱承制」，北監本、殿本補「諱」爲「綱」，誤。按蕭方智卽梁敬帝，承聖元年封晉安王，三年十一月，江陵陷，梁羣臣迎至建康推爲太宰承制，後爲梁帝。今補正。

〔八〕而齊軍大至　「齊」各本譌「魏」，據南史改。

〔九〕歷陽太守明紹世　「明」各本同。本書張惠紹傳及册府元龜三五二作「胡」。

〔一〇〕且僧智所將爲烏合募人　「烏」字各本脫去，據册府元龜三五二補。通鑑梁武帝大通元年作「且僧智所將應募烏合之人」。

〔一一〕大通二年魏郢州刺史元願達請降　各本脫「大通」二字。按：上文有「八年」，爲普通八年，下文又有「中大通二年」，則此「二年」當爲大通二年，今補正。

〔一三〕渦陽城主王緯以城降　「王緯」各本作「王偉」，據本書陳慶之傳及册府元龜三五二改。

梁書卷二十九

列傳第二十三

高祖三王

高祖八男：丁貴嬪生昭明太子統，太宗簡文皇帝，廬陵威王續；阮脩容生世祖孝元皇帝；吳淑媛生豫章王綜；董淑儀生南康簡王績；〔一〕丁充華生邵陵攜王綸；葛脩容生武陵王紀。綜及紀別有傳。

南康簡王績字世謹，高祖第四子。天監八年，封南康郡王，〔二〕邑二千戶。出爲輕車將軍，領石頭戍軍事。十年，遷使持節、都督南徐州諸軍事、南徐州刺史，進號仁威將軍。績時年七歲，主者有受貨，洗改解書，長史王僧孺弗之覺，績見而輒詰之，便卽時首服，衆咸歎其聰警。十六年，徵爲宣毅將軍、領石頭戍軍事。十七年，出爲使持節、都督南北兗徐青冀五州諸軍事、南兗州刺史，在州著稱。尋有詔徵還，民曹嘉樂等三百七十人詣闕上表，稱績尤異一十五條，乞留州任，優詔許之，進號北中郎將。普通四年，徵爲侍中、雲麾將軍，領石頭戍軍事。五年，出爲使持節、都督江州諸軍事、江州刺史。丁董淑儀憂，居喪過禮，高祖手詔勉之，使攝州任，固求解職，乃徵授安右將軍、領石頭戍軍事，尋加護軍。羸瘠弗堪視事。大通三年，因感病薨于任，時年二十五。贈侍中、中軍將軍、開府儀同三司，給鼓吹一部。謚曰簡。

績寡玩好，少嗜慾，居無僕妾，躬事約儉，所有租秩，悉寄天府。及薨後，府有南康國無名錢數千萬。〔三〕

子會理嗣，字長才。少聰慧，好文史。年十一而孤，特爲高祖所愛，衣服禮秩與正王不殊。年十五，拜輕車將軍、湘州刺史，又領石頭戍軍事。遷侍中，兼領軍將軍。尋除宣惠將軍、丹陽尹，置佐史。出爲使持節、都督南北兗北徐青冀東徐譙七州諸軍事、平北將軍、南兗州刺史。太清元年，督衆軍北討，至彭城，爲魏師所敗，退歸本鎮。

二年，侯景圍京邑，會理治嚴將入援，會北徐州刺史封山侯正表將應其兄正德，外託赴援，實謀襲廣陵，會理擊破之，方得進路。臺城陷，侯景遣前臨江太守董紹先以高祖手敕召會理，其僚佐咸勸距之，會理曰：「諸君心事，與我不同，天子年尊，受制賊虜，今有手敕召我入朝，臣子之心，豈得違背。且遠處江北，功業難成，不若身赴京都，圖之肘腋。吾計決矣。」遂席卷而行，以城輸紹先。至京，景以爲侍中、司空、兼中書令。雖在寇手，每思匡復，與西鄉侯勸等潛布腹心，〔四〕要結壯士。時范陽祖皓斬紹先，據廣陵城起義，期以會理爲內應。皓敗，辭相連及，景矯詔免會理官，猶以白衣領尚書令。

是冬，景往晉熙，京師虛弱，會理復與柳敬禮謀之。敬禮曰：「舉大事必有所資，今無寸兵，安可以動？」會理曰：「湖熟有吾舊兵三千餘人，昨來相知，克期響集，聽吾日定，便至京師。計賊守兵不過千人耳，若大兵外攻，吾等內應，直取王偉，事必有成。縱景後歸，無能爲也。」敬禮曰「善」，因贊成之。于時百姓厭賊，咸思用命，自丹陽至于京口，靡不同之。後事不果，與弟祁陽侯通理並遇害。〔五〕

通理字仲宣，位太子洗馬，封祁陽侯。

通理弟乂理字季英，〔六〕會理第六弟也。生十旬而簡王薨，至三歲而能言，見內人分散，涕泣相送，乂理問其故，或曰：「此簡王宮人，喪畢去爾。」乂理便號泣，悲不自勝，諸宮人見之，莫不傷感，爲之停者三人焉。服闋後，見高祖，又悲泣不自勝。高祖爲之流涕，謂左右曰：「此兒大必爲奇士。」大同八年，封安樂縣侯，〔七〕邑五百戶。

乂理性慷慨，慕立功名，每讀書見忠臣烈士，未嘗不廢卷歎曰：「一生之內，當無愧古人。」博覽多識，有文才，嘗祭孔文舉墓，幷爲立碑，製文甚美。

太清中，侯景內寇，乂理聚賓客數百，輕裝赴南兗州，隨兄會理入援，恒親當矢石，爲士卒先。及城陷，又隨會理還廣陵，因入齊爲質，乞師。行二日，會侯景遣董紹先據廣陵，遂追會理，因爲所獲。紹先防之甚嚴，不得與兄弟相見，乃僞請先還京，得入辭母，謂其姊安固公主曰：〔八〕「事旣如此，豈可合家受斃。兄若至，願爲言之，善爲計自勉，勿賜以爲念也。家國阽危，雖死非恨，前途亦思立効，但未知天命何如耳。」至京師，以魏降人元貞立節忠正，可以託孤，乃以玉柄扇贈之。貞怪其故，不受。乂理曰：「後當見憶，幸勿推辭。」會祖皓起兵，乂理奔長蘆，收軍得千餘人。其左右有應賊者，因間劫會理，其衆遂駭散，爲景所害，時年二十一。元貞始悟其前言，往收葬焉。

廬陵威王續字世訢，高祖第五子。天監八年，封廬陵郡王，邑二千戶。十年，拜輕車將軍、南彭城琅邪太守。十三年，轉會稽太守。十六年，爲都督江州諸軍事、雲麾將軍、江州刺史。普通元年，徵爲宣毅將軍，領石頭戍軍事。

續少英果，膂力絕人，馳射游獵，應發命中。高祖常歎曰：「此我之任城也。」嘗與臨賀王正德及胡貴通、趙伯超等馳射於高祖前，續冠於諸人，高祖大悅。三年，爲使持節、都督雍梁秦沙四州諸軍事、西中郎將、雍州刺史。〔九〕七年，加宣毅將軍。中大通二年，又爲使持節、都督雍梁秦沙四州諸軍事、平北將軍、寧蠻校尉、雍州刺史，給鼓吹一部。續多聚馬仗，畜養驍雄，金帛內盈，倉廩外實。四年，遷安北將軍。大同元年，爲使持節、都督江州諸軍事、安南將軍、江州刺史。三年，徵爲護軍將軍、領石頭戍軍事。五年，爲驃騎將軍、開府儀同三司。又出爲使持節、都督荆郢司雍南北秦梁巴華九州諸軍事、荆州刺史。中大同二年，薨於州，時年四十四。贈司空、散騎常侍、驃騎大將軍，鼓吹一部，謚曰威。長子安嗣。〔一〇〕

邵陵攜王綸字世調，高祖第六子也。少聰穎，博學善屬文，尤工尺牘。天監十三年，封邵陵郡王，邑二千戶。出爲寧遠將軍、琅邪彭城二郡太守，遷輕車將軍、會稽太守。十八年，徵爲信威將軍。普通元年，領石頭戍軍事，尋爲江州刺史。五年，以西中郎將權攝南兗州，〔一〕坐事免官奪爵。七年，拜侍中。大通元年，復封爵，尋加信威將軍，置佐史。中大通元年，爲丹陽尹。四年，爲侍中、宣惠將軍、揚州刺史。以侵漁細民，少府丞何智通以事啓聞，綸知之，令客戴子高於都巷刺殺之。智通子訴于闕下，高祖令圍綸第，捕子高，綸匿之，竟不出。坐免爲庶人。頃之，復封爵。大同元年，爲侍中、雲麾將軍。七年，出爲使持節、都督郢定霍司四州諸軍事、平西將軍、郢州刺史，〔二〕遷爲安前將軍、丹陽尹。中大同元年，出爲鎮東將軍、南徐州刺史。

太清二年，進位中衞將軍、開府儀同三司。侯景構逆，加征討大都督，率衆討景。將發，高祖誡曰：「侯景小豎，頗習行陣，未可以一戰卽殄，當以歲月圖之。」綸次鍾離，景已度采石。綸乃晝夜兼道，遊軍入赴。〔三〕濟江中流風起，人馬溺者十一二。遂率寧遠將軍西豐公大春、新淦公大成等，〔四〕步騎三萬，發自京口。將軍趙伯超曰：「若從黄城大道，必與賊遇，不如逕路直指鍾山，出其不意。」綸從之。衆軍奄至，賊徒大駭，分爲三道攻綸，綸與戰，大破之，斬首千餘級。翌日，賊又來攻，相持日晚，賊稍引却，南安侯駿以數十騎馳之。賊回拒駿，駿部亂，賊因逼大軍，軍遂潰。綸至鍾山，衆裁千人，賊圍之，戰又敗，乃奔還京口。

三年春，綸復與東揚州刺史大連等入援，至于驃騎洲。進位司空。臺城陷，奔禹穴。大寶元年，綸至郢州，刺史南平王恪讓州於綸，綸不受，乃上綸爲假黄鉞、都督中外諸軍事。

綸於是置百官，改廳事爲正陽殿。數有災怪，綸甚惡之。時元帝圍河東王譽於長沙既久，內外斷絕，綸聞其急，欲往救之，爲軍糧不繼，遂止。乃與世祖書曰：

伏以先朝聖德，孝治天下，九親雍睦，四表無怨，誠爲國政，實亦家風。唯余與爾，同奉神訓，宜敦旨喻，共承無改。且道之斯美，以和爲貴，況天時地利，不及人和，豈可手足肱支，自相屠害。日者聞譽專情失訓，以幼陵長，湘、峽之內，遂至交鋒。方等身遇亂兵，斃於行陣，殞于吳局，方此非冤。聞問號怛，惟增摧憤，念以兼悼，當何可稱。吾在州所居遙隔，雖知其狀，未喻所然。及屆此藩，備加覿訪，咸云譽應接多替，兵糧閉壅；弟教亦不悛，故興師以伐。譽未識大體，意斷所行，雖存急難，豈知竊思。不能禮爭，復以兵來。蕭牆興變，體親成敵，一朝至此，能不嗚呼。既有書問，雲雨傳流，噂沓其間，委悉無因詳究。

方今社稷危恥，創巨痛深，人非禽蟲，在知君父。卽日大敵猶强，天讎未雪，余爾昆季，在外三人，如不匡難，安用臣子。唯應剖心嘗膽，泣血枕戈，感誓蒼穹，憑靈宗祀，晝謀夕計，共思匡復。至於其餘小忿，或宜寬貸。誠復子憾須臾，將奈國冤未逞。正當輕重相推，小大易奪，遺無益之情，割下流之悼，弘豁以理，通識勉之。今已喪鍾山，復誅猶子，將非揚湯止沸，呑冰療寒。若以譽之無道，近遠同疾，弟復効尤，攸非獨罪。幸寬於衆議，忍以事寧。如使外寇未除，家禍仍構，料今訪古，未或弗亡。

夫征戰之理，義在克勝；至於骨肉之戰，愈勝愈酷，捷則非功，敗則有喪，勞兵損義，虧失多矣。侯景之軍所以未窺江外者，正爲藩屏盤固，宗鎮强密。若自相魚肉，是代景行師，景便不勞兵力，坐致成效，醜徒聞此，何快如之。又莊鐵小豎作亂，久挾觀寧、懷安二侯，以爲名號，當陽有事充掣，殊廢備境，第聞征伐，復致分兵，便是自於瓜州至于湘、雍，莫非戰地，悉以勞師。侯景卒承虛藉釁，浮江豕突，豈不表裏成虞，首尾難救？可爲寒心，其事已切。弟若苦陷洞庭，兵戈不戢，雍州疑迫，〔一五〕何以自安，必引進魏軍，以求形援。侯景事等內癰，西秦外同瘤腫。直置關中，已爲咽氣，況復貪狠難測，勢必侵呑。弟若不安，家國去矣。吾非有深鑒，獨能弘理，正是採藉風謠，博參物論，咸以爲疑，皆欲解體故耳。

自我國五十許年，恩格玄穹，德彌赤縣，雖有逆難，未亂邕熙。溥天率土，忠臣憤慨，比屋罹禍，忠義奮發，無不抱甲負戈，衝冠裂眥，咸欲剸刃於侯景腹中，所須兵主唱耳。今人皆樂死，赴者如流。弟英略振遠，雄伯當代，唯德唯藝，資文資武，拯溺濟難，朝野咸屬，一匡九合，非弟而誰？豈得自違物望，致招㟴讟！其間患難，具如所陳。斯理皎然，無勞請箸；驗之以實，寧須確引。吾所以間關險道，出自東川，政謂上游諸藩，必連師狎至，庶以殘命，預在行間；及到九江，安北兄遂泝流更上，全由餼饋懸絕，〔一六〕卒食半菽，阻以菜色，無因進取。侯景方延假息，復緩誅刑，倍增號憤，啓處無地。計瀟湘穀粟，猶當紅委，若阻弟嚴兵，唯事交切，至於運轉，恐無暇發遣。卽日萬心慊望，唯在民天，若遂等西河，時事殆矣。必希令弟豁照茲途，解汨川之圍，存社稷之計，使其運輸糧儲，應贍軍旅，庶協力一舉，指日寧泰。宗廟重安，天下淸復，推弟之功，豈非幸甚。吾才懦兵寡，安能爲役，所寄令弟，庶得申情，朝聞夕死，萬殞何恨。聊陳聞見，幸無怪焉。臨紙號迷，諸失次緒。

世祖復書，陳河東有罪，不可解圍之狀。綸省書流涕曰：「天下之事，一至於斯！」左右聞之，莫不掩泣。於是大修器甲，將討侯景。元帝聞其强盛，乃遣王僧辯帥舟師一萬以逼綸，綸將劉龍武等降僧辯，綸軍潰，遂與子躓等十餘人輕舟走武昌。〔一七〕

時綸長史韋質、司馬姜律先在于外，聞綸敗，馳往迎之，於是復收散卒，屯于齊昌郡，將引魏軍共攻南陽。侯景將任約聞之，使鐵騎二百襲綸，綸無備，又敗走定州。定州刺史田龍祖迎綸，綸以龍祖荆鎭所任，懼爲所執，復歸齊昌。行至汝南，西魏所署汝南城主李素者，〔一八〕綸之故吏，聞綸敗，開城納之。綸乃修浚城池，收集士卒，將攻竟陵。西魏安州刺史馬岫聞之，報于西魏，西魏遣大將軍楊忠、儀同侯幾通率衆赴焉。二年二月，忠等至于汝南，綸嬰城自守。會天寒大雪，忠等攻之不能克，死者甚衆。後李素中流矢卒，城乃陷。忠等執綸，綸不爲屈，遂害之，投于江岸，經日顔色不變，鳥獸莫敢近焉。時年三十三。〔一九〕百姓憐之，爲立祠廟，後世祖追謚曰攜。

長子堅，字長白。大同元年，以例封汝南侯，邑五百戶。亦善草隸，性頗庸短。侯景圍城，堅屯太陽門，終日蒲飲，不撫軍政。吏士有功，未嘗申理，疫癘所加，亦不存卹，士咸憤怨。太清三年三月，堅書佐董勛華、白曇朗等以繩引賊登樓，城遂陷，〔二〇〕堅遇害。

弟確，字仲正。少驍勇，有文才。大同二年，封爲正階侯，邑五百戶，後徙封永安。常在第中習騎射，學兵法，時人皆以爲狂。左右或以進諫，確曰：「聽吾爲國家破賊，使汝知之。」除祕書丞，太子中舍人。

鍾山之役，確苦戰，所向披靡，羣虜憚之。確每臨陣對敵，意氣詳贍，帶甲據鞍，自朝及夕，馳驟往反，不以爲勞，諸將服其壯勇。及侯景乞盟，確在外，慮爲後患，啓求召確入城。詔乃召確爲南中郎將、廣州刺史，增封二千戶。確知此盟多貳，城必淪沒，因欲南奔，攜王聞之，逼確使入。確猶不肯，攜王流涕謂曰：「汝欲反邪！」時臺使周石珍在坐，確謂石珍曰：「侯景雖云欲去，而不解長圍，以意而推，其事可見。今召我入，未見其益也。」石珍曰：「敕旨如此，侯豈得辭？」確執意猶堅，攜王大怒，謂趙伯超曰：「譙州，卿爲我斬之，當賫首赴闕。」伯超揮刃眄確曰：「我識君耳，刀豈識君？」確於是流涕而出，遂入城。及景背盟復圍城，城陷，確排闥入，啓高祖曰：「城已陷矣。」高祖曰：「猶可一戰不？」對曰：「不可。臣向者親格戰，勢不能禁，自縋下城，僅得至此。」高祖歎曰：「自我得之，自我失之，亦復何恨。」乃使確爲慰勞文。

確既出見景，景愛其膂力，恒令在左右。後從景行，見天上飛鳶，羣虜爭射不中，確射之，應弦而落。賊徒忿嫉，咸勸除之。先是攜王遣人密導確，確謂使者曰：「侯景輕佻，可一夫力致，確不惜死，正欲手刃之；但未得其便耳。卿還啓家王，願勿以爲念也。」事未遂而爲賊所害。

史臣曰：自周、漢廣樹藩屏，固本深根；高祖之封建，將遵古制也。南康、廬陵並以宗室之貴，據磐石之重，績以孝著，續以勇聞。綸聰警有才學，性險躁，屢以罪黜，及太清之亂，忠孝獨存，斯可嘉矣。

校勘記

〔一〕董淑儀生南康簡王績 「淑」南史作「昭」。

〔二〕天監八年封南康郡王 武帝紀，天監七年九月，立皇子績爲南康郡王，是「八年」當作「七年」。南史亦作「七年」。

〔三〕府有南康國無名錢數千萬 南史「府」上有「少」字。

〔四〕與西鄉侯勸等潛布腹心 「勸」各本譌「歡」，據南史梁宗室吳平侯景傳改。

〔五〕與弟祁陽侯通理並遇害 百衲本、南監本、汲古閣本作「與建安侯通理並遇害」。今從北監本、殿本。按通理封祁陽侯，見南史本傳，建安侯是蕭賁封爵，詳後校勘記第七條。

〔六〕通理字仲宣位太子洗馬封祁陽侯通理弟乂理字季英 「乂理字季英」上十七字，各本無，據南史補。「乂理字季英」，百衲本、南監本、汲古閣本作「通理字季英」，後六處「乂理」亦並作「通理。」今並據北監本、殿本及南史改正。

〔七〕封安樂縣侯 「安樂」各本作「建安」，據南史改。按本書臨川王宏傳，子正立封建安縣侯，正立死，子賁嗣侯。又本書侯景傳，南康嗣王會理欲襲侯景，「建安侯賁知其謀以告景，景遣收會理與其弟祁陽侯通理……等，並害之」。是蕭通理封祁陽侯，蕭乂理封安樂侯，蕭賁封建安侯，不應混淆，今據本書侯景傳及南史改正。

〔八〕謂其姊安固公主曰 「安固」南、北監本，汲古閣本，殿本，金陵局本譌作「固安」，今從百衲本及册府元龜二八五改正。「公主」，南史無「公」字。張森楷梁書校勘記：「諸王女例封縣主，不得稱公主，無公字是也。此誤衍文。」

〔九〕爲使持節都督雍梁秦沙四州諸軍事西中郎將雍州刺史 「雍」「雍州」各本並譌爲「南徐」「南徐州」。按：南徐與梁秦沙地相去甚遠，不容合屬一統府。册府元龜二八〇作「都督雍梁秦沙四州諸軍事」。又梁書武帝紀：「普通三年春正月己未，以宣毅將軍廬陵王續爲雍州刺史。」是續以雍州刺史都督雍梁秦沙四州，今據改。

〔一〇〕長子安嗣 南史作世子憑，因罪誅死，次子應嗣。

〔一一〕以西中郎將權攝南兗州 「南兗州」南史作「南徐州」。

〔一二〕七年至平西將軍郢州刺史 按武帝紀，蕭綸爲平西將軍、郢州刺史在大同六年。

〔一三〕遊軍入赴 「遊」，南史及册府元龜四二二作「旋」。

〔一四〕新淦公大成等 「淦」各本譌「塗」，據通鑑改。

〔一五〕雍州疑迫 「雍州」各本皆作「雍川」，今改正。按雍州是岳陽王詧鎮地（見本書張纘傳），以此稱詧。

〔一六〕全由餼饋懸絕　「絕」，百衲本作「𢇍」，其他各本作「斷」。張元濟梁書校勘記：「按𢇍疑𢇁之訛，𢇁，古文絕字，見前漢書路溫舒傳。」按張說是，今從改。

〔一七〕遂與子蹟等十餘人輕舟走武昌　「蹟」各本皆作「確」，據南史改。張森楷南史校勘記：「蕭確在侯景左右，欲手刃侯景，被殺，則確未嘗有走武昌事。」

〔一八〕西魏所署汝南城主李素者　「李素」南史、通志並作「李素孝」，無「者」字。疑此「者」字爲「孝」字之譌。

〔一九〕時年三十三　錢大昕廿二史考異：「按綸被害在大寶二年辛未，距天監十三年甲子始封之歲已三十八年矣，史稱年三十三必誤也。且梁武諸子，綸次居六，元帝次居七。元帝生於天監七年，綸既長於元帝，計其卒時，最少亦當四十四五歲也。」

〔二〇〕堅書佐董勛華白曇朗等以繩引賊登樓城遂陷　「等」各本譌「尋」，並脫「城」字，據南史及册府元龜四三七增改。

梁書卷三十

列傳第二十四

裴子野　顧協　徐摛　鮑泉

裴子野字幾原，河東聞喜人，晉太子左率康八世孫。兄黎，弟楷、綽，並有盛名，所謂「四裴」也。曾祖松之，宋太中大夫。祖駰，南中郎外兵參軍。父昭明，通直散騎常侍。

子野生而偏孤，爲祖母所養，年九歲，祖母亡，泣血哀慟，家人異之。少好學，善屬文。起家齊武陵王國左常侍，右軍江夏王參軍，遭父憂去職。居喪盡禮，每之墓所，哭泣處草爲之枯，有白兔馴擾其側。天監初，尚書僕射范雲嘉其行，將表奏之，會雲卒，不果。樂安任昉有盛名，爲後進所慕，遊其門者，昉必相薦達。子野於昉爲從中表，獨不至，昉亦恨焉。久之，除右軍安成王參軍，俄遷兼廷尉正。時三官通署獄牒，子野嘗不在，同僚輒署其名，奏有不允，子野從坐免職。或勸言諸有司，可得無咎。子野笑而答曰：「雖慚柳季之道，豈因訟以受服。」自此免黜久之，終無恨意。

二年，吳平侯蕭景爲南兗州刺史，引爲冠軍錄事，府遷職解。時中書范縝與子野未遇，聞其行業而善焉。會遷國子博士，乃上表讓之曰：「伏見前冠軍府錄事參軍河東裴子野，年四十，字幾原，幼稟至人之行，長厲國士之風，居喪有禮，毀瘠幾滅，免憂之外，蔬水不進。栖遲下位，身賤名微，而性不憚憚，情無汲汲，是以有識嗟推，州閭歎服。且家傳素業，世習儒史，苑囿經籍，遊息文藝。著宋略二十卷，彌綸首尾，勒成一代，屬辭比事，有足觀者。且章句洽悉，訓故可傳，脫置之膠庠，以弘獎後進，庶一夔之辯可尋，三豕之疑無謬矣。伏惟皇家淳耀，多士盈庭，官人邁乎有嬀，棫樸越於姬氏，苟片善宜錄，無論厚薄，一介可求，不由等級。臣歷觀古今人君欽賢好善，未有聖朝孜孜若是之至也。敢緣斯義，輕陳愚瞽，乞以臣斯忝，回授子野。如此，則賢否之宜，各全其所，訊之物議，誰曰不允。臣與子野雖未嘗銜杯，訪之邑里，差非虛謬，不勝慺慺微見，冒昧陳聞。伏願陛下哀憐悾款，鑒其愚實，干犯之愆，乞垂赦宥。」有司以資歷非次，弗爲通。尋除尚書比部郎，仁威記室參軍。出爲諸暨令，在縣不行鞭罰，民有爭者，示之以理，百姓稱悅，合境無訟。

初，子野曾祖松之，宋元嘉中受詔續修何承天宋史，未及成而卒，子野常欲繼成先業。及齊永明末，沈約所撰宋書既行，子野更刪撰爲宋略二十卷。其敍事評論多善，約見而歎曰：「吾弗逮也。」蘭陵蕭琛、北地傅昭、汝南周捨咸稱重之。至是，吏部尚書徐勉言之於高祖，以爲著作郎，掌國史及起居注。頃之，兼中書通事舍人，尋除通直正員郎，著作、舍人如故。又敕掌中書詔誥。是時西北徼外有白題及滑國，遣使由岷山道入貢。此二國歷代弗賓，莫知所出。子野曰：「漢潁陰侯斬胡白題將一人。服虔注云：『白題，胡名也。』又漢定遠侯擊虜，八滑從之，此其後乎。」時人服其博識。敕仍使撰方國使圖，廣述懷來之盛，自要服至于海表，凡二十國。

子野與沛國劉顯、南陽劉之遴、陳郡殷芸、陳留阮孝緒、吳郡顧協、京兆韋棱，皆博極羣書，深相賞好，顯尤推重之。時吳平侯蕭勱、范陽張纘，每討論墳籍，咸折中於子野焉。普通七年，王師北伐，敕子野爲喻魏文，受詔立成，高祖以其事體大，召尚書僕射徐勉、太子詹事周捨、鴻臚卿劉之遴、中書侍郎朱异，集壽光殿以觀之，時並歎服。高祖目子野而言曰：「其形雖弱，其文甚壯。」俄又敕爲書喻魏相元叉，其夜受旨，子野謂可待旦方奏，未之爲也，及五鼓，敕催令開齋速上，子野徐起操筆，昧爽便就。既奏，高祖深嘉焉。自是凡諸符檄，皆令草創。子野爲文典而速，不尚麗靡之詞，其制作多法古，與今文體異，當時或有詆訶者，及其末皆翕然重之。或問其爲文速者，子野答云：「人皆成於手，我獨成於心，雖有見否之異，其於刊改一也。」

俄遷中書侍郎，餘如故。大通元年，轉鴻臚卿，尋領步兵校尉。子野在禁省十餘年，靜默自守，未嘗有所請謁，外家及中表貧乏，所得俸悉分給之。無宅，借官地二畝，起茅屋數間。妻子恒苦飢寒，唯以教誨爲本，子姪祗畏，若奉嚴君。末年深信釋氏，持其教戒，終身飯麥食蔬。中大通二年，卒官，年六十二。

先是子野自剋死期，不過庚戌歲。是年自省移病，謂同官劉之亨曰：「吾其逝矣。」遺命儉約，務在節制。高祖悼惜，爲之流涕。詔曰：「鴻臚卿、領步兵校尉、知著作郎、兼中書通事舍人裴子野，文史足用，廉白自居，劬勞通事，多歷年所。奄致喪逝，惻愴空懷。可贈散騎常侍，賻錢五萬，布五十匹，即日舉哀。謚曰貞子。」

子野少時，集注喪服、續裴氏家傳各二卷，抄合後漢事四十餘卷，又敕撰衆僧傳二十卷，百官九品二卷，附益謚法一卷，方國使圖一卷，文集二十卷，並行於世。又欲撰齊梁春秋，始草創，未就而卒。子謇，官至通直郎。〔一〕

顧協字正禮，吳郡吳人也。晉司空和七世孫。〔二〕協幼孤，隨母養於外氏。外從祖宋右光祿張永嘗攜內外孫姪遊虎丘山，協年數歲，永撫之曰：「兒欲何戲？」協對曰：「兒正欲枕石漱流。」永歎息曰：「顧氏興於此子。」既長，好學，以精力稱。外氏諸張多賢達有識鑒，從內弟率尤推重焉。

起家揚州議曹從事史，兼太學博士。舉秀才，尚書令沈約覽其策而歎曰：「江左以來，未有此作。」遷安成王國左常侍，兼廷尉正。太尉臨川王聞其名，召掌書記，仍侍西豐侯正德讀。正德爲巴西、梓潼郡，協除所部安都令，〔三〕未至縣，遭母憂。服闋，出補西陽郡丞。還除北中郎行參軍，復兼廷尉正。久之，出爲廬陵郡丞，未拜，會西豐侯正德爲吳郡，除中軍參軍，領郡五官，遷輕車湘東王參軍事，兼記室。普通六年，正德受詔北討，引爲府錄事參軍，掌書記。

軍還，會有詔舉士，湘東王表薦協曰：「臣聞貢玉之士，歸之潤山；論珠之人，出於枯岸。是以芻蕘之言，擇於廊廟者也。臣府兼記室參軍吳郡顧協，行稱鄉閭，學兼文武，服膺道素，雅量邃遠，安貧守靜，奉公抗直，傍闕知己，志不自營，年方六十，室無妻子。臣欲言於官人，申其屈滯，協必苦執貞退，立志難奪，可謂東南之遺寶矣。伏惟陛下未明求衣，思賢如渴，爰發明詔，各舉所知。臣識非許、郭，雖無知人之鑒，若守固無言，懼貽蔽賢之咎。昔孔愉表韓績之才，〔四〕庾亮薦翟湯之德，臣雖未齒二臣，協實無慚兩士。」即召拜通直散騎侍郎，兼中書通事舍人，累遷步兵校尉，守鴻臚卿，員外散騎常侍，〔五〕卿、舍人並如故。大同八年，卒，時年七十三。高祖悼惜之，手詔曰：「員外散騎常侍、鴻臚卿、兼中書通事舍人顧協，廉潔自居，白首不衰，久在省闥，內外稱善。奄然殞喪，惻怛之懷，不能已已。傍無近親，彌足哀者。大殮既畢，即送其喪柩還鄉，并營冢槨，並皆資給，悉使周辦。可贈散騎常侍，令便舉哀。謚曰溫子。」

協少淸介有志操。初爲廷尉正，冬服單薄，寺卿蔡法度謂人曰：「我願解身上襦與顧郎，恐顧郎難衣食者。」竟不敢以遺之。及爲舍人，同官者皆潤屋，協在省十六載，器服飮食，不改於常。有門生始來事協，知其廉潔，不敢厚餉，止送錢二千，協發怒，杖二十，因此事者絕於饋遺。自丁艱憂，遂終身布衣蔬食。少時將娉舅息女，未成婚而協母亡，免喪後不復娶。至六十餘，此女猶未他適，協義而迎之。晚雖判合，卒無胤嗣。

協博極羣書，於文字及禽獸草木尤稱精詳。撰異姓苑五卷，瑣語十卷，並行於世。

徐摛字士秀，東海郯人也。祖憑道，宋海陵太守。父超之，天監初仕至員外散騎常侍。摛幼而好學，及長，遍覽經史。屬文好爲新變，不拘舊體。起家太學博士，遷左衞司馬。會晉安王綱出戍石頭，高祖謂周捨曰：「爲我求一人，文學俱長兼有行者，欲令與晉安遊處。」捨曰：「臣外弟徐摛，形質陋小，若不勝衣，而堪此選。」高祖曰：「必有仲宣之才，亦不簡其容貌。」以摛爲侍讀。後王出鎭江州，仍補雲麾府記室參軍，又轉平西府中記室。王移鎭京口，復隨府轉爲安北中錄事參軍，帶郯令，以母憂去職。王爲丹陽尹，起摛爲秣陵令。普通四年，王出鎭襄陽，摛固求隨府西上，遷晉安王諮議參軍。大通初，王總戎北伐，以摛兼寧蠻府長史，參贊戎政，敎命軍書，多自摛出。王入爲皇太子，轉家令，兼掌管記，尋帶領直。

摛文體既別，春坊盡學之，「宮體」之號，自斯而起。高祖聞之怒，召摛加讓，及見，應對明敏，辭義可觀，高祖意釋。因問五經大義，次問歷代史及百家雜說，末論釋敎。摛商較縱橫，應答如響，高祖甚加歎異，更被親狎，寵遇日隆。領軍朱异不說，謂所親曰：「徐叟出入兩宮，漸來逼我，須早爲之所。」遂承間白高祖曰：「摛年老，又愛泉石，意在一郡，以自怡養。」高祖謂摛欲之，乃召摛曰：「新安大好山水，任昉等並經爲之，卿爲我臥治此郡。」中大通三年，遂出爲新安太守。至郡，爲治清靜，敎民禮義，勸課農桑，期月之中，風俗便改。秩滿，還爲中庶子，加戎昭將軍。

是時臨城公納夫人王氏，卽太宗妃之姪女也。晉宋已來，初婚三日，婦見舅姑，衆賓皆列觀，引春秋義云「丁丑，夫人姜氏至。戊寅，公使大夫宗婦覿用幣」。戊寅，丁丑之明日，故禮官據此，皆云宜依舊貫。太宗以問摛，摛曰：「儀禮云『質明贊見婦於舅姑』。雜記又云『婦見舅姑，兄弟姊妹皆立于堂下』。政言婦是外宗，未審嫻令，所以停坐三朝，觀其七德。舅延外客，姑率內賓，堂下之儀，以備盛禮。近代婦於舅姑，本有戚屬，不相瞻看。夫人乃妃姪女，有異他姻，覿見之儀，謂應可略。」太宗從其議。除太子左衞率。

太清三年，侯景攻陷臺城，時太宗居永福省，賊衆奔入，舉兵上殿，侍衞奔散，莫有存者。摛獨嶷然侍立不動，徐謂景曰：「侯公當以禮見，何得如此。」凶威遂折。侯景乃拜，由是常憚摛。太宗嗣位，進授左衞將軍，固辭不拜。太宗後被幽閉，摛不獲朝謁，因感氣疾而卒，年七十八。長子陵，最知名。

鮑泉字潤岳，東海人也。父機，〔六〕湘東王諮議參軍。

泉博涉史傳，兼有文筆。少事元帝，早見擢任。及元帝承制，累遷至信州刺史。太清三年，元帝命泉征河東王譽於湘州，泉至長沙，作連城以逼之，譽率衆攻泉，泉據柵堅守，譽不能克。泉因其弊出擊之，譽大敗，盡俘其衆，遂圍其城，久未能拔。世祖乃數泉罪，遣平南將軍王僧辯代泉爲都督。僧辯至，泉愕然，顧左右曰：「得王竟陵助我經略，賊不足平矣。」

僧辯既入，乃背泉而坐，曰：「鮑郎有罪，令旨使我鎖卿，卿勿以故意見期。」因出令示泉，鎖之牀下。泉曰：「稽緩王師，甘罪是分，但恐後人更思鮑泉之憒憒耳。」乃爲啓謝淹遲之罪。世祖尋復其任，令與僧辯等率舟師東逼邵陵王於郢州。

郢州平，元帝以長子方諸爲刺史，泉爲長史，行府州事。侯景密遣將宋子仙、任約率精騎襲之，方諸與泉不恤軍政，唯蒲酒自樂，賊騎至，百姓奔告，方諸與泉方雙陸，不信，曰：「徐文盛大軍在東，賊何由得至？」既而傳告者衆，始令闔門，賊縱火焚之，莫有抗者，賊騎遂入，城乃陷。執方諸及泉送之景所。後景攻王僧辯於巴陵，不克，敗還，乃殺泉於江夏，沉其屍于黃鵠磯。

初，泉之爲南討都督也，其友人夢泉得罪於世祖，覺而告之。後未旬，果見囚執。頃之，又夢泉著朱衣而行水上，又告泉曰：「君勿憂，尋得免矣。」因說其夢，泉密記之，俄而復見任，皆如其夢。

泉於儀禮尤明，撰新儀四十卷，〔七〕行於世。

陳吏部尚書姚察曰：阮孝緒常言，仲尼論四科，始乎德行，終乎文學。有行者多尙質樸，有文者少蹈規矩，故衞、石靡餘論可傳，屈、賈無立德之譽。若夫憲章游、夏，祖述回、騫，體兼文行，於裴幾原見之矣。

校勘記

〔一〕子騫官至通直郎　「騫」南史作「騫」。

〔二〕晉司空和七世孫　「七世」南史作「六世」。

〔三〕協除所部安都令　「安都」南史作「新安」。

〔四〕昔孔愉表韓績之才　「績」各本並譌爲「續」，據晉書隱逸韓績傳改。

〔五〕員外散騎常侍　王懋竑讀書記疑八：「員外上少一轉字或遷字。南史亦脫。」

〔六〕父機　「機」南史作「幾」。

〔七〕撰新儀四十卷　「四十卷」南史及隋書經籍志上皆作「三十卷」。

梁書卷三十一

列傳第二十五

袁昂 子君正

袁昂字千里，陳郡陽夏人。祖洵，〔一〕宋征虜將軍、吳郡太守。父顗，冠軍將軍、雍州刺史，泰始初，舉兵奉晉安王子勛，〔二〕事敗誅死。昂時年五歲，乳媼攜抱匿於廬山，會赦得出，猶徙晉安，至元徽中聽還，時年十五。初，顗敗，傳首京師，藏於武庫，至是始還之。昂號慟嘔血，絕而復蘇，從兄彖嘗撫視抑譬，昂更制服，廬于墓次。後與彖同見從叔司徒粲，粲謂彖曰：「其幼孤而能至此，故知名器自有所在。」

齊初，起家冠軍安成王行參軍，遷征虜主簿，太子舍人，王儉鎮軍府功曹史。儉時為京尹，經於後堂獨引見昂，指北堂謂昂曰：「卿必居此。」累遷祕書丞，黃門侍郎。昂本名千里，齊永明中，武帝謂之曰：「昂昂千里之駒，在卿有之，今改卿名為昂，即千里為字。」出為安南鄱陽王長史、尋陽公相。還爲太孫中庶子、衞軍武陵王長史。

丁內憂，哀毀過禮。服未除而從兄彖卒。昂幼孤，爲彖所養，乃制朞服。人有怪而問之者，昂致書以喻之曰：「竊聞禮由恩斷，服以情申，故小功他邦，加制一等，同爨有緦，明之典籍。孤子夙以不天，幼傾乾廕，資敬未奉，過庭莫承，藐藐沖人，未達朱紫。從兄提養訓敎，示以義方，每假其談價，虛其聲譽，得及人次，實亦有由。兼開拓房宇，處以華曠，同財共有，恣其取足，爾來三十餘年，憐愛之至，無異於己。〔三〕姊妹孤姪，成就一時，篤念之深，在終彌固，此恩此愛，畢壤不追。既情若同生，而服爲諸從，言心卽事，實未忍安。昔馬棱與弟毅同居，毅亡，棱爲心服三年。由也之不除喪，亦緣情而致制，雖識不及古，誠懷感慕。常願千秋之後，從服朞齊；不圖門衰，禍集一旦，草土殘息，復罹今酷，尋惟慟絕，彌劇彌深。今以餘喘，欲遂素志，庶寄其罔慕之痛，少申無已之情。雖禮無明據，乃事有先例，率迷而至，必欲行之。君問禮所歸，謹以諮白。臨紙號哽，言不識次。」

服闋，除右軍邵陵王長史，俄遷御史中丞。時尚書令王晏弟詡爲廣州，多納賕貨，昂依事劾奏，不憚權豪，當時號爲正直。出爲豫章內史，丁所生母憂去職，以喪還，江路風浪暴駭，昂乃縛衣著柩，誓同沈溺。及風止，餘船皆沒，唯昂所乘船獲全，咸謂精誠所致。葬訖，起爲建武將軍、吳興太守。

永元末，義師至京師，州牧郡守皆望風降款，昂獨拒境不受命。高祖手書喻曰：「夫禍福無門，興亡有數，天之所棄，人孰能匡？機來不再，圖之宜早。頃藉聽道路，承欲狼顧一隅，既未悉雅懷，聊申往意。獨夫狂悖，振古未聞，窮凶極虐，歲月滋甚。天未絕齊，聖明啓運，兆民有賴，百姓來蘇。吾荷任前驅，掃除京邑，方撥亂反正，伐罪弔民，至止以來，前無橫陣。今皇威四臨，長圍已合，遐邇畢集，人神同奮。銳卒萬計，鐵馬千羣，以此攻戰，何往不克。況建業孤城，人懷離阻，面縛軍門，日夕相繼，屠潰之期，勢不云遠。兼熒惑出端門，太白入氐室，天文表於上，人事符於下，不謀同契，寔在茲辰。且范岫、申冑，久薦誠款，各率所由，仍爲掎角，沈法瑀、孫肸、朱端，已先肅清吳會，而足下欲以區區之郡，禦堂堂之師，根本既傾，枝葉安附？童兒牧豎，咸謂其非，求之明鑒，實所未達。今竭力昏主，未足爲忠，家門屠滅，非所謂孝，忠孝俱盡，將欲何依？豈若飜然改圖，自招多福，進則遠害全身，退則長守祿位。去就之宜，幸加詳擇。若執迷遂往，同惡不悛，大軍一臨，誅及三族。雖貽後悔，寧復云補。欲布所懷，故致今白。」昂答曰：「都史至，辱誨。承藉以衆論，謂僕有勤王之舉，兼蒙誚責，獨無送款，循復嚴旨，若臨萬仞。三吳內地，非用兵之所，況以偏隅一郡，何能爲役？近奉敕，以此境多虞，見使安慰。自承麾旆届止，莫不膝袒軍門，惟僕一人敢後至者，政以內揆庸素，文武無施，直是東國賤男子耳。〔四〕雖欲獻心，不增大師之勇；置其愚默，寧沮衆軍之威。幸藉將軍含弘之大，可得從容以禮。竊以一飡微施，尚復投殞，況食人之祿，而頓忘一旦。非惟物議不可，亦恐明公鄙之，所以躊躇，未遑薦璧。遂以輕微，爰降重命，震灼于心，忘其所厝，誠推理鑒，猶懼威臨。」建康城平，昂束身詣闕，高祖宥之不問也。天監二年，以爲後軍臨川王參軍事。昂奉啓謝曰：「恩降絕望之辰，慶集寒心之日，焰灰非喻，荑枯未擬，摳衣聚足，顛狽不勝。臣遍歷三墳，備詳六典，巡校賞罰之科，調檢生死之律，莫不嚴五辟於明君之朝，峻三章於聖人之世。是以塗山始會，致防風之誅；酆邑方構，有崇侯之伐。未有緩憲於斮戮之人，赊刑於耐罪之族，出萬死入一生如臣者也。推恩及罪，在臣實大，披心瀝血，敢乞言之。臣東國賤人，學行何取，既殊鳴雁直木，故無結綬彈冠，徒藉羽儀，易農就仕。往年濫職，守秩東隅，仰屬龔行，風驅電掩。當其時也，負鼎圖者日至，執玉帛者相望。獨在愚臣，頓昏大義，殉鴻毛之輕，忘同德之重。但三吳險薄，五湖交通，屢起田儋之變，每懼殷通之禍，空慕君魚保境，遂失師涓抱器。後至者斬，臣甘斯戮。明刑徇衆，誰曰不然。幸約法之弘，承解網之宥，猶當降等薪粲，遂乃頓釋鉗赭。斂骨吹魂，還編黔庶，濯疵蕩穢，入楚遊陳，天波既洗，雲油遽沐。古人有言：『非死之難，處死之難。』臣之所荷，曠古不書；臣之死所，未知何地。」

高祖答曰：「朕遺射鉤，卿無自外。」俄除給事黃門侍郎。其年遷侍中。明年，出爲尋陽太守，行江州事。六年，徵爲吏部尚書，累表陳讓，徙爲左民尚書，兼右僕射。七年，除國子祭酒，兼僕射如故，領豫州大中正。八年，出爲仁威將軍、吳郡太守。十一年，入爲五兵尚書，復兼右僕射，未拜，有詔即眞。〔五〕尋以本官領起部尚書，加侍中。十四年，馬仙琕破魏軍於朐山，詔權假昂節，往勞軍。十五年，遷左僕射，〔六〕尋爲尚書令、宣惠將軍。普通三年，爲中書監、丹陽尹。其年進號中衞將軍，復爲尚書令，即本號開府儀同三司，給鼓吹，未拜，又領國子祭酒。大通元年，加中書監，給親信三十人。尋表解祭酒，進號中撫軍大將軍，遷司空、侍中、尚書令，親信、鼓吹並如故。五年，加特進、左光祿大夫，增親信爲八十人。大同六年，薨，時年八十。詔曰：「侍中、特進、左光祿大夫、司空昂，奄至薨逝，惻怛于懷。公器寓凝素，志誠貞方，端朝燮理，嘉猷載緝。追榮表德，寔惟令典。可贈本官，鼓吹一部，給東園祕器，朝服一具，衣一襲，錢二十萬，絹布一百匹，蠟二百斤，即日舉哀。」

初，昂臨終遺疏，不受贈謚，敕諸子不得言上行狀及立誌銘，凡有所須，悉皆停省。復曰：「吾釋褐從仕，不期富貴，但官序不失等倫，衣食粗知榮辱，以此闔棺，無慚鄉里。往忝吳興，屬在昏明之際，既闇於前覺，無識於聖朝，不知天命，甘貽顯戮，幸遇殊恩，遂得全門戶。自念負罪私門，〔七〕階榮望絕，保存性命，以爲幸甚；不謂叨竊寵靈，一至於此。常欲竭誠酬報，申吾乃心，所以朝廷每興師北伐，吾輒啓求行，誓之丹款，實非矯言。既庸懦無施，皆不蒙許，雖欲罄命，其議莫從。今日瞑目，畢恨泉壤，若魂而有知，方期結草。聖朝遵古，知吾名品，或有追遠之恩，雖是經國恒典，在吾無應致此，脫有贈官，慎勿祇奉。」諸子累表陳奏，詔不許。册謚曰穆正公。

子君正，美風儀，善自居處，以貴公子得當世名譽。頃之，兼吏部郎，以母憂去職。服闋，爲邵陵王友、北中郎長史、東陽太守。尋徵還都，郡民徵士徐天祐等三百人詣闕乞留一年，詔不許，仍除豫章內史，尋轉吳郡太守。〔八〕侯景亂，率數百人隨邵陵王赴援，及京城陷，還郡。

君正當官莅事有名稱，而蓄聚財產，服玩靡麗。賊遣于子悅攻之，〔九〕新城戍主戴僧易勸令拒守，〔一〇〕吳陸映公等懼賊脫勝，略其資產，乃曰：「賊軍甚銳，其鋒不可當；今若拒之，恐民心不從也。」君正性怯懦，乃送米及牛酒，郊迎子悅，子悅旣至，掠奪其財物子女，因是感疾卒。

史臣曰：夫天尊地卑，以定君臣之位；松筠等質，無革歲寒之心。袁千里命屬崩離，身逢厄季，雖獨夫喪德，臣志不移；及抗疏高祖，無虧忠節，斯亦存夷、叔之風矣。終爲梁室台鼎，何其美焉。

校勘記

〔一〕祖洵　「洵」各本譌「詢」，據宋書袁顗傳及南史袁淑傳改。

〔二〕舉兵奉晉安王子勛　「晉安」各本譌「尋陽」。按：劉子勛封晉安王，非尋陽王；封尋陽王者，乃其弟劉子房。今據宋書晉安王子勛傳、松滋侯子房傳改。

〔三〕無異於己　南史作「言無異色」。

〔四〕直是東國賤男子耳　「東」南監本、汲古閣本、百衲本、金陵局本及南史俱作「陳」，今從北監本、殿本。按：袁昂陳郡陽夏人，然陳郡不得稱陳國；且下袁昂謝後軍臨川王參軍事啟，有「臣東國賤人」語，下「東」字各本無作「陳」者，可證此亦作「東」爲是。

〔五〕有詔卽眞　「眞」下各本衍一「封」字，今删。

〔六〕遷左僕射　「左」各本作「右」，據本書武帝紀及南史改。按上文已復兼左僕射，此不應遷右僕射。

〔七〕自念負罪私門　各本並脫「負」字。據南史補。

〔八〕尋轉吳郡太守　「吳郡」各本譌「吳興」，據南史及册府元龜八八三改。按：下文有「新城戍主戴僧易勸令拒守」，新城屬吳郡。

〔九〕賊遣于子悅攻之　「于子悅」南史作「張太壘」。

〔一〇〕新城戍主戴僧易勸令拒守　「城」各本譌「成」，據南史及册府元龜六九八改。

梁書卷三十二

列傳第二十六

陳慶之 蘭欽

陳慶之字子雲，義興國山人也。幼而隨從高祖。高祖性好棊，每從夜達旦不輟，等輩皆倦寐，惟慶之不寢，聞呼卽至，甚見親賞。從高祖東下平建鄴，稍爲主書，散財聚士，常思效用。除奉朝請。

普通中，魏徐州刺史元法僧於彭城求入內附，以慶之爲武威將軍，與胡龍牙、成景儁率諸軍應接。還除宣猛將軍、文德主帥，仍率軍二千，送豫章王綜入鎮徐州。魏遣安豐王元延明、臨淮王元彧率衆二萬來拒，屯據陟□。延明先遣其別將丘大千築壘潯梁，觀兵近境。慶之進薄其壘，一鼓便潰。後豫章王棄軍奔魏，衆皆潰散，諸將莫能制止，慶之乃斬關夜退，軍士得全。

普通七年，安西將軍元樹出征壽春，除慶之假節、總知軍事。魏豫州刺史李憲遣其子長鈞別築兩城相拒，慶之攻之，憲力屈遂降，慶之入據其城。轉東宮直閤，賜爵關中侯。

大通元年，隸領軍曹仲宗伐渦陽。魏遣征南將軍常山王元昭等率馬步十五萬來援，前軍至駝澗，去渦陽四十里。慶之欲逆戰，韋放以賊之前鋒必是輕銳，與戰若捷，不足爲功，如其不利，沮我軍勢，兵法所謂以逸待勞，不如勿擊。慶之曰：「魏人遠來，皆已疲倦，去我既遠，必不見疑，及其未集，須挫其氣，出其不意，必無不敗之理。且聞虜所據營，林木甚盛，必不夜出。諸君若疑惑，慶之請獨取之。」於是與麾下二百騎奔擊，破其前軍，魏人震恐。慶之乃還與諸將連營而進，據渦陽城，與魏軍相持。自春至冬，數十百戰，師老氣衰，魏之援兵復欲築壘於軍後，仲宗等恐腹背受敵，謀欲退師。慶之杖節軍門曰：「共來至此，涉歷一歲，糜費糧仗，其數極多，諸軍並無鬬心，〔一〕皆謀退縮，豈是欲立功名，直聚爲抄暴耳。吾聞置兵死地，乃可求生，須虜大合，然後與戰。審欲班師，慶之別有密敕，今日犯者，便依明詔。」仲宗壯其計，乃從之。魏人掎角作十三城，慶之銜枚夜出，陷其四壘，渦陽城主王緯乞降。所餘九城，兵甲猶盛，乃陳其俘馘，鼓噪而攻之，遂大奔潰，斬獲略盡，渦水咽流，降城中男女三萬餘口。詔以渦陽之地置西徐州。衆軍乘勝前頓城父。高祖嘉焉，賜慶之手詔曰：「本非將種，又非豪家，觖望風雲，以至於此。可深思奇略，善克令終。開朱門而待賓，揚聲名於竹帛，豈非大丈夫哉！」

大通初，魏北海王元顥以本朝大亂，自拔來降，求立爲魏主。高祖納之，以慶之爲假節、飈勇將軍，送元顥還北。顥於渙水卽魏帝號，授慶之使持節、鎭北將軍、護軍、前軍大都督，發自銍縣，進拔滎城，遂至睢陽。魏將丘大千有衆七萬，分築九城以相拒。慶之攻之，自旦至申，陷其三壘，大千乃降。時魏征東將軍濟陰王元暉業率羽林庶子二萬人來救梁、宋，〔二〕進屯考城，城四面縈水，守備嚴固。慶之命浮水築壘，攻陷其城，生擒暉業，獲租車七千八百兩。仍趨大梁，望旗歸款。顥進慶之衞將軍、徐州刺史、武都公。〔三〕仍率衆而西。

魏左僕射楊昱、西阿王元慶、撫軍將軍元顯恭率御仗羽林宗子庶子衆凡七萬，據滎陽拒顥。兵旣精强，城又險固，慶之攻未能拔。魏將元天穆大軍復將至，先遣其驃騎將軍尒朱吐沒兒領胡騎五千，騎將魯安領夏州步騎九千，援楊昱；又遣右僕射尒朱世隆、〔四〕西荊州刺史王羆騎一萬，據虎牢。天穆、吐沒兒前後繼至，〔五〕旗鼓相望。時滎陽未拔，士衆皆恐，慶之乃解鞍秣馬，宣喩衆曰：「吾至此以來，屠城略地，實爲不少；君等殺人父兄，略人子女，又爲無算。天穆之衆，並是仇讎。我等纔有七千，虜衆三十餘萬，今日之事，義不圖存。吾以虜騎不可爭力平原，及未盡至前，須平其城壘，諸君無假狐疑，自貽屠膾。」一鼓悉使登城，壯士東陽宋景休、義興魚天愍踰堞而入，遂克之。俄而魏陣外合，慶之率騎三千背城逆戰，大破之，魯安於陣乞降，元天穆、尒朱吐沒兒單騎獲免。收滎陽儲實，牛馬穀帛不可勝計。進赴虎牢，尒朱世隆棄城走。魏主元子攸懼，奔幷州。其臨淮王元彧、安豐王元延明率百僚，封府庫，備法駕，奉迎顥入洛陽宮，御前殿，改元大赦。顥以慶之爲侍中、車騎大將軍、左光祿大夫，增邑萬戶。魏大將軍上黨王元天穆、王老生、李叔仁又率衆四萬，攻陷大梁，分遣老生、費穆兵二萬，據虎牢，刁宣、刁雙入梁、宋，慶之隨方掩襲，並皆降款。天穆與十餘騎北渡河。高祖復賜手詔稱美焉。慶之麾下悉著白袍，所向披靡。先是洛陽童謡曰：「名師大將莫自牢，千兵萬馬避白袍。」自發銍縣至于洛陽十四旬，平三十二城，四十七戰，所向無前。

初，元子攸止單騎奔走，宮衞嬪侍無改於常，顥既得志，荒于酒色，乃日夜宴樂，不復視事，與安豐、臨淮共立姦計，將背朝恩，絕賓貢之禮；直以時事未安，且資慶之之力用，外同內異，言多忌刻。慶之心知之，亦密爲其計。乃說顥曰：「今遠來至此，未伏尚多，若人知虛實，方更連兵，而安不忘危，須預爲其策。宜啓天子，更請精兵；並勒諸州，有南人沒此者，悉須部送。」顥欲從之，元延明說顥曰：「陳慶之兵不出數千，已自難制；今增其衆，寧肯復爲用乎？權柄一去，動轉聽人，魏之宗社，於斯而滅。」顥由是致疑，稍成疏貳。慮慶之密啓，乃表高祖曰：「河北、河南一時已定，唯尒朱榮尚敢跋扈，臣與慶之自能擒討。今州郡新服，正須綏撫，不宜更復加兵，搖動百姓。」高祖遂詔衆軍皆停界首。洛下南人不出一萬，羌夷十倍，軍副馬佛念言於慶之曰：「功高不賞，震主身危，二事既有，將軍豈得無慮？自古以來，廢昏立明，扶危定難，鮮有得終。今將軍威震中原，聲動河塞，屠顥據洛，則千載一時也。」慶之不從。顥前以慶之爲徐州刺史，因固求之鎮。顥心憚之，遂不遣。乃曰：「主上以洛陽之地全相任委，忽聞捨此朝寄，欲往彭城，謂君遽取富貴，不爲國計，手敕頻仍，恐成僕責。」慶之不敢復言。魏天柱將軍尒朱榮、右僕射尒朱世隆、大都督元天穆、驃騎將軍尒朱吐沒兒、榮長史高歡、鮮卑、芮芮，勒衆號百萬，挾魏主元子攸來攻顥。顥據洛陽六十五日，凡所得城，一時反叛。慶之渡河守北中郎城，三日中十有一戰，傷殺甚衆。榮將退，時有劉靈助者，〔六〕善天文，乃謂榮曰：「不出十日，河南大定。」榮乃縛木爲筏，濟自硤石，與顥戰於河橋，顥大敗，走至臨潁，遇賊被擒，洛陽陷。慶之馬步數千，結陣東反，榮親自來追，值嵩高山水洪溢，軍人死散。慶之乃落鬚髮爲沙門，間行至豫州，豫州人程道雍等潛送出汝陰。至都，仍以功除右衞將軍，封永興縣侯，邑一千五百戶。

出爲持節、都督緣淮諸軍事、奮武將軍、北兗州刺史。會有妖賊沙門僧强自稱爲帝，土豪蔡伯龍起兵應之。〔七〕僧强頗知幻術，更相扇惑，衆至三萬，攻陷北徐州，濟陰太守楊起文棄城走，鍾離太守單希寶見害，使慶之討焉。車駕幸白下臨餞，謂慶之曰：「江、淮兵勁，其鋒難當，卿可以策制之，不宜決戰。」慶之受命而行。曾未浹辰，斬伯龍、僧强，傳其首。

中大通二年，除都督南北司西豫豫四州諸軍事、南北司二州刺史，餘並如故。慶之至鎮，遂圍懸瓠。破魏潁州刺史婁起、揚州刺史是云寶於溱水，又破行臺孫騰、大都督侯進、豫州刺史堯雄、梁州刺史司馬恭於楚城。罷義陽鎮兵，停水陸轉運，江湖諸州並得休息。〔八〕開田六千頃，二年之後，倉廩充實。高祖每嘉勞之。又表省南司州，復安陸郡，置上明郡。

大同二年，魏遣將侯景率衆七萬寇楚州，刺史桓和陷沒，景仍進軍淮上，貽慶之書使降。敕遣湘潭侯退、右衞夏侯夔等赴援，軍至黎漿，慶之已擊破景。時大寒雪，景棄輜重走，慶之收之以歸。進號仁威將軍。是歲，豫州饑，慶之開倉賑給，多所全濟。州民李昇等八百人表請樹碑頌德，詔許焉。五年十月，卒，時年五十六。贈散騎常侍、左衞將軍，鼓吹一部。謚曰武。敕義興郡發五百丁會喪。

慶之性祗慎，衣不紈綺，不好絲竹，射不穿札，馬非所便，而善撫軍士，能得其死力。長子昭嗣。

第五子昕，字君章。七歲能騎射。十二隨父入洛，於路遇疾，還京師。詣鴻臚卿朱异，异訪北間形勢，昕聚土畫地，指麾分別，异甚奇之。

大同四年，爲邵陵王常侍、文德主帥、右衞仗主，敕遣助防義陽。魏豫州刺史堯雄，北間驍將，兄子寶樂，特爲敢勇。慶之圍懸瓠，雄來赴其難，寶樂求單騎校戰，昕躍馬直趣寶樂，雄卽散潰，仍陷溱城。六年，除威遠將軍、小峴城主，以公事免。十年，妖賊王勤宗起於巴山郡，以昕爲宣猛將軍，假節討焉。勤宗平，除陰陵戍主、北譙太守，以疾不之官。又除驃騎外兵，俄爲臨川太守。

太淸二年，侯景圍歷陽，敕召昕還，昕啓云：「采石急須重鎭，王質水軍輕弱，恐慮不濟。」乃板昕爲雲騎將軍，〔九〕代質，未及下渚，景已渡江，仍遣率所領遊防城外，不得入守。欲奔京口，乃爲景所擒。景見昕殷勤，因留極飮，曰：「我至此得卿，餘人無能爲也。」令昕收集部曲，將用之，昕誓而不許。景使其儀同范桃棒嚴禁之，昕因說桃棒令率所領歸降，襲殺王偉、宋子仙爲信。桃棒許之，遂盟約，射啓城中，遣昕夜縋而入。高祖大喜，敕卽受降，太宗遲疑累日不決，外事發洩，昕弗之知，猶依期而下。景邀得之，乃逼昕令更射書城中，云「桃棒且輕將數十人先入。」景欲裹甲隨之。昕旣不肯爲書，期以必死，遂爲景所害，時年三十三。

蘭欽字休明，中昌魏人也。〔一〇〕父子雲，天監中，軍功官至雲麾將軍，冀州刺史。

欽幼而果決，趫捷過人，隨父北征，授東宮直閤。大通元年，攻魏蕭城，拔之。仍破彭城別將郊仲，進攻擬山城，破其大都督劉屬衆二十萬。進攻籠城，獲馬千餘匹。又破其大將柴集及襄城太守高宣、別將范思念、鄭承宗等。仍攻厥固、張龍、子城，未拔，魏彭城守將楊目遣子孝邕率輕兵來援，欽逆擊走之。又破譙州刺史劉海游，還拔厥固，收其家口。楊目又遣都督范思念、別將曹龍牙數萬衆來援，欽與戰，於陣斬龍牙，傳首京師。

又假欽節，都督衡州三郡兵，討桂陽、陽山、始興叛蠻，至即平破之。封安懷縣男，邑五百戶。又破天漆蠻帥晚時得。會衡州刺史元慶和爲桂陽人嚴容所圍，遣使告急，欽往應援，破容羅溪，於是長樂諸洞一時平蕩。又密敕欽向魏興，經南鄭，屬魏將托跋勝寇襄陽，〔一一〕仍敕赴援。除持節、督南梁南北秦沙四州諸軍事、光烈將軍、平西校尉、梁南秦二州刺史，增封五百戶，進爵爲侯。破通生，擒行臺元子禮、大將薛儁、張菩薩，魏梁州刺史元羅遂降，梁、漢底定。進號智武將軍，增封二千戶。

俄改授持節、都督衡桂二州諸軍事、衡州刺史，未及述職，魏遣都督董紹、張獻攻圍南鄭，梁州刺史杜懷瑤請救，欽率所領援之，大破紹、獻於高橋城，斬首三千餘，紹、獻奔退，追入斜谷，斬獲略盡。西魏相宇文黑泰致馬二千匹，〔一二〕請結隣好。詔加散騎常侍，進號仁威將軍，增封五百戶，仍令述職。

經廣州，因破俚帥陳文徹兄弟，並擒之。至衡州，進號平南將軍，改封曲江縣公，增邑五百戶。在州有惠政，吏民詣闕請立碑頌德，詔許焉。徵爲散騎常侍、左衞將軍，尋改授散騎常侍、安南將軍、廣州刺史。既至任所，前刺史南安侯密遣廚人置藥於食，欽中毒而卒，時年四十二。詔贈侍中、中衞將軍，鼓吹一部。

子夏禮，侯景至歷陽，率其部曲邀擊景，兵敗死之。

史臣曰：陳慶之、蘭欽俱有將略，戰勝攻取，蓋頗、牧、衞、霍之亞歟。慶之警悟，早侍高祖，既預舊恩，加之謹肅，蟬冕組珮，亦一世之榮矣。

校勘記

〔一〕諸軍並無闕心　「軍」，通鑑作「君」。

〔二〕時魏征東將軍濟陰王元暉業率羽林庶子二萬人來救梁宋　「暉」各本作「徽」。按：武帝中大通元年紀作「暉」，通鑑於此處及下處並作「暉」。元暉業，魏書有傳。今並據改。

〔三〕武都公　南史作武都郡王。

〔四〕又遣右僕射尒朱世隆　「尒朱世隆」各本皆作「尒朱隆」。南史作「尒朱世隆」。按：尒朱世隆北史有傳，姚思廉避唐諱，删「世」字。今補。

〔五〕天穆吐沒兒前後繼至　「吐沒兒」，各本俱脫「吐」字，按卽上文之「尒朱吐沒兒」，爲尒朱兆小名。今補。

〔六〕時有劉靈助者　「靈」字各本脫，據南史及通鑑補，與魏書合。

〔七〕土豪蔡伯龍起兵應之　「龍」南史作「寵」。

〔八〕江湖諸州並得休息　「湖」南監本、汲古閣本、金陵局本俱作「湘」，今從百衲本、北監本、殿本。按：册府元龜五〇三作「湖」。通鑑同。胡注：「謂洞庭、彭蠡間諸州也。」

〔九〕乃板昕爲雲騎將軍　「騎」百衲本、南監本、汲古閣本、金陵局本作「旗」，今從北監本、殿本。

〔一〇〕中昌魏人也　錢大昕廿二史考異：「按南齊書州郡志，梁州有東昌魏郡，又新城郡有昌魏縣，初不見中昌魏之名。」

〔一一〕屬魏將托跋勝寇襄陽　「勝」百衲本作「滕」，今從殿本。張森楷梁書校勘記：「托跋勝疑是賀拔勝之譌。」

〔一二〕西魏相宇文黑泰致馬二千匹　錢大昕廿二史考異：「本名黑獺，獺泰聲相近。」

梁書卷三十三

列傳第二十七

王僧孺　張率　劉孝綽　王筠

王僧孺字僧孺，東海郯人，魏衞將軍肅八世孫。曾祖雅，晉左光祿大夫、儀同三司。祖淮，宋司徒左長史。

僧孺年五歲，讀孝經，問授者此書所載述，曰：「論忠孝二事。」僧孺曰：「若爾，常願讀之。」六歲能屬文，既長好學。家貧，常傭書以養母，所寫既畢，諷誦亦通。仕齊，起家王國左常侍、太學博士。尚書僕射王晏深相賞好。晏爲丹陽尹，召補郡功曹，使僧孺撰東宮新記。遷大司馬豫章王行參軍，又兼太學博士。司徒竟陵王子良開西邸招文學，僧孺亦遊焉。文惠太子聞其名，召入東宮，直崇明殿。欲擬爲宮僚，文惠薨，不果。時王晏子德元出爲晉安郡，〔一〕以僧孺補郡丞，除候官令。建武初，有詔舉士，揚州刺史始安王遙光表薦祕書丞王暕及僧孺曰：「前候官令東海王僧孺，年三十五，理尚棲約，思致悟敏，既筆耕爲養，亦傭書成學。至乃照螢映雪，編蒲緝柳，先言往行，人物雅俗，甘泉遺儀，南宮故事，畫地成圖，抵掌可述；豈直鼮鼠有必對之辯，竹書無落簡之謬，訪對不休，質疑斯在。」除尚書儀曹郎，遷治書侍御史，出爲錢唐令。〔三〕初，僧孺與樂安任昉遇竟陵王西邸，以文學友會，及是將之縣，昉贈詩，其略曰：「惟子見知，惟余知子。觀行視言，要終猶始。敬之重之，如蘭如芷。形應影隨，曩行今止。百行之首，立人斯著。子之有之，誰毀誰譽。修名既立，老至何遽。誰其執鞭，吾爲子御。劉略班藝，虞志荀錄，伊昔有懷，交相欣勗。下帷無倦，升高有屬。嘉爾晨燈，〔三〕惜余夜燭。」其爲士友推重如此。

天監初，除臨川王後軍記室參軍，待詔文德省。尋出爲南海太守。郡常有高涼生口及海舶每歲數至，外國賈人以通貨易，舊時州郡以半價就市，又買而卽賣，其利數倍，歷政以爲常。僧孺乃歎曰：「昔人爲蜀部長史，終身無蜀物，吾欲遺子孫者，不在越裝。」並無所取。視事朞月，有詔徵還，郡民道俗六百人詣闕請留，不許。既至，拜中書郎、領著作，復直文德省，撰中表簿及起居注。遷尚書左丞，領著作如故。俄除游擊將軍，兼御史中丞。僧孺幼貧，其母鬻紗布以自業，嘗攜僧孺至市，道遇中丞鹵簿，驅迫溝中。及是拜日，引騶清道，悲感不自勝。尋以公事降爲雲騎將軍，兼職如故，頃之卽眞。是時高祖製春景明志詩五百字，敕在朝之人沈約已下同作，高祖以僧孺詩爲工。遷少府卿，出監吳郡。還除尚書吏部郎，參大選，請謁不行。

出爲仁威南康王長史，行府、州、國事。王典籤湯道愍暱於王，用事府內，僧孺每裁抑之，道愍遂謗訟僧孺，逮詣南司。奉牋辭府曰：「下官不能避溺山隅，而正冠李下，既貽疵辱，方致徽纆，解籙收簪，且歸初服。竊以董生偉器，止相驕王；賈子上才，爰傅卑土。下官生年有值，謬仰清塵，假翼西雍，竊步東閤，多慚袨服，取亂長裾，高榻相望，直居坐右，長階如畫，獨在僚端。借其從容之詞，假以寬和之色，恩禮遠過申、白，榮望多厠應、徐。厚德難逢，小人易說。方謂離腸隕首，不足以報一言；露膽披誠，何能以酬屢顧。寧謂尉羅裁舉，微禽先落；閶闔始吹，細草仍墜。一辭九畹，方去五雲。縱天網是漏，聖恩可恃，亦復孰寄心骸，何施眉目。方當橫潭亂海，就魚鼈而爲羣；披榛捫樹，從虺蛇而相伍。豈復仰聽金聲，式瞻玉色。顧步高軒，悲如霰委；踟蹰下席，淚若綆縻。」

僧孺坐免官，久之不調。友人廬江何炯猶爲王府記室，乃致書於炯，以見其意。曰：

近別之後，將隔暄寒，思子爲勞，未能忘弭。昔李叟入秦，〔四〕梁生適越，猶懷悵恨，且或吟謠；況歧路之日，將離嚴網，辭無可憐，罪有不測。蓋畫地刻木，昔人所惡，叢棘既累，於何可聞，所以握手戀戀，離別珍重。弟愛同鄒季，〔五〕淫淫承睫，吾猶復抗手分背，羞學婦人。素鍾肇節，金飈戒序，起居無恙，動靜履宜。子雲筆札，元瑜書記，信用既然，可樂爲甚。且使目明，能祛首疾。甚善甚善。

吾無昔人之才而有其病，癲眩屢動，消渴頻增。委化任期，故不復呼醫飲藥，但恨一旦離大辱，蹈明科，去皎皎而非自汙，抱鬱結而無誰告，丁年蓄積，與此銷亡，徒竊高價厚名，〔六〕橫叨公器人爵，智能無所報，筋力未之酬，所以悲至撫膺，泣盡而繼之以血。

顧惟不肖，文質無所底，蓋困於衣食，迫於飢寒，依隱易農，所志不過鍾庾。久爲尺板斗食之吏，以從皁衣黑綬之役，非有奇才絕學，雄略高謨，吐一言可以匡俗振民，動一議可以固邦興國。全璧歸趙，飛矢救燕，偃息藩魏，甘臥安郢，腦日逐，髓月支，擁十萬而橫行，提五千而深入，將能執圭裂壤，功勒景鍾，錦繡爲衣，朱丹被轂，斯大丈夫之志，非吾曹之所能及已。直以章句小才，蟲篆末藝，含吐緗縹之上，翩躚樽俎之側，委曲同之鍼縷，繁碎譬之米鹽，孰致顯榮，何能至到。加性疏澁，拙於進取，未嘗去來許、史，遨遊梁、竇，俛首脅肩，先意承旨，是以三葉靡遵，不與運并，十年未徙，孰非能薄。及除舊布新，清暑方旦，抱樂衒圖，訟謳有主，而猶限一吏於岑石，隔千里於泉亭，不得奉板中涓，預衣裳之會，提戈後勁，厠龍豹之謀。及其投劾歸來，恩均舊隸，升文石，登玉陛，一見而降顏色，再覿而接話言，非藉左右之容，無勞羣公之助。又非同席共研之夙逢，笥餌卮酒之早識，一旦陪武帳，仰文陛，備聃、佚之柱下，充嚴、朱之席上，入班九棘，出專千里，據操撮之雄官，參人倫之顯職，雖古之爵人不次，取士無名，未有躡影追風，奔驟之若此者也。

蓋基薄牆高，塗遙力躓，傾蹙必然，顛匐可俟。竟以福過災生，人指鬼瞰，將均宥器，有驗傾卮，是以不能早從曲影，遂乃取疑邪徑。故司隸懍懍，思得應弦，譬縣厨之獸，如離繳之鳥，將充庖鼎，以餌鷹鸇。雖事異鑽皮，文非刺骨，猶復因茲舌杪，成此筆端，上可以投畀北方，次可以論輸左校，變爲丹赭，充彼舂薪。幸聖主留善貸之德，紆好生之施，解網祝禽，下車泣罪，愍茲夷訴，憐其觳觫，加肉朽胔，布葉枯株，輟薪止火，得不銷爛，所謂還魂斗極，追氣泰山，止復除名爲民，幅巾家巷，此五十年之後，人君之賜焉。木石感陰陽，犬馬識厚薄，員首方足，孰不戴天？而竊自有悲者，蓋士無賢不肖，在朝見嫉；女無美惡，入宮見妬。家貧，無苞苴可以事朋類，惡其鄉原，恥彼戚施，何以從人，何以徇物？外無奔走之友，內乏强近之親。是以構市之徒，隨相媒糵。及一朝捐棄，以快怨者之心，吁可悲矣。〔七〕

蓋先貴後賤，古富今貧，季倫所以發此哀音，雍門所以和其悲曲。又迫以嚴秋殺氣，具物多悲，長夜展轉，百憂俱至。況復霜銷草色，風搖樹影。寒蟲夕叫，合輕重而同悲；秋葉晚傷，雜黃紫而俱墜。蜘蛛絡幕，熠燿爭飛，故無車轍馬聲，何聞鳴鷄吠犬。俛眉事妻子，舉手謝賓遊。方與飛走爲隣，永用蓬蒿自沒。慨其長息，忽不覺生之爲重。素無一廛之田，而有數口之累。豈曰匏而不食，方當長爲傭保，餬口寄身，溘死溝渠，以實螻蟻，悲夫！豈復得與二三士友，抱接膝之歡，履足差肩，摛綺縠之清文，談希微之道德。唯吳馮之遇夏馥，范式之値孔嵩，〔八〕愍其留賃，憐此行乞耳。儻不以垢累，時存寸札，則雖先犬馬，猶松喬焉。去矣何生，高樹芳烈。裁書代面，筆淚俱下。

久之，起爲安西安成王參軍，累遷鎭右始興王中記室，北中郎南康王諮議參軍，入直西省，知撰譜事。普通三年，卒，時年五十八。

僧孺好墳籍，聚書至萬餘卷，率多異本，與沈約、任昉家書相埒。少篤志精力，於書無所不覩。其文麗逸，多用新事，人所未見者，世重其富。僧孺集十八州譜七百一十卷，百家譜集十五卷，東南譜集抄十卷，文集三十卷，兩臺彈事不入集內爲五卷，及東宮新記，並行於世。

張率字士簡，吳郡吳人。祖永，宋右光祿大夫。父瓌，齊世顯貴，歸老鄉邑，天監初，授右光祿，加給事中。

率年十二，能屬文，常日限爲詩一篇，稍進作賦頌，至年十六，向二千許首。齊始安王蕭遙光爲揚州，召迎主簿，不就。起家著作佐郎。建武三年，舉秀才，除太子舍人。與同郡陸倕幼相友狎，常同載詣左衞將軍沈約，適值任昉在焉，約乃謂昉曰：「此二子後進才秀，皆南金也，卿可與定交。」由此與昉友善。遷尚書殿中郎。出爲西中郎南康王功曹史，以疾不就。久之，除太子洗馬。高祖霸府建，引爲相國主簿。天監初，臨川王已下並置友、學。以率爲鄱陽王友，遷司徒謝朏掾，直文德待詔省，敕使抄乙部書，又使撰婦人事二十餘條，〔九〕勒成百卷，使工書人琅邪王深、〔一〇〕吳郡范懷約、褚洵等繕寫，以給後宮。率又爲待詔賦奏之，甚見稱賞。手敕答曰：「省賦殊佳。相如工而不敏，枚皐速而不工，卿可謂兼二子於金馬矣。」又侍宴賦詩，高祖乃別賜率詩曰：「東南有才子，故能服官政。余雖慚古昔，得人今爲盛。」率奉詔往返數首。其年，遷祕書丞，引見玉衡殿。高祖曰：「祕書丞天下清官，東南胄望未有爲之者，今以相處，足爲卿譽。」其恩遇如此。

四年三月，禊飲華光殿。其日，河南國獻舞馬，詔率賦之，曰：

臣聞「天用莫如龍，地用莫如馬。」故禮稱驪騵，詩誦騮駱。先景遺風之美，世所得聞；吐圖騰光之異，有時而出。洎我大梁，光有區夏，廣運自中，員照無外，日入之所，浮琛委贄，風被之域，越險効珍，輪服烏號之駿，駒騋豢龍之名。而河南又獻赤龍駒，有奇貌絕足，能拜善舞。天子異之，使臣作賦，曰：

維梁受命四載，元符既臻，協律之事具舉，膠庠之教必陳，檀輿之用已偃，玉輅之御方巡。考帝文而率通，披皇圖以大觀。慶惟道而必先，靈匪聖其誰贊。見河龍之瑞唐，矚天馬之禎漢。既叶符而比德，且同條而共貫。詢國美於斯今，邁皇王於曩昔。散大明以燭幽，揚義聲而遠斥。固施之於不窮，諒無所乎朝夕。並承流以請吏，咸向風而率職。納奇貢於絕區，致龍媒於殊域。伊況古而赤文，爰在茲而朱翼。既効德於炎運，亦表祥於尙色。資皎月而載生，祖河房而挺授。種北唐之絕類，嗣西宛之鴻胄。稟妙足而逸倫，有殊姿而特茂。善環旋於蹐夏，知蹈蹝於金奏。超六種於周閑，踰八品於漢廐。伊自然之有質，寧改觀於肥瘦。豈徒服皁而養安，與進駕以馳驟。爾其挾尺縣鑿之辨，附蟬伏兎之別，十形五觀之姿，三毛八肉之勢，臣何得而稱焉，固已詳於前製。

徒觀其神爽，視其豪異，軼跨野而忽踰輪，齊秀騏而並末駟。貶代盤而陋小華，越定單而少天驥。信無等於漏面，孰有取於決鼻。可以迹章、亥之所未遊，踰禹、益之所未至。將不得而屈指，亦何暇以理轡。若跡遍而忘反，非我皇之所事。方潤色於前古，邈深文而儲思。

既而機事多暇，青春未移。時惟上巳，美景在斯。遵鎬飲之故實，陳洛讌之舊儀。漕伊川而分派，引激水以回池。集國良於民儁；列樹茂於皇枝。紛高冠以連衽，鏘鳴玉而肩隨。清蹕道於上林，肅華臺之金座。望發色於綠苞，佇流芬於紫裹。聽磬鑄之畢舉，聆韶、夏之咸播。承六奏之既闋，及九變之已成。均儀禽於唐序，同舞獸於虞庭。懷夏后之九代，想陳王之紫騂。乃命涓人，効良駿，經周衞，入鉤陳。言右牽之已來，寧執朴而後進。既傾首於律同，又蹀足於鼓振。擢龍首，回鹿軀，睨兩鏡，蹙雙鳧。既就場而雅拜，時赴曲而徐趨。斂躁中於促節，捷繁外於驚桴。騏行驥動，虎發龍驤；雀躍鷰集，鵠引鳧翔。妍七盤之綽約，陵九劍之抑揚。豈借儀於褕袂，寧假器於髦皇。婉脊投頌，俛膺合雅。露沫歕紅，沾汗流赭。乃却走於集靈，馴惠養於豐夏。鬱風雷之壯心，思展足於南野。

若彼符瑞之富，可以臻介丘而昭卒業，搢紳羣后，誠希末光，天子深穆爲度，未之訪也。何則？進讓殊事，豈非帝者之彌文哉。今四衞外封，五岳內郡，宜弘下禪之規，增上封之訓，背清都而日行，指雲郊而玄運。將絕塵而弭轍，類飛鳥與駈驢。總三才而驅鶩，按五御而超攄。騁卿雲於華蓋，翼條風於屬車。無逸御於玉軫，不泛駕於金輿。飾中岳之絕軌，營奉高之舊墟。訓厚況於人神，弘施育於黎獻。垂景炎於長世，集繁祉於斯萬，在庸臣之方剛，有從軍之大願。必自茲而展采，將同昇於庖煇。悼長卿之遺書，憫周南之留恨。

時與到洽、周興嗣同奉詔爲賦，高祖以率及興嗣爲工。

其年，父憂去職。其父侍妓數十人，善謳者有色貌，邑子儀曹郎顧玩之求娉焉，〔二〕謳者不願，遂出家爲尼。嘗因齋會率宅，玩之乃飛書言與率姦，南司以事奏聞，高祖惜其才，寢其奏，然猶致世論焉。

服闋後，久之不仕。七年，敕召出，除中權建安王中記室參軍，預長名問訊，不限日。俄有敕直壽光省，治丙丁部書抄。八年，晉安王戍石頭，以率爲雲麾中記室。王遷南兗州，轉宣毅諮議參軍，並兼記室。王還都，率除中書侍郎。十三年，王爲荆州，復以率爲宣惠諮議，領江陵令。府遷江州，以諮議領記室，出監豫章、臨川郡。率在府十年，恩禮甚篤。

還除太子僕，累遷招遠將軍、司徒右長史、揚州別駕。率雖歷居職務，未嘗留心簿領，及爲別駕奏事，高祖覽牒問之，並無對，但奉答云「事在牒中」。高祖不悅。俄遷太子家令，與中庶子陸倕、僕劉孝綽對掌東宮管記，〔三〕遷黃門侍郎。出爲新安太守，秩滿還都，未至，丁所生母憂。大通元年，服未闋，卒，時年五十三。昭明太子遣使贈賻，與晉安王綱令曰：「近張新安又致故。其人才筆弘雅，亦足嗟惜。隨弟府朝，東西日久，尤當傷懷也。比人物零落，特可潸慨，屬有今信，乃復及之。」

率嗜酒，事事寬恕，於家務尤忘懷。在新安，遣家僮載米三千石還吳宅，既至，遂秏太半。率問其故，答曰：「雀鼠秏也。」率笑而言曰：「壯哉雀鼠。」竟不研問。少好屬文，而七略及藝文志所載詩賦，今亡其文者，並補作之。所著文衡十五卷，文集三十卷，〔一三〕行於世。子長公嗣〔一四〕。

劉孝綽字孝綽，彭城人，本名冉。祖勔，宋司空忠昭公。父繪，齊大司馬霸府從事中郎。

孝綽幼聰敏，七歲能屬文。舅齊中書郎王融深賞異之，常與同載適親友，號曰神童。融每言曰：「天下文章，若無我當歸阿士。」阿士，孝綽小字也。繪，齊世掌詔誥。孝綽年未志學，繪常使代草之。父黨沈約、任昉、范雲等聞其名，並命駕先造焉，昉尤相賞好。范雲年長繪十餘歲，其子孝才與孝綽年並十四五，〔一五〕及雲遇孝綽，便申伯季，乃命孝才拜之。

天監初，起家著作佐郎，爲歸沐詩以贈任昉，昉報章曰：「彼美洛陽子，投我懷秋作。詎慰耋嗟人，徒深老夫託。直史兼褒貶，轄司專疾惡。九折多美疹，匪報庶良藥。子其崇鋒穎，春耕勵秋穫。」其爲名流所重如此。

遷太子舍人，俄以本官兼尚書水部郎，奉啓陳謝，手敕答曰：「美錦未可便製，簿領亦宜稍習。」頃之即眞。高祖雅好蟲篆，時因宴幸，命沈約、任昉等言志賦詩，孝綽亦見引。嘗侍宴，於坐爲詩七首，高祖覽其文，篇篇嗟賞，由是朝野改觀焉。

尋有敕知青、北徐、南徐三州事，出爲平南安成王記室，隨府之鎮。尋補太子洗馬，遷尚書金部郎，〔一六〕復爲太子洗馬，掌東宮管記。出爲上虞令，還除祕書丞。高祖謂舍人周捨曰：「第一官當用第一人。」故以孝綽居此職。公事免。尋復除祕書丞，出爲鎮南安成王諮議，入以事免。起爲安西記室，累遷安西驃騎諮議參軍，敕權知司徒右長史事，遷太府卿、太子僕，復掌東宮管記。時昭明太子好士愛文，孝綽與陳郡殷芸、吳郡陸倕、琅邪王筠、彭城到洽等，同見賓禮。太子起樂賢堂，乃使畫工先圖孝綽焉。太子文章繁富，羣才咸欲撰錄，太子獨使孝綽集而序之。遷員外散騎常侍，兼廷尉卿，頃之即眞。

初，孝綽與到洽友善，同遊東宮。孝綽自以才優於洽，每於宴坐，嗤鄙其文，洽銜之。及孝綽爲廷尉卿，〔一七〕攜妾入官府，其母猶停私宅。洽尋爲御史中丞，遣令史案其事，遂劾奏之，云：「攜少妹於華省，棄老母於下宅。」高祖爲隱其惡，改「妹」爲「姝」。〔一八〕坐免官。孝綽諸弟，時隨藩皆在荆、雍，乃與書論共洽不平者十事，其辭皆鄙到氏。又寫別本封呈東宮，昭明太子命焚之，不開視也。

時世祖出爲荆州，至鎮與孝綽書曰：「君屛居多暇，差得肆意典墳，吟詠情性，比復稀數古人，不以委約而能不伎癢；且虞卿、史遷由斯而作，想摛屬之興，益當不少。洛地紙貴，京師名動，彼此一時，何其盛也。近在道務閑，微得點翰，雖無紀行之作，頗有懷舊之篇。至此已來，衆諸屑役。小生之詆，恐取辱於廬江；遮道之姦，慮興謀於從事。方且褰帷自厲，求瘼不休，筆墨之功，曾何暇豫。至於心乎愛矣，未嘗有歇，思樂惠音，清風靡聞。譬夫夢想溫玉，飢渴明珠，雖愧卞、隨，猶爲好事。新有所製，想能示之。勿等清慮，徒虛其請。無由賞悉，遣此代懷。數路計行，遲還芳札。」孝綽答曰：「伏承自辭皇邑，爰至荆臺，未勞刺舉，且摛高麗。近雖預觀尺錦，而不覩全玉。昔臨淄詞賦，悉與楊脩，未殫寶笥，顧慚先哲。渚宮舊俗，朝衣多故，李固之薦二賢，〔一九〕徐璆之奏五郡，〔二〇〕威懷之道，兼而有之。當欲使金石流功，恥用翰墨垂迹。雖乖知二，偶達聖心。爰自退居素里，却埽窮閈，比楊倫之不出，譬張摯之杜門。昔趙卿窮愁，肆言得失；漢臣鬱志，廣敍盛衰。彼此一時，擬非其匹。竊以文豹何辜，以文爲罪。由此而談，又何容易。故韜翰吮墨，多歷寒暑，既闕子幼南山之歌，又微敬通渭水之賦，無以自同獻笑，少酬褒誘。且才乖體物，不擬作於玄根；事殊宿諾，寧貽懼於朱亥。顧己反躬，載懷累息。但瞻言漢廣，邈若天涯，區區一心，分宵九逝。殿下降情白屋，存問相尋，食椹懷音，矧伊人矣。」

孝綽免職後，高祖數使僕射徐勉宣旨慰撫之，每朝宴常引與焉。及高祖爲籍田詩，又使勉先示孝綽。時奉詔作者數十人，高祖以孝綽尤工，卽日有敕，起爲西中郎湘東王諮議。啓謝曰：「臣不能銜珠避顚，傾柯衞足，以茲疏倖，與物多忤。兼逢匿怨之友，遂居司隸之官，交構是非，用成萋斐。日月昭回，俯明枉直。獄書每御，輒鑒蔣濟之冤；炙髮見明，非關陳正之辯。遂漏斯密網，免彼嚴棘，得使還同士伍，比屋唐民，生死肉骨，豈侔其施。臣誠無識，孰不戴天。疏遠畎隴，絕望高闕，而降其接引，優以旨喻，於臣微物，足爲榮隕。況剛條落葉，忽沾雲露；周行所寘，復齒盛流。但雕朽杇糞，徒成延奬；捕影繫風，終無効答。」又啓謝東宮曰：「臣聞之，先聖以『衆惡之，必察焉；衆好之，必察焉。』〔三〕豈非孤特則積毀所歸，比周則積譽斯信？知好惡之間，必待明鑒。故晏嬰再爲阿宰，而前毀後譽。後譽出於阿意，前毀由於直道。是以一犬所噬，旨酒貿其甘酸；一手所搖，嘉樹變其生死。又鄒陽有言，士無賢愚，入朝見嫉。至若臧文之下展季，靳尙之放靈均，絳侯之排賈生，平津之陷主父，自茲厥後，其徒實繁。曲筆短辭，不暇殫述，寸管所窺，常由切齒。殿下誨道觀書，俯同好學，前載枉直，備該神覽。臣昔因立侍，親承緒言，飄風貝錦，譬彼讒慝，聖旨殷勤，深以爲歎。臣資愚履直，不能杜漸防微，曾未幾何，逢訧罹難。雖吹毛洗垢，在朝而同嗟；而嚴文峻法，肆姦其必奏。不顧賣友，志欲要君，自非上帝運超己之光，昭陵陽之虐，舞文虛謗，不取信於宸明，在縲嬰纆，幸得蠲於庸暗。裁下免黜之書，仍頒朝會之旨。小人未識通方，縶馬懸車，息絕朝覲。方願滅影銷聲，遂移林谷。不悟天聽罔已，造次必彰，不以距違見疵，復使引籍雲陛。降寬和之色，垂布帛之言，形之千載，所蒙已厚；況乃恩等特召，榮同起家，望古自惟，彌覺多忝。但未渝丹石，永藏輪軌，相彼工言，構茲媒蘖。且款冬而生，已凋柯葉，空延德澤，無謝陽春。」

後爲太子僕，〔一二〕母憂去職。服闋，除安西湘東王諮議參軍，遷黃門侍郎，尚書吏部郎，坐受人絹一束，爲餉者所訟，左遷信威臨賀王長史。頃之，遷祕書監。大同五年，卒官，時年五十九。

孝綽少有盛名，而仗氣負才，多所陵忽，有不合意，極言詆訾。領軍臧盾、太府卿沈僧杲等，〔一三〕並被時遇，孝綽尤輕之。每於朝集會同處，公卿間無所與語，反呼騶卒訪道塗間事，由此多忤於物。

孝綽辭藻爲後進所宗，世重其文，每作一篇，朝成暮遍，好事者咸諷誦傳寫，流聞絕域。

文集數十萬言，行於世。

孝綽兄弟及羣從諸子姪，當時有七十人，並能屬文，近古未之有也。其三妹適琅邪王叔英、吳郡張嵊、東海徐悱，並有才學；悱妻文尤清拔。悱，僕射徐勉子，爲晉安郡，卒，喪還京師，妻爲祭文，辭甚悽愴。勉本欲爲哀文，既覩此文，於是閣筆。

孝綽子諒，字求信。少好學，有文才，尤博悉晉代故事，時人號曰「皮裏晉書」。歷官著作佐郎，太子舍人，王府主簿，功曹史，宣城王記室參軍。〔二四〕

王筠字元禮，一字德柔，琅邪臨沂人。祖僧虔，齊司空簡穆公。父楫，太中大夫。筠幼警寤，七歲能屬文。年十六，爲芍藥賦，甚美。及長，清靜好學，與從兄泰齊名。陳郡謝覽，覽弟舉，亦有重譽，時人爲之語曰：「謝有覽舉，王有養炬。」炬是泰，養卽筠，並小字也。

起家中軍臨川王行參軍，遷太子舍人，除尙書殿中郎。王氏過江以來，未有居郎署者，或勸逡巡不就，筠曰：「陸平原東南之秀，王文度獨步江東，吾得比蹤昔人，何所多恨。」乃欣然就職。尙書令沈約，當世辭宗，每見筠文，咨嗟吟咏，以爲不逮也。嘗謂筠：「昔蔡伯喈見王仲宣稱曰：『王公之孫也，吾家書籍，悉當相與。』僕雖不敏，請附斯言。自謝朓諸賢零落已後，平生意好，殆將都絕，不謂疲暮，復逢於君。」約於郊居宅造閣齋，筠爲草木十詠，書之於壁，皆直寫文詞，不加篇題。約謂人云：「此詩指物呈形，無假題署。」約製郊居賦，構思積時，猶未都畢，乃要筠示其草，筠讀至「雌霓五激反連蜷」，約撫掌欣抃曰：「僕嘗恐人呼爲霓五鷄反。」次至「墜石磓星」，及「冰懸埳而帶坻」，筠皆擊節稱贊。約曰：「知音者希，眞賞殆絕，所以相要，政在此數句耳。」筠又嘗爲詩呈約，卽報書云：「覽所示詩，實爲麗則，聲和被紙，光影盈字。夔、牙接響，顧有餘慚；孔翠羣翔，豈不多愧。古情拙目，每佇新奇，爛然總至，權輿已盡。會昌昭發，蘭揮玉振，克諧之義，寧比笙簧。思力所該，一至乎此，歎服吟研，周流忘念。昔時幼壯，頗愛斯文，含咀之間，倏焉疲暮。不及後進，誠非一人，擅美推能，實歸吾子。遲比閑日，清覯乃申。」筠爲文能壓强韻，每公宴並作，辭必妍美。約常從容啓高祖曰：「晚來名家，唯見王筠獨步。」

累遷太子洗馬，中舍人，並掌東宮管記。昭明太子愛文學士，常與筠及劉孝綽、陸倕、到洽、殷芸等遊宴玄圃，〔三五〕太子獨執筠袖撫孝綽肩而言曰：「所謂左把浮丘袖，右拍洪崖肩。」其見重如此。筠又與殷芸以方雅見禮焉。出爲丹陽尹丞、北中郎諮議參軍，遷中書郎。奉敕製開善寺寶誌大師碑文，詞甚麗逸。又敕撰中書表奏三十卷，及所上賦頌，都爲一集。俄兼寧遠湘東王長史，行府、國、郡事。除太子家令，復掌管記。

普通元年，以母憂去職。筠有孝性，毀瘠過禮，服闋後，疾廢久之。六年，除尚書吏部郎，遷太子中庶子，領羽林監，又改領步兵。中大通二年，遷司徒左長史。三年，昭明太子薨，敕爲哀策文，復見嗟賞。尋出爲貞威將軍、臨海太守，在郡被訟，不調累年。大同初，起爲雲麾豫章王長史，遷祕書監。五年，除太府卿。明年，遷度支尚書。中大同元年，出爲明威將軍、永嘉太守，以疾固辭，徙爲光祿大夫，俄遷雲騎將軍、〔二六〕司徒左長史。太清二年，侯景寇逼，筠時不入城。明年，太宗卽位，爲太子詹事。筠舊宅先爲賊所焚，乃寓居國子祭酒蕭子雲宅，夜忽有盜攻之，驚懼墜井卒，時年六十九。家人十餘人同遇害。

筠狀貌寢小，長不滿六尺。性弘厚，不以藝能高人，而少擅才名，與劉孝綽見重當世。其自序曰：「余少好書，老而彌篤，雖偶見瞥觀，〔二七〕皆卽疏記，後重省覽，歡興彌深，習與性成，不覺筆倦。自年十三四，齊建武二年乙亥至梁大同六年，四十六載矣。〔二八〕幼年讀五經，皆七八十遍。愛左氏春秋，吟諷常爲口實，廣略去取，凡三過五抄。餘經及周官、儀禮、國語、爾雅、山海經、本草並再抄。子史諸集皆一遍。未嘗倩人假手，並躬自抄錄，大小百餘卷。不足傳之好事，蓋以備遺忘而已。」又與諸兒書論家世集云：「史傳稱安平崔氏及汝南應氏，並累世有文才，所以范蔚宗云崔氏『世擅雕龍』。〔二九〕然不過父子兩三世耳；非有七葉之中，名德重光，爵位相繼，人人有集，如吾門世者也。沈少傅約語人云：『吾少好百家之言，身爲四代之史，自開闢已來，未有爵位蟬聯，文才相繼，如王氏之盛者也。』汝等仰觀堂構，思各努力。」筠自撰其文章，以一官爲一集，自洗馬、中書、中庶子、吏部、左佐、臨海、太府各十卷，〔三〇〕尚書三十卷，凡一百卷，行於世。

史臣陳吏部尚書姚察曰：王僧孺之巨學，劉孝綽之詞藻，主非不好也，才非不用也，其拾青紫，取極貴，何難哉！而孝綽不拘言行，自躓身名，徒鬱抑當年，非不遇也。

校勘記

〔一〕時王晏子德元出爲晉安郡　「德」各本作「得」，據南齊書王晏傳改。

〔二〕出爲錢唐令　「錢」，各本脫，據南史補。

〔三〕嘉爾晨燈　「燈」南史作「登」。

〔四〕昔李叟入秦　「李」各本作「季」。據藝文類聚二六改。按：文選趙景眞與嵇茂齊書：「昔李叟入秦，及關而歎，梁生適越，登岳長謠。」語蓋本此。

〔五〕弟愛同鄒季　「鄒季」藝文類聚二六作「郭李」。

〔六〕徒竊高價厚名　「竊」各本譌「切」，據册府元龜九〇九改正。

〔七〕吁可悲矣　「吁」各本譌「呼」；「可悲」各本皆顚倒爲「悲可」。今據藝文類聚二六、册府元龜九〇九改正。

〔八〕范式之値孔嵩　「式」各本譌「或」，據藝文類聚二六改。按後漢書獨行范式傳：式與孔嵩爲友。後相遇於新野縣。時式爲荆州刺史行部至縣，縣選嵩爲導騎迎式，式見而識之，把臂與語。

〔九〕又使撰婦人事二十餘條　「二十」，疑有誤。二十餘條不能「勒成百卷」。

〔一〇〕使工書人琅邪王深　「深」，南史作「琛」。

〔一一〕邑子儀曹郎顧玩之求娉焉　「玩」南史作「玧」。

〔一二〕與中庶子陸倕僕劉孝綽對掌東宮管記　「僕」下各本衍一「射」字，今删。按：劉孝綽是太子僕，非尚書僕射。

〔一三〕文集三十卷　張森楷梁書校勘記：「三，南史作四。隋書經籍志有梁黄門郎張率集三十八卷。」

〔一四〕子長公嗣　南史無「嗣」字。

〔一五〕其子孝才與孝綽年並十四五　「孝才」各本譌「季才」，據南史及册府元龜七七四、八四三改。

〔一六〕遷尙書金部郎　各本作「遷尙書金部侍郎」，衍一「侍」字，今删。按隋書百官志，尙書省置吏部、金部、騎兵等郎二十二人。

〔一七〕及孝綽爲廷尉卿　「卿」各本作「正」，據册府元龜五二二、九二〇、九三二改。按：劉孝綽爲廷尉卿，見上文。南史無「卿」字。

〔一八〕攜少妹於華省棄老母於下宅高祖爲隱其惡改妹爲姝　按：孝綽「攜妾入官府」，到洽劾奏之辭當爲攜少姝，高祖爲隱其惡，亦當是改姝爲妹。昔人謂此妹姝二字互倒。

〔一九〕李固之薦二賢　「賢」各本譌「邦」，據册府元龜一九二改正。按册府元龜「二賢」下有小注云：「楊厚、賀純也。李固爲荊州，聞厚、純以病免歸，薦於天子，有詔徵用。」

〔二〇〕徐璆之奏五郡　「璆」各本譌「珍」，「五郡」各本譌「七邑」，今據册府元龜一九二改正。按册府元龜注云：「徐璆爲荊州，奏五郡守有臧汚者案罪。」

〔二一〕先聖以衆惡之必察焉衆好之必察焉　二語見於論語，兩「察」字各本皆作「監」，此姚思廉避家諱改。今改回。

〔二二〕後爲太子僕　「後」册府元龜九三二作「復」。按：上文有「遷太府卿、太子僕」，疑作「復」是。

〔二三〕領軍臧盾太府卿沈僧杲等　「杲」南史及册府元龜九九四作「旻」。

〔二四〕宣城王記室參軍　「宣」各本譌「中」，據南史改。

〔二五〕常與筠及劉孝綽陸倕到洽殷芸等遊宴玄圃　按：「殷芸」南史作「殷鈞」。又按：下文「筠又與殷芸以方雅見禮焉」，南史亦作「殷鈞」。

〔二六〕俄遷雲騎將軍　按：「騎」百衲本、南監本、汲古閣本、金陵局本皆作「旗」。北監本、殿本作「騎」。

〔二七〕雖偶見瞥觀　「偶」各本及南史作「遇」，李慈銘南史札記：「遇當作偶。」今改正。

〔二八〕四十六載矣　各本脫「六」字，據册府元龜七七〇補。按：齊建武二年乙亥至梁大同六年，首尾四十六載。

〔二九〕所以范蔚宗云崔氏世擅雕龍　「云崔氏」三字，各本脫，據南史補。按：後漢書崔駰傳贊云「崔爲文宗，世禪雕龍」。

〔三〇〕自洗馬中書中庶子吏部左佐臨海太府各十卷　各本脫一「左」字，據南史補。

梁書卷三十四

列傳第二十八

張緬 弟纘 綰

張緬字元長，車騎將軍弘策子也。年數歲，外祖中山劉仲德異之，嘗曰：「此兒非常器，爲張氏寶也。」齊永元末，義師起，弘策從高祖入伐，留緬襄陽，年始十歲，每聞軍有勝負，憂喜形於顏色。天監元年，弘策任衞尉卿，爲妖賊所害，緬痛父之酷，喪過於禮，高祖遣戒喻之。服闋，襲洮陽縣侯，召補國子生。

起家祕書郎，出爲淮南太守，時年十八。高祖疑其年少未閑吏事，乃遣主書封取郡曹文案，見其斷決允愜，甚稱賞之。還除太子舍人、雲麾外兵參軍。緬少勤學，自課讀書，手不輟卷，尤明後漢及晉代衆家。客有執卷質緬者，隨問便對，略無遺失。殿中郎缺，高祖謂徐勉曰：「此曹舊用文學，且居鵷行之首，宜詳擇其人。」勉舉緬充選。頃之，出爲武陵太守，還拜太子洗馬，中舍人。緬母劉氏，以父沒家貧，葬禮有闕，遂終身不居正室，不隨子入官府。緬在郡所得祿俸不敢用，乃至妻子不易衣裳，及還都，並供其母賑贍親屬，雖累載所畜，一朝隨盡，緬私室常闃然如貧素者。累遷北中郎諮議參軍、寧遠長史。出爲豫章內史。緬爲政任恩惠，不設鈎距，吏人化其德，亦不敢欺，故老咸云「數十年未之有也。」

大通元年，徵爲司徒左長史，以疾不拜，改爲太子中庶子，領羽林監。俄遷御史中丞，坐收捕人與外國使鬭，左降黃門郎，兼領先職，俄復爲眞。緬居憲司，推繩無所顧望，號爲勁直，高祖乃遣畫工圖其形於臺省，以勵當官。

中大通三年，遷侍中，未拜，卒，時年四十二。詔贈侍中，加貞威將軍，侯如故。賻錢五萬，布五十匹。高祖舉哀。昭明太子亦往臨哭，與緬弟纘書曰：「賢兄學業該通，莅事明敏，雖倚相之讀墳典，郄縠之敦詩書，惟今望古，蔑以斯過。自列宮朝，二紀將及，義惟僚屬，情實親友。文筵講席，朝遊夕宴，何曾不同茲勝賞，共此言寄。如何長謝，奄然不追！且年甫强仕，方申才力，摧苗落穎，彌可傷惋。念天倫素睦，一旦相失，如何可言。言及增哽，揮筆無次。」

緬性愛墳籍，聚書至萬餘卷。抄後漢、晉書衆家異同，爲後漢紀四十卷，晉抄三十卷。又抄江左集，未及成。文集五卷。子傅嗣。

纘字伯緒，緬第三弟也，出後從伯弘籍。弘籍，高祖舅也，梁初贈廷尉卿。纘年十一，尚高祖第四女富陽公主，拜駙馬都尉，封利亭侯，召補國子生。

起家祕書郎，時年十七。身長七尺四寸，眉目疏朗，神采爽發。高祖異之，嘗曰：「張壯武云『後八葉有逮吾者』，其此子乎。」纘好學，兄緬有書萬餘卷，晝夜披讀，殆不輟手。祕書郎有四員，宋、齊以來，爲甲族起家之選，待次入補，其居職，例數十百日便遷任。纘固求不徙，欲遍觀閣內圖籍。嘗執四部書目曰：「若讀此畢，乃可言優仕矣。」如此數載，方遷太子舍人，轉洗馬、中舍人，並掌管記。

纘與琅邪王錫齊名。普通初，魏遣彭城人劉善明詣京師請和，求識纘。纘時年二十三，善明見而嗟服。累遷太尉諮議參軍，尚書吏部郎，俄爲長兼侍中，〔一〕時人以爲早達。河東裴子野曰：「張吏部在喉舌之任，已恨其晚矣。」子野性曠達，自云「年出三十，不復詣人。」初未與纘遇，便虛相推重，因爲忘年之交。

大通元年，出爲寧遠華容公長史，行琅邪彭城二郡國事。二年，仍遷華容公北中郎長史、南蘭陵太守，加貞威將軍，行府州事。三年，入爲度支尚書，母憂去職。服闋，出爲吳興太守。

纘治郡，省煩苛，務清靜，民吏便之。大同二年，徵爲吏部尚書。纘居選，其後門寒素，有一介皆見引拔，不爲貴要屈意，人士翕然稱之。

五年，高祖手詔曰：「纘外氏英華，朝中領袖，司空以後，名冠范陽。可尚書僕射。」初，纘與參掌何敬容意趣不協，敬容居權軸，賓客輻湊，有過詣纘者，輒距不前，曰：「吾不能對何敬容殘客。」及是遷，爲表曰：「自出守股肱，入尸衡尺，〔三〕可以仰首伸眉，論列是非者矣。而寸衿所滯，近蔽耳目，深淺清濁，豈有能預。加以矯心飾貌，酷非所閑，不喜俗人，與之共事。」此言以指敬容也。纘在職，議南郊御乘素輦，適古今之衷；又議印綬官備朝服，宜並著綬，時並施行。

九年，遷宣惠將軍、丹陽尹，未拜，改爲使持節、都督湘桂東寧三州諸軍事、湘州刺史，述職經途，乃作南征賦。其詞曰：

歲次娵訾，月惟中呂，余謁帝於承明，將述職於南楚。忽中川而反顧，懷舊鄉而延佇；路漫漫以無端，情容容而莫與。乃弭節歎曰：人之寓於宇宙也，何異夫栖蝸之爭戰，附蚋之遊禽。而盈虛倚伏，俯仰浮沈，矜榮華於尺影，總萬慮於寸陰。彼忘機於粹日，乃聖達之明箴。妙品物於貞觀，曾何足而繫心。撫余躬之末迹，屬興王之盛世；蒙三欒之休寵，荷通家之渥惠。登石渠之三閣，典校文乎六藝。振長纓於承華，眷儲皇之上叡。居銜觴而接席，出方舟以同濟。彼華坊與禁苑，常宵盤而晝憩。思德音其在耳，若清塵之未逝。經二紀以及茲，悲明離之永翳。惟平生之褊能，實有志於棲息。慚滅沒之千里，謝韓哀於八極。如蓑裘之代用，譬輪轅之曲直。愧周任之清規，諒無取於陳力。逢濯纓之嘉運，遇井汲之明時。懷君恩而未答，顧靈瑣而依遲。總端揆以居副，長庶僚而稱師。猶深泉之短綆，若高墉而無基。伊吾人之罪薄，豈斯滿之能持。奉皇命以奏舉，方驅傳於衡疑。遵夕宿以言邁，戒晨裝而永辭。行搖搖於南逝，心眷眷而西悲。

爾乃橫濟牽牛，傍瞻雉庫；前觀隱脈，〔三〕却視雲布。追晉氏之啓戎，覆中州之鼎祚。鞠三川於茂草，霑兩京於朝露。故黃旗紫蓋，運在震方；金陵之兆，允符厥祥。及歸命之銜璧，爰獻璽於武王；啓中興之英主，宣十世而重光。觀其內招人望，外攘干紀；草創江南，締構基址。豈徒能布其德，主晉有祀，雲漢作詩，斯干見美而已哉！乃得正朔相承，于茲四代；多歷年所，二百餘載。割疆埸於華戎，拯生靈於宇內；不被髮而左衽，緊明德其是賚。次臨滄之層巘，尋叔寶之舊塋；蘊珠玉之餘潤，昭羅綺之遺妍。懷若人之遠理，豈喜愠其能遷。雖魂埋於百世，猶映澈於九泉。經法王之梵宇，覩因時之或躍；從四海之宅心，故取亂而誅虐。在蒼精之將季，翦洪柯以銷落；旣觀蝎而逞刑，又施獸而爲謔。候高熢以巧笑，俟長星而歡噱。何慄慄之黔首，思假命其無託。信人欲而天從，爰物覩而聖作。

我皇帝膺籙受圖，聰明神武，乘釁而運，席卷三楚。師克在和，仁義必取；形猶積決，應若飆舉。於是殪桑林之封狶，繳青丘之大風；戢干戈以耀德，肆時夏而成功。放流聲於鄭、衞，屏豔質於傾宮；配軒皇以邁迹，豈商、周之比隆。化致升平，于茲四紀；六夷膜拜，八蠻同軌。敎穆於上庠，寃申於大理；顯三光之照燭，降五靈之休祉。諒殊功於百王，固無得而稱矣。

泝金牛之迅渚，覩靈山之雄壯，實江南之丘墟，平雲霄而竦狀。標素嶺乎青壁，葺赬文於翠嶂；跳巨石以驚湍，批衝巖而駭浪。鏟千尋之峭岸，滌萬流之大壑；隱日月以蔽虧，搏風煙而回薄。〔四〕崖映川而晃朗，水騰光而倏爍；積霜霰之往還，鼓波濤之前却。下流沫以洊險，上岑崟而將落；聞知命之是虞，故違風而靡託。訊會骸之詭狀，云怒特之來奔。及漁人之垂餌，沈潛鎖於洪源。鑒幽塗於忠武，馳四馬之高軒。不語神以徵怪，情存之而勿論。

矖姑孰之舊朔，訪遺迹兮宣武；挾仲謀之雄氣，朝委裘而作輔。歷祖宗之明君，猶負芒於盛主；勢傾河以覆岱，威回天而震宇。雖明允之篤誠，在伊、稷而未舉；矧有功而無志，豈季葉其能處。懼貽笑於文、景，憂象賢之覆餗；雖苞蘗以代興，終夷宗而殄族。彼儋石之贏儲，尙邀之而徼福；況神明之大寶，乃闇干於天祿。

造扃鍵之候司，發傳書於關尉；據轘轅乎伊洛，守衡津於河渭。無矯且以招賓，闕捐繻而待貴。實祗敬於王典，懷鞠躬而屏氣。惟函谷之襟帶，疑武庫之精兵。採風謠於往昔，聞乳虎於寧成。在當今而簡易，止譏鑒其姦情；陋文仲之廢職，鄙彭門之食征。

於是近睇赭岑，遙瞻鵲岸，島嶼蒼茫，風雲蕭散。屬時雨之新晴，觀百川之浩汗；水泓澄以闇夕，山參差而辨旦。忽臨睨於故鄉，眇江天其無畔；遡洄流而右阻，遵長薄而左貫。獨向風以舒情，搴芳洲其誰翫。息銅山而繫纜，訪叔文之靈宇；得舊名而猶存，皆攢蕪而積楚。想夫君之令問，實有聲於前古；拯巴漢之廢業，爰配名於鄒魯。辨山精以息訟，對祠星而寤主。每撫事以懷人，非末學其能覩。嘉梅根之孝女，尙乘肥於滕姬；嗟吳人之重辟，憂峻網於將貽。彼沈瓜而顯義，指滄波而爲期；此浮履以明節，赴丹燭其何疑。信理感而情悼，實悽悵於余悲；空沈吟以遐想，愧邯鄲之妙詞。望南陵以寓目，美牙門之守志；當晉師之席卷，豈藩籬而不庇。攜老弱於窮城，猶區區乎一簣。雖挈瓶之小善，實君子之所識。闕一句 是謂事人之禮。入雷池之長浦，想恭、岱之芳塵；臨魚官以輟膳，踐寒蒲之抽筠。又有生爲令德，沒爲明神。或捐家事主，攜手拜親；或正身殉義，哀感市人。所以家稱純孝，國號能臣。揚淸徽於上列，並異世而爲隣。發曉渚而遡風，苦神吳之難習。岸曜舟而不進，水騰沙以驚急。天噎噎其垂陰，雨霏霏而來集；愍征夫之勞瘁，每搴帷而佇立。由江沲之派別，望彭蠡之通津，塗未中乎及絳，日已盈於浹旬。

於是千流共歸，萬嶺分狀；倒影懸高，浮天瀉壯。清江洗滌，平湖夷暢；黏光轉彩，出沒搖漾。岷山、嶓冢，悠遠寂寥；青溢、赤岸，控汐引潮。望歸雲之蓊蓊，揚清風之飄飄；界飛流於翠薄，耿長虹於青霄。若夫灌莽川涯，層潭水府，游泳之所往還，喧鳴之所攢聚。羣飛沙漲，掩薄草渚；奇甲異鱗，雕文綷羽。聽寡鶴之偏鳴，聞孤鴻之慕侶；在客行而多思，獨傷魂而悽楚。美中流之衝要，因習坎以守固。既固之而設險，又居之而務德。南通珠崖、夜郎，西款玉津、華墨。莫不內淸姦宄，外弭苛慝，籬屏京師，事有均於齊德也。

眄匡嶺以躊躇，想霞裳於雲仞；流姮娥之逸響，發王子之淸韻。若夜光而可投，豈榮華之難擯。羨還丹其何術，佇一丸於來信。徑遵途乎鄂渚，迹孫氏之霸基；陳利兵而蓄粟，抗十倍之銳師。在賢才之必用，寧推誠而忍欺；圖富强以法立，屬貞臣而日嬉。識餘基於江畔，〔五〕云釣臺之舊址；方戰國之多虞，猶從容而宴喜。欽輔吳之忠諒，歎仲謀之虛己；處君臣而並得，良致霸其有以。伊文侯之雅望，誠一代之偉人；禰觀書以心服，玉比德而譽均。遘時雄之應運，方協義以經綸；名既逼而愈賞，言雖鬩而彌親。

惜勤王於延獻，俾漢京之惟新；何天命其弗與，悲盛業之未申。汎蘆洲以延佇，聞伍員之所濟；出懷珠而免讎，歸投金以答惠。彼無求於萬鍾，唯長歌而鼓枻；慨斯誠之未感，乃沈軀以明誓。空負恨其何追，徒臨湞而先祭；及旋師於鄭國，美邀福於來裔。入郢都而抵掌，壯天險之難窺；允分荊之勝略，成百代之良規。賈生方於指大，應侯譬之木披。所以居宗振末，强本弱枝，聞古今之通制，歷盛衰而不移，可不謂然與，美經國之遠體也。

酌忠言於城郢，播終古之芳猷；忘我躬之匪閱，顧社稷而懷憂。服莊王之高義，乃徵名於夏州；恥蹊田之過罰，納申叔之嘉謀。覯巫臣之獻箴，鑒周書以明喻；何自謀其多僻，要桑中而遠赴。若葆申之誅丹，實匡君以成務；在兩臣而優劣，居二主其並裕。臨赤崖而慷慨，摧雄圖於魏武；乘戰勝以長驅，志吞吳而并楚。總八州之毅卒，期姑蘇而振旅；時有便乎建瓴，事無留於蕭斧。霸孫赫其霆奮，杖邁俗之英輔；〔六〕裂宇宙而三分，誠決機乎一舉。嗟玄德之矯矯，思興復於舊京；招臥龍於當世，配管仲而稱英。收散亡之餘弱，結與國而連横，延五紀乎岷漢，紹四百於炎精。望巴丘以邅回，遵洞庭而敞怳，沉輕舟而不繫，何靈胥之浩蕩。眺君、褊之雙峯，〔七〕徒臨風以增想；儻瑤觴而一酌，駕彩蜺而獨往。

爾乃南奠衡、霍，北距沮、漳；包括沅、澧，汲引瀟、湘。滮滮長邁，漫漫回翔；蕩雲沃日，吐霞含光。青碧潭嶼，萬頃澄澈；綺蘭從風，素沙被雪。雜雲霞以舒卷，間河洲而斷絕；回曉仄於中川，起長飈而半滅。稅遺構之舊浦，瞻汨羅以隕泗；豈懷寶而迷邦，猶殷勤而一致。蘊芳華以襞積，非黨人之所媚；合小雅之怨辭，兼國風之美志。譬彈冠而振衣，猶自別於泥滓；且殺身以成義，寧露才而揚己。悲先生之不辰，逢椒、蘭之妬美；有驊騮而不馭，焉遑遑於千里。既踐境以思人，彌流連其無已。脩行潦之薄薦，敢憑誠於沼沚。謁黃陵而展敬，奠瑤席乎川湄。具蘭香以膏沐，懷椒糈而要之。延帝子于三后，降夔、龍於九疑。騰河靈之水駕，下太一之靈旗。撫安歌以會儛，疏緩節而依遲。日徘徊以將暮，情眇默而無辭。愠秦皇之巡幸，尤土壤以加戮；〔八〕昧天道之無親，勤望祀以祈福。將人怨而神怒，故飛川而蕩谷；推冥理以歸僁，遂刊山而赭木。

於是下車入部，班條理務，砥課庸薄，夕惕兢懼。存問長老，隱卹氓庶，奉宣皇恩，寬徭省賦。遠哉盛乎，斯邦之舊也。有虞巡方以託終，夏后開圖而疏決，太伯讓嗣以來遊，□臣祈仙而齊潔。固是明王之塵軌，聖賢之蹤轍也。若夫屈平懷沙之賦，賈子遊湘之篇，史遷摛文以投弔，揚雄反騷而沉川。其風謠雅什，又是詞人之所流連也。

亦有仲寧、咸德，仍世相繼，父子三台，緇衣改敝。古初抱於烈火，劉先高而忤世，蔣公琰之弘通，桓伯緒之匡濟，鄧竟時之絕述，谷思恭之藻麗，實川嶽之精靈，常間出而無替也。至於殊庭之客，帝鄉之賢，神奔鬼化，吐吸雲煙。玉笥登之而却老，金人植杖以尊泉，蘇生騎龍而出入，處靜駕鹿以周旋。配北燭之神女，偶南榮之偓佺。時髣髴其遙見，亦往往而有焉。

爾乃歷省府庭，周行街術，山川遠覽，邑居近悉。割黔中以置守，獻青陽而背質，鄒生所謂還舟，楚王於焉乘駟。巡高山之累仞，褒吳文之爲宰；彼非劉而八王，皆國亡而身醢。〔九〕在長沙而著令，經五葉其未改；知天道之福謙，勝一時之經始。尋太傅之故宅，今築室以安禪；邑無改於舊井，尙開流而冽泉。懷伊、管之政術，遇庸臣而見遷；終被知於時主，嗟漢宗之得賢。受齊君之遠託，豈理謝而生全；哀懷王之不秀，遂抱恨而傷年。脩定祀于北郭，對林野而幽藹；庶無吐於馨香，祀瓊茅而沃酹。景十三以啓國，惟君王其能大；迨炎正之中微，實斯藩而是賴。顧四阜之紆餘，乍升高以遊目；審山川之面帶，將取名於衡麓。下彌漫以爽塏，上欽虧而重複；風瑟瑟以鳴松，水琤琤而響谷。低四照於若華，竦千尋於建木。冀囂塵之可屏，登巖阿而寤宿。捨域中之常戀，慕遊仙之靈族。是時涼風暮節，萬實西成，華池迴遠，飛閣淒明。嘉南州之炎德，愛蘭蕙之秋榮。下名柑於曲樹，採芳菊於高城。樹羅軒而並列，竹被嶺而叢生。翫棲禽之夕返，送旅雁之晨征。悲去鄉而遠客，寄覽物而娛情。惟傳車之所鶩，實膺揚其是掌，或解組以立威，乍露服而加賞。遵聖主之恩刑，荷天地之厚德。沾河潤於九里，澤自家而刑國。闕小道之可觀，寧畏塗其易克；眄高衢而願騁，憂取累於長纆。聞困石之非據，承炯戒乎明則；愧壽陵之餘子，學邯鄲而匍匐也。

纘至州，停遣十郡慰勞，解放老疾吏役，及關市戍邏先所防人，一皆省併。州界零陵、衡陽等郡，有莫傜蠻者，依山險爲居，歷政不賓服，因此向化。益陽縣人作田二頃，皆異畝同穎。纘在政四年，流人自歸，戶口增益十餘萬，州境大安。

太清二年，徵爲領軍，俄改授使持節、都督雍梁北秦東益郢州之竟陵司州之隨郡諸軍事、平北將軍、寧蠻校尉。纘初聞邵陵王綸當代己爲湘州，其後定用河東王譽，纘素輕少王，州府候迎及資待甚薄，譽深銜之。及至州，遂託疾不見纘，仍檢括州府庶事，留纘不遣。會聞侯景寇京師，譽飾裝當下援，時荆州刺史湘東王赴援，軍次郢州武城，纘馳信報曰：「河東已豎檣上水，將襲荆州。」王信之，便回軍鎮，荆、湘因構嫌隙。尋棄其部伍，單舸赴江陵，王卽遣使責讓譽，索纘部下。既至，仍遣纘向襄陽，前刺史岳陽王詧推遷未去鎮，但以城西白馬寺處之。會聞賊陷京師，詧因不受代。州助防杜岸紿纘曰：「觀岳陽殿下必不容使君，使君素得物情，若走入西山，招聚義衆，遠近必當投集，又帥部下繼至，以此義舉，無往不克。」纘信之，與結盟約，因夜遁入山。岸反以告詧，仍遣岸帥軍追纘。纘衆望岸軍大喜，謂是赴期，旣至，卽執纘幷其衆，並俘送之。始被囚縶。尋又逼纘剃髮爲道人。其年，詧舉兵襲江陵，常載纘隨後。及軍退敗，行至湕水南，防守纘者慮追兵至，遂害之，棄尸而去，時年五十一。元帝承制，贈纘侍中、中衞將軍、開府儀同三司。謚簡憲公。

纘有識鑒，自見元帝，便推誠委結。及元帝卽位，追思之，嘗爲詩，其序曰：「簡憲之爲人也，不事王侯，負才任氣，見余則申旦達夕，不能已已。懷夫人之德，何日忘之。」纘著鴻寶一百卷，文集二十卷。

次子希，字子顏，早知名，選尚太宗第九女海鹽公主。承聖初，官至黃門侍郎。

綰字孝卿，纘第四弟也。初爲國子生，射策高第。起家長兼祕書郎，遷太子舍人，洗馬，中舍人，並掌管記。累遷中書郎，國子博士。出爲北中郎長史、蘭陵太守，還除員外散騎常侍。時丹陽尹西昌侯蕭淵藻以久疾未拜，敕綰權知尹事，遷中軍宣城王長史，俄徙御史中丞。高祖遣其弟中書舍人絢宣旨曰：「爲國之急，惟在執憲直繩，用人本不限升降。晉宋之世，周閔、蔡廓並以侍中爲之，卿勿疑是左遷也。」時宣城王府望重，故有此旨焉。大同四年元日，〔一〇〕舊制僕射中丞坐位東西相當，時綰兄纘爲僕射，及百司就列，兄弟導騶，分趨兩陛，前代未有也，時人榮之。歲餘，出爲豫章內史。綰在郡，述制旨禮記正言義，四姓衣冠士子聽者常數百人。

八年，安成人劉敬宮挾祆道，〔一一〕遂聚黨攻郡，內史蕭侻棄城走。賊轉寇南康、廬陵，屠破縣邑，有衆數萬人，進寇豫章新淦縣。南中久不習兵革，吏民恇擾奔散。或勸綰宜避其鋒，綰不從，仍修城隍，設戰備，募召敢勇，得萬餘人。刺史湘東王遣司馬王僧辯帥兵討賊，受綰節度，旬月間，賊黨悉平。

十年，復爲御史中丞，加通直散騎常侍。綰再爲憲司，彈糾無所回避，豪右憚之。是時城西開士林館聚學者，綰與右衞朱异、太府卿賀琛遞述制旨禮記中庸義。

太淸二年，遷左衞將軍。會侯景寇至，入守東掖門。三年，遷吏部尚書。宮城陷，綰出奔，外轉至江陵，湘東王承制，授侍中、左衞將軍、相國長史，侍中如故。出爲持節、雲麾將軍、湘東內史。承聖二年，徵爲尚書右僕射，尋加侍中。明年，江陵陷，朝士皆俘入關，綰以疾免，後卒於江陵，時年六十三。

次子交，字少游，頗涉文學，選尙太宗第十一女安陽公主。〔一二〕承聖二年，官至太子洗馬，祕書丞，掌東宮管記。

陳吏部尚書姚察曰：太清版蕩，親屬離貳，纘不能叶和蕃岳，成溫陶之舉，苟懷私怨，構隙瀟湘，遂及禍於身，非由忠節；繼以江陵淪覆，實萌於此。以纘之風格，卒爲梁之亂階，惜矣哉。

校勘記

〔一〕俄爲長兼侍中　「長」下各本衍一「史」字，據南史删。

〔二〕入尸衡尺　「尸」南史及册府元龜四七八作「居」。

〔三〕前觀隱脤　百衲本作「隱脈」，殿本作「隱賑」。按：張衡西京賦：「鄉邑殷賑」。左思蜀都賦：「邑居隱賑」。顏延年三月三日曲水詩序：「故以隱賑外區。」隱賑卽殷賑，富有之意。疑「隱脈」是「隱賑」之譌。

〔四〕摶風煙而回薄　「摶」各本譌「搏」，今改正。按：摶卽莊子逍遥遊「摶扶搖羊角而上」之摶。摶，聚也，謂結聚風煙而回薄。

〔五〕識餘基於江畔　「餘基」各本並作「徐基」。「徐」當爲「餘」之形誤，今改正。

〔六〕杖邁俗之英輔　「邁俗」各本作「萬俗」。按：「萬俗」無義，「萬」當爲「邁」之譌，今改。

〔七〕眺君褊之雙峯　按：「褊」當作「艑」，形音相近而譌。洞庭湖中有君山及艑山。

〔八〕慍秦皇之巡幸尤土壤以加戮　「巡」各本皆譌作「川」，今改正。按：史記秦始皇本紀，始皇自二十七年至三十七年，十年之間，多次出巡。其二十八年「浮江至湘山祠，逢大風幾不得渡。於是始皇大怒，使刑徒三千人皆伐湘山樹，赭其山」，卽此所謂「尤土壤以加戮」。

〔九〕彼非劉而八王皆國亡而身醢　「國亡」各本並作「國士」。按：漢書韓彭英盧吳傳贊云：「昔高祖定天下，異姓而王者八國，終於滅亡；惟吳芮傳號五世，以無嗣絕。」此卽所謂「皆國亡」。若作「國士」，則與下文「在長沙而著令，經五葉其未改」不相照應。今改正。

〔一〇〕大同四年元日　按張纘傳，纘爲尚書僕射在大同五年，此「四年」誤。

〔一一〕安成人劉敬宮挾祆道　按武帝大同八年紀「宮」作「躬」，通鑑同。

〔一二〕選尙太宗第十一女安陽公主　「安」南史作「定」。

梁書卷三十五

列傳第二十九

蕭子恪 弟子範 子顯 子雲

蕭子恪字景沖，蘭陵人，齊豫章文獻王嶷第二子也。永明中，以王子封南康縣侯。年十二，和從兄司徒竟陵王高松賦，衞軍王儉見而奇之。初爲寧朔將軍、淮陵太守，建武中，遷輔國將軍、吳郡太守。大司馬王敬則於會稽舉兵反，〔一〕以奉子恪爲名，明帝悉召子恪兄弟親從七十餘人入西省，至夜當害之。會子恪棄郡奔歸，是日亦至，明帝乃止。以子恪爲太子中庶子。東昏卽位，遷祕書監，領右軍將軍，俄爲侍中。中興二年，遷輔國諮議參軍。天監元年，降爵爲子，除散騎常侍，領步兵校尉，以疾不拜，徙爲光祿大夫，俄爲司徒左長史。

子恪與弟子範等，嘗因事入謝，高祖在文德殿引見之，從容謂曰：「我欲與卿兄弟有言。夫天下之寶，本是公器，非可力得。苟無期運，雖有項籍之力，終亦敗亡。所以班彪王命論云：『所求不過一金，然終轉死溝壑』。卿不應不讀此書。宋孝武爲性猜忌，兄弟粗有令名者，無不因事鴆毒，所遺唯有景和。至於朝臣之中，或疑有天命而致害者，枉濫相繼。然而或疑有天命而不能害者，或不知有天命而不疑者，于時雖疑卿祖，而無如之何。此是疑而不得。又有不疑者，如宋明帝本爲庸常被免，豈疑而得全。又復我于時已年二歲，彼豈知我應有今日。當知有天命者，非人所害，害亦不能得。我初平建康城，朝廷內外皆勸我云：『時代革異，物心須一，宜行處分。』我于時依此而行，誰謂不可！我政言江左以來，代謝必相誅戮，此是傷於和氣，所以國祚例不靈長。所謂『殷鑒不遠，在夏后之世』。〔三〕此是一義。二者，齊梁雖曰革代，義異往時。我與卿兄弟雖復絕服二世，宗屬未遠。卿勿言兄弟是親，人家兄弟自有周旋者，有不周旋者，況五服之屬邪？齊業之初，亦是甘苦共嘗，腹心在我。卿兄弟年少，理當不悉。我與卿兄弟，便是情同一家，豈當都不念此，作行路事。此是二義。我有今日，非是本意所求。且建武屠滅卿門，致卿兄弟塗炭。我起義兵，非惟自雪門恥，亦是爲卿兄弟報仇。卿若能在建武、永元之世，撥亂反正，我雖起樊、鄧，豈得不釋戈推奉；其雖欲不已，亦是師出無名。我今爲卿報仇，且時代革異，望卿兄弟盡節報我耳。且我自藉喪亂，代明帝家天下耳，不取卿家天下。昔劉子輿自稱成帝子，光武言『假使成帝更生，天下亦不復可得，況子輿乎』。梁初，人勸我相誅滅者，我答之猶如向孝武時事：彼若苟有天命，非我所能殺；若其無期運，何忽行此，政足示無度量。曹志親是魏武帝孫，陳思之子，事晉武能爲晉室忠臣，此卽卿事例。卿是宗室，情義異佗，方坦然相期，卿無復懷自外之意。小待，自當知我寸心。」又文獻王時內齋直帳閹人趙叔祖，天監初，入爲臺齋帥，在壽光省，高祖呼叔祖曰：「我本識汝在北第，以汝舊人，故每驅使。汝比見北第諸郎不？」叔祖奉答云：「比多在直，出外甚疏，假使暫出，亦不能得往。」高祖曰：「若見北第諸郎，道我此意：我今日雖是革代，情同一家；但今磐石未立，所以未得用諸郎者，非惟在我未宜，亦是欲使諸郎得安耳。但閉門高枕，後自當見我心。」叔祖卽出外具宣敕語。

子恪尋出爲永嘉太守。還除光祿卿，祕書監。出爲明威將軍、零陵太守。十七年，入爲散騎常侍、輔國將軍。普通元年，遷宗正卿。三年，遷都官尚書。四年，轉吏部。六年，遷太子詹事。大通二年，出爲寧遠將軍、吳郡太守。三年，卒于郡舍，時年五十二。詔贈侍中、中書令。謚曰恭。

子恪兄弟十六人，並仕梁。有文學者，子恪、子質、子顯、子雲、子暉五人。〔三〕子恪嘗謂所親曰：「文史之事，諸弟備之矣，不煩吾復牽率，但退食自公，無過足矣。」子恪少亦涉學，頗屬文，隨棄其本，故不傳文集。

子瑳，亦知名，太清中，官至吏部郎，避亂東陽，後爲盜所害。

子範字景則，子恪第六弟也。齊永明十年，封祁陽縣侯，拜太子洗馬。天監初，降爵爲子，除後軍記室參軍，復爲太子洗馬，俄遷司徒主簿，丁所生母憂去職。子範有孝性，居喪以毀聞。服闋，又爲司徒主簿，累遷丹陽尹丞，太子中舍人。出爲建安太守，還除大司馬南平王戶曹屬，從事中郎。王愛文學士，子範偏被恩遇，嘗曰：「此宗室奇才也。」使製千字文，其辭甚美，王命記室蔡薳注釋之。〔四〕自是府中文筆，皆使草之。王薨，子範遷宣惠諮議參軍，護軍臨賀王正德長史。正德爲丹陽尹，復爲正德信威長史，領尹丞。歷官十餘年，不出藩府，常以自慨，而諸弟並登顯列，意不能平，及是爲到府牋曰：「上藩首佐，於茲再忝，河南雌伏，自此重昇。以老少異時，盛衰殊日，雖佩恩寵，還羞年鬢。」子範少與弟子顯、子雲才名略相比，而風采容止不逮，故宦途有優劣。每讀漢書，杜緩兄弟「五人至大官，唯中弟欽官不至而最知名。」常吟諷之，以況己也。

尋復爲宣惠武陵王司馬，不就，仍除中散大夫，遷光祿、廷尉卿。出爲戎昭將軍、始興內史。還除太中大夫，遷祕書監。太宗卽位，召爲光祿大夫，加金章紫綬，以逼賊不拜。其年葬簡皇后，使與張纘俱製哀策文，〔五〕太宗覽讀之，曰：「今葬禮雖闕，此文猶不減於舊。」尋遇疾卒，時年六十四。賊平後，世祖追贈金紫光祿大夫。謚曰文。前後文集三十卷。

二子滂、確，並少有文章。太宗東宮時，嘗與邵陵王數諸蕭文士，滂、確亦預焉。滂官至尙書殿中郎，中軍宣城王記室，先子範卒。確，太淸中歷官宣城王友，司徒右長史。賊平後，赴江陵，因沒關西。

子顯字景陽，子恪第八弟也。幼聰慧，文獻王異之，愛過諸子。七歲，封寧都縣侯。永元末，以王子例拜給事中。天監初，降爵爲子。累遷安西外兵，仁威記室參軍，司徒主簿，太尉錄事。

子顯偉容貌，身長八尺。好學，工屬文。嘗著鴻序賦，尙書令沈約見而稱曰：「可謂得明道之高致，蓋幽通之流也。」又採衆家後漢，考正同異，爲一家之書。又啓撰齊史，書成，表奏之，詔付祕閣。累遷太子中舍人，建康令，邵陵王友，丹陽尹丞，中書郎，守宗正卿。出爲臨川內史，還除黃門郎。中大通二年，遷長兼侍中。高祖雅愛子顯才，又嘉其容止吐納，每御筵侍坐，偏顧訪焉。嘗從容謂子顯曰：「我造通史，此書若成，衆史可廢。」子顯對曰：「仲尼讚易道，黜八索，述職方，除九丘，聖製符同，復在茲日。」時以爲名對。三年，以本官領國子博士。高祖所製經義，未列學官，子顯在職，表置助敎一人，生十人。又啓撰高祖集，并普通北伐記。其年遷國子祭酒，又加侍中，於學遞述高祖五經義。五年，選吏部尙書，侍中如故。

子顯性凝簡，頗負其才氣。及掌選，見九流賓客，不與交言，但舉扇一撝而已，衣冠竊恨之。然太宗素重其爲人，在東宮時，每引與促宴。子顯嘗起更衣，太宗謂坐客曰：「嘗聞異人間出，今日始知是蕭尚書。」其見重如此。大同三年，出爲仁威將軍、吳興太守，至郡未幾，卒，時年四十九。詔曰：「仁威將軍、吳興太守子顯，神韻峻舉，宗中佳器。分竹未久，奄到喪殞，惻愴于懷。可贈侍中、中書令。今便舉哀。」及葬請謚，手詔「恃才傲物，宜謚曰驕」。

子顯嘗爲自序，其略云：「余爲邵陵王友，忝還京師，遠思前比，即楚之唐、宋，梁之嚴、鄒。追尋平生，頗好辭藻，雖在名無成，求心已足。若乃登高目極，臨水送歸，風動春朝，月明秋夜，早雁初鶯，開花落葉，有來斯應，每不能已也。前世賈、傅、崔、馬、邯鄲、繆、路之徒，並以文章顯，所以屢上歌頌，自比古人。天監十六年，始預九日朝宴，〔六〕稠人廣坐，獨受旨云：『今雲物甚美，卿得不斐然賦詩。』詩既成，又降帝旨曰：『可謂才子。』余退謂人曰：『一顧之恩，非望而至。遂方賈誼何如哉？未易當也。』每有製作，特寡思功，須其自來，不以力構。少來所爲詩賦，則鴻序一作，體兼衆製，文備多方，頗爲好事所傳，故虛聲易遠。」

子顯所著後漢書一百卷，齊書六十卷，普通北伐記五卷，貴儉傳三十卷，文集二十卷。

二子序、愷，並少知名。序，太清中歷官太子家令，中庶子，並掌管記。及亂，於城內卒。愷，初爲國子生，對策高第，州又舉秀才。起家祕書郎，遷太子中舍人，王府主簿，太子洗馬，父憂去職。服闋，復除太子洗馬，遷中舍人，並掌管記。累遷宣城王文學，中書郎，太子家令，又掌管記。愷才學譽望，時論以方其父，太宗在東宮，早引接之。時中庶子謝嘏出守建安，於宣猷堂宴餞，並召時才賦詩，同用十五劇韻，愷詩先就，其辭又美。太宗與湘東王令曰：「王筠本自舊手，後進有蕭愷可稱，信爲才子。」先是時太學博士顧野王奉令撰玉篇，太宗嫌其書詳略未當，以愷博學，於文字尤善，使更與學士删改。遷中庶子，未拜，徙爲吏部郎。太清二年，遷御史中丞。頃之，侯景寇亂，愷於城內遷侍中，尋卒官，時年四十四。文集並亡逸。

子雲字景喬，子恪第九弟也。年十二，齊建武四年，封新浦縣侯，自製拜章，便有文采。天監初，降爵爲子。旣長勤學，以晉代竟無全書，弱冠便留心撰著，至年二十六，書成，表奏之，詔付祕閣。

子雲性沈靜，不樂仕進。年三十，方起家爲祕書郎。遷太子舍人，撰東宮新記奏之，敕賜束帛。累遷北中郎外兵參軍，晉安王文學，司徒主簿，丹陽尹丞。時湘東王爲京尹，深相賞好，如布衣之交。遷北中郎廬陵王諮議參軍，兼尚書左丞。大通元年，除黃門郎，俄遷輕車將軍，兼司徒左長史。二年，入爲吏部。三年，遷長兼侍中。中大通元年，轉太府卿。三年，出爲貞威將軍、臨川內史。在郡以和理稱，民吏悅之。還除散騎常侍，俄復爲侍中。大同二年，遷員外散騎常侍、國子祭酒，領南徐州大中正。頃之，復爲侍中，祭酒、中正如故。

梁初，郊廟未革牲牷，樂辭皆沈約撰，至是承用，子雲始建言宜改。啓曰：「伏惟聖敬率由，尊嚴郊廟，得西鄰之心，知周、孔之迹，載革牢俎，德通神明，黍稷蘋藻，竭誠嚴配，經國制度，方懸日月，垂訓百王，於是乎在。臣比兼職齋官，見伶人所歌，猶用未革牲前曲。圜丘眡燎，尚言『式備牲牷』；北郊諴雅，亦奏『牲玉孔備』；〔七〕清廟登歌，而稱『我牲以潔』；三朝食舉，猶詠『朱尾碧鱗』。聲被鼓鍾，未符盛制。臣職司儒訓，意以爲疑，未審應改定樂辭以不？」敕答曰：「此是主者守株，宜急改也。」仍使子雲撰定。敕曰：「郊廟歌辭，應須典誥大語，不得雜用子史文章淺言；而沈約所撰，亦多舛謬。」子雲答敕曰：「殷薦朝饗，樂以雅名；理應正採五經，聖人成教。而漢來此製，不全用經典；約之所撰，彌復淺雜。臣前所易約十曲，惟知牲牷既革，宜改歌辭，而猶承例，不嫌流俗乖體。既奉令旨，始得發矇。臣夙本庸滯，昭然忽朗，謹依成旨，悉改約制。惟用五經爲本，其次爾雅、周易、尚書、大戴禮，卽是經誥之流，〔八〕愚意亦取兼用。臣又尋唐、虞諸書，殷頌周雅，稱美是一，而復各述時事。大梁革服，偃武脩文，制禮作樂，義高三正；而約撰歌辭，惟浸稱聖德之美，了不序皇朝制作事。雅、頌前例，於體爲違。伏以聖旨所定樂論鍾律緯緒，文思深微，命世一出，方懸日月，不刊之典，禮樂之教，致治所成。謹一二採綴，各隨事顯義，以明制作之美。覃思累日，今始克就，謹以上呈。」敕並施用。

子雲善草隸書，爲世楷法，自云善效鍾元常、王逸少而微變字體。答敕云：「臣昔不能拔賞，隨世所貴，規摹子敬，多歷年所。年二十六，著晉史，至二王列傳，欲作論語草隸法，言不盡意，遂不能成，略指論飛白一勢而已。十許年來，始見敕旨論書一卷，商略筆勢，洞澈字體；又以逸少之不及元常，猶子敬之不及逸少。自此研思，方悟隸式，始變子敬，全範元常。逮爾以來，自覺功進。」其書迹雅爲高祖所重，嘗論子雲書曰：「筆力勁駿，心手相應，巧踰杜度，美過崔寔，當與元常並驅爭先。」其見賞如此。

七年，出爲仁威將軍、東陽太守。中大同元年，還拜宗正卿。太清元年，復爲侍中、國子祭酒，領南徐州大中正。二年，侯景寇逼，子雲逃民間。三年三月，宮城失守，東奔晉陵，餒卒于顯靈寺僧房，年六十三。所著晉書一百一十卷，東宮新記二十卷。

第二子特字世達。早知名，亦善草隸。高祖嘗謂子雲曰：「子敬之書，不及逸少。近見特迹，遂逼於卿。」歷官著作佐郎，太子舍人，宣惠主簿，中軍記室。出爲海鹽令，坐事免。年二十五，先子雲卒。

子暉字景光，子雲弟也。少涉書史，亦有文才。起家員外散騎侍郎，遷南中郎記室。出爲臨安令。性恬靜，寡嗜好，嘗預重雲殿聽制講三慧經，退爲講賦奏之，甚見稱賞。遷安西武陵王諮議，帶新繁令，隨府轉儀同從事、驃騎長史，〔九〕卒。

陳吏部尚書姚察曰：昔魏藉兵威而革漢運，晉因宰輔乃移魏曆，異乎古之禪授，以德相傳，故抑前代宗枝，用絕民望。然劉曄、曹志，猶顯於朝；及宋遂爲廢姓。而齊代，宋之戚屬，一皆殲焉。其祚不長，抑亦由此。有梁革命，弗取前規，故子恪兄弟及羣從，並隨才任職，通貴滿朝，不失於舊，豈惟魏幽晉顯而已哉。〔一〇〕君子以是知高祖之弘量，度越前代矣。

校勘記

〔一〕大司馬王敬則於會稽舉兵反　「大」各本作「及」。按：王敬則時爲大司馬，「及」當作「大」，今改正。

〔二〕所謂殷鑒不遠在夏后之世　「世」各本作「代」，姚思廉避唐諱改。今改回。

〔三〕有文學者子恪子質子顯子雲子暉五人　按本卷有子範無子質，子質當是子範之譌。

〔四〕王命記室蔡薳注釋之　「薳」南史及册府元龜七一八作「遠」。

〔五〕其年葬簡皇后使與張纘俱製哀策文　按本書簡文皇后王氏傳，后卒於太清三年三月；據本書張纘傳，纘卒於太清二年，則纘豈能與蕭子範俱製哀策文？疑有誤。

〔六〕天監十六年始預九日朝宴　「天監十六年」南史作「天監六年」。

〔七〕北郊誠雅亦奏牲玉孔備　「牲玉孔備」各本作「牲云孔備」，據隋書樂志改。

〔八〕惟用五經爲本其次爾雅周易尙書大戴禮卽是經誥之流　按：旣云「惟以五經爲本」，若無易、書，則只是三經。「五」字疑有誤。

〔九〕隨府轉儀同從事驃騎長史　「驃」各本譌「中」，今據南史改。

〔一〇〕豈惟魏幽晉顯而已哉　「幽」北監本、汲古閣本、殿本、金陵局本作「與」，今從百衲本、南監本。

梁書卷三十六

列傳第三十

孔休源　江革

孔休源字慶緒，會稽山陰人也。晉丹陽太守沖之八世孫。〔一〕曾祖遙之，宋尚書水部郎。父珮，齊廬陵王記室參軍，〔二〕早卒。

休源年十一而孤，居喪盡禮，每見父手所寫書，必哀慟流涕，不能自勝，見者莫不爲之垂泣。後就吳興沈驎士受經，略通大義。建武四年，州舉秀才，太尉徐孝嗣省其策，深善之，謂同坐曰：「董仲舒、華令思何以尚此，可謂後生之准也。觀其此對，足稱王佐之才。」琅邪王融雅相友善，乃薦之於司徒竟陵王，爲西邸學士。梁臺建，與南陽劉之遴同爲太學博士，當時以爲美選。休源初到京，寓於宗人少府卿孔登宅，曾以祠事入廟，侍中范雲一與相遇，深加褒賞，曰：「不期忽覯清顏，頓祛鄙吝，觀天披霧，驗之今日。」後雲命駕到少府門，登便拂筵整帶，謂當詣己，旣而獨造休源，高談盡日，同載還家，登深以爲愧。尙書令沈約當朝貴顯，軒蓋盈門，休源或時後來，必虛襟引接，處之坐右，商略文義。其爲通人所推如此。

俄除臨川王府行參軍。高祖嘗問吏部尙書徐勉曰：「今帝業初基，須一人有學藝解朝儀者，爲尙書儀曹郎。爲朕思之，誰堪其選？」勉對曰：「孔休源識具淸通，諳練故實，自晉、宋起居注誦略上口。」高祖亦素聞之，卽日除兼尙書儀曹郎中。是時多所改作，每逮訪前事，休源卽以所誦記隨機斷決，曾無疑滯。吏部郎任昉常謂之爲「孔獨誦。」

遷建康獄正，及辨訟折獄，時罕冤人。後有選人爲獄司者，高祖尙引休源以勵之。除中書舍人，司徒臨川王府記室參軍，遷尙書左丞，彈肅禮闈，雅允朝望。時太子詹事周捨撰禮疑義，自漢魏至于齊梁，並皆搜採，休源所有奏議，咸預編錄。除給事黃門侍郎，遷長兼御史中丞，正色直繩，無所回避，百僚莫不憚之。除少府卿，又兼行丹陽尹事。出爲宣惠晉安王府長史、南郡太守、行荊州府州事。高祖謂之曰：「荊州總上流衝要，義高分陝，今以十歲兒委卿，善匡翼之，勿憚周昌之舉也。」對曰：「臣以庸鄙，曲荷恩遇，方揣丹誠，効其一割。」上善其對，乃敕晉安王曰：「孔休源人倫儀表，汝年尙幼，當每事師之。」尋而始興王憺代鎭荊州，復爲憺府長史，南郡太守、行府州事如故。在州累政，甚有治績，平心決斷，請託不行。高祖深嘉之。除通直散騎常侍，領羽林監，轉祕書監，遷明威將軍，復爲晉安王府長史、南蘭陵太守，別敕專行南徐州事。休源累佐名藩，甚得民譽，王深相倚仗，軍民機務，動止詢謀。常於中齋別施一榻，云「此是孔長史坐」，人莫得預焉。其見敬如此。

徵爲太府卿，俄授都官尚書，頃之，領太子中庶子。普通七年，揚州刺史臨川王宏薨，高祖與羣臣議代王居州任者久之，〔三〕于時貴戚王公，咸望遷授，高祖曰：「朕已得人。孔休源才識通敏，實應此選。」乃授宣惠將軍、監揚州。休源初爲臨川王行佐，及王薨而管州任，時論榮之。而神州都會，簿領殷繁，休源割斷如流，傍無私謁。中大通二年，加授金紫光祿大夫，監揚州如故。累表陳讓，優詔不許。在州晝決辭訟，夜覽墳籍。每車駕巡幸，常以軍國事委之。

昭明太子薨，有敕夜召休源入宴居殿，與羣公參定謀議，立晉安王綱爲皇太子。四年，遘疾，高祖遣中使候問，並給醫藥，日有十數。其年五月，卒，時年六十四。遺令薄葬，節朔薦蔬菲而已。高祖爲之流涕，顧謂謝舉曰：「孔休源奉職清忠，當官正直，方欲共康治道，以隆王化。奄至殞歿，朕甚痛之。」舉曰：「此人清介强直，當今罕有，微臣竊爲陛下惜之。」詔曰：「愼終追遠，歷代通規；褒德疇庸，先王令典。宣惠將軍、金紫光祿大夫、監揚州孔休源，風業貞正，雅量沖邈，升榮建禮，譽重搢紳。理務神州，化覃歌詠，方興仁壽，穆是彝倫。奄然永逝，倍用悲惻。可贈散騎常侍、金紫光祿大夫，賻第一材一具，布五十匹，錢五萬，蠟二百斤。剋日舉哀。喪事所須，隨由資給。謚曰貞子。」皇太子手令曰：「金紫光祿大夫孔休源，立身中正，行己清恪。昔歲西浮渚宮，東泊枌壤，毗佐蕃政，實盡厥誠。安國之詳審，公儀之廉白，無以過之。奄至殞喪，情用惻怛。今須舉哀，外可備禮。」

休源少孤，立志操，風範强正，明練治體，持身儉約，學窮文藝，當官理務，不憚强禦，常以天下爲己任，高祖深委仗之。累居顯職，纖毫無犯。性慎密，寡嗜好。出入帷幄，未嘗言禁中事，世以此重之。聚書盈七千卷，手自校治，凡奏議彈文，勒成十五卷。

長子雲童，頗有父風，而篤信佛理，遍持經戒。官至岳陽王府諮議、東揚州別駕。

少子宗軌，〔四〕聰敏有識度，歷尚書都官郎，司徒左西掾，中書郎。

江革字休映，濟陽考城人也。祖齊之，宋尚書金部郎。父柔之，齊尚書倉部郎，有孝行，以母憂毀卒。

革幼而聰敏，早有才思，六歲便解屬文，柔之深加賞器，曰：「此兒必興吾門。」九歲丁父艱，與弟觀同生，少孤貧，〔五〕傍無師友，兄弟自相訓勗，讀書精力不倦。十六喪母，以孝聞。服闋，與觀俱詣太學，補國子生，舉高第。齊中書郎王融、吏部謝朓雅相欽重。朓嘗宿衞，還過候革，時大雪，見革弊絮單席，而耽學不倦，嗟歎久之，乃脫所著襦，並手割半氈與革充臥具而去。司徒竟陵王聞其名，引爲西邸學士。弱冠舉南徐州秀才。時豫章胡諧之行州事，王融與諧之書，令薦革。諧之方貢琅邪王汎，便以革代之。

解褐奉朝請。僕射江祏深相引接，祏爲太子詹事，啓革爲府丞。祏時權傾朝右，以革才堪經國，令參掌機務，詔誥文檄，皆委以具。革防杜形迹，外人不知。祏誅，賓客皆罹其罪，革獨以智免。

除尚書駕部郎。中興元年，高祖入石頭，時吳興太守袁昂據郡距義師，廼使革製書與昂，於坐立成，辭義典雅，高祖深賞歎之，因令與徐勉同掌書記。建安王爲雍州刺史，表求管記，以革爲征北記室參軍，帶中廬令。與弟觀少長共居，不忍離別，苦求同行，乃以觀爲征北行參軍，兼記室。時吳興沈約、樂安任昉並相賞重，昉與革書云：「此段雍府妙選英才，文房之職，總卿昆季，可謂駁二龍於長途，騁騏驥於千里。」途次江夏，觀遇疾卒。革時在雍，爲府王所禮，款若布衣。王被徵爲丹陽尹，以革爲記室，領五官掾，除通直散騎常侍，建康正。頻遷秣陵、建康令，爲治明肅，豪强憚之。入爲中書舍人，尚書左丞，司農卿，復出爲雲麾晉安王長史、尋陽太守、行江州府事。徙仁威廬陵王長史，太守、行事如故，以清嚴爲百城所憚。時少王行事多傾意於籤帥，革以正直自居，不與籤帥等同坐。俄遷左光祿大夫、南平王長史、御史中丞，彈奏豪權，一無所避。

除少府卿，出爲貞威將軍、北中郎南康王長史、廣陵太守，改授鎮北豫章王長史，將軍、太守如故。時魏徐州刺史元法僧降附，革被敕隨府王鎮彭城。城既失守，革素不便馬，乃泛舟而還，途經下邳，遂爲魏人所執。魏徐州刺史元延明聞革才名，厚加接待，革稱患脚不拜，延明將加害焉，見革辭色嚴正，更相敬重。時祖暅同被拘執，延明使暅作欹器、漏刻銘，革罵暅曰：「卿荷國厚恩，已無報答，今乃爲虜立銘，孤負朝廷。」延明聞之，乃令革作丈八寺碑並祭彭祖文，革辭以囚執既久，無復心思。延明逼之逾苦，將加箠撲。革厲色而言曰：「江革行年六十，不能殺身報主，今日得死爲幸，誓不爲人執筆。」延明知不可屈，乃止。日給脫粟三升，僅餘性命。值魏主請中山王元略反北，〔六〕乃放革及祖暅還朝。詔曰：「前貞威將軍、鎮北長史、廣陵太守江革，才思通贍，出內有聞，在朝正色，臨危不撓，首佐台鉉，實允僉諧。可太尉臨川王長史。」

時高祖盛於佛教，朝賢多啓求受戒，革精信因果，而高祖未知，謂革不奉佛教，乃賜革覺意詩五百字，云「惟當勤精進，自强行勝脩；豈可作底突，如彼必死囚。以此告江革，並及諸貴遊。」又手敕云：「世間果報，不可不信，豈得底突如對元延明邪？」革因啓乞受菩薩戒。

重除少府卿、長史、校尉。〔七〕時武陵王在東州，頗自驕縱，上召革面敕曰：「武陵王年少，臧盾性弱，不能匡正，欲以卿代爲行事。非卿不可，不得有辭。」乃除折衝將軍、東中郎武陵王長史、會稽郡丞、行府州事。革門生故吏，家多在東州，聞革應至，並齎持緣道迎候。革曰：「我通不受餉，不容獨當故人筐篚。」至鎮，惟資公俸，食不兼味。郡境殷廣，辭訟日數百，革分判辨析，曾無疑滯。功必賞，過必罰，民安吏畏，百城震恐。琅邪王騫爲山陰令，贓貨狼藉，望風自解。府王憚之，遂雅相欽重。每至侍宴，言論必以詩書，王因此耽學好文。典籤沈熾文以王所製詩呈高祖，高祖謂僕射徐勉曰：「江革果能稱職。」乃除都官尚書。將還，民皆戀惜之，贈遺無所受。送故依舊訂舫，革並不納，惟乘臺所給一舸。舸艚偏欹，不得安卧。或謂革曰：「船既不平，濟江甚險，當移徙重物，以迮輕艚。」革既無物，乃於西陵岸取石十餘片以實之。其清貧如此。

尋監吳郡。于時境內荒儉，劫盜公行，革至郡，惟有公給仗身二十人，百姓皆懼不能靜寇；反省遊軍尉，民下逾恐。革乃廣施恩撫，明行制令，盜賊靜息，民吏安之。

武陵王出鎮江州，乃曰：「我得江革，文華清麗，豈能一日忘之，當與其同飽。」乃表革同行。又除明威將軍、南中郎長史、尋陽太守。徵入爲度支尚書。好獎進閭閻，爲後生延譽，由是衣冠士子，翕然歸之。時尚書令何敬容掌選，序用多非其人。革性强直，每至朝宴，恒有褒貶，以此爲權勢所疾，乃謝病還家。

除光祿大夫、領步兵校尉、南北兗二州大中正，優遊閑放，以文酒自娛。大同元年二月，卒，謚曰强子。有集二十卷，行於世。革歷官八府長史，四王行事，三爲二千石，〔八〕傍無姬侍，家徒壁立，世以此高之。

長子行敏，好學有才俊，官至通直郎，早卒，有集五卷。次子從簡，少有文情，〔九〕年十七，作採荷詞以刺敬容，爲當時所賞。歷官司徒從事中郎。侯景亂，爲任約所害，子兼叩頭流血，乞代父命，以身蔽刃，遂俱見殺，天下莫不痛之。

史臣曰：高祖留心政道，孔休源以識治見知，既遇其時，斯爲幸矣。江革聰敏亮直，亦一代之盛名歟。

校勘記

〔一〕晉丹陽太守沖之八世孫　張森楷梁書校勘記：「晉書許孜傳有豫章太守孔沖，當卽此人。晉有丹陽尹，無太守，此丹陽太守蓋是豫章太守之誤。」

〔二〕父珮齊廬陵王記室參軍　南史作「父佩，齊通直郎」。

〔三〕高祖與羣臣議代王居州任者久之　「代王」各本並作「王代」。今乙正。

〔四〕少子宗軌　「軌」南史作「範」。

〔五〕少孤貧　各本脫「少」字，據南史及册府元龜八五一補。

〔六〕值魏主請中山王元略返北　「請」各本作「討」，據南史改。

〔七〕重除少府卿長史校尉　革以前未爲校尉，疑此處有譌脫。

〔八〕三爲二千石　「三」各本譌「二」，據南史及册府元龜八〇七改。按：江革再爲尋陽太守，一爲廣陵太守，是三爲二千石。

〔九〕少有文情　「文情」各本作「文性」，據南史及册府元龜七七四、八三九、九三八改。

梁書卷三十七

列傳第三十一

謝舉　何敬容

謝舉字言揚，中書令覽之弟也。幼好學，能清言，與覽齊名。舉年十四，嘗贈沈約五言詩，爲約稱賞。世人爲之語曰：「王有養、炬，謝有覽、舉。」養、炬，王筠、王泰小字也。

起家祕書郎，遷太子舍人，輕車功曹史，祕書丞，司空從事中郎，太子庶子，家令，掌東宮管記，深爲昭明太子賞接。祕書監任昉出爲新安郡，別舉詩云：「詎念耋嗟人，方深老夫託。」其屬意如此。嘗侍宴華林園，高祖訪舉於覽，覽對曰：「識藝過臣甚遠，惟飲酒不及於臣。」高祖大悅。轉太子中庶子，猶掌管記。

天監十一年，遷侍中。十四年，出爲寧遠將軍、豫章內史，爲政和理，甚得民心。十八年，復入爲侍中，領步兵校尉。普通元年，出爲貞毅將軍、太尉臨川王長史。四年，入爲左民尚書。其年遷掌吏部，尋以公事免。五年，起爲太子中庶子，領右軍將軍。六年，復爲左民尚書，領步兵校尉。俄徙爲吏部尚書，尋加侍中。出爲仁威將軍、晉陵太守。在郡清靜，百姓化其德，境內肅然。罷郡還，吏民詣闕請立碑，詔許之。大通二年，入爲侍中、五兵尚書，未拜，遷掌吏部，侍中如故。舉祖莊，宋世再典選，至舉又三爲此職，前代未有也。

舉少博涉多通，尤長玄理及釋氏義。爲晉陵郡時，常與義僧遞講經論，徵士何胤自虎丘山赴之。其盛如此。先是，北渡人盧廣有儒術，爲國子博士，於學發講，僕射徐勉以下畢至。舉造坐，屢折廣，辭理通邁，廣深歎服，仍以所執麈尾薦之，以況重席焉。

四年，加侍中。五年，遷尚書右僕射，〔一〕侍中如故。大同三年，以疾陳解，徙爲右光祿大夫，給親信二十人。其年，出爲雲麾將軍、吳郡太守。先是，何敬容居郡有美績，世稱爲何吳郡，及舉爲政，聲跡略相比。六年，入爲侍中、中書監，未拜，遷太子詹事、翊左將軍，侍中如故。舉父瀟，齊世終此官，累表乞改授，敕不許，久之方就職。九年，遷尚書僕射，侍中、將軍如故。舉雖居端揆，未嘗肯預時務，多因疾陳解，敕輒賜假，並手敕處方，加給上藥。其恩遇如此。其年，以本官參掌選事。

太清二年，遷尚書令，侍中、將軍如故。是歲，侯景寇京師，舉卒于圍內。詔贈侍中、中衞將軍、開府儀同三司，侍中、尚書令如故。文集亂中並亡逸。

二子禧，暇，並少知名。暇，太清中，歷太子中庶子，出爲建安太守。

何敬容字國禮，廬江人也。祖攸之，宋太常卿；〔三〕父昌寓，齊吏部尚書，並有名前代。敬容以名家子，弱冠選尚齊武帝女長城公主，拜駙馬都尉。天監初，爲祕書郎，歷太子舍人，尚書殿中郎，太子洗馬，中書舍人，祕書丞，遷揚州治中。出爲建安內史，清公有美績，民吏稱之。還除黃門郎，累遷太子中庶子，散騎常侍，侍中，司徒左長史。普通二年，復爲侍中，領羽林監，俄又領本州大中正。頃之，守吏部尚書，銓序明審，號爲稱職。四年，出爲招遠將軍、吳郡太守，爲政勤恤民隱，辨訟如神，視事四年，治爲天下第一。吏民詣闕請樹碑，詔許之。大通二年，徵爲中書令，未拜，復爲吏部尚書，領右軍將軍，俄加侍中。中大通元年，改太子中庶子。

敬容身長八尺，白皙美鬚眉。性矜莊，衣冠尤事鮮麗，每公庭就列，容止出人。三年，遷尚書右僕射，參掌選事，侍中如故。時僕射徐勉參掌機密，以疾陳解，因舉敬容自代，故有此授焉。五年，遷左僕射，加宣惠將軍，置佐史，侍中、參掌如故。大同三年正月，朱雀門災，高祖謂羣臣曰：「此門制卑狹，我始欲構，遂遭天火。」並相顧未有答。敬容獨曰：「此所謂陛下『先天而天不違』。」時以爲名對。俄遷中權將軍、丹陽尹，侍中、參掌、佐史如故。五年，入爲尙書令，侍中、將軍、參掌、佐史如故。

敬容久處臺閣，詳悉舊事，且聰明識治，勤於簿領，詰朝理事，日旰不休。自晉、宋以來，宰相皆文義自逸，敬容獨勤庶務，爲世所嗤鄙。時蕭琛子巡者，頗有輕薄才，因制卦名離合等詩以嘲之，敬容處之如初，亦不屑也。

十一年，坐妾弟費慧明爲導倉丞，夜盜官米，爲禁司所執，送領軍府。時河東王譽爲領軍將軍，敬容以書解慧明，譽卽封書以奏。高祖大怒，付南司推劾，御史中丞張綰奏敬容挾私罔上，合棄市刑，詔特免職。〔三〕初，天監中，有沙門釋寶誌者，嘗遇敬容，謂曰：「君後必貴，然終是何敗何耳」。及敬容爲宰相，謂何姓當爲其禍，故抑沒宗族，無仕進者，至是竟爲河東所敗。

中大同元年三月，高祖幸同泰寺講金字三慧經，敬容請預聽，敕許之。又有敕聽朔望問訊。尋起爲金紫光祿大夫，未拜，又加侍中。敬容舊時賓客門生諠譁如昔，冀其復用。會稽謝郁致書戒之曰：「草萊之人，聞諸道路，君侯已得瞻望朝夕，出入禁門，醉尉將不敢呵，灰然不無其漸，甚休，甚休！敢賀於前，又將弔也。昔流言裁作，公旦東奔；燕書始來，子孟不入。夫聖賢被虛過以自斥，未有嬰時釁而求親者也。且曝鰓之鱗，不念杯杓之水；

雲霄之翼，豈顧籠樊之糧。何者？所託已盛也。昔君侯納言加首，鳴玉在腰，回豐貂以步文昌，聳高蟬而趨武帳，可謂盛矣。不以此時薦才拔士，少報聖主之恩；今卒如爰絲之說，受責見過，方復欲更窺朝廷，觖望萬分，竊不爲左右取也。昔竇嬰、楊惲亦得罪明時，不能謝絕賓客，猶交黨援，卒無後福，終益前禍。僕之所弔，實在於斯。人人所以頗猶有踵君侯之門者，未必皆感惠懷仁，有灌夫、任安之義，乃戒翟公之大署，冀君侯之復用也。夫在思過之日，而挾復用之意，未可爲智者說矣。君侯宜杜門念失，無有所通，築茅茨於鍾阜，聊優游以卒歲，見可憐之意，著待終之情，復仲尼能改之言，惟子貢更也之譬，少戢言於衆口，微自救於竹帛，所謂『失之東隅，收之桑榆』。如此，令明主聞知，尚有冀也。僕東皋鄙人，入穴幸無銜寠，恥天下之士不爲執事道之，故披肝膽，示情素，君侯豈能鑒焉。」

太清元年，遷太子詹事，侍中如故。二年，侯景襲京師，敬容自府移家臺內。初，景於渦陽退敗，未得審實，傳者乃云其將暴顯反，景身與衆並沒，朝廷以爲憂。敬容尋見東宮，太宗謂曰：「淮北始更有信，侯景定得身免，不如所傳。」敬容對曰：「得景遂死，深是朝廷之福。」太宗失色，問其故。敬容曰：「景翻覆叛臣，終當亂國。」是年，太宗頻於玄圃自講老、莊二書，學士吳孜時寄詹事府，每日入聽。敬容謂孜曰：「昔晉代喪亂，頗由祖尚玄虛，胡賊殄覆中夏。今東宮復襲此，殆非人事，其將爲戎乎？」俄而侯景難作，其言有徵也。三年正月，敬容卒于閫內，詔贈仁威將軍，本官並如故。

何氏自晉司空充、宋司空尚之，世奉佛法，並建立塔寺；至敬容又捨宅東爲伽藍，趨勢者因助財造構，敬容並不拒，故此寺堂宇校飾，頗爲宏麗，時輕薄者因呼爲「衆造寺」焉。及敬容免職出宅，止有常用器物及囊衣而已，竟無餘財貨，時亦以此稱之。

子彀，祕書丞，早卒。

陳吏部尚書姚察曰：魏正始及晉之中朝，時俗尚於玄虛，貴爲放誕，尚書丞郎以上，簿領文案，不復經懷，皆成於令史。逮乎江左，此道彌扇，惟卞壼以臺閣之務，頗欲綜理，阮孚謂之曰：「卿常無閑暇，不乃勞乎？」宋世王敬弘身居端右，未嘗省牒，風流相尚，其流遂遠。望白署空，是稱清貴；恪勤匪懈，終滯鄙俗。是使朝經廢於上，職事隳於下。小人道長，抑此之由。嗚呼！傷風敗俗，曾莫之悟。永嘉不競，戎馬生郊，宜其然矣。何國禮之識治，見譏薄俗，惜哉。

校勘記

〔一〕四年加侍中五年遷尚書右僕射　上文既是「大通二年，入爲侍中」，則此四年、五年當爲大通四年、五年。但大通只二年，大通三年十月改元中大通。據本書武帝紀，吏部尚書謝舉爲尚書右僕射在中大通五年。則「四年」上當有「中大通」三字，否則上文之「大通二年」乃「中大通二年」之譌。

〔二〕祖攸之宋太常卿　錢大昕廿二史考異：「按南史何昌寓傳，敬容之祖佟之，位侍中，與此異。南齊書亦作『佟之』，疑此傳誤也。」

〔三〕十一年坐妾弟費慧明爲導倉丞夜盜官米至詔特免職　按本書武帝紀，何敬容坐免官在大同十年五月，通鑑同。「十一年」當作「十年」。

梁書卷三十八

列傳第三十二

朱异　賀琛

朱异字彥和，吳郡錢唐人也。父巽，以義烈知名，〔一〕官至齊江夏王參軍、吳平令。异年數歲，外祖顧歡撫之謂异祖昭之曰：「此兒非常器，當成卿門戶。」年十餘歲，好羣聚蒲博，頗爲鄉黨所患。既長，乃折節從師，遍治五經，尤明禮、易，涉獵文史，兼通雜藝，博弈書算，皆其所長。年二十，詣都，尚書令沈約面試之，因戲异曰：「卿年少，何乃不廉？」异逡巡未達其旨。約乃曰：「天下唯有文義棊書，卿一時將去，可謂不廉也。」其年，上書言建康宜置獄司，比廷尉，敕付尚書詳議，〔二〕從之。

舊制，年二十五方得釋褐。時异適二十一，特敕擢爲揚州議曹從事史。尋有詔求異能之士，五經博士明山賓表薦异曰：「竊見錢唐朱异，年時尚少，德備老成，在獨無散逸之想，處闇有對賓之色，器宇弘深，神表峯峻。金山萬丈，緣陟未登；玉海千尋，窺映不測。加以珪璋新琢，錦組初構，觸響鏗鏘，值采便發。觀其信行，非惟十室所稀，若使負重遙途，必有千里之用。」高祖召見，使說孝經、周易義，甚悅之，謂左右曰：「朱异實異。」後見明山賓，謂曰：「卿所舉殊得其人。」仍召异直西省，俄兼太學博士。其年，高祖自講孝經，使异執讀。遷尚書儀曹郎，入兼中書通事舍人，累遷鴻臚卿，太子右衞率，尋加員外常侍。

普通五年，大舉北伐，魏徐州刺史元法僧遣使請舉地內屬，詔有司議其虛實。异曰：「自王師北討，剋獲相繼，徐州地轉削弱，咸願歸罪法僧，法僧懼禍之至，其降必非僞也。」高祖仍遣异報法僧，並敕衆軍應接，受异節度。既至，法僧遵承朝旨，如异策焉。

中大通元年，遷散騎常侍。自周捨卒後，异代掌機謀，方鎭改換，朝儀國典，詔誥敕書，並兼掌之。每四方表疏，當局簿領，諮詢詳斷，塡委於前，异屬辭落紙，覽事下議，從橫敏贍，不暫停筆，頃刻之間，諸事便了。

大同四年，遷右衞將軍。六年，异啓於儀賢堂奉述高祖老子義，敕許之。及就講，朝士及道俗聽者千餘人，爲一時之盛。時城西又開士林館以延學士，异與左丞賀琛遞日述高祖禮記中庸義，皇太子又召异於玄圃講易。八年，改加侍中。太清元年，遷左衞將軍，領步兵。二年，遷中領軍，舍人如故。

高祖夢中原平，舉朝稱慶，且以語异，异對曰：「此宇內方一之徵。」及侯景歸降，敕召羣臣議，尙書僕射謝舉等以爲不可，高祖欲納之，未決；嘗夙興至武德閤，自言「我國家承平若此，今便受地，詎是事宜，脫致紛紜，悔無所及」。异探高祖微旨，應聲答曰：「聖明御宇，上應蒼玄，北土遺黎，誰不慕仰，爲無機會，未達其心。今侯景分魏國太半，輸誠送款，遠歸聖朝，豈非天誘其衷，人獎其計。原心審事，殊有可嘉。今若不容，恐絕後來之望。此誠易見，願陛下無疑。」高祖深納异言，又感前夢，遂納之。及貞陽敗沒，自魏遣使還，述魏相高澄欲更申和睦，敕有司定議，异又以和爲允，高祖果從之。其年六月，遣建康令謝挺、通直郎徐陵使北通好。是時，侯景鎭壽春，累啓絕和，及請追使。又致書與异，辭意甚切，异但述敕旨以報之。八月，景遂舉兵反，以討异爲名。募兵得三千人，及景至，仍以其衆守大司馬門。

初，景謀反，合州刺史鄱陽王範、司州刺史羊鴉仁並累有啓聞，异以景孤立寄命，必不應爾，乃謂使者：「鄱陽王遂不許國家有一客！」並抑而不奏，故朝廷不爲之備。及寇至，城內文武咸尤之。皇太子又製圍城賦，其末章云：「彼高冠及厚履，並鼎食而乘肥，升紫霄之丹地，排玉殿之金扉，陳謀謨之啓沃，宣政刑之福威，四郊以之多壘，萬邦以之未綏。問豺狼其何者？訪虺蜴之爲誰？」蓋以指异。异因慚憤，發病卒，時年六十七。詔曰：「故中領軍异，器宇弘通，才力優贍，諮謀帷幄，多歷年所。方贊朝經，永申寄任。奄先物化，惻悼兼懷。可贈侍中、尚書右僕射，給祕器一具。凶事所須，隨由資辦。」舊尚書官不以爲贈，及异卒，高祖惜之，方議贈事，左右有善异者，乃啓曰：「异忝歷雖多，然平生所懷，願得執法。」高祖因其宿志，特有此贈焉。

异居權要三十餘年，善窺人主意曲，能阿諛以承上旨，故特被寵任。歷官自員外常侍至侍中，四官皆珥貂，自右衞率至領軍，四職並驅鹵簿，近代未之有也。异及諸子自潮溝列宅至青溪，其中有臺池翫好，每暇日與賓客遊焉。四方所饋，財貨充積。性吝嗇，未嘗有散施。厨下珍羞腐爛，每月常棄十數車，雖諸子別房亦不分贍。所撰禮易講疏及儀注、文集百餘篇，亂中多亡逸。

長子肅，官至國子博士；次子閩，司徒掾。並遇亂卒。

賀琛字國寶，會稽山陰人也。伯父瑒，步兵校尉，爲世碩儒。琛幼，瑒授其經業，一聞便通義理。瑒異之，常曰：「此兒當以明經致貴。」瑒卒後，琛家貧，常往還諸暨，販粟以自給。閑則習業，尤精三禮。初，瑒於鄉里聚徒教授，至是又依琛焉。

普通中，刺史臨川王辟爲祭酒從事史。〔三〕琛始出都，高祖聞其學術，召見文德殿，與語悅之，謂僕射徐勉曰：「琛殊有世業。」仍補王國侍郎，俄兼太學博士，稍遷中衞參軍事、尚書通事舍人，參禮儀事。累遷通直正員郎，舍人如故。又征西鄱陽王中錄事，兼尚書左丞，滿歲爲眞。詔琛撰新謚法，至今施用。

時皇太子議，大功之末，可以冠子嫁女。琛駁之曰：

令旨以「大功之末可得冠子嫁女，不得自冠自嫁。」推以記文，竊猶致惑。案嫁冠之禮，本是父之所成，無父之人，乃可自冠，故稱大功小功，並以冠子嫁子爲文；非關惟得爲子，己身不得也。小功之末，既得自嫁娶，而亦云「冠子娶婦」，其義益明。故先列二服，每明冠子嫁子，結於後句，方顯自娶之義。既明小功自娶，卽知大功自冠矣，蓋是約言而見旨。若謂緣父服大功，子服小功，小功服輕，故得爲子冠嫁，大功服重，故不得自嫁自冠者，則小功之末，非明父子服殊，不應復云「冠子嫁子」也。若謂小功之文言己可娶，大功之文不言己冠，故知身有大功，不得自行嘉禮，但得爲子冠嫁。竊謂有服不行嘉禮，本爲吉凶不可相干。子雖小功之末，可得行冠嫁，猶應須父得爲其冠嫁。〔四〕若父於大功之末可以冠子嫁子，是於吉凶禮無礙；吉凶禮無礙，豈不得自冠自嫁？若自冠自嫁於事有礙，則冠子嫁子寧獨可通？今許其冠子而塞其自冠，是琛之所惑也。

又令旨推「下殤小功不可娶婦，則降服大功亦不得爲子冠嫁」。伏尋此旨，若謂降服大功不可冠子嫁子，則降服小功亦不可自冠自娶，是爲凡厥降服大功小功皆不得冠娶矣。記文應云降服則不可，寧得惟稱下殤？今不言降服，的舉下殤，實有其義。夫出嫁出後，或有再降，出後之身，於本姊妹降爲大功；若是大夫服士父，〔五〕又以尊降，則成小功。其於冠嫁，義無以異。所以然者，出嫁則有受我，出後則有傳重，並欲薄於此而厚於彼，此服雖降，彼服則隆。昔實期親，雖再降猶依小功之禮，可冠可嫁。若夫期降大功，大功降爲小功，止是一等，降殺有倫，服末嫁冠，故無有異。惟下殤之服，特明不娶之義者，蓋緣以幼稚之故，夭喪情深，既無受厚佗姓，又異傳重彼宗，嫌其年稚服輕，頓成殺略，故特明不娶，以示本重之恩。是以凡厥降服，冠嫁不殊；惟在下殤，乃明不娶。其義若此，則不得言大功之降服，皆不可冠嫁也。且記云「下殤小功」，言下殤則不得通於中上，語小功則不得兼於大功。若實大小功降服皆不冠嫁，上中二殤亦不冠嫁者，〔六〕記不得直云「下殤小功則不可」。恐非文意。此又琛之所疑也。

遂從琛議。

遷員外散騎常侍。舊尚書南坐，無貂；貂自琛始也。頃之，遷御史中丞，參禮儀事如先。琛家產既豐，買主第爲宅，爲有司所奏，坐免官。俄復爲尚書左丞，遷給事黄門侍郎，兼國子博士，未拜，改爲通直散騎常侍，領尚書左丞，並參禮儀事。琛前後居職，凡郊廟諸儀，多所創定。每見高祖，與語常移晷刻，故省中爲之語曰：「上殿不下有賀雅。」琛容止都雅，故時人呼之。遷散騎常侍，參禮儀如故。

是時，高祖任職者，皆緣飾姦諂，深害時政，琛遂啓陳事條封奏曰：

臣荷拔擢之恩，曾不能効一職；居獻納之任，又不能薦一言。竊聞「慈父不愛無益之子，明君不畜無益之臣」，臣所以當食廢飡，中宵而歎息也。輒言時事，列之於後。非謂謀猷，寧云啓沃。獨緘胸臆，不語妻子。辭無粉飾，削藁則焚。脫得聽覽，試加省鑒。如不允合，亮其戇愚。

其一事曰：今北邊稽服，戈甲解息，政是生聚教訓之時，而天下戶口減落，誠當今之急務。雖是處彫流，而關外彌甚，郡不堪州之控總，縣不堪郡之裒削，更相呼擾，莫得治其政術，惟以應赴徵斂爲事。百姓不能堪命，各事流移，或依於大姓，或聚於屯封，蓋不獲已而竄亡，非樂之也。國家於關外賦稅蓋微，乃至年常租課，動致逋積，而民失安居，寧非牧守之過。東境戶口空虛，皆由使命繁數。夫犬不夜吠，故民得安居。今大邦大縣，舟舸銜命者，非惟十數；復窮幽之鄉，極遠之邑，亦皆必至。每有一使，屬所搔擾；況復煩擾積理，深爲民害。駑困邑宰，則拱手聽其漁獵；桀黠長吏，又因之而爲貪殘。縱有廉平，郡猶掣肘。故邑宰懷印，類無考績，細民棄業，流冗者多，雖年降復業之詔，屢下蠲賦之恩，而終不得反其居也。

其二事曰：聖主恤隱之心，納隍之念，聞之遐邇，至於翾飛蠕動，猶且度脫，況在兆庶。而州郡無恤民之志，故天下顒顒，惟注仰於一人，誠所謂「愛之如父母，仰之如日月，敬之如鬼神，畏之如雷霆」。苟須應痛逗藥，豈可不治之哉？今天下宰守所以皆尙貪殘，罕有廉白者，良由風俗侈靡，使之然也。淫奢之弊，其事多端，粗舉二條，言其尤者。夫食方丈於前，所甘一味。今之燕喜，相競誇豪，積果如山岳，列肴同綺繡，露臺之產，不周一燕之資，而賓主之間，裁取滿腹，未及下堂，已同臭腐。又歌姬儛女，本有品制，二八之錫，良待和戎。今畜妓之夫，〔七〕無有等秩，雖復庶賤微人，皆盛姬姜，務在貪汚，爭飾羅綺。故爲吏牧民者，競爲剝削，雖致貲巨億，罷歸之日，不支數年，便已消散。蓋由宴醑所費，既破數家之產；歌謠之具，必俟千金之資。所費事等丘山，爲歡止在俄頃。乃更追恨向所取之少，今所費之多。如復傅翼，增其搏噬，一何悖哉！其餘淫侈，著之凡百，習以成俗，日見滋甚，欲使人守廉隅，吏尙淸白，安可得邪！今誠宜嚴爲禁制，道之以節儉，貶黜雕飾，糾奏浮華，使衆皆知，變其耳目，改其好惡。夫失節之嗟，亦民所自患，正恥不及羣，故勉强而爲之，苟力所不至，還受其弊矣。今若釐其風而正其失，易於反掌。夫論至治者，必以淳素爲先，正彫流之弊，莫有過儉朴者也。

其三事曰：聖躬荷負蒼生以爲任，弘濟四海以爲心，不憚胼胝之勞，不辭癯瘦之苦，豈止日昃忘飢，夜分廢寢。至於百司，莫不奏事，上息責下之嫌，下無逼上之咎，斯實道邁百王，事超千載。但斗筲之人，藻梲之子，既得伏奏帷扆，便欲詭競求進，不說國之大體。〔八〕不知當一官，處一職，貴使理其紊亂，匡其不及，心在明恕，〔九〕事乃平章。但務吹毛求疵，擘肌分理，運挈缾之智，徼分外之求，以深刻爲能，以繩逐爲務，迹雖似於奉公，事更成其威福。犯罪者多，巧避滋甚，曠官廢職，長弊增姦，實由於此。今誠願責其公平之效，黜其讒愚之心，則下安上謐，無徼倖之患矣。

其四事曰：自征伐北境，帑藏空虛。今天下無事，而猶日不暇給者，良有以也。夫國弊則省其事而息其費，事省則養民，費息則財聚，止五年之中，尚於無事，必能使國豐民阜。若積以歲月，斯乃范蠡滅吳之術，管仲霸齊之由。今應內省職掌，各檢其所部。凡京師治、署、邸、肆應所爲，或十條宜省其五，或三條宜除其一；及國容、戎備，在昔應多，在今宜少。雖於後應多，即事未須，皆悉減省。應四方屯、傳、邸、治，或舊有，或無益，或妨民，有所宜除，除之；有所宜減，減之。凡厥興造，凡厥費財，有非急者，有役民者；又凡厥討召，凡厥徵求，雖關國計，權其事宜，皆須息費休民。不息費，則無以聚財；不休民，則無以聚力。故蓄其財者，所以大用之也；息其民者，所以大役之也。若言小事不足害財，則終年不息矣；以小役不足妨民，則終年不止矣。擾其民而欲求生聚殷阜，不可得矣。耗其財而務賦斂繁興，則姦詐盜竊彌生，是弊不息而其民不可使也，則難可以語富强而圖遠大矣。自普通以來，二十餘年，刑役荐起，民力彫流。今魏氏和親，疆埸無警，若不及於此時大息四民，使之生聚，減省國費，令府庫蓄積，一旦異境有虞，關河可掃，則國弊民疲，安能振其遠略？事至方圖，知不及矣。

書奏，〔一〇〕高祖大怒，召主書於前，口授敕責琛曰：

謇謇有聞，殊稱所期。但朕有天下四十餘年，公車讜言，見聞聽覽，〔一一〕所陳之事，與卿不異，常欲承用，無替懷抱，每苦倥偬，更增惛惑。卿珥貂紆組，博問洽聞，不宜同於闒茸，止取名字，宣之行路。言「我能上事，明言得失，恨朝廷之不能用」。或誦離騷「蕩蕩其無人，遂不御乎千里」。或誦老子「知我者希，則我貴矣」。如是獻替，莫不能言，正旦虎樽，皆其人也。卿可分別言事，啓乃心，沃朕心。

卿云「今北邊稽服，政是生聚教訓之時，而民失安居，牧守之過」。朕無則哲之知，觸向多弊，四聰不開，四明不達，內省責躬，無處逃咎。堯爲聖主，四凶在朝；況乎朕也，能無惡人？但大澤之中，有龍有蛇，縱不盡善，不容皆惡。卿可分明顯出：某刺史橫暴，某太守貪殘，某官長凶虐；尚書、蘭臺，主書、舍人，某人姦猾，某人取與，明言其事，得以黜陟。向令舜但聽公車上書，四凶終自不知，堯亦永爲闇主。

卿又云「東境戶口空虛，良由使命繁多」，但未知此是何使？卿云「駑困邑宰，則拱手聽其漁獵；桀黠長吏，又因之而爲貪殘」，並何姓名？廉平掣肘，復是何人？朝廷思賢，有如飢渴，廉平掣肘，實爲異事。宜速條聞，當更擢用。凡所遣使，多由民訟，或復軍糧，諸所飈急，蓋不獲已而遣之。若不遣使，天下枉直云何綜理？事實云何濟辦？惡人日滋，善人日蔽，欲求安臥，其可得乎！不遣使而得事理，此乃佳事。無足而行，無翼而飛，能到在所；不威而伏，豈不幸甚。卿既言之，應有深見，宜陳祕術，不可懷寶迷邦。

卿又云：守宰貪殘，皆由滋味過度。貪殘糜費，已如前答。漢文雖愛露臺之產，鄧通之錢布於天下，以此而治，朕無愧焉。若以下民飲食過差，亦復不然。天監之初，思之已甚。其勤力營產，則無不富饒；惰遊緩事，則家業貧窶。勤修產業，以營盤案，自己營之，自己食之，何損於天下？無賴子弟，惰營產業，致於貧窶，無可施設，此何益於天下？且又意雖曰同富，富有不同：慳而富者，終不能設；奢而富者，於事何損？若使朝廷緩其刑，此事終不可斷；若急其制，則曲屋密房之中，云何可知？若家家搜檢，其細已甚，欲使吏不呼門，其可得乎？更相恐脅，以求財帛，足長禍萌，無益治道。若以此指朝廷，我無此事。昔之牲牢，久不宰殺，朝中會同，菜蔬而已，意粗得奢約之節。若復減此，必有蟋蟀之譏。若以爲功德事者，皆是園中之所產育。功德之事，亦無多費，變一瓜爲數十種，食一菜爲數十味，不變瓜菜，亦無多種，以變故多，何損於事，亦豪芥不關國家。如得財如法而用，此不愧乎人。我自除公宴，不食國家之食，多歷年稔，乃至宮人，亦不食國家之食，積累歲月。凡所營造，不關材官，及以國匠，皆資雇借，以成其事。近之得財，頗有方便，民得其利，國得其利，我得其利，營諸功德。或以卿之心度我之心，故不能得知。所得財用，暴於天下，不得曲辭辯論。

卿又云女妓越濫，此有司之責，雖然，亦有不同：貴者多畜妓樂，至於勳附若兩掖，亦復不聞家有二八，多畜女妓者。此並宜具言其人，當令有司振其霜豪。卿又云：「乃追恨所取爲少，如復傅翼，增其搏噬，一何悖哉。」勇怯不同，貪廉各用，勇者可使進取，怯者可使守城，貪者可使捍禦，廉者可使牧民。向使叔齊守於西河，豈能濟事？吳起育民，必無成功。若使吳起而不重用，則西河之功廢。今之文武，亦復如此。取其搏噬之用，不能得不重更任，彼亦非爲朝廷爲之傅翼。卿以朝廷爲悖，乃自甘之，當思致悖所以。卿云「宜導之以節儉」。又云「至治者必以淳素爲先」。此言大善。夫子言「其身正，不令而行；其身不正，雖令不從」。朕絕房室三十餘年，無有淫佚。朕頗自計，不與女人同屋而寢，亦三十餘年。至於居處不過一牀之地，雕飾之物不入於宮，此亦人所共知。受生不飲酒，受生不好音聲，所以朝中曲宴，未嘗奏樂，此羣賢之所觀見。朕三更出理事，隨事多少，事少或中前得竟，或事多至日昃方得就食。日常一食，若晝若夜，無有定時。疾苦之日，或亦再食。昔要腹過於十圍，今之瘦削裁二尺餘，舊帶猶存，非爲妄說。爲誰爲之？救物故也。書曰：「股肱惟人，良臣惟聖。」向使朕有股肱，故可得中主。今乃不免居九品之下，「不令而行」，徒虛言耳。卿今慊言，便罔知所答。

卿又云「百司莫不奏事，詭競求進」。此又是誰？何者復是詭事？今不使外人呈事，於義可否？無人廢職，職可廢乎？職廢則人亂，人亂則國安乎？以咽廢飧，此之謂也。若斷呈事，誰尸其任？專委之人，云何可得？是故古人云：「專聽生姦，獨任成亂。」猶二世之委趙高，元后之付王莽。呼鹿爲馬，卒有閻樂望夷之禍，王莽亦終移漢鼎。

卿云「吹毛求疵」，復是何人所吹之疵？「擘肌分理」，復是何人乎？事及「深刻」「繩逐」，並復是誰？〔一三〕又云「治、署、邸、肆」，何者宜除？何者宜省？「國容戎備」，何者宜省？何者未須？「四方屯傳」，何者無益？何者妨民？何處興造而是役民？何處費財而是非急？若爲「討召」？若爲「徵賦」？朝廷從來無有此事，靜息之方復何者？宜各出其事，具以奏聞。

卿云「若不及於時大息其民，事至方圖，知無及也」。如卿此言，卽時便是大役其民，是何處所？卿云「國弊民疲」，誠如卿言，終須出其事，不得空作漫語。夫能言之，必能行之。富國强兵之術，急民省役之宜，號令遠近之法，並宜具列。若不具列，則是欺罔朝廷，空示頰舌。凡人有爲，先須內省，惟無瑕者，可以戮人。卿不得歷詆內外，而不極言其事。佇聞重奏，當復省覽，〔一三〕付之尙書，班下海內，庶亂羊永除，害馬長息，惟新之美，復見今日。

琛奉敕，但謝過而已，不敢復有指斥。

久之，遷太府卿。太清二年，遷雲騎將軍、中軍宣城王長史。侯景舉兵襲京師，王移入臺內，留琛與司馬楊曒守東府。賊尋攻陷城，放兵殺害，琛被槍未至死，〔一四〕賊求得之，轝至闕下，求見僕射王克、領軍朱异，勸開城納賊。克等讓之，涕泣而止，賊復轝送莊嚴寺療治之。明年，臺城不守，琛逃歸鄉里。其年冬，賊進寇會稽，復執琛送出都，以爲金紫光祿大夫。後遇疾卒，年六十九。

琛所撰三禮講疏、五經滯義及諸儀法，凡百餘篇。

子詡，〔一五〕太清初，自儀同西昌侯掾，出爲巴山太守，在郡遇亂卒。

陳吏部尚書姚察云：夏侯勝有言曰：「士患不明經術；經術明，取青紫如拾地芥耳。」朱异、賀琛並起微賤，以經術逢時，致於貴顯，符其言矣。而异遂徼寵幸，任事居權，不能以道佐君，苟取容媚。及延寇敗國，實异之由。禍難既彰，不明其罪，至於身死，寵贈猶殊。罰既弗加，賞亦斯濫，失於勸沮，何以爲國？君子是以知太清之亂，能無及是乎。

校勘記

〔一〕父巽以義烈知名　「巽」南史作「巽之」。按：朱异父名選之，事跡略見南齊書孝義朱謙之傳。惠棟松崖筆記二：「選巽字相似，故譌爲巽。」此少一「之」字，六朝人雙名後所帶「之」字，往往可省去，非脫文。

〔二〕敕付尚書詳議　「詳議」，各本作「議詳」，今據南史及册府元龜二一二乙正。

〔三〕刺史臨川王辟爲祭酒從事史　南史及册府元龜七二七、八二八無「史」字。

〔四〕猶應須父得爲其冠嫁　「冠嫁」各本作「嫁冠」，據南史乙正。

〔五〕若是大夫服士父　「父」字各本脫，據南史補。

〔六〕上中二殤亦不冠嫁者　「冠嫁」各本作「嫁冠」，據南史乙正。

〔七〕今畜妓之夫　「畜」各本譌「言」，據通鑑梁武帝大同十一年及册府元龜五二九改。

〔八〕不說國之大體　「說」通鑑作「論」，册府元龜五二九作「識」，疑作「識」是。

〔九〕心在明恕　「在」通鑑作「存」，疑作「存」是。

〔一〇〕書奏　「書」各本譌「言」，據南史改。

〔一一〕公車讜言見聞聽覽　「見聞」南史作「日聞」，通鑑作「日關」，疑作「日關」是。

〔一二〕擘肌分理復是何人乎事及深刻繩逐並復是誰　本段文字有脫譌，現無從訂正。通鑑作「擘肌分理，復是何事」，無下文「事及深刻繩逐」云云。

〔一三〕佇聞重奏當復省覽　「復」，各本譌「後」，據通鑑改正。

〔一四〕琛被槍未至死　「槍」，南史及册府元龜九四〇作「創」。

〔一五〕子詡　「詡」，南史作「翊」。

梁書卷三十九

列傳第三十三

元法僧　元樹　元願達　王神念 楊華　羊侃 子鵾

羊鴉仁

元法僧，魏氏之支屬也。其始祖道武帝。父鍾葵，江陽王。法僧仕魏，歷光祿大夫，後爲使持節、都督徐州諸軍事、徐州刺史，鎭彭城。普通五年，魏室大亂，法僧遂據鎭稱帝，誅鋤異己，立諸子爲王，部署將帥，欲議匡復。既而魏亂稍定，將討法僧，法僧懼，乃遣使歸款，請爲附庸，高祖許焉，授侍中、司空，封始安郡公，邑五千戶。及魏軍既逼，法僧請還朝，高祖遣中書舍人朱异迎之。既至，甚加優寵。時方事招攜，撫悅降附，賜法僧甲第女樂及金帛，前後不可勝數。法僧以在魏之日，久處疆埸之任，每因寇掠，殺戮甚多，求兵自衞，詔給甲仗百人，出入禁闥。大通二年，加冠軍將軍。中大通元年，轉車騎將軍。四年，進太尉，領金紫光祿。其年，立爲東魏主，不行，仍授使持節、散騎常侍、驃騎大將軍、開府同三司之儀、郢州刺史。大同二年，徵爲侍中、太尉，領軍師將軍，薨，時年八十三。二子景隆、景仲，普通中隨法僧入朝。

景隆封沌陽縣公，邑千戶，出爲持節、都督廣越交桂等十三州諸軍事、平南將軍、平越中郎將、廣州刺史。中大通三年，徵侍中、安右將軍。四年，爲征北將軍、徐州刺史，封彭城王，不行，俄除侍中、度支尚書。太清初，又爲使持節、都督廣越交桂等十三州諸軍事、征南將軍、平越中郎將、廣州刺史，行至雷首，遇疾卒，時年五十八。

景仲封枝江縣公，邑千戶，拜侍中、右衞將軍。大通三年，增封，并前爲二千戶，仍賜女樂一部。出爲持節、都督廣越等十三州諸軍事、宣惠將軍、平越中郎將、廣州刺史。〔一〕大同中，徵侍中、左衞將軍。兄景隆後爲廣州刺史。〔二〕侯景作亂，以景仲元氏之族，遣信誘之，許奉爲主。景仲乃舉兵，將下應景。會西江督護陳霸先與成州刺史王懷明等起兵攻之，霸先徇其衆曰：「朝廷以元景仲與賊連從，謀危社稷，今使曲江公勃爲刺史，鎭撫此州。」衆聞之，皆棄甲而散，景仲乃自縊而死。

元樹字君立，〔三〕亦魏之近屬也。祖獻文帝。父僖，咸陽王。〔四〕樹仕魏爲宗正卿，屬尒朱榮亂，以天監八年歸國，〔五〕封爲鄴王，邑二千戶，拜散騎常侍。普通六年，應接元法僧還朝，遷使持節、督郢司霍三州諸軍事、雲麾將軍、郢州刺史，增封并前爲三千戶。討南蠻賊，平之，加散騎常侍、安西將軍，又增邑五百戶。中大通二年，徵侍中、鎮右將軍。四年，爲使持節、鎮北將軍、都督北討諸軍事，加鼓吹一部。以伐魏，攻魏譙城，拔之。會魏將獨孤如願來援，遂圍樹，城陷被執，發憤卒於魏，時年四十八。

子貞，大同中，求隨魏使崔長謙至鄴葬父，還拜太子舍人。太清初，侯景降，請元氏戚屬，願奉爲主，詔封貞爲咸陽王，以天子之禮遣還北，會景敗而返。

元願達，亦魏之支庶也。祖明元帝。父樂平王。願達仕魏爲中書令、郢州刺史。〔六〕普通中，大軍北伐，攻義陽，願達舉州獻款，〔七〕詔封樂平公，邑千戶，賜甲第女樂。仍出爲使持節、散騎常侍、都督湘州諸軍事、平南將軍、湘州刺史。中大通二年，徵侍中、太中大夫、翊左將軍。大同三年，卒，時年五十七。

王神念，太原祁人也。少好儒術，尤明內典。仕魏起家州主簿，稍遷潁川太守，遂據郡歸款。魏軍至，與家屬渡江，封南城縣侯，邑五百戶。頃之，除安成內史，又歷武陽、宣城內史，〔八〕皆著治績。還除太僕卿。出爲持節、都督青冀二州諸軍事、信武將軍、青冀二州刺史。

神念性剛正，所更州郡必禁止淫祠。時青、冀州東北有石鹿山臨海，先有神廟，妖巫欺惑百姓，遠近祈禱，糜費極多，及神念至，便令毀撤，風俗遂改。普通中，大舉北伐，徵爲右衞將軍。六年，遷使持節、散騎常侍、爪牙將軍，右衞如故。遘疾卒，時年七十五。詔贈本官、衡州刺史，兼給鼓吹一部。謚曰壯。

神念少善騎射，既老不衰，嘗於高祖前手執二刀楯，左右交度，馳馬往來，冠絕羣伍。時復有楊華者，能作驚軍騎，並一時妙捷，高祖深歎賞之。

子尊業，仕至太僕卿。卒，贈信威將軍、青冀二州刺史，鼓吹一部。次子僧辯，別有傳。

楊華，武都仇池人也。父大眼，爲魏名將。華少有勇力，容貌雄偉，魏胡太后逼通之，華懼及禍，乃率其部曲來降。胡太后追思之不能已，爲作楊白華歌辭，使宮人晝夜連臂蹋足歌之，辭甚悽惋焉。華後累征伐，有戰功，歷官太僕卿，太子左衞率，封益陽縣侯。太清中，侯景亂，華欲立志節，妻子爲賊所擒，遂降之，卒於賊。

羊侃字祖忻，泰山梁甫人，漢南陽太守續之裔也。祖規，宋武帝之臨徐州，辟祭酒從事、大中正。會薛安都舉彭城降北，規由是陷魏，魏授衞將軍、營州刺史。父祉，魏侍中，金紫光祿大夫。

侃少而瑰偉，身長七尺八寸，雅愛文史，博涉書記，尤好左氏春秋及孫吳兵法。弱冠隨父在梁州立功。魏正光中，稍爲別將。時秦州羌有莫遮念生者，據州反，稱帝，仍遣其弟天生率衆攻陷岐州，遂寇雍州。侃爲偏將，隸蕭寶夤往討之，潛身巡壍，伺射天生，應弦卽倒，其衆遂潰。以功遷使持節、征東大將軍、東道行臺，領泰山太守，進爵鉅平侯。

初，其父每有南歸之志，常謂諸子曰：「人生安可久淹異域，汝等可歸奉東朝。」侃至是將舉河濟以成先志。兗州刺史羊敦，侃從兄也，密知之，據州拒侃。侃乃率精兵三萬襲之，弗剋，仍築十餘城以守之。朝廷賞授，一與元法僧同。遣羊鴉仁、王弁率軍應接，李元履運給糧仗。魏帝聞之，使授侃驃騎大將軍、司徒、泰山郡公，長爲兗州刺史，侃斬其使者以徇。

魏人大駭，令僕射于暉率衆數十萬，及高歡、尒朱陽都等相繼而至，圍侃十餘重，傷殺甚衆。柵中矢盡，南軍不進，乃夜潰圍而出，且戰且行，一日一夜乃出魏境。至渣口，衆尚萬餘人，馬二千匹，將入南，士卒並竟夜悲歌。侃乃謝曰：「卿等懷土，理不能見隨，幸適去留，於此別異。」因各拜辭而去。

侃以大通三年至京師，詔授使持節、散騎常侍、都督瑕丘征討諸軍事、安北將軍、徐州刺史，并其兄默及三弟忱、給、元，皆拜爲刺史。〔九〕尋以侃爲都督北討諸軍事，出頓日城，〔一〇〕會陳慶之失律，停進。其年，詔以爲持節、雲麾將軍、青冀二州刺史。

中大通四年，詔爲使持節、都督瑕丘諸軍事、安北將軍、兗州刺史，隨太尉元法僧北討。法僧先啓云：「與侃有舊，願得同行。」高祖乃召侃問方略，侃具陳進取之計。高祖因曰：「知卿願與太尉同行。」侃曰：「臣拔迹還朝，常思効命，然實未曾願與法僧同行。北人雖謂臣爲吳，南人已呼臣爲虜，今與法僧同行，還是羣類相逐，非止有乖素心，亦使匈奴輕漢。」高祖曰：「朝廷今者要須卿行。」乃詔以爲大軍司馬。高祖謂侃曰：「軍司馬廢來已久，此段爲卿置之。」行次官竹，元樹又於譙城喪師。軍罷，入爲侍中。五年，封高昌縣侯，邑千戶。六年，出爲雲麾將軍、晉安太守。閩越俗好反亂，前後太守莫能止息，侃至討擊，斬其渠帥陳稱、吳滿等，於是郡內肅清，莫敢犯者。頃之，徵太子左衛率。

大同三年，車駕幸樂遊苑，侃預宴。時少府奏新造兩刃矟成，長二丈四尺，〔二〕圍一尺三寸，高祖因賜侃馬，令試之。侃執矟上馬，左右擊刺，特盡其妙，高祖善之。又製武宴詩三十韻以示侃，侃卽席應詔，高祖覽曰：「吾聞仁者有勇，今見勇者有仁，可謂鄒、魯遺風，英賢不絕。」六年，遷司徒左長史。八年，遷都官尚書。時尚書令何敬容用事，與之並省，未嘗遊造。有宦者張僧胤候侃，侃曰：「我牀非閹人所坐。」竟不前之，時論美其貞正。九年，出爲使持節、壯武將軍、衡州刺史。

太清元年，徵爲侍中。會大舉北伐，仍以侃爲持節、冠軍，監作韓山堰事，兩旬堰立。侃勸元帥貞陽侯乘水攻彭城，不納；既而魏援大至，侃頻勸乘其遠來可擊，旦日又勸出戰，並不從，侃乃率所領出頓堰上。及衆軍敗，侃結陣徐還。

二年，復爲都官尚書。侯景反，攻陷歷陽，高祖問侃討景之策。侃曰：「景反迹久見，或容豕突，宜急據采石，令邵陵王襲取壽春。景進不得前，退失巢窟，烏合之衆，自然瓦解。」議者謂景未敢便逼京師，遂寢其策，令侃率千餘騎頓望國門。景至新林，追侃入副宣城王都督城內諸軍事。時景既卒至，百姓競入，公私混亂，無復次第。侃乃區分防擬，皆以宗室間之。軍人爭入武庫，自取器甲，所司不能禁，侃命斬數人，方得止。及賊逼城，衆皆恟懼，侃僞稱得射書，云「邵陵王、西昌侯已至近路」。衆乃少安。賊攻東掖門，縱火甚盛，侃親自距抗，以水沃火，火滅，引弓射殺數人，賊乃退。加侍中、軍師將軍。有詔送金五千兩，銀萬兩，絹萬匹，以賜戰士，侃辭不受。部曲千餘人，並私加賞賚。

賊爲尖頂木驢攻城，矢石所不能制，侃作雉尾炬，施鐵鏃，以油灌之，擲驢上焚之，俄盡。賊又東西兩面起土山，以臨城，城中震駭，侃命爲地道，潛引其土，山不能立。賊又作登城樓車，高十餘丈，欲臨射城內，侃曰：「車高塹虛，彼來必倒，可臥而觀之，不勞設備。」及車動果倒，衆皆服焉。賊既頻攻不捷，乃築長圍。朱异、張綰議欲出擊之，高祖以問侃，侃曰：「不可。賊多日攻城，既不能下，故立長圍，欲引城中降者耳。今擊之，出人若少，不足破賊，若多，則一旦失利，自相騰踐，門隘橋小，必大致挫衄，此乃示弱，非騁王威也。」不從，遂使千餘人出戰，未及交鋒，望風退走，果以爭橋赴水，死者太半。

初，侃長子鷟爲景所獲，執來城下示侃，侃謂曰：「我傾宗報主，猶恨不足，豈復計此一子，幸汝早能殺之。」數日復持來，侃謂鷟曰：「久以汝爲死，猶復在邪？吾以身許國，誓死行陣，終不以爾而生進退。」因引弓射之。賊感其忠義，亦不之害也。景遣儀同傅士哲呼侃與語曰：「侯王遠來問訊天子，何爲閉距，不時進納？尚書國家大臣，宜啓朝廷。」侃曰：「侯將軍奔亡之後，歸命國家，重鎮方城，懸相任寄，何所患苦，忽致稱兵？今驅烏合之卒，至王城之下，虜馬飲淮，矢集帝室，豈有人臣而至於此？吾荷國重恩，當稟承廟算，以掃大逆耳，不能妄受浮說，開門揖盜。幸謝侯王，早自爲所。」士哲又曰：「侯王事君盡節，不爲朝廷所知，正欲面啓至尊，以除姦佞。既居戎旅，故帶甲來朝，何謂作逆？」侃曰：「聖上臨四海將五十年，聰明叡哲，無幽不照，有何姦佞而得在朝？欲飾其非，寧無詭說。且侯王親舉白刃，以向城闕，事君盡節，正若是邪！」士哲無以應，乃曰：「在北之日，久挹風猷，每恨平生，未獲披敍，願去戎服，得一相見。」侃爲之免胄，士哲瞻望久之而去。其爲北人所欽慕如此。

後大雨，城內土山崩，賊乘之垂入，苦戰不能禁，侃乃令多擲火，爲火城以斷其路，徐於裏築城，賊不能進。十二月，遘疾卒于臺內，時年五十四。詔給東園祕器，布絹各五百匹，錢三百萬，贈侍中、護軍將軍，鼓吹一部。

侃少而雄勇，膂力絕人，所用弓至十餘石。嘗於兗州堯廟蹋壁，直上至五尋，橫行得七跡。泗橋有數石人，長八尺，大十圍，侃執以相擊，悉皆破碎。

侃性豪侈，善音律，自造採蓮、棹歌兩曲，甚有新致。姬妾侍列，窮極奢靡。有彈箏人陸太喜，著鹿角爪長七寸。儛人張淨琬，腰圍一尺六寸，時人咸推能掌中儛。又有孫荊玉，能反腰帖地，銜得席上玉簪。敕賚歌人王娥兒，東宮亦賚歌者屈偶之，並妙盡奇曲，一時無對。初赴衡州，於兩艖䑣起三間通梁水齋，飾以珠玉，加之錦繢，盛設帷屏，陳列女樂，乘潮解纜，臨波置酒，緣塘傍水，觀者塡咽。大同中，魏使陽斐，與侃在北嘗同學，有詔令侃延斐同宴。賓客三百餘人，器皆金玉雜寶，奏三部女樂，至夕，侍婢百餘人，俱執金花燭。侃不能飲酒，而好賓客交遊，終日獻酬，同其醉醒。性寬厚，有器局，嘗南還至漣口，置酒，有客張孺才者，醉於船中失火，延燒七十餘艘，所燔金帛不可勝數。侃聞之，都不挂意，命酒不輟。孺才慚懼，自逃匿，侃慰喻使還，待之如舊。第三子鵾。〔一二〕

鵾字子鵬。隨侃臺內，城陷，竄於陽平，侯景呼還，待之甚厚。及景敗，鵾密圖之，乃隨其東走。景於松江戰敗，惟餘三舸，下海欲向蒙山。會景倦晝寢，鵾語海師：「此中何處有蒙山！汝但聽我處分。」遂直向京口。至胡豆洲，景覺，大驚，問岸上人，云「郭元建猶在廣陵」，景大喜，將依之。鵾拔刀叱海師，使向京口。景欲透水，鵾抽刀斫之，景乃走入船中，以小刀抉船，鵾以矟入刺殺之。世祖以鵾爲持節、通直散騎常侍、都督青冀二州諸軍事、明威將軍、青州刺史，封昌國縣公，〔一三〕邑二千戶，賜錢五百萬，米五千石，布絹各一千匹，又領東陽太守。征陸納，加散騎常侍。平峽中，除西晉州刺史。破郭元建於東關，遷使持節、信武將軍、東晉州刺史。承聖三年，西魏圍江陵，鵾赴援不及，從王僧愔征蕭勃於嶺表。〔一四〕聞太尉僧辯敗，乃還，爲侯瑱所破，於豫章遇害，時年二十八。

羊鵶仁字孝穆，太山鉅平人也。少驍果有膽力，仕郡爲主簿。普通中，率兄弟自魏歸國，封廣晉縣侯。征伐青、齊間，累有功績，稍遷員外散騎常侍、歷陽太守。中大通四年，爲持節、都督譙州諸軍事、信威將軍、譙州刺史。大同七年，除太子左衞率，出爲持節、都督南北司豫楚四州諸軍事、輕車將軍、北司州刺史。侯景降，詔鵶仁督土州刺史桓和之、〔一五〕仁州刺史湛海珍等精兵三萬，趨懸瓠應接景，仍爲都督豫司淮冀殷應西豫等七州諸軍事、司豫二州刺史，鎭懸瓠。會侯景敗於渦陽，魏軍漸逼，鵶仁恐糧運不繼，遂還北司，上表陳謝，高祖大怒，責之，鵶仁懼，又頓軍於淮上。及侯景反，鵶仁率所部入援。太淸二年，景旣背盟，鵶仁乃與趙伯超及南康王會理共攻賊於東府城，反爲賊所敗。臺城陷，鵶仁見景，爲景所留，以爲五兵尚書。鵶仁常思奮發，謂所親曰：「吾以凡流，受寵朝廷，竟無報效，以答重恩。社稷傾危，身不能死，偸生苟免，以至于今。若以此終，沒有餘憤。」因遂泣下，見者傷焉。三年，出奔江西，〔一六〕其故部曲數百人迎之，將赴江陵，至東莞，爲故北徐州刺史荀伯道諸子所害。

史臣曰：高祖革命受終，光期寶運，威德所漸，莫不懷來，其皆殉難投身，前後相屬。元法僧之徒入國，並降恩遇，位重任隆，擊鍾鼎食，美矣。而羊侃、鴉仁值太清之難，並竭忠奉國。侃則臨危不撓，鴉仁守義殞命，可謂志等松筠，心均鐵石，古之殉節，斯其謂乎。

校勘記

〔一〕大通三年至平越中郎將廣州刺史　「大通」上疑脫「中」字。自普通中至中大通三年，爲平越中郎將、廣州刺史者乃景隆。至中大通三年，景隆自廣州刺史徵還爲侍中、安右將軍，景仲乃出爲廣州刺史。

〔二〕兄景隆後爲廣州刺史　「兄」上疑奪一「繼」字。景隆於太清初又爲廣州刺史，行至雷首，病死，景仲卽繼其兄後爲廣州刺史。

〔三〕元樹字君立　魏書咸陽王禧傳作「字秀和」。

〔四〕父僖咸陽王　「僖」，魏書獻文六王傳作「禧」。

〔五〕樹仕魏爲宗正卿屬尒朱榮亂以天監八年歸國　張森楷梁書校勘記：「案禧以反誅，諸子安得爲宗正卿？尒朱榮起兵在孝昌末、武泰初，於梁當大通元、二年，去天監八年近二十年。樹以天監八年降，安得云屬尒朱榮亂？此傳聞之誤。」

〔六〕顧達仕魏爲中書令郢州刺史　「郢州」，各本誤作「司州」，據本書武帝紀改。

〔七〕普通中大軍北伐攻義陽顧達舉州獻款　本書武帝紀：「魏郢州刺史元顧達以義陽內附，置北司州。」事在大通二年四月。「普通」當作「大通」。

〔八〕又歷武陽宣城內史　武陽疑武陵之譌。沅州有武陵郡，梁爲王國。

〔九〕幷其兄默及三弟忱給元皆拜爲刺史　按：百衲本卷末有曾鞏校語：「『悦』南史作『忱』，未知孰是。」是宋代所見梁書「忱」本作「悦」。册府元龜二一五作「悦」。

〔一〇〕出頓日城　「日」字疑爲「呂」字之譌。

〔一一〕時少府奏新造兩刃矟成長二丈四尺　「二」字各本脫，據南史及册府元龜八四五補。

〔一二〕第三子鵾　「鵾」侯景傳作「鯤」，其字或從魚或從鳥。本傳云「字子鵬」，蓋取莊子逍遥遊「鯤化爲鵬」之意，當以作「鯤」爲是。然侃長子名鸞，則鵾字子鵬亦自可通。

〔一三〕封昌國縣公　「公」南史及册府元龜八四七作「侯」。

〔一四〕從王僧愔征蕭勃於嶺表　「勃」各本譌「轂」，據南史梁宗室傳改。

〔一五〕詔鴉仁督土州刺史桓和之　「土州」各本譌「士州」，據南史及隋書地理志改正。

〔一六〕出奔江西　「江西」各本譌「江陵」，據南史及册府元龜三七二改。

梁書卷四十

列傳第三十四

司馬褧　到溉　劉顯　劉之遴 弟之亨　許懋

司馬褧字元素，河內溫人也。曾祖純之，晉大司農高密敬王。祖讓之，員外常侍。父燮，善三禮，仕齊官至國子博士。

褧少傳家業，强力專精，手不釋卷，其禮文所涉書，略皆遍覩。沛國劉瓛爲儒者宗，嘉其學，深相賞好。少與樂安任昉善，昉亦推重焉。初爲國子生，起家奉朝請，稍遷王府行參軍。天監初，詔通儒治五禮，有司舉褧治嘉禮，除尚書祠部郎中。是時創定禮樂，褧所議多見施行。除步兵校尉，兼中書通事舍人。褧學尤精於事數，國家吉凶禮，當世名儒明山賓、賀瑒等疑不能斷，皆取決焉。

累遷正員郎、鎭南諮議參軍，兼舍人如故。遷尙書右丞。出爲仁威長史、長沙內史。

還除雲騎將軍，兼御史中丞，頃之卽眞。十六年，出爲宣毅南康王長史、行府國並石頭戍軍事。褧雖居外官，有敕預文德、武德二殿長名問訊，不限日。十七年，遷明威將軍、晉安王長史，未幾卒。王命記室庾肩吾集其文爲十卷，所撰嘉禮儀注一百一十二卷。〔一〕

到漑字茂灌，彭城武原人。曾祖彥之，宋驃騎將軍。祖仲度，驃騎江夏王從事中郎。父坦，齊中書郎。

漑少孤貧，與弟洽俱聰敏有才學，早爲任昉所知，由是聲名益廣。起家王國左常侍，轉後軍法曹行參軍，歷殿中郎。出爲建安內史，遷中書郎，兼吏部，太子中庶子。湘東王繹爲會稽太守，以漑爲輕車長史、行府郡事。高祖敕王曰：「到漑非直爲汝行事，足爲汝師，間有進止，每須詢訪。」遭母憂，居喪盡禮，朝廷嘉之。服闋，猶蔬食布衣者累載。除通直散騎常侍，御史中丞，太府卿，都官尚書，郢州長史、江夏太守，加招遠將軍，入爲左民尚書。

漑身長八尺，美風儀，善容止，所莅以淸白自脩。性又率儉，不好聲色，虛室單牀，傍無姬侍，自外車服，不事鮮華，冠履十年一易，朝服或至穿補，傳呼淸路，示有朝章而已。頃之，坐事左遷金紫光祿大夫，〔二〕俄授散騎常侍、侍中、國子祭酒。

漑素謹厚，特被高祖賞接，每與對棊，從夕達旦。漑第山池有奇石，高祖戲與賭之，并禮記一部，漑並輸焉，未進，高祖謂朱异曰：「卿謂到漑所輸可以送未？」漑斂板對曰：「臣既事君，安敢失禮。」高祖大笑，其見親愛如此。

後因疾失明，詔以金紫光祿大夫、散騎常侍，就第養疾。漑家門雍睦，兄弟特相友愛。初與弟洽常共居一齋，洽卒後，便捨爲寺，因斷腥羶，終身蔬食，別營小室，朝夕從僧徒禮誦。高祖每月三置淨饌，恩禮甚篤。蔣山有延賢寺者，漑家世創立，故生平公俸，咸以供焉，略無所取。性又不好交游，惟與朱异、劉之遴、張綰同志友密。及臥疾家園，門可羅雀，三君每歲時常鳴騶枉道，以相存問，置酒叙生平，極歡而去。臨終，託張、劉勒子孫以薄葬之禮，卒時年七十二。詔贈本官。有集二十卷行於世。時以漑、洽兄弟比之二陸，故世祖贈詩曰：「魏世重雙丁，晉朝稱二陸，何如今兩到，復似凌寒竹。」

子鏡，字圓照，安西湘東王法曹行參軍，太子舍人，早卒。

鏡子藎，早聰慧，起家著作佐郎，歷太子舍人，宣城王主簿，太子洗馬，尙書殿中郎。嘗從高祖幸京口，登北顧樓賦詩，藎受詔便就，上覽以示漑曰：「藎定是才子，翻恐卿從來文章假手於藎。」因賜漑連珠曰：「硏磨墨以騰文，筆飛毫以書信。如飛蛾之赴火，豈焚身之可吝。

必耄年其已及，可假之於少藎。」其見知賞如此。除丹陽尹丞。太淸亂，赴江陵卒。

劉顯字嗣芳，沛國相人也。父𠷊，晉安內史。

顯幼而聰敏，當世號曰神童。天監初，舉秀才，解褐中軍臨川王行參軍，俄署法曹。顯好學，博涉多通，任昉嘗得一篇缺簡書，文字零落，歷示諸人，莫能識者，顯云是古文尚書所刪逸篇，昉檢周書，果如其說，昉因大相賞異。丁母憂，服闋，尚書令沈約命駕造焉，於坐策顯經史十事，顯對其九。約曰：「老夫昏忘，不可受策；雖然，聊試數事，不可至十也。」顯問其五，約對其二。陸倕聞之歎曰：「劉郎可謂差人，雖吾家平原詣張壯武，王粲謁伯喈，必無此對。」其爲名流推賞如此。及約爲太子少傅，乃引爲五官掾，俄兼廷尉正。五兵尚書傅昭掌著作，撰國史，引顯爲佐。九年，始革尚書五都選，顯以本官兼吏部郎，又除司空臨川王外兵參軍，遷尚書儀曹郎。嘗爲上朝詩，沈約見而美之，時約郊居宅新成，因命工書人題之於壁。出爲臨川王記室參軍。建康平，復入爲尚書儀曹侍郎，兼中書通事舍人。出爲秣陵令，又除驃騎鄱陽王記室，兼中書舍人，累遷步兵校尉、中書侍郎，舍人如故。

顯與河東裴子野、南陽劉之遴、吳郡顧協，連職禁中，遞相師友，時人莫不慕之。顯博聞强記，過於裴、顧，時魏人獻古器，有隱起字，無能識者，顯案文讀之，無有滯礙，考校年月，一字不差，高祖甚嘉焉。

遷尚書左丞，除國子博士。出爲宣遠岳陽王長史，行府國事，未拜，遷雲麾邵陵王長史、尋陽太守。大同九年，王遷鎮郢州，除平西諮議參軍，加戎昭將軍。其年卒，時年六十三。友人劉之遴啓皇太子曰：「之遴嘗聞，夷、叔、柳惠，不逢仲尼一言，則西山餓夫，東國黜士，名豈施於後世。信哉！生有七尺之形，終爲一棺之土。不朽之事，寄之題目，懷珠抱玉，有殁世而名不稱者，可爲長太息，孰過於斯。竊痛友人沛國劉顯，韞櫝藝文，研精覃奧，聰明特達，出類拔羣。闔棺郢都，歸魂上國，卜宅有日，須鐫墓板。〔三〕之遴已略撰其事行，今輒上呈。伏願鴻慈，降茲睿藻，榮其枯胔，以慰幽魂。冒昧塵聞，戰慄無地。」乃蒙令爲誌銘曰：「繁弱挺質，空桑吐聲，分器見重，播樂傳名。誰其均之？美有髦士。禮著幼年，業明壯齒。厭飫典墳，研精名理。一見弗忘，過目則記。若訪賈逵，如問伯始。穎脫斯出，學優而仕。議獄既佐，芸蘭乃握。摶鳳池水，推羊太學。內參禁中，外相藩岳。斜光已道，殞彼西浮，百川到海，還逐東流。營營返魄，汎汎虛舟。白馬向郊，丹旐背鞏。野埃興伏，山雲輕重。呂掩書墳，揚歸玄冢。爾其戒行，途窮士壟。弱葛方施，叢柯日拱。璲柳荑春，禽寒斂氄。長空常暗，陰泉獨湧。祔彼故塋，流芬相踵。」

顯有三子：莠，荏，臻。臻早著名。

劉之遴字思貞，南陽涅陽人也。父虯，齊國子博士，謚文範先生。之遴八歲能屬文，十五舉茂才對策，沈約、任昉見而異之。起家寧朔主簿。吏部尚書王瞻嘗候任昉，值之遴在坐，昉謂瞻曰：「此南陽劉之遴，學優未仕，水鏡所宜甄擢。」瞻卽辟爲太學博士。時張稷新除尚書僕射，託昉爲讓表，昉令之遴代作，操筆立成。昉曰：「荊南秀氣，果有異才，後仕必當過僕。」御史中丞樂藹，卽之遴舅，憲臺奏彈，皆之遴草焉。遷平南行參軍，尚書起部郎，延陵令，荊州治中。太宗臨荊州，仍遷宣惠記室。之遴篤學明審，博覽羣籍。時劉顯、韋稜並强記，之遴每與討論，咸不能過也。

還除通直散騎侍郎，兼中書通事舍人。遷正員郎，尚書右丞，荊州大中正。累遷中書侍郎，鴻臚卿，復兼中書舍人。出爲征西鄱陽王長史、南郡太守，高祖謂曰：「卿母年德並高，故令卿衣錦還鄉，盡榮養之理。」後轉爲西中郎湘東王長史，太守如故。初，之遴在荊府，嘗寄居南郡廨，忽夢前太守袁彖謂曰：「卿後當爲折臂太守，卽居此中。」之遴後果損臂，遂臨此郡。丁母憂，服闋，徵祕書監，領步兵校尉。出爲郢州行事，之遴意不願出，固辭，高祖手敕曰：「朕聞妻子具，孝衰於親；爵祿具，忠衰於君。卿既內足，理忘奉公之節。」遂爲有司所奏免。久之，爲太府卿，都官尚書，太常卿。

之遴好古愛奇，在荆州聚古器數十百種。有一器似甌，可容一斛，上有金錯字，時人無能知者。又獻古器四種於東宮。其第一種，鏤銅鴟夷榼二枚，兩耳有銀鏤，銘云「建平二年造」。其第二種，金銀錯鏤古樽二枚，有篆銘云「秦容成侯適楚之歲造」。其第三種，外國澡灌一口，銘云「元封二年，龜茲國獻」。其第四種，古製澡盤一枚，銘云「初平二年造」。

時鄱陽嗣王範得班固所上漢書眞本，獻之東宮，皇太子令之遴與張纘、到溉、陸襄等參校異同。之遴具異狀十事，其大略曰：「案古本漢書稱『永平十六年五月二十一日己酉，郎班固上』，而今本無上書年月日字。又案古本敍傳號爲中篇，今本稱爲敍傳。又今本敍傳載班彪事行，而古本云『稚生彪，自有傳』。又今本紀及表、志、列傳不相合爲次，而古本相合爲次，總成三十八卷。又今本外戚在西域後，古本外戚次帝紀下。又今本高五子、文三王、景十三王、武五子、宣元六王雜在諸傳秩中，古本諸王悉次外戚下，在陳項傳前。又今本韓彭英盧吳述云『信惟餓隸，布實黥徒，越亦狗盜，芮尹江湖，雲起龍驤，化爲侯王』，古本述云『淮陰毅毅，杖劍周章，邦之傑子，實惟彭、英，化爲侯王，雲起龍驤』。又古本第三十七卷，解音釋義，以助雅詁，而今本無此卷。」

之遴好屬文，多學古體，與河東裴子野、沛國劉顯常共討論書籍，因爲交好。是時周易、尚書、禮記、毛詩並有高祖義疏，惟左氏傳尚闕，之遴乃著春秋大意十科，左氏十科，三傳同異十科，合三十事以上之。高祖大悅，詔答之曰：「省所撰春秋義，比事論書，辭微旨遠。編年之教，言闡義繁，丘明傳洙泗之風，公羊稟西河之學，鐸椒之解不追，瑕丘之說無取。繼踵胡母，仲舒云盛，因循穀梁，〔四〕千秋最篤。張蒼之傳左氏，賈誼之襲荀卿，源本分鑣，指歸殊致，詳略紛然，其來舊矣。昔在弱年，乃經研味，一從遺置，迄將五紀。兼晚冬晷促，機事罕暇，夜分求衣，未遑搜括。須待夏景，試取推尋，若溫故可求，別酬所問也。」

太清二年，侯景亂，之遴避難還鄉，未至，卒於夏口，時年七十二。前後文集五十卷，行於世。

之亨字嘉會，之遴弟也。少有令名。舉秀才，拜太學博士，稍遷兼中書通事舍人，步兵校尉，司農卿。又代兄之遴爲安西湘東王長史、南郡太守。在郡有異績。數年卒於官，時年五十。荆土至今懷之，不忍斥其名，號爲「大南郡」、「小南郡」云。

許懋字昭哲，高陽新城人，魏鎮北將軍允九世孫。祖珪，宋給事中，著作郎，桂陽太守。父勇慧，齊太子家令，冗從僕射。

懋少孤，性至孝，居父憂，執喪過禮。篤志好學，爲州黨所稱。十四入太學，受毛詩，旦領師說，晚而覆講，座下聽者常數十百人，因撰風雅比興義十五卷，盛行於世。尤曉故事，稱爲儀注之學。

起家後軍豫章王行參軍，轉法曹，舉茂才，〔五〕遷驃騎大將軍儀同中記室。文惠太子聞而召之，侍講于崇明殿，除太子步兵校尉。永元中，轉散騎侍郎，兼國子博士。與司馬褧同志友善，僕射江祏甚推重之，號爲「經史笥」。天監初，吏部尚書范雲舉懋參詳五禮，除征西鄱陽王諮議，兼著作郎，待詔文德省。時有請封會稽禪國山者，高祖雅好禮，因集儒學之士，草封禪儀，將欲行焉。懋以爲不可，因建議曰：

臣案舜幸岱宗，是爲巡狩，而鄭引孝經鉤命決云「封于泰山，考績柴燎，禪乎梁甫，刻石紀號」。此緯書之曲說，非正經之通義也。依白虎通云，「封者，言附廣也；禪者，言成功相傳也」。若以禪授爲義，則禹不應傳啓至桀十七世也，湯又不應傳外丙至紂三十七世也。又禮記云：「三皇禪奕奕，謂盛德也。五帝禪亭亭，特立獨起於身也。三王禪梁甫，連延不絕，父沒子繼也。」〔六〕若謂「禪奕奕爲盛德者，古義以伏羲、神農、黃帝，是爲三皇。伏羲封泰山，禪云云，黄帝封泰山，禪亭亭，皆不禪奕奕，而云盛德，則無所寄矣。若謂五帝禪亭亭，特立獨起於身者，顓頊封泰山，禪云云，帝嚳封泰山，禪云云，堯封泰山，禪云云，舜封泰山，禪云云，亦不禪亭亭，若合黄帝以爲五帝者，少昊卽黄帝子，又非獨立之義矣。若謂三王禪梁甫，連延不絕，父沒子繼者，禹封泰山，禪云云，周成王封泰山，禪社首，舊書如此，異乎禮說，皆道聽所得，失其本文。假使三王皆封泰山禪梁甫者，是爲封泰山則有傳世之義，禪梁甫則有揖讓之懷，或欲禪位，或欲傳子，義既矛盾，理必不然。

又七十二君，夷吾所記，此中世數，裁可得二十餘主：伏羲、神農、女媧、大庭、栢皇、中央、栗陸、驪連、赫胥、尊盧、混沌、昊英、有巢、朱襄、葛天、陰康、無懷、黄帝、少昊、顓頊、高辛、堯、舜、禹、湯、文、武，中間乃有共工，霸有九州，非帝之數，云何得有七十二君封禪之事？且燧人以前至周之世，〔七〕未有君臣，人心淳朴，不應金泥玉檢，升中刻石。燧人、伏羲、神農三皇結繩而治，書契未作，未應有鐫文告成。且無懷氏，伏羲後第十六主，云何得在伏羲前封泰山禪云云？

夷吾又曰「惟受命之君然後得封禪。」周成王非受命君，云何而得封泰山禪社首？神農與炎帝是一主，而云神農封泰山禪云云，炎帝封泰山禪云云，分爲二人，妄亦甚矣。若是聖主，不須封禪；若是凡主，不應封禪。當是齊桓欲行此事，管仲知其不可，故舉怪物以屈之也。

秦始皇登泰山，中坂，風雨暴至，休松樹下，封爲五大夫，而事不遂。漢武帝宗信方士，廣召儒生，皮弁搢紳，射牛行事，獨與霍嬗俱上，既而子侯暴卒，厥足用傷。至魏明使高堂隆撰其禮儀，聞隆沒，歎息曰：「天不欲成吾事，高生捨我亡也。」晉武泰始中欲封禪，乃至太康議猶不定，竟不果行。孫皓遣兼司空董朝、兼太常周處至陽羨封禪國山。此朝君子，有何功德？不思古道而欲封禪，皆是主好名於上，臣阿旨於下也。

夫封禪者，不出正經，惟左傳說「禹會諸侯於塗山，執玉帛者萬國」，亦不謂爲封禪。鄭玄有參、柴之風，不能推尋正經，專信緯候之書，斯爲謬矣。蓋禮云「因天事天，因地事地，因名山升中于天，因吉土享帝于郊」。燔柴岱宗，卽因山之謂矣。故曲禮云「天子祭天地」是也。又祈穀一，報穀一，禮乃不顯祈報地，推文則有。樂記云：「大樂與天地同和，大禮與天地同節；和故百物不失，節故祀天祭地。」百物不失者，天生之，地養之，故知地亦有祈報，是則一年三郊天，三祭地。周官有員丘方澤者，總爲三事，郊祭天地，故小宗伯云「兆五帝於四郊」，此卽月令迎氣之郊也。舜典有「歲二月東巡狩，至于岱宗」，夏南，秋西，冬北，五年一周，若爲封禪，何其數也！此爲九郊，亦皆正義。至如大旅於南郊者，非常祭也。大宗伯「國有大故則旅上帝」，月令云「仲春玄鳥至，祀于高禖」，亦非常祭。故詩云「克禋克祀，以弗無子」。幷有雩禱，亦非常祭。禮云「雩，禜水旱也」。是爲合郊天地有三，特郊天有九，非常祀又有三。孝經云：「宗祀文王於明堂，以配上帝。」雩祭與明堂雖是祭天，而不在郊，是爲天祀有十六，地祭有三，惟大禘祀不在此數。大傳云：「王者禘其祖之所自出，以其祖配之。」異於常祭，以故云大於時祭。案繫辭云：「易之爲書也，廣大悉備。有天道焉，有地道焉，有人道焉，兼三才而兩之，故六。六者非佗，三才之道也。」乾象云：「大哉乾元，萬物資始，乃統天。雲行雨施，品物流形，大明終始，六位時成。」此則應六年一祭，坤元亦爾。誠敬之道，盡此而備。至於封禪，非所敢聞。

高祖嘉納之，因推演懋議，稱制旨以答，請者由是遂停。

十年，轉太子家令。宋、齊舊儀，郊天祀帝皆用袞冕，至天監七年，懋始請造大裘。至是，有事於明堂，儀注猶云「服袞冕」。懋駮云：「禮云『大裘而冕，祀昊天上帝亦如之。』良由天神尊遠，須貴誠質。今泛祭五帝，理不容文。」改服大裘，自此始也。又降敕問：「凡求陰陽，應各從其類，今雩祭燔柴，以火祈水，意以爲疑。」懋答曰：「雩祭燔柴，經無其文，良由先儒不思故也。按周宣雲漢之詩曰：『上下奠瘞，靡神不宗。』毛注云：『上祭天，下祭地，奠其幣，瘞其物。』以此而言，爲旱而祭天地，並有瘞埋之文，不見有燔柴之說。若以祭五帝必應燔柴者，今明堂之禮，又無其事。且禮又云『埋少牢以祭時』，時之功是五帝，此又是不用柴之證矣。昔雩壇在南方正陽位，有乖求神；而已移於東，實柴之禮猶未革。請停用柴，其牲牢等物，悉從坎瘞，以符周宣雲漢之說。」詔並從之。凡諸禮儀，多所刊正。以足疾出爲始平太守，政有能名。加散騎常侍，轉天門太守。中大通三年，皇太子召諸儒參錄長春義記。四年，拜中庶子。是歲，卒，時年六十九。撰述行記四卷，有集十五卷。

陳吏部尚書姚察曰：司馬褧儒術博通，到溉文義優敏，顯、懋之遴强學浹洽，並職經便繁，應對左右，斯蓋嚴、朱之任焉。而溉、之遴遂至顯貴，亟拾青紫；然非遇時，焉能致此仕也。

校勘記

〔一〕所撰嘉禮儀注一百一十二卷　「二」當依本書徐勉傳作「六」。

〔二〕坐事左遷金紫光祿大夫　錢大昕廿二史考異：「金紫光祿大夫似非左遷之官。」按南史作「左遷光祿大夫」。

〔三〕闔棺郢都歸魂上國卜宅有日須鐫墓板　「上國卜宅」四字，各本脫，據册府元龜七九二及通志補。

〔四〕因循穀梁　「循」各本作「脩」，據南史改。

〔五〕轉法曹舉茂才　「舉」字各本脫，據南史補。

〔六〕又禮記云至父沒子繼也　錢大昕廿二史考異：「按禮記無此段文字。禮記當作禮說。禮說者，禮緯也。下文云異乎禮說，可證記爲說之譌矣。」

〔七〕且燧人以前至周之世　「至周」含義不明，疑爲「玄同」之形譌。「玄同」一詞見老子。

唐姚思廉撰

梁書

第三册

卷四一至卷五六（傳）

中華書局

梁書卷四十一

列傳第三十五

王規 劉瑴 宗懍 王承 褚翔 蕭介 從父兄洽 褚球

劉孺 弟覽 遵 劉潛 弟孝勝 孝威 孝先 殷芸 蕭幾

王規字威明，琅邪臨沂人。祖儉，齊太尉南昌文憲公。父騫，金紫光祿大夫南昌安侯。規八歲，以丁所生母憂，居喪有至性，太尉徐孝嗣每見必爲之流涕，稱曰孝童。叔父暕亦深器重之，常曰：「此兒吾家千里駒也。」年十二，五經大義，並略能通。既長，好學有口辯。州舉秀才，郡迎主簿。

起家祕書郎，累遷太子舍人，安右南康王主簿，太子洗馬。天監十二年，改構太極殿，功畢，規獻新殿賦，其辭甚工。拜祕書丞。歷太子中舍人，司徒左西屬，從事中郎。晉安王綱出爲南徐州，高選僚屬，引爲雲麾諮議參軍。久之，出爲新安太守，父憂去職。服闋，襲封南昌縣侯，除中書黃門侍郎。敕與陳郡殷鈞、琅邪王錫、范陽張緬同侍東宮，〔一〕俱爲昭明太子所禮。湘東王時爲京尹，與朝士宴集，屬規爲酒令。規從容對曰：「自江左以來，未有茲舉。」特進蕭琛、金紫傅昭在坐，並謂爲知言。普通初，陳慶之北伐，剋復洛陽，百僚稱賀，規退曰：「道家有云，非爲功難，成功難也。羯寇遊魂，爲日已久，桓溫得而復失，宋武竟無成功。我孤軍無援，深入寇境，威勢不接，餽運難繼，將是役也，爲禍階矣。」俄而王師覆沒，其識達事機多如此類。

六年，高祖於文德殿餞廣州刺史元景隆，詔羣臣賦詩，同用五十韻，規援筆立奏，其文又美。高祖嘉焉，卽日詔爲侍中。大通三年，遷五兵尚書，俄領步兵校尉。中大通二年，出爲貞威將軍、驃騎晉安王長史。其年，王立爲皇太子，仍爲吳郡太守。主書芮珍宗家在吳，前守宰皆傾意附之，是時珍宗假還，規遇之甚薄，珍宗還都，密奏規云「不理郡事」。俄徵爲左民尚書，郡吏民千餘人詣闕請留，表三奏，上不許。尋以本官領右軍將軍，未拜，復爲散騎常侍、太子中庶子，領步兵校尉。規辭疾不拜，於鍾山宋熙寺築室居焉。〔二〕大同二年，卒，時年四十五。詔贈散騎常侍、光祿大夫，賻錢二十萬，布百匹。謚曰章。皇太子出臨哭，與湘東王繹令曰：「威明昨宵奄復殂化，甚可痛傷。其風韻遒正，神峰標映，千里絕迹，百尺無枝。文辯縱橫，才學優贍，跌宕之情彌遠，濠梁之氣特多，斯實俊民也。一爾過隙，永歸長夜，金刀掩芒，長淮絕涸。去歲冬中，已傷劉子，今茲寒孟，復悼王生，俱往之傷，信非虛說。」規集後漢衆家異同，注續漢書二百卷，文集二十卷。

子褒，字子淵。〔三〕七歲能屬文。外祖司空袁昂愛之，謂賓客曰：「此兒當成吾宅相。」弱冠，舉秀才，除祕書郎，太子舍人，以父憂去職。服闋，襲封南昌侯，除武昌王文學，太子洗馬，兼東宮管記，遷司徒屬，祕書丞，出爲安成內史。太清中，侯景陷京城，江州刺史當陽公大心擧州附賊，賊轉寇南中，褒猶據郡拒守。大寶二年，世祖命徵褒赴江陵，既至，以爲忠武將軍、南平內史，俄遷吏部尚書、侍中。承聖二年，遷尚書右僕射，仍參掌選事，又加侍中。其年，遷左僕射，參掌如故。三年，江陵陷，入于周。

褒著幼訓，以誡諸子。其一章云：

陶士衡曰：「昔大禹不吝尺璧而重寸陰。」文士何不誦書，武士何不馬射。若乃玄冬脩夜，朱明永日，肅其居處，崇其牆仞，門無糅雜，坐闕號呶，以之求學，則仲尼之門人也，以之爲文，則賈生之升堂也。古者盤盂有銘，几杖有誡，進退循焉，俯仰觀焉。文王之詩曰：「靡不有初，鮮克有終。」立身行道，終始若一。「造次必於是」，君子之言歟。

儒家則尊卑等差，吉凶降殺。君南面而臣北面，天地之義也。鼎俎奇而籩豆偶，陰陽之義也。道家則墮支體，黜聰明，棄義絕仁，離形去智。釋氏之義，見苦斷習，證滅循道，明因辨果，偶凡成聖，斯雖爲教等差，而義歸汲引。吾始乎幼學，及于知命，既崇周、孔之教，兼循老、釋之談，江左以來，斯業不墜，汝能脩之，吾之志也。初，有沛國劉瑴、南陽宗懍與褒俱爲中興佐命，同參帷幄。

劉瑴字仲寶，晉丹陽尹眞長七世孫也。少方正有器局。自國子禮生射策高第，爲寧海令，稍遷湘東王記室參軍，又轉中記室。太清中，侯景亂，世祖承制上流，書檄多委瑴焉，瑴亦竭力盡忠，甚蒙賞遇。歷尚書左丞，御史中丞。承聖二年，遷吏部尚書、國子祭酒，餘如故。

宗懍字元懍。八世祖承，晉宜都郡守，屬永嘉東徙，子孫因居江陵焉。懍少聰敏好學，晝夜不倦，鄉里號爲「童子學士」。普通中，爲湘東王府兼記室，轉刑獄，仍掌書記。歷臨汝、建成、廣晉等令，後又爲世祖荆州別駕。及世祖卽位，以爲尚書郎，封信安縣侯，邑一千戶。累遷吏部郎中，五兵尚書，吏部尚書。承聖三年，江陵沒，與瑴俱入于周。

王承字安期，僕射暕子。七歲通周易，選補國子生。年十五，射策高第，除祕書郎。歷太子舍人，南康王文學，邵陵王友，太子中舍人，以父憂去職。服闋，復爲中舍人，累遷中書黃門侍郎，兼國子博士。時膏腴貴遊，咸以文學相尚，罕以經術爲業，惟承獨好之，發言吐論，造次儒者。在學訓諸生，述禮、易義。中大通五年，遷長兼侍中，俄轉國子祭酒。承祖儉及父暕嘗爲此職，三世爲國師，前代未之有也，當世以爲榮。久之，出爲戎昭將軍、東陽太守。爲政寬惠，吏民悅之。視事未期，卒於郡，時年四十一。謚曰章子。

承性簡貴有風格。時右衞朱异當朝用事，每休下，車馬常塡門。時有魏郡申英好危言高論，以忤權右，常指异門曰：「此中輻輳，皆以利往，能不至者，惟有大小王東陽。」小東陽，卽承弟穉也。當時惟承兄弟及褚翔不至异門，時以此稱之。

褚翔字世擧，河南陽翟人。曾祖淵，齊太宰文簡公，佐命齊室。祖蓁，太常穆子。父向，字景政，年數歲，父母相繼亡沒，向哀毀若成人者，親表咸異之。旣長，淹雅有器量，高祖踐阼，選補國子生。起家祕書郎，遷太子舍人，尙書殿中郎。出爲安成內史。還除太子洗馬，中舍人，累遷太尉從事中郎，黃門侍郎，鎭右豫章王長史。頃之，入爲長兼侍中。向風儀端麗，眉目如點，每公庭就列，爲衆所瞻望焉。大通四年，出爲寧遠將軍北中郎廬陵王長史，三年，卒官。〔四〕外兄謝舉爲製墓銘，其略曰：「弘治推華，子嵩慚量；酒歸月下，風清琴上。」論者以爲擬得其人。

翔初爲國子生，舉高第。丁父憂，服闋，除祕書郎，累遷太子舍人，宣城王主簿。中大通五年，高祖宴羣臣樂遊苑，別詔翔與王訓爲二十韻詩，限三刻成。翔於坐立奏，高祖異焉，卽日轉宣城王文學，俄遷爲友。時宣城友、文學加它王二等，故以翔超爲之，時論美焉。出爲義興太守，翔在政潔己，省繁苛，去浮費，百姓安之。郡之西亭有古樹，積年枯死，翔至郡，忽更生枝葉，百姓咸以爲善政所感。及秩滿，吏民詣闕請之，敕許焉。尋徵爲吏部郎，去郡，百姓無老少追送出境，涕泣拜辭。

翔居小選公清，不爲請屬易意，號爲平允。俄遷侍中，頃之轉散騎常侍，領羽林監，侍東宮。出爲晉陵太守，在郡未期，以公事免。俄復爲散騎常侍，侍東宮。太清二年，遷守吏部尚書。其年冬，侯景圍宮城，翔於圍內丁母憂，以毀卒，時年四十四。詔贈本官。

翔少有孝性。爲侍中時，母疾篤，請沙門祈福，中夜忽見戶外有異光，又聞空中彈指，及曉疾遂愈，咸以翔精誠所致焉。

蕭介字茂鏡，蘭陵人也。祖思話，宋開府儀同三司、尚書僕射。父惠蒨，齊左民尚書。

介少穎悟，有器識，博涉經史，兼善屬文。齊永元末，釋褐著作佐郎。天監六年，除太子舍人。八年，遷尚書金部郎。十二年，轉主客郎。出爲吳令，甚著聲績。湘東王聞介名，思共遊處，表請之。普通三年，乃以介爲湘東王諮議參軍。大通二年，除給事黃門侍郎。大同二年，武陵王爲揚州刺史，以介爲府長史，在職清白，爲朝廷所稱。高祖謂何敬容曰：「蕭介甚貧，可處以一郡。」敬容未對，高祖曰：「始興郡頃無良守，嶺上民頗不安，可以介爲之。」由是出爲始興太守。介至任，宣布威德，境內肅清。七年，徵爲少府卿，尋加散騎常侍。會侍中闕，選司舉王筠等四人，並不稱旨，高祖曰：「我門中久無此職，宜用蕭介爲之。」介博物强識，應對左右，多所匡正，高祖甚重之。遷都官尚書，每軍國大事，必先詢訪於介焉，高祖謂朱异曰：「端右之材也。」中大同二年，辭疾致事，高祖優詔不許，終不肯起，乃遣謁者僕射魏祥就拜光祿大夫。

太清中，侯景於渦陽敗走，入壽陽，高祖敕防主韋黯納之，〔五〕介聞而上表諫曰：

臣抱患私門，竊聞侯景以渦陽敗績，隻馬歸命，陛下不悔前禍，復敕容納。臣聞凶人之性不移，天下之惡一也。昔呂布殺丁原以事董卓，終誅董而爲賊；劉牢反王恭以歸晉，還背晉以構妖。何者？狼子野心，終無馴狎之性；養虎之喻，必見飢噬之禍。侯景獸心之種，鳴鏑之類。以凶狡之才，荷高歡翼長之遇，位忝台司，任居方伯，然而高歡墳土未乾，即還反噬。逆力不逮，乃復逃死關西；宇文不容，故復投身於我。陛下前者所以不逆細流，正欲以屬國降胡以討匈奴，〔六〕冀獲一戰之效耳。今既亡師失地，直是境上之匹夫，陛下愛匹夫而棄與國之好，臣竊不取也。

若國家猶待其更鳴之晨，歲暮之效，臣竊惟侯景必非歲暮之臣；棄鄉國如脫屣，背君親如遺芥，豈知遠慕聖德，爲江淮之純臣！事跡顯然，無可致惑。一隅尚其如此，觸類何可具陳。

臣朽老疾侵，不應輒干朝政；但楚囊將死，有城郢之忠，衞魚臨亡，亦有屍諫之節。臣忝爲宗室遺老，敢忘劉向之心。伏願天慈，少思危苦之語。

高祖省表歎息，卒不能用。

介性高簡，少交遊，惟與族兄琛、從兄眎素及洽、從弟溆等文酒賞會，時人以比謝氏烏衣之遊。初，高祖招延後進二十餘人，置酒賦詩，臧盾以詩不成，罰酒一斗，盾飲盡，顏色不變，言笑自若；介染翰便成，文無加點，高祖兩美之曰：「臧盾之飲，蕭介之文，即席之美也。」

年七十三，卒於家。

第三子允，初以兼散騎常侍聘魏，還爲太子中庶子，後至光祿大夫。

洽字宏稱，介從父兄也。父惠基，齊吏部尚書，有重名前世。

洽幼敏寤，年七歲，誦楚辭略上口。及長，好學博涉，亦善屬文。齊永明中，爲國子生，舉明經，起家著作佐郎，遷西中郎外兵參軍。天監初，爲前軍鄱陽王主簿、尚書□部郎，遷太子中舍人。出爲南徐州治中，既近畿重鎭，吏數千人，〔七〕前後居之者皆致巨富，洽爲之，清身率職，饋遺一無所受，妻子不免飢寒。還除司空從事中郎，爲建安內史，坐事免。久之，起爲護軍長史，北中郎諮議參軍，遷太府卿，司徒臨川王司馬。普通初，拜員外散騎常侍，兼御史中丞，以公事免。頃之，爲通直散騎常侍。洽少有才思，高祖令製同泰、大愛敬二寺刹下銘，其文甚美。二年，遷散騎常侍。出爲招遠將軍、臨海太守，爲政清平，不尙威猛，民俗便之。還拜司徒左長史，又敕撰當塗堰碑，辭亦贍麗。六年，卒官，時年五十五。有詔出舉哀，賻錢二萬，布五十匹。集二十卷，行於世。

褚球字仲寶，河南陽翟人。高祖叔度，宋征虜將軍、雍州刺史；祖曖，太宰外兵參軍；父績，太子舍人；並尚宋公主。

球少孤貧，篤志好學，有才思。宋建平王景素，元徽中誅滅，惟有一女得存，其故吏何昌寓、王思遠聞球清立，以此女妻之，因爲之延譽。仕齊起家征虜行參軍，俄署法曹，遷右軍曲江公主簿。出爲溧陽令，在縣清白，資公俸而已。除平西主簿。

天監初，遷太子洗馬，散騎侍郎，兼中書通事舍人。出爲建康令，母憂去職，以本官起之，固辭不拜。服闋，除北中郎諮議參軍，俄遷中書郎，復兼中書通事舍人。除雲騎將軍，累兼廷尉，光祿卿，舍人如故。遷御史中丞。球性公强，無所屈撓，在憲司甚稱職。普通四年，出爲北中郎長史、南蘭陵太守。入爲通直散騎常侍，領羽林監。七年，遷太府卿，頃之，遷都官尚書。中大同中，出爲仁威臨川王長史、江夏太守，以疾不赴職。改授光祿大夫，未拜，復爲太府卿，領步兵校尉。俄遷通直散騎常侍，祕書監，領著作。遷司徒左長史，常侍、著作如故。自魏孫禮、晉荀組以後，台佐加貂，始自球也。〔八〕尋出爲貞威將軍輕車河東王長史、南蘭陵太守。入爲散騎常侍，領步兵。尋表致仕，詔不許。俄復拜光祿大夫，加給事中，卒官，時年七十。

劉孺字孝稚，彭城安上里人也。祖勔，宋司空忠昭公。父悛，齊太常敬子。孺幼聰敏，七歲能屬文。年十四，居父喪，毀瘠骨立，宗黨咸異之。服闋，叔父瑱爲義興郡，攜以之官，常置坐側，謂賓客曰：「此兒吾家之明珠也。」既長，美風采，性通和，雖家人不見其喜愠。本州召迎主簿。

起家中軍法曹行參軍，時鎮軍沈約聞其名，引爲主簿，常與遊宴賦詩，大爲約所嗟賞。累遷太子舍人，中軍臨川王主簿，太子洗馬，尚書殿中郎。出爲太末令，在縣有清績。還除晉安王友，轉太子中舍人。

孺少好文章，性又敏速，嘗於御坐爲李賦，受詔便成，文不加點，高祖甚稱賞之。後侍宴壽光殿，詔羣臣賦詩，時孺與張率並醉，未及成，高祖取孺手板題戲之曰：「張率東南美，劉孺雒陽才，攬筆便應就，何事久遲回？」其見親愛如此。

轉中書郎，兼中書通事舍人。頃之遷太子家令，餘如故。出爲宣惠晉安王長史，領丹陽尹丞，遷太子中庶子，尚書吏部郎。出爲輕車湘東王長史，領會稽郡丞，公事免。頃之，起爲王府記室，散騎侍郎，兼光祿卿。累遷少府卿，司徒左長史，御史中丞，號爲稱職。大通二年，遷散騎常侍。三年，遷左民尚書，領步兵校尉。中大通四年，出爲仁威臨川王長史、江夏太守，加貞威將軍。五年，爲寧遠將軍、司徒左長史，未拜，改爲都官尚書，領右軍將軍。大同五年，守吏部尚書。其年，出爲明威將軍、晉陵太守。在郡和理，爲吏民所稱。七年，入爲侍中，領右軍。其年，復爲吏部尚書，以母憂去職。居喪未期，以毁卒，時年五十九。謚曰孝子。

孺少與從兄苞、孝綽齊名，苞早卒，孝綽數坐免黜，位並不高，惟孺貴顯。有文集二十卷。

子㒟，著作郎，早卒。孺二弟：覽，遵。

覽字孝智。十六通老、易。歷官中書郎，以所生母憂，廬于墓，再期，口不嘗鹽酪，冬止著單布。家人患其不勝喪，中夜竊置炭於牀下，覽因暖氣得睡，既覺知之，號慟歐血。高祖聞其有至性，數省視之。服闋，除尚書左丞。性聰敏，尚書令史七百人，一見並記名姓。當官清正，無所私。姊夫御史中丞褚湮，從兄吏部郎孝綽，在職頗通贓貨，覽劾奏，並免官。孝綽怨之，嘗謂人曰：「犬齧行路，覽噬家人。」出爲始興內史，治郡尤勵清節。還復爲左丞，卒官。

遵字孝陵。少清雅，有學行，工屬文。起家著作郎，太子舍人，累遷晉安王宣惠、雲麾二府記室，甚見賓禮，轉南徐州治中。王後爲雍州，復引爲安北諮議參軍、帶邔縣令。中大通二年，王立爲皇太子，仍除中庶子。遵自隨藩及在東宮，以舊恩，偏蒙寵遇，同時莫及。大同元年，卒官。皇太子深悼惜之，與遵從兄陽羨令孝儀令曰：

賢從中庶，〔九〕奄至殞逝，痛可言乎！其孝友淳深，立身貞固，內含玉潤，外表瀾清。美譽嘉聲，流於士友，言行相符，終始如一。文史該富，琬琰爲心，辭章博贍，玄黃成采。既以鳴謙表性，又以難進自居，未嘗造請公卿，締交榮利，是以新沓莫之舉，杜武弗之知。自阮放之官，野王之職，栖遲門下，已踰五載，同僚已陟，後進多升，而怡然清靜，不以少多爲念，確爾之志，亦何易得。西河觀寶，東江獨步，書籍所載，必不是過。

吾昔在漢南，連翩書記，及忝朱方，從容坐首。良辰美景，清風月夜，鷁舟乍動，朱鷺徐鳴，未嘗一日而不追隨，一時而不會遇。酒闌耳熱，言志賦詩，校覆忠賢，搉揚文史，益者三友，此實其人。及弘道下邑，未申善政，而能使民結去思，野多馴雉，此亦威鳳一羽，足以驗其五德。比在春坊，載獲申晤，博望無通賓之務，司成多節文之科，所賴故人時相媲偶，而此子溘然，實可嗟痛。「惟與善人」，此爲虛說；天之報施，豈若此乎！想卿痛悼之誠，亦當何已。往矣奈何，投筆惻愴。

吾昨欲爲誌銘，並爲撰集。吾之劣薄，其生也不能揄揚吹歔，使得騁其才用，今者爲銘爲集，何益既往？故爲痛惜之情，不能已已耳。

劉潛字孝儀，祕書監孝綽弟也。幼孤，與兄弟相勵勤學，並工屬文。孝綽常曰「三筆六詩」，三卽孝儀，六孝威也。天監五年，舉秀才。起家鎮右始興王法曹行參軍，隨府益州，兼記室。王入爲中撫軍，轉主簿，遷尚書殿中郎。敕令製雍州平等寺金像碑，〔一〇〕文甚宏麗。晉安王綱出鎮襄陽，引爲安北功曹史，以母憂去職。王立爲皇太子，孝儀服闋，仍補洗馬，遷中舍人。出爲戎昭將軍、陽羨令，甚有稱績，擢爲建康令。大同三年，遷中書郎，以公事左遷安西諮議參軍，兼散騎常侍。使魏還，復除中書郎。頃之，權兼司徒右長史，又兼寧遠長史、行彭城琅邪二郡事。累遷尚書左丞，兼御史中丞。在職彈糾無所顧望，當時稱之。十年，出爲伏波將軍、臨海太守。是時政網疏濶，百姓多不遵禁，孝儀下車，宣示條制，勵精綏撫，境內翕然，風俗大革。中大同元年，入守都官尚書。太清元年，出爲明威將軍、豫章內史。二年，侯景寇京邑，孝儀遣子勵帥郡兵三千人，隨前衡州刺史韋粲入援。三年，宮城不守，孝儀爲前歷陽太守莊鐵所逼，失郡。大寶元年，病卒，時年六十七。

孝儀爲人寬厚，內行尤篤。第二兄孝能早卒，〔一〕孝儀事寡嫂甚謹，家內巨細，必先諮決。與妻子朝夕供事，未嘗失禮。世以此稱之。有文集二十卷，行於世。

第五弟孝勝，歷官邵陵王法曹、湘東王安西主簿記室，尚書左丞。出爲信義太守，公事免。久之，復爲尚書右丞，兼散騎常侍。聘魏還，爲安西武陵王紀長史、蜀郡太守。太清中，侯景陷京師，紀僭號於蜀，以孝勝爲尚書僕射。承聖中，隨紀出峽口，兵敗，被執下獄。世祖尋宥之，起爲司徒右長史。

第六弟孝威，初爲安北晉安王法曹，轉主簿，以母憂去職。服闋，除太子洗馬，累遷中舍人，庶子，率更令，並掌管記。大同九年，白雀集東宮，孝威上頌，其辭甚美。太清中，遷中庶子，兼通事舍人。及侯景寇亂，孝威於圍城得出，隨司州刺史柳仲禮西上，至安陸，遇疾卒。

第七弟孝先，武陵王法曹、主簿，王遷益州，隨府轉安西記室。承聖中，與兄孝勝俱隨紀軍出峽口，兵敗，至江陵，世祖以爲黃門侍郎，遷侍中。兄弟並善五言詩，見重於世。文集值亂，今不具存。

殷芸字灌蔬，陳郡長平人。性倜儻，不拘細行；然不妄交遊，門無雜客。勵精勤學，博洽羣書。幼而廬江何憲見之，深相歎賞。永明中，爲宜都王行參軍。天監初，爲西中郎主簿、後軍臨川王記室。七年，遷通直散騎侍郎，兼中書通事舍人。十年，除通直散騎侍郎，兼尚書左丞，又兼中書舍人，遷國子博士，昭明太子侍讀，西中郎豫章王長史，領丹陽尹丞，累遷通直散騎常侍，祕書監，司徒左長史。普通六年，直東宮學士省。大通三年，卒，時年五十九。

蕭幾字德玄，齊曲江公遙欣子也。年十歲，能屬文。早孤，有弟九人，並皆稚小，幾恩愛篤睦，聞於朝野。性溫和，與物無競，清貧自立。好學，善草隸書。湘州刺史楊公則，曲江之故吏也。每見幾，謂人曰：「康公此子，可謂桓靈寶重出。」〔一三〕及公則卒，幾爲之誄，時年十五，沈約見而奇之，謂其舅蔡撙曰：「昨見賢甥楊平南誄文，不減希逸之作，始驗康公積善之慶。」

釋褐著作佐郎，廬陵王文學，尚書殿中郎，太子舍人，掌管記，遷庶子，中書侍郎，尚書左丞。末年，專尚釋教。爲新安太守，郡多山水，特其所好，適性遊履，遂爲之記。卒于官。子爲，字元專，〔一三〕亦有文才，仕至太子舍人，永康令。

史臣曰：王規之徒，俱著名譽，既逢休運，才用各展，美矣。蕭洽當塗之制，見偉辭人，劉孝儀兄弟，並以文章顯，君子知梁代之有人焉。

校勘記

〔一〕敕與陳郡殷鈞琅邪王錫范陽張緬同侍東宮　「殷鈞」南史作「殷芸」。

〔二〕於鍾山宋熙寺築室居焉　「宋熙」各本作「宗熙」，據南史及本書處士劉訏傳改。

〔三〕子褒字子淵　「子淵」各本作「子漢」，當是姚思廉避唐諱改，今據周書王褒傳改回。

〔四〕大通四年出爲寧遠將軍北中郎廬陵王長史三年卒官　大通無四年，下又有「三年，卒官」。四、三顛倒，當有脫譌。

〔五〕高祖敕防主韋黯納之　「黯」各本譌「默」，據南史及本書侯景傳改。

〔六〕正欲以屬國降胡以討匈奴　上「以」字，通鑑梁紀一七作「比」。

〔七〕史數千人　南史作「職吏數千人」。

〔八〕台佐加貂始自球也　「自」各本譌「有」，據南史及太平御覽二〇九改正。

〔九〕賢從中庶　南史「從」下有「弟」字。

〔一〇〕敕令製雍州平等寺金像碑　「寺」字各本脫，據南史補。

〔一一〕第二兄孝能早卒　「能」南史作「熊」。

〔一二〕可謂桓靈寶重出　「重」各本脫，據南史補。

〔一三〕子爲字元專　南史「爲」作「清」，無「字元專」三字。

梁書卷四十二

列傳第三十六

臧盾 弟厥 傅岐

臧盾字宣卿，東莞莒人。高祖燾，宋左光祿大夫。祖潭之，〔一〕左民尚書。父未甄，博涉文史，有才幹，少爲外兄汝南周顒所知。宋末，起家爲領軍主簿，所奉即齊武帝。入齊，歷太尉祭酒，尚書主客郎，建安廬陵二王府記室，前軍功曹史，通直郎，南徐州中正，丹陽尹丞。高祖平京邑，霸府建，引爲驃騎刑獄參軍。天監初，除後軍諮議中郎、南徐州別駕，入拜黃門郎，遷右軍安成王長史、少府卿。出爲新安太守，有能名。還爲太子中庶子，司農卿，太尉長史。丁所生母憂，三年廬于墓側。服闋，除廷尉卿。出爲安成王長史、江夏太守，卒官。

盾幼從徵士琅邪諸葛璩受五經，通章句。璩學徒常有數十百人，盾處其間，無所狎比。

璩異之，歎曰：「此生重器，王佐才也。」初爲撫軍行參軍，遷尚書中兵郎。盾美風姿，善舉止，每趨奏，高祖甚悅焉。入兼中書通事舍人，除安右錄事參軍，舍人如故。

盾有孝性，隨父宿直於廷尉，母劉氏在宅，夜暴亡，左手中指忽痛，不得寢，及曉，宅信果報凶問，其感通如此。服制未終，父又卒，盾居喪五年，不出廬戶，形骸枯顇，家人不復識。鄉人王端以狀聞，高祖嘉之，敕累遣抑譬。

服闋，除丹陽尹丞，轉中書郎，復兼中書舍人，遷尚書左丞，爲東中郎武陵王長史，行府州國事，領會稽郡丞。還除少府卿，領步兵校尉，遷御史中丞。盾性公強，居憲臺甚稱職。

中大通五年二月，高祖幸同泰寺開講，設四部大會，衆數萬人，南越所獻馴象，忽於衆中狂逸，乘轝羽衞及會皆駭散，惟盾與散騎郎裴之禮嶷然自若，高祖甚嘉焉。

俄有詔，加散騎常侍，未拜，又詔曰：「總一六軍，非才勿授。御史中丞、新除散騎常侍盾，志懷忠密，識用詳慎，當官平允，處務勤恪，必能緝斯戎政。可兼領軍，常侍如故。」大同二年，遷中領軍。領軍管天下兵要，監局事多。盾爲人敏贍，有風力，長於撥繁，職事甚理。天監中，吳平侯蕭景居此職，著聲稱，至是盾復繼之。

五年，出爲仁威將軍、吳郡太守，視事未期，以疾陳解。拜光祿大夫，加金章紫綬。七年，疾愈，復爲領軍將軍。九年，卒，時年六十六。卽日有詔舉哀。贈侍中，領軍如故。給東園祕器，朝服一具，衣一襲，錢布各有差。謚曰忠。

子長博，字孟弘，桂陽內史。次子仲博，曲阿令。盾弟厥。

厥字獻卿，亦以幹局稱。初爲西中郎行參軍，尚書主客郎。入兼中書通事舍人，累遷正員郎，鴻臚卿，舍人如故。遷尚書右丞，未拜，出爲晉安太守。郡居山海，常結聚逋逃，前二千石雖募討捕，而寇盜不止。厥下車，宣風化，凡諸凶黨，皆繦負而出，居民復業，商旅流通。然爲政嚴酷少恩，吏民小事必加杖罰，百姓謂之「臧虎」。還除驃騎廬陵王諮議參軍，復兼舍人。遷員外散騎常侍，兼司農卿，舍人如故。大同八年，卒官，時年四十八。

厥前後居職，所掌之局大事及蘭臺廷尉所不能決者，敕並付厥。厥辨斷精詳，咸得其理。厥卒後，有撾登聞鼓訴者，求付清直舍人。高祖曰：「臧厥既亡，此事便無可付。」其見知如此。

子操，尚書三公郎。

傅岐字景平，北地靈州人也。高祖弘仁，宋太常。祖琰，齊世爲山陰令，有治能，自縣擢爲益州刺史。父翽，天監中，歷山陰、建康令，亦有能名，官至驃騎諮議。

岐初爲國子明經生，起家南康王左常侍，〔二〕遷行參軍，兼尚書金部郎，母憂去職，居喪盡禮。服闋後，疾廢久之。是時改創北郊壇，初起岐監知繕築，事畢，除始新令。〔三〕縣民有因鬬相毆而死者，死家訴郡，郡錄其仇人，考掠備至，終不引咎，郡乃移獄於縣，岐即命脫械，以和言問之，便即首服。法當償死，會冬節至，岐乃放其還家，使過節一日復獄。曹掾固爭曰：「古者乃有此，於今不可行。」岐曰：「其若負信，縣令當坐，主者勿憂。」竟如期而反。太守深相歎異，遽以狀聞。岐後去縣，民無老小，皆出境拜送，啼號之聲，聞於數十里。至都，除廷尉正，入兼中書通事舍人，遷寧遠岳陽王記室參軍，舍人如故。出爲建康令，以公事免。俄復爲舍人，累遷安西中記室，鎭南諮議參軍，兼舍人如故。

岐美容止，博涉能占對。大同中，與魏和親，其使歲中再至，常遣岐接對焉。太淸元年，累遷太僕，司農卿，舍人如故。在禁省十餘年，機事密勿，亞於朱异。此年冬，豫州刺史貞陽侯蕭淵明率衆伐彭城，兵敗陷魏。二年，淵明遣使還，述魏人欲更通和好，敕有司及近臣定議。左衞朱异曰：「高澄此意，當復欲繼好，不爽前和；邊境且得靜寇息民，於事爲便。」議者並然之。岐獨曰：「高澄既新得志，其勢非弱，何事須和？此必是設間，故令貞陽遣使，令侯景自疑當以貞陽易景。景意不安，必圖禍亂。今若許澄通好，正是墮其計中。且彭城去歲喪師，渦陽新復敗退，令便就和，益示國家之弱。若如愚意，此和宜不可許。」朱异等固執，高祖遂從异議。及遣和使，侯景果有此疑，累啓請追使，敕但依違報之，至八月，遂舉兵反。十月，入寇京師，請誅朱异。三年，遷中領軍，舍人如故。二月，景於闕前通表，乞割江右四州，安其部下，當解圍還鎮，敕許之。乃於城西立盟，求遣宣城王出送。岐固執宣城嫡嗣之重，不宜許，遣石城公大款送之。及與景盟訖，城中文武喜躍，望得解圍。岐獨言於衆曰：「賊舉兵爲逆，未遂求和，夷情獸心，必不可信，此和終爲賊所詐也。」衆並怨怪之。及景背盟，莫不歎服。尋有詔，以岐勤勞，封南豐縣侯，邑五百戶，固辭不受。宮城失守，岐帶疾出圍，卒於宅。

陳吏部尚書姚察曰：夫舉事者定於謀，故萬舉無遺策，信哉是言也。傅岐識齊氏之僞和，可謂善於謀事，是時若納岐之議，太淸禍亂，固其不作。申子曰：「一言倚，天下靡。」此之謂乎。

校勘記

〔一〕祖潭之　「潭」各本作「潬」，形近而譌，據南史及宋書臧燾傳改。

〔二〕起家南康王左常侍　「左」各本譌「宏」，據南史改。

〔三〕除始新令　「始」各本譌「如」，據南史及册府元龜七〇四、太平御覽二六七改。

梁書卷四十三

列傳第三十七

韋粲　江子一 弟子四　子五　張嵊　沈浚　柳敬禮

韋粲字長蒨，〔一〕車騎將軍叡之孫，北徐州刺史放之子也。有父風，好學仗氣，身長八尺，容貌甚偉。初爲雲麾晉安王行參軍，俄署法曹，遷外兵參軍，兼中兵。時潁川庾仲容、吳郡張率，前輩知名，與粲同府，並忘年交好。及王遷鎭雍州，隨轉記室，兼中兵如故。王立爲皇太子，粲遷步兵校尉，入爲東宮領直，丁父憂去職。尋起爲招遠將軍，復爲領直。服闋，襲爵永昌縣侯，除安西湘東王諮議，累遷太子僕，左衞率，領直並如故。粲以舊恩，任寄綢密，雖居職屢徙，常留宿衞，頗擅威名，誕倨，不爲時輩所平。右衞朱异嘗於酒席厲色謂粲曰：「卿何得已作領軍面向人！」

中大同十一年，遷通直散騎常侍，未拜，出爲持節、督衡州諸軍事、安遠將軍、衡州刺史。皇太子出餞新亭，執粲手曰：「與卿不爲久別。」太清元年，粲至州無幾，便表解職。

二年，徵爲散騎常侍。粲還至廬陵，聞侯景作逆，便簡閱部下，得精卒五千，馬百匹，倍道赴援。至豫章，奉命報云「賊已出橫江」，粲卽就內史劉孝儀共謀之。孝儀曰：「必期如此，〔二〕當有別敕，豈可輕信單使，妄相驚動，或恐不然。」時孝儀置酒，粲怒，以杯抵地曰：「賊已渡江，便逼宮闕，水陸俱斷，何暇有報；假令無敕，豈得自安？韋粲今日何情飲酒！」卽馳馬出，部分將發，會江州刺史當陽公大心遣使要粲，粲乃馳往見大心曰：「上游蕃鎭，江州去京最近，殿下情計，實宜在前；但中流任重，當須應接，不可闕鎭。今直且張聲勢，移鎭湓城，遣偏將賜隨，於事便足。」大心然之，遣中兵柳昕帥兵二千人隨粲。粲悉留家累於江州，以輕舸就路。至南州，粲外弟司州刺史柳仲禮亦帥步騎萬餘人至橫江，粲卽送糧仗贍給之，幷散私金帛以賞其戰士。

先是，安北將軍鄱陽王範亦自合肥遣西豫州刺史裴之高與其長子嗣，帥江西之衆赴京師，屯於張公洲，待上流諸軍至。是時，之高遣船渡仲禮，與合軍進屯王遊苑。〔三〕粲建議推仲禮爲大都督，報下流衆軍。裴之高自以年位，恥居其下，乃云：「柳節下是州將，何須我復鞭板。」累日不決。粲乃抗言於衆曰：「今者同赴國難，義在除賊，所以推柳司州者，政以久捍邊疆，先爲侯景所憚；且士馬精銳，無出其前。若論位次，柳在粲下；語其年齒，亦少於粲，直以社稷之計，不得復論。今日形勢，貴在將和；若人心不同，大事去矣。裴公朝之舊齒，年德已隆，豈應復挾私情，以沮大計。粲請爲諸君解釋之。」乃單舸至之高營，切讓之曰：「前諸將之議，豫州意所未同，卽二宮危逼，猾寇滔天，臣子當勠力同心，豈可自相矛盾，豫州必欲立異，鋒鏑便有所歸。」之高垂泣曰：「吾荷國恩榮，自應帥先士卒，顧恨衰老，不能効命，企望柳使君共平凶逆，謂衆議已從，無俟老夫耳。若必有疑，當剖心相示。」於是諸將定議，仲禮方得進軍。

次新亭，賊列陣於中興寺，相持至晚，各解歸。是夜，仲禮入粲營，部分衆軍，旦日將戰，諸將各有據守，令粲頓青塘。青塘當石頭中路，粲慮柵壘未立，賊必爭之，頗以爲憚，謂仲禮曰：「下官才非禦侮，直欲以身殉國。節下善量其宜，不可致有虧喪。」仲禮曰：「青塘立柵，迫近淮渚，欲以糧儲船乘盡就泊之，此是大事，非兄不可。若疑兵少，當更差軍相助。」乃使直閤將軍劉叔胤師助粲，帥所部水陸俱進。時值昏霧，軍人迷失道，比及青塘，夜已過半，壘柵至曉未合。景登禪靈寺門閣，望粲營未立，便率銳卒來攻，軍副王長茂勸據柵待之，粲不從，令軍主鄭逸逆擊之，命劉叔胤以水軍截其後。叔胤畏懦不敢進，逸遂敗。賊乘勝入營，左右牽粲避賊，粲不動，猶叱子弟力戰，兵死略盡，遂見害，時年五十四。粲子尼及三弟助、警、構、從弟昂皆戰死，親戚死者數百人。賊傳粲首闕下，以示城內，太宗聞之流涕曰：「社稷所寄，惟在韋公，如何不幸，先死行陣。」詔贈護軍將軍。世祖平侯景，追謚曰忠貞，並追贈助、警、構及尼皆中書郎，昂員外散騎常侍。

粲長子臧，字君理。歷官尚書三公郎，太子洗馬，東宮領直。侯景至，帥兵屯西華門，城陷，奔江州，收舊部曲，據豫章，爲其部下所害。

江子一字元貞，〔四〕濟陽考城人，晉散騎常侍統之七世孫也。父法成，天監中奉朝請。子一少好學，有志操，以家貧闕養，因蔬食終身。起家王國侍郎，奉朝請。〔五〕啓求觀書祕閣，高祖許之，有敕直華林省。其姑夫右衞將軍朱异，權要當朝，休下之日，賓客輻湊，子一未嘗造門，其高潔如此。稍遷尚書儀曹郎，出爲遂昌、曲阿令，皆著美績。除通直散騎侍郎。出爲戎昭將軍、〔六〕南津校尉。

弟子四，歷尚書金部郎，大同初，遷右丞。兄弟性並剛烈。子四自右丞上封事，極言得失，高祖甚善之，詔尚書詳擇施行焉。左民郎沈炯、少府丞顧璵嘗奏事不允，高祖厲色呵責之，子四乃趨前代炯等對，言甚激切，高祖怒呼縛之，子四據地不受，高祖怒亦止，乃釋之，猶坐免職。

及侯景反，攻陷歷陽，自橫江將渡，子一帥舟師千餘人，於下流欲邀之，其副董桃生家在江北，因與其黨散走。子一乃退還南州，復收餘衆，步道赴京師。賊亦尋至，子一啓太宗云：「賊圍未合，猶可出盪，若營柵一固，無所用武。」請與其弟子四、子五帥所領百餘人，開承明門挑賊。許之。子一乃身先士卒，抽戈獨進，羣賊夾攻之，從者莫敢繼，子四、子五見事急，相引赴賊，並見害。詔曰：「故戎昭將軍、通直散騎侍郎、南津校尉江子一，前尚書右丞江子四，東宮直殿主帥子五，禍故有聞，良以矜惻，死事加等，抑惟舊章。可贈子一給事黃門侍郎，子四中書侍郎，子五散騎侍郎。」侯景平，世祖又追贈子一侍中，諡義子；子四黃門侍郎，諡毅子；子五中書侍郎，諡烈子。

子一續黃圖及班固「九品」，並辭賦文筆數十篇，行於世。

張嵊字四山，鎭北將軍稷之子也。少方雅，有志操，能清言。父臨青州，爲土民所害，嵊感家禍，終身蔬食布衣，手不執刀刃。州舉秀才。起家祕書郎，累遷太子舍人，洗馬，司徒左西掾，中書郎。出爲永陽內史，還除中軍宣城王司馬、散騎常侍。又出爲鎭南湘東王長史、尋陽太守。中大同元年，徵爲太府卿，俄遷吳興太守。

太清二年，侯景圍京城，嵊遣弟伊率郡兵數千人赴援。三年，宮城陷，御史中丞沈浚違難東歸，嵊往見而謂曰：「賊臣憑陵，社稷危恥，正是人臣効命之秋。今欲收集兵力，保據貴鄉。若天道無靈，忠節不展，雖復及死，誠亦無恨。」浚曰：「鄙郡雖小，仗義拒逆，誰敢不從！」固勸嵊舉義。於是收集士卒，繕築城壘。時邵陵王東奔至錢唐，聞之，遣板授嵊征東將軍，加秩中二千石。嵊曰：「朝廷危迫，天子蒙塵，今日何情，復受榮號。」留板而已。賊行臺劉神茂攻破義興，遣使說嵊曰：「若早降附，當還以郡相處，復加爵賞。」嵊命斬其使，仍遣軍主王雄等帥兵於鱧瀆逆擊之，破神茂，神茂退走。侯景聞神茂敗，乃遣其中軍侯子鑒帥精兵二萬人，助神茂以擊嵊，嵊遣軍主范智朗出郡西拒戰，爲神茂所敗，退歸。賊騎乘勝焚柵，柵內衆軍皆土崩。嵊乃釋戎服，坐於聽事，賊臨之以刃，終不爲屈，乃執嵊以送景，景刑之於都市，子弟同遇害者十餘人，時年六十二。賊平，世祖追贈侍中、中衞將軍、開府儀同三司。謚曰忠貞子。

沈浚字叔源，吳興武康人。祖憲，齊散騎常侍，齊史有傳。浚少博學，有才幹，歷山陰、吳、建康令，並有能名。入爲中書郎，尚書左丞。侯景逼京城，遷御史中丞。是時外援並至，侯景表請求和，詔許之。旣盟，景知城內疾疫，復懷姦計，遲疑不去。數日，皇太子令浚詣景所，景曰：「卽已向熱，非復行時，十萬之衆，何由可去，還欲立効朝廷，君可見爲申聞。」浚曰：「將軍此論，意在得城。城內兵糧，尙支百日。將軍儲積內盡，國家援軍外集，十萬之衆，將何所資？而反設此言，欲脅朝廷邪？」景橫刃於膝，瞋目叱之。浚正色責景曰：「明公親是人臣，舉兵向闕，聖主申恩赦過，已共結盟，口血未乾，而有翻背。沈浚六十之年，且天子之使，死生有命，豈畏逆臣之刀乎！」不顧而出。景曰：「是眞司直也。」然密銜之。及破張嵊，乃求浚以害之。

柳敬禮，開府儀同三司慶遠之孫。父津，太子詹事。

敬禮與兄仲禮，皆少以勇烈知名。起家著作佐郎，稍遷扶風太守。侯景渡江，敬禮率馬步三千赴援，至都，據靑溪埭，與景頻戰，恒先登陷陳，甚著威名。臺城沒，敬禮與仲禮俱見於景，景遣仲禮經略上流，留敬禮爲質，以爲護軍。景餞仲禮於後渚，敬禮密謂仲禮曰：「景今來會，敬禮抱之，兄拔佩刀，便可斫殺，敬禮死亦無所恨。」仲禮壯其言，許之。及酒數行，敬禮目仲禮，仲禮見備衞嚴，不敢動，計遂不果。會景征晉熙，敬禮與南康王會理共謀襲其城，刻期將發，建安侯蕭賁知而告之，遂遇害。

史臣曰：若夫義重於生，前典垂誥，斯蓋先哲之所貴也。故孟子稱生者我所欲，義亦我所欲，二事必不可兼得，寧捨生而取義。至如張嵊二三子之徒，捐軀殉節，赴死如歸，英風勁氣，籠罩今古，君子知梁代之有忠臣焉。

校勘記

〔一〕韋粲字長蒨　「蒨」南史作「倩」。

〔二〕必期如此　按：南史及册府元龜三七二無「期」字。

〔三〕與合軍進屯王遊苑　「與」下，南史及册府元龜三七二有「粲」字。按本書裴之高傳云：「之高遣船舸迎致仲禮，與韋粲等俱會青塘。」疑此脫「粲」字。

〔四〕江子一字元貞　「貞」南史作「亮」。

〔五〕起家王國侍郎奉朝請　「奉」字各本脫，據南史補。

〔六〕出爲戎昭將軍　「戎昭將軍」册府元龜八七七作「戎武將軍」。按：隋書百官志及通鑑梁武帝天監七年、中大通元年敍梁將軍名號，無戎昭將軍及戎武將軍。

梁書卷四十四

列傳第三十八

太宗十一王　世祖二子

太宗王皇后生哀太子大器，南郡王大連；陳淑容生尋陽王大心；左夫人生南海王大臨，安陸王大春；謝夫人生瀏陽公大雅；張夫人生新興王大莊；包昭華生西陽王大鈞；范夫人生武寧王大威；褚脩華生建平王大球；陳夫人生義安王大昕；朱夫人生綏建王大摯。自餘諸子，本書不載。

尋陽王大心字仁恕。幼而聰朗，善屬文。中大通四年，以皇孫封當陽公，邑一千五百戶。大同元年，出爲使持節、都督郢南北司定新五州諸軍事、輕車將軍、郢州刺史。時年十三，太宗以其幼，恐未達民情，戒之曰：「事無大小，悉委行事，纖毫不須措懷。」大心雖不親州務，發言每合於理，衆皆驚服。七年，徵爲侍中、兼石頭戍軍事。太清元年，出爲雲麾將軍、江州刺史。二年，侯景寇京邑，大心招集士卒，遠近歸之，衆至數萬，與上流諸軍赴援宮闕。三年，城陷，上甲侯蕭韶南奔，宣密詔，加散騎常侍，進號平南將軍。大寶元年，封尋陽王，邑二千戶。

初，歷陽太守莊鐵以城降侯景，既而又奉其母來奔，大心以鐵舊將，厚爲其禮，軍旅之事，悉以委之，仍以爲豫章內史。侯景數遣軍西上寇抄，大心輒令鐵擊破之，賊不能進。時鄱陽王範率衆棄合肥，屯于栅口，待援兵總集，欲俱進。大心聞之，遣要範西上，以湓城處之，廩饋甚厚，與勠力共除禍難。會莊鐵據豫章反，大心令中兵參軍韋約等將軍擊之，鐵敗績，又乞降。鄱陽世子嗣先與鐵遊處，因稱其人才略從横，且舊將也，欲擧大事，當資其力，若降江州，必不全其首領，嗣請援之。範從之，乃遣將侯瑱率精甲五千往救鐵，夜襲破韋約等營。大心聞之大懼，於是二藩釁起，人心離貳。景將任約略地至于湓城，大心遣司馬韋質拒戰，敗績。時帳下猶有勇士千餘人，咸說曰：「既無糧儲，難以守固，若輕騎往建州，以圖後擧，策之上者也。」大心未決，其母陳淑容曰：「卽日聖御年尊，儲宮萬福，汝久奉違顏色，不念拜謁闕庭，且吾已老，而欲遠涉險路，糧儲不給，豈謂孝子，吾終不行。」因撫胸慟

哭，大心乃止。遂與約和。二年秋，遇害，時年二十九。〔一〕

南海王大臨字仁宣。大同二年，封寧國縣公，邑一千五百戶。少而敏慧。年十一，遭左夫人憂，哭泣毀瘠，以孝聞。後入國學，明經射策甲科，拜中書侍郎，遷給事黃門侍郎。十一年，爲長兼侍中。出爲輕車將軍、琅邪彭城二郡太守。侯景亂，爲使持節、宣惠將軍，屯新亭。俄又徵還，屯端門，都督城南諸軍事。時議者皆勸收外財物，擬供賞賜，大臨獨曰：「物乃賞士，而牛可犒軍。」命取牛，得千餘頭，城內賴以饗士。大寶元年，封南海郡王，邑二千戶。出爲使持節、都督揚南徐二州諸軍事、安南將軍、揚州刺史。又除安東將軍、吳郡太守。時張彪起義於會稽，吳人陸令公、潁川庾孟卿等勸大臨走投彪。大臨曰：「彪若成功，不資我力；如其撓敗，以我說焉，不可往也。」二年秋，遇害于郡，時年二十五。

南郡王大連字仁靖。少俊爽，能屬文，舉止風流，雅有巧思，妙達音樂，兼善丹青。大同二年，封臨城縣公，邑一千五百戶。七年，與南海王俱入國學，射策甲科，拜中書侍郎。十年，高祖幸朱方，大連與兄大臨並從。高祖問曰：「汝等習騎不？」對曰：「臣等未奉詔，不敢輒習。」敕各給馬試之，大連兄弟據鞍往還，各得馳驟之節，高祖大悅，卽賜所乘馬。及爲啓謝，詞又甚美。高祖佗日謂太宗曰：「昨見大臨、大連，風韻可愛，足以慰吾老年。」遷給事黃門侍郎，轉侍中，尋兼石頭戍軍事。太淸元年，出爲使持節、輕車將軍、東揚州刺史。侯景入寇京師，大連率衆四萬來赴。及臺城沒，援軍散，復還揚州。〔三〕三年，會稽山賊田領羣聚黨數萬來攻，大連命中兵參軍張彪擊斬之。大寶元年，封爲南郡王，邑二千戶。景仍遣其將趙伯超、劉神茂來討，大連設備以待之。會將留異以城應賊，大連棄城走，至信安，爲賊所獲。侯景以爲輕車將軍、行揚州事，遷平南將軍、江州刺史。大連旣迫寇手，恒思逃竄，乃與賊約曰：「軍民之事，吾不預焉，侯我存亡，但聽鍾響。」欲簡與相見，因得亡逸，賊亦信之，事未果。二年秋，遇害，時年二十五。

安陸王大春字仁經。少博涉書記。天性孝謹，體貌瓌偉，腰帶十圍。大同六年，封西豐縣公，邑一千五百戶。拜中書侍郎。後爲寧遠將軍，知石頭戍軍事。侯景內寇，大春奔京口，隨邵陵王入援，戰于鍾山，爲賊所獲。京城旣陷，大寶元年，封安陸郡王，邑二千戶。出爲使持節、雲麾將軍、東揚州刺史。二年秋，遇害，時年二十二。

瀏陽公大雅字仁風。大同九年，封瀏陽縣公，邑一千五百戶。少聰警，美姿儀，特爲高祖所愛。太清三年，京城陷，賊已乘城，大雅猶命左右格戰，賊至漸衆，乃自縋而下。因發憤感疾，薨，時年十七。

新興王大莊字仁禮。大同九年，封高唐縣公，邑一千五百戶。大寶元年，封新興郡王，邑二千戶。出爲使持節、都督南徐州諸軍事、宣毅將軍、南徐州刺史。二年秋，遇害，時年十八。

西陽王大鈞字仁輔。〔三〕性厚重，不妄戲弄。年七歲，高祖嘗問讀何書，對曰「學詩」。因命諷誦，音韻清雅，高祖因賜王羲之書一卷。大寶元年，封西陽郡王，邑二千戶。出爲宣惠將軍、丹陽尹。二年，監揚州，將軍如故。至秋遇害，時年十三。

武寧王大威字仁容。美風儀，眉目如畫。大寶元年，封武寧郡王，邑二千戶。二年，出爲信威將軍、丹陽尹。其年秋，遇害，時年十三。

建平王大球字仁珽。大寶元年，封建平郡王，邑二千戶。性明慧夙成。初，侯景圍京城，高祖素歸心釋教，每發誓願，恒云「若有衆生應受諸苦，悉衍身代當。」時大球年甫七歲，聞而驚謂母曰：「官家尙爾，兒安敢辭。」乃六時禮佛，亦云「凡有衆生應獲苦報，悉大球代受。」其早慧如此。二年，出爲輕車將軍、兼石頭戍軍事。其年秋，遇害，時年十一。

義安王大昕字仁朗。年四歲，母陳夫人卒，便哀慕毁顇，有若成人。及高祖崩，大昕奉慰太宗，嗚咽不能自勝，左右見之，莫不掩泣。大寶元年，封義安郡王，邑二千戶。二年，出爲寧遠將軍、琅邪彭城二郡太守，未之鎭，遇害，時年十一。

綏建王大摯字仁瑛。幼雄壯有膽氣，及京城陷，乃歎曰：「大丈夫會當滅虜屬。」嬭媪驚，掩其口曰：「勿妄言，禍將及。」大摯笑曰：「禍至非由此言。」大寶元年，封綏建郡王，邑二千戶。二年，爲寧遠將軍，遇害，時年十歲。

世祖諸男：徐妃生忠壯世子方等；王夫人生貞惠世子方諸；其愍懷太子方矩，本書不載所生，別有傳；夏賢妃生敬皇帝。自餘諸子，並本書無傳。

忠壯世子方等字實相，世祖長子也。母曰徐妃。少聰敏，有俊才，善騎射，尤長巧思。性愛林泉，特好散逸。嘗著論曰：「人生處世，如白駒過隙耳。一壺之酒，足以養性；一簞之食，足以怡形。生在蓬蒿，死葬溝壑，瓦棺石槨，何以異茲？吾嘗夢爲魚，因化爲鳥。當其夢也，何樂如之，及其覺也，何憂斯類，良由吾之不及魚鳥者遠矣。故魚鳥飛浮，任其志性，吾之進退，恒存掌握，舉手懼觸，搖足恐墮。若使吾終得與魚鳥同遊，則去人間如脫屣耳。」初，徐妃以嫉妬失寵，方等意不自安，世祖聞之，又惡方等，方等益懼，故述論以申其志焉。

會高祖欲見諸王長子，世祖遣方等入侍，方等欣然升舟，冀免憂辱。行至繇水，值侯景亂，世祖召之，方等啓曰：「昔申生不愛其死，方等豈顧其生。」世祖省書歎息，知無還意，乃配步騎一萬，使援京都。賊每來攻，方等必身當矢石。宮城陷，方等歸荆州，收集士馬，甚得衆和，世祖始歎其能。方等又勸修築城柵，以備不虞。既成，樓雉相望，周迴七十餘里。世祖觀之甚悅，入謂徐妃曰：「若更有一子如此，吾復何憂。」徐妃不答，垂泣而退。世祖忿之，因疏其穢行，牓于大閤。方等入見，益以自危。時河東王爲湘州刺史，不受督府之令，方等乃乞征之，世祖許焉，拜爲都督，令帥精卒二萬南討。方等臨行，謂所親曰：「吾此段出征，必死無二；死而獲所，吾豈愛生。」及至麻溪，河東王率軍逆戰，方等擊之，軍敗，遂溺死，時年二十二。世祖聞之，不以爲感。後追思其才，贈侍中、中軍將軍、揚州刺史。謚曰忠壯世子。幷爲招魂以哀之。

方等注范曄後漢書，未就。所撰三十國春秋及靜住子，行於世。〔四〕

貞惠世子方諸字智相，世祖第二子。母王夫人。幼聰警博學，明老、易，善談玄，風采清越，辭辯鋒生，特爲世祖所愛，母王氏又有寵。及方等敗沒，世祖謂之曰：「不有所廢，其何以興。」因拜爲中撫軍以自副，又出爲郢州刺史，鎭江夏，以鮑泉爲行事，防遏下流。時世祖遣徐文盛督衆軍，與侯景將任約相持未決，方諸恃文盛在近，不恤軍政，日與鮑泉蒱酒爲樂。侯景知之，乃遣其將宋子仙率輕騎數百，從間道襲之。屬風雨晦冥，子仙至，百姓奔告，方諸與鮑泉猶不信，曰「徐文盛大軍在下，虜安得來？」始命閉門，賊騎已入，城遂陷，子仙執方諸以歸。王僧辯軍至蔡洲，景遂害之。世祖追贈侍中、大將軍。謚曰貞惠世子。

史臣曰：太宗、世祖諸子，雖開土宇，運屬亂離，旣拘寇賊，多殞非命。吁！可嗟矣。

校勘記

〔一〕二年秋遇害時年二十九　太平御覽六〇二引三國典略，云蕭大心與大臨同年，二人同遇害，大臨時年二十五。則「二十九」當作「二十五」。

〔二〕復還揚州　「揚州」上，南史有「東」字，按上文有：「出爲東揚州刺史。」

〔三〕西陽王大鈞字仁輔　「輔」南史作「博」。

〔四〕所撰三十國春秋及靜住子行於世　「靜住子」南史作「篤靜子」。

梁書卷四十五

列傳第三十九

王僧辯

王僧辯字君才，右衞將軍神念之子也。以天監中隨父來奔。起家爲湘東王國左常侍。王爲丹陽尹，轉府行參軍。王出守會稽，兼中兵參軍事。王爲荆州，仍除中兵，在限內。時武寧郡反，王命僧辯討平之。遷貞威將軍、武寧太守。尋遷振遠將軍、廣平太守，秩滿，還爲王府中錄事，參軍如故。王被徵爲護軍，僧辯兼府司馬。王爲江州，仍除雲騎將軍司馬，守湓城。俄監安陸郡，無幾而還。尋爲新蔡太守，猶帶司馬，將軍如故。王除荆州，爲貞毅將軍府諮議參軍事，賜食千人，代柳仲禮爲竟陵太守，改號雄信將軍。屬侯景反，王命僧辯假節，總督舟師一萬，兼糧饋赴援。纔至京都，宮城陷沒，天子蒙塵。僧辯與柳仲禮兄弟及趙伯超等，先屈膝於景，然後入朝。景悉收其軍實，而厚加綏撫。未幾，遣僧辯歸于竟陵，於是倍道兼行，西就世祖。世祖承制，以僧辯爲領軍將軍。

及荆、湘疑貳，軍師失律，世祖又命僧辯及鮑泉統軍討之，分給兵糧，剋日就道。時僧辯以竟陵部下猶未盡來，意欲待集，然後上頓。謂鮑泉曰：「我與君俱受命南討，而軍容若此，計將安之？」泉曰：「既稟廟算，驅率驍勇，事等沃雪，何所多慮。」僧辯曰：「不然。君之所言，故是文士之常談耳。河東少有武幹，兵刃又强，新破軍師，養銳待敵，自非精兵一萬，不足以制之。我竟陵甲士，數經行陣，已遣召之，不久當及。雖期日有限，猶可重申，欲與卿共入言之，望相佐也。」泉曰：「成敗之舉，繫此一行，遲速之宜，終當仰聽。」世祖性嚴忌，微聞其言，以爲遷延不肯去，稍已含怒。及僧辯將入，謂泉曰：「我先發言，君可見係。」泉又許之。及見世祖，世祖迎問曰：「卿已辦乎？何日當發？」僧辯具對如向所言。世祖大怒，按劍厲聲曰：「卿憚行邪！」因起入內。泉震怖失色，竟不敢言。須臾，遣左右數十人收僧辯。既至，謂曰：「卿拒命不行，是欲同賊，今唯有死耳。」僧辯對曰：「僧辯食祿既深，憂責實重，今日就戮，豈敢懷恨；但恨不見老母。」世祖因斫之，中其左髀，流血至地。僧辯悶絕，久之方蘇。卽送付廷尉，幷收其子姪，並皆繫之。會岳陽王軍襲江陵，人情擾攘，未知其備，世祖遣左右往獄，問計於僧辯，僧辯具陳方略，登卽赦爲城內都督。俄而岳陽奔退，而鮑泉力不能剋長沙，世祖乃命僧辯代之。數泉以十罪，遣舍人羅重歡領齋仗三百人，與僧辯俱發。

既至，遣通泉云：「羅舍人被令，送王竟陵來。」泉甚愕然，顧左右曰：「得王竟陵助我經略，賊不足平。」俄而重歡齎令書先入，僧辯從齋仗繼進，泉方拂席，坐而待之。僧辯既入，背泉而坐，曰：「鮑郎，卿有罪，令旨使我鏁卿，勿以故意見待。」因語重歡出令，泉即下地，鏁于牀側。僧辯仍部分將帥，并力攻圍，遂平湘土。

還復領軍將軍。侯景浮江西寇，軍次夏首，僧辯爲大都督，率巴州刺史淳于量、定州刺史杜龕、宜州刺史王琳、郴州刺史裴之横等，〔一〕俱赴西陽。軍次巴陵，聞郢州已沒，僧辯因據巴陵城。世祖乃命羅州刺史徐嗣徽、武州刺史杜崱並會僧辯于巴陵。景既陷郢城，兵衆益廣，徒黨甚鋭，將進寇荆州。乃使僞儀同丁和統兵五千守江夏，大將宋子仙前驅一萬造巴陵，景悉凶徒水步繼進，於是緣江戍邏，望風請服，賊拓邏至于隱磯。僧辯悉上江渚米糧，並沉公私船於水。及賊前鋒次江口，僧辯乃分命衆軍，乘城固守，偃旗臥鼓，安若無人。翌日，賊衆濟江，輕騎至城下，問：「城內是誰？」答曰：「是王領軍。」賊曰：「語王領軍，事勢如此，何不早降？」僧辯使人答曰：「大軍但向荆州，此城自當非礙。僧辯百口在人掌握，豈得便降。」賊騎既去，俄爾又來，曰：「我王已至，王領軍何爲不出與王相見邪？」僧辯不答。頃之，又執王珣等至于城下，珣爲書誘說城內。景帥船艦並集北寺，又分入港中，登岸治道，廣設氈屋，耀軍城東隴上，芟除草芿，開八道向城，遣五千兔頭肉薄苦攻。城內同時鼓譟，矢石雨下，殺賊既多，賊乃引退，世祖又命平北將軍胡僧祐率兵下援僧辯。是日，賊復攻巴陵，水步十處，鳴鼓吹脣，肉薄斫上。城上放木擲火爨礨石，殺傷甚多。午後賊退，乃更起長柵繞城，大列舸艦，以樓船攻水城西南角；又遣人渡洲岸，引牂柯推蝦蟇車塡塹，引障車臨城，二日方止。賊又於艦上豎木桔槔，聚茅置火，以燒水柵，風勢不利，自焚而退。既頻戰挫衂，賊帥任約又爲陸法和所擒，景乃燒營夜遁，旋軍夏首。世祖策勳行賞，以僧辯爲征東將軍、開府儀同三司、江州刺史，封長寧縣公。

於是世祖命僧辯卽率巴陵諸軍，沿流討景。師次郢城，步攻魯山。魯山城主支化仁，〔二〕景之騎將也，率其黨力戰，衆軍大破之，化仁乃降。僧辯仍督諸軍渡江攻郢，〔三〕卽入羅城。宋子仙蟻聚金城拒守，攻之未剋。子仙使其黨時靈護率衆三千，開門出戰，僧辯又大破之，生擒靈護，斬首千級。子仙衆退據倉門，帶江阻險，衆軍攻之，頻戰不剋。景旣聞魯山已沒，郢鎭復失羅城，乃率餘衆倍道歸建業。子仙等困蹙，計無所之，乞輸郢城，身還就景。僧辯僞許之，命給船百艘，以老其意。子仙謂爲信然，浮舟將發，僧辯命杜龕率精勇千人，攀堞而上，同時鼓譟，掩至倉門。水軍主宋遙率樓船，暗江四面雲合，子仙行戰行走，至于白楊浦，乃大破之，生擒子仙送江陵。卽率諸軍進師九水。賊僞儀同范希榮、盧暉略尙據湓城，及僧辯軍至，希榮等因挾江州刺史臨城公棄城奔走。世祖加僧辯侍中、尙書令、征東大將軍，給鼓吹一部。仍令僧辯且頓江州，須衆軍齊集，得時更進。

頃之，世祖命江州衆軍悉同大舉，僧辯乃表皇帝凶問，告于江陵。仍率大將百餘人，連名勸世祖卽位；將欲進軍，又重奉表。雖未見從，並蒙優答。事見本紀。

僧辯於是發自江州，直指建業，乃先命南兗州刺史侯瑱率銳卒輕舸，襲南陵、鵲頭等戍，至卽剋之。先是，陳霸先率衆五萬，出自南江，前軍五千，行至湓口。霸先倜儻多謀策，名蓋僧辯，僧辯畏之。既至湓口，與僧辯會于白茅洲，登壇盟誓，霸先爲其文曰：「賊臣侯景，凶羯小胡，逆天無狀，構造姦惡，違背我恩義，破掠我國家，毒害我生民，移毀我社廟。我高祖武皇帝靈聖聰明，光宅天下，劬勞兆庶，亭育萬民，如我考妣，五十所載。哀景以窮見歸，全景將戮之首，置景要害之地，崇景非次之榮。我高祖於景何薄？我百姓於景何怨？而景長戟强弩，陵蹙朝廷，鋸牙郊甸，殘食含靈，刳肝斮趾，不厭其快，曝骨焚尸，不謂爲酷。高祖菲食卑宮，春秋九十，屈志凝威，憤終賊手。大行皇帝溫嚴恭默，丕守鴻名，於景何有，復加忍毒。皇枝繦抱已上，緦功以還，窮刀極俎，既屠且鱠。豈有率土之濱，謂爲王臣，食人之禾，飲人之水，忍聞此痛，而不悼心？況臣僧辯、臣霸先等，荷稱國藩湘東王臣繹泣血銜哀之寄，摩頂至足之恩，世受先朝之德，身當將帥之任，而不能瀝膽抽腸，共誅姦逆，雪天地之痛，報君父之仇，則不可以稟靈含識，戴天履地。今日相國至孝玄感，靈武斯發，已破賊徒，獲其元帥，止餘景身，尚在京邑。臣僧辯與臣霸先協和將帥，同心共契，必誅凶豎，尊奉相國，嗣膺鴻業，以主郊祭。前途若有一功，獲一賞，臣僧辯等不推己讓物，先身帥衆，則天地宗廟百神之靈，共誅共責。臣僧辯、臣霸先同心共事，不相欺負，若有違戾，明神殛之。」於是升壇歃血，共讀盟文，皆淚下霑襟，辭色慷慨。

及王師次于南州，賊帥侯子鑒等率步騎萬餘人於岸挑戰，又以鵃舫千艘並載士，〔四〕兩邊悉八十棹，棹手皆越人，去來趣襲，捷過風電。僧辯乃麾細船，皆令退縮，悉使大艦夾泊兩岸。賊謂水軍欲退，爭出趨之，衆軍乃棹大艦，截其歸路，鼓譟大呼，合戰中江，賊悉赴水。僧辯卽督諸軍沿流而下，進軍于石頭之斗城，作連營以逼賊。賊乃橫嶺上築五城拒守，侯景自出，與王師大戰於石頭城北。霸先謂僧辯曰：「醜虜遊魂，貫盈已稔，逋誅送死，欲爲一決，我衆賊寡，宜分其勢。」卽遣强弩二千張攻賊西面兩城，仍使結陣以當賊，僧辯在後麾軍而進，復大破之。盧暉略聞景戰敗，以石頭城降，僧辯引軍入據之。景之退也，北走朱方，於是景散兵走告僧辯，僧辯令衆將入據臺城。其夜，軍人採梠失火，燒太極殿及東西堂等。時軍人鹵掠京邑，剝剔士庶，民爲其執縛者，衵衣不免。盡驅逼居民以求購贖，自石頭至于東城，緣淮號叫之聲，震響京邑，於是百姓失望。

僧辯命侯瑱、裴之横率精甲五千，東入討景。僧辯收賊黨王偉等二十餘人，送于江陵。

僞行臺趙伯超自吳松江降於侯瑱，瑱時送至僧辯，僧辯謂伯超曰：「趙公，卿荷國重恩，遂復同逆。今日之事，將欲何如？」因命送江陵。伯超既出，僧辯顧坐客曰：「朝廷昔唯知有趙伯超耳，豈識王僧辯。社稷既傾，爲我所復，人之興廢，亦復何常。」賓客皆前稱歎功德。僧辯瞿然，乃謬答曰：「此乃聖上之威德，羣帥之用命。老夫雖濫居戎首，何力之有焉。」於是逆寇悉平，京都剋定。

世祖卽帝位，以僧辯功，進授鎭衞將軍、司徒，加班劍二十人，改封永寧郡公，食邑五千戶，侍中、尙書令、鼓吹並如故。

是後湘州賊陸納等攻破衡州刺史丁道貴於淥口，盡收其軍實；李洪雅又自零陵率衆出空靈灘，稱助討納。朝廷未達其心，深以爲慮，乃遣中書舍人羅重歡徵僧辯上就驃騎將軍宜豐侯循南征。僧辯因督杜崱等衆軍，發于建業，師次巴陵，詔僧辯爲都督東上諸軍事，霸先爲都督西上諸軍事。先時霸先讓都督於僧辯，僧辯不受，故世祖分爲東西都督，而俱南討焉。時納等下據車輪，夾岸爲城，前斷水勢，士卒驍猛，皆百戰之餘，僧辯憚之，不敢輕進。〔五〕於是稍作連城以逼賊。賊見不敢交鋒，並懷懈怠。僧辯因其無備，命諸軍水步攻之，親執旗鼓，以誡進止。於是諸軍競出，大戰於車輪，與驃騎循並力苦攻，陷其二城。賊大敗，步走歸保長沙，驅逼居民，入城拒守。僧辯追躡，乃命築壘圍之，悉令諸軍廣建圍柵，僧辯出坐壟上而自臨視。賊望識僧辯，知不設備，賊黨吳藏、李賢明等乃率銳卒千人，開門掩出，蒙楯直進，逕趨僧辯。時杜崱、杜龕並侍左右，帶甲衞者止百餘人，因下遣人與賊交戰。李賢明乘鎧馬，從者十騎，大呼衝突，僧辯尙據胡牀，不爲之動，於是指揮勇敢，遂獲賢明，因卽斬之。賊乃退歸城内。初，陸納阻兵内逆，以王琳爲辭，云「朝廷若放王琳，納等自當降伏」。〔六〕于時衆軍並進，未之許也。而武陵王擁衆上流，内外駭懼，世祖乃遣琳和解之。至是湘州平。僧辯旋于江陵，因被詔會衆軍西討，督舟師二萬，輿駕出天居寺餞行。俄而武陵敗績，僧辯自枝江班師于江陵，旋鎭建業。

是月，居少時，復回江陵。齊主高洋遣郭元建率衆二萬，大列舟艦於合肥，將謀襲建業，又遣其大將邢景遠、步大汗薩、東方老等率衆繼之。時陳霸先鎭建康，既聞此事，馳報江陵，世祖卽詔僧辯次于姑孰，卽留鎭焉。先命豫州刺史侯瑱率精甲三千人築壘於東關，以拒北寇，徵吳郡太守張彪、吳興太守裴之橫會瑱於關，因與北軍戰，大敗之，僧辯率衆軍振旅于建業。承聖三年三月甲辰，〔七〕詔曰：「贊俊遂賢，稱于秦典；自上安下，聞之漢制。所以仰協台曜，俯佐弘圖。使持節、侍中、司徒、尙書令、都督揚南徐東揚三州諸軍事、鎭衞將軍、揚州刺史、永寧郡開國公僧辯，器宇凝深，風格詳遠，行爲士則，言表身文，學貫九流，武該七略。頃歲征討，自西徂東，師不疲勞，民無怨讟，王業艱難，實兼夷險。宜其燮此中台，膺茲上將；寄之經野，匡我朝猷。加太尉、車騎大將軍，餘悉如故。」

頃之，丁母太夫人憂，世祖遣侍中謁者監護喪事，策謚曰貞敬太夫人。夫人姓魏氏。神念以天監初董率徒衆據東關，退保合肥灤湖西，因娶以爲室，生僧辯。性甚安和，善於綏接，家門內外，莫不懷之。初，僧辯下獄，夫人流涙徒行，將入謝罪，世祖不與相見。時貞惠世子有寵於世祖，軍國大事多關領焉。夫人詣閤，自陳無訓，涕泗嗚咽，衆並憐之。及僧辯免出，夫人深相責勵，辭色俱嚴。云：「人之事君，惟須忠烈，非但保祐當世，亦乃慶流子孫。」及僧辯剋復舊京，功蓋天下，夫人恒自謙損，不以富貴驕物。朝野咸共稱之，謂爲明哲婦人也。及旣薨殞，甚見愍悼。且以僧辯勳業隆重，故喪禮加焉。靈柩將歸建康，又遣謁者至舟渚弔祭。命尚書左僕射王裒爲其文曰：「維爾世基武子，族懋陽元，金相比映，玉德齊溫。旣稱女則，兼循婦言。書圖鏡覽，辭章討論。教貽俎豆，訓及平原。楚發將兵，孟軻成德，盡忠資敬，自家刑國。顯允其儀，惟民之則。爰命師旅，旣脩我戎；補茲袞職，奄有龜、蒙。母由子貴，亶爾斯崇。嘉命允集，寵章所隆。居高能降，處貴思沖。慶資善始，榮兼令終。崦嵫旣夕，蒹葭早秋，奔駟難返，衝濤詎留。背龍門而西顧，過夏首而東浮。越三宮之遐岳，經三江之派流。鬱鬱增嶺，浮雲蔽虧。滔滔江、漢，逝者如斯。銘旌故旐，宇毀遺碑。卽虛舟而設奠，想徂魂之有知。嗚呼哀哉！」

其年十月，西魏相宇文黑泰遣兵及岳陽王衆合五萬，將襲江陵，〔八〕世祖遣主書李膺徵僧辯於建業，爲大都督、荆州刺史。別敕僧辯云：「黑泰背盟，忽便舉斧。國家猛將，多在下流，荆陝之衆，悉非勁勇。公宜率貔虎，星言就路，倍道兼行，赴倒懸也。」僧辯因命豫州刺史侯瑱等爲前軍，兗州刺史杜僧明等爲後軍。處分既畢，乃謂膺云：「泰兵驍猛，難與爭鋭，衆軍若集，吾便直指漢江，截其後路。凡千里饋糧，尚有飢色；況賊越數千里者乎？此孫臏剋龐涓時也。」俄而京城陷沒，宮車晏駕。及敬帝初即梁主位，〔九〕僧辯預樹立之功，承制進驃騎大將軍、中書監、都督中外諸軍事、錄尚書，與陳霸先參謀討伐。

時齊主高洋又欲納貞陽侯淵明以爲梁嗣，因與僧辯書曰：「梁國不造，禍難相仍。侯景傾蕩建業，武陵彎弓巴、漢。卿志格玄穹，精貫白日，勠力齊心，芟夷逆醜。凡在有情，莫不嗟尚；況我隣國，緝事言前。而西寇承間，復相掩襲，梁主不能固守江陵，殞身宗祏，王師未及，便已降敗，士民小大，皆畢寇虜，乃眷南顧，憒歎盈懷。卿臣子之情，念當鯁裂。如聞權立支子，號令江陰，年甫十餘，極爲沖藐，梁釁未已，負荷諒難。祭則衞君，政由甯氏。幹弱枝强，終古所忌。朕以天下爲家，大道濟物。以梁國淪滅，有懷舊好，存亡拯墜，義在今辰，扶危嗣事，非長伊德。彼貞陽侯，梁武猶子，長沙之胤，以年以望，堪保金陵，故置爲梁主，納於彼國。便詔上黨王渙總攝羣將，扶送江表，雷動風馳，助掃冤逆。清河王岳，前救荆城，軍度安陸，既不相及，憤惋良深。恐及西寇乘流，復躡江左，今轉次漢口，與陸居士相會。卿宜協我良規，厲彼羣帥，部分舟艫，迎接今王，鳩勒勁勇，并心一力。西羌烏合，本非勍寇，直是湘東怯弱，致此淪胥。今者之師，何往不剋，善建良圖，副朕所望也。」

貞陽承齊遣送，將屆壽陽。貞陽前後頻與僧辯書，論還國繼統之意，僧辯不納。及貞陽、高渙至于東關，散騎常侍裴之橫率衆拒戰，敗績，僧辯因遂謀納貞陽，仍定君臣之禮。啓曰：「自秦兵寇陝，臣便營赴援，纔及下船，荆城陷沒，卽遣劉周入國，具表丹誠，左右勳豪，初並同契。周既多時不還，人情疑阻；比册降中使，復遣諸處詢謀，物論參差，未甚決定。始得侯瑱信，示西寇權景宣書，令以眞跡上呈。觀視將帥，恣欲同泰，若一朝仰違大國，臣不辭灰粉，悲梁祚永絕中興。伏願陛下便事濟江，仰藉皇齊之威，憑陛下至聖之略，樹君以長，雪報可期，社稷再輝，死且非吝。請押別使曹沖馳表齊都，續啓事以聞，伏遲拜奉在促。」貞陽答曰：「姜嵩至，枉示具公忠義之懷。家國喪亂，于今積年。三后蒙塵，四海騰沸。天命元輔，匡救本朝。弘濟艱難，建我宗祏。〔一〇〕至於丘園板築，尙想來儀，公室皇枝，豈不虛遲，聞孤還國，理會高懷，但近再命行人，或不宣具。公既詢謀卿士，訪逮藩維，沿泝往來，理淹旬月，使乎屆止，殊副所期。便是再立我蕭宗，重興我梁國，億兆黎庶，咸蒙此恩，社稷宗祧，曾不相愧。近軍次東關，頻遣信裴之橫處，示其可否。答對驕凶，殊駭聞矚。上黨王陳兵見衞，欲敍安危，無識之徒，忽然逆戰，前旌未舉，卽自披猖，驚悼之情，彌以傷惻。上黨王深自矜嗟，不傳首級，更蒙封樹，飾棺厚殯，務從優禮，齊朝大德，信感神民。方仰藉皇威，敬憑元宰，討逆賊於咸陽，誅叛子於雲夢，同心協力，克定邦家。覽所示權景宣書，上流諸將，本有忠略，棄親向讎，庶當不爾，防奸定亂，終在於公。今且頓東關，更待來信，未知水陸何處見迎。夫建國立君，布在方策，入盟出質，有自來矣。若公之忠節，上感蒼旻，羣帥同謀，必匪攜貳，則齊師反旆，義不陵江，如致爽言，誓以無克。韜旗側席，遲復行人。曹沖奉表齊都，卽押送也。渭橋之下，惟遲敍言；汜水之陽，預有號懼。」僧辯又重啓曰：「員外常侍姜暠還，奉敕伏具動止。大齊仁義之風，曲被隣國，卹災救難，中此大猷，皇家枝戚，莫不榮荷，江東冠冕，俱知憑賴。今歃不忘信，信實由衷，謹遣臣第七息顯，顯所生劉并弟子世珍，往彼充質；仍遣左民尚書周弘正至歷陽奉迎。艫舳浮江，俟一龍之渡；清宮丹陛，候六傳之入。萬國傾心，同榮晉文之反；三善克宣，方流宋昌之議。國祚旣隆，社稷有奉。則羣臣竭節，報厚施于大齊，勠力展愚，效忠誠於陛下。今遣吏部尚書王通奉啓以聞。」僧辯因求以敬帝爲皇太子。貞陽又答曰：「王尚書通至，復枉示，知欲遣賢弟世珍以表誠質，具悉憂國之懷。復以庭中玉樹，掌內明珠，無累胸懷，志在匡救，豈非劬勞我社稷，弘濟我邦家，慚歎之懷，用忘興寢。晉安王東京貽厥之重，西都繼體之賢，嗣守皇家，寧非民望。但世道喪亂，宜立長君，以其蒙孽，難可承業。成、昭之德，自古希儔；沖、質之危，何代無此。孤身當否運，志不圖生。忽荷不世之恩，仍致非常之舉。自惟虛薄，兢懼已深。若建承華，本歸皇胄；心口相誓，惟擬晉安。如或虛言，神明所殛。覽今所示，深遂本懷。戢慰之情，無寄言象。但公憂勞之重，既稟齊恩；忠義之情，復及梁貳。華夷兆庶，豈不懷風？宗廟明靈，豈不相感？正爾迴旆，仍向歷陽。所期質累，便望來彼。衆軍不渡，已著盟書。斯則大齊聖主之恩規，上黨英王之然諾，得原失信，終不爲也。惟遲相見，使在不賒。鄉國非遙，觸目號咽。」僧辯使送質于鄴。貞陽求渡衞士三千，僧辯慮其爲變，止受散卒千人而已，并遣龍舟法駕往迎。貞陽濟江之日，僧辯擁檝中流，不敢就岸，後乃同會于江寧浦。

貞陽既踐僞位，仍授僧辯大司馬，領太子太傅、揚州牧，餘悉如故。陳霸先時爲司空、南徐州刺史，惡其翻覆，與諸將議，因自京口舉兵十萬，水陸俱至，襲于建康。於是水軍到，僧辯常處于石頭城，是日正視事，軍人已踰城北而入，南門又馳白有兵來。僧辯與其子頠遽走出閤，左右心腹尚數十人。衆軍悉至，僧辯計無所出，乃據南門樓乞命拜請。霸先因命縱火焚之，方共頠下就執。霸先曰：「我有何辜，公欲與齊師賜討。」又曰：「何意全無防備。」僧辯曰：「委公北門，何謂無備。」爾夜斬之。

長子頵，承聖初歷官至侍中。初，僧辯平建業，遣霸先守京口，都無備防，頵屢以爲言，僧辯不聽，竟及於禍。西魏寇江陵，世祖遣頵督城內諸軍事。荆城陷，頵隨王琳入齊，爲竟陵郡守。齊遣琳鎭壽春，將圖江左，陳旣平淮南，執琳殺之。頵聞琳死，乃出郡城南，登高冢上號哭，一慟而絕。

頵弟頒，少有志節，恒隨從世祖，及荆城陷覆，沒于西魏。

史臣曰：自侯景寇逆，世祖據有上游，以全楚之兵委僧辯將率之任，及剋平禍亂，功亦著焉，在乎策勳，當上台之賞。敬帝以高祖貽厥之重，世祖繼體之尊，洎渚宮淪覆，理膺寶祚。僧辯位當將相，義存伊、霍；乃受脅齊師，傍立支庶。苟欲行夫忠義，何忠義之遠矣。樹國之道旣虧，謀身之計不足，自致殲滅，悲矣！

校勘記

〔一〕郴州刺史裴之横等　錢大昕廿二史考異：「按隋志桂陽郡云平陳置郴州，不云梁所置，裴之横傳亦不云爲郴州刺史。疑此傳誤也。」今按：册府元龜三九九引此段文全同，但無「郴州刺史裴之横」七字。

〔二〕魯山城主支化仁　「支化仁」本書簡文帝紀及侯景傳作「張化仁」，通鑑亦作「張化仁」，胡注：「或曰，張化仁卽支化仁。」

〔三〕僧辯仍督諸軍渡江攻郢　「江」各本作「兵」；惟金陵局本改作「江」，今從之。

〔四〕又以鵃舠千艘並載士　「士」各本皆譌「士」，據册府元龜四三三及通鑑改。

〔五〕僧辯憚之不敢輕進　「敢」各本作「與」，據通鑑改。

〔六〕云朝廷若放王琳納等自當降伏　「放」各本譌作「殺」，據南史改。

〔七〕承聖三年三月甲辰　「三月」各本作「二月」，據本書元帝紀及通鑑改。按：通鑑考異云「典略作『二月甲子』，今從梁紀」。

〔八〕西魏相宇文黑泰遣兵及岳陽王衆合五萬將襲江陵　「黑泰」册府元龜一九九作「泰」。按：宇文泰本名黑獺，獺、泰聲相近。

〔九〕及敬帝初卽梁主位　「主」南史及通鑑並作「王」。

〔一〇〕建我宗祏　「我」各本作「武」，涉形近而訛，今改。

梁書卷四十六

列傳第四十

胡僧祐　徐文盛　杜崱 兄岸　弟幼安　兄子龕　陰子春

胡僧祐字願果，南陽冠軍人。少勇決，有武幹。仕魏至銀青光祿大夫，以大通二年歸國，〔一〕頻上封事，高祖器之，拜假節、超武將軍、文德主帥，使戍項城。城陷，復沒于魏。中大通元年，陳慶之送魏北海王元顥入洛陽，僧祐又得還國，除南天水、天門二郡太守，有善政。性好讀書，不解緝綴，然每在公宴，必强賦詩，文辭鄙俚，多被謿謔，僧祐怡然自若，謂己實工，矜伐愈甚。

晚事世祖，爲鎭西錄事參軍。侯景亂，西沮蠻反，世祖令僧祐討之，使盡誅其渠帥，僧祐諫，忤旨下獄。大寶二年，侯景寇荆陝，圍王僧辯於巴陵，世祖乃引僧祐於獄，拜爲假節、武猛將軍，封新市縣侯，令赴援。僧祐將發，謂其子曰：「汝可開兩門，一門擬朱，一門擬白。

吉則由朱門，凶則由白門，吾不捷不歸也。」世祖聞而壯之。至楊浦，景遣其將任約率銳卒五千，據白堵，遙以待之。〔三〕僧祐由別路西上，約謂畏己而退，急追之，及於南安芊口，呼僧祐曰：「吳兒，何爲不早降？走何處去。」僧祐不與之言，潛引却，至赤砂亭，會陸法和至，乃與并軍擊約，大破之，擒約送于江陵，侯景聞之遂遁。世祖以僧祐爲侍中、領軍將軍，徵還荊州。

承聖二年，進爲車騎將軍、開府儀同三司，餘悉如故。西魏寇至，以僧祐爲都督城東諸軍事。魏軍四面起攻，百道齊舉，僧祐親當矢石，晝夜督戰，奬勵將士，明於賞罰，衆皆感之，咸爲致死，所向摧殄，賊莫敢前。俄而中流矢卒，時年六十三。世祖聞之，馳往臨哭。於是內外恇駭，城遂陷。

徐文盛字道茂，彭城人也。世仕魏爲將。父慶之，天監初，率千餘人自北歸款，未至道卒。文盛仍統其衆，稍立功績，高祖甚優寵之。大同末，以爲持節、督寧州刺史。先是，州在僻遠，所管羣蠻不識教義，貪欲財賄，劫篡相尋，前後刺史莫能制。文盛推心撫慰，示以威德，夷獠感之，風俗遂改。

太清二年，聞國難，乃召募得數萬人來赴。世祖嘉之，以爲持節、散騎常侍、左衞將軍、督梁南秦沙東益巴北巴六州諸軍事、仁威將軍、秦州刺史，授以東討之略。於是文盛督衆軍東下，至武昌，遇侯景將任約，遂與相持久之。世祖又命護軍將軍尹悅、平東將軍杜幼安、巴州刺史王珣等會之，並受文盛節度。擊任約於貝磯，約大敗，退保西陽，文盛進據蘆洲，又與相持。侯景聞之，乃率大衆西上援約，至西陽。文盛不敢戰。諸將咸曰：「景水軍輕進，又甚飢疲，可因此擊之，必大捷。」文盛不許。文盛妻石氏，先在建鄴，至是，景載以還之，文盛深德景，遂密通信使，都無戰心，衆咸憤怨。杜幼安、宋簉等乃率所領獨進，與景戰，大破之，獲其舟艦以歸。會景密遣騎從間道襲陷郢州，軍中兇懼，遂大潰。文盛奔還荊州，世祖仍以爲城北面都督。又聚贓汙甚多，世祖大怒，下令責之，數其十罪，除其官爵。文盛既失兵權，私懷怨望，世祖聞之，乃以下獄。時任約被擒，與文盛同禁。文盛謂約曰：「汝何不早降，令我至此。」約曰：「門外不見卿馬跡，使我何遽得降。」文盛無以答，遂死獄中。

杜崱，京兆杜陵人也。其先自北歸南，居於雍州之襄陽，子孫因家焉。祖靈啓，齊給事中。父懷寶，少有志節，常邀際會。高祖義師東下，隨南平王偉留鎮襄陽。天監中，稍立功績，官至驍猛將軍、梁州刺史。大同初，魏梁州刺史元羅舉州內附，懷寶復進督華州。值秦州所部武興氐王楊紹反，懷寶擊破之。五年，卒於鎮。崱卽懷寶第七子也。幼有志氣，居鄉里以膽勇稱。釋褐廬江驃騎府中兵參軍。世祖臨荊州，仍參幕府，後爲新興太守。

太清二年，隨岳陽王來襲荊州，世祖以與之有舊，密邀之，崱乃與兄岸、弟幼安、兄子龕等夜歸于世祖，世祖以爲持節、信威將軍、武州刺史。俄遷宣毅將軍，領鎮蠻護軍、武陵內史，枝江縣侯，邑千戶。令隨王僧辯東討侯景。至巴陵，會景來攻，數十日不剋而遁。加侍中、左衞將軍，進爵爲公，增邑五百戶。仍隨僧辯追景至石頭，與賊相持橫嶺。及戰，景親率精銳，左右衝突，崱從嶺後橫截之，景乃大敗，東奔晉陵，崱入據城。景平，加散騎常侍、持節、督江州諸軍事、江州刺史，增邑千戶。

是月，齊將郭元建攻秦州刺史嚴超遠於秦郡，〔三〕王僧辯令崱赴援，陳霸先亦自歐陽來會，與元建大戰於士林，〔四〕霸先令强弩射，元建衆却，崱因縱兵擊，大破之，斬首萬餘級，生擒千餘人，元建收餘衆而遁。時世祖執王琳於江陵，其長史陸納等遂於長沙反，世祖徵崱與王僧辯討之。承聖二年，及納等戰於車輪，大敗，陷其二壘，納等走保長沙，崱等圍之。後納等降，崱又與王僧辯西討武陵王於硤口，至卽破平之。於是旋鎮，遘疾卒。詔曰：「崱，京兆舊姓，元凱苗裔，家傳學業，世載忠貞。自驅傳江渚，政號廉能，推轂淺原，實聞清靜。奄致殞喪，惻愴于懷。可贈車騎將軍，加鼓吹一部。謚曰武。」

崱兄弟九人，兄嵩、岑、嵸、岌、巘、巚、岸及弟幼安，〔五〕並知名當世。

岸字公衡。少有武幹，好從横之術。太清中，與崱同歸世祖，世祖以爲持節、平北將軍、北梁州刺史，封江陵縣侯，邑一千戶。岸因請襲襄陽，世祖許之。岸乃晝夜兼行，先往攻其城，不剋，岳陽至，遂走依其兄巚於南陽，巚時爲南陽太守。岳陽尋遣攻陷其城，岸及巚俱遇害。

幼安性至孝，寬厚，雄勇過人。太清中，與兄崱同歸世祖，世祖以爲雲麾將軍、西荆州刺史，封華容縣侯，邑一千戶。令與平南將軍王僧辯討河東王譽於長沙，平之。又命率精甲一萬，助左衞將軍徐文盛東討侯景。至貝磯，遇景將任約來逆，遂與戰，大敗之，斬其儀同叱羅子通、湘州刺史趙威方等，傳首江陵。乃進軍大舉口，〔六〕與景相持。別攻武昌，拔之。景渡蘆洲上流以壓文盛等，幼安與衆軍攻之，景大敗，盡獲其舟艦。會景密遣襲陷郢州，執刺史方諸等以歸，人情大駭，徐文盛由漢口遁歸，衆軍大敗，幼安遂降于景。景殺之，以其多反覆故也。

龕，嶷第二兄岑之子。少驍勇，善用兵，亦太清中與諸父同歸世祖，世祖以爲持節、忠武將軍、郢州刺史，中廬縣侯，〔七〕邑一千戶。與叔幼安俱隨王僧辯討河東王，平之。又隨僧辯下，繼徐文盛軍至巴陵，聞侯景襲陷郢州，西上將至，乃與僧辯等守巴陵以待之。景至，圍之數旬，不剋而遁。遷太府卿、安北將軍、督定州諸軍事、定州刺史，加通直散騎常侍，增邑五百戶。仍隨僧辯追景至江夏，圍其城。景將宋子仙棄城遁，龕追至楊浦，生擒之。大寶三年，衆軍至姑孰，景將侯子鑒逆戰，龕與陳霸先、王琳等率精銳擊之，大敗子鑒，遂至于石頭。景親率其黨會戰，龕與衆軍奮擊，大破景，景遂東奔。論功爲最，授平東將軍、東揚州刺史，益封一千戶。

承聖二年，又與王僧辯討陸納等於長沙，降之。又征武陵王於西陵，亦平之。後江陵陷，齊納貞陽侯以紹梁嗣，以龕爲震州刺史、吳興太守。又除鎭南將軍、都督南豫州諸軍事、南豫州刺史、溧陽縣侯，給鼓吹一部；又加散騎常侍、鎭東大將軍。會陳霸先襲陷京師，執王僧辯殺之。龕、僧辯之壻也，爲吳興太守，以霸先既非貴素，兵又猥雜，在軍府日，都不以霸先經心，及爲本郡，每以法繩其宗門，無所縱捨，霸先銜之切齒。及僧辯敗，龕乃據吳興以距之，遣軍副杜泰攻陳蒨於長城，反爲蒨所敗。霸先乃遣將周文育討龕，龕令從弟北叟出距，又爲文育所破，走義興，霸先親率衆圍之。會齊將柳達摩等襲京師，霸先恐，遂還與齊人連和。龕聞齊兵還，乃降，遂遇害。

陰子春字幼文，武威姑臧人也。晉義熙末，曾祖襲，隨宋高祖南遷，至南平，因家焉。父智伯，與高祖隣居，少相友善，嘗入高祖臥內，見有異光成五色，因握高祖手曰：「公後必大貴，非人臣也。天下方亂，安蒼生者，其在君乎！」高祖曰：「幸勿多言。」於是情好轉密，高祖每有求索，如外府焉。及高祖踐阼，官至梁、秦二州刺史。

子春，天監初，起家宣惠將軍，西陽太守。普通中，累遷至明威將軍、南梁州刺史；又遷信威將軍、都督梁秦華三州諸軍事、梁秦二州刺史。太清二年，討峽中叛蠻，平之。徵爲左衞將軍，又遷侍中。屬侯景亂，世祖令子春隨領軍將軍王僧辯攻邵陵王於郢州，平之。又與左衞將軍徐文盛東討侯景，至貝磯，與景遇，子春力戰，恒冠諸軍，頻敗景，值郢州陷沒，軍遂退敗。大寶二年，卒於江陵。

孫顥，少知名。釋褐奉朝請，歷尚書金部郎。後入周。撰瓊林二十卷。

加焉。

史臣曰：胡僧祐勇幹有聞，搴旗破敵者數矣；及捐軀殉節，殞身王事，雖古之忠烈，何以加焉。徐文盛始立功績，不能終其成名，爲不義也。杜崱識機變之理，知向背之宜；加以身履典軍，頻殄寇逆，勳庸顯著，卒爲中興功臣，義哉。

校勘記

〔一〕以大通二年歸國　「二年」南史及册府元龜二一五、四四四俱作「三年」。

〔二〕據白堵遙以待之　「堵」各本作「塔」，百衲本作「墥」，據通鑑梁簡文帝大寶二年紀改。

〔三〕齊將郭元建攻秦州刺史嚴超遠於秦郡　「遠」南史及通鑑梁元帝承聖元年紀並作「達」。

〔四〕與元建大戰於士林　「士」各本譌「土」，據通鑑梁元帝承聖元年紀改。士林即六合北士林館。

〔五〕兄嵩岑𡸣岌嶷巘岸及弟幼安　按：當依南史作「兄嵩、岑、嶷、岌、巘、岸及弟𡸣、幼安」，與上文「崱即懷寶第七子」正合。

〔六〕乃進軍大舉口　「口」各本作「因」，據通鑑梁簡文帝大寶元年紀改。按：通鑑「乃」作「仍」。

〔七〕中廬縣侯　「中」字各本並脫。據南史、通志補。中廬縣屬雍州襄陽郡。

梁書卷四十七

列傳第四十一

孝行

滕曇恭 徐普濟 宛陵女子 沈崇傃 荀匠 庾黔婁 吉翂
甄恬 韓懷明 劉曇淨 何炯 庾沙彌 江紑 劉霽
褚脩 謝藺

經云：「夫孝，德之本也。」此生民之爲大，有國之所先歟！高祖創業開基，飭躬化俗，澆弊之風以革，孝治之術斯著。每發絲綸，遠加旌表。而淳和比屋，罕要詭俗之譽；潛晦成風，俯列踰羣之迹。彰於視聽，蓋無幾焉。今採綴以備遺逸云爾。

滕曇恭，豫章南昌人也。年五歲，母楊氏患熱，思食寒瓜，土俗所不產，曇恭歷訪不能得，銜悲哀切。俄值一桑門問其故，曇恭具以告。桑門曰：「我有兩瓜，分一相遺。」曇恭拜謝，因捧瓜還，以薦其母。舉室驚異。尋訪桑門，莫知所在。及父母卒，曇恭水漿不入口者旬日，感慟嘔血，絕而復蘇。隆冬不著繭絮，蔬食終身。每至忌日，思慕不自堪，晝夜哀慟。其門外有冬生樹二株，時忽有神光自樹而起，俄見佛像及夾侍之儀，容光顯著，自門而入，曇恭家人大小，咸共禮拜，久之乃滅，遠近道俗咸傳之。太守王僧虔引曇恭爲功曹，〔二〕固辭不就。王儉時隨僧虔在郡，號爲滕曾子。天監元年，陸璉奉使巡行風俗，表言其狀。曇恭有子三人，皆有行業。

時有徐普濟者，長沙臨湘人。居喪未及葬，而隣家火起，延及其舍，普濟號慟伏棺上，以身蔽火。隣人往救之，焚炙已悶絕，累日方蘇。

宣城宛陵有女子與母同牀寢，母爲猛虎所搏，女號叫挐虎，虎毛盡落，行十數里，虎乃棄之，女抱母還，猶有氣，經時乃絕。太守蕭琛賻焉，表言其狀，有詔旌其門閭。

沈崇傃字思整，吳興武康人也。父懷明，宋兗州刺史。〔三〕崇傃六歲丁父憂，哭踊過禮，及長，傭書以養母焉。齊建武初，起家爲奉朝請。永元末，遷司徒行參軍。天監初，爲前軍鄱陽王參軍事。三年，太守柳惲辟爲主簿。〔三〕崇傃從惲到郡，還迎其母，母卒，崇傃以不及侍疾，將欲致死，水漿不入口，晝夜號哭，旬日殆將絕氣。兄弟謂之曰：「殯葬未申，遽自毀滅，非全孝之道也。」崇傃之瘞所，不避雨雪，倚墳哀慟。每夜恒有猛獸來望之，有聲狀如歎息者。家貧無以遷窆，乃行乞經年，始獲葬焉。既而廬于墓側，自以初行喪禮不備，復以葬後更治服三年。久食麥屑，不噉鹽酢，坐臥於單薦，因虛腫不能起。郡縣舉其至孝。高祖聞，卽遣中書舍人慰勉之。乃下詔曰：「前軍沈崇傃，〔四〕少有志行，居喪踰禮。齎制不終，未得大葬，自以行乞淹年，哀典多闕，方欲以永慕之晨，更爲再期之始。雖卽情可矜，禮有明斷。可便令除釋，擢補太子洗馬。旌彼門閭，敦茲風教。」崇傃奉詔釋服，而涕泣如居喪，固辭不受官，苦自陳讓，經年乃得爲永寧令。自以祿不及養，怛恨愈甚，哀思不自堪，至縣卒，時年三十九。

荀匠字文師，潁陰人，晉太保勖九世孫也。祖瓊，年十五，復父仇於成都市，以孝聞。宋元嘉末，渡淮赴武陵王義，爲元凶追兵所殺，贈員外散騎侍郎。父法超，齊中興末爲安復令，卒於官。凶問至，匠號慟氣絕，身體皆冷，至夜乃蘇。既而奔喪，每宿江渚，商旅皆不忍聞其哭聲。服未闋，兄斐起家爲鬱林太守，征俚賊，爲流矢所中，死於陣。喪還，匠迎于豫章，望舟投水，傍人赴救，僅而得全。既至，家貧不得時葬，居父憂幷兄服，歷四年不出廬戶。自括髮後，不復櫛沐，髮皆禿落。哭無時，聲盡則係之以泣，目眥皆爛，形體枯顇，皮骨裁連，雖家人不復識。郡縣以狀言，高祖詔遣中書舍人爲其除服，擢爲豫章王國左常侍。匠雖卽吉，毀顇逾甚。外祖孫謙誡之曰：「主上以孝治天下，汝行過古人，故發明詔，擢汝此職。非唯君父之命難拒，故亦揚名後世，所顯豈獨汝身哉。」匠於是乃拜。竟以毀卒於家，時年二十一。

庾黔婁字子貞，新野人也。父易，司徒主簿，徵不至，有高名。黔婁少好學，多講誦孝經，未嘗失色於人，南陽高士劉虯、宗測並歎異之。起家本州主簿，遷平西行參軍。出爲編令，治有異績。先是，縣境多虎暴，黔婁至，虎皆渡往臨沮界，當時以爲仁化所感。齊永元初，除孱陵令，到縣未旬，易在家遘疾，黔婁忽然心驚，舉身流汗，卽日棄官歸家，家人悉驚其忽至。時易疾始二日，醫云：「欲知差劇，但嘗糞甜苦。」易泄痢，黔婁輒取嘗之，味轉甜滑，心逾憂苦。至夕，每稽顙北辰，求以身代。俄聞空中有聲曰：「徵君壽命盡，不復可延，汝誠禱既至，止得申至月末。」及晦而易亡，黔婁居喪過禮，廬于冢側。和帝卽位，將起之，鎭軍蕭穎胄手書敦譬，黔婁固辭。服闋，除西臺尚書儀曹郎。

梁臺建，鄧元起爲益州刺史，表黔婁爲府長史、巴西梓潼二郡太守。及成都平，城中珍寶山積，元起悉分與僚佐，惟黔婁一無所取。元起惡其異衆，厲聲曰：「長史何獨爾爲！」黔婁示不違之，請書數篋。尋除蜀郡太守，在職清素，百姓便之。元起死于蜀，部曲皆散，黔婁身營殯殮，攜持喪柩歸鄉里。還爲尚書金部郎，遷中軍表記室參軍。東宮建，以本官侍皇太子讀，甚見知重，詔與太子中庶子殷鈞、中舍人到溉、國子博士明山賓等，遞日爲太子講五經義。遷散騎侍郎、荆州大中正。卒，時年四十六。

吉翂字彥霄，馮翊蓮勺人也，世居襄陽。翂幼有孝性。年十一，遭所生母憂，水漿不入口，殆將滅性，親黨異之。天監初，父爲吳興原鄉令，爲姦吏所誣，逮詣廷尉。翂年十五，號泣衢路，祈請公卿，行人見者，皆爲隕涕。其父理雖清白，恥爲吏訊，乃虛自引咎，罪當大辟。翂乃撾登聞鼓，乞代父命。高祖異之，敕廷尉卿蔡法度曰：「吉翂請死贖父，義誠可嘉；但其幼童，未必自能造意，卿可嚴加脅誘，取其款實。」法度受敕還寺，盛陳徽纆，備列官司，厲色問翂曰：「爾求代父死，敕已相許，便應伏法；然刀鋸至劇，審能死不？且爾童孺，志不及此，必爲人所教。姓名是誰，可具列答。若有悔異，亦相聽許。」翂對曰：「囚雖蒙弱，豈不知死可畏憚；顧諸弟稚藐，唯囚爲長，不忍見父極刑，自延視息，所以內斷胸臆，上干萬乘。今欲殉身不測，委骨泉壤，此非細故，奈何受人教邪！明詔聽代，不異登仙，豈有回貳。」法度知翂至心有在，不可屈撓，乃更和顏誘語之曰：「主上知尊侯無罪，行當釋亮。觀君神儀明秀，足稱佳童，今若轉辭，幸父子同濟，奚以此妙年，苦求湯鑊？」翂對曰：「凡鯤鮞螻蟻，尚惜其生，況在人斯，豈願齏粉。但囚父挂深劾，必正刑書，故思殞仆，冀延父命。今瞑目引領，以聽大戮，情殫意極，無言復對。」翂初見囚，獄掾依法備加桎梏，法度矜之，命脫其二械，更令著一小者。翂弗聽，曰：「翂求代父死，死罪之囚，唯宜增益，豈可減乎？」竟不脫械。法度具以奏聞，高祖乃宥其父。丹陽尹王志求其在廷尉故事，并請鄉居，欲於歲首，舉充純孝之選。翂曰：「異哉王尹，何量翂之薄乎！夫父辱子死，斯道固然；若翂有靦面目，當其此舉，則是因父買名，一何甚辱。」拒之而止。年十七，應辟爲本州主簿。出監萬年縣，攝官期月，風化大行。自雍還至郢，湘州刺史柳忱復召爲主簿。〔五〕後鄉人裴儉、丹陽尹丞臧盾、揚州中正張仄連名薦翂，以爲孝行純至，明通易、老。敕付太常旌舉。初，翂以父陷罪，因成悸疾，後因發而卒。

甄恬字彥約，中山無極人也，世居江陵。祖欽之，長寧令。父標之，州從事。恬數歲喪父，哀感有若成人。家人矜其小，以肉汁和飯飼之，恬不肯食。年八歲，問其母，恨生不識父，遂悲泣累日，忽若有見，言其形貌，則其父也，時以爲孝感。家貧，養母常得珍羞。及居喪，廬於墓側，恒有鳥玄黃雜色，集於廬樹，恬哭則鳴，哭止則止。又有白雀栖宿其廬。州將始興王憺表其行狀。詔曰：「朕虛己欽賢，寤寐盈想，詔彼羣岳，務盡搜揚。恬既孝行殊異，聲著邦壤，敦風厲俗，弘益茲多。牧守騰聞，義同親覽。可旌表室閭，加以爵位。」恬官至安南行參軍。

韓懷明，上黨人也，客居荆州。年十歲，母患尸疰，每發輒危殆。懷明夜於星下稽顙祈禱，時寒甚切，忽聞香氣，空中有人語曰：「童子母須臾永差，無勞自苦。」未曉，而母豁然平復。鄉里異之。十五喪父，幾至滅性，負土成墳，贈助無所受。免喪，與鄉人郭麐俱師事南陽劉虬。〔六〕虬嘗一日廢講，獨居涕泣。懷明竊問其故，虬家人答云：「是外祖亡日。」時虬母亦亡矣。懷明聞之，卽日罷學，還家就養。虬歎曰：「韓生無虞丘之恨矣。」〔七〕家貧，常肆力以供甘脆，嬉怡膝下，朝夕不離母側。母年九十一，以壽終，懷明水漿不入口一旬，號哭不絕聲。有雙白鳩巢其廬上，字乳馴狎，若家禽焉，服釋乃去。旣除喪，蔬食終身，衣衾無改。天監初，刺史始興王憺表言之。州累辟不就，卒于家。

劉曇淨字元光，彭城呂人也。〔八〕祖元眞，淮南太守，居郡得罪，父慧鏡，歷詣朝士乞哀，懇惻甚至，遂以孝聞。曇淨篤行有父風。解褐安成王國左常侍，父卒於郡，曇淨奔喪，不食飲者累日，絕而又蘇。每哭輒嘔血。服闋，因毀瘠成疾。會有詔，士姓各舉四科，曇淨叔父慧斐舉以應孝行，高祖用爲海寧令。曇淨以兄未爲縣，因以讓兄，乃除安西行參軍。父亡後，事母尤淳至，身營飱粥，不以委人。母疾，衣不解帶。及母亡，水漿不入口者殆一旬。母喪權瘞藥王寺，時天寒，曇淨身衣單布，廬於瘞所，晝夜哭泣不絕聲，哀感行路，未及朞而卒。

何炯字士光，廬江灊人也。父撙，太中大夫。

炯年十五，從兄胤受業，一朞並通五經章句。炯白皙，美容貌，從兄求、點每稱之曰：「叔寶神清，弘治膚清，今觀此子，復見衞、杜在目。」炯常慕恬退，不樂進仕。從叔昌㝢謂曰：「求、點皆已高蹈，汝無宜復爾。且君子出處，亦各一途。」年十九，解褐揚州主簿。舉秀才，累遷王府行參軍，尚書兵、庫部二曹郎。出爲永康令，以和理稱。還爲仁威南康王限內記室，遷治書侍御史。以父疾經旬，衣不解帶，頭不櫛沐，信宿之間，形貌頓改。及父卒，號慟不絕聲，枕凷藉地，腰虛脚腫，竟以毀卒。

庾沙彌，潁川人也。〔九〕晉司空冰六世孫。父佩玉，輔國長史、長沙內史，宋昇明中坐沈攸之事誅，沙彌時始生。年至五歲，所生母爲製采衣，輒不肯服，母問其故，流涕對曰：「家門禍酷，用是何爲！」既長，終身布衣蔬食。起家臨川王國左常侍，遷中軍田曹行參軍。嫡母劉氏寢疾，沙彌晨昏侍側，衣不解帶，或應鍼灸，輒以身先試之。及母亡，水漿不入口累日，終喪不解衰絰，不出廬戶，晝夜號慟，隣人不忍聞。墓在新林，因有旅松百餘株，自生墳側。族兄都官尚書詠表言其狀，應純孝之舉，高祖召見嘉之，以補歙令。還除輕車邵陵王參軍事，隨府會稽，復丁所生母憂。喪還都，濟浙江，中流遇風，舫將覆沒，沙彌抱柩號哭，俄而風靜，蓋孝感所致。服闋，除信威刑獄參軍、兼丹陽郡□□□累遷寧遠錄事參軍，轉司馬。出爲長城令，卒。

江紑字含潔，濟陽考城人也。父蒨，光祿大夫。紑幼有孝性，年十三，父患眼，紑侍疾將期月，衣不解帶。夜夢一僧云：「患眼者，飲慧眼水必差。」及覺說之，莫能解者。紑第三叔祿與草堂寺智者法師善，往訪之。智者曰：「無量壽經云：慧眼見眞，能渡彼岸。」蒨乃因智者啓捨同夏縣界牛屯里舍爲寺，乞賜嘉名。敕答云：「純臣孝子，往往感應。晉世顏含，遂見冥中送藥。近見智者，知卿第二息感夢，云飲慧眼水。慧眼則是五眼之一號，若欲造寺，可以慧眼爲名。」及就創造，泄故井，井水清冽，異於常泉。依夢取水洗眼及煮藥，稍覺有瘳，因此遂差。時人謂之孝感。南康王爲南徐州，〔一〇〕召爲迎主簿。紑性靜，好老、莊玄言，尤善佛義，不樂進仕。及父卒，紑廬于墓，終日號慟不絕聲，月餘卒。

劉霽字士烜，平原人也。祖乘民，宋冀州刺史。父聞慰，齊正員郎。〔一〕霽年九歲，能誦左氏傳，宗黨咸異之。十四居父憂，有至性，每哭輒嘔血。家貧，與弟杳、歊相篤勵學。既長，博涉多通。天監中，起家奉朝請，稍遷宣惠晉安王府參軍，兼限內記室，出補西昌相。入爲尙書主客侍郎，未朞，除海鹽令。霽前後宰二邑，並以和理著稱。還爲建康正，非所好，頃之，以疾免。尋除建康令，不拜。母明氏寢疾，霽年已五十，衣不解帶者七旬，誦觀世音經，數至萬遍，夜因感夢，見一僧謂曰：「夫人算盡，君精誠篤至，當相爲申延。」後六十餘日乃亡。霽廬于墓，哀慟過禮。常有雙白鶴馴翔廬側。處士阮孝緒致書抑譬。霽思慕不已，服未終而卒，時年五十二。著釋俗語八卷，文集十卷。弟杳在文學傳，歊在處士傳。

褚脩，吳郡錢唐人也。父仲都，善周易，爲當時最。天監中，歷官五經博士。脩少傳父業，兼通孝經、論語，善尺牘，頗解文章。初爲湘東王國侍郎，稍遷輕車湘東府行參軍，並兼國子助教。武陵王爲揚州，引爲宣惠參軍、限內記室。脩性至孝，父喪毀瘠過禮，因患冷氣。及丁母憂，水漿不入口二十三日，氣絕復蘇。每號慟嘔血，遂以毀卒。

謝藺字希如，陳郡陽夏人也。晉太傅安八世孫。父經，北中郎諮議參軍。〔一二〕藺五歲，每父母未飯，乳媼欲令藺先飯，藺曰：「既不覺飢。」强食終不進。舅阮孝緒聞之歎曰：「此兒在家則曾子之流，事君則藺生之匹。」因名之曰藺。稍授以經史，過目便能諷誦。孝緒每曰「吾家陽元也」。及丁父憂，晝夜號慟，毀瘠骨立，母阮氏常自守視譬抑之。服闋後，吏部尚書蕭子顯表其至行，擢爲王府法曹行參軍，累遷外兵記室參軍。時甘露降士林館，藺獻頌，高祖嘉之，因有詔使製北兗州刺史蕭楷德政碑，又奉令製宣城王奉述中庸頌。

太清元年，遷散騎侍郎，兼散騎常侍，使於魏。會侯景舉地入附，境上交兵，藺母慮不得還，感氣卒。及藺還入境，爾夕夢不祥，旦便投劾馳歸。既至，號慟嘔血，氣絕久之，水漿不入口。親友慮其不全，相對悲慟，强勸以飲粥。藺初勉强受之，終不能進，經月餘日，因夜臨而卒，時年三十八。藺所製詩賦碑頌數十篇。

史臣曰：孔子稱「毁不滅性」，敎民無以死傷生也，故制喪紀，爲之節文。高柴、仲由伏膺聖教，曾參、閔損虔恭孝道，或水漿不入口，泣血終年，豈不知創鉅痛深，蓼莪慕切，所謂先王制禮，賢者俯就。至如丘、吳，終於毁滅。若劉曇淨、何炯、江紑、謝藺者，亦二子之志歟。〔一三〕

校勘記

〔一〕太守王僧虔引曇恭爲功曹　「虔」各本譌「度」，據南史及册府元龜七五七改。

〔二〕父懷明宋兗州刺史　「兗州」，宋書沈慶之傳作「南兗州」。

〔三〕三年太守柳惲辟爲主簿　「三年」南史及太平御覽四一二作「二年」。按：沈崇傃於天監初爲前軍鄱陽王參軍事，據鄱陽王恢傳，恢於天監二年出爲征虜將軍南徐州刺史，而據柳惲傳，惲於天監二年出爲吳興太守，是沈崇傃被辟爲主簿，當在天監二年。

〔四〕前軍沈崇傃　沈崇傃曾爲前軍鄱陽王參軍事，「前軍」下疑脱「參軍」二字。

〔五〕湘州刺史柳忱復召爲主簿　「忱」各本譌「悦」，據南史改。按：柳忱傳云，忱於天監六年爲湘州刺史。

〔六〕與鄉人郭麔俱師事南陽劉虬　「麔」南史作「麻」。按安成王秀傳是「麻」字。册府元龜七五三作「麻香」，當是「麔」字分刻爲二。

〔七〕韓生無虞丘之恨矣　「虞丘」，南史作「丘吾」。李慈銘南史札記：「丘吾卽丘吾子，事見說苑敬愼篇。梁書作虞丘，古虞吾字通用。周書及北史儒林樊深傳云，嘗讀書見吾丘子，蓋皆誤倒。」

〔八〕彭城呂人也　「呂」各本作「莒」。彭城郡有呂縣，無莒縣。今改正。

〔九〕庾沙彌潁川人也　「潁川」各本譌作「潁陰」，今改正。按本書文學庾仲容傳：「潁川鄢陵人也。晉司空冰六代孫。」

〔一〇〕南康王爲南徐州　「南徐州」各本皆脫「徐」字。按：本書及南史南康簡王績傳並云天監十年遷「南徐州刺史」，今據補。

〔一一〕父聞慰齊正員郎　「正」各本譌「工」，據南齊書劉懷慰傳改。按聞慰爲懷慰原名。

〔一二〕父經北中郎諮議參軍　各本脫「北」字，據南史補。

〔一三〕至如丘吳終於毁滅至亦二子之志歟　按韓懷明傳作「虞丘」，南史作「丘吾」，爲一人。此論又作「丘吳」而謂爲二人。李慈銘南史札記云：「惟分爲二人，或別有所本，恐是誤耳。」參本卷校勘記第七條。

梁書卷四十八

列傳第四十二

儒林

伏曼容　何佟之　范縝　嚴植之　賀瑒子革　司馬筠　卞華

崔靈恩　孔僉　盧廣　沈峻太史叔明　孔子祛　皇侃

漢氏承秦燔書，大弘儒訓，太學生徒，動以萬數，郡國黌舍，悉皆充滿，學於山澤者，至或就爲列肆，其盛也如是。漢末喪亂，其道遂衰。魏正始以後，仍尚玄虛之學，爲儒者蓋寡。時荀顗、摯虞之徒，雖刪定新禮，改官職，未能易俗移風。自是中原橫潰，衣冠殄盡，江左草創，日不暇給，以迄于宋、齊，國學時或開置，而勸課未博，建之不及十年，蓋取文具，廢之多歷世祀，其棄也忽諸。鄉里莫或開館，公卿罕通經術，朝廷大儒，獨學而弗肯養衆，後生孤陋，擁經而無所講習，三德六藝，其廢久矣。高祖有天下，深愍之，詔求碩學，治五禮，定六律，改斗曆，正權衡。天監四年，詔曰：「二漢登賢，莫非經術，服膺雅道，名立行成。魏、晉浮蕩，儒教淪歇，風節罔樹，抑此之由。朕日昃罷朝，思聞俊異，收士得人，實惟酬奬。可置五經博士各一人，廣開館宇，招內後進。」於是以平原明山賓、吳興沈峻、建平嚴植之、會稽賀瑒補博士，各主一館。〔一〕館有數百生，給其餼廩。其射策通明者，卽除爲吏。十數年間，懷經負笈者雲會京師。又選遣學生如會稽雲門山，受業於廬江何胤。分遣博士祭酒，到州郡立學。七年，又詔曰：「建國君民，立教爲首，砥身礪行，由乎經術。朕肇基明命，光宅區宇，雖耕耘雅業，傍闡藝文，而成器未廣，志本猶闕，非以鎔範貴遊，納諸軌度，思欲式敦讓齒，自家刑國。今聲訓所漸，戎夏同風，宜大啓庠斆，博延冑子，務彼十倫，弘此三德，使陶鈞遠被，微言載表。」於是皇太子、皇子、宗室、王侯始就業焉。高祖親屈輿駕，釋奠於先師先聖，申之以讌語，勞之以束帛，濟濟焉，洋洋焉，大道之行也如是。其伏曼容、何佟之、范縝，有舊名於世；爲時儒者，嚴植之、賀瑒等首膺茲選。今並綴爲儒林傳云。

伏曼容字公儀，平昌安丘人。曾祖滔，晉著作郎。父胤之，宋司空主簿。曼容早孤，與母兄客居南海。少篤學，善老、易，倜儻好大言，常云「何晏疑易中九事，以吾觀之，晏了不學也，故知平叔有所短。」聚徒教授以自業。爲驃騎行參軍。宋明帝好周易，集朝臣於清暑殿講，詔曼容執經。曼容素美風采，帝恒以方嵇叔夜，使吳人陸探微畫叔夜像以賜之。遷司徒參軍。袁粲爲丹陽尹，請爲江寧令，入拜尚書外兵郎。昇明末，爲輔國長史、南海太守。齊初，爲通直散騎侍郎。永明初，爲太子率更令，侍皇太子講。衞將軍王儉深相交好，令與河內司馬憲、吳郡陸澄共撰喪服義，既成，又欲與之定禮樂。會儉薨，遷中書侍郎、大司馬諮議參軍，出爲武昌太守。建武中，入拜中散大夫。時明帝不重儒術，曼容宅在瓦官寺東，施高坐於聽事，有賓客輒升高坐爲講說，生徒常數十百人。梁臺建，以曼容舊儒，召拜司馬，出爲臨海太守。天監元年，卒官，時年八十二。爲周易、毛詩、喪服集解，老、莊、論語義。子晅，在良吏傳。

何佟之字士威，廬江灊人，豫州刺史惲六世孫也。祖劭之，宋員外散騎常侍。父歆，齊奉朝請。

佟之少好三禮，師心獨學，强力專精，手不輟卷，讀禮論三百篇，略皆上口。時太尉王儉爲時儒宗，雅相推重。

起家揚州從事，仍爲總明館學士，頻遷司徒車騎參軍事，尚書祠部郎。齊建武中，爲鎮北記室參軍，侍皇太子講，領丹陽邑中正。時步兵校尉劉瓛、徵士吳苞皆已卒，京邑碩儒，唯佟之而已。佟之明習事數，當時國家吉凶禮則，皆取決焉，名重於世。歷步兵校尉、國子博士，尋遷驃騎諮議參軍，轉司馬。永元末，京師兵亂，佟之常集諸生講論，孜孜不怠。中興初，拜驍騎將軍。高祖踐阼，尊重儒術，以佟之爲尚書左丞。是時百度草創，佟之依禮定議，多所裨益。天監二年，卒官，年五十五。高祖甚悼惜，將贈之官；故事左丞無贈官者，特詔贈黃門侍郎，儒者榮之。所著文章、禮義百許篇。〔三〕子朝隱、朝晦。

范縝字子眞，南鄉舞陰人也。晉安北將軍汪六世孫。祖璩之，中書郎。父濛，早卒。縝少孤貧，事母孝謹。年未弱冠，聞沛國劉瓛聚衆講說，始往從之，卓越不羣而勤學，瓛甚奇之，親爲之冠。在瓛門下積年，去來歸家，恒芒屩布衣，徒行於路。瓛門多車馬貴游，縝在其門，聊無恥愧。既長，博通經術，尤精三禮。性質直，好危言高論，不爲士友所安；唯與外弟蕭琛相善，琛名曰口辯，每服縝簡詣。

起家齊寧蠻主簿，累遷尚書殿中郎。永明年中，與魏氏和親，歲通聘好，特簡才學之士，以爲行人，縝及從弟雲、蕭琛、琅邪顏幼明、河東裴昭明相繼將命，皆著名鄰國。于時竟陵王子良盛招賓客，縝亦預焉。建武中，遷領軍長史。出爲宜都太守，母憂去職。歸居于南州。義軍至，縝墨絰來迎。高祖與縝有西邸之舊，見之甚悅。及建康城平，以縝爲晉安太守，在郡清約，資公祿而已。視事四年，徵爲尚書左丞。縝去還，雖親戚無所遺，唯餉前尚書令王亮。縝仕齊時，與亮同臺爲郎，舊相友，至是亮被擯棄在家。縝自迎王師，志在權軸，既而所懷未滿，亦常怏怏，故私相親結，以矯時云。後竟坐亮徙廣州，語在亮傳。

初，縝在齊世，嘗侍竟陵王子良。子良精信釋教，而縝盛稱無佛。子良問曰：「君不信因果，世間何得有富貴，何得有賤貧？」縝答曰：「人之生譬如一樹花，同發一枝，俱開一蔕，隨風而墮，自有拂簾幌墜於茵席之上，自有關籬牆落於糞溷之側。〔三〕墜茵蓆者，殿下是也；落糞溷者，下官是也。貴賤雖復殊途，因果竟在何處？」子良不能屈，深怪之。縝退論其理，著神滅論曰：

或問予云：「神滅，何以知其滅也？」答曰：「神卽形也，形卽神也，是以形存則神存，形謝則神滅也。」

問曰：「形者無知之稱，神者有知之名，知與無知，卽事有異，神之與形，理不容一，形神相卽，非所聞也。」答曰：「形者神之質，神者形之用，是則形稱其質，神言其用，形之與神，不得相異也。」

問曰：「神故非質，形故非用，〔四〕不得爲異，其義安在？」答曰：「名殊而體一也。」

問曰：「名既已殊，體何得一？」答曰：「神之於質，猶利之於刀，〔五〕形之於用，猶刀之於利，利之名非刀也，刀之名非利也。然而捨利無刀，捨刀無利，未聞刀沒而利存，豈容形亡而神在。」

問曰：「刀之與利，或如來說，形之與神，其義不然。何以言之？木之質無知也，人之質有知也，人既有如木之質，而有異木之知，豈非木有其一，人有其二邪？」〔六〕答曰：「異哉言乎！人若有如木之質以爲形，又有異木之知以爲神，則可如來論也。今人之質，質有知也，木之質，質無知也，人之質非木質也，木之質非人質也，安在有如木之質而復有異木之知哉！」〔七〕

問曰：「人之質所以異木質者，以其有知耳。人而無知，與木何異？」答曰：「人無無知之質，猶木無有知之形。」

問曰：「死者之形骸，豈非無知之質邪？」答曰：「是無人質。」〔八〕

問曰：「若然者，人果有如木之質，而有異木之知矣。」答曰：「死者有如木之質，而無異木之知；〔九〕生者有異木之知，而無如木之質也。」

問曰：「死者之骨骼，非生者之形骸邪？」〔一〇〕答曰：「生形之非死形，死形之非生形，區已革矣，安有生人之形骸，而有死人之骨骼哉？」

問曰：「若生者之形骸非死者之骨骼，非死者之骨骼，則應不由生者之形骸，不由生者之形骸，則此骨骼從何而至此邪？」答曰：「是生者之形骸，變爲死者之骨骼也。」

問曰：「生者之形骸雖變爲死者之骨骼，豈不因生而有死，〔一一〕則知死體猶生體也。」答曰：「如因榮木變爲枯木，枯木之質，寧是榮木之體！」

問曰：「榮體變爲枯體，枯體卽是榮體；絲體變爲縷體，縷體卽是絲體，有何別焉？」答曰：「若枯卽是榮，榮卽是枯，應榮時凋零，枯時結實也。又榮木不應變爲枯木，以榮卽枯，無所復變也。榮枯是一，何不先枯後榮？要先榮後枯，何也？絲縷之義，亦同此破。」

問曰：「生形之謝，便應豁然都盡，何故方受死形，綿歷未已邪？」〔一二〕答曰：「生滅之體，要有其次故也。夫欻而生者必欻而滅，漸而生者必漸而滅。欻而生者，飄驟是也；漸而生者，動植是也。有欻有漸，物之理也。」

問曰：「形卽是神者，手等亦是神邪？」〔一三〕答曰：「皆是神之分也。」

問曰：「若皆是神之分，神既能慮，手等亦應能慮也？」答曰：「手等亦應能有痛癢之知，而無是非之慮。」

問曰：「知之與慮，爲一爲異？」〔一四〕答曰：「知即是慮，淺則爲知，深則爲慮。」

問曰：「若爾，應有二慮，慮既有二，神有二乎？」〔一五〕答曰：「人體惟一，神何得二。」

問曰：「若不得二，安有痛癢之知，復有是非之慮？」答曰：「如手足雖異，總爲一人，是非痛癢雖復有異，亦總爲一神矣。」

問曰：「是非之慮，不關手足，當關何處？」答曰：「是非之慮，心器所主。」〔一六〕

問曰：「心器是五藏之心，非邪？」答曰：「是也。」

問曰：「五藏有何殊別，而心獨有是非之慮乎？」答曰：「七竅亦復何殊，而司用不均。」

問曰：「慮思無方，何以知是心器所主？」答曰：「五藏各有所司，無有能慮者，是以知心爲慮本。」〔一七〕

問曰：「何不寄在眼等分中？」答曰：「若慮可寄於眼分，眼何故不寄於耳分邪？」〔一八〕

問曰：「慮體無本，故可寄之於眼分；眼自有本，不假寄於佗分也。」〔一九〕答曰：「眼何故有本而慮無本；苟無本於我形，而可徧寄於異地，亦可張甲之情，寄王乙之軀，李丙之性，託趙丁之體。然乎哉？不然也。」

問曰：「聖人形猶凡人之形，而有凡聖之殊，故知形神異矣。」答曰：「不然。金之精者能昭，穢者不能昭，有能昭之精金，寧有不昭之穢質。又豈有聖人之神而寄凡人之器，亦無凡人之神而託聖人之體。是以八采、重瞳，勛、華之容，龍顏、馬口，軒、皞之狀，此形表之異也。〔一〇〕比干之心，七竅列角，伯約之膽，其大若拳，此心器之殊也。是知聖人定分，每絕常區，非惟道革羣生，乃亦形超萬有。凡聖均體，所未敢安。」

問曰：「子云聖人之形必異於凡者，敢問陽貨類仲尼，項籍似大舜，舜、項、孔、陽，智革形同，其故何邪？」答曰：「珉似玉而非玉，鶢類鳳而非鳳，物誠有之，人故宜爾。項、陽貌似而非實似，心器不均，雖貌無益。」

問曰：「凡聖之殊，形器不一，可也；聖人員極，理無有二，〔一一〕而丘、旦殊姿，湯、文異狀，神不侔色，於此益明矣。」答曰：「聖同於心器，形不必同也，猶馬殊毛而齊逸，玉異色而均美。是以晉棘、荊和，等價連城，驊騮、騄驪，俱致千里。」

問曰：「形神不二，既聞之矣，形謝神滅，理固宜然，敢問經云『爲之宗廟，以鬼饗之，』何謂也？」答曰：「聖人之教然也，所以弭孝子之心，而厲偷薄之意，神而明之，此之謂矣。」

問曰：「伯有被甲，彭生豕見，墳素著其事，寧是設教而已邪？」答曰：「妖怪茫茫，或存或亡，强死者衆，不皆爲鬼，彭生、伯有，何獨能然，乍爲人豕，未必齊、鄭之公子也。」

問曰：「易稱『故知鬼神之情狀，與天地相似而不違。』又曰：『載鬼一車。』其義云何？」答曰：「有禽焉，有獸焉，飛走之別也；有人焉，有鬼焉，幽明之別也。人滅而爲鬼，鬼滅而爲人，則未之知也。」

問曰：「知此神滅，有何利用邪？」答曰：「浮屠害政，桑門蠹俗，風驚霧起，馳蕩不休，吾哀其弊，思拯其溺。夫竭財以赴僧，破產以趨佛，而不卹親戚，不憐窮匱者何？良由厚我之情深，濟物之意淺。是以圭撮涉於貧友，吝情動於顏色；千鍾委於富僧，歡意暢於容髮。豈不以僧有多稌之期，友無遺秉之報，務施闕於周急，歸德必於在己。又惑以茫昧之言，懼以阿鼻之苦，誘以虛誕之辭，欣以兜率之樂。故捨逢掖，襲橫衣，廢俎豆，列缾鉢，家家棄其親愛，人人絕其嗣續。致使兵挫於行間，吏空於官府，粟罄於惰遊，貨殫於泥木。所以姦宄弗勝，頌聲尙擁，惟此之故，其流莫已，其病無限。若陶甄稟於自然，森羅均於獨化，忽焉自有，怳爾而無，來也不禦，去也不追，乘夫天理，各安其性。小人甘其壟畝，君子保其恬素，耕而食，食不可窮也，蠶而衣，衣不可盡也，下有餘以奉其上，上無爲以待其下，可以全生，可以匡國，可以霸君，用此道也。」

此論出，朝野諠譁，子良集僧難之而不能屈。

繢在南累年，追還京。既至，以爲中書郎、國子博士，卒官。文集十卷。

子胥，字長才。傳父學，起家太學博士。胥有口辯，大同中，常兼主客郎，對接北使。遷平西湘東王諮議參軍，侍宣城王讀。出爲鄱陽內史，卒於郡。

嚴植之字孝源，建平秭歸人也。祖欽，宋通直散騎常侍。植之少善莊、老，能玄言，精解喪服、孝經、論語。及長，徧治鄭氏禮、周易、毛詩、左氏春秋。性淳孝謹厚，不以所長高人。少遭父憂，因菜食二十三載，後得風冷疾，乃止。齊永明中，始起家爲廬陵王國侍郎。遷廣漢王國右常侍，王誅，國人莫敢視，植之獨奔哭，手營殯殮，徒跣送喪墓所，爲起冢，葬畢乃還，當時義之。建武中，遷員外郎、散騎常侍。尋爲康樂侯相，在縣清白，民吏稱之。天監二年，板後軍騎兵參軍事。高祖詔求通儒治五禮，有司奏植之治凶禮。四年，初置五經博士，各開館教授，以植之兼五經博士。植之館在潮溝，生徒常百數。植之講，五館生必至，聽者千餘人。六年，遷中撫軍記室參軍，猶兼博士。七年，卒於館，時年五十二。植之自疾後，便不受廩俸，妻子困乏，既卒，喪無所寄，生徒爲市宅，乃得成喪焉。

植之性仁慈，好行陰德，〔三〕雖在闇室，未嘗怠也。少嘗山行，見一患者，植之問其姓名，不能答，載與俱歸，爲營醫藥，六日而死，植之爲棺殮殯之，卒不知何許人也。嘗緣柵塘行，見患人臥塘側，植之下車問其故，云姓黃氏，家本荆州，爲人傭賃，疾既危篤，船主將發，棄之于岸。植之心惻然，載還治之，經年而黃氏差，請終身充奴僕以報厚恩。植之不受，遺以資糧，遣之。其義行多如此。撰凶禮儀注四百七十九卷。

賀瑒字德璉，會稽山陰人也。祖道力，善三禮，仕宋爲尚書三公郎、建康令。瑒少傳家業。齊時沛國劉瓛爲會稽府丞，見瑒深器異之。嘗與俱造吳郡張融，指瑒謂融曰：「此生神明聰敏，將來當爲儒者宗。」瓛還，薦之爲國子生。舉明經，揚州祭酒，俄兼國子助教。歷奉朝請，太學博士，太常丞，遭母憂去職。天監初，復爲太常丞，有司舉治賓禮，召見說禮義，高祖異之，詔朝朔望，預華林講。四年，初開五館，以瑒兼五經博士，別詔爲皇太子定禮，撰五經義。瑒悉禮舊事，時高祖方創定禮樂，瑒所建議，多見施行。七年，拜步兵校尉，領五經博士。九年，遇疾，遣醫藥省問，卒于館，時年五十九。所著禮、易、老、莊講疏，朝廷博議數百篇，賓禮儀注一百四十五卷。瑒於禮尤精，館中生徒常百數，弟子明經對策至數十人。

二子。革字文明。少通三禮，及長，徧治孝經、論語、毛詩、左傳。起家晉安王國侍郎、兼太學博士，侍湘東王讀。敕於永福省爲邵陵、湘東、武陵三王講禮。稍遷湘東王府行參軍，轉尚書儀曹郎。尋除秣陵令，遷國子博士，於學講授，生徒常數百人。出爲西中郎湘東王諮議參軍，帶江陵令。王初於府置學，以革領儒林祭酒，講三禮，荆楚衣冠聽者甚衆。前後再監南平郡，爲民吏所德。尋加貞威將軍、兼平西長史、南郡太守。革性至孝，常恨貪祿代耕，不及養。〔三〕在荆州歷爲郡縣，所得俸秩，不及妻孥，專擬還鄉造寺，以申感思。大同六年，卒官，時年六十二。

弟季，亦明三禮，歷官尚書祠部郎，兼中書通事舍人，累遷步兵校尉，中書黄門郎，兼著作。

司馬筠字貞素，河內溫人，晉驃騎將軍譙烈王承七世孫。祖亮，宋司空從事中郎。父端，齊奉朝請。

筠孤貧好學，師事沛國劉瓛，强力專精，深爲瓛所器異。既長，博通經術，尤明三禮。齊建武中，起家奉朝請，遷王府行參軍。天監初，爲本州治中，除暨陽令，有清績。入拜尚書祠部郎。

七年，安成太妃陳氏薨，江州刺史安成王秀、荆州刺史始興王憺，並以慈母表解職，詔不許，還攝本任，而太妃薨京邑，喪祭無主。舍人周捨議曰：「賀彥先稱『慈母之子不服慈母之黨，婦又不從夫而服慈姑，小功服無從故也。』庾蔚之云：『非徒子不從母而服其黨，孫又不從父而服其慈母。』〔二四〕由斯而言，慈祖母無服明矣。尋門內之哀，不容自同於常；按父之祥禫，子並受弔。今二王諸子，宜以成服日，單衣一日，爲位受弔。」制曰：「二王在遠，諸子宜攝祭事。」〔二五〕捨又曰：「禮云『縞冠玄武，子姓之冠，』則世子衣服宜異於常。可著細布衣，絹爲領帶，三年不聽樂。又禮及春秋，庶母不世祭，蓋謂無王命者耳。吳太妃既朝命所加，得用安成禮秩，則當祔廟，五世親盡乃毀。陳太妃命數之重，雖則不異，慈孫既不從服，廟食理無傳祀，子祭孫止，是會經文。」高祖因是敕禮官議皇子慈母之服。筠議：「宋朝五服制，皇子服訓養母，依禮庶母慈己，宜從小功之制。按曾子問云：『子游曰：喪慈母如母，禮歟？〔二六〕孔子曰：非禮也。古者男子外有傅，內有慈母，君命所使教子也，何服之有？』鄭玄注云：『此指謂國君之子也。』若國君之子不服，則王者之子不服可知。又喪服經云『君子子爲庶母慈己者。』傳曰『君子子者，貴人子也。』鄭玄引內則，三母止施於卿大夫。以此而推，則慈母之服，上不在五等之嗣，下不逮三士之息。儻其服者止卿大夫，尋諸侯之子尚無此服，況乃施之皇子。謂宜依禮刊除，以反前代之惑。」高祖以爲不然。曰：「禮言慈母，凡有三條：一則妾子之無母，使妾之無子者養之，命爲母子，服以三年，喪服齊衰章所言『慈母如母』是也；〔二七〕二則嫡妻之子無母，使妾養之，慈撫隆至，雖均乎慈愛，但嫡妻之子，妾無爲母之義，而恩深事重，故服以小功，喪服小功章所以不直言慈母，而云『庶母慈己』者，明異於三年之慈母也；其三則子非無母，正是擇賤者視之，義同師保，而不無慈愛，故亦有慈母之名。師保既無其服，則此慈母亦無服矣。〔二八〕內則云『擇於諸母與可者，使爲子師；其次爲慈母；其次爲保母』，此其明文。此言擇諸母，是擇人而爲此三母，非謂擇取兄弟之母也。何以知之？若是兄弟之母其先有子者，則是長妾，長妾之禮，實有殊加，何容次妾生子，乃退成保母，斯不可也。又有多兄弟之人，於義或可；若始生之子，便應三母俱闕邪？由是推之，內則所言『諸母』，是謂三母，非兄弟之母明矣。子游所問，自是師保之慈母，非三年小功之慈母也，〔二九〕故夫子得有此對。豈非師保之慈母無服之證乎？鄭玄不辨三慈，混爲訓釋，引彼無服，以注『慈己』，後人致謬，實此之由。經言『君子子』者，此雖起於大夫，明大夫猶爾，自斯以上，彌應不異，故傳云『君子子者，貴人之子也』。總言曰貴，則無所不包。經傳互文，交相顯發，則知慈加之義，通乎大夫以上矣。宋代此科，不乖禮意，便加除削，良是所疑。」於是筠等請依制改定：嫡妻之子，母沒爲父妾所養，服之五月，貴賤並同，以爲永制。

累遷王府諮議、權知左丞事，尋除尚書左丞。出爲始興內史，卒官。子壽，傳父業，明三禮。大同中，歷官尚書祠部郎，出爲曲阿令。

卞華字昭丘，〔三〇〕濟陰冤句人也。晉驃騎將軍忠貞公壼六世孫。父倫之，給事中。華幼孤貧好學。年十四，召補國子生，通周易。既長，徧治五經，與平原明山賓、會稽賀瑒同業友善。

起家齊豫章王國侍郎，累遷奉朝請，征西行參軍。天監初，遷臨川王參軍事，兼國子助教，轉安成王功曹參軍，兼五經博士，聚徒教授。華博涉有機辯，說經析理，爲當時之冠。江左以來，鍾律絕學，至華乃通焉。遷尚書儀曹郎，出爲吳令，卒。

崔靈恩，清河東武城人也。〔三一〕少篤學，從師徧通五經，尤精三禮、三傳。先在北仕爲太常博士，天監十三年歸國。高祖以其儒術，擢拜員外散騎侍郎，累遷步兵校尉，兼國子博士。靈恩聚徒講授，聽者常數百人。性拙朴無風采，及解經析理，甚有精致，京師舊儒咸稱重之，助教孔僉尤好其學。靈恩先習左傳服解，不爲江東所行，及改說杜義，每文句常申服以難杜，遂著左氏條義以明之。時有助教虞僧誕又精杜學，因作申杜難服，以答靈恩，世並行焉。僧誕，會稽餘姚人，以左氏教授，聽者亦數百人。其該通義例，當時莫及。

先是儒者論天，互執渾、蓋二義，論蓋不合於渾，論渾不合於蓋。靈恩立義，以渾、蓋爲一焉。

出爲長沙內史，還除國子博士，講衆尤盛。出爲明威將軍、桂州刺史，卒官。靈恩集注毛詩二十二卷，集注周禮四十卷，制三禮義宗四十七卷，〔三〕左氏經傳義二十二卷，左氏條例十卷，公羊穀梁文句義十卷。

孔僉，會稽山陰人。少師事何胤，通五經，尤明三禮、孝經、論語，講說並數十徧，生徒亦數百人。歷官國子助教，三爲五經博士，遷尚書祠部郎。出爲海鹽、山陰二縣令。僉儒者，不長政術，在縣無績。太清亂，卒於家。

子俶玄，〔三三〕頗涉文學，官至太學博士。僉兄子元素，又善三禮，有盛名，早卒。

盧廣，范陽涿人，自云晉司空從事中郎諶之後也。諶沒死冉閔之亂，晉中原舊族，諶有後焉。

廣少明經，有儒術。天監中歸國。初拜員外散騎侍郎，出爲始安太守，坐事免。頃之，起爲折衝將軍，配千兵北伐，還拜步兵校尉，兼國子博士，偏講五經。時北來人儒學者有崔靈恩、孫詳、蔣顯，並聚徒講說，而音辭鄙拙；惟廣言論清雅，不類北人。僕射徐勉，兼通經術，深相賞好。尋遷員外散騎常侍，博士如故。出爲信武桂陽嗣王長史、尋陽太守。又爲武陵王長史，太守如故，卒官。

沈峻字士嵩，吳興武康人。家世農夫，至峻好學，與舅太史叔明師事宗人沈驎士，在門下積年，〔三四〕晝夜自課，時或睡寐，輒以杖自擊，其篤志如此。驎士卒後，乃出都，偏遊講肆，遂博通五經，尤長三禮。初爲王國中尉，稍遷侍郎，並兼國子助敎。時吏部郎陸倕與僕射徐勉書薦峻曰：「五經博士庾季達須換，計公家必欲詳擇其人。凡聖賢可講之書，必以周官立義，則周官一書，實爲羣經源本。此學不傳，多歷年世，北人孫詳、蔣顯亦經聽習，而音革楚、夏，故學徒不至；惟助教沈峻，特精此書。比日時開講肆，羣儒劉喦、沈宏、沈熊之徒，並執經下坐，北面受業，莫不歎服，人無間言。弟謂宜即用此人，命其專此一學，周而復始，使聖人正典，廢而更興，累世絕業，傳於學者。」勉從之，奏峻兼五經博士。於館講授，聽者常數百人。出爲華容令，還除員外散騎侍郎，復兼五經博士。時中書舍人賀琛奉敕撰梁官，乃啓峻及孔子袪補西省學士，助撰錄。書成，入兼中書通事舍人。出爲武康令，卒官。

子文阿，傳父業，尤明左氏傳。太清中，自國子助教爲五經博士。傳峻業者，又有吳郡張及、會稽孔子雲，官皆至五經博士、尙書祠部郎。

太史叔明，吳興烏程人，吳太史慈後也。少善莊、老，兼治孝經、禮記，其三玄尤精解，當世冠絕，每講說，聽者常五百餘人。歷官國子助教。邵陵王綸好其學，及出爲江州，攜叔明之鎭。王遷郢州，又隨府，所至輒講授，江外人士皆傳其學焉。大同十三年，卒，時年七十三。

孔子袪，會稽山陰人。少孤貧好學，耕耘樵採，常懷書自隨，投閑則誦讀。〔三五〕勤苦自勵，遂通經術，尤明古文尚書。初爲長沙嗣王侍郎，兼國子助教，講尚書四十徧，聽者常數百人。中書舍人賀琛受敕撰梁官，啓子袪爲西省學士，助撰錄。書成，兼司文侍郎，不就，久之兼主客郎、舍人，學士如故。累遷湘東王國侍郎，常侍，員外散騎侍郎，又雲麾廬江公記室參軍，轉兼中書通事舍人。尋遷步兵校尉，舍人如故。高祖撰五經講疏及孔子正言，專使子袪檢閱羣書，以爲義證。事竟，敕子袪與右衞朱异、左丞賀琛於士林館遞日執經。累遷通直正員郎，舍人如故。中大同元年，卒官，時年五十一。子袪凡著尚書義二十卷，集注尚書三十卷，續朱异集注周易一百卷，續何承天集禮論一百五十卷。

皇侃，吳郡人，青州刺史皇象九世孫也。侃少好學，師事賀瑒，精力專門，盡通其業，尤明三禮、孝經、論語。起家兼國子助教，於學講說，聽者數百人。撰禮記講疏五十卷，書成奏上，詔付祕閣。頃之，召入壽光殿講禮記義，高祖善之，拜員外散騎侍郎，兼助教如故。性至孝，常日限誦孝經二十徧，以擬觀世音經。丁母憂，解職還鄉里。平西邵陵王欽其學，厚禮迎之，侃既至，因感心疾，大同十一年，卒於夏首，時年五十八。所撰論語義十卷，與禮記義並見重於世，學者傳焉。

陳吏部尚書姚察曰：昔叔孫通講論馬上，桓榮精力凶荒，既逢平定，自致光寵，若夫崔、伏、何、嚴互有焉。曼容、佟之講道於齊季，不爲時改，賀瑒、嚴植之之徒，遭梁之崇儒重道，咸至高官，稽古之力，諸子各盡之矣。范縝墨經僥倖，不遂其志，宜哉。

校勘記

〔一〕於是以平原明山賓吳興沈峻建平嚴植之會稽賀瑒補博士各主一館　按：上文有「可置五經博士各一人」，此只有四人。南史「平原明山賓」下有「吳郡陸璉」，恰合五經博士每人各主一館之數。此句當脫「吳郡陸璉」四字。

〔二〕所著文章禮義百許篇　「義」南史作「議」。

〔三〕自有關籬牆落於糞溷之側　「糞溷」二字，各本譌倒，據南史乙正。

〔四〕神故非質形故非用　「神故非」下各本脫「質形故非」四字，據弘明集卷九蕭琛難神滅論所引范縝原文（以下簡稱范縝原文）補。

〔五〕神之於質猶利之於刀　范縝原文，「刀」字作「刃」。

〔六〕豈非木有其一人有其二邪　兩「其」字，原脫。據范縝原文補。

〔七〕安在有如木之質而復有異木之知哉　「在」字各本脫，據范縝原文補。

〔八〕是無人質　范縝原文作「是無知之質也」。

〔九〕死者有如木之質而無異木之知　「死者」下各本脫一「有」字，「如木」下各本脫「之質」二字，據范縝原文補。

〔一〇〕非生者之形骸邪　「者」字各本脫，據范縝原文補。

〔一一〕豈不因生而有死　「因」各本作「從」，據范縝原文改。

〔一二〕何故方受死形綿歷未已邪　「受」各本譌「愛」，據范縝原文改正。

〔一三〕手等亦是神邪　「神」字各本脫，據范縝原文補。

〔一四〕知之與慮爲一爲異　「知之與」三字各本脫，據范縝原文補。

〔一五〕若爾應有二慮慮既有二神有二乎　「應有二」下各本脫「慮慮既有二神有二」八字，據范縝原文補。

〔一六〕是非之慮心器所主　「慮」各本譌「意」，據范縝原文改。

〔一七〕是以知心爲慮本　「知」字各本脫，據范縝原文補。

〔一八〕眼何故不寄於耳分邪　「眼」字各本脫，據范縝原文補。

〔一九〕眼自有本不假寄於佗分也　「自」各本譌「目」，據范縝原文改正。

〔二〇〕此形表之異也　「此」字各本脫，據范縝原文補。

〔二一〕聖人員極理無有二　「聖人」二字各本脫，據范縝原文補。

〔二二〕好行陰德　「行」字各本脫，據南史補。

〔二三〕常恨貪祿代耕不及養　「貪」，南史作「食」。

〔二四〕孫又不從父而服其慈母　「母」字各本脫，據南史補。

〔二五〕諸子宜攝祭事　「諸」南史作「世」。

〔二六〕依禮庶母慈己至喪慈母如母禮歟　「依禮」各本作「禮依」，據南史乙正。按：「庶母慈己」，見儀禮喪服子夏傳，故云「依禮」。又「喪慈母如母」各本脫「如母」二字，據禮記曾子問補。

〔二七〕喪服齊衰章所言慈母如母是也　「如母」二字各本脫，據南史補。

〔二八〕則此慈母亦無服矣　「母」字，各本脫，據册府元龜五七九補。

〔二九〕自是師保之慈母非三年小功之慈母也　兩「母」字各本無。據册府元龜五七九補。

〔三〇〕卞華字昭丘　「丘」南史及册府元龜七六八作「岳」。

〔三一〕崔靈恩清河東武城人也　「東」字各本脫，據南史補。

〔三二〕制三禮義宗四十七卷　「四十七卷」，册府元龜六〇〇同。南史及隋書經籍志、新唐書藝文志並作「三十卷」。

〔三三〕子俶玄　「俶」，南史作「淑」。

〔三四〕與舅太史叔明師事宗人沈驎士在門下積年　「驎」各本作「麟」，據南齊書沈驎士傳改。「在」字各本亦脫，據南史補。

〔三五〕投閑則誦讀　「投」，南史作「役」。

梁書卷四十九

列傳第四十三

文學上

到沆　丘遲　劉苞　袁峻　庾於陵 弟肩吾

劉昭　何遜　鍾嶸　周興嗣　吳均

昔司馬遷、班固書，並爲司馬相如傳，相如不預漢廷大事，蓋取其文章尤著也。固又爲賈鄒枚路傳，亦取其能文傳焉。范氏後漢書有文苑傳，所載之人，其詳已甚；然經禮樂而緯國家，通古今而述美惡，非文莫可也。是以君臨天下者，莫不敦悅其義，縉紳之學，咸貴尚其道，古往今來，未之能易。高祖聰明文思，光宅區宇，旁求儒雅，詔採異人，文章之盛，煥乎俱集。每所御幸，輒命羣臣賦詩，其文善者，賜以金帛，詣闕庭而獻賦頌者，或引見焉。其在位者，則沈約、江淹、任昉，並以文采，妙絕當時。至若彭城到沆、吳興丘遲、東海王僧孺、吳郡張率等，或入直文德，通讌壽光，皆後來之選也。約、淹、昉、僧孺、率別以功迹論。今綴到沆等文兼學者，至太清中人，爲文學傳云。

到沆字茂瀣，彭城武原人也。曾祖彥之，宋將軍。父撝，齊五兵尚書。沆幼聰敏，五歲時，撝於屏風抄古詩，沆請教讀一遍，便能諷誦，無所遺失。既長勤學，善屬文，工篆隸。美風神，容止可悅。

齊建武中，起家後軍法曹參軍。天監初，遷征虜主簿。高祖初臨天下，收拔賢俊，甚愛其才。東宮建，以爲太子洗馬。時文德殿置學士省，召高才碩學者待詔其中，使校定墳史，詔沆通籍焉。時高祖讌華光殿，命羣臣賦詩，獨詔沆爲二百字，三刻使成。〔一〕沆於坐立奏，其文甚美。俄以洗馬管東宮書記、散騎省優策文。三年，詔尚書郎在職清能或人才高妙者爲侍郎，以沆爲殿中曹侍郎。沆從父兄溉、洽，並有才名，時皆相代爲殿中，當世榮之。四年，遷太子中舍人。沆爲人不自伐，不論人長短，樂安任昉、南鄉范雲皆與友善。〔二〕其年，遷丹陽尹丞，以疾不能處職事，遷北中郎諮議參軍。五年，卒官，年三十。高祖甚傷惜焉，詔賜錢二萬，布三十匹。所著詩賦百餘篇。

丘遲字希範，吳興烏程人也。父靈鞠，有才名，仕齊官至太中大夫。遲八歲便屬文，靈鞠常謂「氣骨似我」。黃門郎謝超宗、徵士何點並見而異之。及長，州辟從事，舉秀才，除太學博士。遷大司馬行參軍，遭父憂去職。服闋，除西中郎參軍。累遷殿中郎，以母憂去職。服除，復爲殿中郎，遷車騎録事參軍。高祖平京邑，霸府開，引爲驃騎主簿，甚被禮遇，時勸進梁王及殊禮，皆遲文也。高祖踐阼，拜散騎侍郎，俄遷中書侍郎，領吳興邑中正、待詔文德殿。時高祖著連珠，詔羣臣繼作者數十人，遲文最美。天監三年，出爲永嘉太守，在郡不稱職，爲有司所糾，高祖愛其才，寢其奏。四年，中軍將軍臨川王宏北伐，遲爲諮議參軍，領記室。時陳伯之在北，與魏軍來距，遲以書喻之，伯之遂降。還拜中書郎，遷司徒從事中郎。七年，卒官，時年四十五。所著詩賦行於世。

劉苞字孝嘗，彭城人也。祖勔，宋司空。父愃，齊太子中庶子。苞四歲而父終，及年六七歲，見諸父常泣。時伯、叔父悛、繪等並顯貴，〔三〕苞母謂其畏憚，怒之。苞對曰：「早孤不及有識，聞諸父多相似，故心中欲悲，無有佗意。」因而歔欷，毋亦慟甚。初，苞父母及兩兄相繼亡沒，悉假瘞焉，苞年十六，始移墓所，經營改葬，不資諸父，未幾皆畢，繪常歎服之。

少好學，能屬文。起家爲司徒法曹行參軍，不就。天監初，以臨川王妃弟故，自征虜主簿仍遷王中軍功曹，累遷尙書庫部侍郎，丹陽尹丞，太子太傅丞，尙書殿中侍郞，南徐州治中，以公事免。久之，爲太子洗馬，掌書記，侍講壽光殿。自高祖卽位，引後進文學之士，苞及從兄孝綽、從弟孺、同郡到溉、溉弟洽、從弟沆、吳郡陸倕、張率並以文藻見知，多預讌坐，雖仕進有前後，其賞賜不殊。天監十年，卒，時年三十。臨終，呼友人南陽劉之遴託以喪事，務從儉率。苞居官有能名，性和而直，與人交，面折其非，退稱其美，情無所隱，士友咸以此歎惜之。

袁峻字孝高，陳郡陽夏人，魏郎中令渙之八世孫也。峻早孤，篤志好學，家貧無書，每從人假借，必皆抄寫，自課日五十紙，紙數不登，則不休息。訥言語，工文辭。義師剋京邑，鄱陽王恢東鎭破岡，峻隨王知管記事。天監初，鄱陽國建，以峻爲侍郞，從鎭京口。王遷郢州，兼都曹參軍。高祖雅好辭賦，時獻文於南闕者相望焉，其藻麗可觀，或見賞擢。六年，峻乃擬揚雄官箴奏之。高祖嘉焉，賜束帛。除員外散騎侍郎，直文德學士省，抄史記、漢書各爲二十卷。又奉敕與陸倕各製新闕銘，辭多不載。

庾於陵字子介，散騎常侍黔婁之弟也。七歲能言玄理。既長，淸警博學有才思。齊隨王子隆爲荆州，召爲主簿，使與謝朓、宗夬抄撰羣書。子隆代還，又以爲送故主簿。子隆尋爲明帝所害，僚吏畏避，莫有至者，唯於陵與夬獨留，經理喪事。始安王遙光爲撫軍，引爲行參軍，兼記室。永元末，除東陽遂安令，爲民吏所稱。天監初，爲建康獄平，遷尚書功論郎，〔四〕待詔文德殿。出爲湘州別駕，遷驃騎錄事參軍，兼中書通事舍人。俄領南郡邑中正，拜太子洗馬，舍人如故。舊事，東宮官屬，通爲淸選，洗馬掌文翰，尤其淸者。近世用人，皆取甲族有才望，時於陵與周捨並擢充職，高祖曰：「官以人而淸，豈限以甲族。」時論以爲美。俄遷散騎侍郎，改領荆州大中正。累遷中書黃門侍郎，舍人、中正並如故。出爲宣毅晉安王長史、廣陵太守，行府州事，以公事免。復起爲通直郎，尋除鴻臚卿，復領荆州大中正。卒官，時年四十八。文集十卷。弟肩吾。

肩吾字子慎。八歲能賦詩，特爲兄於陵所友愛。初爲晉安王國常侍，仍遷王宣惠府行參軍，自是每王徙鎮，肩吾常隨府。歷王府中郎，雲麾參軍，並兼記室參軍。中大通三年，王爲皇太子，兼東宮通事舍人，除安西湘東王錄事參軍，俄以本官領荆州大中正。累遷中錄事諮議參軍，太子率更令，中庶子。初，太宗在藩，雅好文章士，時肩吾與東海徐摛，吳郡陸杲，彭城劉遵、劉孝儀，儀弟孝威，同被賞接。及居東宮，又開文德省，置學士，肩吾子信、摛子陵、吳郡張長公、北地傅弘、東海鮑至等充其選。齊永明中，文士王融、謝朓、沈約文章始用四聲，以爲新變，至是轉拘聲韻，彌尚麗靡，復踰於往時。時太子與湘東王書論之曰：

吾輩亦無所遊賞，止事披閱，性既好文，時復短詠。雖是庸音，不能閣筆，有慚伎癢，更同故態。比見京師文體，懦鈍殊常，競學浮疎，爭爲闡緩。玄冬脩夜，思所不得，既殊比興，正背風、騷。若夫六典三禮，所施則有地，吉凶嘉賓，用之則有所。未聞吟詠情性，反擬內則之篇；操筆寫志，更摹酒誥之作；遲遲春日，翻學歸藏；湛湛江水，遂同大傳。

吾既拙於爲文，不敢輕有掎摭。但以當世之作，歷方古之才人，遠則揚、馬、曹、王，近則潘、陸、顏、謝，而觀其遣辭用心，了不相似。若以今文爲是，則古文爲非；若昔賢可稱，則今體宜棄。俱爲盍各，則未之敢許。又時有效謝康樂、裴鴻臚文者，亦頗有惑焉。何者？謝客吐言天拔，出於自然，時有不拘，是其糟粕；裴氏乃是良史之才，了無篇什之美。是爲學謝則不屆其精華，但得其冗長；師裴則蔑絕其所長，惟得其所短。謝故巧不可階，裴亦質不宜慕。故胸馳臆斷之侶，好名忘實之類，方分肉於仁獸，〔三〕逞卻克於邯鄲，入鮑忘臭，効尤致禍。決羽謝生，豈三千之可及；伏膺裴氏，懼兩唐之不傳。故玉徽金銑，反爲拙目所嗤；巴人下里，更合郢中之聽。陽春高而不和，妙聲絕而不尋，竟不精討錙銖，覈量文質，有異巧心，終愧妍手。是以握瑜懷玉之士，瞻鄭邦而知退；章甫翠履之人，望閩鄉而歎息。詩既若此，筆又如之。徒以煙墨不言，受其驅染；紙札無情，任其搖襞。甚矣哉，文之橫流，一至於此！

至如近世謝朓、沈約之詩，任昉、陸倕之筆，斯實文章之冠冕，述作之楷模。張士簡之賦，周升逸之辯，亦成佳手，難可復遇。文章未墜，必有英絕，領袖之者，非弟而誰。每欲論之，無可與語，思吾子建，一共商搉。辯茲清濁，使如涇、渭；論茲月旦，類彼汝南。朱丹既定，雌黃有別，使夫懷鼠知慚，濫竽自恥。譬斯袁紹，畏見子將；同彼盜牛，遙羞王烈。相思不見，我勞如何。

太清中，侯景寇陷京都，及太宗即位，以肩吾爲度支尚書。時上流諸蕃，並據州拒景，景矯詔遣肩吾使江州，喻當陽公大心，大心尋舉州降賊，肩吾因逃入建昌界，久之，方得赴江陵，未幾卒。文集行於世。

劉昭字宣卿，平原高唐人，晉太尉寔九世孫也。祖伯龍，居父憂以孝聞，宋武帝敕皇太子諸王並往弔慰，官至少府卿。父彪，齊征虜晉安王記室。

昭幼清警，七歲通老、莊義。既長，勤學善屬文，外兄江淹早相稱賞。天監初，起家奉朝請，累遷征北行參軍，尚書倉部郎，尋除無錫令。歷爲宣惠豫章王、中軍臨川王記室。〔六〕初，昭伯父肜集衆家晉書注干寶晉紀爲四十卷，至昭又集後漢同異以注范曄書，世稱博悉。遷通直郎，出爲剡令，卒官。集注後漢一百八十卷，〔七〕幼童傳十卷，文集十卷。

子縚，字言明，亦好學，通三禮。大同中，爲尚書祠部郎，尋去職，不復仕。

縚弟緩，字含度，少知名。歷官安西湘東王記室，時西府盛集文學，緩居其首。除通直郎，俄遷鎮南湘東王中錄事，復隨府江州，卒。

何遜字仲言，東海郯人也。〔八〕曾祖承天，宋御史中丞。祖翼，員外郎。父詢，齊太尉中兵參軍。

遜八歲能賦詩，弱冠州舉秀才，南鄉范雲見其對策，大相稱賞，因結忘年交好。自是一文一詠，雲輒嗟賞，謂所親曰：「頃觀文人，質則過儒，麗則傷俗；其能含清濁，中今古，見之何生矣。」沈約亦愛其文，嘗謂遜曰：「吾每讀卿詩，一日三復，猶不能已。」其爲名流所稱如此。

天監中，起家奉朝請，遷中衞建安王水曹行參軍，兼記室。王愛文學之士，日與遊宴，及遷江州，遜猶掌書記。還爲安西安成王參軍事，兼尚書水部郎，母憂去職。服闋，除仁威廬陵王記室，復隨府江州，未幾卒。東海王僧孺集其文爲八卷。

初，遜文章與劉孝綽並見重於世，世謂之「何劉」。世祖著論論之云：「詩多而能者沈約，少而能者謝朓、何遜。」

時有會稽虞騫，工爲五言詩，名與遜相埒，官至王國侍郎。其後又有會稽孔翁歸、濟陽江避，並爲南平王大司馬府記室。翁歸亦工爲詩。避博學有思理，更注論語、孝經。二人並有文集。

鍾嶸字仲偉，潁川長社人，晉侍中雅七世孫也。父蹈，齊中軍參軍。

嶸與兄岏、弟嶼並好學，有思理。嶸，齊永明中爲國子生，明周易，衞軍王儉領祭酒，頗賞接之。舉本州秀才。起家王國侍郎，遷撫軍行參軍，出爲安國令。永元末，除司徒行參軍。天監初，制度雖革，而日不暇給，嶸乃言曰：「永元肇亂，坐弄天爵，勳非即戎，官以賄就。揮一金而取九列，寄片札以招六校，騎都塞市，郎將塡街。服旣纓組，尙爲臧獲之事；職唯黃散，猶躬胥徒之役。名實淆紊，茲焉莫甚。臣愚謂軍官是素族士人，自有清貫，而因斯受爵，一宜削除，以懲僥競。若吏姓寒人，聽極其門品，不當因軍，遂濫清級。若僑雜傖楚，應在綏撫，〔九〕正宜嚴斷祿力，絕其妨正，直乞虛號而已。謹竭愚忠，不恤衆口。」敕付尙書行之。遷中軍臨川王行參軍。衡陽王元簡出守會稽，引爲寧朔記室，專掌文翰。時居士何胤築室若邪山，山發洪水，漂拔樹石，此室獨存，元簡命嶸作瑞室頌以旌表之，辭甚典麗。選西中郎晉安王記室。

嶸嘗品古今五言詩，論其優劣，名爲詩評。其序曰：

氣之動物，物之感人，故搖蕩性情，形諸舞詠，欲以照燭三才，輝麗萬有，靈祇待之以致饗，幽微藉之以昭告，動天地，感鬼神，莫近於詩。昔南風之辭，卿雲之頌，厥義敻矣。夏歌曰「鬱陶乎予心」，楚謠云「名余曰正則」，雖詩體未全，然略是五言之濫觴也。逮漢李陵，始著五言之目。古詩眇邈，人代難詳，推其文體，固是炎漢之制，非衰周之倡也。自王、揚、枚、馬之徒，辭賦競爽，而吟詠靡聞。從李都尉訖班婕妤，將百年間，有婦人焉，一人而已。詩人之風，頓已缺喪。東京二百載中，唯有班固詠史，質木無文致。降及建安，曹公父子，篤好斯文；平原兄弟，鬱爲文棟；劉楨、王粲，爲其羽翼。次有攀龍託鳳，自致於屬車者，蓋將百計。彬彬之盛，大備於時矣。爾後陵遲衰微，訖於有晉。太康中，三張二陸，兩潘一左，教爾復興，踵武前王，風流未沫，亦文章之中興也。永嘉時，貴黃、老，尙虛談，于時篇什，理過其辭，淡乎寡味。爰及江表，微波尙傳，孫綽、許詢、桓、庾諸公，皆平典似道德論，建安之風盡矣。先是郭景純用儁上之才，創變其體；劉越石仗淸剛之氣，贊成厥美。然彼衆我寡，未能動俗。逮義熙中，謝益壽斐然繼作；元嘉初，有謝靈運，才高辭盛，富豔難蹤，固已含跨劉、郭，陵轢潘、左。故知陳思爲建安之傑，公幹、仲宣爲輔；陸機爲太康之英，安仁、景陽爲輔；謝客爲元嘉之雄，顏延年爲輔：此皆五言之冠冕，文辭之命世。

夫四言文約意廣，取效風、騷，便可多得，每苦文煩而意少，故世罕習焉。五言居文辭之要，是衆作之有滋味者也，故云會於流俗，豈不以指事遺形，窮情寫物，最爲詳切者邪！故詩有六義焉，一曰興，二曰賦，三曰比。文已盡而意有餘，興也；因物喻志，比也；直書其事，寓言寫物，賦也。弘斯三義，酌而用之，幹之以風力，潤之以丹采，使味之者無極，聞之者動心，是詩之至也。若專用比、興，則患在意深，意深則辭躓。若但用賦體，則患在意浮，意浮則文散。嬉成流移，文無止泊，有蕪漫之累矣。若乃春風春鳥，秋月秋蟬，夏雲暑雨，冬月祁寒，斯四候之感諸詩者也。嘉會寄詩以親，離羣託詩以怨。至於楚臣去境，漢妾辭宮，或骨橫朔野，或魂逐飛蓬，或負戈外戍，或殺氣雄邊，塞客衣單，霜閨淚盡。又士有解珮出朝，一去忘反；女有揚蛾入寵，再盼傾國。凡斯種種，感蕩心靈，非陳詩何以展其義，非長歌何以釋其情？故曰「詩可以羣，可以怨」。使窮賤易安，幽居靡悶，莫尚於詩矣。故辭人作者，罔不愛好。今之士俗，斯風熾矣。裁能勝衣，甫就小學，必甘心而馳騖焉。於是庸音雜體，各爲家法。至於膏腴子弟，恥文不逮，終朝點綴，分夜呻吟，獨觀謂爲警策，衆視終淪平鈍。次有輕蕩之徒，笑曹、劉爲古拙。謂鮑昭羲皇上人，謝朓今古獨步；而師鮑昭終不及「日中市朝滿」，學謝朓劣得「黃鳥度青枝」。徒自棄於高聽，無涉於文流矣。

嶸觀王公搢紳之士，每博論之餘，何嘗不以詩爲口實，隨其嗜欲，商搉不同，淄澠並汎，朱紫相奪，諠譁競起，准的無依。近彭城劉士章俊賞之士，疾其淆亂，欲爲當世詩品，口陳標榜，其文未遂，嶸感而作焉。昔九品論人，七略裁士，校以賓實，誠多未值；至若詩之爲技，較爾可知，以類推之，殆同博弈。方今皇帝資生知之上才，體沈鬱之幽思，文麗日月，學究天人，昔在貴遊，已爲稱首；況八紘既掩，風靡雲蒸，抱玉者連肩，握珠者踵武，固以睨漢、魏而弗顧，吞晉、宋於胸中。諒非農歌轅議，敢致流別。嶸之今錄，庶周遊於閭里，均之於談笑耳。

頃之，卒官。

岏字長岳，〔一〇〕官至府參軍、建康平。著良吏傳十卷。〔一一〕嶼字季望，永嘉郡丞。天監十五年，敕學士撰徧略，嶼亦預焉。兄弟並有文集。

周興嗣字思纂，陳郡項人，漢太子太傅堪後也。高祖凝，晉征西府參軍、宜都太守。興嗣世居姑孰。年十三，遊學京師，積十餘載，遂博通記傳，善屬文。嘗步自姑孰，投宿逆旅，夜有人謂之曰：「子才學邁世，初當見識貴臣，卒被知英主。」言終，不測所之。齊隆昌中，侍中謝朏爲吳興太守，唯與興嗣談文史而已。及罷郡還，因大相稱薦。本州舉秀才，除桂陽郡丞，太守王嶸素相賞好，〔一二〕禮之甚厚。高祖革命，興嗣奏休平賦，其文甚美，高祖嘉之。拜安成王國侍郎，直華林省。其年，河南獻儛馬，詔興嗣與待詔到沆、張率爲賦，高祖以興嗣爲工。擢員外散騎侍郎，進直文德、壽光省。是時，高祖以三橋舊宅爲光宅寺，敕興嗣與陸倕各製寺碑，及成俱奏，高祖用興嗣所製者。自是銅表銘、栅塘碣、北伐檄、次韻王羲之書千字，並使興嗣爲文，每奏，高祖輒稱善，加賜金帛。九年，除新安郡丞，秩滿，復爲員外散騎侍郎，佐撰國史。十二年，遷給事中，撰史如故。興嗣兩手先患風疽，是年又染癘疾，左目盲，高祖撫其手，嗟曰：「斯人也而有斯疾也！」手疏治疽方以賜之。其見惜如此。任昉又愛其才，常言曰：「周興嗣若無疾，旬日當至御史中丞。」十四年，除臨川郡丞。十七年，復爲給事中，直西省。左衞率周捨奉敕注高祖所製歷代賦，啓興嗣助焉。普通二年，卒。所撰皇帝實錄、皇德記、起居注、職儀等百餘卷，文集十卷。

吳均字叔庠，吳興故鄣人也。家世寒賤，至均好學有俊才，沈約嘗見均文，頗相稱賞。天監初，柳惲爲吳興，召補主簿，日引與賦詩。均文體清拔有古氣，好事者或斅之，謂爲「吳均體」。建安王偉爲揚州，引兼記室，掌文翰。王遷江州，補國侍郎，兼府城局。還除奉朝請。先是，均表求撰齊春秋，書成奏之，高祖以其書不實，使中書舍人劉之遴詰問數條，竟支離無對，敕付省焚之，坐免職。尋有敕召見，使撰通史，起三皇，訖齊代，均草本紀、世家功已畢，唯列傳未就。普通元年，卒，時年五十二。均注范曄後漢書九十卷，著齊春秋三十卷，廟記十卷，十二州記十六卷，錢唐先賢傳五卷，續文釋五卷，文集二十卷。

先是，有廣陵高爽、濟陽江洪、會稽虞騫，並工屬文，爽，齊永明中贈衞軍王儉詩，爲儉所賞，及領丹陽尹，舉爽郡孝廉。天監初，歷官中軍臨川王參軍。出爲晉陵令，〔一三〕坐事繫冶，〔一四〕作鑊魚賦以自況，其文甚工。後遇赦獲免，頃之卒。洪爲建陽令，坐事死。騫官至王國侍郎，並有文集。

校勘記

〔一〕三刻使成　「三」各本作「二」，據南史及册府元龜五五一改。按：限三刻成詩，爲當時通例，可參看本書褚翔傳、謝徵傳。

〔二〕樂安任昉南鄉范雲皆與友善　「與」字各本脫。據南史補。

〔三〕時伯叔父悛繪等並顯貴　「伯叔父」百衲本、南監本、汲古閣本、金陵局本俱作「世叔父」，今從北監本、殿本。張元濟梁書校勘記：「伯叔父，是。南史：悛弟子苞；繪，愃弟也。」

〔四〕遷尚書功論郎　「功論郎」各本作「工部郎」，據南史改。尚書屬有功論郎。工部之名起於隋，齊梁未有。

〔五〕方分肉於仁獸　「分肉」册府元龜一九二作「六駮」。按：「方六駮於仁獸」，與下句「逞郤克於邯鄲」相偶成文。六駮食虎豹，不可方之於「仁獸」；郤克脚跛，不可逞步邯鄲。若作「分肉」，則無意義。

〔六〕歷爲宣惠豫章王中軍臨川王記室　「臨川」下各本脫一「王」字，據南史及册府元龜五五五補。

〔七〕集注後漢一百八十卷　今本後漢書有紀十二卷，志三十卷，傳八十八卷，共一百三十卷，不符一百八十卷之數，「八」或係「三」之譌。

〔八〕東海郯人也　「郯」各本譌「剡」，據南史改。

〔九〕應在綏撫　「撫」各本作「附」。據南史及册府元龜二一二改。

〔一〇〕岏字長岳　「岳」南史及册府元龜五五五作「丘」。

〔一一〕著良吏傳十卷　「吏」各本譌「史」，據南史及隋書經籍志改。

〔一二〕太守王嶸素相賞好　「嶸」册府元龜六八七作「峻」。疑作「峻」是。南史王峻傳，峻仕齊爲桂陽內史，天監初還，時正相接。

〔一三〕出爲晉陵令　「晉陵」各本作「晉陽」。據南史文學卞彬傳高爽附傳改。

〔一四〕坐事繫治　「治」各本譌「冶」，今改正。

梁書卷五十

列傳第四十四

文學下

劉峻字孝標，平原平原人。父珽，宋始興內史。〔一〕

峻生期月，母攜還鄉里。宋泰始初，青州陷魏，峻年八歲，爲人所略至中山，中山富人劉實愍峻，以束帛贖之，教以書學。魏人聞其江南有戚屬，更徙之桑乾。峻好學，家貧，寄人廡下，自課讀書，常燎麻炬，從夕達旦，時或昏睡，爇其髮，既覺復讀，終夜不寐，其精力如此。齊永明中，從桑乾得還，自謂所見不博，更求異書，聞京師有者，必往祈借，清河崔慰祖謂之「書淫」。時竟陵王子良博招學士，峻因人求爲子良國職，吏部尙書徐孝嗣抑而不許，用爲南海王侍郎，不就。至明帝時，蕭遙欣爲豫州，爲府刑獄，禮遇甚厚。遙欣尋卒，久之不調。天監初，召入西省，與學士賀蹤典校祕書。峻兄孝慶，時爲青州刺史，峻請假省之，坐私載禁物，爲有司所奏，免官。安成王秀好峻學，及遷荊州，引爲戶曹參軍，給其書籍，使抄錄事類，名曰類苑，未及成，復以疾去，因遊東陽紫巖山，築室居焉。爲山栖志，其文甚美。高祖招文學之士，有高才者，多被引進，擢以不次。峻率性而動，不能隨衆沉浮，高祖頗嫌之，故不任用。峻乃著辨命論以寄其懷曰：

主上嘗與諸名賢言及管輅，歎其有奇才而位不達。時有在赤墀之下，預聞斯議，歸以告余。余謂士之窮通，無非命也，故謹述天旨，因言其略云。

臣觀管輅天才英偉，珪璋特秀，實海內之髦傑，豈日者卜祝之流。而官止少府丞，年終四十八，天之報施，何其寡歟？然則高才而無貴仕，饕餮而居大位，自古所歎，焉獨公明而已哉。故性命之道，窮通之數，夭閼紛綸，莫知其辨。仲任蔽其源，子長闡其惑。至於鶡冠甕牖，必以懸天有期；鼎貴高門，則曰唯人所召。譊譊讙咋，異端俱起。蕭遠論其本而不暢其流，子玄語其流而未詳其本。嘗試言之曰：夫道生萬物，則謂之道；生而無主，謂之自然。自然者，物見其然，不知所以然；同焉皆得，不知所以得。鼓動陶鑄而不爲功，庶類混成而非其力。生之無亭毒之心，死之豈虔劉之志。墜之淵泉非其怒，昇之霄漢非其悅。蕩乎大乎，萬寶以之化；確乎純乎，一化而不易。化而不易，則謂之命。命也者，自天之命也。定於冥兆，終然不變。鬼神莫能預，聖哲不能謀。觸山之力無以抗，倒日之誠弗能感。短則不可緩之於寸陰，長則不可急之於箭漏。至德未能踰，上智所不免。是以放勛之代，浩浩襄陵；天乙之時，燋金流石。文公蹺其尾，宣尼絕其糧。顏回敗其叢蘭，冉耕歌其芣苡。夷、叔斃淑媛之言，子輿困臧倉之訴。聖賢且猶若此，而況庸庸者乎！至乃伍員浮屍於江流；三閭沈骸於湘渚；賈大夫沮志於長沙；馮都尉皓髮於郎署；君山鴻漸，鎩羽儀於高雲；敬通鳳起，摧迅翮於風穴：此豈才不足而行有遺哉。

近世有沛國劉瓛，瓛弟璡，並一時之秀士也。瓛則關西孔子，通涉六經，循循善誘，服膺儒行。璡則志烈秋霜，心貞崐玉，亭亭高竦，不雜風塵。皆毓德於衡門，並馳聲於天地。而官有微於侍郎，位不登於執戟，相繼徂落，宗祀無饗。因斯兩賢，以言古則：昔之玉質金相，英髦秀達，皆擯斥於當年，韞奇才而莫用，候草木以共凋，與麋鹿而同死，膏塗平原，骨塡川谷，湮滅而無聞者，豈可勝道哉！此則宰衡之與皂隸，容、彭之與殤子，猗頓之與黔婁，陽文之與敦洽，咸得之於自然，不假道於才智。故曰「死生有命，富貴在天」，其斯之謂矣。然命體周流，變化非一，或先號後笑，或始吉終凶，或不召自來，或因人以濟。交錯紛糾，循環倚伏，非可以一理徵，非可以一途驗，而其道密微，寂寥忽慌，無形可以見，無聲可以聞。必御物以效靈，亦憑人而成象，譬天王之冕旒，任百官以司職。而惑者覩湯、武之龍躍，謂龕亂在神功；聞孔、墨之挺生，謂英睿擅奇響；視彭、韓之豹變，謂鷙猛致人爵；見張、桓之朱紱，謂明經拾青紫。豈知有力者運之而趨乎？故言而非命，有六蔽焉。余請陳其梗概：

夫靡顏膩理，哆噅顣頞，形之異也。朝秀辰終，龜鶴千歲，年之殊也。聞言如響，智昏菽麥，神之辨也。固知三者定乎造化，榮辱之境，獨曰由人，是知二五而未識於十，其蔽一也。龍犀日角，帝王之表；河目龜文，公侯之相。撫鏡知其將刑，壓紐顯其膺籙。星虹樞電，昭聖德之符；夜哭聚雲，鬱興王之瑞。皆兆發於前期，渙汗於後葉。若謂驅貔虎，奮尺劍，入紫微，升帝道，則未達窅冥之情，未測神明之數，其蔽二也。空桑之里，變成洪川；歷陽之都，化爲魚鼈。楚師屠漢卒，睢河鯁其流；秦人坑趙士，沸聲若雷震。火炎崐岳，礫石與琬琰俱焚；嚴霜夜零，蕭艾與芝蘭共盡。雖游、夏之英才，伊、顏之殆庶，焉能抗之哉？其蔽三也。或曰，明月之珠，不能無類；夏后之璜，不能無考。故亭伯死於縣長，長卿卒於園令。才非不傑也，主非不明也，而碎結綠之鴻輝，殘懸黎之夜色，抑尺之量有短哉？若然者，主父偃、公孫弘對策不升第，歷說而不入，牧豕淄原，見棄州部，設令忽如過隙，溘死霜露，其爲詬恥，豈崔、馬之流乎？及至開東閤，列五鼎，電照風行，聲馳海外，寧前愚而後智，先非而終是？將榮悴有定數，天命有至極？而謬生妍蚩，其蔽四也。夫虎嘯風馳，龍興雲屬。故重華立而元、凱升，辛受生而飛廉進。然則天下善人少，惡人多；闇主衆，明君寡。而薰蕕不同器，梟鸞不接翼。是使渾沌、檮杌，踵武雲臺之上；仲容、庭堅，耕耘巖石之下。橫謂廢興在我，無繫於天，其蔽五也。彼戎狄者，人面獸心，宴安鴆毒。以誅殺爲道德，以蒸報爲仁義。雖大風立於青丘，鑿齒奮於華野，比其狼戾，曾何足踰。自金行不競，天地版蕩，左帶沸脣，乘間電發。遂覆瀍、洛，傾五都。居先王之桑梓，竊名號於中縣。與三皇競其氓黎，五帝角其區宇。種落繁熾，充牣神州。嗚呼！福善禍淫，徒虛言耳。豈非否泰相傾，盈縮遞運，而汨之以人？其蔽六也。

然所謂命者，死生焉，貴賤焉，貧富焉，理亂焉，禍福焉，此十者天之所賦也。愚智善惡，此四者人之所行也。夫神非舜、禹，心異朱、均，才絓中庸，在於所習。是以素絲無恒，玄黃代起；鮑魚芳蘭，入而自變。故季路學於仲尼，厲風霜之節；楚穆謀於潘崇，成悖逆之禍。而商臣之惡，盛業光於後嗣；仲由之善，不能息其結纓。斯則邪正由於人，吉凶存乎命。或以鬼神害盈，皇天輔德。故宋公一言，法星三徙；殷帝自翦，千里來雲。善惡無徵，未洽斯義。〔三〕且于公高門以待封，嚴母掃墓以望喪。此君子所以自强不息也。如使仁而無報，奚爲修善立名乎？斯徑廷之辭也。夫聖人之言，顯而晦，微而婉，幽遠而難聞，河漢而不極。或立教以進庸惰，或言命以窮性靈。積善餘慶，立教也；鳳鳥不至，言命也。今以其片言辯其要趣，何異乎夕死之類而論春秋之變哉。且荆昭德音，丹雲不卷；周宣祈雨，珪璧斯罄。于叟種德，不逮勛、華之高；延年殘獷，未甚東陵之酷。爲善一，爲惡均，而禍福異其流，廢興殊其迹。蕩蕩上帝，豈如是乎？詩云：「風雨如晦，鷄鳴不已。」故善人爲善，焉有息哉？

夫食稻粱，進芻豢，衣狐貉，襲冰紈，觀窈眇之奇儛，聽雲和之琴瑟，此生人之所急，非有求而爲也。修道德，習仁義，敦孝悌，立忠貞，漸禮樂之腴潤，蹈先王之盛則，此君子之所急，非有求而爲也。然則君子居正體道，樂天知命。明其無可奈何，識其不由智力。逝而不召，來而不距，生而不喜，死而不慼。瑤臺夏屋，不能悅其神；土室編蓬，未足憂其慮。不充詘於富貴，不遑遑於所欲。豈有史公、董相不遇之文乎？

論成，中山劉沼致書以難之，凡再反，峻並爲申析以答之。會沼卒，不見峻後報者，峻乃爲書以序之曰：「劉侯旣有斯難，值余有天倫之感，竟未之致也。尋而此君長逝，化爲異物，緒言餘論，藴而莫傳。或有自其家得而示余者，悲其音徽未沬，而其人已亡；青簡尚新，而宿草將列，泫然不知涕之無從。雖隙駟不留，尺波電謝，而秋菊春蘭，英華靡絕，故存其梗概，更酬其旨。若使墨翟之言無爽，宣室之談有徵，冀東平之樹，望咸陽而西靡；蓋山之泉，聞弦歌而赴節。但懸劍空壟，有恨如何！」其論文多不載。

峻又嘗為自序，其略曰：「余自比馮敬通，而有同之者三，異之者四。何則？敬通雄才冠世，志剛金石；余雖不及之，而節亮慷慨，此一同也。敬通值中興明君，而終不試用；余逢命世英主，亦擯斥當年，此二同也。敬通有忌妻，至於身操井臼；余有悍室，亦令家道轗軻，此三同也。敬通當更始之世，手握兵符，躍馬食肉；余自少迄長，戚戚無歡，此一異也。敬通有一子仲文，官成名立；余禍同伯道，永無血胤，此二異也。敬通膂力方剛，老而益壯；余有犬馬之疾，溘死無時，此三異也。敬通雖芝殘蕙焚，終塡溝壑，而為名賢所慕，其風流郁烈芬芳，久而彌盛；余聲塵寂漠，世不吾知，魂魄一去，將同秋草，此四異也。所以自力為敍，遺之好事云。」

峻居東陽，吳、會人士多從其學。普通二年，卒，時年六十。〔三〕門人謚曰玄靖先生。

劉沼字明信，中山魏昌人。六代祖輿，晉驃騎將軍。

沼幼善屬文，旣長博學。仕齊起家奉朝請，冠軍行參軍。天監初，拜後軍臨川王記室參軍，秣陵令，卒。

謝幾卿，陳郡陽夏人。曾祖靈運，宋臨川內史；父超宗，齊黃門郎：並有重名於前代。幾卿幼清辯，當世號曰神童。後超宗坐事徙越州，路出新亭渚，幾卿不忍辭訣，遂投赴江流，左右馳救，得不沈溺。及居父憂，哀毀過禮。服闋，召補國子生。齊文惠太子自臨策試，謂祭酒王儉曰：「幾卿本長玄理，今可以經義訪之。」儉承旨發問，幾卿隨事辨對，辭無滯者，文惠大稱賞焉。儉謂人曰：「謝超宗爲不死矣。」

旣長好學，博涉有文采。起家豫章王國常侍，累遷車騎法曹行參軍，相國祭酒，出爲寧國令，入補尚書殿中郎、太尉晉安王主簿。天監初，除征虜鄱陽王記室，尚書三公郎，〔四〕尋爲治書侍御史。舊郎官轉爲此職者，世謂爲南奔。幾卿頗失志，多陳疾，臺事略不復理。徙爲散騎侍郎，累遷中書郎，國子博士，尚書左丞。幾卿詳悉故實，僕射徐勉每有疑滯，多詢訪之。然性通脫，會意便行，不拘朝憲，嘗預樂遊苑宴，不得醉而還，因詣道邊酒壚，停車褰幔，與車前三騶對飲，時觀者如堵，幾卿處之自若。後以在省署，夜著犢鼻褌，與門生登閣道飲酒酣嘑，爲有司糾奏，坐免官。尋起爲國子博士，俄除河東太守，秩未滿，陳疾解。尋除太子率更令，遷鎮衞南平王長史。普通六年，詔遣領軍將軍西昌侯蕭淵藻督衆軍北伐，幾卿啓求行，擢爲軍師長史，加威戎將軍。軍至渦陽退敗，幾卿坐免官。

居宅在白楊石井，朝中交好者載酒從之，賓客滿坐。時左丞庾仲容亦免歸，二人意志相得，並肆情誕縱，或乘露車歷遊郊野，既醉則執鐸挽歌，不屑物議。湘東王在荆鎭，與書慰勉之。幾卿答曰：「下官自奉違南浦，卷迹東郊，望日臨風，瞻言佇立。仰尋惠渥，陪奉遊宴，漾桂棹於清池，席落英於曾岨。蘭香兼御，羽觴競集，側聽餘論，沐浴玄流。濤波之辯，懸河不足譬，春藻之辭，麗文無以匹。莫不相顧動容，服心勝口，不覺春日爲遙，更謂脩夜爲促。嘉會難常，摶雲易遠，言念如昨，忽焉素秋。恩光不遺，善謔遠降。因事罷歸，豈云栖息。既匪高官，理就一廛。〔五〕田家作苦，實符清誨。本乏金羈之飾，無假玉璧爲資，徒以老使形疏，疾令心阻，沈滯牀簟，彌歷七旬，夢幻俄頃，憂傷在念，竟知無益，思自祛遣。尋理滌意，卽以任命爲膏酥；覽鏡照形，翻以支離代萱樹。故得仰慕徽猷，永言前哲，鬼谷深栖，接輿高舉，遁名屠肆，發迹關市，其人緬邈，餘流可想。若令亡者有知，寧不縈悲玄壤，悵隔芳塵；如其逝者可作，必當昭被光景，歡同遊豫，使夫一介老圃，得簉虛心末席。去日已疏，來侍未孱，連劍飛鳧，擬非其類，懷私茂德，竊用涕零。」

幾卿雖不持檢操，然於家門篤睦。兄才卿早卒，其子藻幼孤，幾卿撫養甚至。及藻成立，歷清官公府祭酒、主簿，皆幾卿奬訓之力也。世以此稱之。

幾卿未及序用，病卒。文集行於世。

劉勰字彥和，東莞莒人。祖靈眞，宋司空秀之弟也。父尙，越騎校尉。勰早孤，篤志好學，家貧不婚娶，依沙門僧祐，與之居處，積十餘年，遂博通經論，因區別部類，錄而序之。今定林寺經藏，勰所定也。

天監初，起家奉朝請，中軍臨川王宏引兼記室，遷車騎倉曹參軍。出爲太末令，政有清績。除仁威南康王記室，兼東宮通事舍人。時七廟饗薦已用蔬果，而二郊農社猶有犧牲，勰乃表言二郊宜與七廟同改，詔付尙書議，依勰所陳。遷步兵校尉，兼舍人如故。昭明太子好文學，深愛接之。

初，勰撰文心雕龍五十篇，論古今文體，引而次之。其序曰：

夫文心者，言爲文之用心也。昔涓子琴心，王孫巧心，心哉美矣夫，故用之焉。古來文章，以雕縟成體，豈取騶奭羣言雕龍也。夫宇宙緜邈，黎獻紛雜，拔萃出類，智術而已。歲月飄忽，性靈不居，騰聲飛實，制作而已。夫肖貌天地，稟性五才，擬耳目於日月，方聲氣乎風雷，其超出萬物，亦已靈矣。形甚草木之脆，名踰金石之堅，是以君子處世，樹德建言，豈好辯哉，不得已也。

予齒在踰立，嘗夜夢執丹漆之禮器，隨仲尼而南行，旦而寤，迺怡然而喜。大哉聖人之難見也！迺小子之垂夢歟！自生人以來，未有如夫子者也。敷讚聖旨，莫若注經，而馬、鄭諸儒，弘之已精，就有深解，未足立家。唯文章之用，實經典枝條，五禮資之以成，六典因之致用，君臣所以炳煥，軍國所以昭明，詳其本源，莫非經典。而去聖久遠，文體解散，辭人愛奇，言貴浮詭，飾羽尚畫，文繡鞶帨，離本彌甚，將遂訛濫。蓋周書論辭，貴乎體要；尼父陳訓，惡乎異端。辭訓之異，宜體於要。於是搦筆和墨，乃始論文。

詳觀近代之論文者多矣。至如魏文述典，陳思序書，應瑒文論，陸機文賦，仲洽流別，〔六〕弘範翰林，各照隅隙，鮮觀衢路。或臧否當時之才，或銓品前修之文，或汎舉雅俗之旨，或撮題篇章之意。魏典密而不周，陳書辯而無當，應論華而疏略，陸賦巧而碎亂，流別精而少功，翰林淺而寡要。又君山、公幹之徒，吉甫、士龍之輩，汎議文意，往往間出，並未能振葉以尋根，觀瀾而索源。不述先哲之誥，無益後生之慮。

蓋文心之作也，本乎道，師乎聖，體乎經，酌乎緯，變乎騷，文之樞紐，亦云極矣。若乃論文敍筆，則囿別區分，原始以表末，釋名以章義，選文以定篇，敷理以舉統。上篇以上，綱領明矣。至於割情析表，籠圈條貫，摛神性，圖風勢，苞會通，閱聲字，崇替於時序，〔七〕褒貶於才略，怊悵於知音，耿介於程器，長懷序志，以馭羣篇。下篇以下，毛目顯矣。位理定名，彰乎大易之數，其爲文用，四十九篇而已。

夫銓敍一文爲易，彌綸羣言爲難，雖復輕采毛髮，深極骨髓，或有曲意密源，似近而遠，辭所不載，亦不勝數矣。及其品評成文，有同乎舊談者，非雷同也，勢自不可異也。有異乎前論者，非苟異也，理自不可同也。同之與異，不屑古今，擘肌分理，唯務折衷。案轡文雅之場，而環絡藻繪之府，亦幾乎備矣。但言不盡意，聖人所難，識在缾管，何能矩矱。茫茫往代，既洗予聞；眇眇來世，儻塵彼觀。

既成，未爲時流所稱。勰自重其文，欲取定於沈約。約時貴盛，無由自達，乃負其書，候約出，干之於車前，狀若貨鬻者。約便命取讀，大重之，謂爲深得文理，常陳諸几案。然勰爲文長於佛理，京師寺塔及名僧碑誌，必請勰製文。有敕與慧震沙門於定林寺撰經證，功畢，遂啓求出家，先燔鬢髮以自誓，敕許之。乃於寺變服，改名慧地。未朞而卒。文集行於世。

王籍字文海，琅邪臨沂人。祖遠，宋光祿勳。父僧祐，齊驍騎將軍。籍七歲能屬文，及長好學，博涉有才氣，樂安任昉見而稱之。嘗於沈約坐賦得詠燭，〔八〕甚爲約賞。齊末，爲冠軍行參軍，累遷外兵、記室。天監初，除安成王主簿，尚書三公郎，廷尉正。歷餘姚、錢塘令，〔九〕並以放免。久之，除輕車湘東王諮議參軍，隨府會稽。郡境有雲門、天柱山，籍嘗遊之，或累月不反。至若邪溪賦詩，其略云：「蟬噪林逾靜，鳥鳴山更幽。」當時以爲文外獨絕。還爲大司馬從事中郎，遷中散大夫，尤不得志，遂徒行市道，不擇交遊。湘東王爲荆州，引爲安西府諮議參軍，帶作塘令，不理縣事，日飲酒，人有訟者，鞭而遣之。少時，卒。文集行於世。

子碧，亦有文才，先籍卒。

何思澄字元靜，東海郯人。父敬叔，齊征東錄事參軍、餘杭令。〔一〇〕思澄少勤學，工文辭。起家爲南康王侍郎，累遷安成王左常侍，兼太學博士，平南安成王行參軍，兼記室。隨府江州，爲遊廬山詩，沈約見之，大相稱賞，自以爲弗逮，約郊居宅新構閣齋，因命工書人題此詩於壁。傅昭常請思澄製釋奠詩，辭文典麗。〔二〕除廷尉正。天監十五年，敕太子詹事徐勉舉學士入華林撰徧略，勉舉思澄等五人以應選。遷治書侍御史。宋、齊以來，此職稍輕，天監初始重其選，車前依尙書二丞給三騶，執盛印青囊，舊事糾彈官印綬在前故也。久之，遷秣陵令，入兼東宮通事舍人。除安西湘東王錄事參軍，兼舍人如故。時徐勉、周捨以才具當朝，並好思澄學，常遞日招致之。昭明太子薨，出爲黟縣令。遷除宣惠武陵王中錄事參軍，卒官，時年五十四。文集十五卷。

初，思澄與宗人遜及子朗俱擅文名，時人語曰：「東海三何，子朗最多。」思澄聞之，曰：「此言誤耳。如其不然，故當歸遜。」思澄意謂宜在己也。

子朗字世明，早有才思，工淸言，周捨每與共談，服其精理。嘗爲敗冢賦，擬莊周馬棰，其文甚工。世人語曰：「人中爽爽何子朗。」歷官員外散騎侍郎，出爲國山令，〔三〕卒，時年二十四。文集行於世。

劉杳字士深，平原平原人也。祖乘民，宋冀州刺史。父聞慰，齊東陽太守，有淸績，在齊書良政傳。

杳年數歲，徵士明僧紹見之，撫而言曰：「此兒實千里之駒。」十三，丁父憂，每哭，哀感行路。天監初，爲太學博士、宣惠豫章王行參軍。

杳少好學，博綜羣書，沈約、任昉以下，每有遺忘，皆訪問焉。嘗於約坐語及宗廟犧樽，約云：「鄭玄答張逸，謂爲畫鳳皇尾娑娑然。〔一三〕今無復此器，則不依古。」杳曰：「此言未必可按。古者樽彝，皆刻木爲鳥獸，鑿頂及背，以出內酒。頃魏世魯郡地中得齊大夫子尾送女器，有犧樽作犧牛形；晉永嘉賊曹嶷於青州發齊景公冢，又得此二樽，形亦爲牛象。二處皆古之遺器，知非虛也。」約大以爲然。約又云：「何承天纂文奇博，其書載張仲師及長頸王事，此何出？」杳曰：「仲師長尺二寸，唯出論衡。長頸是毗騫王，朱建安扶南以南記云：古來至今不死。」約卽取二書尋檢，一如杳言。約郊居宅時新構閣齋，杳爲贊二首，並以所撰文章呈約，約卽命工書人題其贊于壁。仍報杳書曰：「生平愛嗜，不在人中，林壑之歡，多與事奪。日暮塗殫，此心往矣；猶復少存閑遠，徵懷淸曠。結宇東郊，匪云止息，政復頗寄夙心，時得休偃。仲長遊居之地，休璉所述之美，望慕空深，何可髣髴。君愛素情多，惠以二贊。辭采姸富，事義畢舉，句韻之間，光影相照，便覺此地，自然十倍。故知麗辭之益，其事弘多，輒當置之閣上，坐臥嗟覽。別卷諸篇，並爲名製。又山寺既爲警策，諸賢從時復高奇，解頤愈疾，義兼乎此。遲比敍會，更共申析。」其爲約所賞如此。又在任昉坐，有人餉昉桸酒而作榐字。昉問杳：「此字是不？」杳對曰：「葛洪字苑作木旁希。」昉又曰：「酒有千日醉，當是虛言。」杳云：「桂陽程鄉有千里酒，飲之至家而醉，亦其例也。」昉大驚曰：「吾自當遺忘，實不憶此。」杳云：「出楊元鳳所撰置郡事。元鳳是魏代人，此書仍載其賦，云三重五品，商溪摖里。」時即檢楊記，言皆不差。王僧孺被敕撰譜，訪杳血脉所因。杳云：「桓譚新論云『太史三代世表，旁行邪上，並效周譜。』以此而推，當起周代。」僧孺歎曰：「可謂得所未聞。」周捨又問杳：「尚書官著紫荷橐，相傳云『挈囊』，竟何所出？」杳答曰：「張安世傳曰『持橐簪筆，事孝武皇帝數十年』。韋昭、張晏注並云『橐，囊也。近臣簪筆，以待顧問』。」〔一四〕范岫撰字書音訓，又訪杳焉。其博識强記，皆此類也。

尋佐周捨撰國史。出爲臨津令，有善績，秩滿，縣人三百餘人詣闕請留，敕許焉。杳以疾陳解，還除雲麾晉安王府參軍。詹事徐勉擧杳及顧協等五人入華林撰徧略，書成，以本官兼廷尉正，又以足疾解。因著林庭賦。王僧孺見之歎曰：「郊居以後，無復此作。」普通元年，復除建康正，遷尚書駕部郎，數月，徙署儀曹郎，僕射勉以臺閣文議專委杳焉。出爲餘姚令，在縣清潔，人有饋遺，一無所受，湘東王發教褒稱之。還除宣惠湘東王記室參軍，母憂去職。服闋，復爲王府記室，兼東宮通事舍人。大通元年，遷步兵校尉，兼舍人如故。昭明太子謂杳曰：「酒非卿所好，而爲酒廚之職，政爲不愧古人耳。」俄有敕代裴子野知著作郎事。昭明太子薨，新宮建，舊人例無停者，敕特留杳焉。仍注太子徂歸賦，稱爲博悉。僕射何敬容奏轉杳王府諮議，高祖曰：「劉杳須先經中書。」仍除中書侍郎。尋爲平西湘東王諮議參軍，兼舍人、知著作如故。遷爲尚書左丞。大同二年，卒官，時年五十。

杳治身淸儉，無所嗜好。爲性不自伐，不論人短長，及覩釋氏經教，常行慈忍。天監十七年，自居母憂，便長斷腥羶，持齋蔬食。及臨終，遺命斂以法服，載以露車，還葬舊墓，隨得一地，容棺而已，不得設靈筵祭醊。其子遵行之。

杳自少至長，多所著述。撰要雅五卷，楚辭草木疏一卷，高士傳二卷，東宮新舊記三十卷，古今四部書目五卷，並行於世。

謝徵字玄度，〔一五〕陳郡陽夏人。高祖景仁，宋尚書左僕射。祖稚，宋司徒主簿。父璟，少與從叔朓俱知名。齊竟陵王子良開西邸，招文學，璟亦預焉。隆昌中，爲明帝驃騎諮議參軍，領記室。遷中書郎，晉安內史。高祖平京邑，爲霸府諮議，梁臺黃門郎。天監初，累遷司農卿，祕書監，左民尙書，明威將軍、東陽太守。高祖用爲侍中，固辭年老，求金紫，未序，會疾卒。

徵幼聰慧，璟異之，常謂親從曰：「此兒非常器，所憂者壽；若天假其年，吾無恨矣。」既長，美風采，好學善屬文。初爲安西安成王法曹，遷尚書金部三公二曹郎，豫章王記室，兼中書舍人。遷除平北諮議參軍，兼鴻臚卿，舍人如故。

徵與河東裴子野、沛國劉顯同官友善，子野嘗爲寒夜直宿賦以贈徵，徵爲感友賦以酬之。時魏中山王元略還北，高祖餞於武德殿，賦詩三十韻，限三刻成。徵二刻便就，其辭甚美，高祖再覽焉。又爲臨汝侯淵猷製放生文，亦見賞於世。

中大通元年，以父喪去職，續又丁母憂。詔起爲貞威將軍，還攝本任。服闋，除尚書左丞。三年，昭明太子薨，高祖立晉安王綱爲皇太子，將出詔，唯召尚書左僕射何敬容、宣惠將軍孔休源及徵三人與議。徵時年位尚輕，而任遇已重。四年，累遷中書郎，鴻臚卿、舍人如故。六年，出爲北中郎豫章王長史、南蘭陵太守。大同二年，卒官，時年三十七。友人琅邪王籍集其文爲二十卷。

臧嚴字彥威，東莞莒人也。曾祖燾，宋左光祿。〔一六〕祖凝，齊尚書右丞。〔一七〕父稜，後軍參軍。

嚴幼有孝性，居父憂以毁聞。孤貧勤學，行止書卷不離於手。初爲安成王侍郎，轉常侍。從叔未甄爲江夏郡，攜嚴之官，於塗作屯遊賦，任昉見而稱之。又作七算，辭亦富麗。性孤介，於人間未嘗造請，僕射徐勉欲識之，嚴終不詣。

遷冠軍行參軍、侍湘東王讀，累遷王宣惠輕車府參軍，兼記室。嚴於學多所諳記，尤精漢書，諷誦略皆上口。王嘗自執四部書目以試之，嚴自甲至丁卷中，各對一事，並作者姓名，遂無遺失，其博洽如此。王遷荆州，隨府轉西中郎安西録事參軍。歷監義陽、武寧郡，累任皆蠻左，前郡守常選武人，以兵鎮之；嚴獨以數門生單車入境，羣蠻悦服，遂絶寇盜。王入爲石頭戍軍事，除安右録事。王遷江州，爲鎮南諮議參軍，卒官。文集十卷。

伏挺字士標。父暅，爲豫章内史，在良吏傳。

挺幼敏寤，七歲通孝經、論語。及長，有才思，好屬文，爲五言詩，善効謝康樂體。父友人樂安任昉深相歎異，常曰：「此子日下無雙。」齊末，州舉秀才，對策爲當時弟一。高祖義師至，挺迎謁於新林，高祖見之甚悦，謂曰「顔子」，引爲征東行參軍，時年十八。天監初，除中軍參軍事。宅居在潮溝，於宅講論語，聽者傾朝。遷建康正，俄以劾免。久之，入爲尚書儀曹郎，遷西中郎記室參軍，累爲晉陵、武康令。罷縣還，仍於東郊築室，不復仕。

挺少有盛名，又善處當世，朝中勢素，多與交遊，故不能久事隱靜。時僕射徐勉以疾假還宅，挺致書以觀其意曰：

昔士德懷顧，戀興數日；輔嗣思友，情勞一旬。故知深心所係，貴賤一也。況復恩隆世親，義重知己，道庇生人，德弘覆蓋。而朝野懸隔，山川邈殊，雖咳唾時沾，而顏色不覯。東山之歎，豈云旋復；西風可懷，孰能無思。加以靜居廓處，顧影莫酬，秋風四起，園林易色，凉野寂寞，寒蟲吟叫。懷抱不可直置，情慮不能無託，時因吟詠，動輒盈篇。揚生沉鬱，且猶覆盎；惠子五車，彌多踳駮。一日聊呈小文，不期過賞，還逮隆渥，累牘兼翰，紙縟字磨，誦復無已，徒恨許與過當，有傷準的。昔子建不欲妄讚陳琳，恐見嗤哂後代。今之過奢餘論，將不有累清談。

挺竄迹草萊，事絕聞見，藉以謳謠，得之輿牧。仰承有事砭石，仍成簡通，娛腸悅耳，稍從擯落，宴處榮觀，務在滌除。綺羅絲竹，一列頓遣；方丈員案，三栖僅存。故以道變區中，情沖域外；操彼絃誦，賁茲觀損。追留侯之却粒，念韓卿之辭榮，眷想東都，屬懷南岳，鑽仰來貺，有符下風。雖云幸甚，然則未喻。雖復帝道康寧，走馬行却，由庚得所，寅亮有歸。悠悠之人，展氏猶且攘袂；浩浩白水，甯叟方欲褰裳。是知君子拯物，義非徇己。思與赤松子遊，誰其克遂。願驅之仁壽，綏此多福。雖則不言，四時行矣。然後黔首有庇，薦紳靡奪；白駒不在空谷，屠羊豫蒙其賚。豈不休哉，豈不休哉。昔杜眞自閉深室，郎宗絕迹幽野，難矣，誠非所希。井丹高潔，相如慢世，尙復遊涉權門，雍容鄉邑，常謂此道爲泰，每竊慕之。方念擁篲延思，以陳侍者，請至農隙，無待邀求。

挺誠好屬文，不會今世，不能促節局步，以應流俗。事等昌菹，謬彼偏嗜，是用不羞固陋，無憚龍門。昔敬通之賞景卿，孟公之知仲蔚，止乎通人，猶稱盛美，況在時宗，彌爲未易。近以蒲槧勿用，箋素多闕，聊効東方，獻書丞相，須得善寫，更請潤訶，儻逢子侯，比復削牘。

勉報曰：

復覽來書，累牘兼翰，事苞出處，言兼語默，事義周悉，意致深遠，發函伸紙，倍增憤歎。卿雄州擢秀，弱冠升朝，穿綜百家，佃漁六學，覩眸表其韶慧，視色見其英朗，若魯國之名駒，邁雲中之白鶴。及占顯邑，試吏腴壤，將有武城弦歌，桐鄉謠詠，豈與卓魯斷斷同年而語邪？方當見賞良能，有加寵授，飾茲簪帶，置彼周行。而欲遠慕卷舒，用懷愚智，既知益之爲累，爰悟滿則辭多，高蹈風塵，良所欽挹。況以金商戒節，素秋御序，蕭條林野，無人相樂，偃臥墳籍，遊浪儒玄，物我兼忘，寵辱誰滯？誠乃歡羨，用有殊同。今遜聽傍求，興懷寤宿，白駒空谷，幽人引領，貧賤爲恥，鳥獸難羣，故當捐此薜蘿，出從鵷鷺，無乖隱顯，不亦休哉！

吾智乏佐時，才慚濟世，稟承朝則，不敢荒寧，力弱途遙，愧心非一。天下有道，堯人何事，得因疲病，念從閑逸。若使車書混合，尉候無警，作樂制禮，紀石封山，然後乃返服衡門，實爲多幸。但夙有風疹，遘兹虛眩，瘠類士安，羸同長孺，簪領沉廢，臺閣未理，娛耳爛腸，因事而息，非關欲追松子，遠慕留侯。若乃天假之年，自當靖恭所職。擬非倫匹，良覺辭費。覽復循環，爽焉如失。清塵獨遠，白雲飄蕩，依然何極。

猥降書札，示之文翰，覽復成誦，流連縟紙。昔仲宣才敏，藉中郎而表譽；正平穎悟，賴北海以騰聲。望古料今，吾有慚德。儻成卷帙，力爲稱首。無令獨耀隨掌，空使辭人扼腕。式閭願見，宜事掃門。亦有來思，赴其懸榻。輕苕魚網，別當以薦。城闕之歎，曷日無懷。所遲萱蘇，書不盡意。

挺後遂出仕，尋除南臺治書，因事納賄，當被推劾，挺懼罪，遂變服爲道人，久之藏匿，後遇赦，乃出天心寺。〔一八〕會邵陵王爲江州，攜挺之鎮，王好文義，深被恩禮，挺因此還俗。

復隨王遷鎮郢州，徵入爲京尹，挺留夏首，久之還京師。太清中，客遊吳興、吳郡，侯景亂中卒。著邇說十卷，文集二十卷。

子知命，先隨挺事邵陵王，掌書記。亂中，王於郢州奔敗，知命仍下投侯景。常以其父宦途不至，深怨朝廷，遂盡心事景。景襲郢州，圍巴陵，軍中書檄，皆其文也。及景篡位，爲中書舍人，專任權寵，勢傾內外。景敗被執，送江陵，於獄中幽死。挺弟捶，亦有才名，先爲邵陵王所引，歷爲記室，中記室，參軍。

庾仲容字仲容，潁川鄢陵人也。晉司空冰六世孫。祖徽之，宋御史中丞。父漪，齊邵陵王記室。

仲容幼孤，爲叔父泳所養。既長，杜絕人事，專精篤學，晝夜手不輟卷。初爲安西法曹行參軍，泳時已貴顯，吏部尚書徐勉擬泳子晏嬰爲宮僚，泳垂泣曰：「兄子幼孤，人才粗可，願以晏嬰所忝廻用之。」勉許焉，因轉仲容爲太子舍人。遷安成王主簿。時平原劉孝標亦爲府佐，並以强學爲王所禮接。遷晉安功曹史。歷爲永康、錢唐、武康令，治縣並無異績，多被劾。久之，除安成王中記室，當出隨府，皇太子以舊恩，特降餞宴，賜詩曰：「孫生陟陽道，吳子朝歌縣，未若樊林舉，置酒臨華殿。」時輩榮之。遷安西武陵王諮議參軍。除尚書左丞，坐推糾不直免。

仲容博學，少有盛名，頗任氣使酒，好危言高論，士友以此少之。唯與王籍、謝幾卿情好相得，二人時亦不調，遂相追隨，誕縱酣飲，不復持檢操。久之，復爲諮議參軍，出爲黟縣令。及太清亂，客遊會稽，遇疾卒，時年七十四。

仲容抄諸子書三十卷，衆家地理書二十卷，列女傳三卷，文集二十卷：並行於世。

陸雲公字子龍，吳郡人也。祖閑，州別駕。父完，寧遠長史。雲公五歲誦論語、毛詩，九歲讀漢書，略能記憶。從祖倕、沛國劉顯質問十事，雲公對無所失，顯歎異之。旣長，好學有才思。州舉秀才。累遷宣惠武陵王、平西湘東王行參軍。雲公先製太伯廟碑，吳興太守張纘罷郡經途，讀其文歎曰：「今之蔡伯喈也。」纘至都掌選，言之於高祖，召兼尚書儀曹郎，頃之卽眞，入直壽光省，以本官知著作郎事。俄除著作郎，累遷中書黃門郎，並掌著作。雲公善弈棊，常夜侍御坐，武冠觸燭火，高祖笑謂曰：「燭燒卿貂。」高祖將用雲公爲侍中，故以此言戲之也。是時天淵池新製鯿魚舟，形闊而短，高祖暇日，常汎此舟，在朝唯引太常劉之遴、國子祭酒到溉、右衞朱异，雲公時年位尚輕，亦預焉。其恩遇如此。太清元年，卒，時年三十七。高祖悼惜之，手詔曰：「給事黄門侍郎、掌著作陸雲公，風尚優敏，後進之秀。奄然殂謝，良以惻然。可剋日舉哀，賻錢五萬，布四十匹。」

張纘時爲湘州，與雲公叔襄、兄晏子書曰：「都信至，承賢兄子賢弟黄門殞折，非唯貴門喪寶，實有識同悲，痛惋傷惜，不能已已。賢兄子賢弟神情早著，標令弱年，經目所覩，殆無再問。懷橘抱柰，稟自天情；倨坐列薪，非因外奬。學以聚之，則一箸能立；問以辯之，則師心獨寤。始踰弱歲，辭藝通洽，升降多士，秀也詩流。見與齒過肩隨，禮殊拜絕，懷抱相得，忘其年義。朝遊夕宴，一載于斯。翫古披文，終晨訖暮。平生知舊，零落稍盡，老夫記意，其數幾何。至若此生，寧可多過，賞心樂事，所寄伊人。弟遷職瀟、湘，維舟洛汭，將離之際，彌見情款。夕次帝郊，亟淹信宿，徘徊握手，忍分歧路。行役數年，羈病侵迫，識慮惛恍，久絕人世。憑几口授，素無其功；翰動若飛，彌有多愧。京洛遊故，咸成雲雨，唯有此生，音塵數嗣。形迹之外，不爲遠近隔情；襟素之中，豈以風霜改節。客遊半紀，志切首丘，日望東歸，更敦昔款。如何此別，永成異世！揮袂之初，人誰自保，但恐衰謝，無復前期。不謂華齡，方春掩質，埋玉之恨，撫事多情。想引進之情，懷抱素篤，友于之至，兼深家寶。奄有此恤，當何可言。臨白增悲，言以無次。」

雲公從兄才子，亦有才名，歷官中書郎、宣成王友，太子中庶子，廷尉卿，先雲公卒。才子、雲公文集，並行於世。

任孝恭字孝恭，臨淮臨淮人也。曾祖農夫，宋南豫州刺史。孝恭幼孤，事母以孝聞。精力勤學，家貧無書，常崎嶇從人假借。每讀一徧，諷誦略無所遺。外祖丘它，與高祖有舊，高祖聞其有才學，召入西省撰史。初爲奉朝請，進直壽光省，爲司文侍郎，俄兼中書通事舍人。勑遣製建陵寺刹下銘，又啓撰高祖集序文，並富麗，自是專掌公家筆翰。孝恭爲文敏速，受詔立成，若不留意，每奏，高祖輒稱善，累賜金帛。孝恭少從蕭寺雲法師讀經論，明佛理，至是蔬食持戒，信受甚篤。而性頗自伐，以才能尙人，於時輩中多有忽略，世以此少之。

太清二年，侯景寇逼，孝恭啓募兵，隸蕭正德，屯南岸。及賊至，正德舉衆入賊，孝恭還赴臺，臺門已閉，因奔入東府，尋爲賊所攻，城陷見害。文集行於世。

顏協字子和，琅邪臨沂人也。七代祖含，晉侍中、國子祭酒、西平靖侯。父見遠，博學有志行。初，齊和帝之鎮荆州也，以見遠爲錄事參軍，及卽位於江陵，以爲治書侍御史，俄兼中丞。高祖受禪，見遠乃不食，發憤數日而卒。高祖聞之曰：「我自應天從人，何預天下士大夫事？而顏見遠乃至於此也。」

協幼孤，養於舅氏。少以器局見稱。博涉羣書，工於草隸。釋褐湘東王國常侍，又兼府記室。世祖出鎮荆州，轉正記室。時吳郡顧協亦在蕃邸，與協同名，才學相亞，府中稱爲「二協」。舅陳郡謝暕卒，協以有鞠養恩，居喪如伯叔之禮，議者重焉。又感家門事義，不求顯達，恆辭徵辟，遊於蕃府而已。大同五年，卒，時年四十二。世祖甚歎惜之，爲懷舊詩以傷之。其一章曰：「弘都多雅度，信乃含賓實，鴻漸殊未昇，上才淹下秩。」

協所撰晉仙傳五篇，日月災異圖兩卷，遇火湮滅。〔一九〕

有二子：之儀，之推，並早知名。之推，承聖中仕至正員郎、中書舍人。

陳吏部尚書姚察曰：魏文帝稱古之文人，鮮能以名節自全。何哉？夫文者妙發性靈，獨拔懷抱，易邈等夷，必興矜露。大則凌慢侯王，小則傲蔑朋黨，速忌離訧，啓自此作。若夫屈、賈之流斥，桓、馮之擯放，豈獨一世哉，蓋恃才之禍也。羣士值文明之運，摛豔藻之辭，無鬱抑之虞，不遭向時之患，美矣。劉氏之論，命之徒也。命也者，聖人罕言歟，就而必之，非經意也。

校勘記

〔一〕父珽宋始興內史　「珽」南史作「琁之」，魏書劉休賓傳作「旋之」。

〔二〕善惡無徵未洽斯義　文選「善惡」上有「若使」二字。

〔三〕普通二年卒時年六十　「二年」南史作「三年」。按：上文云「宋泰始初，青州陷魏，峻年八歲，爲人所畧至中山」，則峻生於宋大明二年。自宋大明二年至梁普通二年，首尾六十四年；至普通三年，則首尾六十五年。「時年六十」下當脫一「四」字或「五」字。

〔四〕除征虜鄱陽王記室尚書三公郎　「郎」上各本衍一「侍」字，據南史刪。

〔五〕因事罷歸豈云栖息既匪高官理就一廛　「豈云栖息」各本脫「息」字，「既匪高官」各本作「匪商官□」。今據册府元龜九〇五補正。

〔六〕仲洽流別　「洽」各本譌「治」，今改正。

〔七〕崇替於時序　「替」各本譌「贊」，今改正。

〔八〕嘗於沈約坐賦得詠燭　「得詠」二字各本譌倒，據册府元龜八三九乙正。

〔九〕歷餘姚錢塘令　「餘姚」南史及册府元龜七〇五作「餘杭」。

〔一〇〕父敬叔齊征東錄事參軍餘杭令　南史作「父敬叔，齊長城令」。

〔一一〕辭文典麗　「文」各本作「又」，據南史及册府元龜八三九改。

〔一二〕出爲國山令　「國」各本譌「固」，據南史及册府元龜八三九改正。

〔一三〕謂爲畫鳳皇尾娑娑然　「娑娑然」南史作「婆娑然」。

〔一四〕張安世傳曰至以待顧問　按張安世傳無此文，此語及張晏注並見漢書趙充國傳。

〔一五〕謝徵字玄度　錢大昕廿二史考異：「徵當爲微之譌。」按南史作「微」。

〔一六〕曾祖燾宋左光祿　「燾」各本譌「壽」，今改正。按：臧燾，宋書有傳。

〔一七〕祖凝齊尚書右丞　「凝」卽臧凝之。臧凝之仕宋，官至尚書右丞，爲劉劭所殺，事終於宋，不得言齊。此「齊」字疑當移在下文「父稜，後軍參軍」之「後軍參軍」上。

〔一八〕乃出天心寺　各本譌「大心寺」，據册府元龜九四九改。

〔一九〕協所撰晉仙傳五篇日月災異圖兩卷遇火湮滅　南史「卷」下有「行於世其文集二十卷」九字。

梁書卷五十一

列傳第四十五

處士

何點 弟胤 阮孝緒 陶弘景 諸葛璩 沈顗 劉慧斐

范元琰 劉訏 劉歊 庾詵 張孝秀 庾承先

易曰：「君子遯世無悶，獨立不懼。」孔子稱長沮、桀溺隱者也。古之隱者，或恥聞禪代，高讓帝王，以萬乘爲垢辱，之死亡而無悔。此則輕生重道，希世間出，隱之上者也。或託仕監門，寄臣柱下，居易而以求其志，處汙而不愧其色。此所謂大隱隱於市朝，又其次也。或鼷體佯狂，盲瘖絕世，棄禮樂以反道，忍孝慈而不恤。此全身遠害，得大雅之道，又其次也。然同不失語默之致，有幽人貞吉矣。與夫沒身亂世，爭利干時者，豈同年而語哉！孟子曰：「今人之於爵祿，得之若其生，失之若其死。」〔一〕淮南子曰：「人皆鑒於止水，不鑒於流潦。」〔二〕夫可以揚清激濁，抑貪止競，其惟隱者乎！自古帝王，莫不崇尚其道。雖唐堯不屈巢、許，周武不降夷、齊，以漢高肆慢而長揖黃、綺，光武按法而折意嚴、周，自茲以來，世有人矣。有梁之盛，繼紹風猷，斯乃道德可宗，學藝可範，故以備處士篇云。

何點字子晳，廬江灊人也。祖尚之，宋司空。父鑠，宜都太守。鑠素有風疾，無故害妻，坐法死。點年十一，幾至滅性。及長，感家禍，欲絕婚宦，尚之强爲之娶琅邪王氏。禮畢，將親迎，點累涕泣，求執本志，遂得罷。

容貌方雅，博通羣書，善談論。家本甲族，親姻多貴仕。點雖不入城府，而遨遊人世，不簪不帶，或駕柴車，躡草屩，恣心所適，致醉而歸，士大夫多慕從之，時人號爲「通隱」。兄求，亦隱居吳郡虎丘山。求卒，點菜食不飲酒，訖于三年，要帶減半。

宋泰始末，徵太子洗馬；齊初，累徵中書郎、太子中庶子，並不就。與陳郡謝瀹、吳國張融、會稽孔稚珪爲莫逆友。從弟遁，以東籬門園居之，稚珪爲築室焉。園內有卞忠貞冢，點植花卉於冢側，每飲必舉酒酹之。初，褚淵、王儉爲宰相，點謂人曰：「我作齊書贊，云『淵既世族，儉亦國華；不賴舅氏，遑恤國家』。」〔三〕王儉聞之，欲候點，知不可見，乃止。豫章王嶷命駕造點，點從後門遁去。司徒竟陵王子良欲就見之，點時在法輪寺，子良乃往請，點角巾登席，子良欣悅無已，遺點嵇叔夜酒杯，徐景山酒鎗。

點少時嘗患渴痢，積歲不愈，後在吳中石佛寺建講，於講所晝寢，夢一道人形貌非常，授丸一掬，夢中服之，自此而差，時人以爲淳德所感。性通脫，好施與，遠近致遺，一無所逆，隨復散焉。嘗行經朱雀門街，有自車後盜點衣者，見而不言，傍有人擒盜與之，點乃以衣施盜，盜不敢受，點命告有司，盜懼，乃受之，催令急去。

點雅有人倫識鑒，多所甄拔。知吳興丘遲於幼童，稱濟陽江淹於寒素，悉如其言。點既老，又娶魯國孔嗣女，嗣亦隱者也。點雖婚，亦不與妻相見，築別室以處之，人莫諭其意也。吳國張融少時免官，而爲詩有高尚之言，點答詩曰：「昔聞東都日，不在簡書前。」雖戲也，而融久病之。及點後婚，融始爲詩贈點曰：「惜哉何居士，薄暮遘荒婬。」點亦病之，而無以釋也。

高祖與點有舊，及踐阼，手詔曰：「昔因多暇，得訪逸軌，坐脩竹，臨清池，忘今語古，何其樂也。暫別丘園，十有四載，人事艱阻，亦何可言。自應運在天，每思相見，密邇物色，勞甚山阿。嚴光排九重，踐九等，談天人，敍故舊，有所不臣，何傷於高？文先以皮弁謁子桓，伯況以穀綃見文叔，求之往策，不無前例。今賜卿鹿皮巾等。後數日，望能入也。」點以巾褐引入華林園，高祖甚悅，賦詩置酒，恩禮如舊。仍下詔曰：「前徵士何點，高尚其道，志安容膝，脫落形骸，栖志窅冥。朕日昃思治，尙想前哲；況親得同時，而不與爲政。喉脣任切，必俟邦良，誠望惠然，屈居獻替。可徵爲侍中。」辭疾不赴。乃復詔曰：「徵士何點，居貞物表，縱心塵外，夷坦之風，率由自遠。往因素志，頗申讌言，眷彼子陵，情兼惟舊。昔仲虞邁俗，受俸漢朝；安道逸志，〔四〕不辭晉祿。此蓋前代盛軌，往賢所同。可議加資給，並出在所，日費所須，太官別給。既人高曜卿，故事同垣下。」

天監三年，卒，時年六十八。詔曰：「新除侍中何點，栖遲衡泌，白首不渝。奄至殞喪，倍懷傷惻。可給第一品材一具，賻錢二萬，布五十匹。喪事所須，內監經理。」又敕點弟胤曰：「賢兄徵君，弱冠拂衣，華首一操。心遊物表，不滯近跡；脫落形骸，寄之遠理。性情勝致，遇興彌高；文會酒德，撫際逾遠。朕膺籙受圖，思長聲教。朝多君子，既貴成雅俗；野有外臣，宜弘此難進。方賴清徽，式隆大業。昔在布衣，情期早著，資以仲虞之秩，待以子陵之禮，聽覽暇日，角巾引見，窅然汾射，茲焉有託。一旦萬古，良懷震悼。卿友于純至，親從凋亡，偕老之願，致使反奪，纏綿永恨，伊何可任。永矣柰何！」點無子，宗人以其從弟耿子遲任爲嗣。

胤字子季，點之弟也。年八歲，居憂哀毀若成人。既長好學。師事沛國劉瓛，受易及禮記、毛詩；又入鍾山定林寺聽內典：其業皆通。而縱情誕節，時人未之知也；唯瓛與汝南周顒深器異之。

起家齊祕書郎，遷太子舍人。出爲建安太守，爲政有恩信，民不忍欺。每伏臘放囚還家，依期而返。入爲尚書三公郎，不拜，遷司徒主簿。注易，又解禮記，於卷背書之，謂爲隱義。累遷中書郎，員外散騎常侍，太尉從事中郎，司徒右長史，給事黃門侍郎，太子中庶子，領國子博士，丹陽邑中正。尚書令王儉受詔撰新禮，未就而卒，又使特進張緒續成之，緒又卒，屬在司徒竟陵王子良，子良以讓胤；乃置學士二十人，佐胤撰錄。永明十年，遷侍中，領步兵校尉，轉爲國子祭酒。鬱林嗣位，胤爲后族，甚見親待。累遷左民尚書，領驍騎，中書令，領臨海、巴陵王師。

胤雖貴顯，常懷止足。建武初，已築室郊外，號曰小山，恒與學徒遊處其內。至是，遂賣園宅，欲入東山，未及發，聞謝朏罷吳興郡不還，胤恐後之，乃拜表辭職，不待報輒去。明帝大怒，使御史中丞袁昂奏收胤，尋有詔許之。胤以會稽山多靈異，往遊焉，居若邪山雲門寺。初，胤二兄求、點並栖遁，求先卒，至是胤又隱，世號點爲大山；胤爲小山，亦曰東山。

永元中，徵太常，太子詹事，並不就。高祖霸府建，引胤爲軍謀祭酒，與書曰：「想恒清豫，縱情林壑，致足歡也。既內絕心戰，外勞物役，以道養和，履候無爽。若邪擅美東區，山川相屬，前世嘉賞，是爲樂土。僕推遷簿官，自東徂西，悟言素對，用成睽闊，傾首東顧，曷日無懷。疇昔歡遇，曳裾儒肆，〔五〕實欲卧遊千載，畋漁百氏，一行爲吏，此事遂乖。屬以世道威夷，仍離屯故，投袂數千，剋黜釁禍。思得矚卷諮款，寓情古昔，夫豈不懷，事與願謝。君清襟素託，栖寄不近，中居人世，殆同隱淪。既俯拾青組，又脫屣朱黻。但理存用捨，義貴隨時，往識禍萌，實爲先覺，超然獨善，有識欽嗟。今者爲邦，貧賤咸恥，好仁由己，幸無凝滯。比別具白，此未盡言。今遣候承音息，矯首還翰，慰其引領。」胤不至。

高祖踐阼，詔爲特進、右光祿大夫。手敕曰：「吾猥當期運，膺此樂推，而顧己蒙蔽，昧於治道。雖復劬勞日昃，思致隆平，而先王遺範，尚蘊方策，息舉之用，存乎其人。〔六〕兼以世道澆暮，爭詐繁起，改俗遷風，良有未易。自非以儒雅弘朝，高尚軌物，則汨流所至，莫知其限。治人之與治身，獨善之與兼濟，得失去取，爲用孰多。吾雖不學，頗好博古，尚想高塵，每懷擊節。今世務紛亂，憂責是當，不得不屈道巖阿，共成世美。必望深達往懷，不吝濡足。今遣領軍司馬王果宣旨諭意。〔七〕遲面在近。」果至，胤單衣鹿巾，執經卷，下牀跪受詔書，就席伏讀。胤因謂果曰：「吾昔於齊朝欲陳兩三條事，一者欲正郊丘，二者欲更鑄九鼎，三者欲樹雙闕。世傳晉室欲立闕，王丞相指牛頭山云：『此天闕也』，是則未明立闕之意。闕者，謂之象魏。縣象法於其上，浹日而收之。象者，法也；魏者，當塗而高大貌也。鼎者神器，有國所先，故王孫滿斥言，楚子頓盡。圓丘國郊，舊典不同。〔八〕南郊祠五帝靈威仰之類，圓丘祠天皇大帝、北極大星是也。往代合之郊丘，先儒之巨失。今梁德告始，不宜遂因前謬。卿宜詣闕陳之。」果曰：「僕之鄙劣，豈敢輕議國典，此當敬俟叔孫生耳。」胤曰：「卿詎不遺傳詔還朝拜表，留與我同遊邪？」果愕然曰：「古今不聞此例。」胤曰：「檀弓兩卷，皆言物始。自卿而始，何必有例。」果曰：「今君遂當邈然絕世，猶有致身理不？」胤曰：「卿但以事見推，吾年已五十七，月食四斗米不盡，何容得有宦情。昔荷聖王眄識，今又蒙旌賁，甚願詣闕謝恩；但比腰脚大惡，此心不遂耳。」

果還，以胤意奏聞，有敕給白衣尚書祿，胤固辭。又敕山陰庫錢月給五萬，胤又不受。乃敕胤曰：「頃者學業淪廢，儒術將盡，閭閻搢紳，尠聞好事。吾每思弘獎，其風未移，當扆興言爲歎。本欲屈卿暫出，開導後生，既屬廢業，此懷未遂，延佇之勞，載盈夢想。理舟虛席，須俟來秋，所望惠然申其宿抱耳。卿門徒中經明行脩，厥數有幾？且欲瞻彼堂堂，置此周行。便可具以名聞，副其勞望。」又曰：「比歲學者殊爲寡少，良由無復聚徒，故明經斯廢。每一念此，爲之慨然。卿居儒宗，加以德素，當敕後進有意向者，就卿受業。想深思誨誘，使斯文載興。」於是遣何子朗、孔壽等六人於東山受學。

太守衡陽王元簡深加禮敬，月中常命駕式閭，談論終日。胤以若邪處勢迫隘，不容生徒，乃遷秦望山。山有飛泉，西起學舍，即林成援，因巖爲堵。別爲小閣室，寢處其中，躬自啓閉，僮僕無得至者。山側營田二頃，講隙從生徒遊之。胤初遷，將築室，忽見二人著玄冠，容貌甚偉，問胤曰：「君欲居此邪？」乃指一處云：「此中殊吉。」忽不復見，胤依其言而止焉。尋而山發洪水，樹石皆倒拔，唯胤所居室巋然獨存。元簡乃命記室參軍鍾嶸作瑞室頌，刻石以旌之。及元簡去郡，入山與胤別，送至都賜埭，去郡三里，因曰：「僕自棄人事，交遊路斷，自非降貴山藪，豈容復望城邑？此埭之遊，於今絕矣。」執手涕零。

何氏過江，自晉司空充並葬吳西山。胤家世年皆不永，唯祖尚之至七十二。胤年登祖壽，乃移還吳，作別山詩一首，言甚悽愴。至吳，居虎丘西寺講經論，學徒復隨之，東境守宰經途者，莫不畢至。胤常禁殺，有虞人逐鹿，鹿徑來趨胤，伏而不動。又有異鳥如鶴，紅色，集講堂，馴狎如家禽焉。

初，開善寺藏法師與胤遇於秦望，後還都，卒於鍾山。其死日，胤在般若寺，見一僧授胤香爐奩并函書，〔九〕云「呈何居士」。言訖失所在。胤開函，乃是大莊嚴論，世中未有。又於寺內立明珠柱，乃七日七夜放光，太守何遠以狀啓。昭明太子欽其德，遣舍人何思澄致手令以褒美之。

中大通三年，卒，年八十六。先是胤疾，妻江氏夢神人告之曰：「汝夫壽盡；既有至德，應獲延期，爾當代之。」妻覺說焉，俄得患而卒，胤疾乃瘳。至是胤夢一神女，并八十許人，並衣帢，行列至前，俱拜牀下，覺又見之，便命營凶具。既而疾動，因不自治。

胤注百法論、十二門論各一卷，注周易十卷，毛詩總集六卷，毛詩隱義十卷，禮記隱義二十卷，禮答問五十五卷。

子撰，亦不仕，廬陵王辟爲主簿，不就。

阮孝緒字士宗，陳留尉氏人也。父彥之，宋太尉從事中郎。

孝緒七歲，出後從伯胤之。胤之母周氏卒，有遺財百餘萬，應歸孝緒，孝緒一無所納，盡以歸胤之姊琅邪王晏之母，聞者咸嘆異之。

幼至孝，性沉靜，雖與兒童遊戲，恒以穿池築山爲樂。年十三，徧通五經。十五，冠而見其父，彥之誡曰：「三加彌尊，人倫之始。宜思自勗，以庇爾躬。」答曰：「願迹松子於瀛海，追許由於穹谷，庶保促生，以免塵累。」自是屛居一室，非定省未嘗出戶，家人莫見其面，親友因呼爲「居士」。

外兄王晏貴顯，屢至其門，孝緖度之必至顚覆，常逃匿不與相見。曾食醬美，問之，云是王家所得，便吐飡覆醢。及晏誅，其親戚咸爲之懼。孝緖曰：「親而不黨，何坐之及？」竟獲免。

義師圍京城，家貧無以爨，僮妾竊鄰人樵以繼火，孝緖知之，乃不食，更令撤屋而炊。所居室唯有一鹿牀，竹樹環繞。天監初，御史中丞任昉尋其兄履之，欲造而不敢，望而歎曰：「其室雖邇，其人甚遠。」爲名流所欽尚如此。

十二年，與吳郡范元琰俱徵，並不到。陳郡袁峻謂之曰：「往者，天地閉，賢人隱；今世路已淸，而子猶遁，可乎？」答曰：「昔周德雖興，夷、齊不厭薇蕨；漢道方盛，黃、綺無悶山林。爲仁由己，何關人世！況僕非往賢之類邪？」

後於鍾山聽講，母王氏忽有疾，兄弟欲召之。母曰：「孝緖至性冥通，必當自到。」果心驚而返，鄰里嗟異之。合藥須得生人葠，舊傳鍾山所出，孝緖躬歷幽險，累日不値，忽見一鹿前行，孝緖感而隨後，至一所遂滅，就視，果獲此草。母得服之，遂愈。時皆歎其孝感所致。

時有善筮者張有道謂孝緖曰：「見子隱跡而心難明，自非考之龜著，無以驗也。」及布卦，既揲五爻，曰：「此將爲咸，應感之法，非嘉遯之兆。」孝緒曰：「安知後爻不爲上九？」果成遯卦。有道歎曰：「此謂『肥遯無不利。』象實應德，心迹并也。」孝緒曰：「雖獲遯卦，而上九爻不發，升遐之道，便當高謝許生。」乃著高隱傳，上自炎、黃，終于天監之末，斟酌分爲三品，凡若干卷。又著論云：「夫至道之本，貴在無爲；聖人之跡，存乎拯弊。弊拯由跡，跡用有乖於本，本既無爲，爲非道之至。然不垂其跡，則世無以平；不究其本，則道實交喪。丘、旦將存其跡，故宜權晦其本；老、莊但明其本，亦宜深抑其跡。跡既可抑，數子所以有餘；本方見晦，尼丘是故不足。非得一之士，闕彼明智；體二之徒，獨懷鑒識。〔一〇〕然聖已極照，反創其跡；賢未居宗，更言其本。良由跡須拯世，非聖不能；本實明理，在賢可照。若能體茲本跡，悟彼抑揚，則孔、莊之意，其過半矣。」

南平元襄王聞其名，致書要之，不赴。孝緒曰：「非志驕富貴，但性畏廟堂。若使麏麚可驂，何以異夫驥騄。」

初，建武末，青溪宮東門無故自崩，〔一一〕大風拔東宮門外楊樹。或以問孝緒，孝緒曰：「青溪皇家舊宅。齊爲木行，東者木位，今東門自壞，木其衰矣。」

鄱陽忠烈王妃，孝緒之姊。王嘗命駕，欲就之遊，孝緒鑿垣而逃，卒不肯見。諸甥歲時餽遺，一無所納。人或怪之，答云：「非我始願，故不受也。」

其恒所供養石像，先有損壞，心欲治補，經一夜忽然完復，衆並異之。大同二年，卒，時年五十八。門徒誄其德行，謚曰文貞處士。所著七錄等書二百五十卷，行於世。

陶弘景字通明，丹陽秣陵人也。初，母夢青龍自懷而出，幷見兩天人手執香爐來至其所，已而有娠，遂產弘景。幼有異操。年十歲，得葛洪神仙傳，晝夜研尋，便有養生之志。謂人曰：「仰青雲，覩白日，不覺爲遠矣。」及長，身長七尺四寸，神儀明秀，朗目疏眉，細形長耳。讀書萬餘卷。善琴棊，工草隸。未弱冠，齊高帝作相，引爲諸王侍讀，除奉朝請。雖在朱門，閉影不交外物，唯以披閱爲務。朝儀故事，多取決焉。永明十年，上表辭祿，詔許之，賜以束帛。及發，公卿祖之於征虜亭，供帳甚盛，車馬塡咽，咸云宋、齊已來，未有斯事。朝野榮之。

於是止于句容之句曲山。恒曰：「此山下是第八洞宮，名金壇華陽之天，周回一百五十里。昔漢有咸陽三茅君得道，來掌此山，故謂之茅山。」乃中山立館，自號華陽隱居。始從東陽孫遊岳受符圖經法。徧歷名山，尋訪仙藥。每經澗谷，必坐臥其間，吟詠盤桓，不能已已。時沈約爲東陽郡守，高其志節，累書要之，不至。

弘景爲人，圓通謙謹，出處冥會，心如明鏡，遇物便了，言無煩舛，有亦輒覺。建武中，齊宜都王鏗爲明帝所害，其夜，弘景夢鏗告別，因訪其幽冥中事，多說祕異，因著夢記焉。

永元初，更築三層樓，弘景處其上，弟子居其中，賓客至其下，與物遂絕，唯一家僮得侍其旁。特愛松風，每聞其響，欣然爲樂。有時獨遊泉石，望見者以爲仙人。

性好著述，尚奇異，顧惜光景，老而彌篤。尤明陰陽五行，風角星算，山川地理，方圖產物，醫術本草。著帝代年歷，又嘗造渾天象，云「修道所須，非止史官是用」。

義師平建康，聞議禪代，弘景援引圖讖，數處皆成「梁」字，令弟子進之。高祖既早與之遊，及卽位後，恩禮逾篤，書問不絕，冠蓋相望。

天監四年，移居積金東澗。善辟穀導引之法，年逾八十而有壯容。深慕張良之爲人，云「古賢莫比」。曾夢佛授其菩提記，名爲勝力菩薩。乃詣鄮縣阿育王塔自誓，受五大戒。後太宗臨南徐州，欽其風素，召至後堂，與談論數日而去，太宗甚敬異之。大通初，令獻二刀於高祖，其一名善勝，一名威勝，〔二〕並爲佳寶。

大同二年，卒，時年八十五。〔三〕顏色不變，屈申如恒。詔贈中散大夫，謚曰貞白先生，仍遣舍人監護喪事。弘景遺令薄葬，弟子遵而行之。

諸葛璩字幼玟，琅邪陽都人，世居京口。璩幼事徵士關康之，博涉經史。復師徵士臧榮緒，榮緒著晉書，稱璩有發擿之功，方之壺遂。

齊建武初，南徐州行事江祀薦璩於明帝曰：「璩安貧守道，悅禮敦詩，未嘗投刺邦宰，曳裾府寺，如其簡退，可以揚清厲俗。請辟爲議曹從事。」帝許之，璩辭不去。陳郡謝朓爲東海太守，教曰：「昔長孫東組，降龍丘之節；〔一四〕文舉北輜，高通德之稱。所以激貪立懦，式揚風範。處士諸葛璩，高風所漸，結轍前脩。豈懷珠披褐，韜玉待價？將幽貞獨往，不事王侯者邪？聞事親有啜菽之窶，就養寡藜烝之給，豈得獨享萬鍾，而忘茲五秉。可餉穀百斛。」天監中，太守蕭琛、刺史安成王秀、鄱陽王恢並禮異焉。璩丁母憂毀瘠，恢累加存問，服闋，舉秀才，不就。

璩性勤於誨誘，後生就學者日至，居宅狹陋，無以容之，太守張友爲起講舍。璩處身清正，妻子不見喜慍之色。旦夕孜孜，講誦不輟，時人益以此宗之。

七年，高祖敕問太守王份，份卽具以實對，未及徵用，是年卒於家。璩所著文章二十卷，門人劉曒集而錄之。〔一五〕

沈顗字處默，吳興武康人也。父坦之，齊都官郎。

顗幼清靜有至行，慕黃叔度、徐孺子之爲人。讀書不爲章句，著述不尚浮華。常獨處一室，人罕見其面。顗從叔勃，貴顯齊世，每還吳興，賓客塡咽，顗不至其門。勃就見，顗送迎不越於閫。勃歎息曰：「吾乃今知貴不如賤。」

俄徵爲南郡王左常侍，不就。顗內行甚脩，事母兄弟孝友，爲鄉里所稱慕。永明三年，徵著作郎；建武二年，徵太子舍人，俱不赴。永元二年，又徵通直郎，亦不赴。

顗素不治家產，值齊末兵荒，與家人幷日而食。或有饋其粱肉者，閉門不受。唯以樵採自資，怡怡然恒不改其樂。

天監四年，大舉北伐，訂民丁，吳興太守柳惲以顗從役，揚州別駕陸任以書責之，惲大慚，厚禮而遣之。其年卒於家。所著文章數十篇。

劉慧斐字文宣，〔一六〕彭城人也。少博學，能屬文，起家安成王法曹行參軍。嘗還都，途經尋陽，遊於匡山，過處士張孝秀，〔一七〕相得甚歡，遂有終焉之志。因不仕，居於東林寺。又於山北構園一所，號曰離垢園，時人乃謂爲離垢先生。

慧斐尤明釋典，工篆隸，在山手寫佛經二千餘卷，常所誦者百餘卷。晝夜行道，孜孜不怠，遠近欽慕之。太宗臨江州，遺以几杖。論者云，自遠法師沒後，將二百年，始有張、劉之盛矣。世祖及武陵王等書問不絕。大同二年，卒，時年五十九。

范元琰字伯珪，吳郡錢唐人也。祖悅之，太學博士徵，不至。父靈瑜，居父憂，以毁卒。元琰時童孺，哀慕盡禮，親黨異之。及長好學，博通經史，兼精佛義。然性謙敬，不以所長驕人。家貧，唯以園蔬爲業。嘗出行，見人盜其菜，元琰遽退走，母問其故，具以實答。母問盜者爲誰，答曰：「向所以退，畏其愧恥，今啓其名，願不泄也。」於是母子祕之。或有涉溝盜其筍者，元琰因伐木爲橋以渡之。自是盜者大慚，一鄉無復草竊。居常不出城市，獨坐如對嚴賓，見之者莫不改容正色。沛國劉瓛深加器異，嘗表稱之。

齊建武二年，始徵爲安北參軍事，不赴。天監九年，縣令管慧辨上言義行，揚州刺史臨川王宏辟命，不至。十年，王拜表薦焉，竟未徵。其年卒于家，時年七十。

劉訏字彥度，平原人也。父靈真，齊武昌太守。訏幼稱純孝，數歲，父母繼卒，訏居喪，哭泣孺慕，幾至滅性，赴弔者莫不傷焉。後爲伯父所養，事伯母及昆姊，孝友篤至，爲宗族所稱。自傷早孤，人有誤觸其諱者，未嘗不感結流涕。長兄絜爲之娉妻，剋日成婚，訏聞而逃匿，事息乃還。本州刺史張稷辟爲主簿，不就，主者檄召，訏乃挂檄於樹而逃。

訏善玄言，尤精釋典。曾與族兄劉歊聽講於鍾山諸寺，因共卜築宋熙寺東澗，有終焉之志。天監十七年，卒於歊舍，時年三十一。臨終，執歊手曰：「氣絕便斂，斂畢即埋，靈筵一不須立，勿設饗祀，無求繼嗣。」歊從而行之。宗人至友相與刊石立銘，謚曰玄貞處士。

劉歊字士光，訏族兄也。祖乘民，宋冀州刺史；父聞慰，〔一八〕齊正員郎：世爲二千石，皆有清名。

歊幼有識慧，四歲喪父，與羣兒同處，獨不戲弄。六歲誦論語、毛詩，意所不解，便能問難。十一，讀莊子逍遙篇，〔一九〕曰：「此可解耳。」客因問之，隨問而答，皆有情理，家人每異之。及長，博學有文才，不娶不仕，與族弟訏並隱居求志，遨遊林澤，以山水書籍相娛而已。常欲避人世，以母老不忍違離，每隨兄霽、杳從宦。少時好施，務周人之急，人或遺之，亦不距也。久而歎曰：「受人者必報，不則有愧於人。吾固無以報人，豈可常有愧乎？」

天監十七年，無何而著革終論。其辭曰：

死生之事，聖人罕言之矣。孔子曰：「精氣爲物，遊魂爲變，知鬼神之情狀，與天地相似而不違。」其言約，其旨妙，其事隱，其意深，未可以臆斷，難得而精覈，聊肆狂瞽，請試言之。

夫形慮合而爲生，魂質離而稱死，合則起動，離則休寂。當其動也，人皆知其神；及其寂也，物莫測其所趣。皆知則不言而義顯，莫測則逾辯而理微。是以勛、華曠而莫陳，姬、孔抑而不說，前達往賢，互生異見。季札云：「骨肉歸於土，魂氣無不之。」莊周云：「生爲徭役，死爲休息。」尋此二說，如或相反。何者？氣無不之，神有也；死爲休息，神無也。原憲云：「夏后氏用明器，示民無知也。殷人用祭器，示民有知也。〔二〇〕周人兼用之，示民疑也。」考之記籍，驗之前志，有無之辯，不可歷言。若稽諸內教，判乎釋部，則諸子之言可尋，三代之禮無越。何者？神爲生本，形爲生具，死者神離此具，而卽非彼具也。雖死者不可復反，而精靈遞變，未嘗滅絕。當其離此之日，識用廓然，故夏后明器，示其弗反。即彼之時，魂靈知滅，故殷人祭器，顯其猶存。不反則合乎莊周，〔三〕猶存則同乎季札，各得一隅，無傷厥義。設其實也，則亦無，故周人有兼用之禮，尼父發遊魂之唱，不其然乎。若廢偏攜之論，探中途之旨，則不仁不智之譏，於是乎可息。

夫形也者，無知之質也；神也者，有知之性也。有知不獨存，依無知以自立，故形之於神，逆旅之館耳。及其死也，神去此而適彼也。神已去此，館何用存？速朽得理也。神已適彼，祭何所祭？祭則失理。而姬、孔之教不然者，其有以乎！蓋禮樂之興，出於澆薄，俎豆綴兆，生於俗弊。施靈筵，陳棺椁，設饋奠，建丘隴，蓋欲令孝子有追思之地耳，夫何補於已遷之神乎？故上古衣之以薪，棄之中野，可謂尊盧、赫胥、皇雄、炎帝蹈於失理哉？是以子羽沈川，漢伯方壙，文楚黃壤，士安麻索。此四子者，得理也，忘教也。若從四子而遊，則平生之志得矣。

然積習生常，難卒改革，一朝肆志，儻不見從。今欲翦截煩厚，務存儉易，進不裸尸，退異常俗，不傷存者之念，有合至人之道。孔子云：「斂首足形，還葬而無椁。」斯亦貧者之禮也，余何陋焉。且張奐止用幅巾，王肅唯盥手足，范冉殮畢便葬，奚珍無設筵几，文度故舟為椁，子廉牛車載柩，叔起誡絕墳隴，康成使無卜吉。此數公者，尙或如之；況於吾人，而當華泰！今欲髣髴景行，以爲軌則，儻合中庸之道，庶免徒費之譏。氣絕不須復魄，盥洗而斂。以一千錢市治棺、單故裙衫、衣巾枕履。此外送往之具，棺中常物，及餘閣之祭，一不得有所施。世多信李、彭之言，可謂惑矣。余以孔、釋爲師，差無此惑。斂訖，載以露車，歸於舊山，隨得一地，地足爲坎，坎足容棺，不須塼甓，不勞封樹，勿設祭饗，勿置几筵，無用茅君之虛座，伯夷之杅水。其蒸嘗繼嗣，言象所絕，事止余身，無傷世教。家人長幼，內外姻戚，凡厥友朋，爰及寓所，咸願成余之志，幸勿奪之。

明年疾卒，時年三十二。

歊幼時嘗獨坐空室，有一老公至門，謂歊曰：「心力勇猛，能精死生；但不得久滯一方耳。」因彈指而去。歊既長，精心學佛，有道人釋寶誌者，時人莫測也，遇歊於興皇寺，驚起曰：「隱居學道，清淨登佛。」如此三說。歊未死之春，有人爲其庭中栽柿，歊謂兄子弇曰：「吾不見此實，爾其勿言。」至秋而亡，人以爲知命。親故誄其行迹，謚曰貞節處士。

庾詵字彥寶，新野人也。幼聰警篤學，經史百家無不該綜，緯候書射，棊筭機巧，並一時之絕。而性託夷簡，特愛林泉。十畝之宅，山池居半。蔬食弊衣，不治產業。嘗乘舟從田舍還，載米一百五十石，有人寄載三十石，既至宅，寄載者曰：「君三十斛，我百五十石。」詵默然不言，恣其取足。隣人有被誣爲盜者，被治劾，妄款，詵矜之，乃以書質錢二萬，令門生詐爲其親，代之酬備。隣人獲免，謝詵，詵曰：「吾矜天下無辜，豈期謝也。」其行多如此類。

高祖少與詵善，雅推重之。及起義，署爲平西府記室參軍，詵不屈。平生少所遊狎，河東柳惲欲與之交，詵距而不納。後湘東王臨荊州，板爲鎮西府記室參軍，不就。普通中，詔曰：「明敭振滯，爲政所先；旌賢求士，夢佇斯急。新野庾詵止足栖退，自事却掃，經史文藝，多所貫習；潁川庾承先學通黃、老，該涉釋教；並不競不營，安茲枯槁，可以鎮躁敦俗。詵可黃門侍郎，承先可中書侍郎。勒州縣時加敦遣，庶能屈志，方冀鹽梅。」詵稱疾不赴。

晚年以後，尤遵釋教，宅內立道場，環繞禮懺，六時不輟。誦法華經，每日一徧。後夜中忽見一道人，自稱願公，容止甚異，呼詵爲上行先生，授香而去。中大通四年，因晝寢，忽驚覺曰：「願公復來，不可久住。」顏色不變，言終而卒，時年七十八。舉室咸聞空中唱「上行先生已生彌陀淨域矣。」高祖聞而下詔曰：「旌善表行，前王所敦。新野庾詵，荊山珠玉，江陵杞梓，靜侯南度，固有名德，獨貞苦節，孤芳素履。奄隨運往，惻愴于懷。宜諡貞節處士，以顯高烈。」詵所撰帝歷二十卷，易林二十卷，續伍端休江陵記一卷，晉朝雜事五卷，總抄八十卷，行於世。

子曼倩字世華，亦早有令譽。世祖在荆州，辟爲主簿，遷中錄事。每出，世祖常目送之，謂劉之遴曰：「荆南信多君子，雖美歸田鳳，清屬桓階，賞德標奇，未過此子。」後轉諮議參軍。所著喪服儀、文字體例、莊老義疏，注算經及七曜歷術，幷所製文章，凡九十五卷。

子季才，有學行，承聖中，仕至中書侍郎。江陵陷，隨例入關。

張孝秀字文逸，南陽宛人也。少仕州爲治中從事史；遭母憂，服闋，爲建安王別駕。頃之，遂去職歸山，居于東林寺。有田數十頃，部曲數百人，率以力田，盡供山衆，遠近歸慕，赴之如市。

孝秀性通率，不好浮華，常冠穀皮巾，躡蒲履，手執幷櫚皮麈尾。服寒食散，盛冬能臥於石。博涉羣書，專精釋典。善談論，工隸書，凡諸藝能，莫不明習。普通三年，卒，時年四十二，室中皆聞有非常香氣。太宗聞甚傷悼焉，與劉慧斐書，述其貞白云。

庾承先字子通，潁川鄢陵人也。少沈靜有志操，是非不涉於言，喜慍不形於色，人莫能窺也。弱歲受學於南陽劉虬，强記敏識，出於羣輩。玄經釋典，靡不該悉；九流七略，咸所精練。郡辟功曹不就，乃與道士王僧鎮同遊衡岳。晚以弟疾還鄉里，遂居于土臺山。鄱陽忠烈王在州，欽其風味，要與遊處。又令講老子。遠近名僧，咸來赴集，論難鋒起，異端競至，承先徐相酬答，皆得所未聞。忠烈王尤加欽重，徵州主簿，湘東王聞之，亦板爲法曹參軍，並不赴。

中大通三年，廬山劉慧斐至荆州，承先與之有舊，往從之。荆陝學徒，因請承先講老子。湘東王親命駕臨聽，論議終日，深相賞接。留連月餘日，乃還山。王親祖道，并贈篇什，隱者美之。其年卒，時年六十。

陳吏部尚書姚察曰：世之誣處士者，多云純盜虚名，而無適用，蓋有負其實者。若諸葛璩之學術，阮孝緒之簿閥，其取進也豈難哉？終於隱居，固亦性而已矣。

校勘記

〔一〕孟子曰至失之若其死　錢大昕廿二史考異云："「孟子曰數語，今本無。」"

〔二〕淮南子曰人皆鑒於止水不鑒於流潦　按："淮南子曰二語，見莊子德充符，淮南子俶眞訓引文與此異。

〔三〕遑恤國家　「國家」南齊書何點傳作「外家」。

〔四〕安道逸志　「逸」各本作「勉」。據藝文類聚三七、册府元龜二一一改。

〔五〕曳裾儒肆　「裾」各本譌「裙」，據册府元龜八一〇改。

〔六〕息舉之用存乎其人　「息」各本譌「自」，據藝文類聚三七改正。按：此語蓋本禮中庸「其人存則其政舉，其人亡則其政息」。

〔七〕今遣領軍司馬王果宣旨諭意　「王果」南史作「王杲之」。

〔八〕圓丘國郊舊典不同　「國郊」疑當作「南郊」。册府元龜八一〇卽作「南郊」。

〔九〕授胤香爐奩幷函書　「爐」字各本皆脫，據南史補。

〔一〇〕體二之徒獨懷鑒識　「二」各本譌「之」，據册府元龜八二二改。

〔一一〕青溪宮東門無故自崩　「青」各本譌「淸」。按：南齊書武帝紀有「青溪宮」，今據改。

〔一二〕其一名善勝一名威勝　「威」，原作「成」，形近而譌，今改正。藝文類聚六〇有梁簡文帝謝敕賚善勝威勝刀啓，玉海一五一「宏景獻二刀於武帝，一名善勝，一名威勝」，字並作「威」。

〔一三〕大同二年卒時年八十五　按：南史陶弘景傳謂弘景生於宋孝建三年，則至大同二年死時，年八十一，非八十五。藝文類聚三七蕭綱華陽陶先生墓誌銘及文苑英華八七三蕭綸隱居貞白先生陶君碑皆云「春秋八十有一」。「五」當作「一」。

〔一四〕昔長孫東組降龍丘之節　「東組」無義，「組」疑當作「徂」，與下文「北轜」相對成文，當因形近而譌。册府元龜六八七正作「徂」。

〔一五〕門人劉曒集而錄之　「曒」南史作「暾」。

〔一六〕劉慧斐字文宣　「文宣」南史作「宣文」。

〔一七〕過處士張孝秀　「過」南史作「遇」。

〔一八〕父聞慰　聞慰爲劉懷慰本名，此當舉其後定之名「懷慰」方合史例。册府元龜七八三作「懷慰」，是。

〔一九〕十一讀莊子逍遙篇　「十一」南史及册府元龜七七四作「十二」。

〔二〇〕殷人用祭器示民有知也　「民」各本作「人」，據册府元龜九〇七改。

〔二一〕不反則合乎莊周　「反」各本作「存」，據册府元龜九〇七改。

梁書卷五十二

列傳第四十六

止足

顧憲之　陶季直　蕭眎素

易曰：「亢之爲言也，知進而不知退，知存而不知亡。知進退存亡而不失其正者，其唯聖人乎！」傳曰：「知足不辱，知止不殆。」然則不知夫進退，不達乎止足，殆辱之累，期月而至矣。古人之進也，以康世濟務也，以弘道厲俗也。〔一〕然其進也，光寵夷易，故愚夫之所乾沒；其退也，苦節艱貞，故庸曹之所忌憚。雖禍敗危亡，陳乎耳目，而輕舉高蹈，寡乎前史。漢世張良功成身退，病臥却粒，比於樂毅、范蠡至乎顛狽，斯爲優矣。其後薛廣德及二疏等，去就以禮，有可稱焉。魚豢魏略知足傳，方田、徐於管、胡，則其道本異。謝靈運晉書止足傳，先論晉世文士之避亂者，殆非其人；唯阮思曠遺榮好遁，遠殆辱矣。宋書止足傳有羊欣、王徽，咸其流亞。齊時沛國劉瓛，字子珪，辭祿懷道，棲遲養志，不戚戚於貧賤，不耽耽於富貴，儒行之高者也。梁有天下，小人道消，賢士大夫相招在位，其量力守志，則當世罔聞，時或有致事告老，或有寡志少欲，國史書之，亦以爲止足傳云。

顧憲之字士思，吳郡吳人也。祖覬之，宋鎭軍將軍、湘州刺史。憲之未弱冠，州辟議曹從事，舉秀才，累遷太子舍人，尙書比部郎，撫軍主簿。元徽中，爲建康令。時有盜牛者，被主所認，盜者亦稱己牛，二家辭證等，前後令莫能決。憲之至，覆其狀，謂二家曰：「無爲多言，吾得之矣。」乃令解牛，任其所去，牛逕還本主宅，盜者始伏其辜。發姦擿伏，多如此類，時人號曰神明。至於權要請託，長吏貪殘，據法直繩，無所阿縱。性又清儉，强力爲政，甚得民和，故京師飲酒者得醇旨，輒號爲「顧建康」，言醑清且美焉。

遷車騎功曹、晉熙王友。齊高帝執政，以爲驃騎錄事參軍，遷太尉西曹掾。齊臺建，爲中書侍郎。齊高帝卽位，除衡陽內史。先是，郡境連歲疾疫，死者太半，棺木尤貴，悉裹以葦席，棄之路傍。憲之下車，分告屬縣，求其親黨，悉令殯葬。其家人絕滅者，憲之爲出公祿，使綱紀營護之。又士俗，山民有病，輒云先人爲禍，皆開冢剖棺，水洗枯骨，名爲除祟。憲之曉喻，爲陳生死之別，事不相由，風俗遂改。時刺史王奐新至，唯衡陽獨無訟者，乃歎曰：「顧衡陽之化至矣。若九郡率然，吾將何事！」

還爲太尉從事中郎。出爲東中郎長史、行會稽郡事。山陰人呂文度有寵於齊武帝，於餘姚立邸，頗縱橫。憲之至郡，卽表除之。文度後還葬母，郡縣爭赴弔，憲之不與相聞。文度深銜之，卒不能傷也。

遷南中郎巴陵王長史，加建威將軍、行婺州事。〔二〕時司徒竟陵王於宣城、臨成、定陵三縣界立屯，封山澤數百里，禁民樵採，憲之固陳不可，言甚切直。王答之曰：「非君無以聞此德音。」卽命無禁。

遷給事黃門侍郎，兼尚書吏部郎中。宋世，其祖覬之嘗爲吏部，於庭植嘉樹，謂人曰：「吾爲憲之種耳。」至是，憲之果爲此職。出爲征虜長史、行南兗州事，遭母憂。服闋，建武中，復除給事黃門侍郎，領步兵校尉，未拜，仍遷太子中庶子，領吳邑中正。出爲寧朔將軍、臨川內史，未赴，改授輔國將軍、晉陵太守。頃之遇疾，陳解還鄉里。

永元初，徵爲廷尉，不拜，除豫章太守。〔三〕有貞婦萬晞者，少孀居無子，事舅姑尤孝，父母欲奪而嫁之，誓死不許，憲之賜以束帛，表其節義。

中興二年，義師平建康，高祖爲揚州牧，徵憲之爲別駕從事史。比至，高祖已受禪，憲之風疾漸篤，固求還吳。天監二年，就家授太中大夫。憲之雖累經宰郡，資無擔石，及歸，環堵，不免飢寒。八年，卒於家，年七十四。臨終爲制，以敕其子曰：

夫出生入死，理均晝夜。生既不知所從來，死亦安識所往。延陵所云「精氣上歸于天，骨肉下歸于地，魂氣則無所不之」，良有以也。雖復茫昧難徵，要若非妄。百年之期，迅若馳隙。吾今豫爲終制，瞑目之後，念並遵行，勿違吾志也。莊周、澹臺，達生者也；王孫、士安，矯俗者也。吾進不及達，退無所矯。常謂中都之制，允理愜情。衣周於身，示不違禮；棺周於衣，足以蔽臭。入棺之物，一無所須。載以輴車，覆以粗布，爲使人勿惡也。漢明帝天子之尊，猶祭以杅水脯糗；范史雲烈士之高，亦奠以寒水乾飯。況吾卑庸之人，其可不節衷也？喪易寧戚，自是親親之情；禮奢寧儉，差可得由吾意。不須常施靈筵，可止設香燈，使致哀者有憑耳。朔望祥忌，可權安小牀，暫設几席，唯下素饌，勿用牲牢。蒸嘗之祠，貴賤罔替。備物難辦，多致疏怠。祠先人自有舊典，不可有闕。自吾以下，祠止用蔬食時果，勿同於上世也。示令子孫，四時不忘其親耳。孔子云：「雖菜羹瓜祭，必齊如也。」本貴誠敬，豈求備物哉？

所著詩、賦、銘、讚并衡陽郡記數十篇。

陶季直，丹陽秣陵人也。祖愍祖，宋廣州刺史。父景仁，中散大夫。

季直早慧，愍祖甚愛異之。愍祖嘗以四函銀列置於前，令諸孫各取，季直時甫四歲，獨不取。人問其故，季直曰：「若有賜，當先父伯，不應度及諸孫，是故不取。」愍祖益奇之。五歲喪母，哀若成人。初，母未病，令於外染衣，卒後，家人始贖，季直抱之號慟，聞者莫不酸感。

及長好學，淡於榮利。起家桂陽王國侍郎，北中郎鎭西行參軍，並不起，時人號曰「聘君」。父憂服闋，尙書令劉秉領丹陽尹，引爲後軍主簿，領郡功曹。出爲望蔡令，頃之以病免。時劉秉、袁粲以齊高帝權勢日盛，將圖之，秉素重季直，欲與之定策。季直以袁、劉儒者，必致顚殞，固辭不赴，俄而秉等伏誅。

齊初，爲尙書比部郎，時褚淵爲尙書令，與季直素善，頻以爲司空司徒主簿，委以府事。淵卒，尙書令王儉以淵有至行，欲諡爲文孝公，季直請曰：「文孝是司馬道子諡，恐其人非具美，不如文簡。」儉從之。季直又請儉爲淵立碑，終始營護，甚有吏節，時人美之。

遷太尉記室參軍。出爲冠軍司馬、東莞太守，在郡號爲淸和。還除散騎侍郎，領左衞司馬，轉鎮西諮議參軍。齊武帝崩，明帝作相，〔四〕誅鋤異己，季直不能阿意，明帝頗忌之，乃出爲輔國長史、北海太守。邊職上佐，素士罕爲之者。或勸季直造門致謝，明帝既見，便留之，以爲驃騎諮議參軍，兼尚書左丞。仍遷建安太守，政尚清靜，百姓便之。還爲中書侍郎，遷游擊將軍、兼廷尉。

梁臺建，遷給事黃門侍郎。常稱仕至二千石，始願畢矣，無爲務人間之事，乃辭疾還鄉里。天監初，就家拜太中大夫。高祖曰：「梁有天下，遂不見此人。」十年，卒于家，時年七十五。

季直素清苦絕倫，又屏居十餘載，及死，家徒四壁，子孫無以殯斂，聞者莫不傷其志焉。

蕭昞素，蘭陵人也。祖思話，宋征西儀同三司，父惠明，吳興太守，皆有盛名。昞素早孤貧，爲叔父惠休所收卹。起家爲齊司徒法曹行參軍，遷著作佐郎，太子舍人，尚書三公郎。永元末，爲太子洗馬。梁臺建，高祖引爲中尉驃騎記室參軍。天監初，爲臨川王友，復爲太子中舍人，丹陽尹丞。初拜，高祖賜錢八萬，昞素一朝散之親友。又遷司徒左西屬，南徐州治中。

性靜退，少嗜欲，好學，能清言，榮利不關於口，喜怒不形於色。在人間及居職，並任情通率，不自矜高，天然簡素，士人以此咸敬之。及在京口，便有終焉之志，乃於攝山築室。會徵爲中書侍郎，遂辭不就，因還山宅，獨居屏事，非親戚不得至其籬門。妻，太尉王儉女，久與別居，遂無子。八年，卒。親故迹其事行，諡曰貞文先生。

史臣曰：顧憲之、陶季直，引年者也，蕭眎素則宦情鮮焉，比夫懷祿耽寵，婆娑人世，則殊間矣。

校勘記

〔一〕古人之進也以康世濟務也以弘道厲俗也　「以弘道厲俗也」句上疑脫「退也」二字，從下文「然其進也」、「其退也」可知。

〔二〕加建威將軍行婺州事　婺州是唐置，隋以前無婺州。南齊書、南史本傳並云「行南豫、南兗二州事」，不云「行婺州事」。「婺」字誤。

〔三〕除豫章太守　南齊書陸慧曉傳附顧憲之傳及南史本傳並云「爲豫章內史」。

〔四〕齊武帝崩明帝作相　「崩明帝」三字各本脫，據南史補。

梁書卷五十三

列傳第四十七

良吏

庾蓽　沈瑀　范述曾　丘仲孚　孫謙　伏暅　何遠

昔漢宣帝以爲「政平訟理，其惟良二千石乎！」前史亦云：「今之郡守，古之諸侯也。」故長吏之職，號爲親民，是以導德齊禮，移風易俗，咸必由之。齊末昏亂，政移羣小，賦調雲起，徭役無度，守宰多倚附權門，互長貪虐，掊克聚斂，侵愁細民，天下搖動，無所厝其手足。高祖在田，知民疾苦，及梁臺建，仍下寬大之書，昏時雜調，咸悉除省，於是四海之內，始得息肩。逮踐皇極，躬覽庶事，日昃聽政，求民之瘼。乃命輶軒以省方俗，置肺石以達窮民，務加隱卹，舒其急病。元年，始去人貲，計丁爲布；身服浣濯之衣，御府無文飾，宮掖不過綾綵，無珠璣錦繡；太官撤牢饌，每日膳菜蔬，飲酒不過三醆；以儉先海內。每選長吏，務簡廉平，皆召見御前，親勗治道。始擢尚書殿中郎到溉爲建安內史，左民侍郎劉潁爲晉安太守，溉等居官，並以廉絜著。又著令：小縣有能，遷爲大縣；大縣有能，遷爲二千石。於是山陰令丘仲孚治有異績，以爲長沙內史；武康令何遠清公，以爲宣城太守。剖符爲吏者，往往承風焉。若新野庾華諸任職者，以經術潤飾吏政，或所居流惠，或去後見思，蓋後來之良吏也。綴爲良吏篇云。

庾華字休野，新野人也。父深之，宋雍州刺史。〔一〕華年十歲，遭父憂，居喪毁瘠，爲州黨所稱。弱冠，爲州迎主簿，舉秀才，累遷安西主簿，尚書殿中郎，驃騎功曹史。博涉羣書，有口辯。齊永明中，與魏和親，以華兼散騎常侍報使，還拜散騎侍郎，知東宮管記事。

鬱林王卽位廢，掌中書詔誥，出爲荆州別駕。仍遷西中郎諮議參軍，復爲州別駕。前後綱紀，皆致富饒，華再爲之，淸身率下，杜絕請託，布被蔬食，妻子不免飢寒。明帝聞而嘉焉，手敕褒美，州里榮之。遷司徒諮議參軍、通直散騎常侍。高祖平京邑，霸府建，引爲驃騎功曹參軍，遷尚書左丞。出爲輔國長史、會稽郡丞、行郡府事。時承凋弊之後，百姓凶荒，所在穀貴，米至數千，民多流散，華撫循甚有治理。唯守公祿，淸節逾厲，至有經日不舉火。太守永陽王聞而饋之，〔二〕華謝不受。天監元年，卒，停屍無以殮，柩不能歸，高祖聞之，詔賜絹百匹，米五十斛。

初，華爲西楚望族，早歷顯官，鄉人樂藹有幹用，素與華不平，互相陵競。藹事齊豫章王嶷，嶷薨，藹仕不得志，自步兵校尉求助戍歸荊州，時華爲州別駕，益忽藹。及高祖踐阼，藹以西朝勳爲御史中丞，華始得會稽行事，既恥之矣；會職事微有譴，高祖以藹其鄉人也，使宣旨誨之，華大憤，故發病卒。

沈瑀字伯瑜，吳興武康人也。叔父昶，〔三〕事宋建平王景素，景素謀反，昶先去之，及敗，坐繫獄，瑀詣臺陳請，得免罪，由是知名。

起家州從事、奉朝請。嘗詣齊尚書右丞殷瀰，〔四〕瀰與語及政事，甚器之，謂曰：「觀卿才幹，當居吾此職。」司徒竟陵王子良聞瑀名，引爲府參軍，〔五〕領揚州部傳從事。時建康令沈徽孚恃勢陵瑀，瑀以法繩之，衆憚其強。子良甚相知賞，雖家事皆以委瑀。子良薨，瑀復事刺史始安王遙光。嘗被使上民丁，速而無怨。遙光謂同使曰：「爾何不學沈瑀所爲？」乃令專知州獄事。湖熟縣方山埭高峻，冬月，公私行侶以爲艱難，明帝使瑀行治之。瑀乃開四洪，斷行客就作，三日立辦。揚州書佐私行，詐稱州使，不肯就作，瑀鞭之三十。書佐歸訴遙光，遙光曰：「沈瑀必不枉鞭汝。」覆之，果有詐。明帝復使瑀築赤山塘，所費減材官所量數十萬，帝益善之。永泰元年，爲建德令，敎民一丁種十五株桑、四株柿及梨栗，女丁半之，人咸歡悅，頃之成林。

去官還京師，兼行選曹郎。隨陳伯之軍至江州，會義師圍郢城，瑀說伯之迎高祖。伯之泣曰：「余子在都，不得出城，不能不愛之。」瑀曰：「不然。人情匈匈，皆思改計，若不早圖，衆散難合。」伯之遂舉衆降，瑀從在高祖軍中。

初，瑀在竟陵王家，素與范雲善。齊末，嘗就雲宿，夢坐屋梁柱上，仰見天中有字曰「范氏宅」。〔六〕至是，瑀爲高祖說之。高祖曰：「雲得不死，此夢可驗。」及高祖卽位，雲深薦瑀，自暨陽令擢兼尚書右丞。時天下初定，陳伯之表瑀催督運轉，軍國獲濟，高祖以爲能。遷尚書駕部郎，兼右丞如故。瑀薦族人沈僧隆、僧照有吏幹，高祖並納之。

以母憂去職，起爲振武將軍、餘姚令。縣大姓虞氏千餘家，請謁如市，前後令長莫能絕，自瑀到，非訟所通，其有至者，悉立之堦下，以法繩之。縣南又有豪族數百家，子弟縱橫，遞相庇蔭，厚自封植，百姓甚患之。瑀召其老者爲石頭倉監，少者補縣僮，皆號泣道路，自是權右屛跡。瑀初至，富吏皆鮮衣美服，以自彰別。瑀怒曰：「汝等下縣吏，何自擬貴人耶？」悉使著芒屩粗布，侍立終日，足有蹉跌，輒加榜棰。瑀微時，嘗自至此鬻瓦器，爲富人所辱，故因以報焉，由是士庶駭怨。然瑀廉白自守，故得遂行其志。

後王師北伐，徵瑀爲建威將軍，督運漕，尋兼都水使者。頃之，遷少府卿。出爲安南長史、尋陽太守。江州刺史曹景宗疾篤，瑀行府州事。景宗卒，仍爲信威蕭穎達長史，太守如故。瑀性屈强，每忤穎達，穎達銜之。天監八年，因入諮事，辭又激厲，穎達作色曰：「朝廷用君作行事耶？」瑀出，謂人曰：「我死而後已，終不能傾側面從。」是日，於路爲盜所殺，時年五十九，多以爲穎達害焉。子續果訟之，遇穎達亦尋卒，事遂不窮竟。續乃布衣蔬食終其身。

范述曾字子玄，吳郡錢唐人也。幼好學，從餘杭呂道惠受五經，略通章句。道惠學徒常有百數，獨稱述曾曰：「此子必爲王者師。」齊文惠太子、竟陵文宣王幼時，高帝引述曾爲之師友。起家爲宋晉熙王國侍郞。齊初，至南郡王國郞中令，遷尚書主客郞、太子步兵校尉，帶開陽令。述曾爲人謇諤，在宮多所諫爭，太子雖不能全用，然亦弗之罪也。竟陵王深相器重，號爲「周舍」。時太子左衛率沈約亦以述曾方汲黯。以父母年老，乞還就養，乃拜中散大夫。

明帝卽位，除游擊將軍，出爲永嘉太守。爲政清平，不尚威猛，民俗便之。所部橫陽縣，山谷嶮峻，爲逋逃所聚，前後二千石討捕莫能息。述曾下車，開示恩信，凡諸凶黨，繦負而出，編戶屬籍者二百餘家。自是商賈流通，居民安業。在郡勵志淸白，不受饋遺，明帝聞甚嘉之，下詔褒美焉。徵爲游擊將軍。郡送故舊錢二十餘萬，述曾一無所受。始之郡，不將家屬，及還，吏無荷擔者。民無老少，皆出拜辭，號哭聞于數十里。

東昏時，拜中散大夫，還鄉里。高祖踐阼，乃輕舟出詣闕，仍辭還東。高祖詔曰：「中散大夫范述曾，昔在齊世，忠直奉主，往莅永嘉，治身廉約，宜加禮秩，以厲淸操。可太中大夫，賜絹二十匹。」

述曾生平得奉祿，皆以分施。及老，遂壁立無所資。以天監八年卒，時年七十九。注易文言，著雜詩賦數十篇。

丘仲孚字公信，吳興烏程人也。少好學，從祖靈鞠有人倫之鑒，常稱爲千里駒也。齊永明初，選爲國子生，舉高第，未調，還鄉里。家貧，無以自資，乃結羣盜，爲之計畫，劫掠三吳。仲孚聰明有智略，羣盜畏而服之，所行皆果，故亦不發。太守徐嗣召補主簿，歷揚州從事，太學博士，于湖令，有能名。太守呂文顯當時倖臣，陵詆屬縣，仲孚獨不爲之屈。以父喪去職。

明帝卽位，起爲烈武將軍、曲阿令。值會稽太守王敬則舉兵反，乘朝廷不備，反問始至，而前鋒已屆曲阿。仲孚謂吏民曰：「賊乘勝雖銳，而烏合易離，今若收船艦，鑿長崗埭，瀉瀆水以阻其路，得留數日，臺軍必至，則大事濟矣。」敬則軍至，值瀆涸，果頓兵不得進，遂敗散。仲孚以距守有功，遷山陰令，居職甚有聲稱，百姓爲之謠曰：「二傅沈劉，不如一丘。」前世傅琰父子、沈憲、劉玄明，相繼宰山陰，並有政績，言仲孚皆過之也。

齊末政亂，頗有贓賄，爲有司所舉，將收之，仲孚竊逃，逕還京師詣闕，會赦，得不治。高祖踐阼，復爲山陰令。仲孚長於撥煩，善適權變，吏民敬服，號稱神明，治爲天下第一。

超遷車騎長史、長沙內史，〔七〕視事未朞，徵爲尚書右丞，遷左丞，仍擢爲衞尉卿，恩任甚厚。初起雙闕，以仲孚領大匠，事畢，出爲安西長史、南郡太守。遷雲麾長史、江夏太守，行郢州州府事，遭母憂，起攝職。坐事除名，復起爲司空參軍。俄遷豫章內史，在郡更勵清節。頃之卒，時年四十八。詔曰：「豫章內史丘仲孚，重試大邦，責以後效，非直悔吝云亡，實亦政績克舉。不幸殞喪，良以傷惻。可贈給事黃門侍郎。」仲孚喪將還，豫章老幼號哭攀送，車輪不得前。

仲孚爲左丞，撰皇典二十卷，南宮故事百卷，又撰尙書具事雜儀，行於世焉。

孫謙字長遜，東莞莒人也。少爲親人趙伯符所知。謙年十七，伯符爲豫州刺史，引爲左軍行參軍，以治幹稱。父憂去職，客居歷陽，躬耕以養弟妹，鄉里稱其敦睦。宋江夏王義恭聞之，引爲行參軍，歷仕大司馬、太宰二府。出爲句容令，淸愼强記，縣人號爲神明。

泰始初，事建安王休仁，休仁以爲司徒參軍，言之明帝，擢爲明威將軍、巴東建平二郡太守。郡居三峽，恒以威力鎭之。謙將述職，敕募千人自隨。謙曰：「蠻夷不賓，蓋待之失節耳，何煩兵役，以爲國費。」固辭不受。至郡，布恩惠之化，蠻獠懷之，競餉金寶，謙慰喩而遣，一無所納。及掠得生口，皆放還家。俸秩出吏民者，悉原除之。郡境翕然，威信大著。視事三年，徵還爲撫軍中兵參軍。

元徽初，遷梁州刺史，辭不赴職，遷越騎校尉、征北司馬府主簿。建平王將稱兵，患謙强直，託事遣使京師，然後作亂。及建平誅，遷左軍將軍。

齊初，爲寧朔將軍、錢唐令，治煩以簡，獄無繫囚。及去官，百姓以謙在職不受餉遺，追載縑帛以送之，謙卻不受。每去官，輒無私宅，常借官空車廄居焉。永明初，爲冠軍長史、江夏太守，坐被代輒去郡，繫尚方，頃之，免爲中散大夫。明帝將廢立，欲引謙爲心膂，使兼衞尉，給甲仗百人，謙不願處際會，輒散甲士，帝雖不罪，而弗復任焉。出爲南中郎司馬。東昏永元元年，遷□□大夫。

天監六年，出爲輔國將軍、零陵太守，已衰老，猶强力爲政，吏民安之。先是，郡多虎暴，謙至絕迹。及去官之夜，虎卽害居民。謙爲郡縣，常勤勸課農桑，務盡地利，收入常多於隣境。九年，以年老，徵爲光祿大夫。既至，高祖嘉其清絜，甚禮異焉。每朝見，猶請劇職自效。高祖笑曰：「朕使卿智，不使卿力。」十四年，詔曰：「光祿大夫孫謙，清愼有聞，白首不怠，高年舊齒，宜加優秩。可給親信二十人，并給扶。」

謙自少及老，歷二縣五郡，〔八〕所在廉絜。居身儉素，牀施蘧蒢屏風，冬則布被莞席。夏日無幬帳，而夜臥未嘗有蚊蚋，人多異焉。年逾九十，强壯如五十者，每朝會，輒先衆到公門。力於仁義，行己過人甚遠。從兄靈慶常病寄於謙，謙出行還問起居。靈慶曰：「向飮冷熱不調，卽時猶渴。」謙退遣其妻。有彭城劉融者，行乞疾篤無所歸，友人輿送謙舍，謙開廳事以待之。及融死，以禮殯葬之。衆咸服其行義。十五年，卒官，時年九十二。詔賻錢三萬，布五十匹。高祖爲舉哀，甚悼惜之。

謙從子廉，便辟巧宦。齊時已歷大縣，尚書右丞。天監初，沈約、范雲當朝用事，廉傾意奉之，及中書舍人黄睦之等，亦尤所結附。凡貴要每食，廉必日進滋旨，皆手自煎調，不辭勤劇，遂得爲列卿，御史中丞，晉陵、吴興太守。時廣陵高爽有險薄才，客於廉，廉委以文記，爽嘗有求不稱意，乃爲屐謎以喻廉曰：「刺鼻不知嚏，蹋面不知瞋，齧齒作步數，持此得勝人。」譏其不計恥辱，以此取名位也。

伏暅字玄耀，曼容之子也。幼傳父業，能言玄理，與樂安任昉、彭城劉曼俱知名。起家齊奉朝請，仍兼太學博士，尋除東陽郡丞，秩滿爲鄞令。時曼容已致仕，故頻以外職處暅，令其得養焉。

齊末，始爲尚書都官郎，仍爲衛軍記室參軍。高祖踐阼，遷國子博士，父憂去職。服闋，爲車騎諮議參軍，累遷司空長史，中書侍郎，前軍將軍，兼五經博士，與吏部尚書徐勉、中書侍郎周捨，總知五禮事。

出爲永陽內史，在郡清絜，治務安靜。郡民何貞秀等一百五十四人詣州言狀，湘州刺史以聞。詔勘有十五事爲吏民所懷，高祖善之，徵爲新安太守。〔九〕在郡清恪，如永陽時。民賦稅不登者，輒以太守田米助之。郡多麻苧，家人乃至無以爲繩，其厲志如此。屬縣始新、遂安、海寧，並同時生爲立祠。

徵爲國子博士，領長水校尉。時始興內史何遠累著清績，高祖詔擢爲黃門侍郎，俄遷信武將軍、監吳郡。暅自以名輩素在遠前，爲吏俱稱廉白，遠累見擢，暅遷階而已，意望不滿，多託疾居家。尋求假到東陽迎妹喪，因留會稽築宅，自表解，高祖詔以爲豫章內史，暅乃出拜。治書侍御史虞皭奏曰：〔一〇〕

臣聞失忠與信，一心之道以虧；貌是情非，兩觀之誅宜及。未有陵犯名教，要冒君親，而可緯俗經邦者也。

風聞豫章內史伏暅，去歲啓假，以迎妹喪爲解，因停會稽不去。入東之始，貨宅賣車。以此而推，則是本無還意。暅歷典二邦，少免貪濁，此自爲政之本，豈得稱功。常謂人才品望，居何遠之右，而遠以清公見擢，名位轉隆，暅深誹怨，形於辭色，興居歎咤，寤寐失圖。天高聽卑，無私不照。去年十二月二十一日詔曰：「國子博士、領長水校尉伏暅，爲政廉平，宜加將養，勿使恚望，致虧士風。可豫章內史。」豈有人臣奉如此之詔，而不亡魂破膽，歸罪有司，擢髮抽腸，少自論謝；而循奉慠然，了無異色。暅識見所到，足達此旨，而冒寵不辭，吝斯苟得，故以士流解體，行路沸騰，辯跡求心，無一可恕。竊以晅踉蹡落魄，三十餘年，皇運勃興，咸與維始，除舊布新，濯之江、漢，一紀之間，三世隆顯，曾不能少懷感激，仰答萬分，反覆拙謀，成茲巧罪，不忠不敬，於斯已及。〔二〕請以晅大不敬論。以事詳法，應棄市刑，輒收所近獄洗結，以法從事。如法所稱，晅即主。

臣謹案：豫章內史臣伏晅，含疵表行，藉悖成心，語默一違，資敬兼盡。幸屬昌時，擢以不次，溪壑可盈，志欲無滿。要君東走，豈曰止足之歸；負志解巾，異乎激處之致。甘此脂膏，孰非荼苦；佩茲龜組，豈殊縲紲。宜明風憲，肅正簡書。臣等參議，請以見事免晅所居官，凡諸位任，一皆削除。

有詔勿治，晅遂得就郡。

視事三年，徵爲給事黃門侍郎，領國子博士，未及起。普通元年，卒於郡，時年五十九。尚書右僕射徐勉爲之墓誌，其一章曰：「東區南服，愛結民胥，相望伏闕，繼軌奏書。或臥其轍，或扳其車，或圖其像，或式其閭。思耿借寇，曷以尚諸。」

初，晅父曼容與樂安任遙皆暱於齊太尉王儉，〔三〕遙子昉及晅並見知，頃之，昉才遇稍盛，齊末，昉已爲司徒右長史，晅猶滯於參軍事，及其終也，名位略相侔。晅性儉素，車服粗惡，外雖退靜，內不免心競，故見譏於時。能推薦後來，常若不及，少年士子，或以此依之。

何遠字義方，東海郯人也。父慧炬，齊尚書郎。遠釋褐江夏王國侍郎，轉奉朝請。永元中，江夏王寶玄於京口爲護軍將軍崔慧景所奉，入圍宮城，遠豫其事。事敗，乃亡抵長沙宣武王，王深保匿焉。遠求得桂陽王融保藏之，既而發覺，收捕者至，遠踰垣以免；融及遠家人皆見執，融遂遇禍，遠家屬繫尙方。遠亡渡江，使其故人高江產共聚衆，欲迎高祖義師，東昏黨聞之，使捕遠等，衆復潰散。遠因降魏，入壽陽，見刺史王肅，欲同義舉，肅不能用，乃求迎高祖，肅許之。遣兵援送，得達高祖。高祖見遠，謂張弘策曰：「何遠美丈夫，而能破家報舊德，未易及也。」〔一三〕板輔國將軍，隨軍東下。既破朱雀軍，以爲建康令。高祖踐阼，爲步兵校尉，以奉迎勳封廣興男，邑三百戶。遷建武將軍、後軍鄱陽王恢錄事參軍。遠與恢素善，在府盡其志力，知無不爲，恢亦推心仗之，恩寄甚密。

頃之，遷武昌太守。遠本倜儻，尙輕俠，至是乃折節爲吏，杜絕交遊，饋遺秋毫無所受。武昌俗皆汲江水，盛夏遠患水溫，每以錢買民井寒水，不取錢者，則摙水還之。其佗事率多如此。跡雖似僞，而能委曲用意焉。車服尤弊素，器物無銅漆。江左多水族，甚賤，遠每食不過乾魚數片而已。然性剛嚴，吏民多以細事受鞭罰者，遂爲人所訟，徵下廷尉，被劾數十條。當時士大夫坐法，皆不受立，遠度己無贓，就立三七日不款，猶以私藏禁仗除名。

後起爲鎮南將軍、武康令。〔一四〕愈厲廉節，除淫祀，正身率職，民甚稱之。太守王彬巡屬縣，諸縣盛供帳以待焉，至武康，遠獨設糗水而已。彬去，遠送至境，進斗酒隻鵝爲別。彬戲曰：「卿禮有過陸納，將不爲古人所笑乎。」高祖聞其能，擢爲宣城太守。自縣爲近畿大郡，近代未之有也。郡經寇抄，遠盡心綏理，復著名迹。朞年，遷樹功將軍、始興內史。時泉陵侯淵朗爲桂州，緣道剽掠，入始興界，草木無所犯。

遠在官，好開途巷，脩葺牆屋，民居市里，城隍廄庫，所過若營家焉。田秩俸錢，並無所取，歲暮，擇民尤窮者，充其租調，以此爲常。然其聽訟猶人，不能過絕，而性果斷，民不敢非，畏而惜之。所至皆生爲立祠，表言治狀，高祖每優詔答焉。天監十六年，詔曰：「何遠前在武康，已著廉平；復莅二邦，彌盡淸白。政先治道，惠留民愛，雖古之良二千石，無以過也。宜升內榮，以顯外績。可給事黃門侍郎。」遠卽還，仍爲仁威長史。頃之，出爲信武將軍，監吳郡。在吳頗有酒失，遷東陽太守。遠處職，疾强富如仇讎，視貧細如子弟，特爲豪右所畏憚。在東陽歲餘，復爲受罰者所謗，坐免歸。

遠耿介無私曲，居人間，絕請謁，不造詣。與貴賤書疏，抗禮如一。其所會遇，未嘗以顏色下人，〔一五〕以此多爲俗士所惡。其淸公實爲天下第一。居數郡，見可欲終不變其心。妻子飢寒，如下貧者。及去東陽歸家，經年歲口不言榮辱，士類益以此多之。其輕財好義，周人之急，言不虛妄，蓋天性也。每戲語人云：「卿能得我一妄語，則謝卿以一縑。」衆共伺之，不能記也。

後復起爲征西諮議參軍、中撫司馬。普通二年，卒，時年五十二。高祖厚贈賜之。

陳吏部尚書姚察曰：前史有循吏，何哉？世使然也。漢武役繁姦起，循平不能，故有苛酷誅戮以勝之，亦多怨濫矣。梁興，破觚爲圓，斲雕爲樸，教民以孝悌，勸之以農桑，於是桀黠化爲由余，輕薄變爲忠厚。淳風已洽，民自知禁。堯舜之民，比屋可封，信矣。若夫酷吏，於梁無取焉。

校勘記

〔一〕父深之宋雍州刺史　「雍州」各本作「應州」。按宋無應州，南齊書庾杲之傳，祖深之，雍州刺史。是「應」乃「雍」之譌。今據改。

〔二〕太守永陽王聞而饋之　「永」各本作「襄」，據南史及册府元龜六七九改。按：齊、梁俱無襄陽王。永陽嗣王伯游於天監元年爲輔國將軍、會稽太守。

〔三〕叔父昶　南史作「父昶」，無「叔」字。

〔四〕嘗詣齊尚書右丞殷瀰　「右」南史作「左」。

〔五〕引爲府參軍　「府」下，南史有「行」字。

〔六〕仰見天中有字曰范氏宅　「有」字各本脫，據南史及册府元龜八九三補。

〔七〕超遷車騎長史長沙內史　「超」各本作「起」。按：仲孚以「治爲天下第一」，由縣令驟升至內史，是爲「超遷」，不當云「起遷」，形近而譌，今改正。

〔八〕謙自少及老歷二縣五郡　孫謙只歷巴東、建平、江夏、零陵四郡，「五」字疑譌。

〔九〕徵爲新安太守　「新安」各本譌「東陽」，據南史及册府元龜五一九、六七九、八二〇改。按：下云「屬縣始新、遂安、海寧，並同時生爲立祠」，此三縣俱屬新安郡。

〔一〇〕治書侍御史虞嚼奏曰　「治書」下脫「侍」字，據南史補。

〔一一〕於斯已及　「及」疑「極」之譌。

〔一二〕晅父曼容與樂安任遙皆暱於齊太尉王儉　「遙」各本皆作「瑤」，任昉傳作「遙」。按：南史亦作

「遙」，並云「遙兄遐字景遠」，則遙是而瑶非。今據改。

〔一三〕未易及也　「及」各本作「人」，據册府元龜九四九改。

〔一四〕後起爲鎭南將軍武康令　張森楷梁書校勘記：「鎭南是軍號之大者，不應爲令，疑『將軍』或是『參軍』之誤。」

〔一五〕未嘗以顏色下人　「下」各本譌「干」，據南史及册府元龜八七七改。

梁書卷五十四

列傳第四十八

諸夷

海南　東夷　西北諸戎

海南諸國，大抵在交州南及西南大海洲上，相去近者三五千里，遠者二三萬里，其西與西域諸國接。漢元鼎中，遣伏波將軍路博德開百越，置日南郡。其徼外諸國，自武帝以來皆朝貢。後漢桓帝世，大秦、天竺皆由此道遣使貢獻。及吳孫權時，遣宣化從事朱應、中郎康泰通焉。其所經及傳聞，則有百數十國，因立記傳。晉代通中國者蓋尠，故不載史官。及宋、齊，至者有十餘國，始爲之傳。自梁革運，其奉正朔，脩貢職，航海歲至，踰於前代矣。今採其風俗粗著者，綴爲海南傳云。

林邑國者，本漢日南郡象林縣，古越裳之界也。伏波將軍馬援開漢南境，置此縣。其地縱廣可六百里，城去海百二十里，去日南界四百餘里，北接九德郡。其南界，水步道二百餘里，有西國夷亦稱王，〔一〕馬援植兩銅柱表漢界處也。其國有金山，石皆赤色，其中生金。金夜則出飛，狀如螢火。又出瑇瑁、貝齒、吉貝、沉木香。吉貝者，樹名也。其華成時如鵝毳，抽其緒紡之以作布，潔白與紵布不殊，亦染成五色，織爲斑布也。沉木者，土人斫斷之，積以歲年，朽爛而心節獨在，置水中則沉，故名曰沉香。次不沉不浮者，曰籤香也。

漢末大亂，功曹區達，殺縣令自立爲王。〔二〕傳數世，其後王無嗣，立外甥范熊。熊死，子逸嗣。晉成帝咸康三年，〔三〕逸死，奴文篡立。文本日南西捲縣夷帥范稚家奴，〔四〕常牧牛於山澗，得鱧魚二頭，化而爲鐵，因以鑄刀。鑄成，文向石而呪曰：「若斫石破者，文當王此國。」因舉刀斫石，如斷芻藁，文心獨異之。范稚常使之商賈至林邑，因教林邑王作宮室及兵車器械，王寵任之。後乃讒王諸子，各奔餘國。及王死無嗣，文僞於隣國迓王子，置毒於漿中而殺之，遂脅國人自立。舉兵攻旁小國，皆吞滅之，有衆四五萬人。時交州刺史姜莊使所親韓戢、謝稚，前後監日南郡，並貪殘，諸國患之。穆帝永和三年，臺遣夏侯覽爲太守，侵刻尤甚。林邑先無田土，貪日南地肥沃，常欲略有之，至是，因民之怨，遂舉兵襲日南，殺覽，以其屍祭天。留日南三年，乃還林邑。交州刺史朱蕃後遣督護劉雄戍日南，文復屠滅之。進寇九德郡，殘害吏民。遣使告藩，願以日南北境橫山爲界，藩不許，又遣督護陶綏、李衢討之。〔五〕文歸林邑，尋復屯日南。五年，文死，子佛立，猶屯日南。征西將軍桓溫遣督護滕畯、九眞太守灌邃帥交、廣州兵討之，佛嬰城固守。邃令畯盛兵於前，邃帥勁卒七百人，自後踰壘而入，佛衆驚潰奔走，邃追至林邑，佛乃請降。哀帝昇平初，復爲寇暴，刺史溫放之討破之。〔六〕安帝隆安三年，佛孫須達復寇日南，〔七〕執太守炅源，又進寇九德，執太守曹炳。交阯太守杜瑗遣都護鄧逸等擊破之，卽以瑗爲刺史。義熙三年，須達復寇日南，殺長史，〔八〕瑗遣海邏督護阮斐討破之，斬獲甚衆。九年，須達復寇九眞，行郡事杜慧期與戰，斬其息交龍王甄知及其將范健等，〔九〕生俘須達息鄁能，及虜獲百餘人。自瑗卒後，林邑無歲不寇日南、九德諸郡，殺蕩甚多，〔一〇〕交州遂致虛弱。

須達死，子敵眞立，其弟敵鎧攜母出奔。敵眞追恨不能容其母弟，捨國而之天竺，禪位於其甥，國相藏驎固諫不從。其甥既立而殺藏驎，藏驎子又攻殺之，而立敵鎧同母異父之弟曰文敵。文敵後爲扶南王子當根純所殺，大臣范諸農平其亂，而自立爲王。諸農死，子陽邁立。宋永初二年，遣使貢獻，以陽邁爲林邑王。陽邁死，子咄立，慕其父，復曰陽邁。〔一一〕

其國俗：居處爲閣，名曰于闌，門戶皆北向；書樹葉爲紙；男女皆以橫幅吉貝繞腰以下，謂之干漫，亦曰都縵；穿耳貫小鐶；貴者著革屣，賤者跣行。自林邑、扶南以南諸國皆然也。

其王著法服，加瓔珞，如佛像之飾。出則乘象，吹螺擊鼓，罩吉貝傘，以吉貝爲幡旗。國不設刑法，有罪者使象踏殺之。其大姓號婆羅門。嫁娶必用八月，女先求男，由賤男而貴女也。同姓還相婚姻，使婆羅門引壻見婦，握手相付，呪曰「吉利吉利」，以爲成禮。死者焚之中野，謂之火葬。其寡婦孤居，散髮至老。國王事尼乾道，鑄金銀人像，大十圍。

元嘉初，陽邁侵暴日南、九德諸郡，交州刺史杜弘文建牙欲討之，聞有代乃止。八年，又寇九德郡，入四會浦口，交州刺史阮彌之遣隊主相道生帥兵赴討，攻區栗城不剋，乃引還。爾後頻年遣使貢獻，而寇盜不已。二十三年，使交州刺史檀和之、振武將軍宗慤伐之。和之遣司馬蕭景憲爲前鋒，陽邁聞之懼，欲輸金一萬斤，銀十萬斤，還所略日南民戶，其大臣蕃僧達諫止之，乃遣大帥范扶龍戍其北界區栗城。景憲攻城，剋之，斬扶龍首，獲金銀雜物，不可勝計。乘勝逕進，卽剋林邑。陽邁父子並挺身逃奔。獲其珍異，皆是未名之寶。又銷其金人，得黃金數十萬斤。和之後病死，見胡神爲祟。

孝武孝建、大明中，〔一三〕林邑王范神成累遣長史奉表貢獻。明帝泰豫元年，又遣使獻方物。齊永明中，范文贊累遣使貢獻。天監九年，文贊子天凱奉獻白猴，詔曰：「林邑王范天凱介在海表，乃心款至，遠脩職貢，良有可嘉。宜班爵號，被以榮澤。可持節、督緣海諸軍事、威南將軍、林邑王。」十年，十三年，天凱累遣使獻方物。俄而病死，子弼毳跋摩立，奉表貢獻。普通七年，王高式勝鎧遣使獻方物，詔以爲持節、督緣海諸軍事、綏南將軍、林邑王。大通元年，又遣使貢獻。中大通二年，行林邑王高式律陁羅跋摩遣使貢獻，詔以爲持節、督緣海諸軍事、綏南將軍、林邑王。六年，又遣使獻方物。

扶南國，在日南郡之南，海西大灣中，去日南可七千里，在林邑西南三千餘里。城去海五百里。有大江廣十里，西北流，東入於海。其國輪廣三千餘里，土地洿下而平博，氣候風俗大較與林邑同。出金、銀、銅、錫、沉木香、象牙、孔翠、五色鸚鵡。

其南界三千餘里有頓遜國，在海崎上，地方千里，城去海十里。有五王，並羈屬扶南。頓遜之東界通交州，其西界接天竺、安息徼外諸國，往還交市。所以然者，頓遜迴入海中千餘里，漲海無崖岸，船舶未曾得逕過也。其市，東西交會，日有萬餘人。珍物寶貨，無所不有。又有酒樹，似安石榴，采其花汁停甕中，數日成酒。

頓遜之外，大海洲中，又有毗騫國，去扶南八千里。傳其王身長丈二，頸長三尺，〔一三〕自古來不死，莫知其年。王神聖，國中人善惡及將來事，王皆知之，是以無敢欺者。南方號曰長頸王。國俗，有室屋、衣服，噉粳米。其人言語，小異扶南。有山出金，金露生石上，無所限也。國法刑罪人，並於王前噉其肉。國內不受估客，有往者亦殺而噉之，是以商旅不敢至。王常樓居，不血食，不事鬼神。其子孫生死如常人，唯王不死。扶南王數遣使與書相報答，常遺扶南王純金五十人食器，形如圓盤，又如瓦塸，名爲多羅，受五升，又如椀者，受一升。王亦能作天竺書，書可三千言，說其宿命所由，與佛經相似，並論善事。

又傳扶南東界卽大漲海，海中有大洲，洲上有諸薄國，國東有馬五洲。復東行漲海千餘里，至自然大洲。其上有樹生火中，洲左近人剝取其皮，紡績作布，極得數尺以爲手巾，與焦麻無異而色微青黑；若小垢洿，則投火中，復更精潔。或作燈炷，用之不知盡。

扶南國俗本躶體，文身被髮，不制衣裳。以女人爲王，號曰柳葉。年少壯健，有似男子。其南有徼國，〔一四〕有事鬼神者字混塡，夢神賜之弓，乘賈人舶入海，混塡晨起卽詣廟，於神樹下得弓，便依夢乘船入海，遂入扶南外邑。柳葉人衆見舶至，欲取之，混塡卽張弓射其舶，穿度一面，矢及侍者，柳葉大懼，舉衆降混塡。混塡乃教柳葉穿布貫頭，形不復露，遂治其國，納柳葉爲妻，生子分王七邑。其後王混盤況以詐力間諸邑，令相疑阻，因舉兵攻并之，乃遣子孫中分治諸邑，號曰小王。

盤況年九十餘乃死，立中子盤盤，以國事委其大將范蔓。〔一五〕盤盤立三年死，國人共舉蔓爲王。蔓勇健有權略，復以兵威攻伐旁國，咸服屬之，自號扶南大王。乃治作大船，窮漲海，攻屈都昆、九稚、典孫等十餘國，開地五六千里。次當伐金隣國，蔓遇疾，遣太子金生代行。蔓姊子旃，〔一六〕時爲二千人將，因篡蔓自立，遣人詐金生而殺之。蔓死時，有乳下兒名長，在民間，至年二十，乃結國中壯士襲殺旃，旃大將范尋又殺長而自立。更繕治國內，起觀閣遊戲之，朝旦中晡三四見客。民人以焦蔗龜鳥爲禮。國法無牢獄。有罪者，先齋戒三日，乃燒斧極赤，令訟者捧行七步。又以金鐶、雞卵投沸湯中，令探取之，若無實者，手即焦爛，有理者則不。又於城溝中養鰐魚，門外圈猛獸，有罪者，輒以餵猛獸及鰐魚，魚獸不食爲無罪，三日乃放之。鰐大者長二丈餘，狀如鼉，有四足，喙長六七尺，兩邊有齒，利如刀劍，常食魚，遇得麞鹿及人亦噉之，蒼梧以南及外國皆有之。

吳時，遣中郎康泰、宣化從事朱應使於尋國，國人猶裸，唯婦人著貫頭。泰、應謂曰：「國中實佳，但人褻露可怪耳。」尋始令國內男子著橫幅。橫幅，今干漫也。大家乃截錦爲之，貧者乃用布。

晉武帝太康中，尋始遣使貢獻。穆帝升平元年，王竺旃檀奉表獻馴象。詔曰：「此物勞費不少，駐令勿送。」其後王憍陳如，本天竺婆羅門也。有神語曰「應王扶南」，憍陳如心悅，南至盤盤，扶南人聞之，舉國欣戴，迎而立焉。復改制度，用天竺法。憍陳如死，後王持梨陁跋摩，宋文帝世奉表獻方物。齊永明中，王闍邪跋摩遣使貢獻。

天監二年，跋摩復遣使送珊瑚佛像，幷獻方物。詔曰：「扶南王憍陳如闍邪跋摩，介居海表，世纂南服，厥誠遠著，重譯獻賝。宜蒙酬納，班以榮號。可安南將軍、扶南王。」

今其國人皆醜黑，拳髮。所居不穿井，數十家共一池引汲之。俗事天神，天神以銅爲像，二面者四手，四面者八手，手各有所持，或小兒，或鳥獸，或日月。其王出入乘象，嬪侍亦然。王坐則偏踞翹膝，垂左膝至地，以白疊敷前，設金盆香鑪於其上。國俗，居喪則剃除鬚髮。死者有四葬：水葬則投之江流，火葬則焚爲灰燼，土葬則瘞埋之，鳥葬則棄之中野。人性貪吝，無禮義，男女恣其奔隨。

十年，十三年，跋摩累遣使貢獻。其年死，庶子留陁跋摩殺其嫡弟自立。十六年，遣使竺當抱老奉表貢獻。十八年，復遣使送天竺旃檀瑞像、婆羅樹葉，并獻火齊珠、鬱金、蘇合等香。普通元年，中大通二年，大同元年，累遣使獻方物。五年，復遣使獻生犀。又言其國有佛髮，長一丈二尺，詔遣沙門釋雲寶隨使往迎之。

先是，三年八月，高祖改造阿育王寺塔，出舊塔下舍利及佛爪髮，髮青紺色，衆僧以手伸之，隨手長短，放之則旋屈爲蠡形。案僧伽經云：「佛髮青而細，猶如藕莖絲。」佛三昧經云：「我昔在宮沐頭，以尺量髮，長一丈二尺，放已右旋，還成蠡文。」則與高祖所得同也。阿育王卽鐵輪王，王閻浮提，一天下，佛滅度後，一日一夜，役鬼神造八萬四千塔，此卽其一也。吳時有尼居其地，爲小精舍，孫綝尋毁除之，塔亦同泯。吳平後，諸道人復於舊處建立焉。晉中宗初渡江，更脩飾之，至簡文咸安中，使沙門安法師程造小塔，未及成而亡，弟子僧顯繼而修立。至孝武太元九年，上金相輪及承露。

其後西河離石縣有胡人劉薩何遇疾暴亡，而心下猶暖，其家未敢便殯，經十日更蘇。說云：「有兩吏見錄，向西北行，不測遠近，至十八地獄，隨報重輕，受諸楚毒。見觀世音語云：『汝緣未盡，若得活，可作沙門。洛下、齊城、丹陽、會稽並有阿育王塔，可往禮拜。若壽終，則不墮地獄。』語竟，如墮高巖，忽然醒寤。」因此出家，名慧達。遊行禮塔，次至丹陽，未知塔處，乃登越城四望，見長干里有異氣色，因就禮拜，果是阿育王塔所，〔一七〕屢放光明。由是定知必有舍利，乃集衆就掘之，入一丈，得三石碑，並長六尺。中一碑有鐵函，函中有銀函，函中又有金函，盛三舍利及爪髮各一枚，髮長數尺。卽遷舍利近北，對簡文所造塔西，造一層塔。十六年，又使沙門僧尙伽爲三層，〔一八〕卽高祖所開者也。初穿土四尺，得龍窟及昔人所捨金銀鐶釧釵鑷等諸雜寶物。可深九尺許，方至石磉，磉下有石函，函內有鐵壺，以盛銀坩，坩內有金鏤罌，盛三舍利，如粟粒大，圓正光潔。函內又有琉璃椀，內得四舍利及髮爪，爪有四枚，並爲沉香色。至其月二十七日，高祖又到寺禮拜，設無㝵大會，大赦天下。是日，以金鉢盛水泛舍利，其最小者隱鉢不出，高祖禮數十拜，舍利乃於鉢內放光，旋回久之，乃當鉢中而止。高祖問大僧正慧念：「今日見不可思議事不？」慧念答曰：「法身常住，湛然不動。」高祖曰：「弟子欲請一舍利還臺供養。」至九月五日，又於寺設無㝵大會，遣皇太子王侯朝貴等奉迎。是日，風景明和，京師傾屬，觀者百數十萬人。所設金銀供具等物，並留寺供養，幷施錢一千萬爲寺基業。至四年九月十五日，高祖又至寺設無㝵大會，竪二剎，各以金罌，次玉罌，重盛舍利及爪髮，內七寶塔中。又以石函盛寶塔，分入兩剎下，及王侯妃主百姓富室所捨金、銀、鐶、釧等珍寶充積。

十一年十一月二日，寺僧又請高祖於寺發般若經題，爾夕二塔俱放光明，敕鎮東將軍邵陵王綸製寺大功德碑文。

先是，二年，改造會稽鄮縣塔，開舊塔出舍利，遣光宅寺釋敬脫等四僧及舍人孫照暫迎還臺，高祖禮拜竟，卽送還縣入新塔下，此縣塔亦是劉薩何所得也。

晉咸和中，丹陽尹高悝行至張侯橋，見浦中五色光長數尺，不知何怪，乃令人於光處掊視之，得金像，未有光趺。悝乃下車，載像還，至長干巷首，牛不肯進，悝乃令馭人任牛所之，牛徑牽車至寺，悝因留像付寺僧。每至中夜，常放光明，又聞空中有金石之響。經一歲，捕魚人張係世，於海口忽見有銅花趺浮出水上，係世取送縣，縣以送臺，乃施像足，宛然合。會簡文咸安元年，交州合浦人董宗之採珠沒水，於底得佛光豔，交州押送臺，以施像，又合焉。自咸和中得像，至咸安初，歷三十餘年，光趺始具。

初，高悝得像後，西域胡僧五人來詣悝，曰：「昔於天竺得阿育王造像，來至鄴下，值胡亂，埋像於河邊，今尋覓失所。」五人嘗一夜俱夢見像曰：「己出江東，爲高悝所得。」悝乃送此五僧至寺，見像噓欷涕泣，像便放光，照燭殿宇。又瓦官寺慧邃欲模寫像形，寺主僧尙慮虧損金色，謂邃曰：「若能令像放光，回身西向，乃可相許。」慧邃便懇到拜請，其夜像卽轉坐放光，回身西向，明旦便許模之。像趺先有外國書，莫有識者，後有三藏𨚗求跋摩識之，云是阿育王爲第四女所造也。及大同中，出舊塔舍利，敕市寺側數百家宅地，以廣寺域，造諸堂殿幷瑞像周回閣等，窮於輪奐焉。其圖諸經變，並吳人張繇運手。繇丹青之工，一時冠絕。

盤盤國，宋文帝元嘉，孝武孝建、大明中，並遣使貢獻。大通元年，其王使使奉表曰：「揚州閻浮提震旦天子：萬善莊嚴，一切恭敬，猶如天淨無雲，明耀滿目，天子身心淸淨，亦復如是。道俗濟濟，並蒙聖王光化，濟度一切，永作舟航，臣聞之慶善。我等至誠敬禮常勝天子足下，稽首問訊。今奉薄獻，願垂哀受。」中大通元年五月，累遣使貢牙像及塔，幷獻沉檀等香數十種。六年八月，復使送菩提國眞舍利及畫塔，幷獻菩提樹葉、詹糖等香。

丹丹國，中大通二年，其王遣使奉表曰：〔一九〕「伏承聖主至德仁治，信重三寶，佛法興顯，衆僧殷集，法事日盛，威嚴整肅。朝望國執，慈愍蒼生，八方六合，莫不歸服。化隣諸天，非可言喻。不任慶善，若暫奉見尊足。謹奉送牙像及塔各二軀，并獻火齊珠、古貝、雜香藥等。」〔二〇〕大同元年，復遣使獻金、銀、瑠璃、雜寶、香藥等物。

干陁利國，在南海洲上。其俗與林邑、扶南略同。出班布、古貝、檳榔。檳榔特精好，爲諸國之極。宋孝武世，王釋婆羅那憐陁遣長史竺留陁獻金銀寶器。天監元年，其王瞿曇脩跋陁羅以四月八日夢見一僧，謂之曰：「中國今有聖主，十年之後，佛法大興。汝若遣使貢奉敬禮，則土地豐樂，商旅百倍；若不信我，則境土不得自安。」脩跋陁羅初未能信，既而又夢此僧曰：「汝若不信我，當與汝往觀之。」乃於夢中來至中國，拜覲天子。既覺，心異之。陁羅本工畫，乃寫夢中所見高祖容質，飾以丹青，仍遣使并畫工奉表獻玉盤等物。使人既至，模寫高祖形以還其國，比本畫則符同焉。因盛以寶函，日加禮敬。後跋陁死，子毗邪跋摩立。十七年，遣長史毗員跋摩奉表曰：「常勝天子陛下：諸佛世尊，常樂安樂，六通三達，爲世間尊，是名如來。應供正覺，遺形舍利，造諸塔像，莊嚴國土，如須彌山。邑居聚落，次第羅滿，城郭館宇，如忉利天宮。具足四兵，能伏怨敵。國土安樂，無諸患難，人民和善，受化正法，慶無不通。猶處雪山，流注雪水，八味淸淨，百川洋溢，周回屈曲，順趨大海，一切衆生，咸得受用。於諸國土，殊勝第一，是名震旦。大梁揚都天子，〔三〕仁廕四海，德合天心，雖人是天，降生護世，功德寶藏，救世大悲，爲我尊生，威儀具足。是故至誠敬禮天子足下，稽首問訊。奉獻金芙蓉、雜香藥等，願垂納受。」普通元年，復遣使獻方物。

狼牙脩國，在南海中。其界東西三十日行，南北二十日行，去廣州二萬四千里。土氣物產，與扶南略同，偏多䈸沉婆律香等。其俗男女皆袒而被髮，以古貝爲干縵。其王及貴臣乃加雲霞布覆胛，以金繩爲絡帶，金鐶貫耳。女子則被布，以瓔珞繞身。其國累塼爲城，重門樓閣。王出乘象，有幡旄旗鼓，罩白蓋，兵衞甚設。國人說，立國以來四百餘年，後嗣衰弱，王族有賢者，國人歸之。王聞知，乃加囚執，其鏁無故自斷，王以爲神，因不敢害，乃斥逐出境，遂奔天竺，天竺妻以長女。俄而狼牙王死，大臣迎還爲王。二十餘年死，子婆伽達多立。天監十四年，遣使阿撤多奉表曰：「大吉天子足下：離淫怒癡，哀愍衆生，慈心無量。端嚴相好，身光明朗，如水中月，普照十方。眉間白毫，其白如雪，其色照曜，亦如月光。諸天善神之所供養，以垂正法寶，梵行衆增，莊嚴都邑。城閣高峻，如乾陁山。樓觀羅列，道途平正。人民熾盛，快樂安穩。著種種衣，猶如天服。於一切國，爲極尊勝。天王愍念羣生，民人安樂，慈心深廣，律儀清淨，正法化治，供養三寶，名稱宣揚，布滿世界，百姓樂見，如月初生。譬如梵王，世界之主，人天一切，莫不歸依。敬禮大吉天子足下，猶如現前，忝承先業，慶嘉無量。今遣使問訊大意。欲自往，復畏大海風波不達。今奉薄獻，願大家曲垂領納。」

婆利國，在廣州東南海中洲上。去廣州二月日行。國界東西五十日行，南北二十日行。有一百三十六聚。土氣暑熱，如中國之盛夏。穀一歲再熟，草木常榮。海出文螺、紫貝。有石名蚶貝羅，初採之柔軟，及刻削爲物乾之，遂大堅强。其國人披古貝如帊，及爲都縵。王乃用班絲布，以瓔珞繞身，頭著金冠高尺餘，形如弁，綴以七寶之飾。帶金裝劍，偏坐金高坐，以銀蹬支足。侍女皆爲金花雜寶之飾，或持白毦拂及孔雀扇。王出，以象駕輿，輿以雜香爲之，上施羽蓋珠簾，其導從吹螺擊鼓。王姓憍陳如，自古未通中國。問其先及年數不能記焉，而言白淨王夫人卽其國女也。

天監十六年，遣使奉表曰：「伏承聖王信重三寶，興立塔寺，校飾莊嚴，周徧國土。四衢平坦，清淨無穢。臺殿羅列，狀若天宮，壯麗微妙，世無與等。聖主出時，四兵具足，羽儀導從，布滿左右。都人士女，麗服光飾。市廛豐富，充積珍寶。王法淸整，無相侵奪。學徒皆至，三乘競集，敷說正法，雲布雨潤。四海流通，交會萬國。長江眇漫，淸泠深廣，有生咸資，莫能消穢。陰陽和暢，災厲不作。大梁揚都聖王無等，臨覆上國，有大慈悲，子育萬民。平等忍辱，怨親無二。加以周窮，無所藏積。靡不照燭，如日之明；無不受樂，猶如淨月。宰輔賢良，羣臣貞信，盡忠奉上，心無異想。伏惟皇帝是我眞佛，臣是婆利國主，今敬稽首禮聖王足下，惟願大王知我此心。此心久矣，非適今也。山海阻遠，無緣自達，今故遣使獻金席等，表此丹誠。」普通三年，其王頻伽復遣使珠貝智貢白鸚鵡、青蟲、兜鍪、瑠璃器、古貝、螺杯、雜香、藥等數十種。

中天竺國，在大月支東南數千里，地方三萬里，一名身毒。漢世張騫使大夏，見邛竹杖、蜀布，國人云，市之身毒。身毒卽天竺，蓋傳譯音字不同，其實一也。從月支、高附以西，南至西海，東至槃越，列國數十，每國置王，其名雖異，皆身毒也。漢時羈屬月支，其俗土著與月支同，而卑濕暑熱，民弱畏戰，弱於月支。國臨大江，名新陶，源出崐崘，分爲五江，總名曰恒水。其水甘美，下有眞鹽，色正白如水精。土俗出犀、象、貂、鼲、瑇瑁、火齊、金、銀、鐵、金縷織成、金皮罽、細摩白疊、好裘、毾㲪。火齊狀如雲母，色如紫金，有光耀，別之則薄如蟬翼，積之則如紗縠之重沓也。其西與大秦、安息交市海中，多大秦珍物，珊瑚、琥珀、金碧珠璣、琅玕、鬱金、蘇合。蘇合是合諸香汁煎之，非自然一物也。又云大秦人採蘇合，先笮其汁以爲香膏，乃賣其滓與諸國賈人，是以展轉來達中國，不大香也。鬱金獨出罽賓國，華色正黄而細，與芙蓉華裏被蓮者相似。國人先取以上佛寺，積日香槁，乃糞去之，賈人從寺中徵雇，以轉賣與佗國也。

漢桓帝延熹九年，大秦王安敦遣使自日南徼外來獻，漢世唯一通焉。其國人行賈，往往至扶南、日南、交趾，其南徼諸國人少有到大秦者。孫權黄武五年，有大秦賈人字秦論來到交趾，交趾太守吳邈遣送詣權，權問方土謠俗，論具以事對。時諸葛恪討丹陽，獲黝、歙短人，論見之曰：「大秦希見此人。」權以男女各十人，差吏會稽劉咸送論，咸於道物故，論乃徑還本國。漢和帝時，天竺數遣使貢獻，後西域反叛，遂絶。至桓帝延熹二年，四年，頻從日南徼外來獻。魏、晉世，絶不復通。唯吳時扶南王范旃遣親人蘇物使其國，從扶南發投拘利口，循海大灣中正西北入歷灣邊數國，可一年餘到天竺江口，逆水行七千里乃至焉。天竺王驚曰：「海濱極遠，猶有此人。」卽呼令觀視國内，仍差陳、宋等二人以月支馬四匹報旃，遣物等還，積四年方至。其時吳遣中郎康泰使扶南，及見陳、宋等，具問天竺土俗，云「佛道所興國也。人民敦厖，土地饒沃。其王號茂論。所都城郭，水泉分流，繞于渠塹，下注大江。其宮殿皆雕文鏤刻，街曲市里，屋舍樓觀，鐘鼓音樂，服飾香華，水陸通流，百賈交會，奇玩珍瑋，恣心所欲。左右嘉維、舍衞、葉波等十六大國，去天竺或二三千里，共尊奉之，以爲在天地之中也。」

天監初，其王屈多遣長史竺羅達奉表曰：「伏聞彼國據江傍海，山川周固，衆妙悉備，莊嚴國土，猶如化城。宮殿莊飾，街巷平坦，人民充滿，歡娛安樂。大王出遊，四兵隨從，聖明仁愛，不害衆生。國中臣民，循行正法，大王仁聖，化之以道，慈悲羣生，無所遺棄。常修淨戒，式導不及，無上法船，沉溺以濟。百官氓庶，受樂無恐。諸天護持，萬神侍從，天魔降服，莫不歸仰。王身端嚴，如日初出，仁澤普潤，猶如大雲，於彼震旦，最爲殊勝。臣之所住國土，首羅天守護，令國安樂。王王相承，未曾斷絕。國中皆七寶形像，衆妙莊嚴，臣自脩檢，如化王法。臣名屈多，奕世王種。惟願大王聖體和平。今以此國羣臣民庶，山川珍重，一切歸屬，五體投地，歸誠大王。使人竺達多由來忠信，是故今遣。大王若有所須珍奇異物，悉當奉送。此之境土，便是大王之國，王之法令善道，悉當承用。願二國信使往來不絕。此信返還，願賜一使，具宣聖命，備勑所宜。款至之誠，望不空返，所白如允，願加採納。今奉獻琉璃唾壺、雜香、古貝等物。」

師子國，天竺旁國也。其地和適，無冬夏之異。五穀隨人所種，不須時節。其國舊無人民，止有鬼神及龍居之。諸國商估來共市易，鬼神不見其形，但出珍寶，顯其所堪價，商人依價取之。諸國人聞其土樂，因此競至，或有停住者，遂成大國。

晉義熙初，始遣獻玉像，經十載乃至。像高四尺二寸，玉色潔潤，形製殊特，殆非人工。此像歷晉、宋世在瓦官寺，寺先有徵士戴安道手製佛像五軀，及顧長康維摩畫圖，世人謂爲三絕。至齊東昏，遂毀玉像，前截臂，次取身，爲嬖妾潘貴妃作釵釧。宋元嘉六年、十二年，其王剎利摩訶遣使貢獻。

大通元年，後王伽葉伽羅訶梨邪使奉表曰：「謹白大梁明主：雖山海殊隔，而音信時通。伏承皇帝道德高遠，覆載同於天地，明照齊乎日月，四海之表，無有不從，方國諸王，莫不奉獻，以表慕義之誠。或泛海三年，陸行千日，畏威懷德，無遠不至。我先王以來，唯以脩德爲本，不嚴而治。奉事正法道天下，欣人爲善，慶若己身，欲與大梁共弘三寶，以度難化。信還，伏聽告敕。今奉薄獻，願垂納受。」

東夷之國，朝鮮爲大，得箕子之化，其器物猶有禮樂云。魏時，朝鮮以東馬韓、辰韓之屬，世通中國。自晉過江，泛海東使，有高句驪、百濟，而宋、齊間常通職貢，梁興，又有加焉。扶桑國，在昔未聞也。普通中，有道人稱自彼而至，其言元本尤悉，故并錄焉。

高句驪者，其先出自東明。東明本北夷槖離王之子。離王出行，其侍兒於後任娠，離王還，欲殺之。侍兒曰：「前見天上有氣如大鷄子，來降我，因以有娠。」王囚之，後遂生男。王置之豕牢，豕以口氣噓之，不死，王以爲神，乃聽收養。長而善射，王忌其猛，復欲殺之，東明乃奔走，南至淹滯水，〔三〕以弓擊水，魚鼈皆浮爲橋，東明乘之得渡，至夫餘而王焉。其後支別爲句驪種也。其國，漢之玄菟郡也。在遼東之東，去遼東千里。漢、魏世，南與朝鮮、穢貊，東與沃沮，北與夫餘接。漢武帝元封四年，滅朝鮮，置玄菟郡，以高句驪爲縣以屬之。

句驪地方可二千里，中有遼山，遼水所出。其王都於丸都之下，多大山深谷，無原澤，百姓依之以居，食澗水。雖土著，無良田，故其俗節食。好治宮室。於所居之左立大屋，祭鬼神，又祠零星、社稷。人性凶急，喜寇抄。其官，有相加、對盧、沛者、古鄒加、主簿、優台、使者、皁衣、先人，尊卑各有等級。言語諸事，多與夫餘同；其性氣、衣服有異。本有五族，有消奴部，絕奴部，順奴部，〔三〕灌奴部，桂婁部。本消奴部爲王，微弱，桂婁部代之。漢時賜衣幘、朝服、鼓吹，常從玄菟郡受之。後稍驕，不復詣郡，但於東界築小城以受之，至今猶名此城爲幘溝婁。「溝婁」者，句驪名「城」也。其置官，有對盧則不置沛者，有沛者則不置對盧。其俗喜歌儛，國中邑落男女，每夜羣聚歌戲。其人潔淸自喜，善藏釀，跪拜申一脚，行步皆走。以十月祭天大會，名曰「東明」。其公會衣服，皆錦繡金銀以自飾。大加、主簿頭所著似幘而無後；其小加著折風，形如弁。其國無牢獄，有罪者，則會諸加評議殺之，沒入妻子。其俗好淫，男女多相奔誘。已嫁娶，便稍作送終之衣。其死葬，有槨無棺。好厚葬，金銀財幣盡於送死。積石爲封，列植松柏。兄死妻嫂。其馬皆小，便登山。國人尙氣力，便弓矢刀矛。有鎧甲，習戰鬬，沃沮、東穢皆屬焉。

王莽初，發高驪兵以伐胡，不欲行，强迫遣之，皆亡出塞爲寇盜。州郡歸咎於句驪侯騶，嚴尤誘而斬之，王莽大悅，更名高句驪爲下句驪，當此時爲侯矣。光武八年，高句驪王遣使朝貢，始稱王。至殤、安之閒，其王名宮，數寇遼東，玄菟太守蔡風討之不能禁。宮死，子伯固立。順、和之閒，復數犯遼東寇抄，靈帝建寧二年，玄菟太守耿臨討之，斬首虜數百級，伯固乃降屬遼東。公孫度之雄海東也，伯固與之通好。伯固死，子伊夷摸立。伊夷摸自伯固時已數寇遼東，又受亡胡五百餘戶。建安中，公孫康出軍擊之，破其國，焚燒邑落，降胡亦叛伊夷摸，伊夷摸更作新國。其後伊夷摸復擊玄菟，玄菟與遼東合擊，大破之。

伊夷摸死，子位宮立。位宮有勇力，便鞍馬，善射獵。魏景初二年，遣太傅司馬宣王率衆討公孫淵，位宮遣主簿、大加將兵千人助軍。正始三年，位宮寇西安平，〔二四〕五年，幽州刺史毋丘儉將萬人出玄菟討位宮，位宮將步騎二萬人逆軍，大戰於沸流。位宮敗走，儉軍追至峴，懸車束馬，登丸都山，屠其所都，斬首虜萬餘級，位宮單將妻息遠竄。六年，儉復討之，位宮輕將諸加奔沃沮，儉使將軍王頎追之，絕沃沮千餘里，到肅愼南界，刻石紀功；又到丸都山，銘不耐城而還。其後，復通中夏。

晉永嘉亂，鮮卑慕容廆據昌黎大棘城，元帝授平州刺史。句驪王乙弗利頻寇遼東，廆不能制。弗利死，子釗代立。〔二五〕康帝建元元年，慕容廆子晃率兵伐之，〔二六〕釗與戰，大敗，單馬奔走。晃乘勝追至丸都，焚其宮室，掠男子五萬餘口以歸。孝武太元十年，句驪攻遼東、玄菟郡，後燕慕容垂遣弟農伐句驪，復二郡。垂死，子寶立，以句驪王安爲平州牧，封遼東、帶方二國王。安始置長史、司馬、參軍官，後略有遼東郡。至孫高璉，晉安帝義熙中，始奉表通貢職，歷宋、齊並授爵位，年百餘歲死。子雲，齊隆昌中，以爲使持節、散騎常侍、都督營平二州、征東大將軍、樂浪公。高祖卽位，進雲車騎大將軍。天監七年，詔曰：「高驪王樂浪郡公雲，乃誠款著，貢驛相尋，宜隆秩命，式弘朝典。可撫東大將軍、開府儀同三司，持節、常侍、都督、王並如故。」十一年，十五年，累遣使貢獻。十七年，雲死，子安立。普通元年，詔安纂襲封爵，持節、督營平二州諸軍事、寧東將軍。七年，安卒，子延立，遣使貢獻，詔以延襲爵。中大通四年，六年，大同元年，七年，累奉表獻方物。太清二年，延卒，詔以其子襲延爵位。

百濟者，其先東夷有三韓國，一曰馬韓，二曰辰韓，三曰弁韓。弁韓、辰韓各十二國，馬韓有五十四國。大國萬餘家，小國數千家，總十餘萬戶，百濟卽其一也。後漸强大，兼諸小國。其國本與句驪在遼東之東，晉世句驪既略有遼東，百濟亦據有遼西、晉平二郡地矣，自置百濟郡。晉太元中，王須，〔二七〕義熙中，王餘映，宋元嘉中，王餘毗，並遣獻生口。餘毗死，立子慶。慶死，子牟都立。都死，立子牟太。齊永明中，除太都督百濟諸軍事、鎭東大將軍、百濟王。天監元年，進太號征東將軍。尋爲高句驪所破，衰弱者累年，遷居南韓地。普通二年，王餘隆始復遣使奉表，稱「累破句驪，今始與通好」。而百濟更爲强國。其年，高祖詔曰：「行都督百濟諸軍事、鎭東大將軍百濟王餘隆，守藩海外，遠脩貢職，迺誠款到，朕有嘉焉。宜率舊章，授茲榮命。可使持節、都督百濟諸軍事、寧東大將軍、百濟王。」五年，隆死，詔復以其子明爲持節、督百濟諸軍事、綏東將軍、百濟王。號所治城曰固麻，謂邑曰檐魯，如中國之言郡縣也。

其國有二十二檐魯，皆以子弟宗族分據之。其人形長，衣服淨潔。其國近倭，頗有文身者。今言語服章略與高驪同，行不張拱，拜不申足則異。呼帽曰冠，襦曰複衫，袴曰褌。其言參諸夏，亦秦、韓之遺俗云。中大通六年，大同七年，累遣使獻方物；并請涅盤等經義、毛詩博士，并工匠、畫師等，敕並給之。太清三年，不知京師寇賊，猶遣使貢獻；既至，見城闕荒毁，並號慟涕泣。侯景怒，囚執之，及景平，方得還國。

新羅者，其先本辰韓種也。辰韓亦曰秦韓，相去萬里，傳言秦世亡人避役來適馬韓，馬韓亦割其東界居之，以秦人，故名之曰秦韓。其言語名物有似中國人，名國爲邦，弓爲弧，賊爲寇，行酒爲行觴。相呼皆爲徒，不與馬韓同。又辰韓王常用馬韓人作之，世相係，辰韓不得自立爲王，明其流移之人故也；恒爲馬韓所制。辰韓始有六國，稍分爲十二，新羅則其一也。其國在百濟東南五千餘里。其地東濱大海，南北與句驪、百濟接。魏時曰新盧，宋時曰新羅，或曰斯羅。其國小，不能自通使聘。普通二年，王姓募名秦，〔二八〕始使使隨百濟奉獻方物。

其俗呼城曰健牟羅，其邑在內曰啄評，在外曰邑勒，亦中國之言郡縣也。國有六啄評，五十二邑勒。土地肥美，宜植五穀。多桑麻，作縑布。服牛乘馬。男女有別。其官名，有子貴旱支、齊旱支、謁旱支、壹告支、奇貝旱支。其冠曰遺子禮，襦曰尉解，袴曰柯半，靴曰洗。其拜及行與高驪相類。無文字，刻木爲信。語言待百濟而後通焉。

倭者，自云太伯之後。俗皆文身。去帶方萬二千餘里，大抵在會稽之東，相去絕遠。從帶方至倭，循海水行，歷韓國，乍東乍南，七千餘里始度一海。海闊千餘里，名瀚海，至一支國。又度一海千餘里，名未盧國。又東南陸行五百里，至伊都國。又東南行百里，至奴國。又東行百里，至不彌國。又南水行二十日，至投馬國。又南水行十日，陸行一月日，至邪馬臺國，〔二九〕即倭王所居。其官有伊支馬，次曰彌馬獲支，次曰奴往鞮。民種禾稻紵麻，蠶桑織績。有薑、桂、橘、椒、蘇。出黑雉、眞珠、青玉。有獸如牛，名山鼠。又有大蛇吞此獸。蛇皮堅不可斫，其上有孔，乍開乍閉，時或有光，射之中，蛇則死矣。物產略與儋耳、朱崖同。地溫暖，風俗不淫。男女皆露紒。富貴者以錦繡雜采爲帽，似中國胡公頭。食飲用籩豆。其死，有棺無槨，封土作冢。人性皆嗜酒。俗不知正歲，多壽考，多至八九十，或至百歲。其俗女多男少，貴者至四五妻，賤者猶兩三妻。婦人無婬妒。無盜竊，少諍訟。若犯法，輕者沒其妻子，重則滅其宗族。

漢靈帝光和中，倭國亂，相攻伐歷年，乃共立一女子卑彌呼爲王。彌呼無夫壻，挾鬼道，能惑衆，故國人立之。有男弟佐治國。自爲王，少有見者，以婢千人自侍，唯使一男子出入傳敎令。所處宮室，常有兵守衞。至魏景初三年，公孫淵誅後，卑彌呼始遣使朝貢，魏以爲親魏王，假金印紫綬。正始中，卑彌呼死，更立男王，國中不服，更相誅殺，復立卑彌呼宗女臺與爲王。其後復立男王，並受中國爵命。晉安帝時，有倭王贊。贊死，立弟彌。彌死，立子濟。濟死，立子興。興死，立弟武。齊建元中，除武持節、督倭新羅任那伽羅秦韓慕韓六國諸軍事、鎭東大將軍。高祖卽位，進武號征東大將軍。〔三○〕

其南有侏儒國，人長三四尺。又南黑齒國、裸國，去倭四千餘里，船行可一年至。又西南萬里有海人，身黑眼白，裸而醜。其肉美，行者或射而食之。

文身國，在倭國東北七千餘里。人體有文如獸，其額上有三文，文直者貴，文小者賤。土俗歡樂，物豐而賤，行客不齎糧。有屋宇，無城郭。其王所居，飾以金銀珍麗。繞屋爲壍，廣一丈，實以水銀，雨則流于水銀之上。市用珍寶。犯輕罪者則鞭杖；犯死罪則置猛獸食之，有枉則猛獸避而不食，經宿則赦之。

大漢國，在文身國東五千餘里。無兵戈，不攻戰。風俗並與文身國同而言語異。

扶桑國者，齊永元元年，其國有沙門慧深來至荊州，說云：「扶桑在大漢國東二萬餘里，地在中國之東，其土多扶桑木，故以爲名。扶桑葉似桐，而初生如笋，國人食之，實如梨而赤，績其皮爲布以爲衣，亦以爲綿。作板屋。無城郭。有文字，以扶桑皮爲紙。無兵甲，不攻戰。其國法，有南北獄。若犯輕者入南獄，重罪者入北獄。有赦則赦南獄，不赦北獄。在北獄者，男女相配，生男八歲爲奴，生女九歲爲婢。犯罪之身，至死不出。貴人有罪，國乃大會，坐罪人於坑，對之宴飲，分訣若死別焉。以灰繞之，其一重則一身屛退，二重則及子孫，三重則及七世。名國王爲乙祁；貴人第一者爲大對盧，第二者爲小對盧，第三者爲納咄沙。國王行有鼓角導從。其衣色隨年改易，甲乙年青，丙丁年赤，戊己年黃，庚辛年白，壬癸年黑。有牛角甚長，以角載物，至勝二十斛。車有馬車、牛車、鹿車。國人養鹿，如中國畜牛。以乳爲酪。有桑梨，經年不壞。多蒲桃。其地無鐵有銅，不貴金銀。市無租估。其婚姻，壻往女家門外作屋，晨夕灑掃，經年而女不悅，卽驅之，相悅乃成婚。婚禮大抵與中國同。親喪，七日不食；祖父母喪，五日不食；兄弟伯叔姑姊妹，三日不食。設靈爲神像，朝夕拜奠，不制縗絰。嗣王立，三年不視國事。其俗舊無佛法，宋大明二年，罽賓國嘗有比丘五人游行至其國，流通佛法、經像，教令出家，風俗遂改。」

慧深又云：「扶桑東千餘里有女國，容貌端正，色甚潔白，身體有毛，髮長委地。至二、三月，競入水則任娠，六七月產子。女人胸前無乳，項後生毛，根白，毛中有汁，以乳子，一百日能行，三四年則成人矣。見人驚避，偏畏丈夫。食鹹草如禽獸。鹹草葉似邪蒿，而氣香味鹹。」天監六年，有晉安人渡海，爲風所飄至一島，登岸，有人居止。女則如中國，而言語不可曉；男則人身而狗頭，其聲如吠。其食有小豆。其衣如布。築土爲墻，其形圓，其戶如竇云。

西北諸戎，漢世張騫始發西域之迹，甘英遂臨西海，或遣侍子，或奉貢獻，于時雖窮兵極武，僅而克捷，比之前代，其略遠矣。魏時三方鼎跱，日事干戈，晉氏平吳以後，少獲寧息，徒置戊己之官，諸國亦未賓從也。繼以中原喪亂，胡人遞起，西域與江東隔礙，重譯不交。呂光之涉龜茲，亦猶蠻夷之伐蠻夷，非中國之意也。自是諸國分并，勝負强弱，難得詳載。明珠翠羽，雖仞於後宮；蒲梢龍文，希入於外署。有梁受命，其奉正朔而朝闕庭者，則仇池、宕昌、高昌、鄧至、河南、龜茲、于闐、滑諸國焉。今綴其風俗，爲西北戎傳云。

河南王者，其先出自鮮卑慕容氏。初，慕容奕洛干有二子，庶長曰吐谷渾，嫡曰廆。洛干卒，廆嗣位，吐谷渾避之西徙。廆追留之，而牛馬皆西走，不肯還，因遂西上隴，度枹罕，出涼州西南，至赤水而居之。其地則張掖之南，隴西之西，在河之南，故以爲號。其界東至疊川，〔三二〕西鄰于闐，北接高昌，東北通秦嶺，方千餘里，蓋古之流沙地焉。乏草木，少水潦，四時恒有冰雪，唯六七月雨雹甚盛。若晴則風飄沙礫，常蔽光景。其地有麥無穀。有青海方數百里，放牝馬其側，輒生駒，土人謂之龍種，故其國多善馬。有屋宇，雜以百子帳，卽穹廬也。著小袖袍，小口袴，大頭長裙帽。女子披髮爲辮。

其後吐谷渾孫葉延，頗識書記，自謂曾祖奕洛干始封昌黎公，吾蓋公孫之子也。禮以王父字爲國氏，因姓吐谷渾，亦爲國號。至其末孫阿豺，始受中國官爵。弟子慕延，宋元嘉末又自號河南王。慕延死，從弟拾寅立，乃用書契，起城池，築宮殿，其小王並立宅。國中有佛法。拾寅死，子度易侯立。易侯死，子休留代立。齊永明中，以代爲使持節、都督西秦河沙三州、鎭西將軍、護羌校尉、西秦河二州刺史。

梁興，進代爲征西將軍。代死，子伏連籌襲爵位。〔三三〕天監十三年，遣使獻金裝馬腦鍾二口，又表於益州立九層佛寺，詔許焉。十五年，又遣使獻赤舞龍駒及方物。其使或歲再三至，或再歲一至。其地與益州鄰，常通商賈，民慕其利，多往從之，教其書記，爲之辭譯，稍桀黠矣。普通元年，又奉獻方物。籌死，子呵羅眞立。大通三年，詔以爲寧西將軍、護羌校尉、西秦河二州刺史。眞死，子佛輔襲爵位，其世子又遣使獻白龍駒於皇太子。

高昌國，闞氏爲主，其後爲河西王沮渠茂虔弟無諱襲破之，其王闞爽奔于芮芮。無諱據之稱王，一世而滅。國人又立麴氏爲王，名嘉，元魏授車騎將軍、司空公、都督秦州諸軍事、秦州刺史、金城郡開國公。在位二十四年卒，謚曰昭武王。子子堅，使持節、驃騎大將軍、散騎常侍、都督瓜州諸軍事、瓜州刺史、河西郡開國公、〔三三〕儀同三司高昌王嗣位。

其國蓋車師之故地也。南接河南，東連燉煌，西次龜茲，北鄰敕勒。置四十六鎭，交河、田地、高寧、臨川、橫截、柳婆、洿林、新興、由寧、始昌、篤進、白力等，〔三四〕皆其鎭名。官有四鎭將軍及雜號將軍，長史，司馬，門下校郎，中兵校郎，通事舍人，通事令史，諮議，校尉，主簿。國人言語與中國略同。有五經、歷代史、諸子集。面貌類高驪，辮髮垂之於背，著長身小袖袍、縵襠袴。女子頭髮辮而不垂，著錦纈纓珞環釧。姻有六禮。其地高燥，築土爲城，架木爲屋，土覆其上。寒暑與益州相似。備植九穀，人多噉麨及羊牛肉。出良馬、蒲陶酒、石鹽。多草木，草實如璽，璽中絲如細纑，名爲白疊子，國人多取織以爲布。布甚軟白，交市用焉。有朝烏者，旦旦集王殿前，爲行列，不畏人，日出然後散去。

大同中，子堅遣使獻鳴鹽枕、蒲陶、良馬、氍毹等物。

滑國者，車師之別種也。漢永建元年，八滑從班勇擊北虜有功，勇上八滑爲後部親漢侯。自魏、晉以來，不通中國，至天監十五年，其王厭帶夷栗陁始遣使獻方物。普通元年，又遣使獻黃師子、白貂裘、波斯錦等物。七年，又奉表貢獻。

元魏之居桑乾也，滑猶爲小國，屬芮芮。後稍强大，征其旁國波斯、盤盤、罽賓、焉耆、龜茲、疏勒、姑墨、于闐、句盤等國，開地千餘里。土地溫暖，多山川樹木，〔三五〕有五穀。國人以麨及羊肉爲糧。其獸有師子、兩脚駱駝，野驢有角。人皆善射，著小袖長身袍，用金玉爲帶。女人被裘，頭上刻木爲角，長六尺，以金銀飾之。少女子，兄弟共妻。無城郭，氈屋爲居，東向開戶。其王坐金牀，隨太歲轉，與妻並坐接客。無文字，以木爲契。與旁國通，則使旁國胡爲胡書，羊皮爲紙。無職官。事天神、火神，每日則出戶祀神而後食。其跪一拜而止。葬以木爲槨。父母死，其子截一耳，葬訖卽吉。其言語待河南人譯然後通。

周古柯國，滑旁小國也。普通元年，使使隨滑來獻方物。

呵跋檀國，亦滑旁小國也。凡滑旁之國，衣服容貌皆與滑同。普通元年，使使隨滑使來獻方物。

胡蜜丹國，亦滑旁小國也。普通元年，使使隨滑使來獻方物。

白題國，王姓支名史稽毅，其先蓋匈奴之別種胡也。漢灌嬰與匈奴戰，斬白題騎一人。今在滑國東。去滑六日行，西極波斯。土地出粟、麥、瓜菓，食物略與滑同。普通三年，遣使獻方物。

龜茲者，西域之舊國也。後漢光武時，其王名弘，爲莎車王賢所殺，滅其族。賢使其子則羅爲龜茲王，國人又殺則羅。匈奴立龜茲貴人身毒爲王，由是屬匈奴。然龜茲在漢世常爲大國，所都曰延城。魏文帝初卽位，遣使貢獻。晉太康中，遣子入侍。太元七年，秦主苻堅遣將呂光伐西域，至龜茲，龜茲王帛純載寶出奔，光入其城。城有三重，外城與長安城等。室屋壯麗，飾以琅玕金玉。光立帛純弟震爲王而歸，自此與中國絕不通。普通二年，王尼瑞摩珠那勝遣使奉表貢獻。

于闐國，西域之屬也。後漢建武末，王俞爲莎車王賢所破，〔三六〕徙爲驪歸王，以其弟君得爲于闐王，〔三七〕暴虐，百姓患之。永平中，其種人都末殺君得，大人休莫霸又殺都末，自立爲王。霸死，兄子廣得立，後擊虜莎車王賢以歸，殺之，遂爲强國，西北諸小國皆服從。其地多水潦沙石，氣溫，宜稻、麥、蒲桃。有水出玉，名曰玉河。國人善鑄銅器。其治曰西山城。有屋室市井。菓蓏菜蔬與中國等。尤敬佛法。王所居室，加以朱畫。王冠金幘，如今胡公帽。與妻並坐接客。國中婦人皆辮髮，衣裘袴。其人恭，相見則跪，其跪則一膝至地。書則以木爲筆札，以玉爲印。國人得書，戴於首而後開札。魏文帝時，王山習獻名馬。天監九年，遣使獻方物。十三年，又獻波羅婆步鄣。十八年，又獻瑠璃罌。大同七年，又獻外國刻玉佛。

渴盤陁國，于闐西小國也。西鄰滑國，南接罽賓國，北連沙勒國。所治在山谷中。城周迴十餘里，國有十二城。風俗與于闐相類。衣古貝布，著長身小袖袍，小口袴。地宜小麥，資以爲糧。多牛馬駱駞羊等。出好氈、金、玉。王姓葛沙氏。中大同元年，遣使獻方物。

末國，漢世且末國也。勝兵萬餘戶。北與丁零，東與白題，西與波斯接。土人剪髮，著氈帽，小袖衣，爲衫則開頸而縫前。多牛羊騾驢。其王安末深盤，普通五年，遣使來貢獻。

波斯國，其先有波斯匿王者，子孫以王父字爲氏，因爲國號。國有城，周迴三十二里。城高四丈，皆有樓觀。城內屋宇數百千間，城外佛寺二三百所。西去城十五里有土山，山非過高，其勢連接甚遠，中有鷲鳥噉羊，土人極以爲患。國中有優鉢曇花，鮮華可愛。出龍駒馬。鹹池生珊瑚樹，長一二尺。亦有琥珀、馬腦、眞珠、玫珂等，國內不以爲珍。市買用金銀。婚姻法：下聘訖，女壻將數十人迎婦，壻著金線錦袍，師子錦袴，戴天冠，婦亦如之。婦兄弟便來捉手付度，夫婦之禮，於茲永畢。國東與滑國，西及南俱與婆羅門國，北與汎慄國接。中大通二年，遣使獻佛牙。

宕昌國，在河南之東南，益州之西北，隴西之西，羌種也。宋孝武世，其王梁瑾忽始獻方物。天監四年，王梁彌博來獻甘草、當歸，詔以爲使持節、都督河涼二州諸軍事、安西將軍、東羌校尉、河涼二州刺史、隴西公、宕昌王，佩以金章。彌博死，子彌泰立，大同七年，復授以父爵位。其衣服、風俗與河南略同。

鄧至國，居西涼州界，羌別種也。世號持節、平北將軍、西涼州刺史。宋文帝時，王象屈耽遣使獻馬。天監元年，詔以鄧至王象舒彭爲督西涼州諸軍事，號安北將軍。五年，舒彭遣使獻黃耆四百斤，馬四匹。其俗呼帽曰突何。其衣服與宕昌同。

武興國，本仇池。楊難當自立爲秦王，宋文帝遣裴方明討之，難當奔魏。其兄子文德又聚衆茄盧，宋因授以爵位，魏又攻之，文德奔漢中。從弟僧嗣又自立，復戍茄盧。卒，文德弟文度立，以弟文洪爲白水太守，屯武興，宋世以爲武都王。武興之國，自於此矣。難當族弟廣香又攻殺文度，自立爲陰平王、茄盧鎭主。卒，子炅立。炅死，子崇祖立。崇祖死，子孟孫立。齊永明中，魏氏南梁州刺史仇池公楊靈珍據泥功山歸款，齊世以靈珍爲北梁州刺史、仇池公。文洪死，以族人集始爲北秦州刺史、武都王。天監初，以集始爲使持節、都督秦雍二州諸軍事、輔國將軍、平羌校尉、北秦州刺史、武都王；靈珍爲冠軍將軍；孟孫爲假節、督沙州刺史、陰平王。集始死，子紹先襲爵位。二年，以靈珍爲持節、督隴右諸軍事、左將軍、北梁州刺史、仇池王。十年，孟孫死，詔贈安沙將軍、北雍州刺史。子定襲封爵。紹先死，子智慧立。大同元年，剋復漢中，智慧遣使上表，求率四千戶歸國，詔許焉，卽以爲東益州。

其國東連秦嶺，西接宕昌，去宕昌八百里，南去漢中四百里，北去岐州三百里，東去長安九百里。本有十萬戶，世世分減。其大姓有苻氏、姜氏。〔三八〕言語與中國同。著烏皁突騎帽，長身小袖袍，小口袴，皮鞾。地植九穀。婚姻備六禮。知書疏。種桑麻。出紬、絹、精布、漆、蠟、椒等。山出銅鐵。

芮芮國，蓋匈奴別種。魏、晉世，匈奴分爲數百千部，各有名號，芮芮其一部也。自元魏南遷，因擅其故地。無城郭，隨水草畜牧，以穹廬爲居。辮髮，衣錦，小袖袍，小口袴，深雍鞾。其地苦寒，七月流澌亘河。宋昇明中，遣王洪軌使焉，引之共伐魏。齊建元元年，洪軌始至其國，國王率三十萬騎，出燕然山東南三千餘里，魏人閉關不敢戰。後稍侵弱。永明中，爲丁零所破，更爲小國而南移其居。天監中，始破丁零，復其舊土。始築城郭，名曰木末城。十四年，遣使獻烏貂裘。〔三九〕普通元年，又遣使獻方物。是後數歲一至焉。大同七年，又獻馬一匹，金一斤。

其國能以術祭天而致風雪，前對皎日，後則泥潦橫流，故其戰敗莫能追及。或於中夏爲之，則曀而不雨，問其故，以暵云。

史臣曰：海南東夷西北戎諸國，地窮邊裔，各有疆域。若山奇海異，怪類殊種，前古未聞，往牒不記，故知九州之外，八荒之表，辯方物土，莫究其極。高祖以德懷之，故朝貢歲至，美矣。

校勘記

〔一〕有西國夷亦稱王　「西國」南史作「西圖」。

〔二〕功曹區達殺縣令自立爲王　「達」，南史及晉書林邑傳並作「連」。

〔三〕晉成帝咸康三年　「三」，晉書林邑傳作「二」。

〔四〕文本日南西捲縣夷帥范稚家奴　「稚」，晉書、南齊書林邑傳並作「椎」。

〔五〕又遣督護陶綏李衢討之　「綏」疑「緌」字之誤。晉書陶璜傳有孫緌位至交州刺史，當卽此人。

〔六〕哀帝昇平初復爲寇暴刺史溫放之討破之　晉哀帝無「昇平」年號。「昇」當作「升」，升平是晉穆帝年號，「哀帝」當作「穆帝」。晉書穆帝紀，升平三年，交州刺史溫放之帥兵討林邑。

〔七〕安帝隆安三年佛孫須達復寇日南　「須達」，晉書安帝紀作「范達」。

〔八〕須達復寇日南殺長史　「史」疑是「吏」之誤。

〔九〕九年須達復寇九眞行郡事杜慧期與戰斬其息交龍王甄知及其將范健等　「須達」晉書安帝紀

作「范湖達」。「杜慧期」晉書安帝紀作「杜慧度」。

〔一〇〕殺蕩甚多　「蕩」南史作「傷」。

〔一一〕陽邁死子咄立慕其父復曰陽邁　「慕」各本及南史譌「篡」，據南齊書林邑國傳改正。按：既云「立」，不應又云「篡」，致文相複，當依南齊書作「慕」爲是。

〔一二〕孝武孝建大明中　「孝建」各本譌「建元」。按：宋孝武帝無「建元」年號，而孝建與大明相接，今改正。

〔一三〕頸長三尺　「頸」各本作「頭」，南史同。按：下云「南方號曰長頸王」，是「頭」當爲「頸」字之譌，册府元龜九九七正作「頸」，今據改。

〔一四〕其南有徼國　「徼」南史及南齊書扶南國傳作「激」。

〔一五〕以國事委其大將范蔓　「范蔓」，南齊書扶南國傳作「范師蔓」。

〔一六〕蔓姊子旃　「旃」，南齊書扶南國傳作「旃慕」。

〔一七〕果是阿育王塔所　「阿」字，各本脫，據南史補。

〔一八〕又使沙門僧尙伽爲三層　「伽」南史作「加」。

〔一九〕中大通二年其王遣使奉表曰　按本書武帝紀，丹丹國遣使在中大通三年六月。

〔二〇〕幷獻火齊珠古貝雜香藥等　「古貝」殿本作「吉貝」。按：「吉貝」南史皆作「古貝」，梁書則惟百衲本「古貝」「吉貝」雜出，實皆一物，卽木棉。

〔二一〕大梁揚都天子　「都」各本作「郡」，據册府元龜九六八改。按下婆利國王遣使奉表亦稱「大梁揚都聖王」。

〔二二〕南至淹滯水　「淹滯水」册府元龜九五六作「淹滮水」，與後漢書高句驪傳合。

〔二三〕順奴部　「順奴部」各本並作「愼奴部」。按：後漢書、三國魏志高句驪傳皆作「順」，此姚思廉爲避梁武帝父蕭順之諱而改。今改回。

〔二四〕位宮寇西安平　「安」下各本衍一「嘉」字，據三國魏志高句驪傳删。

〔二五〕弗利死子釗代立　「釗」各本譌「劉」，據晉書慕容皝載記改正。下同。

〔二六〕康帝建元元年慕容廆子晃率兵伐之　晃當卽是皝，音近而譌。慕容皝出兵事，晉書慕容皝載記云在咸康七年，通鑑繫於咸康八年。

〔二七〕王須　「須」，晉書孝武帝太元十一年紀作「餘暉」。

〔二八〕王姓募名秦　「姓」各本皆脫。據南史補。

〔二九〕至邪馬臺國　「邪」各本譌「祁」，據册府元龜九五七改。

〔三〇〕進武號征東大將軍　「大」各本脫，據南史倭國傳補。

〔三一〕其界東至疊川　「疊」各本譌「壘」，據南史改。

〔三二〕子伏連籌襲爵位　「伏連」各本作「休運」，據魏書吐谷渾傳、北史吐谷渾傳改。

〔三三〕河西郡開國公　南史作「西平郡公」。

〔三四〕交河田地高寧臨川橫截柳婆洿林新興由寧始昌篤進白力等　「柳婆」疑當作「柳娑」。「白力」各本作「白刀」，據唐三藏法師傳改，卽魏書高昌傳之白棘城。

〔三五〕多山川樹木　「樹」字上，南史有「少」字。

〔三六〕後漢建武末王兪爲莎車王賢所破　「兪」後漢書西域于闐國傳、莎車國傳並作「兪林」。

〔三七〕以其弟君得爲于闐王　「君得」後漢書西域于闐國傳作「位侍」。

〔三八〕其大姓有苻氏姜氏　「苻」各本皆譌「符」，據南史改正。按：「姜氏」下，南史有「梁氏」。

〔三九〕遣使獻烏貂裘　「烏」南史作「馬」。

梁書卷五十五

列傳第四十九

豫章王綜　武陵王紀　臨賀王正德　河東王譽

豫章王綜字世謙，高祖第二子也。天監三年，封豫章郡王，邑二千戶。五年，出爲使持節、都督南徐州諸軍事、仁威將軍、南徐州刺史，尋進號北中郎將。十年，遷都督郢司霍三州諸軍事、雲麾將軍、郢州刺史。十三年，遷安右將軍、領石頭戍軍事。十五年，遷西中郎將，兼護軍將軍，又遷安前將軍、丹陽尹。十六年，復爲北中郎將、南徐州刺史。普通二年，入爲侍中、鎭右將軍，置佐史。

初，其母吳淑媛自齊東昏宮得幸於高祖，七月而生綜，宮中多疑之者，及淑媛寵衰怨望，遂陳疑似之說，故綜懷之。旣長，有才學，善屬文。高祖御諸子以禮，朝見不甚數，綜恒怨不見知。每出藩，淑媛恒隨之鎭。至年十五六，尙裸袒嬉戲於前，晝夜無別，內外咸有穢議。綜在徐州，政刑酷暴。又有勇力，手制奔馬。常微行夜出，無有期度。每高祖有敕疏至，輒忿恚形於顏色，羣臣莫敢言者。恒於別室祠齊氏七廟；又微服至曲阿拜齊明帝陵。然猶無以自信；聞俗說以生者血瀝死者骨，滲，卽爲父子。綜乃私發齊東昏墓，出骨，瀝臂血試之；幷殺一男，取其骨試之，皆有驗，自此常懷異志。

四年，出爲使持節、都督南兗兗徐青冀五州諸軍事、平北將軍、南兗州刺史，給鼓吹一部。聞齊建安王蕭寶寅在魏，遂使人入北與之相知，謂爲叔父，許舉鎭歸之。會大舉北伐，六年，魏將元法僧以彭城降，高祖乃令綜都督衆軍，鎭于彭城，與魏將安豐王元延明相持。高祖以連兵既久，慮有釁生，敕綜退軍。綜懼南歸則無因復與寶寅相見，乃與數騎夜奔于延明，魏以爲侍中、太尉、高平公、丹陽王，邑七千戶，錢三百萬，布絹三千匹，雜彩千匹，馬五十匹，羊五百口，奴婢一百人。綜乃改名纘，字德文，追爲齊東昏服斬衰。於是有司奏削爵土，絕屬籍，改其姓爲悖氏。俄有詔復之，封其子直爲永新侯，邑千戶。大通二年，蕭寶寅在魏據長安反，綜自洛陽北遁，將赴之，爲津吏所執，魏人殺之，時年四十九。

初，綜既不得志，嘗作聽鐘鳴、悲落葉辭，以申其志。大略曰：

聽鐘鳴，當知在帝城。參差定難數，歷亂百愁生。去聲懸窈窕，來響急徘徊。誰憐傳漏子，辛苦建章臺。

聽鐘鳴，聽聽非一所。懷瑾握瑜空擲去，攀松折桂誰相許。昔朋舊愛各東西，譬如落葉不更齊。漂漂孤雁何所栖，依依別鶴夜半啼。

聽鐘鳴，聽此何窮極。二十有餘年，淹留在京域。窺明鏡，罷容色，雲悲海思徒掩抑。

其悲落葉云：

悲落葉，連翩下重疊。落且飛，從橫去不歸。

悲落葉，落葉悲，人生譬如此，零落不可持。

悲落葉，落葉何時還？夙昔共根本，〔一〕無復一相關。

當時見者莫不悲之。

武陵王紀字世詢，高祖第八子也。少勤學，有文才，屬辭不好輕華，甚有骨氣。天監十三年，封爲武陵郡王，邑二千戶。歷位寧遠將軍、琅邪彭城二郡太守、輕車將軍、丹陽尹。出爲會稽太守，尋以其郡爲東揚州，仍爲刺史，加使持節、東中郎將。徵爲侍中，領石頭戍軍事。出爲宣惠將軍、江州刺史。徵爲使持節、宣惠將軍、都督揚南徐二州諸軍事、揚州刺史。尋改授持節、都督益梁等十三州諸軍事、安西將軍、益州刺史，加鼓吹一部。大同十一年，授散騎常侍、征西大將軍、開府儀同三司。

初，天監中，震太陽門，成字曰「紹宗梁位唯武王」，解者以爲武王者，武陵王也，於是朝野屬意焉。及太清中，侯景亂，紀不赴援。高祖崩後，紀乃僭號於蜀。改年曰天正。立子圓照爲皇太子，圓正爲西陽王，圓滿竟陵王，圓普南譙王，圓肅宜都王。以巴西、梓潼二郡太守永豐侯撝爲征西大將軍、益州刺史，封秦郡王。司馬王僧略、直兵參軍徐怦並固諫，紀以爲貳於己，皆殺之。永豐侯撝歎曰：「王不免矣！夫善人、國之基也，今反誅之，不亡何待！」又謂所親曰：「昔桓玄年號大亨，識者謂之『二月了』，而玄之敗實在仲春。今年曰天正，在文爲『一止』，其能久乎？」

太清五年夏四月，紀帥軍東下至巴郡，〔二〕以討侯景爲名，將圖荆陝。聞西魏侵蜀，遣其將南梁州刺史譙淹迴軍赴援。五月日，西魏將尉遲迥帥衆逼涪水，〔三〕潼州刺史楊乾運以城降之，迥分軍據守，卽趨成都。丁丑，紀次于西陵，舳艫翳川，旌甲曜日，軍容甚盛。世祖命護軍將軍陸法和於硤口夾岸築二壘，鎭江以斷之。〔四〕時陸納未平，蜀軍復逼，物情恇擾，世祖憂焉。法和告急，旬日相繼。世祖乃拔任約於獄，以爲晉安王司馬，撤禁兵以配之；幷遣宣猛將軍劉棻共約西赴。六月，紀築連城，攻絕鐵鎖。〔五〕世祖復於獄拔謝答仁爲步兵校尉，配衆一旅，上赴法和。世祖與紀書曰：「皇帝敬問假黃鉞太尉武陵王：自九黎侵軼，三苗寇擾，天長喪亂，獯醜馮陵，虔劉象魏，黍離王室。朕枕戈東望，泣血西浮，殞愛子於二方，無諸侯之八百，身被屬甲，手貫流矢。俄而風樹之酷，萬恨始纏，霜露之悲，百憂繼集，扣心飲膽，志不圖全。直以宗社綴旒，鯨鯢未翦，嘗膽待旦，龔行天罰，獨運四聰，坐揮八柄。雖復結壇待將，褰帷納士，拒赤壁之兵，無謀於魯肅，燒烏巢之米，不訪於荀攸，才智將殫，金貝殆竭，傍無寸助，險阻備嘗，遂得斬長狄於駒門，挫蚩尤於楓木。怨恥既雪，天下無塵，經營四方，專資一力，方與岳牧，同茲清靜。隆暑炎赫，弟比何如？文武具僚，當有勞弊。今遣散騎常侍、光州刺史鄭安忠，指宣往懷。」仍令喻意於紀，許其還蜀，專制岷方。紀不從命，報書如家人禮。庚申，紀將侯叡率衆緣山將規進取，任約、謝答仁與戰，破之。既而陸納平，諸軍並西赴，世祖又與紀書曰：「甚苦大智！季月煩暑，流金爍石，聚蚊成雷，封狐千里，以茲玉體，辛苦行陣。乃眷西顧，我勞如何。自獯醜憑陵，羯胡叛換，吾年爲一日之長，屬有平亂之功，膺此樂推，事歸當璧。儻遣使乎，良所遲也。如曰不然，於此投筆。友于兄弟，分形共氣。兄肥弟瘦，無復相代之期；讓棗推梨，長罷歡愉之日。上林靜拱，聞四鳥之哀鳴；宣室披圖，嗟萬始之長逝。心乎愛矣，書不盡言。」大智，紀之別字也。紀遣所署度支尚書樂奉業至于江陵，論和緝之計，依前旨還蜀。世祖知紀必破，遂拒而不許。丙戌，巴東民苻昇、徐子初等斬紀硤口城主公孫晃，降于衆軍。王琳、宋箎、任約、謝答仁等因進攻侯叡，陷其三壘，於是兩岸十餘城遂俱降。將軍樊猛獲紀及其第三子圓滿，俱殺之於硤口，時年四十六。有司奏請絕其屬籍，世祖許之，賜姓饕餮氏。

初，紀將僭號，妖怪非一，其最異者，內寢柏殿柱繞節生花，其莖四十有六，靃靡可愛，狀似荷花。識者曰：「王敦仗花，非佳事也。」紀年號天正，與蕭棟暗合，僉曰天字「二人」也，正字「一止」也。棟、紀僭號，各一年而滅。

臨賀王正德字公和，臨川靖惠王第三子也。少粗險，不拘禮節。初，高祖未有男，養之爲子，及高祖踐極，便希儲貳，後立昭明太子，封正德爲西豐侯，邑五百戶。自此怨望，恒懷不軌，睥睨宮扆，覬幸災變。普通六年，以黃門侍郎爲輕車將軍，置佐史。頃之，遂逃奔于魏，有司奏削封爵。七年，又自魏逃歸，高祖不之過也。復其封爵，仍除征虜將軍。

中大通四年，爲信武將軍、吳郡太守。徵爲侍中、撫軍將軍，置佐史，封臨賀郡王，邑二千戶，又加左衞將軍。而凶暴日甚，招聚亡命。侯景知其有姦心，乃密令誘說，厚相要結，遺正德書曰：「今天子年尊，姦臣亂國，憲章錯謬，政令顛倒，以景觀之，計日必敗。況大王屬當儲貳，中被廢辱，天下義士，竊所痛心，在景愚忠，能無忿慨。今四海業業，歸心大王，大王豈得顧此私情，棄茲億兆。景雖不武，實思自奮。願王允副蒼生，鑒斯誠款。」正德覽書大喜曰：「侯景意暗與我同，此天贊也。」遂許之。及景至江，正德潛運空舫，詐稱迎荻，以濟景焉。朝廷未知其謀，猶遣正德守朱雀航。景至，正德乃引軍與景俱進，景推正德爲天子，改年爲正平元年，景爲丞相。臺城沒，復太清之號，降正德爲大司馬。正德有怨言，景聞之，慮其爲變，矯詔殺之。

河東王譽字重孫，昭明太子第二子也。普通二年，封枝江縣公。中大通三年，改封河東郡王，〔六〕邑二千戶。除寧遠將軍、石頭戍軍事。出爲琅邪、彭城二郡太守。還除侍中、輕車將軍，置佐史。出爲南中郎將、湘州刺史。

未幾，侯景寇京邑，譽率軍入援，至青草湖，臺城沒，有詔班師，譽還湘鎮。時世祖軍于武城，新除雍州刺史張纘密報世祖曰：「河東起兵，岳陽聚米，共爲不逞，將襲江陵。」世祖甚懼，因步道間還，遣諮議周弘直至譽所，督其糧衆。譽曰：「各自軍府，何忽隸人？」前後使三反，譽並不從。世祖大怒，乃遣世子方等征之，反爲譽所敗死。又令信州刺史鮑泉討譽，并與書陳示禍福，許其遷善。譽不答，修浚城池，爲拒守之計；謂鮑泉曰：「敗軍之將，勢豈語勇。欲前卽前，無所多說。」泉軍于石槨寺，譽帥衆逆擊之，不利而還。泉進軍于橘洲，譽又盡銳攻之，不剋。會已暮，士卒疲弊，泉因出擊，大敗之，斬首三千級，溺死者萬餘人。譽於是焚長沙郭邑，驅居民於城內，鮑泉度軍圍之。譽幼而驍勇，兼有膽氣，能撫循士卒，甚得衆心。及被圍旣久，雖外內斷絕，而備守猶固。後世祖又遣領軍將軍王僧辯代鮑泉攻譽，僧辯築土山以臨城內，日夕苦攻，矢石如雨，城中將士死傷者太半。譽窘急，乃潛裝海船，將潰圍而出。會其麾下將慕容華引僧辯入城，譽顧左右皆散，遂被執。謂守者曰：「勿殺我，得一見七官，申此讒賊，死亦無恨。」主者曰：「奉命不許。」遂斬之，傳首荆鎭，世祖反其首以葬焉。

初，譽之將敗也，私引鏡照面，不見其頭；又見長人蓋屋，兩手據地瞰其齋；〔七〕又見白狗大如驢，從城而出，不知所在。譽甚惡之，俄而城陷。

史臣曰：蕭綜、蕭正德並悖逆猖狂，自致夷滅，宜矣。太清之寇，蕭紀據庸、蜀之資，遂不勤王赴難，申臣子之節；及賊景誅翦，方始起兵，師出無名，成其釁禍。嗚呼！身當管、蔡之罰，蓋自貽哉。

校勘記

〔一〕夙昔共根本　「夙」各本譌「凡」，據藝文類聚八八改正。

〔二〕太清五年夏四月紀帥軍東下至巴郡　太清只三年，「五年」實即大寶二年，蓋元帝不用大寶紀年，始終承用太清年號。張森楷梁書校勘記：「此蓋承元帝世紀事之文而未及刊削。」

〔三〕五月日西魏將尉遲迥帥衆逼涪水　「五月日」不成文理，當有脫衍。通鑑繫此事於元帝承聖二年五月甲戌。

〔四〕鎭江以斷之　「鎭」疑「鎖」字之譌。南史：「元帝命護軍將軍陸法和立二城於峽口，名七勝城，鎖江以斷峽。」通鑑：「護軍陸法和築二城於峽口兩岸，運石塡江，鐵鎖斷之。」

〔五〕紀築連城攻絕鐵鏁　「紀」各本作「約」，據南史及通鑑改。

〔六〕中大通三年改封河東郡王　「中」字各本脫，據本書武帝紀補。按：大通無三年。

〔七〕又見長人蓋屋兩手據地瞰其齋　按：「齋」南史作「臍」，疑作「臍」是。或原作「齊」，齊與臍通，後人誤改爲「齋」。

梁書卷五十六

列傳第五十

侯景

侯景字萬景，朔方人，或云雁門人。少而不羈，見憚鄉里。及長，驍勇有膂力，善騎射。以選爲北鎮戍兵，稍立功効。魏孝昌元年，有懷朔鎮兵鮮于脩禮，於定州作亂，攻沒郡縣；又有柔玄鎮兵吐斤洛周，率其黨與，復寇幽、冀，與脩禮相合，衆十餘萬。後脩禮見殺，部下潰散，懷朔鎮將葛榮因收集之，攻殺吐斤洛周，盡有其衆，謂之「葛賊」。四年，魏明帝殂，其后胡氏臨朝，天柱將軍尒朱榮自晉陽入弒胡氏，幷誅其親屬。景始以私衆見榮，榮甚奇景，卽委以軍事。會葛賊南逼，榮自討，命景先驅，至河內擊大破之，生擒葛榮，以功擢爲定州刺史、大行臺，封濮陽郡公。景自是威名遂著。

頃之，齊神武帝爲魏相，又入洛誅尒朱氏，景復以衆降之，仍爲神武所用。景性殘忍酷虐，馭軍嚴整；然破掠所得財寶，皆班賜將士，故咸爲之用，所向多捷。總攬兵權，與神武相亞。魏以爲司徒、南道行臺，〔一〕擁衆十萬，專制河南。及神武疾篤，謂子澄曰：「侯景狡猾多計，反覆難知，我死後，必不爲汝用。」乃爲書召景。景知之，慮及於禍，太淸元年，乃遣其行臺郎中丁和來上表請降曰：

臣聞股肱體合，則四海和平；上下猜貳，則封疆幅裂。故周、邵同德，越常之貢來臻；飛、惡離心，諸侯所以背叛。此蓋成敗之所由，古今如畫一者也。

臣昔與魏丞相高王並肩勠力，共平災釁，扶危戴主，匡弼社稷。中興以後，無役不從，天平及此，有事先出。攻城每陷，野戰必殄。筋力消於鞍甲，忠貞竭於寸心。乘藉機運，位階鼎輔。宜應誓死罄節，仰報時恩，隕首流腸，溘焉罔貳。何言翰墨，一旦論此？臣所恨義非死所，壯士弗爲，臣不愛命，但恐死之無益耳。

而丞相既遭疾患，政出子澄。澄天性險忌，觸類猜嫉，諂諛迭進，共相搆毀。而部分未周，累信賜召，不顧社稷之安危，惟恐私門之不植。甘言厚幣，規滅忠梗。其父若殞，將何賜容。懼讒畏戮，拒而不返，遂觀兵汝、潁，擁旆周、韓。乃與豫州刺史高成、廣州刺史暴顯、潁州刺史司馬世雲、荊州刺史郎椿、〔二〕襄州刺史李密、兗州刺史邢子才、南兗州刺史石長宣、齊州刺史許季良、東豫州刺史丘元征、洛州刺史可朱渾願、〔三〕

揚州刺史樂恂、北荆州刺史梅季昌、北揚州刺史元神和等，皆河南牧伯，大州帥長，各陰結私圖，剋相影會，秣馬潛戈，待時卽發。函谷以東，瑕丘以西，咸願歸誠聖朝，息肩有道，勠力同心，死無二志。惟有青、徐數州，僅須折簡，一驛走來，不勞經略。

且臣與高氏釁隙已成，臨患賜徵，前已不赴，縱其平復，終無合理。黃河以南，臣之所職，易同反掌，附化不難。羣臣顒仰，聽臣而唱。若齊、宋一平，徐事燕、趙。伏惟陛下天網宏開，方同書軌，聞茲寸款，惟應霈然。

丁和既至，高祖召羣臣廷議，尚書僕射謝舉及百辟等議，皆云納侯景非宜，高祖不從是議而納景。

及齊神武卒，其子澄嗣，是爲文襄帝。高祖乃下詔封景河南王、〔四〕大將軍、使持節、董督河南南北諸軍事、大行臺，〔五〕承制輒行，如鄧禹故事，給鼓吹一部。齊文襄遣大將軍慕容紹宗圍景於長社，景請西魏爲援，西魏遣其五城王元慶等率兵救之，紹宗乃退。景復請兵於司州刺史羊鴉仁，鴉仁遣長史鄧鴻率兵至汝水，元慶軍又夜遁。於是據懸瓠、項城，求遣刺史以鎭之。詔以羊鴉仁爲豫、司二州刺史，移鎭懸瓠；西陽太守羊思建爲殷州刺史，〔六〕鎭項城。

魏既新喪元帥，景又舉河南内附，齊文襄慮景與西、南合從，方爲己患，乃以書喻景曰：

蓋聞位爲大寶，守之未易；仁誠重任，終之實難。或殺身成名，或去食存信，比性命於鴻毛，等節義於熊掌。夫然者，舉不失德，動無過事，進不見惡，退無謗言。

先王與司徒契闊夷險，孤子相於，偏所眷屬，繾綣衿期，綢繆寤語，義貫終始，情存歲寒。司徒自少及長，從微至著，共相成生，非無恩德。既爵冠通侯，位標上等，門容駟馬，室饗萬鍾，財利潤於鄉黨，榮華被於親戚。意氣相傾，人倫所重，感於知己，義在忘軀。眷爲國士者，乃立漆身之節；饋以壺飧者，便致扶輪之效。若然尙不能已，況其重於此乎。

幸以故舊之義，欲持子孫相託，方爲秦晉之匹，共成劉范之親。假使日往月來，時移世易，門無强蔭，家有幼孤，猶加璧不遺，分宅相濟，無忘先德，以恤後人。況聞負杖行歌，便已狼顧犬噬，於名無所成，於義無所取，不蹈忠臣之跡，自陷叛人之地。力不足以自强，勢不足以自保，率烏合之衆，爲累卵之危。西求救於黑泰，南請援於蕭氏，以狐疑之心，爲首鼠之事。入秦則秦人不容，歸吳則吳人不信。〔七〕當今相視，未見其可，不知終久，持此安歸。相推本心，必不應爾。當是不逞之人，曲爲口端之說，〔八〕遂懷市虎之疑，乃致投杼之惑耳。

比來舉止，事已可見，人相疑誤，想自覺知，合門大小，並付司寇。近者，聊命偏師，前驅致討，南兗、揚州，應時剋復。卽欲乘機，長驅懸瓠；屬以炎暑，欲爲後圖。方憑國靈，龔行天罰，器械精新，士馬强盛。內外感德，上下齊心，三令五申，可蹈湯火。若使旗鼓相望，埃塵相接，勢如沃雪，事等注螢。

夫明者去危就安，智者轉禍爲福。寧使我負人，不使人負我。〔九〕當開從善之門，決改先迷之路。今刷心盪意，除嫌去惡，想猶致疑，未便見信。若能卷甲來朝，垂橐還闕者，當授豫州刺史。卽使終君之世，所部文武更不追攝。進得保其祿位，退則不喪功名。君門眷屬，可以無恙，寵妻愛子，亦送相還。仍爲通家，卒成親好。所不食言，有如皎日。

君既不能東封函谷，南向稱孤，受制於人，威名頓盡。空使兄弟子姪，足首異門，垂髮戴白，同之塗炭，聞者酸鼻，見者寒心，矧伊骨肉，能無愧也？

孤子今日不應方遣此書，但見蔡遵道云：司徒本無歸西之心，深有悔禍之意，聞西兵將至，遣遵道向崤中參其多少；少則與其同力，多則更爲其備。又云：房長史在彼之日，司徒嘗欲遣書啓，將改過自新，已差李龍仁，垂欲發遣，聞房已遠，遂復停發。未知遵道此言爲虛爲實；但既有所聞，不容不相盡告。吉凶之理，想自圖之。

景報書曰：

蓋聞立身揚名者，義也；在躬所寶者，生也。苟事當其義，則節士不愛其軀；刑罰斯舛，則君子實重其命。昔微子發狂而去殷，陳平懷智而背楚者，良有以也。

僕鄉曲布衣，本乖藝用。初逢天柱，賜忝帷幄之謀；晚遇永熙，委以干戈之任。出身爲國，綿歷二紀，犯危履難，豈避風霜。遂得躬被衮衣，口飧玉食，富貴當年，光榮身世。何爲一旦舉旌旆，援桴鼓，而北面相抗者，何哉？實以畏懼危亡，恐招禍害，捐軀非義，身名兩滅故耳。何者？往年之暮，尊王遘疾，神不祐善，祈禱莫瘳。遂使嬖幸擅威權，閽寺肆詭惑，上下相猜，心腹離貳。僕妻子在宅，無事見圍，段康之謀，莫知所以，盧潛入軍，未審何故。翼翼小心，常懷戰慄，有靦面目，寧不自疑。及廻師長社，希自陳狀，簡書未達，斧鉞已臨。既旌旗相對，咫尺不遠，〔一〇〕飛書每奏，兼申鄙情；而羣率恃雄，〔一一〕眇然不顧，運戟推鋒，專欲屠滅。築圍堰水，三板僅存，舉目相看，命懸晷刻，不忍死亡，出戰城下。禽獸惡死，人倫好生，送地拘秦，非樂爲也。但尊王平昔見與，比肩共奬帝室，雖形勢參差，寒暑小異，丞相司徒，雁行而已。福祿官榮，自是天爵，勞而後受，〔一二〕理不相干，欲求吞炭，何其謬也！然竊人之財，猶謂爲盜，祿去公室，相爲不取。今魏德雖衰，天命未改，祈恩私第，何足關言。

賜示「不能東封函谷，受制於人」。當似教僕賢祭仲而褒季氏。無主之國，在禮未聞，動而不法，何以取訓。竊以分財養幼，事歸令終，捨宅存孤，誰云隙末。

復言僕「衆不足以自强，危如累卵」。然紂有億兆夷人，卒降十亂，桀之百剋，終自無後。〔一三〕潁川之戰，即是殷監。輕重由人，非鼎在德。苟能忠信，雖弱必强。殷憂啓聖，處危何苦。况今梁道邕熙，招攜以禮，被我虎文，〔一四〕縻之好爵。方欲苑五岳而池四海，掃夷穢以拯黎元，東羈甌越，西通汧、隴。吳、楚剽勁，帶甲千羣；吳兵冀馬，控弦十萬。兼僕所部義勇如林，奮義取威，不期而發，大風一振，枯幹必摧，凝霜暫落，秋蒂自殞，此而爲弱，誰足稱强！

又見誣兩端，受疑二國。斟酌物情，一何至此。昔陳平背楚，歸漢則王；百里出虞，入秦斯霸。蓋昏明由主，用捨在時，奉禮而行，神其庇也。

書稱士馬精新，剋日齊舉，誇張形勝，指期盪滅。竊以寒飇白露，節候乃同，秋風揚塵，馬首何異。徒知北方之力爭，未識西、南之合從，苟欲徇意於前途，不覺坑穽在其側。若云去危令歸正朔，轉禍以脫網羅，彼既嗤僕之愚迷，此亦笑君之晦昧。今已引二邦，揚旌北討，熊虎齊奮，〔一五〕剋復中原，荆、襄、廣、潁已屬關右，項城、懸瓠亦奉南朝，幸自取之，何勞恩賜。然權變不一，理有萬途。爲君計者，莫若割地兩和，三分鼎峙，〔一六〕燕、衞、晉、趙足相奉祿，齊、曹、宋、魯悉歸大梁，使僕得輸力南朝，北敦姻好，束帛交行，戎車不動。僕立當世之功，君卒祖禰之業，各保疆界，躬享歲時，百姓乂寧，四民安堵。孰若驅農夫於隴畝，抗勍敵於三方，避干戈於首尾，當鋒鏑於心腹。縱太公爲將，不能獲存，歸之高明，何以剋濟。

復尋來書云，僕妻子悉拘司寇。以之見要，庶其可反。當是見疑褊心，未識大趣。何者？昔王陵附漢，母在不歸，太上囚楚，乞羹自若，矧伊妻子，而可介意。脫謂誅之有益，欲止不能，殺之無損，徒復坑戮，家累在君，何關僕也。

而遵道所傳，頗亦非謬；但在縲紲，恐不備盡，故重陳辭，更論款曲。所望良圖，時惠報旨。然昔與盟主，事等琴瑟，讒人間之，翻爲讎敵。撫弦搦矢，不覺傷懷，裂帛還書，知何能述。

十二月，景率軍圍譙城不下，退攻城父，拔之。又遣其行臺左丞王偉、左民郎中王則詣闕獻策，求諸元子弟立爲魏主，輔以北伐，許之。詔遣太子舍人元貞爲咸陽王，須渡江，許卽僞位，乘輿副御以資給之。

齊文襄又遣慕容紹宗追景，景退入渦陽，馬尚有數千匹，甲卒數萬人，車萬餘兩，相持於渦北。景軍食盡，士卒並北人，不樂南渡，其將暴顯等各率所部降於紹宗。景軍潰散，乃與腹心數騎自峽石濟淮，稍收散卒，得馬步八百人，奔壽春，監州韋黯納之。景啓求貶削，優詔不許，仍以爲豫州牧，本官如故。

景既據壽春，遂懷反叛，屬城居民，悉召募爲軍士，輒停責市估及田租，百姓子女悉以配將卒。又啓求錦萬匹，爲軍人袍，領軍朱异議，以御府錦署止充頒賞遠近，不容以供邊城戎服，請送青布以給之。景得布，悉用爲袍衫，因尚青色。又以臺所給仗，多不能精，啓請東冶鍛工，欲更營造，敕並給之。景自渦陽敗後，多所徵求，朝廷含弘，未嘗拒絕。

先是，豫州刺史貞陽侯淵明督衆軍圍彭城，兵敗沒于魏，至是，遣使還述魏人請追前好。二年二月，高祖又與魏連和。景聞之懼，馳啓固諫，高祖不從。爾後表疏跋扈，言辭不遜。鄱陽王範鎭合肥，及司州刺史羊鴉仁俱累啓稱景有異志，領軍朱异曰：「侯景數百叛虜，何能爲役。」並抑不奏聞，而逾加賞賜，所以姦謀益果。又知臨賀王正德怨望朝廷，密令要結，正德許爲內啓。八月，景遂發兵反，攻馬頭、木栅，執太守劉神茂、戍主曹璆等。於是詔合州刺史鄱陽王範爲南道都督，〔一七〕北徐州刺史封山侯正表爲北道都督，司州刺史柳仲禮爲西道都督，通直散騎常侍裴之高爲東道都督，同討景，濟自歷陽；又令開府儀同三司、丹陽尹、邵陵王綸持節，董督衆軍。

十月，景留其中軍王顯貴守壽春城，〔一八〕出軍僞向合肥，遂襲譙州，助防董紹先開城降之。執刺史豐城侯泰。高祖聞之，遣太子家令王質率兵三千巡江遏防。景進攻歷陽，歷陽太守莊鐵遣弟均率數百人夜斫景營，不克，均戰沒，鐵又降之。蕭正德先遣大船數十艘，僞稱載荻，實裝濟景。景至京口，將渡，慮王質爲梗，俄而質無故退，景聞之尚未信也，乃密遣覘之。謂使者曰：「質若審退，可折江東樹枝爲驗。」覘人如言而返，景大喜曰：「吾事辦矣。」乃自釆石濟，馬數百匹，兵千人，京師不之覺。景卽分襲姑孰，執淮南太守文成侯寧，遂至慈湖。於是詔以揚州刺史宣城王大器爲都督城內諸軍事，都官尚書羊侃爲軍師將軍以副焉；南浦侯推守東府城，西豐公大春守石頭城，輕車長史謝禧守白下。

既而景至朱雀航，蕭正德先屯丹陽郡，至是，率所部與景合。建康令庾信率兵千餘人屯航北，見景至航，命徹航，始除一舶，遂棄軍走南塘，遊軍復閉航渡景。皇太子以所乘馬授王質，配精兵三千，使援庾信。〔一九〕質至領軍府，與賊遇，未陣便奔走，景乘勝至闕下。西豐公大春棄石頭城走，景遣其儀同于子悅據之。謝禧亦棄白下城走。景於是百道攻城，持火炬燒大司馬、東西華諸門。城中倉卒，未有其備，乃鑿門樓，下水沃火，久之方滅。賊又斫東掖門將開，羊侃鑿門扇，刺殺數人，賊乃退。又登東宮牆，射城內，至夜，太宗募人出燒東宮，東宮臺殿遂盡。景又燒城西馬廐、士林館、太府寺。明日，景又作木驢數百攻城，城上飛石擲之，所值皆碎破。景苦攻不剋，傷損甚多，乃止攻，築長圍以絕內外，啓求誅中領軍朱异、太子右衛率陸驗、兼少府卿徐驎、制局監周石珍等。城內亦射賞格出外：「有能斬景首，授以景位，幷錢一億萬，布絹各萬匹，女樂二部。」

十一月，景立蕭正德爲帝，卽僞位於儀賢堂，改年曰正平。初，童謠有「正平」之言，故立號以應之。景自爲相國、天柱將軍，正德以女妻之。

景又攻東府城，設百尺樓車，鉤城堞盡落，城遂陷。景使其儀同盧暉略率數千人，持長刀夾城門，悉驅城內文武祼身而出，賊交兵殺之，死者二千餘人。南浦侯推是日遇害。景使正德子見理、儀同盧暉略守東府城。

景又於城東西各起一土山以臨城內，城內亦作兩山以應之，王公以下皆負土。初，景至，便望克定京師，號令甚明，不犯百姓；旣攻城不下，人心離阻，又恐援軍總集，衆必潰散，乃縱兵殺掠，交屍塞路，富室豪家，恣意裒剝，子女妻妾，悉入軍營。及築土山，不限貴賤，晝夜不息，亂加毆棰，疲羸者因殺之以塡山，號哭之聲，響動天地。百姓不敢藏隱，並出從之，旬日之間，衆至數萬。

景儀同范桃棒密遣使送款乞降，會事泄見殺。至是，邵陵王綸率西豐公大春、新淦公大成、〔三〇〕永安侯確、超武將軍南安鄉侯駿、前譙州刺史趙伯超、武州刺史蕭弄璋、步兵校尉尹思合等，馬步三萬，發自京口，直據鍾山。景黨大駭，具船舟咸欲逃散，分遣萬餘人距綸，綸擊大破之，斬首千餘級。旦日，景復陳兵覆舟山北，綸亦列陣以待之。景不進，相持。會日暮，景引軍還，南安侯駿率數十騎挑之，景迴軍與戰，駿退。時趙伯超陳於玄武湖北，見駿急，不赴，乃率軍前走，衆軍因亂，遂敗績。綸奔京口。賊盡獲輜重器甲，斬首數百級，生俘千餘人，獲西豐公大春、綸司馬莊丘惠達、〔三〕直閤將軍胡子約、廣陵令霍儁等，來送城下徇之，逼云「已擒邵陵王」。儁獨云「王小小失利，已全軍還京口，城中但堅守，援軍尋至」。賊以刀毆之，儁言辭顏色如舊，景義而釋之。

是日，鄱陽世子嗣、裴之高至後渚，結營于蔡洲。景分軍屯南岸。

十二月，景造諸攻具及飛樓、橦車、登城車、鉤堞車、階道車、火車，〔三〕並高數丈，一車至二十輪，陳於闕前，百道攻城並用焉。以火車焚城東南隅大樓，賊因火勢以攻城，城上縱火，悉焚其攻具，賊乃退。又築土山以逼城，城內作地道以引其土山，賊又不能立，焚其攻具，還入于柵。材官將軍宋嶷降賊，因爲立計，引玄武湖水灌臺城，城外水起數尺，闕前御街並爲洪波矣。又燒南岸民居營寺，莫不咸盡。

司州刺史柳仲禮、衡州刺史韋粲、南陵太守陳文徹、宣猛將軍李孝欽等，皆來赴援。鄱陽世子嗣、裴之高又濟江。仲禮營朱雀航南，裴之高營南苑，韋粲營青塘，陳文徹、李孝欽屯丹陽郡，鄱陽世子嗣營小航南，並緣淮造柵。及曉，景方覺，乃登禪靈寺門樓望之，見韋粲營壘未合，先渡兵擊之。粲拒戰敗績，景斬粲首徇于城下。柳仲禮聞粲敗，不遑貫甲，與數十騎馳赴之，遇賊交戰，斬首數百，投水死者千餘人。仲禮深入，馬陷泥，亦被重創。自是賊不敢濟岸。

邵陵王綸與臨城公大連等自東道集于南岸，〔三三〕荆州刺史湘東王繹遣世子方等、兼司馬吳曄、天門太守樊文皎下赴京師，營于湘子岸前，高州刺史李遷仕、前司州刺史羊鴉仁又率兵繼至。既而鄱陽世子嗣、永安侯確、羊鴉仁、李遷仕、樊文皎率衆渡淮，攻賊東府城前栅，破之，遂結營于青溪水東。景遣其儀同宋子仙頓南平王第，緣水西立栅相拒。景食稍盡，至是米斛數十萬，人相食者十五六。

初，援兵至北岸，百姓扶老攜幼以候王師，纔得過淮，便競剝掠，賊黨有欲自拔者，聞之咸止。賊之始至，城中纔得固守，平蕩之事，期望援軍；既而四方雲合，衆號百萬，連營相持，已月餘日，城中疾疫，死者太半。

景自歲首以來乞和，朝廷未之許，至是事急乃聽焉。請割江右四州之地，并求宣城王大器出送，然後解圍濟江；仍許遣其儀同于子悅、左丞王偉入城爲質。中領軍傅岐議，以宣城王嫡嗣之重，不容許之。乃請石城公大款出送，詔許焉。遂於西華門外設壇，遣尚書僕射王克、兼侍中上甲鄉侯韶、兼散騎常侍蕭瑳與于子悅、王偉等，登壇共盟。左衞將軍柳津出西華門下，景出其栅門，與津遙相對，刑牲歃血。

南兗州刺史南康嗣王會理、前青冀二州刺史湘潭侯退、西昌侯世子彧率衆三萬，至于馬卭州。景慮北軍自白下而上，斷其江路，請悉勒聚南岸，敕乃遣北軍進江潭苑。景啓稱「永安侯、趙威方頻隔柵見詬臣，云『天子自與汝盟，我終當逐汝。』乞召入城，卽當進發」。敕並召之。景又啓云：「西岸信至，高澄已得壽春、鍾離，便無處安足，權借廣陵、譙州，須征得壽春、鍾離，卽以奉還朝廷。」

初，彭城劉邈說景曰：「大將軍頓兵已久，攻城不拔，今援衆雲集，未易而破；如聞軍糧不支一月，運漕路絕，野無所掠，嬰兒掌上，信在於今。未若乞和，全師而返，此計之上者。」景然其言，故請和。後知援軍號令不一，終無勤王之効；又聞城中死疾轉多，必當有應之者。景謀臣王偉又說曰：「王以人臣舉兵背叛，圍守宮闕，已盈十旬，逼辱妃主，淩穢宗廟，今日持此，何處容身，願王且觀其變。」景然之，乃抗表曰：

臣聞「書不盡言，言不盡意。」然則意非言不宣，言非筆不盡，臣所以含憤蓄積，不能默已者也。竊惟陛下睿智在躬，多才多藝。昔因世季，龍翔漢、沔，夷凶翦亂，克雪家怨，然後踵武前王，光宅江表，憲章文、武，祖述堯、舜。兼屬魏國淩遲，外無勍敵，故能西取華陵，北封淮、泗，結好高氏，輶軒相屬，疆埸無虞，十有餘載。躬覽萬機，劬勞治道。刊正周、孔之遺文，訓釋眞如之祕奧。享年長久，本枝盤石。人君藝業，莫之與京。臣所以踊躍一隅，望南風而歎息也。豈圖名與實爽，聞見不同。臣自委質策名，前後事跡，從來表奏，已具之矣。不勝憤懣，復爲陛下陳之：

陛下與高氏通和，歲踰一紀，舟車往復，相望道路，必將分災卹患，同休等戚；寧可納臣一介之服，貪臣汝、潁之地，便絕好河北，檄詈高澄，聘使未歸，陷之虎口，揚兵擊鼓，侵逼彭、宋。夫敵國相伐，聞喪則止，匹夫之交，託孤寄命；豈有萬乘之主，見利忘義若此者哉。其失一也。

臣與高澄，既有仇憾，義不同國，歸身有道。陛下授以上將，任以專征，歌鍾女樂，車服弓矢。臣受命不辭，實思報效。方欲挂旆嵩、華，懸旌冀、趙，劉夷蕩滌，一匡宇內；陛下朝服濟江，告成東岳，使大梁與軒黃等盛，臣與伊、呂比功，垂裕後昆，流名竹帛，此實生平之志也。而陛下欲分其功，不能賜任，使臣擊河北，欲自舉徐方，遣庸懦之貞陽，任驕貪之胡、趙，裁見旗鼓，鳥散魚潰，慕容紹宗乘勝席卷，渦陽諸鎮靡不棄甲。疾雷不及掩耳，散地不可固全，使臣狼狽失據，妻子爲戮，斯實陛下負臣之深。其失二也。

韋黯之守壽陽，衆無一旅，慕容凶銳，欲飲馬長江，非臣退保淮南，其勢未之可測；既而逃遁，邊境獲寧，令臣作牧此州，以爲蕃捍。方欲收合餘燼，勞來安集，勵兵秣馬，剋中後戰，封韓山之屍，雪渦陽之恥。陛下喪其精魄，無復守氣，便信貞陽謬啓，復請通和。臣頻陳執，疑閉不聽。翻覆若此，童子猶且羞之；況在人君，二三其德。其失三也。

夫畏懦逗留，軍有常法。子玉小敗，見誅於楚；王恢失律，受戮于漢。貞陽精甲數萬，器械山積，慕容輕兵，衆無百乘，不能拒抗，身受囚執。以帝之猶子，而面縛敵庭，實宜絕其屬籍，以釁征鼓。陛下曾無追責，憐其苟存，欲以微臣，規相貿易。人君之法，當如是哉？其失四也。

懸瓠大藩，古稱汝、潁。臣舉州內附，羊鴉仁固不肯入；既入之後，無故棄之，陛下曾無嫌責，使還居北司。鴉仁棄之，既不爲罪，臣得之不以爲功。其失五也。

臣渦陽退衂，非戰之罪，實由陛下君臣相與見誤。乃還壽春，曾無悔色，祇奉朝廷，掩惡揚善。鴉仁自知棄州，切齒歎恨，內懷慚懼，遂啓臣欲反。欲反當有形迹，何所徵驗？誣陷頓爾，陛下曾無辯究，默而信納。豈有誣人莫大之罪，而可並肩事主者乎？其失六也。

趙伯超拔自無能，任居方伯，惟漁獵百姓，多蓄士馬，非欲爲國立功，直是自爲富貴。行貨權幸，徼買聲名，朱异之徒，積受金貝，遂使咸稱胡、趙，比昔關、張，誣掩天聽，謂爲眞實。韓山之役，女妓自隨，裁聞敵鼓，與妾俱逝，不待貞陽，故隻輪莫返。論其此罪，應誅九族；而納賄中人，還處州任。伯超無罪，臣功何論？賞罰無章，何以爲國。其失七也。

臣御下素嚴，無所侵物，關市征稅，咸悉停原，壽陽之民，頗懷優復。裴之悌等助戍在彼，憚臣檢制，遂無故遁歸；又啓臣欲反。陛下不責違命離局，方受其浸潤之譖。處臣如此，使何地自安。其失八也。

臣雖才謝古人，實頗更事，撫民率衆，自幼至長，少來運動，多無遺策。及歸身有道，罄竭忠規，每有陳奏，恒被抑遏。朱异專斷軍旅，周石珍總尸兵仗，陸驗、徐驎典司穀帛，皆明言求貨，非令不行。〔一四〕境外虛實，定計於舍人之省；舉將出師，責奏於主者之命。臣無賄於中，故恒被抑折。其失九也。

鄱陽之鎭合肥，與臣鄰接，臣推以皇枝，每相祗敬；而嗣王庸怯，虛見備御，臣有使命，必加彈射，或聲言臣反，或啓臣纖介。招攜當須以禮，忠烈何以堪於此哉。其失十也。

其餘條目，不可具陳。進退惟谷，頻有表疏。言直辭强，有忤龍鱗，遂發嚴詔，便見討襲。重華純孝，猶逃凶父之杖；趙盾忠賢，不討殺君之賊。臣何親何罪，而能坐受殲夷？韓信雄桀，亡項霸漢，末爲女子所烹，方悔蒯通之說。臣每覽書傳，心常笑之。豈容遵彼覆車，而快陛下佞臣之手。是以興晉陽之甲，亂長江而直濟，願得升赤墀，踐文石，口陳枉直，指畫臧否，誅君側之惡臣，淸國朝之粃政，然後還守藩翰，以保忠節，實臣之至願也。

三月朔旦，城內以景違盟，舉烽鼓譟，於是羊鴉仁、柳敬禮、鄱陽世子嗣進軍於東府城北。柵壘未立，爲景將宋子仙所襲，敗績，赴淮死者數千人。賊送首級於闕下。景又遣于子悅至，更請和。遣御史中丞沈浚至景所，景無去意，浚固責之。景大怒，卽決石闕前水，百道攻城，晝夜不息，城遂陷。於是悉鹵掠乘輿服玩、後宮嬪妾，收王侯朝士送永福省，撤二宮侍衞。使王偉守武德殿，于子悅屯太極東堂，矯詔大赦天下，自爲大都督、督中外諸軍事、錄尙書，其侍中、使持節、大丞相、王如故。初，城中積屍不暇埋瘞，又有已死而未斂，或將死而未絕，景悉聚而燒之，臭氣聞十餘里。尙書外兵郞鮑正疾篤，賊曳出焚之，宛轉火中，久而方絕。於是援兵並散。

景矯詔曰：「日者，姦臣擅命，幾危社稷，賴丞相英發，入輔朕躬，征鎭牧守可各復本任。」降蕭正德爲侍中、大司馬，百官皆復其職。

景遣董紹先率兵襲廣陵，南兗州刺史南康嗣王會理以城降之。景以紹先爲南兗州刺史。

初，北兗州刺史定襄侯祗與湘潭侯退，及前潼州刺史郭鳳同起兵，將赴援，至是，鳳謀以淮陰應景，祗等力不能制，並奔于魏。景以蕭弄璋爲北兗州刺史，州民發兵拒之，景遣廂公丘子英、直閤將軍羊海率衆赴援，海斬子英，率其軍降于魏，魏遂據其淮陰。景又遣儀同于子悅、張大黑率兵入吳，吳郡太守袁君正迎降。子悅等既至，破掠吳中，多自調發，逼掠子女，毒虐百姓，吳人莫不怨憤，於是各立城柵拒守。

是月，景移屯西州，遣儀同任約爲南道行臺，鎭姑孰。

五月，高祖崩于文德殿。初，臺城既陷，景先遣王偉、陳慶入謁高祖，高祖曰：「景今安在？卿可召來。」時高祖坐文德殿，景乃入朝，以甲士五百人自衞，帶劍升殿。拜訖，高祖問曰：「卿在戎日久，無乃爲勞？」景默然。又問：「卿何州人，而敢至此乎？」景又不能對，從者代對。及出，謂廂公王僧貴曰：「吾常據鞍對敵，矢刃交下，而意氣安緩，了無怖心。今日見蕭公，使人自慴，豈非天威難犯。吾不可再見之。」高祖雖外跡已屈，而意猶忿憤，時有事奏聞，多所譴却。景深敬憚，亦不敢逼。景遣軍人直殿省內，高祖問制局監周石珍曰：「是何物人？」對曰：「丞相。」高祖乃謬曰：「何物丞相？」對曰：「是侯丞相。」高祖怒曰：「是名景，何謂丞相！」是後，每所徵求，多不稱旨，至於御膳亦被裁抑，遂憂憤感疾而崩。

景乃密不發喪，權殯于昭陽殿，自外文武咸莫知之。二十餘日，升梓宮於太極前殿，迎皇太子即皇帝位。於是矯詔赦北人爲奴婢者，冀收其力用焉。

又遣儀同來亮率兵攻宣城，宣城内史楊華誘亮斬之；景復遣其將李賢明討華，華以郡降。

景遣儀同宋子仙等率衆東次錢塘，新城戍主戴僧易據縣拒之。〔二五〕

是月，景遣中軍侯子鑒入吳軍，收于子悅、張大黑還京誅之。

時東揚州刺史臨城公大連據州，吳興太守張嵊據郡，自南陵以上，皆各據守。景制命所行，惟吳郡以西，南陵以北而已。

六月，景以儀同郭元建爲尙書僕射、北道行臺、總江北諸軍事，鎭新秦。郡人陸緝、戴文擧等起兵萬餘人，殺景太守蘇單于，推前淮南太守文成侯寧爲主，以拒景。宋子仙聞而擊之，緝等棄城走。景乃分吳郡海鹽、胥浦二縣爲武原郡。

至是，景殺蕭正德於永福省。封元羅爲西秦王，元景龍爲陳留王，〔二六〕諸元子弟封王者十餘人。以柳敬禮爲使持節、大都督，隸大丞相，參戎事。

景遣其中軍侯子鑒監行臺劉神茂等軍東討，破吳興，執太守張嵊父子送京師，景並殺之。

景以宋子仙爲司徒，任約爲領軍將軍，尒朱季伯、叱羅子通、彭儁、董紹先、張化仁、于慶、魯伯和、紇奚斤、史安和、時靈護、劉歸義，並爲開府儀同三司。

是月，鄱陽嗣王範率兵次柵口，江州刺史尋陽王大心要之西上。景出頓姑孰，範將裴之悌、夏侯威生以衆降景。

十一月，宋子仙攻錢塘，戴僧易降。景以錢塘爲臨江郡，富陽爲富春郡。以王偉、元羅並爲儀同三司。

十二月，宋子仙、趙伯超、劉神茂進攻會稽，東揚州刺史臨城公大連棄城走，遣劉神茂追擒之。景以裴之悌爲使持節、平西將軍、合州刺史，以夏侯威生爲使持節、平北將軍、南豫州刺史。

是月，百濟使至，見城邑丘墟，於端門外號泣，行路見者莫不灑淚。景聞之大怒，送小莊嚴寺禁止，不聽出入。

大寶元年正月，景矯詔自加班劍四十人，給前後部羽葆鼓吹，置左右長史、從事中郎四人。

前江都令祖皓起兵於廣陵，斬景刺史董紹先，推前太子舍人蕭勔爲刺史；又結魏人爲援，馳檄遠近，將以討景。景聞之大懼，卽日率侯子鑒等出自京口，水陸並集。皓嬰城拒守，景攻城，陷之。景車裂皓以徇，城中無少長皆斬之。以侯子鑒監南兗州事。

是月，景召宋子仙還京口。

四月，景以元思虔爲東道行臺，鎮錢塘。以侯子鑒爲南兗州刺史。

文成侯寧於吳西鄉起兵，旬日之間，衆至一萬，率以西上。景廂公孟振、侯子榮擊破之，斬寧，傳首於景。

七月，景以秦郡爲西兗州，陽平郡爲北兗州。

任約、盧暉略攻晉熙郡，殺鄱陽世子嗣。

景以王偉爲中書監。

任約進軍襲江州，江州刺史尋陽王大心降之。世祖時聞江州失守，遣衞軍將軍徐文盛率衆軍下武昌，拒約。

景又矯詔自進位爲相國，封泰山等二十郡爲漢王，入朝不趨，讚拜不名，劍履上殿，如蕭何故事。

景以柳敬禮爲護軍將軍，姜詢義爲相國左長史，徐洪爲左司馬，陸約爲右長史，沈衆爲右司馬。

是月，景率舟師上皖口。

十月，盜殺武林侯諮於廣莫門。諮常出入太宗臥內，景黨不能平，故害之。

景又矯詔曰：「蓋懸象在天，四時取則於辰斗；羣生育地，萬物仰照於大明。是以垂拱當扆，則八紘共輳；負圖正位，則九域同歸。故乃雲名水號之君，龍官人爵之后，莫不啓符河、洛，封禪岱宗。奔走四夷，來朝萬國。逖聽虞、夏，厥道彌新。爰及商、周，未之或改。逮幽、厲不競，戎馬生郊；惠、懷失御，胡塵犯蹕。遂使豺狼肆毒，侵穴伊、瀍；獫狁孔熾，巢栖咸、洛。自晉鼎東遷，多歷年代，周原不復，歲實永久。雖宋祖經略，中息遠圖；齊號和親，空勞冠蓋。我大梁膺符作帝，出震登皇。浹寓歸仁，綿區飮化。開疆闢土，跨瀚海以揚鑣；來庭入覲，等塗山而比轍。玄龜出洛，白雉歸豐。烏塞同文，胡天共軌。不謂高澄跋扈，虔劉魏邦，扇動華夷，不供王職，遂乃狼顧北侵，馬首南向。值天厭昏僞，醜徒數盡，龍豹應期，風雲會節。相國漢王，上德英姿，蓋惟天授；雄謨勇略，出自懷抱。珠魚表應，辰昴叶暉；剖析六韜，錙銖四履。騰文豹變，鳳集虬翔；奮翼來儀，負圖而降。爰初秉律，實先啓行，奉茲廟算，克除獯醜。直以鼎湖上征，六龍晏駕；干戈暫止，九伐未申。而惡稔貫盈，元凶殞斃，弟洋繼逆，續長亂階。異彼洋音，同茲荐食，〔二七〕偸竊僞號，心希舉斧。豐水君臣，奉圖乞援，關河百姓，泣血請師，咸願承奉國靈，思覩王化。朕以寡昧，纂戎下武，庶拯堯黎，冀康禹跡。且夫車服以庸，名因事著。周師克殷，鷹揚創自尙父；漢征戎狄，明友實始度遼。況乃神規叡算，眇乎難測，大功懋績，事絕言象，安可以習彼常名，保茲守固。相國可加宇宙大將軍、都督六合諸軍事，餘悉如故。」以詔文呈太宗，太宗驚曰：「將軍乃有宇宙之號乎！」

齊遣其將辛術圍陽平，景行臺郭元建率兵赴援，術退。

徐文盛入貝磯，〔二八〕任約率水軍逆戰，文盛大破之，仍進軍大舉口。

時景屯於皖口，京師虛弱，南康王會理及北兗州司馬成欽等將襲之。建安侯賁知其謀，以告景，景遣收會理與其弟祈陽侯通理、柳敬禮、成欽等，並害之。

十二月，景矯詔封賁爲竟陵王，賞發南康之謀也。

是月，張彪起義於會稽，攻破上虞，景太守蔡臺樂討之，不能禁。至是，彪又破諸暨、永興等諸縣，景遣儀同田遷、趙伯超、謝答仁等東伐彪。

二年正月，彪遣別將寇錢塘、富春，田遷進軍與戰，破之。

景以王克爲太師，宋子仙爲太保，元羅爲太傅，郭元建爲太尉，張化仁爲司徒，任約爲司空，于慶爲太子太師，時靈護爲太子太保，紇奚斤爲太子太傅，王偉爲尚書左僕射，索超世爲尚書右僕射。

北兗州刺史蕭邕謀降魏，事泄，景誅之。

是月，世祖遣巴州刺史王珣等率衆下武昌助徐文盛。任約以西臺益兵，告急於景。三月，景自率衆二萬，西上援約。四月，景次西陽，徐文盛率水軍邀戰，大破之。景訪知郢州無備，兵少，又遣宋子仙率輕騎三百襲陷之，執刺史方諸、行事鮑泉，盡獲武昌軍人家口。徐文盛等聞之，大潰，奔歸江陵，景乘勝西上。

初，世祖遣領軍王僧辯率衆東下代徐文盛，軍次巴陵，會景至，僧辯因堅壁拒之。景設長圍，築土山，晝夜攻擊，不克。軍中疾疫，死傷太半。世祖遣平北將軍胡僧祐率兵二千人救巴陵，景聞，遣任約以精卒數千逆擊僧祐，僧祐與居士陸法和退據赤亭以待之，約至與戰，大破之，生擒約。景聞之，夜遁。以丁和爲郢州刺史，留宋子仙、時靈護等助和守，以張化仁、閻洪慶守魯山城，〔二九〕景還京師。王僧辯乃率衆東下，次漢口，攻魯山及郢城，皆陷之。自是衆軍所至皆捷。

景乃廢太宗，幽於永福省。作詔草成，逼太宗寫之，至「先皇念神器之重，思社稷之固」，歔欷嗚咽，不能自止。是日，景迎豫章王棟即皇帝位，升太極前殿，大赦天下，改元爲天正元年。有回風自永福省，吹其文物皆倒折，見者莫不驚駭。

初，景既平京邑，便有篡奪之志，以四方須定，且未自立；既巴陵失律，江、郢喪師，猛將外殲，雄心内沮，便欲僞僭大號，遂其姦心。其謀臣王偉云「自古移鼎，必須廢立」，故景從之。其太尉郭元建聞之，自秦郡馳還，諫景曰：「四方之師所以不至者，政爲二宮萬福；若遂行弒逆，結怨海內，事幾一去，雖悔無及。」王偉固執不從。景乃矯棟詔，追尊昭明太子爲昭明皇帝，豫章安王爲安皇帝，金華敬妃爲敬皇后，豫章國太妃王氏爲皇太后，妃張氏爲皇后；以劉神茂爲司空，徐洪爲平南將軍，秦晃之、王曄、李賢明、徐永、徐珍國、宋長寶、尹思合並爲儀同三司。

景以哀太子妃賜郭元建，元建曰：「豈有皇太子妃而降爲人妾。」竟不與相見。

十月壬寅夜，景遣其衞尉彭儁、王脩纂奉酒於太宗曰：「丞相以陛下處憂既久，故令臣等奉進一觴。」太宗知其將弒。乃大酣飲酒，既醉還寢，脩纂以𢂁盛土加於腹，因崩焉。斂用法服，以薄棺密瘞於城北酒庫。

初，太宗久見幽縶，朝士莫得接覲，慮禍將及，常不自安；惟舍人殷不害後稍得入，太宗指所居殿謂之曰：「龐涓當死此下。」又曰：「吾昨夜夢吞土，卿試爲思之。」不害曰：「昔重耳饋塊，卒反晉國，陛下所夢，將符是乎。」太宗曰：「儻幽冥有徵，冀斯言不妄耳。」至是見弒，實以土焉。

是月，景司空東道行臺劉神茂、儀同尹思合、劉歸義、王曄、雲麾將軍桑乾王元頵等據東陽歸順，仍遣元頵及別將李占、趙惠朗下據建德江口。尹思合收景新安太守元義，奪其兵。

張彪攻永嘉，永嘉太守秦遠降彪。

十一月，景以趙伯超爲東道行臺，鎮錢塘，遣儀同田遷、謝答仁等將兵東征神茂。景矯蕭棟詔，自加九錫之禮，置丞相以下百官。陳備物於庭，忽有野鳥翔於景上，〔三〇〕赤足丹觜，形似山鵲，賊徒悉駭，競射之不能中。景以劉勸、戚霸、朱安王爲開府儀同三司，索九昇爲護軍將軍。南兗州刺史侯子鑒獻白獐，建康獲白鼠以獻，蕭棟歸之于景。景以郭元建爲南兗州刺史，太尉、北行臺如故。

景又矯蕭棟詔，追崇其祖爲大將軍，考爲丞相。自加冕，十有二旒，建天子旌旗，出警入蹕，乘金根車，駕六馬，備五時副車，置旄頭雲罕，樂儛八佾，鍾虡宮懸之樂，一如舊儀。

景又矯蕭棟詔，禪位於己。於是南郊，柴燎于天，升壇受禪文物，並依舊儀。以轜車牀載鼓吹，橐駝負犧牲，輦上置筌蹄、垂脚坐。景所帶劍水精標無故墮落，手自拾之。將登壇，有兎自前而走，俄失所在。又白虹貫日。景還升太極前殿，大赦，改元爲太始元年。封蕭棟爲淮陰王，幽于監省。僞有司奏改「警蹕」爲「永蹕」，避景名也。改梁律爲漢律，改左民尚書爲殿中尚書，五兵尚書爲七兵尚書，直殿主帥爲直寢。景三公之官動置十數，儀同尤多，或匹馬孤行，自執羈絆。其左僕射王偉請立七廟。景曰：「何謂爲七廟？」偉曰：「天子祭七世祖考，故置七廟。」并請七世之諱，敕太常具祭祀之禮。景曰：「前世吾不復憶，惟阿爺名標。」衆聞咸竊笑之。景黨有知景祖名周者，〔三一〕自外悉是王偉制其名位，以漢司徒侯霸爲始祖，晉徵士侯瑾爲七世祖。於是追尊其祖周爲大丞相，父標爲元皇帝。

十二月，謝答仁、李慶等至建德，攻元頵、李占柵，大破之，執頵、占送景。景截其手足徇之，經日乃死。

景二年正月朔，臨軒朝會。景自巴丘挫衂，軍兵略盡，恐齊人乘釁與西師掎角，乃遣郭元建率步軍趣小峴，侯子鑒率舟師向濡須，曜兵肥水，以示武威。子鑒至合肥，攻羅城，剋之。郭元建、侯子鑒俄聞王師既近，燒合肥百姓邑居，引軍退，子鑒保姑孰，元建還廣陵。

時謝答仁攻劉神茂，神茂別將王曄、麗通並據外營降答仁。〔三二〕劉歸義、尹思合等懼，各棄城走。神茂孤危，復降答仁。

王僧辯軍至蕪湖，蕪湖城主宵遁。景遣史安和、宋長貴等率兵二千，助子鑒守姑孰。追田遷等還京師。是月，景黨郭長獻馬駒生角。三月，景往姑孰，巡視壘柵，又誡子鑒曰：「西人善水戰，不可與爭鋒；往年任約敗績，良爲此也。若得馬步一交，必當可破，汝但堅壁以觀其變。」子鑒乃捨舟登岸，閉營不出。僧辯等遂停軍十餘日，賊黨大喜，告景曰：「西師懼吾之强，必欲遁逸，不擊，將失之。」景復命子鑒爲水戰之備。子鑒乃率步騎萬餘人渡洲，幷引水軍俱進，僧辯逆擊，大破之，子鑒僅以身免。景聞子鑒敗，大懼涕下，覆面引衾以臥，良久方起，歎曰：「誤殺乃公！」

僧辯進軍次張公洲。景以盧暉略守石頭，紇奚斤守捍國城。悉逼百姓及軍士家累入臺城內。僧辯焚景水栅，入淮，至禪靈寺渚，景大驚，乃緣淮立栅，自石頭至朱雀航。僧辯及諸將遂於石頭城西步上連營立栅，至于落星墩。景大恐，自率侯子鑒、于慶、史安和、王僧貴等，於石頭東北立栅拒守。使王偉、索超世、呂季略守臺城，宋長貴守延祚寺。遣掘王僧辯父墓，剖棺焚屍。王僧辯等進營於石頭城北，景列陣挑戰。僧辯率衆軍奮擊，大破之。侯子鑒、史安和、王僧貴各棄栅走。盧暉略、紇奚斤並以城降。

景既退敗，不入宮，斂其散兵，屯于闕下，遂將逃竄。王偉攬轡諫曰：「自古豈有叛天子！今宮中衞士，尚足一戰，寧可便走，棄此欲何所之。」景曰：「我在北打賀拔勝，破葛榮，揚名河、朔，與高王一種人。今來南渡大江，取臺城如反掌，打邵陵王於北山，破柳仲禮於南岸，皆乃所親見。今日之事，恐是天亡。乃好守城，我當復一決耳。」仰觀石闕，逡巡歎息久之。乃以皮囊盛二子挂馬鞍，與其儀同田遷、范希榮等百餘騎東奔。王偉委臺城竄逸。侯子鑒等奔廣陵。

王僧辯遣侯瑱率軍追景。景至晉陵，劫太守徐永東奔吳郡，進次嘉興，趙伯超據錢塘拒之。景退還吳郡，達松江，而侯瑱軍掩至，景衆未陣，皆舉幡乞降。景不能制，乃與腹心數十人單舸走，推墮二子於水，自滬瀆入海。至壺豆洲，〔三三〕前太子舍人羊鯤殺之，〔三四〕送屍于王僧辯。傳首西臺。曝屍於建康市，百姓爭取屠膾噉食，焚骨揚灰。曾罹其禍者，乃以灰和酒飲之。及景首至江陵，世祖命梟之於市，然後煑而漆之，付武庫。

景長不滿七尺，而眉目疏秀。性猜忍，好殺戮。刑人或先斬手足，割舌劓鼻，經日方死。曾於石頭立大舂碓，有犯法者，皆擣殺之，其慘虐如此。自篡立後，時著白紗帽，而尚披青袍，或以牙梳插髻。牀上常設胡牀及筌蹄，〔三五〕著靴垂脚坐。或匹馬遊戲於宮內，及華林園彈射烏鳥。謀臣王偉不許輕出，於是鬱怏，更成失志。所居殿常有鵂鶹鳥鳴，景惡之，每使人窮山野討捕焉。普通中，童謠曰：「青絲白馬壽陽來。」後景果乘白馬，兵皆青衣。所乘馬，每戰將勝，輒躑躅嘶鳴，意氣駿逸；其奔衂，必低頭不前。

初，中大同中，高祖嘗夜夢中原牧守皆以地來降，舉朝稱慶，寤甚悅之。旦見中書舍人朱异，說所夢，异曰：「此豈宇內方一，天道前見其徵乎。」高祖曰：「吾爲人少夢，昨夜感此，良足慰懷。」及太淸二年，景果歸附，高祖欣然自悅，謂與神通，乃議納之，而意猶未決。曾夜出視事，至武德閤，獨言「我家國猶若金甌，無一傷缺，今便受地，詎是事宜；脫致紛紜，非可悔也。」朱异接聲而對曰：「聖明御宇，上應蒼玄，北土遺黎，誰不慕仰，爲無機會，未達其心。今侯景據河南十餘州，分魏土之半，輸誠送款，遠歸聖朝，豈非天誘其衷，人獎其計，原心審事，殊有可嘉。今若拒而不容，恐絕後來之望，此誠易見，願陛下無疑。」高祖深納异言，又信前夢，乃定議納景。及貞陽覆敗，邊鎭恇擾，高祖固已憂之，曰：「吾今段如此，勿作晉家事乎？」

先是，丹陽陶弘景隱於華陽山，博學多識，嘗爲詩曰：「夷甫任散誕，平叔坐談空，不意昭陽殿，化作單于宮。」大同末，人士競談玄理，不習武事；至是，景果居昭陽殿。

天監中，有釋寶誌曰：「掘尾狗子自發狂，當死未死齧人傷，須臾之間自滅亡，起自汝陰死三湘。」又曰：「山家小兒果攘臂，太極殿前作虎視。」掘尾狗子，山家小兒，皆猴狀。景遂覆陷都邑，毒害皇室。

大同中，太醫令朱躭嘗直禁省，〔三六〕無何，夜夢犬羊各一在御坐，覺而惡之，告人曰：「犬羊者，非佳物也。今據御坐，將有變乎？」既而天子蒙塵，景登正殿焉。

及景將敗，有僧通道人者，意性若狂，飲酒噉肉，不異凡等，世間遊行已數十載，姓名鄉里，人莫能知。初言隱伏，久乃方驗，人並呼爲闍梨，景甚信敬之。景嘗於後堂與其徒共射，時僧通在坐，奪景弓射景陽山，大呼云「得奴已」。景後又宴集其黨，又召僧通，僧通取肉搵鹽以進景。問曰：「好不？」景答：「所恨太鹹。」僧通曰：「不鹹則爛臭。」果以鹽封其屍。

王偉，陳留人，少有才學，景之表、啓、書、檄，皆其所製。景既得志，規摹簒奪，皆偉之謀。及囚送江陵，烹於市。百姓有遭其毒者，並割炙食之。

史臣曰：夫道不恒夷，運無常泰，斯則窮通有數，盛衰相襲，時屯陽九，蓋在茲焉。若乃侯景小豎，叛換本國，識不周身，勇非出類，而王偉爲其謀主，成此姦慝。驅率醜徒，陵江直濟，長戟强弩，淪覆宮闕，禍纏宸極，毒徧黎元，肆其恣睢之心，成其簒盜之禍。嗚呼！國之將亡，必降妖孽。雖曰人事，抑乃天時。昔夷羿亂夏，犬戎厄周，漢則莽、卓流災，晉則敦、玄構禍，方之羯賊，有逾其酷，悲夫！

校勘記

〔一〕魏以爲司徒南道行臺　南道行臺，南史作河南道大行臺，與北齊書神武紀合。此句當有脫誤。

〔二〕乃與豫州刺史高成廣州刺史暴顯潁州刺史司馬世雲荆州刺史郎椿　「暴顯潁州刺史司馬世雲荆州刺史」十四字各本俱脫，今據通鑑考異補入。按：豫州刺史高成，魏書孝靜紀作「高元成」。

〔三〕洛州刺史可朱渾願　「可」字各本皆脫。可朱渾是姓，願是名。今補。

〔四〕高祖乃下詔封景河南王　「王」字各本皆脫，據南史及通鑑太清元年紀補。

〔五〕大行臺　「大」各本譌「入」，據南史改正。

〔六〕西陽太守羊思建爲殷州刺史　「建」，周書楊忠傳及通鑑梁武帝太淸元年紀作「達」。

〔七〕入秦則秦人不容歸吳則吳人不信　「入秦」之「秦」字，「歸吳」之「吳」字，各本脫，據北齊書文襄紀及文苑英華六八五補。

〔八〕曲爲口端之說　「口端」北齊書文襄紀作「無端」，文苑英華六八五作「異端」。按「口端」疑當作「兩端」，景報書有「又見誣兩端」語可證。

〔九〕寧使我負人不使人負我　北齊書文襄紀作「寧人負我，不我負人」。文苑英華六八五作「寧使人負我，不使我負人」。

〔一〇〕咫尺不遠　「遠」各本譌「送」，據北齊書文襄紀改。

〔一一〕而羣率恃雄　「率」各本作「卒」，形近而譌，今改正。按：率與帥同，北齊書文襄紀作「帥」。

〔一二〕勞而後受　「受」，北齊書文襄紀作「授」。

〔一三〕然紂有億兆夷人卒降十亂桀之百剋終自無後　北齊書文襄紀無「紂有」二字，「桀」作「紂」。按：作「紂」是。「紂之百克而卒無後」，見左傳宣公十二年。

〔一四〕被我虎文　「虎」各本作「獸」，殿本亦漏未回改。

〔一五〕熊虎齊奮　「虎」各本作「豹」，乃姚思廉避唐諱改，今據北齊書文襄紀回改。

〔一六〕三分鼎峙　「三」各本譌「二」，據北齊書文襄紀改。

〔一七〕於是詔合州刺史鄱陽王範爲南道都督　「合」各本作「郢」，據南史、通鑑及鄱陽王範傳改。

〔一八〕景留其中軍王顯貴守壽春城　「中軍」下，南史有「大都督」三字，「王顯貴」作「王貴顯」。陳書任忠傳亦作「王貴顯」。

〔一九〕使援庾信　「援」各本作「授」，據南史改。

〔二〇〕新淦公大成　「新淦公」各本作「新塗將軍」，又脫「大成」二字，今據南史改補。按：通鑑亦作「新塗公大成」，胡三省注：「新塗或作新淦。沈約志：新淦縣，漢屬豫章郡。」作新淦是。

〔二一〕綸司馬莊丘惠達　通鑑作「莊丘惠」，無「達」字。

〔二二〕景造諸攻具及飛樓橦車登城車鉤堞車階道車火車　「鉤」各本作「登」，據南史改。

〔二三〕邵陵王綸與臨城公大連等自東道集于南岸　「城」各本作「成」，據南史改。下同。

〔二四〕非令不行　「令」疑當作「金」。

〔二五〕新城戍主戴僧易據縣拒之　「主」字，各本脫，據通鑑補。「易」通鑑作「逷」。

〔二六〕元景龍爲陳留王　「龍」南史作「襲」。

〔二七〕異彼洋音同茲荐食　「洋音」不可解。疑「洋」字是「泮」字之譌。蓋取詩魯頌泮水「懷我好音」義，謂高洋不欲與梁修好，而懷有荐食江南之意。

〔二八〕徐文盛入貝磯　「貝」，各本譌「資」，據通鑑改正。通鑑胡注引水經注：「江水東過邾縣南，東逕白虎磯北，又東逕貝磯北，又東逕黎磯北。」

〔二九〕以張化仁閻洪慶守魯山城　「閻」，本書簡文帝紀作「門」。

〔三〇〕忽有野鳥翔於景上　册府元龜九五一「景」下有「庭」字。疑本作「翔於庭上」，「庭」譌爲「景」，而元龜所引，則又多一「景」字。南史「景」下又有「册書」二字。

〔三一〕景黨有知景祖名周者　「周」，南史作「乙羽周」。

〔三二〕神茂別將王曄麗通並據外營降答仁　「曄」各本譌「華」，據通鑑梁元帝承聖元年改。「麗」通鑑作「酈」，疑作「酈」是。

〔三三〕至壺豆洲　「壺」南史作「湖」，本書羊鵾傳及通鑑作「胡」。

〔三四〕前太子舍人羊鯤殺之　按羊鵾傳，「鯤」字作「鵾」，從鳥不從魚。然傳稱「字子鵬」，當取莊子鯤化爲鵬之意，則作「鯤」是。

〔三五〕牀上常設胡牀及筌蹄　「牀上」太平御覽七〇六作「殿上」。

〔三六〕大同中太醫令朱躭嘗直禁省　「中」字各本脫，據南史補。

曾鞏梁書目錄序

梁書，六本紀，五十列傳，合五十六篇。唐貞觀三年，詔右散騎常侍姚思廉撰。思廉者，梁史官察之子。推其父意，又頗采諸儒謝吳等所記，以成此書。臣等既校正其文字，又集次爲目錄一篇而敍之曰：

自先王之道不明，百家並起，佛最晚出，爲中國之患，而在梁爲尤甚，故不得而不論也。蓋佛之徒自以謂吾之所得者內，而世之論佛者皆外也，故不可絀；雖然，彼惡覩聖人之內哉。書曰：「思曰睿，睿作聖。」蓋思者，所以致其知也。能致其知者，察三才之道，辯萬物之理，小大精粗無不盡也。此之謂窮理，知之至也。知至矣，則在我者之足貴，在彼者之不足玩，未有不能明之者也。有知之之明而不能好之，未可也，故加之誠心以好之；有好之之心而不能樂之，未可也，故加之至意以樂之。能樂之則能安之矣。如是，則萬物之自外至者安能累我哉。萬物之所不能累，故吾之所以盡其性也。能盡其性則誠矣。誠者，成也，不惑也。既成矣，必充之使可大焉。既大矣，必推之使可化焉。能化矣，則含智之民，肖翹之物，有待於我者，莫不由之以至其性，遂其宜，而吾之用與天地參矣。德如此其至也，而應乎外者未嘗不與人同，此吾之道所以爲天下之達道也。故與之爲衣冠、飲食、冠昏、喪祭之具，而由之以教其爲君臣、父子、兄弟、夫婦者，莫不一出乎人情；與之同其吉凶而防其憂患者，莫不一出乎人理。故與之處而安且治之所集也，危且亂之所去也。與之所處者其具如此，使之化者其德如彼，可不謂聖矣乎。既聖矣，則無思也，其至者循理而已；無爲也，其動者應物而已。是以覆露乎萬物，鼓舞乎羣衆，而未有能測之者也，可不謂神矣乎。神也者，至妙而不息者也，此聖人之內也。聖人者，道之極也，佛之說其有以易此乎。求其有以易此者，固其所以爲失也。夫得於內者，未有不可行於外也；有不可行於外者，斯不得於內矣。易曰：「智周乎萬物而道濟乎天下，故不過。」此聖人所以兩得之也。智足以知一偏，而不足以盡萬事之理，道足以爲一方，而不足以適天下之用，此百家之所以兩失之也。佛之失其不以此乎。則佛之徒自以謂得諸內者，亦可謂妄矣。

夫學史者將以明一代之得失也，臣等故因梁之事，而爲著聖人之所以得及佛之所以失以傳之者，使知君子之所以距佛者非外，而有志於內者，庶不以此而易彼也。

臣鞏等謹敍目錄，昧死上。